丝
路
百
城
传

特立,不独行

"丝路百城传"丛书编委会和编辑部

编委会

主　任：杜占元

常务副主任：陆彩荣

副主任：刘传铭

委　员：（按姓氏笔画排序）

丁　方　万俊人　马汝军　王卫民　王子今

王邦维　王守常　吕章申　邬书林　刘文飞

齐东方　李敬泽　连　辑　邱运华　辛　峰

张　帆　张　炜　陈德海　胡开敏　徐天进

徐贵祥　诺罗夫（乌）　黄　卫　龚鹏程

阎晓宏　彭明哲　葛剑雄　谢　刚

编辑部

主　任：马汝军　胡开敏

副主任：邹懿男　文　芳

委　员：简以宁　蔡莉莉　陈丝纶

出版说明

2013年，中国国家主席习近平向世界提出共建"一带一路"的倡议。自提出以来，"一带一路"倡议深刻影响世界，逐渐从理念转化为行动，从愿景转变为现实，建设成果丰硕，得到国际社会热烈响应。

古丝绸之路打开了各国各民族交往的窗口，书写了人类文明进步的历史篇章。新时代共建"一带一路"的实践，为沿线国家和地区相向而行、互学互鉴提供了平台，促进了不同国家和地区、不同民族、不同文化、不同文明的深入交流。

城市是人类文明的结晶。"一带一路"沿线的城市中，蕴藏着人类千年的历史、多元的文化和无尽的动人故事。我们希望通过出版"丝路百城传"，展现每座城市独一无二的历史和性格，汇聚出丰富多彩、生动可感的"一带一路"大格局，增进文化交流和文明互鉴。

这是一次前所未有的出版探索，我们虽竭尽全力，也深知有诸多不足。期待这套丛书能够得到读者的喜欢，也期待更多的读者、作者、专家、学者等各界朋友们对我们的出版工作给予指正。

"丝路百城传"丛书编辑部

THE
BIOGRAPHY
OF
ZHANGYE

千年丝路八声甘州

张掖 传

陈玉福 程琦 任玲 ————著

IPG 中国国际出版集团　　新星出版社 NEW STAR PRESS

总　序

如果说丝绸之路研究让我们洞见了一部全新的世界史，一定会有人表示惊讶与质疑；

如果说城市的创造是迄今为止人类文明进程中最伟大的事情，则一定会得到人们普遍的支持与认同。

"丝路百城传"丛书的策划正是发轫于这样一个历史观的文化叙述：

丝绸之路是一条无路之路；

丝绸之路是一条既古老又年轻、"不知其始为始，不知其终为终"的漫漫长路；

丝绸之路是一条历史时空里时隐时现、变动不居、连点成线、连线成网的超级公路；

丝绸之路是一种点实线虚、点变线变、点之兴衰即线之存亡的交通形态，那些关山阻隔、望洋兴叹的城市，便如一颗颗璀璨的明珠镶嵌在路上；

丝绸之路是一个文化概念，叠加其上的影像曾被不同国家不同民族的人们呼作：铜铁之路、纸张之路、皮毛之路、黄金之路、朝贡之路、宗教之路；

丝绸之路是中西文明交流与传播、邦国拓展、民族融合之路，也是西方探秘中国、解码东方之路，更是我们反躬自问"我是谁？我从哪里来？我向何处去"的寻根之路、回家之路；

丝绸之路是今日中国走向世界的新起点、新思路，是中国"一带一路"倡议走向人类命运共同体的未来之路……

无可否认，一个世纪以来，丝路研究之话语为李希霍芬、斯文·赫定、斯坦因、伯希和、大谷光瑞、于格、橘瑞超、芮乐伟·韩森、彼得·弗兰科潘等东西方人所主导。然而半个世纪以来的大国崛起，正在使"夫唯不争"之中国快速走向文化振兴。我们要将《大唐西域记》《真腊风土记》的传统正经补史、继绝往圣、启迪民智、传播正信，同时也将丝绸之路城市传文学以实为说、以城为据、芳菲想象、拒绝平庸的创作视为新使命、新挑战。让"城市传"这样一个文学体裁开出新时代的鲜花。

凭谁问：昆仑巍峨、河源滔滔、玉山储秀、戍堡寂寞；

凭谁问：旌节刻恨、驼铃悠远、琵琶起舞、古调胡旋；

凭谁问：秦汉何在、唐宋可甄、东西接引、前路正新；

凭谁问：八剌沙衮今何在？罗马的钟声谁敲响；

凭谁问：撒马尔罕的金桃今何在？帕米尔上的通天塔何时建成、何时倾倒？

凭谁问：伊斯兰世界的科学造诣何时传到了巴黎和伦敦；

凭谁问：鉴真大师眼中奈良和京都的樱花几谢几开；

凭谁问：乌拉尔河上何时传来了伏尔加河的纤夫号子；

凭谁问：杭州湾的帆樯何时穿越马六甲风云……

诗人说：这条路是唐诗和宋词的吟唱，是太阳和月亮的战争；

军人说：这条路是旌旗卷翻的沙漠，是铁骑踏破的血原；

商人说：这条路是关涉洞开的集市，是金盏银樽的盛宴；

僧侣说：这条路是信仰鲜花盛开的祭坛，是生命涅槃的乡路……

一个个城市的前世今生，一个个城市的天际线风景，一个个城市的盛衰之变，一个个城市的躁动与激情，一个个城市的风物淳美与人文精彩，一个个城市的悲欢离合，一个个城市的内动力发掘与外开拓展望，一个个城市的往事与沉思，一个个城市的魅惑和绝世风华……

从长安到罗马（大陆卷）和从杭州湾到地中海（海洋卷）是卷帙浩繁的"丝路百城传"丛书的框架结构，也是所有参与写作的中外作家和编辑们共同绘制的新丝路蓝图。《尚书·舜典》有"濬咨文明"之句，孔疏曰："经纬天地曰文，照临四方曰明。"《论语·雍也》曰："质胜文则野，文胜质则史，文质彬彬，然后君子。"又《易经·贲卦·象辞》曰："刚柔交错，天文也；文明以止，人文也。观乎天文，以察时变；观乎人文，以化成天下。"故文化乃"人文化成"而以文教化"圣人之教也"。"周虽旧邦，其命维新"，丛书编纂与出版岂非正当其事、正当其时也！

读者朋友们，没有踏上丝路，你的家就是世界；踏上丝路，世界才是你的世界、你的家园……唯祈丛书阅读能助君踏上这样一个个奇妙无比的旅程。

丝绸之路从远古走向未来，我们的努力也将永无休止。

刘传铭

戊戌谷雨前五日于松江放思楼

序一：彩虹张掖　人文之城 / 1
序二：在历史的语境下触摸人性之光 / 5
序三：向世界展示彩虹张掖 / 10

第一章　弱水之畔昆仑之巅

昆仑那些事儿 / 15

三棵神树 / 20

风花雪月西王母 / 23

弱水三千只取一瓢 / 27

合黎爱情故事 / 30

共饮黑河水 / 35

第二章　老子出关化胡为佛

道与道的碰撞 / 41

老子出关与化胡为佛 / 43

一城山光半城塔影 / 45

《西游记》与张掖 / 48

河西宝卷和张掖民俗 / 52

第三章　骠骑西征张国臂掖

断匈奴右臂张中国之掖 / 61

三迁郡治两地同名 / 63

马背上的深思 / 66

几番风雨始成甘 / 69

坚强后盾 / 72

甘州府城的前世今生 / 75

第四章　汗血宝马皇家御苑

一个容易念错的名字 / 83

宝马引发的战争 / 89

马文化起源之地 / 92

新马说 / 97

神马当从西北来 / 100

第五章　黑水古国未解之谜

神秘消亡的国家 / 109

金月宝藏 / 114

巨人族和女儿国 / 121

穿越两千年的汉砖 / 125

黑水国中陶文化 / 128

第六章　沮渠蒙逊北凉开国

沮渠氏的渊源 / 135

　　　　　张掖属国与五凉更迭 / 142
　　　　　一个君王心目中的佛国净土 / 146
　　　　　兴也无谶亡也无谶 / 150
　　　　　一脉相承的石窟艺术 / 154
　　　　　冲冠一怒为红颜 / 159

第七章　　隋炀大帝万国博览
　　　　　一场说走就走的旅行 / 167
　　　　　所谓上梁不正下梁歪 / 170
　　　　　世博会鼻祖 / 176
　　　　　富不富，看仓库 / 183

第八章　　盛唐甘州异彩纷呈
　　　　　天生的商业民族 / 191
　　　　　吐蕃奴役下的甘州沙陀人 / 198
　　　　　汉唐重镇骆驼城 / 203
　　　　　张掖有个乌江镇 / 208

第九章　　甘州回鹘裕固起源
　　　　　漫长的西迁之路 / 215
　　　　　甘州回鹘牙帐 / 218
　　　　　打断骨头连着筋 / 224
　　　　　裕固族风俗民情 / 232
　　　　　相爱相杀回汉情 / 237

第十章　边塞诗词八声甘州

八声甘州和甘州古八景 / 249

题"新甘州八景" / 270

新甘州八景题诗赏析（作者：清浅）/ 273

第十一章　西夏败亡甘肃行省

有力的臂膀 / 289

西夏时期的丝路贸易 / 293

发生在张掖大佛寺的传奇故事 / 297

西夏不入正史的背后 / 305

固守一隅仍难逃覆灭 / 309

甘肃行省 / 313

甘肃行省统御中的甘州生活实录 / 319

河西走廊驿道与中西交流 / 333

第十二章　肃王藩属陕西都司

地处甘州的陕西行都司 / 343

九边重镇之甘肃镇 / 348

甘州粮仓 / 357

肃王府与甘州 / 361

聊斋故事中的肃王府 / 367

甘肃镇不得不说的名人 / 372

第十三章　康乾三朝经略西北

经略西北意义重大 / 389

由"均水制度"所想到的 / 392

高总兵和他的宅院 / 395

第十四章　屯垦大兴资源枯竭

大槐树记忆 / 401

移民起始于屯垦 / 406

军屯和民屯 / 411

不能承受之重 / 419

因屯垦而得名 / 423

第十五章　红色张掖国际友人

用生命培育黎明 / 429

纪念馆里思先烈 / 436

甘州有条欧式街 / 442

艾黎与张掖的不解之缘 / 448

第十六章　文化旅游在张掖

烟中列岫红无数 / 455

一山春色四时新 / 460

甘州美食甲天下 / 464

张掖大事记 / 470

后记　舒张臂掖　顶天立地 / 490

序一

彩虹张掖 人文之城

——连辑，中共甘肃省委原常委、宣传部部长

八千年历史看甘肃，甘肃历史看张掖。从那个胸有天地、文治武功的大汉皇帝目光聚焦西北开始，从那个英武神勇传奇千古的少年将军霍去病西征开始，这片曾经被视为蛮夷之地的土地有了一个响亮的名字——张掖。张国臂掖，以通西域，从此，开启了中原文明向西扩展的蓝图，也迎来了中西文化交融的新景象。驼铃声里张骞出使西域经过这里；精美的丝绸从长安一路飘过这里；世界上第一次万国博览会的盛况演绎这里。西游东去的僧侣们在流连中吟诵步步莲花；成吉思汗战马的铁蹄踏碎了西夏百年繁华梦；肃王的藩邸在瓦剌号角中迎来了一个后来叫裕固的新民族；左公亲手栽下的杨柳和千年不倒的胡杨同生共长；西路军帽徽上闪烁着启明星的光芒……这座城市因此盛放于历史的风尘中，历久弥香。

张掖，从历史的尘烟里铿锵走来，这座传奇的塞上古城过往丰富，有黄沙百丈、铁马冰河的金戈之声，有西海穷桑地、弱水黑河流的苍凉地貌，更有周穆瑶池会、老子骑青牛的奇幻故事。张掖在隋代别称甘州，在古人的诗词里，甘州曾经是蛮荒苍凉之地，"大漠孤烟直，长河落日圆"……诸如此类的描写比比皆是。时过境迁，今天的古甘州早已

旧貌换新颜，成了"不望祁连山顶雪，错把张掖当江南"的丝路明珠金张掖，成了真正的桑麻之地、鱼米之乡。张掖是当之无愧的历史名城，境内文化遗迹多、馆藏文物多、历史名人多、重大历史事件多，是国务院公布的第二批历史文化名城。

张掖是个好地方，生态环境润泽宜居。其地处河西走廊最中段核心位置，是国家西北生态屏障的重要组成部分。绵延1000千米的祁连山有700多千米在张掖境内，全国第二大内陆河——黑河孕育了张掖这块河西走廊最大的绿洲，拥有祁连山和黑河湿地两个国家级自然保护区，守护着国家西部生态安全。南丁格尔曾说过："人生欲求安全当有五要：一要清洁空气；二要澄清饮水；三要流通沟渠；四要扫洒房屋；五要日光充足。"这五点在张掖均能够得到满足，山光水色，四季分明，造就了张掖的生态大环境，成为西北地区的宜居宜游城市。

进入21世纪以来，张掖响应党中央和国家号召，牢固树立"绿水青山就是金山银山"理念，始终把生态环境保护作为"国之大者"，担好"绿色使命"，培育"绿色文化"，把握"绿色机遇"，展现"绿色魅力"，大力推动生态治理、环境保护、污染防治、绿色发展，加快构建人与自然和谐发展的现代化建设新局面，使得张掖绿洲趋于良性化、持续性发展，吸引着国内各地人民前来观光旅游、投资兴业。

张掖是个好地方，自然风光得天独厚。张掖是名副其实的旅游胜地，境内风光秀美，气候宜人。张掖丹霞地貌五彩斑斓，气势磅礴；康乐草原旖旎壮阔，美轮美奂；国家湿地公园绿色世界，野趣横生；焉支山葱郁挺拔，层峦叠嶂；平山湖大峡谷地貌雄奇，波澜壮阔……雪山冰川、河流湖泊、草原湿地、沙漠戈壁、一线天奇观等景观相映生辉，获评"最美中国旅游城市"。

张掖是个好地方，交通区位广阔便利。张掖在古代就是丝路要驿，古丝绸之路南、北、中三条线路在此交会。张掖更是新时代的战略枢纽，是丝绸之路经济带重要节点城市、国家向西开放的前沿阵地，国家交通大动脉、能源大通道贯穿全境，是西北重要的综合立体交通枢纽城市，也是省上打造的国家现代能源综合生产基地、储备基地、输出基地的战略通道。

张掖是个好地方，红色基因传承有道。张掖是红色热土，是红军西路军征战河西的主战场。境内70余次激烈、残酷的战斗彰显了西路军不畏艰险、浴血奋战的英雄主义气概，孕育铸就了崇高而伟大的西路军精神，成为中国共产党精神谱系的重要组成部分。2019年8月，习近平总书记视察甘肃至张掖高台县红西路军纪念馆，指出要"讲好党的故事，讲好红军的故事，讲好西路军的故事，把红色基因传承好"。为我们赓续红色血脉、建设幸福美好新张掖指明了前进方向，全市各族人民群众和党员干部"不忘初心 牢记使命"，在脱贫攻坚和乡村振兴的宏图大业中谱写了一曲曲全心全意为人民服务的赞歌。

张掖是个好地方，产业发展前景远大。张掖拥有1个国家级经济技术开发区、5个省级工业园区，被评为"中国最具投资吸引力城市""十佳最具绿色投资价值城市"，是创业兴业的一片沃土。

中国外文局大型国际文化项目"丝路百城传"编委会将张掖市列入项目规划中，并力邀知名作家陈玉福先生创作《张掖传》。经过一年多的艰苦努力，书稿顺利完成。《张掖传》综合、立体地再现了张掖这座城市的历史沿革与人文社会演化，以及在这个过程当中发生在张掖这块热土上几千年来传唱不衰的一系列故事。作者用生动有趣的文字和富含情感的笔调，浓墨重彩地雕琢了一个面目可亲、婉约灵动的新张掖，深情演绎了从昆仑之巅走向弱水之畔的金张掖。《张掖传》底蕴丰厚、匠心独具、角度新颖，为张掖传统文化发展增光添色，是一部全方位了解张掖历史，触摸张掖历史温度、文化厚度的文化新著。

张掖是一座有底蕴的城市，充满了历史厚重感，这一点毋庸置疑。张掖的历史演变、人文风俗、地理地貌、民间传说、名人逸事等，是无数作家、学者取之不尽用之不竭的灵感宝库和创作源泉，还有许多值得挖掘发扬的传统文化故事，亟待更多人去发现她、赞颂她。张国臂掖，喜迎八方，热情好客的张掖人民敞开胸怀拥抱世界，欢迎四海宾朋了解张掖，走进张掖，建设张掖，携手共进，共谋发展。

是为序。

连辑，汉族，山西沁源县人，大学学历、高级工商管理硕士，俄罗斯布里亚特国立大学名誉博士，研究员职称。先后担任过内蒙古自治区政府副主席，内蒙古大学校长，甘肃省委常委、宣传部长，中国艺术研究院院长，中国非物质文化遗产保护中心主任，中国国学研究与交流中心主任。现为中国书法家协会会员，兼任内蒙古书法家协会名誉主席、甘肃省文联名誉主席、中国岩画学会名誉会长、中国楹联协会顾问等职务。清华大学文化经济研究院学术顾问，北京大学文化产业研究院兼职研究员，上海体育学院中国体育非物质文化遗产研究院名誉院长，西北师范大学、内蒙古师范大学等高校兼职教授。

序二

在历史的语境下触摸人性之光

——白庚胜,中国作家协会副主席

《张掖传》不仅仅是一部散文体的文学传记,更是一曲抒写张掖历史文化的赞歌。传记文学和志书及历史专著有极大区别,它不是简单地叙述历史、罗列数据,而是让清新的文字、别样的表述、哲学的思考进行跨越历史的跋涉和远征。《张掖传》选取的历史断面,虽然发生地在张掖,但在人物内心矛盾纠结与和解妥协的挣扎和新生中所寄寓的一种精神力量,却超越了当下的时空。作家笔力精微、逻辑严密,语言精准简约,凝练刚劲,浑厚朴实,穿透深邃,赓续了如祁连山挺拔巍峨、黑河水波滔汹涌的磅礴血脉。开篇中的那些文字见证:"天若有情天亦老!岁月想要冷落直至遗忘一方天地,总是无情且残酷的,不管那里曾经有过怎样的繁盛。水天一色抑或沃野千里,马蹄没草还是人声鼎沸。当那些过往渐渐消散一如繁华之落幕,谁还记得幕布之后的挣扎与嘶吼?委顿苍白取代了胭脂胜雪,历史也便成为简帛之中只言片语的冰冷叙述,若要重温就好比是隔着层层面纱去窥探佳人真容般朦胧,刚有了一点点眉目倏忽间又是雾锁烟迷,像萦绕祁连山顶的晨雾霜露,又如滔滔而去的黑河水流,无语静默的迷雾中令人思而不得,常有云深不知处的困惑。"(《第一章:弱水之畔 昆仑之巅》)。作家视野辽阔,翰墨雄宏。从六合八荒到商贾云集;从资源富庶到冰雪滋养……无不展示着张掖这块风水宝地的无尽传奇和俊采星驰。

喝着祁连雪水一如神水延续的张掖人,自有她的神性所在,有着对于自然的敬畏；大自然毫不吝啬的滋养令我们学会了珍惜，学会了用一种科学的神力，呵护自然和自然赐予的神恩。所有的蛮荒，都在历史文明的进化中逐渐演变。也许在传说中的"蛮荒"里，人们把自然之力解读为某种神力，只为了一种敬畏，一种对于赐予的恩典的崇敬和顶礼。如今的释然，也只是拨开了笼罩在神身上的神秘迷雾，而自然之力依旧存在，像冥冥中人类历史前进的内生动力，当下是对过去的衔接和承载。这是自然历史和人类历史的重合，也是物我两忘天人合一之所在。

作者以客观理性的目光和理解，追寻着张掖历史文字中、文字外的珠玑。在作者笔下，一切凄美绝伦的神话，都是人类历史进程中，一个个瑰丽梦想的达成，无论是神仙在人间高处的客居，还是一种怪异药物的诞生，都是给予现实的兑现和治疗。张掖，是神话的发祥地，也是滋生美好生活、美妙爱情的土壤和集结地。神话是文明的开端，是播撒于天地之间神圣而崇高的种子，在张掖这片卷帙浩繁的册页上驻足落床、生根发芽、开花结果，传递着人间乐园的永恒无限。

张掖的历史与水有关，与道有关。仿佛大禹治水，是一个象征，也是一个暗喻。象征了一种善性的内涵，暗喻了一种水一样的修身和存在。老子说，上善若水。水善利万物而不争。水，是一种生命的命脉，也是一种文化的根系和延续。我们周身的血脉，是水做的。周身布满的血脉，像充实的水文化，在化育着自己，也化育着他人和这个世界。

老子说，人法地，地法天，天法道，道法自然。佛与道，是给人的生存境界和完美性打了一个比方。是内化于心，外化于行，更是内化外化于形，使得抽象内在的立意智慧外在形象化。这里的形，是物象，便是佛与道的造像。一种立意有了物象的支撑，可视可见。这里的道，便是自然。这里的善，也便是自然。自然是道，自然是佛。自然是道的自然。自然是佛的善性。一切取之于自然，用之于自然和人类。这也才是作家匠心独具，对人与自然和谐历史的完美传播和解释。

道，是生活之道。佛，是生活之佛。佛道，都是一种生活的清规戒律。是一种大智慧。像我们的中华汉字，有内让，有外包，兼具了内方外圆的人生哲理。每一个汉字，不只是有横平竖直，棱角分明的人格，也有撇捺点钩等曲笔婉约、描绘不尽的汉家风范。这是汉字的文化寄托。我们赖以生存的自然界如此，我们延续上下五千年的中华文明亦如此，而张掖仿佛就是这些汉字当中富含历史韵味的浓缩与精华。在作家笔下，从一城山光半城塔影到西游记事磨砺禅心，都是用自然的和谐在隐喻人生和社会的历史演化。

汉唐的兴衰繁盛，就是张掖的历史证词。张掖有着历史演进的多元叠加文化，而各种文化的积淀，促成了张掖的展翅翱翔和凤凰涅槃。这样的文化厚植价值连城，让张掖一再击楫中流。张掖的历史与人有关，与战争有关，与汗血马有关，与大漠风沙有关，弱水三千浇铸了铮铮铁骨；张掖的历史，是金戈铁马的历史，是龙马精神的历史，是佛音渺渺的历史，是开山凿壁的历史……东来西往的驼铃声里，张掖乘风破浪铿锵而行。

学史明理，学史增信，学史崇德，学史力行。历史是定位仪，历史是灯塔。张掖历史，是游离于每一个内心世界的西游记，是梦里的敦煌，更是一种马不停蹄的诗意和远方。

黑水国，黑水河畔建立的一个王国，依山傍水的雄廓，化为了残垣断壁。那是被风沙掩埋了的哭泣和吐不出、咽不下的苦涩胆汁。这样的沉痛教训，应当警钟长鸣。过度开采，过度砍伐，过度使用，都是黑水国遗址的无字碑。地球的机体，绝不是一种物象的简单位移。人法地，只因人在地球上生活；地法天，只因地球是天体的一部分。地球的自转产生了白天黑夜，地球的公转形成了一年四季。宇宙，自有它内在的运行轨道。

陶器，是绘画和文字历史的载体，是中华民族的文明象征和国粹经典。那些曾经埋藏在地下的瓷器，更是碎片化文明里的历史遗珠。醉心瓷器彰显汉文化雄浑底蕴，一板一眼烧制雕琢，那是对文明呕心沥血的焊接。复述这段历史，用稳重不失有趣的文字描摹钩沉，足见作家对于先贤经天纬地之才情的推崇，以及对传统文化之膜拜。

　　智慧者和虔诚者永远是历史的奠基人。石窟造像，也是为了一种信仰的安放。历史中的民族，因为尊，因为善，因为慧，也是因为心怀天下，而一再成为历史传承的新星和霸主。

　　焉支山下人头攒动，万国旌旗招展，盛况空前。骆驼演绎了骆驼城的固若金汤，鱼米滋养了张掖的贵族气质。多少葱郁，蒹葭了张掖；多少水云天，琦莹了张掖。

　　甘州粮仓丰盈了锅碗瓢盆，也富足了张掖人的精神世界。无愧于张掖历史，无愧于天下米粮仓。多少仁人志士，为了张掖而殚精竭虑，运筹帷幄；多少俊彦秀眉，为了张掖而铁马冰河，驰骋千里。驿站，古城，马帮，驼队，戈壁，沙漠，村庄，丝绸，瓷器，茶叶，落日，圆月，长河，田野，睡梦，旭日，烽燧，边关，铁马，秋风，王朝，都是历史的乳汁，滋养着花开花落。那是历史的天空在轮回，阴晴圆缺里，一种苍茫的雄宏，一种锈蚀的铿锵，是现实和历史的若即若离，像我们在临水望月，像我们在对酒当歌。

　　历史铺展的，仿佛是漫长西征路。那是路漫漫其修远兮，吾将上下而求索的勇气；那是雄关漫道真如铁，而今迈步从头越的意志。而历史的咔嚓骨折处，听到的总是一衣带水的、打断骨头连着筋的千丝万缕的血脉和轮回。一个王朝与一个王朝的交替，总是在一种分道扬镳里耦合，吐故纳新，万象更新。

　　历史，就是让我们在深埋或者坍塌的黑暗中，追根溯源的一次又一次探索，只要有艰辛的付出，就会有闪光的发现。历史更迭，天下英雄只余传说，史家在竹简绢帛的典籍中挥毫泼墨、跃马扬鞭；众生在阅读中感悟历史，在历史中铸造华彩。

　　史家精神，文学表达。《张掖传》描摹了我们的精神图腾，丰盈了张掖历史文化内涵,更是张掖走向世界的文化使者。作家如捕鱼者一般沉着,用智慧打捞历史遗落的珠玑,用智者不偏不倚的锐利目光擦亮历史的天空,让我们一览各个时期独属于张掖特有的风采华姿。作者的笔墨一再以美喻美,只为让人们领略西部张掖人文自然的景观和历史。作者为我们讲述了一个别样甘州、大美张掖,生动再现了张国臂掖之传奇,塞上江南之丰美。张掖敞开胸怀,拥抱世界,在"一带一路"的壮丽行程里,为世界吟唱一曲绿水青山生态之都的华美诗篇!作者为张掖做了一件特别有意义的事情,相信通过这部《张掖传》,会让张掖旅游文化的发展跨上一个崭新的台阶。

序三

向世界展示彩虹张掖

——卢小亨，中共张掖市委书记

2013年，习近平总书记向世界发出共建"一带一路"的倡议，得到国际社会热烈响应。2016年，习近平总书记在乌兹别克斯坦最高会议立法院发表题为《携手共创丝绸之路新辉煌》的重要演讲时指出：一带一路上的"塔什干、布哈拉、撒马尔罕这些古老城市，就像散布在丝绸之路上的明珠，串接起东西方友好往来、互学互鉴的历史记忆，也在世界文明史上留下了浓墨重彩的篇章"。

为了响应习近平总书记的号召，中国外文局重磅推出"丝路百城传"大型城市传记丛书。丛书聚焦"一带一路"沿线的国内外名城，深入解读城市性格，展示城市文化底蕴，塑造城市形象，作为文化信使，推动文化交流和文明互鉴，增进中外民心相通，为推进"一带一路"沿线国家和地区的互联互通作出了极大贡献。在甘肃14个市州中，张掖市和敦煌市一起被列为首批入选的城市。《张掖传》与《上海传》《珠海传》《深圳传》《成都传》《扬州传》等城市传记，是我们为构建"人类命运共同体"而做出的积极有效的文化实践。

张掖具有数千年民族历史文化交融沉淀的丰厚底蕴，其独特的地理位置和社会发展历程，使张掖自身拥有与众不同的历史风貌，在历史沿革中形成了特殊的传统文化内涵，具有极大的文化挖掘价值。"挖掘传统文化，讲好中国故事"，就需要我们的作家、艺术家深刻理解中华优秀传统文化蕴含的现代价值观念，做到文化反哺，为社会提供正向积极的能量，展现国家正面形象。而如何深入挖掘传统文化精髓，并用恰当的文学形式将之展现出来，这本身是一件富有挑战意义的事情。《张掖传》的作者站在"一带一路"沿线国家和地区以及世界的角度，把张掖市乃至古甘州历史上发生的那些具有历史意义的重大发现、发明创造、古迹遗迹、风土人情和思想家、政治家、军事家、文学家以及开明帝王等人物的英雄故事用"史家精神、文学表达"的方式，把张掖这座城市展现给了"一带一路"和世界。

《张掖传》作为一本城市传记，写传却不局限于数据化统计与罗列，而是采用散文体聚合构成，以人们喜闻乐见的讲故事的方式叙写历史，笔法老辣，构思精巧，语言灵动，把散落在历史长河当中零散而多元的内容整合创作，从各个方面充分立体地展现张掖的人文历史，极大地丰富了张掖文化内涵。《张掖传》以文学创新思路立体再现历史变革过程，运用大胆有趣的创作手法，令城市与人一样具有了气血丰满的鲜活性格，读来通俗易懂意趣横生。这种创作形式是传记文学领域的新探索，必将对繁荣振兴张掖文化并促进旅游事业起到积极推动作用。

习近平总书记说："提高国家文化软实力，关系'两个一百年'奋斗目标和中华民族伟大复兴中国梦的实现。"文以化人、文以载道，让中华民族的文化理念走出国门，让文化自身说话，使其成为不同语种、不同地域、不同国家和平交流沟通的媒介；"把跨越时空、超越国度、富有永恒魅力、具有当代价值的文化精神弘扬起来，把继承传统优秀文化又弘扬时代精神、立足本国又面向世界的当代中国文化创新成果传播出去"。文化传播需要一定的载体，毫无疑问，《张掖传》很好地担负起了这一使命。在丝绸之路沿线中外数千座城市当中，张掖作为首选的百城之一，在展现自身文化魅力的同时，迈出了文化走出去的坚实一步，多彩张掖必将随着这本书的出版发行，闪亮呈现于丝绸之路沿线国家和地区人民的面前，成为我们对外宣介自己、展现自己的一张地域名片。

　　进入21世纪以来，张掖积极响应党中央号召，牢固树立"绿水青山就是金山银山"理念，始终把生态环境保护作为"国之大者"，担好"绿色使命"，培育"绿色文化"，把握"绿色机遇"，展现"绿色魅力"，使张掖绿洲趋于良性化、持续性发展，吸引国内外各地人民前来观光旅游、投资兴业。我们要充分发挥张掖气候宜人、生态优良、资源富集、文化厚重的优势，着力建设古色、特色与彩色交相辉映的彩虹城市，坚持历史与现代相结合，努力把张掖建设成为西部一流、国际知名、游客向往、市民自豪的特色城市、魅力城市。

　　新时代，我们的艺术家一定要积极参与到国家"一带一路"倡议中去，努力引导人民群众为自身幸福和社会进步而努力奋斗。我也期望张掖的文学工作者深入生活、扎根人民，充分挖掘我市丰富的历史文化资源和当代鲜活的奋斗事迹，始终坚持把社会效益作为第一标准，不急功近利、不粗制滥造，创作更多更好有筋骨、有道德、有温度的好作品，对人民负责、对历史负责、对时代负责。同时，把文学创造寓于时代进步的大潮之中，深入乡村振兴、生态保护、红色文化、职业教育、高质量发展等主战场，在火热现实中采撷时代精华，记录张掖的发展变迁，展示张掖的建设成果，激励全市人民拼搏前行，砥砺奋进。

　　希望我们张掖本土涌现出更多好作品，更好满足人民群众精神文化需求，为讲好张掖故事、建设多彩张掖贡献力量。

　　是为序。

2022年3月27日于中共张掖市委员会

THE
BIOGRAPHY
of
ZHANGYE

张掖传

弱水之畔昆仑之巅

第一章

巍巍祁连山，苍茫天地间　　　　　　　　　　　　摄影：钱英文

昆仑那些事儿

天若有情天亦老！岁月想要冷落甚至遗忘一方天地，总是无情且残酷的，不管那里曾经有过怎样的繁盛。水天一色抑或沃野千里，马蹄没草还是人声鼎沸。当那些过往渐渐消散一如繁华之落幕，谁还记得幕布之后的挣扎与嘶吼？委顿苍白取代了胭脂胜雪，历史也便成为简帛之中只言片语的冰冷叙述，若要重温就好比是隔着层层面纱去窥探佳人真容般朦胧，刚有了一点点眉目倏忽间又是雾锁烟迷，像萦绕祁连山顶的晨雾霜露，又如滔滔而去的黑河水流，无语静默的迷雾中令人思而不得，常有云深不知处的困惑。

巍巍祁连山，苍茫天地间。这条终年白雪皑皑神圣巍峨的山脉，为大西北增添了无数传奇，滋养着万物生发延续，也赋予了西北人山一样的沉稳与敦厚。祁连山脚下的张掖市，是一座拥有五县一区、人口128万、按照当今时兴的叫法归类在六线之外的城市。据说在古代，张掖曾是与今天的北上广一样具有重要地位的一线大都市，是商贾云集经济发达令无数人心向往之的地方，更是国家命门、江山咽喉。这一切都得益于祁连山的慷慨馈赠，祁连山为这片土地提供了源源不断的水流和适宜聚居的生态环境。

祁连山脉位于青海省东北部与甘肃省西部边境，由多条西北至东南的平行山脉组成，东西长800千米，南北宽200—400千米，东与秦岭、六盘山相连，西与阿尔金山脉相接。祁连山脉包括大雪山、陶勒山、陶勒南山、野马南山、疏勒南山、走廊南山、党河南山、土尔根达坂山、柴达木山和宗务隆山等一系列高大山系。山峰海拔多数在4000—5500米，最高峰疏勒南山的团结峰海拔5808米。海拔4000米以上的山峰终年积雪，山谷间也在海拔3000—3500米。高冷的气候条件下形成了雪峰，也适宜冰川的发育。根据黑河流域管理局掌握整理的资料，祁连山海拔4000米以上的山峰之间有冰川3300多条，面积达2000多平方千米，储水量约为1300亿立方米。像土尔根达坂山的敦德冰川，大雪山北坡的透明梦柯冰川，走廊南山南坡的八一冰川和肃南裕固族境内形成于2亿年前的七一冰川等，都是保障和保证弱水流域生态系统平衡发展的主要水资源，是名副其实的河西地区生命之水。"青山不老，为雪白头"，诸多冰川、雪峰构成了祁连山水资源体系，也让这条山脉犹如遒劲苍龙横卧雪域高原一般，守护着河西走廊的千古辉煌[①]。

祁连山西段由走廊南山、黑河谷地、陶勒河谷地、疏勒河谷地、哈拉湖盆地、陶勒山等一系列山脉与宽谷盆地组成。疏勒南山以东的北大河、黑河、疏勒河、大通河、布哈河五河之源皆出自祁连山脉。而祁连山的西段在张掖市南部全程沿线东去，与这片土地相伴相生不离不弃，让人觉得她对张掖仿佛有着难以割舍的眷恋。

张掖因为背靠祁连山、侧倚黑水河而得天独厚，成为名副其实的依山傍水之地，也因此占尽了物阜民丰的先天优势，比之河西其他地市更为肥沃富庶。民国诗人罗家伦游览张掖后写出名句"不望祁连山顶雪，错把张掖当江南"，张掖因此得了一个"塞上江南"的美称。

八千年历史看甘肃，甘肃历史看河西，这个说法由来已久。要看河西走廊的历史还得从祁连山这座母亲山说起。

"祁连"二字由匈奴语音译而来，是"天"或"天神"的意思。据《山海经》记载，西北一带在上古和远古时期称为大荒以西，这里生活着犬戎一族，犬戎族长着犬类的形体却有人的面孔。不论是来自想象，还是人们基于对少数民族的偏见，那个时期即便的确有这样一种半人半兽的物种存在，也只是在间接说明西北在很长一段时期里属于少数民族活动区域，人们依山傍水聚居生活，因此才滋生出了最早的游牧文明。祁连山是西北地区的母系山，几大河流发源于此，她养育了这里的万物生灵，所以在当地人的语言和认知当中，祁连山一直都是神圣不可仰望的圣地，与"天"一样神秘又崇高。

其实，在这条山脉得到"祁连"这个名字之前，她还有另一个响亮的名

---

① 《见证黑河》，石洋河流域，管理局编，2019年8月，黄河水利出版社。

号——昆仑之丘。关于昆仑之丘有许许多多的传说和猜测，至今还是玄幻小说和仙侠小说，以及网络游戏中首选的地域。不为其他，只因这里是神话传说中万仙来朝、万世先族居住和生活的地方，人们熟知的西王母和瑶池仙界的故事就发源于昆仑。西王母是存在于神话中最早的神祇之一，关于她的传说远远早于三皇五帝，先于我们已知的五千年文明，除了盘古开天辟地和女娲造人的传说，或许再找不出与之比肩的早期神话人物了。因此，我们完全有理由相信人类的文明是发源于西北，然后自西往东流传到了中原。

河西走廊的传说很多，有些见诸书籍文献当中，有些却流传在民间，经过一代代人口耳相传保留下来。有文献记载且得到证实，或者说大众普遍接受的我们称之为"历史"，没有确凿证明但也同样被大众认可的便是"故事"了。而距离我们很遥远的时代里，先民们没有办法解释清楚的原理、理解不了的自然现象，以及对物候演变规律无法推理的事物，便只能通过假设和想象来说明，由此就衍生出了"神"的理念，"神话"故事也便因此广为流传。

华夏文明有明确文字记载的年代距今五千余年，但是人类文明远不止五千年。那么，我们不禁要问，五千年前的人类是什么样子，他们从哪里发源，又经过了什么样的演变才得以传承呢？不知道！没有人能说得清楚。史学家们说在那之前人类还没有发明文字，所以没有留下可供考据的记叙，甚至将五千年前的历史统称为"蛮荒"。可是，事实真的是这样吗？也不尽然。"蛮荒"并不完全是一片空白，那些神话传说为我们研究和探索历史提供了很多借鉴与佐证，虽然不能作为真实的史料去看，但从中可以寻到蛛丝马迹。

随着人们对人类文明起源的不断探索发现，神话传说在一定程度上是可以当作"野史"来看待的，譬如西方人，就从他们的神话故事里追溯到了一部分史实，且被不断证明。当然，很多人还是觉得神话故事只是传说，不足信，学术界也众说纷纭，莫衷一是。

不可否认，在古代很长一段时间里，人们是把神话传说当作历史来理解的，这一点在《山海经》中有所体现。这部奇书中收录记载的那些奇幻故事与古中国的山川地理和风貌民俗与现在的地貌、地名有着极大的相对应的关联，应该将之看作地理书籍更符合事实。而且细读书籍发现，不论是神话传说还是后来有文字的历史记叙，都在佐证一个事实，那就是华夏文明的发源地最早起于西北。

在《山海经》的"西山经""海内西经""大荒西经"中都提到了一个关键的地名——昆仑。与之相伴的是西王母的一系列故事和传说，再到后来的共工怒触不周山、女娲炼石补天、黄帝轩辕氏求援昆仑、后羿求仙药，以及更迟的周穆王瑶池相会等传说，都无一不在说明，中国西北是华夏文明和古人类的发祥地。而昆仑这个地方，有着最早的人类生存。

昆仑到底在哪里？是今天我们熟知的昆仑山吗？答案是否定的，古代的昆仑和现在的昆仑山并不是一回事，而是今天的祁连山，这在《山海经》中能够得到证实。《山海经》中记载"西南四百里，曰昆仑之丘"。这个方位是从西次三经而来，西次三经中的第一座山叫崇吾山，在今青海茶卡盐湖附近，从茶卡盐湖往西南四百里是什么地方？而这里又说道"在河之南，北望冢遂，南望瑶之泽，西望帝之搏兽之丘，东望鄢渊"，指出了比较具体的方位点，根据信息再结合现今考证结果，我们框定了一个位置，便能得出结论，昆仑之丘正是现在河西走廊一带的祁连山脉。

在称之为"上古"的时期，祁连山一带并不是今天我们熟知的样貌，而是草木茂盛、水泽连绵，适合万物生长繁衍的地方。西次三经中又说赤水、洋水出自昆仑，而黑水也源自昆仑之丘。我们都知道，西北的黑河发源于南部祁连山区，从莺落峡进入河西走廊，于张掖市城西北10千米附近，纳山丹河、洪水河流向西北，经临泽、高台汇梨园河、摆浪河穿越正义峡进入阿拉善平原。那么，便不难得出，昆仑之丘就是今天的祁连山，这就为张掖的过往和演变增添了无数传奇色彩。

说到昆仑，不可避免要提到一个重量级的人物——西王母。大荒西经中再次说明："西海之南，流沙之滨，赤水之后，黑水之前，有大山，名曰昆仑之丘。""其下有弱水之渊环之，其外有炎火之山，投物辄然。有人，戴胜，虎齿，有豹尾，穴处，名曰西王母。此山万物尽有。"在西海的南边，流沙的旁边，赤水后面，黑水前面的大山就是昆仑丘，而这里居住的一个人，名叫西王母。此时的西王母形貌似人，长有老虎的牙齿、豹子的尾巴，住在山洞里，也还是半人半兽的样貌，可见书中描绘的时期非常久远，远到人类还没有完全进化成"人"的样子。此处记叙为我们提供了更为细致的方位，再次佐证昆仑之丘是今天的祁连山。弱水之畔、昆仑之巅，祁连山的天池边上正是西王母的居住地。祁连山张掖段至今还有一方天池，据说就是西王母飞升之后遗留下来的。

在《山海经》中说，昆仑之丘位于西北地区，是黄帝在下界的都城，方圆八百里高达万仞，并有开明兽镇守九门，百神居住在八个方位的岩洞中，如果不是后羿那样有本事的人，是无法攀上山岗岩石的。这给我们透露出的消息就更为明显了，那时候的西王母已经在一定意义上被尊为神祇，但他们还居住在岩洞里，对自己属地的安全防卫有了意识，不想被外界打扰或者侵占。至于开明兽镇守九门，弱水之中还派遣了窫窳（yà yǔ）神兽巡游防护的传说，都是在向外界传达"我不好惹"的信息，应该是自我保护的一种手段，也是最早的基于安全考虑而主动组建军队守护家园的一种体现。

这里的描写显然是在五千年文明之内了，此时黄帝已经成神，将昆仑当作了仙界在地面上的都城。祁连山脉之一，当地人叫牛心山的一座高峰，藏语称为阿咪东索，汉语的意思是众神之山，可谓巧合。黄帝什么时候成神的？在道教的"神仙谱系"中，黄帝是一统天下之后飞升成仙的，而在他和蚩尤大战中，西王母曾收到黄帝向其求助的请求，她派人支援一举击败了蚩尤而天下大定，之后才有了黄帝求经崆峒山，得到广成子指点成仙的传说。既然受教于广成子才飞升，而后又坐上了天帝的宝座，那他势必就要晚于西王母很久了。所以，在天帝将昆仑当作下界都城，并且有组织、有意识地开始守卫不让人轻易靠近的这个时期，与《山海经》中第一次提到西王母时早就不是一个年代了，中间隔了多久说不清，但一定很久远。

随着黄帝成为天帝而得到无数人供奉信仰，西王母也终于在道教"神仙谱"上脱颖而出，成为一众女神仙之首，有了十分详尽的介绍。葛洪《枕中书》记载，西王母是原始天王与太元玉女所生的天皇，而她则生了地皇，地皇生人皇，西王母便被当成女娲一样的造人始祖。三皇的说法有很多种，得到普遍认可的分别指伏羲氏、神农氏和轩辕黄帝。由此可见，西王母即便没有创世神的壮举，她的存在年代也远在黄帝之前非常久远的年代。

且不论西王母与黄帝还是周穆王之间那些几千年来都牵绊不清的关系孰真孰假，也不去计较半人半兽的西王母如何进化成了天上地下、四海八荒的第一绝色尊神的神秘过往，这座孕育万物的山脉是否仍然叫作"昆仑丘"都不影响我们对她的尊崇和仰视，也不影响我们找到上古和远古时期人类在这里活动的实证。尽管来源于神话志怪传说，但不可否认有着口口相传的真实部分，神话传说具有的魅力和奇诡色彩亦是人们追溯生命起源的一种美好寄托，对历史的研究和文明的探索都有着不可估量的作用。自然，也为我们记叙这座与河流山脉相依相伴的城市历史演变找到了更为翔实的一手资料。

张掖的名称得自后世，并不代表在那之前它就不存在，就像昆仑丘虽然现在不叫这个名字了，但谁也不能否认她亘古屹立在这里的事实，以及她千万年来不断孕育生命为我们得以延续而提供滋养的恩泽。

三棵神树

上古神话传说中有十大奇树，其中三棵都与昆仑有关，它们是生长在昆仑丘由西王母掌管的神奇树种。或许说树种并不全面，存在于神话里的三棵神树应当将它们看作神明的法器更恰当一些。

第一棵叫沙棠树。《山海经》中记载："有木焉，其状如棠，黄华赤实，其味如李而无核，名曰沙棠，可以御水，食之使人不溺。"这种形似红枣大小却又无核、味道类似棠梨的果子能够防水避水，吃了它即便不会游泳的人也可以涉水，不至于沉溺淹死。你看，这么神奇的果子，要是人人都吃一颗，那岂不是个个都成游泳健将了？也难怪昆仑之主西王母派人严格看管，轻易不示于人前了。我们是不是可以这么联想，当无数想要拥有长生的凡人，历经千难万险寻至昆仑向西王母跪求不死仙药，而昆仑之丘却有弱水环之，那他涉水时就必须得先求得沙棠果一枚，如此才能蹚过鸿毛不能浮、芥子漂不起的弱水，才有继续求取不死药的可能呢？

记得小时候住在乡里，很多人家的院里都种有几棵棠梨树，到秋天就能结出累累果实，繁盛的年头能压断树枝。那种大如樱桃、小如珍珠的圆形小果子总是泛着红艳艳的诱人光泽，引得人馋涎欲滴，摘一颗入口却酸涩不堪足令五官变形，只有等深秋霜降后才慢慢转甘，那个时候再吃便是酸酸甜甜的绝美味道，一口下去果瓤沙绵、味道馥郁，堪称老少皆宜的待客佳品、兜中零嘴。

棠梨树一度在河西走廊广泛分布，人们把它的果实称为"棠梨子"，小孩子们则更习惯理解成"糖李子"，赋予它甜蜜的气息和童真的期待。20世纪末，这种棠梨树偶尔还能在农家庭院见到，花开时满树细碎金黄一簇簇散发着甜香，引来蜂蝶流连忘返；结果时沉甸甸寓意着丰收，别提有多喜人了。只是，近些年西北已经很少有棠梨树，我们看见的大多是经过反复嫁接变种之后，果实更丰硕、口味更适合大众化食用的水果了。

从上古神树沙棠树演变成普通的棠梨树，从食之可以御水使人不溺到神性全无沦落为山野杂树，这中间经历过什么早已无从得知，想必一定拥有一段沧海桑田的故事，或者尘封万年的不朽传奇吧？

昆仑第二棵神树是不死树。伏羲在还没有成为天帝之前带领部族苦苦求生，他教会人们结绳记事，还为动物命名，在他的领导下人类逐渐战胜自然灾害和猛兽侵袭，成为万物灵长。但是，伏羲发现人的寿命过于短暂，在听说西王母手上掌握有长生不老的仙药后，便往昆仑丘去求取不死仙药。伏羲历经艰险到了圣地昆仑，顺着山上的一根仙藤攀爬时意外参悟出乾坤运转的奥秘，并参透了天地规则，然后创立了伏羲八卦。伏羲有没有求到仙药不得而知，但他通过攀爬昆仑已然得到了远超不死药的绝大好处，他有了八卦的推演帮助，晨靠日出造六，制定出八个节气，由此指导农耕；制定婚丧之礼，建立太皞部落，将古人从愚昧推进到文明的行列，最终成了中华文明的人文始祖，受到后世的崇拜和敬仰。这，也许就是他能成为天帝的原因。

传说里，求仙药成功的人非后羿莫属，他也是有史记载并留下精彩故事的仙药获得者。也许是后羿射日的英雄事迹感动了西王母，或者后羿本来便拥有超凡的身手，在他以一个凡人身份去昆仑寻访求仙时竟异常顺利，什么炎火之山、弱水之渊，以及窫窳神兽、守山开明兽都不足以成为阻碍，他如愿从西王母处求来一份仙药安然回家。故事里说后羿本欲和妻子嫦娥共同服用一起飞升成仙的，可嫦娥趁着丈夫不在家独自一人偷食了仙药，然后白日飞升直达月宫成了不死不灭的月中仙子。很多人不理解嫦娥为什么要一个人独吞仙药，残忍地放弃了和丈夫双双成仙的机会，去忍受千万年的孤独，觉得她冷漠、自私。其实，通过前后推敲我们或者可以换一种思维去看待，比如说后羿求来的仙药应该是笼统的叫法，难道不会是不死树上结的一枚果子吗？既然吃了就能让人长生不死、白日成仙，那这枚果子一定有着非同一般的外表，是那种一见之下就绝难抵御其诱惑的仙果，或香味沁人心脾，或色泽艳丽不忍释手，嫦娥最后终于抵不住好奇尝了一口，然后便成就了这段神话传说呢？从更多的后世传说和文艺作品中，广寒宫被描述为清冷寂寞的所在，嫦娥夫妻分离悔不当初，西王母因此不待见这位借她之手成仙的女子，便断绝了一切上昆仑求药的路途，继后羿之后再也没有人见过不死树，不死仙药也便成了神话故事里的流传，无人得见其真容了。

不管是伏羲还是后羿，以及后世传说里的周穆王、秦始皇，抑或汉武帝，这些人间帝王似乎依然执着于仙药的求索，但好像并没有谁真正得到过，那棵传说里的不死树更是踪迹难觅。人们无一不是遵循着自然规律在生老病死的过程里度过一生，嬉笑怒骂构成了生活的多姿多彩，凡俗的寿命固然短暂，每一步都过得充实精彩，谁又能说就不比成仙有意义呢？无趣长生不如灿烂数十载，不死之树有或者没有便也没那么重要了，这也许才是属于人类的多样人生和璀璨年华吧！

建木神树，是生长在昆仑的第三棵神树，也是具有大神通、象征神性的一件法器，因为建木更多的作用是一架天梯，连通人间和仙界的桥梁。《山海经》记载："建木，百仞无枝，上有九欘，下有九枸，其实如麻，其叶如芒，大皞爱过，黄帝所为。"这里详细描述了建木神树的外观形状和生长形态，并说当年太昊就是凭借建木登上了天，而这棵树是由黄帝亲手种植的。大皞也叫太昊，就是伏羲氏。

关于建木神树有很多传说，而种种传说也成了艺术家和文学家创作的灵感源泉，曾经非常火爆的一部网络小说《盗墓笔记》中就对其有过大量的描写。现实中，在三星堆出土的青铜神树，上面雕铸有树枝、花卉、果实、飞禽、走兽、悬龙、神铃等造型，有关专家经过考证，认为这很可能就是传说里建木的原型。建木，作为沟通天地人神的天梯，处在上古时期一个人与神互通的特殊时代，神可以往来于天地间，人也可以借此攀缘上达天庭，那应该是个无比美妙的年代。但是，因为种种欲望的作祟导致天地纷争不断，时任天帝的颛顼（zhuān xū）大约有了统治危机感，便派了自己的两个儿子"重"和"黎"执行"绝地天通"政策，人为加高了天和地的距离，导致建木神树没有了用武之地。从此以后，神与人失去了面对面接触的机会，逐渐向高高在上的神秘崇拜靠拢，而人类再也没有了可以攀登的天梯，被迫成了神的仰望者。

以我们今天的眼光来看，颛顼帝做出"绝地天通"的策略大概是有着中央集权的政治性考量，抛开神话成分从人性的角度来评价，这样做不啻为一个深谋远虑的帝王。通过划分神和人的界限，开启了一个有规则、有秩序的王权统治时代，为人类文明的进步做出了很大的贡献。或许，正是因为"绝地天通"之后，中国的神话才有了越来越多的衍生后续，人们总是对自己无法企及的领域存在巨大的好奇心，由此而猜测、编纂出的一系列神话故事和书籍，才能成为传统文化中独放异彩的一个体系。

不管是沙棠树、不死树、建木神树，还是昆仑丘中各种各样的奇珍异兽，从神异走向凡俗和现实，这些故事历经千年至今读来仍然倍感神奇、拍案叫绝。透过神话追溯历史，我们会发现中华文明的底蕴之深厚，早在人类初始便有了丰厚的积累和沉淀，尽管历代以来对这些故事里存在的地名和人物事迹多有争论，但并不妨碍我们对这片热土的执着热爱和对我们先祖的崇拜敬仰。

风花雪月西王母

唐代诗人李商隐有诗曰：

瑶池阿母绮窗开，黄竹歌声动地哀。
八骏日行三万里，穆王何事不重来？

这首名为《瑶池》的七绝，是以神话传说为背景写成的。诗里写到了两位很不一般的人物，一位是西王母，也就是后来道教故事里中国老百姓熟知的王母娘娘；另一位是周穆王，此人可称得上是历史上最早的一位"资深驴友"了，他一路西行到了据说是黑海和里海之间的旷野之地。这两个人一个是天上神仙，一个是人间君王，他们之间会有怎样的故事呢？

在人们惯常的想象中，西王母是一位风姿绰约、雍容华贵，但也有些多管闲事的女神。牛郎织女隔天河遥望千年，便是拜这位女神所赐。还比如宝莲灯的神话故事以及七仙女等传说中，王母娘娘也被安排了反面人物的性格，被刻画为位高权重却不通情理的一位天神。其实，在最早记载西王母的《山海经》中，她"其状如人，豹尾虎齿而善啸"，是个神、人、兽合体的怪物。那什么时候一个貌丑无状的怪物西王母，变成了能够诞育绝美七仙女的雍容妇人、绝色美女，被阅人无数的周穆王一见倾心继而留恋至乐不思蜀，后来又成为美丽迷人的东方女神，并成了玉皇大帝的老婆呢？据有关专家考证，西王母很可能不是单指一个人，而应该是一个国家，或者说是一个部落的统称，也就是这种推断越来越被人接受的西王母国。这个从上古就存在的古老部落以女子为尊，历任的部落首领被称为王母，因为地处大荒以西又叫西王母，这很可能是以地域划分而来的称呼，例如东王公就是与其对应的另一位大神。

西王母一族从半人之体进化，转变为拥有正常人形貌，其实正印证了人类进化史的有关推断，也可以间接说明西王母族来历之久远。如果说人类是由某种灵长类动物进化而来，那西王母由半兽的形貌过渡到彻底成"人"，也许就是最好的说明，而从形似怪物到容貌胜花，则必定是经过了长久的持续进化，一代代繁衍基因变异而来的。由此可以推断，《山海经》中描述的西王母，与周穆王见到的那位西王母很可能不是同一人，周穆王见到的西王母是不知道历经多少代之后才长成的倾国倾城大美人。而随着周穆王与西王母之间一段风花雪月被传唱天下时，那个执掌三棵神树拥有生杀予夺之神秘霸权的女神似乎有被拉下神坛的意味在里头。我们甚至可以大胆推测，这个时期的西王母国，或许已然走向衰落，或是遇到了很大的难题，以致到了不得不向人间风流君王曲意逢迎的地步，否则高高在上并曾经帮助过轩辕氏的西王母，又怎么会纡尊降贵亲自迎接周穆王上昆仑，以一个女神之尊来与凡人君王搞什么"一夜情"呢？

我们再来看看周穆王是何许人也？他是周朝第五代王，姓姬名满，是我国历史上最富于神话色彩的君王，传说他活了105岁。三皇五帝时期就受到无上崇拜的昆仑西王母，手握不死神药甚至比天帝辈分还要高出很多的西王母，因何就对这个相对平凡不过的周穆王情有独钟，还和他传出"绯闻"来了呢？原来，周穆王此人年轻时就喜欢修炼成仙的道术，一心要学黄帝乘车马游遍天下的名山大川。他当国君时已经五十岁了，当时周王朝国力强盛，喜欢游山玩水的周穆王四处巡游，甚至很热闹地搞了一回"西游"。传说他坐着八匹骏马拉的车，一日能行三万里。为他驾车的是当时有名的驭手造父，周穆王这个首席马车夫的家世颇为显赫，可以一直追溯到黄帝的孙子颛顼的孙女——女修。传说，女修吞玄鸟之卵，生下儿子大业。大业就是伯益的父亲，所以，她是嬴姓族人的老祖母，秦国君主和赵国君主共同的祖先。造父的祖上有好几位都是周王的马车夫，为了让周穆王的西游更有派头，造父专门跑到桃林，即那个追赶太阳的夸父死去的地方，为他挑选了八匹神马。

周穆王如此兴师动众地西游，除了他本性喜欢游山玩水外，另一个重要目的就是去拜访西王母。周穆王郑重地确定了黄道吉日，带上贵重的白圭玄璧和华美的丝织品去见西王母了。西王母在美丽的瑶池设宴招待这位贵客，此中欢娱之情不必多说。临别时，含情脉脉的西王母作歌赠之曰："白云在天，丘陵自出。道里悠远，山川间之。将子无死，尚复能来。"大意就是我和你心连心，但相隔千万里，为梦想千里行，下次何时再相会？面对西王母的一片深情，周穆王摆出了帝王之尊，拿国家和人民当借口："予归东土，和治诸夏。万民平均，吾顾见汝。比及三年，将复而野。"意思就是说，我的使命是治理国土，使万民平均，只有到了那时，我才能回来看你，时间大概是三年吧！这样的回答不免令人失望，而且其中有句潜台词就是，三年后我要是没有来，你就不要等我了，倘若你不嫌道远，当然也可以来找我啊！

西王母听了周穆王的回答，女人的柔情转眼变成了女王的尊严："徂彼西土，爱居其野。虎豹为群，于鹊与处。嘉命不迁，我惟帝女。彼何世民，又将去予。吹笙鼓簧，中心翱翔。世民之子，惟天之望。"我所居住的西土，虽然虎豹成群，但我是天帝的女儿，要守住他赐予的土地，不能随便离开。你为了你的人民要离开了，这是你的使命，你好自为之吧！话说到这个份儿上，二人等于是决别了。不过周穆王这个人还是很会来事儿的，明明不准备再回来了，却在昆仑山上栽下一棵槐树，并题字曰"西王母之山"，以此来纪念自己与西王母的这段感情，回去之后更是作为炫耀的资本到处吹嘘，搞得二人之间"桃色新闻"天下尽知。只可惜周穆王回去后不久就死了，难复诺言了。后人大约不能接受这对有情人的生死离别，也就有了另一个传说，说西王母到底还是难忍相思之苦，果真来中原看望周穆王，并与他双双飞升入天宫。不过到底牵强了一些，经不住推敲。他们二人是否在瑶池共度良宵并无文字可供探究，但他们一个是西陲边地神秘的母系女王，一个是中原大国权倾天下的父系男主，英雄美女，惺惺相惜，有那么一些爱慕之情也很正常，因此这个人与神之间、英雄与美女之间的神话故事，也就在情理之中了。

周穆王与西王母的故事，本来就是神话，所以不免夸张。不过，在记载周穆王西巡的历史古籍《穆天子传》中，也记载了这个故事。书中说周穆王曾坐八匹日行三万里的骏马，西游至昆仑遇到西王母。西王母在瑶池设宴招待这位贵客，临别时二人以歌相赠。书中还记载，周穆王南游，在去黄竹的路上，遭遇雨雪严寒，途中有冻僵的人，此景触动了周穆王，于是他作《黄竹歌》三章以哀民。

后来还有什么汉武帝得到西王母所赐仙桃的传说，却并不如周穆王瑶池相会的传播力度大，各种野史类杜撰的有关西王母和人间帝王发生的那些故事，也并不被人们接受。随着道教的兴盛，西王母也从昆仑女神上升到了天界母仪天下的王母娘娘，这都是后世之中神话和道教相融合后的结果了。

昆仑与古代的夏、周、羌几个民族的活动都有联系，在古代神话中的地位，类似于希腊神话的奥林匹斯山。《山海经》提到过几十座山，昆仑雄踞为冠，西王母则是和女娲并驾齐驱的华夏之母，尽管后世有很多关于她的或正面或反面的神话传说，但从人文发展的角度来看，并不妨碍她作为始祖的权威和我们对她的敬仰。

弱水三千只取一瓢

"八百流沙界,三千弱水深。鹅毛飘不起,芦花定底沉。"这是《西游记》里描述流沙河的险要所用,也是第一次正式提出"弱水三千"的说法。同为四大名著的《红楼梦》不甘示弱,通过贾宝玉道出一句"任凭弱水三千,我只取一瓢饮"的箴言,从此,令无数人在情爱面前竞折腰。

很多人以为弱水只是一个传说,其实,人们不知道的是,真的有一条河叫作"弱水"。这是一条与丝绸之路交汇,并绵延流淌在中国西北部的甘肃、青海、内蒙古三省境内,流经高山、草原、戈壁和大漠,最终消失在内蒙古居延海的风景绝美的河流。

在爱情小说和言情剧里总能看到这样一幅场景:每次当潇洒英俊的英雄被一群春心萌动的美女追求时,他都会很熟练地对女主说:"弱水三千,我只取一瓢饮,你放心吧。"虽然小说里的英雄经常在不同的佳丽面前,说着这句同样的话,但真正做到的恐怕屈指可数。而将"弱水三千"比喻成爱河恨海,也已经是很久以后的事了。

在历经数千年的中国古老典籍里,早就记录了"弱水"。比如古书《山海经》《十洲记》。《山海经》中记载:"昆仑之北有水,其力不能胜芥,故名弱水。"那时候的"弱水",是指河水宽阔湍急,而人力太过羸弱没办法横渡,水流在人们心目中是十分险恶令人恐惧的。

神秘的弱水之畔诞育了最早的人类,也衍生出许多曲折动人的神话传说。上古时期西王母执掌昆仑成为一方神祇,昆仑的种种神迹奇幻就源自这里;大禹治天下水分封九州,弱水就是其一,而他和涂山氏的悲欢离合也发生在弱水之畔。《尚书》的"禹贡"篇中记载:"导弱水至于合黎。"清朝著名学者孙星衍在《尚书今古文注疏》中备注:"郑康成曰:'弱水出张掖。'"

弱水的源头在祁连山东麓,上游位于青海祁连县。今天,人们只知道黑河而不再叫弱水，改变的是名称，流传在民间的那些关于弱水的充满神秘色彩的故事，却已经深入人心不可磨灭了。黑河上游在古时候叫羌谷水、黑水，从莺落峡出山流经张掖市境支流众多，进入山丹县的支流称为弱水或山丹河。黑河水系支流众多，由36条大小河流组成，我们现在口语中的黑河，是指东系支流在张掖城西北汇合后的并称。这一支水流最为壮阔，流经张掖全境被称为黑河，下游进入内蒙古以后称为额济纳河。黑河凭着千万年来保持旺盛的径流量，养育了河西走廊的万物生灵，正是这一线"弱水"成为阻断巴丹吉林沙漠和腾格里沙漠的一条生态河，更是河西走廊中段张掖人民的母亲河，滋润着这片地处两大沙漠边缘的绿洲，谱写出壮美丝绸之路的历史辉煌。

张掖南望祁连，北依合黎，两山之间的平原地带便是著名的水草丰美的"塞上江南"金张掖。汉唐以来，张掖就是丝绸古道上的重要节点，东西贸易往来的交汇点，这里曾经商贾云集物阜民丰，可跟今天的北上广等一线城市相媲美，经济十分发达。

弱水与张掖、丝绸之路交汇，演绎了无数悲亢高歌的故事。这条神奇的河流与中国的历史文化和地理息息相关。弱水流域，激荡着中国的不朽魂魄与沧桑。大月氏的骑士与战马，匈奴单于、阏氏，和他们统治下的游牧部落，甚至那些草原上的牛羊牲畜、土地草木，谁没有得到过弱水的养育和滋润？往来于西域与长安之间，哪一个西域商人、哪一位戍边士卒没有喝过弱水的水？从唐朝再往前的汉朝，当年勒马刻石的不败战神霍去病，从漠北追击匈奴到祁连山，数万汉朝大军谁没有饮过祁连甘泉？失去了弱水的丰美，匈奴远遁西域，悲歌曰："失我祁连山，使我六畜不蕃息；失我焉支山，使我嫁妇无颜色。"

很多人并不知道，曾经在中学时背诵过的"大漠孤烟直，长河落日圆"这句唐诗写的就是弱水流域一线，大诗人王维因为亲身体验了弱水流域的壮阔，才写出来千古流芳的伟大诗篇。

弱水流域还有一段悲壮的往事。元朝灭亡后，曾经担任过成吉思汗护卫军的蒙古族土尔扈特部迁徙到伏尔加河流域。随着沙俄的东侵，土尔扈特人受尽压迫和屈辱，决定东归故土。可是，为了防止土尔扈特人迁徙而失去奴役对象，沙俄军队一直包围了他们十几年。清朝乾隆时期，由于不堪压迫，17万土尔扈特人突破沙俄军队的围追堵截,不远千里东归,一路上伤亡10余万人,最后仅有43000人成功回国。还有一部分蒙古族土尔扈特人与和硕人,因为没能如期开拔而受到沙俄禁锢永远留居在了那里。土尔扈特人回归祖国后,其中一部分被清朝安置在弱水流域。张掖市肃南县的裕固族其中一部分先民就是这些人的后裔,而裕固族先民回归关内还要从明代说起。

明初洪武年间,撒里畏兀儿首领卜烟帖木儿归顺受封为安定王,成为明朝在西域所封的第一个王爵,也开创了"关外七卫"守御西北边防的明代战略新形势。明朝自统一西北地区之后,虽然也曾向西用兵征讨,但总体来说西陲用兵不多且驻军很少,守卫西疆的任务主要依靠关外诸卫。明中叶以前,因为哈密卫和撒里畏兀儿诸卫的积极防御,西部边疆安定繁荣,到了明后期,随着朝廷的日渐腐败和一部分保守派大臣故步自封的军事战略决策的失误,西北几度陷入战火,以至于最终不得不实行"闭关锁国"、诸卫东迁内缩来对抗关外强敌的袭扰。肃南裕固族的先民就是这个时期迁入张掖境内的。来自游牧民族的这部分人逐水草而居,在祁连山深处、弱水源头定居下来,经过长期融合,发展形成了今天我们已知的裕固族。

弱水流域一直都是适宜于人类繁衍生息的大摇篮,除了上游的广阔草原,中下游地区更是大漠深处的丰美粮仓。自汉武帝收复河西开始,弱水流域除了戍边的士卒,还有更多从中原地区大量迁徙而来屯田的家属和农夫。张掖各地出土的大量汉简中可以看到,仅是有名有姓的戍边将士就多达上千人,而当时的张掖地区已经成为重要的产粮区,被誉为"永丰粮仓"。即使水土肥沃的关内,当出现饥荒的时候,也需要张掖地区的粮食支持,张掖"塞上江南"的名号应当在那个时期就已经广泛流传了。

曾经辉煌的过去,早已淹没于历史浪潮。当年记录了大量西北军民活动的汉简,却被外国人盗走。这些可以与甲骨文并驾齐驱的珍贵汉简,一次次地被盗掘偷运到国外。俄国人科兹洛夫,以探险的名义,在1908年到1909年间进入弱水流域的黑水城遗址,将每座佛塔的塔身和塔基一一掘开,盗取了大量西夏、宋、元不同时期的珍贵历史遗物。据他在自己的《游记》中记载,仅书册、画卷、文书、手稿、佛像和单页手稿的总数就在2000份以上,其中佛画就有300余幅。瑞典人斯文赫定，1927年进入弱水流域的居延烽燧遗址，盗取了1万枚媲美甲骨文的汉代简牍。

惨痛的历史我们铭记心间，而今天的弱水流域早已摆脱了"弱"名，张掖依然是粮草丰茂的米粮川，名副其实的塞上江南！弱水下游的大漠深处，更有整个世界都为之侧目的中国东风卫星发射基地，令无数国人骄傲的航天飞船神州系列号和11名航天员就是从这里飞向太空。

从黑河的源头出发，九曲十八弯的河流两岸是属于这方皇天后土间的生动壮美，各个地段都有不同光景，呈现着多样自然风貌。高山草甸之间，溪流涓涓泉水叮咚，清冽的雪水汇流成河；河滩草原上，牛羊的身影在碧草如茵的绿毯上徜徉，水流潺潺倒映着蓝天白云；峭壁峡谷中，飞流直下龙腾虎跃，肆意释放着一条河的张力和激情；平畴沃野里，敞开母亲般的胸怀，温柔而广博地拂过阡陌林带，浇出硕果累累。在茫茫戈壁上，它划开枯寂与绝望，利剑一样刺破荒漠的不近人情，把希望和生命播撒；最终，在那片被称为流沙的不毛之地，强势而霸道地宣示着水流的主权，给予沙漠以明艳与璀璨。黑河的意义正在于此，"一路的蜿蜒曲折，一路的风雨兼程，一路的兼收并蓄，一路的付出奉献，装点了山川，丰润了大地，明媚了天境祁连，扮靓了塞上江南，皴染了沙漠红柳的绚烂，浇铸了戈壁胡杨的精魂，描绘了沙漠明珠的奇幻。"[①]

弱水三千只取一瓢饮，大美张掖因为这水而独具灵气，河流赋予了张掖人外冷内热的性格。他们大大咧咧的外表掩盖下藏着一个有趣的灵魂，爱一个人就会不离不弃，用水样的柔情包容缠绵，至死不渝。

合黎爱情故事

与祁连山南北相望的还有一座同样拥有故事的山脉，那便是张掖北的合黎山了。合黎山又名要涂山、人祖山，属于天山余脉河西走廊北山山系。据传，合黎山是上古伏羲氏观测星象、拜祭上天的三大处所之一，伏羲氏是公认

---

① 《见证黑河》。

的人类始祖，这里便被称为人祖山了。在伏羲氏之后，大禹治理九州水，"曾导弱水至于合黎，余波入于流沙"的故事就发生在这里。

大禹治天下水一走就是十几年，三过家门而不入的事迹已是家喻户晓的故事。在上古时期，大禹和涂山氏女娇的爱情传说，也许是中国历史上最早、最动人的爱情故事之一了。

相传大禹治水时，在外面十三年，曾经路过家门，但是，"三过家门而不入"。当时的情况，历史书上没有详细记载。人们传说，第一次经过家门时，大禹听到他的妻子因分娩而呻吟，初生婴儿哇哇的哭声萦绕在他的耳边。随属都劝他进去看看，但大禹怕耽误治水的工期，硬是没有进去；第二次经过家门时，他的儿子正在妻子的怀中向他招着手，这正是工程紧张的时候，他只是挥手打了下招呼，就走过去了；第三次经过家门时，儿子已长到十多岁了，跑过来使劲把他往家里拉。大禹深情地抚摸着儿子的头，告诉他，水未治平，没空回家，又匆忙离开，没进家门。

相信看到这里，大家会觉得大禹是一个很绝情的人，妻子生产不在身边也就算了，十三年尽忙着外面的事不管家小，路过家门口也不见见老婆孩子，怎么说得过去？这要是搁到现在女性身上，遇到这样的"负心汉"，估计早就拿出协议要签字"离婚"了，还能心甘情愿等他十几年？怕是早都卖房、卖地远走高飞了。我们不禁要问，大禹真的是一个无情的人吗？事实上，这样去想我们很可能就此误会了这位居功至伟的人文始祖。

中国江河纵横，湖泊很多，上古时期自然环境恶劣，经常暴发洪水灾害，严重威胁着华夏民族的生存。大禹的父亲鲧（gǔn）原本是下一任的人族首领，但因为治水不力而获罪遭到处死，然后才有了子承父业的后续故事。《史记》中记载："于是尧听四岳，用鲧治水。"但是鲧治水九年，没有成功，"九年而水不息，功用不成"。舜帝即位后，"行视鲧之治水无状，乃殛鲧于羽山以死"。鲧死了以后，禹被推上历史的舞台，担负起治理水患的重任。

司马迁《史记》写道："禹伤先人父鲧之不成受诛，乃劳身焦思，居外十三年，过家门不敢入。"滔天的洪水威胁着人们的生存，原始的部落民族在大自然的力量面前，显得那么渺小。大禹的父亲鲧已经足够努力了，九年治理水灾，但是没有成功，因此被杀。大禹失去了父亲，如果再不能解除水患，部落难以生存壮大，自己也要重蹈父亲的悲剧，别说回家团聚了，最后必将是老婆失去丈夫、儿子失去父亲的结局。为了避免悲剧发生，大禹只能独自承受失去父亲的痛苦，离开妻子，忍痛不见孩子，把全部的精力放在治理洪水上面。

真正的英雄，往往都是孤独的，不被理解的。《庄子》里对大禹治水的情况有这样的记载："腓无胈，胫无毛，沐甚雨，栉疾风，置万国。禹大圣也，而形劳天下也如此。"也就是说，大禹为了治理洪水，风里来雨里去，经常泡在水里，腿上的毛都全部磨掉了。后世的墨家特别推崇大禹，把他当作艰苦奋斗、"爱利百姓""兴天下大利"的典范。

大禹用十三年的"绝情"，意志坚定地带领部落的人们疏通河道，把洪水导入大海，驯服了洪水，解除了水患对各部落民族的威胁，也挽救了家族的命运，赢得了大家的爱戴。自然，在他治理的天下水之中，弱水便是其中一根硬骨头，但大禹运用"堵不如疏"的治水原理，制订了一个放弱水治荒漠，变汪洋为陆地，让流沙成为绿洲的治水方案。相传大禹用一柄巨大的石斧将合黎山劈开一道口子，河水从中喷涌而出，水到之处黄沙臣服林木丛生。从此，张掖由一片汪洋变成了土地肥沃的绿洲，大禹引导人们开辟农田之间的水道，使大片原本荒芜的土地变为适宜种植粮食的良田。大禹确定了这片土地的归属，将弱水流域正式纳入雍州之域，地处合黎山南的张掖便成了富足之地。

《甘肃省志·大事记》中记述，夏禹元年（约前2070）封少子于西戎，世代为首领。治水之祖的大禹后裔管理着弱水流域，《穆天子传》中还特意说到他们，称这些后裔为河宗的子孙，他们仍然领导着弱水流域的月氏部落。

治水的功劳让大禹从一个"无情"的人成为一个有"大爱"的人，而被一代代的人口口相传，成为中华历史上流传至今最动人的神话传说。关于大禹和女娇的爱情故事，很多地方都有相近或类似的传说。相传，禹到了三十多岁还没结婚。古代人的寿命没有现代人那么长，一般十几岁、二十岁就结婚了，大禹三十多岁没结婚，是有史可考最早的"大龄青年"了。后来，在治水过程中到了涂山，他终于遇到涂山氏部落一个名叫女娇的姑娘，两人相互爱慕，便成了亲。禹新婚仅仅四天，还来不及照顾妻子，便出门继续治水，到处奔波。在这之后就是著名的"三过家门而不入"了，大禹心系天下忙于治水，有家回不得。女娇与丈夫成亲才几天就被迫分离，她从青葱年少等了十多年，等到儿子都能打酱油了，大禹还是没有回来，便日夜向丈夫治水的方向远眺。她朝思暮想，几乎化作一块望夫石。最终，大禹用了十三年时间平息天下水患，得以回家与妻儿团聚，夫妻二人在涂山女娇常年眺望远方的山峰相会。他们彼此依偎互诉衷肠的情景令天地动容，涂山山神就用神通印刻下了这一场面，并移来山石化作人形，让大禹和女娇的形象永远留在了世间。

传说固然是一则拥有美好寓意的故事，但张掖平山湖大峡谷地貌中，真就有这么一处景观。形似依偎的两方人形大石，峭立于风雨剥蚀的一座山头，历经数千年岿然不动，已经成了一处有名的风景观览胜地。平山湖峡谷的风貌正是曾经存在过的大海，因为地壳运动而升出地面的遗留景观，谁又能说大禹治弱水和平山湖"情侣峰"的形成，仅仅只是传说中的巧合呢？

人们经常用"海枯石烂"来形容爱情忠贞不渝，这处景观也正象征着女娇和大禹之间彼此无尽的思念和对爱情的忠贞。肉体终将消亡，爱恋却像石头一样永不磨灭。那个年代的人物其实早就尘归尘土归土了，但这段中华民族先祖的爱情，却能穿越几千年，至今仍然让人动容，可见爱情的力量真的能够跨越时间距离永久流传。

如此绝美的爱情，在另一个神话传说里却并没有得到圆满的结局。南方人的传说里讲，当禹把洪水完全治理好，女娇却没能等来丈夫。大禹回到家乡之后发现妻子已经化成了石头，变成了一块望夫石。他悲痛万分抚着石头伤心哭泣，这时石人崩裂，跳出来一个小孩。为了纪念孩子的母亲，禹为孩子起名为"启"。禹因为治水的大功，深受各部落民众的爱戴，继承了舜的帝位，成为传说中上古时期最后一个帝王。他的儿子启，正如名字中蕴含的意义那样，开启了一个新时代，建立了中国历史上第一个朝代——夏，中国历史从此由神话传说的蒙昧时代逐渐走向有历史记录的文明时代。

两段故事各有千秋，但从中体现着一样的精神传承，依然还是对忠贞爱情的歌颂。不过，相对于残酷的望夫石结局，还是张掖人的故事更人性化，也许在喜爱和平、淡泊名利的张掖人心目中,夫妻团聚共享天伦之乐是比牺牲一方换取一个朝代的开启更有意义、更让人铭心刻骨的事情吧!

每一个成功男人的背后,都站着一个甘愿奉献的女人。人们在歌颂大禹、怀念大禹的时候,不要忘了女娇,这个成功者背后的女人、夏启的母亲。女娇在家寒门守望十三年,独自抚养大禹之子启成长,其中的艰辛和对丈夫的思念,也是极其不平凡的。《吕氏春秋》里记载,女娇在大禹治水的时候,经常站在涂山上面朝大禹的方向眺望,禁不住思念之情,唱道:"候人兮猗!"这是中国历史上第一首情诗,仅仅四个字,道不尽的是女娇对丈夫的思念之情。在四千多年后的人们看来,这首诗似乎太过于简单,甚至不能称为"诗"。但是,不要忘了这是人类在自己童年时代的爱情,那个时候也许还没有什么文字,没有太多的语言。那个时候发生的故事,人们一开始并没有记录下来,但是却保留了先辈们英勇事迹的记忆,靠着一代一代人的口口相传,经过了千百年,逐渐有了文字记录,于是记载了这第一首原始的情歌。

现实生活中,很少有相恋的爱人需要等待这么长时间的,因为学习、工作的原因,暂时两地分居导致长久淡漠之后分手的事例已经不算什么奇怪的事了。思念是煎熬的,但真正的爱情经受住了时间和空间的考验,相聚时刻的幸福,也同样是无法言表的。如果有了对相聚时刻幸福的期待,那么,在等待中彼此思念,也一定会是幸福的。

如今来张掖市的游客,看到平山湖大峡谷的情侣峰,听着导游的讲解,除了三五岁的小孩子之外,很难有人相信那块石头与女娇和大禹有关,都是因为形似而惊叹造物的神奇,最后一笑置之罢了。石头因为这个故事,而被赋予了生命,不管信或不信,它就在那里默然相守,穿越历史而来向世人讲述着一个华夏民族蒙昧时期的动人爱情故事,成了爱情忠贞不渝的象征。

如果合黎山原本应该叫要涂山,天下水患源头来自发于昆仑的诸多水流,导弱水至于合黎说的又是大禹治水的故事,那么,平山湖景区的"情侣峰"是涂山氏与大禹爱情的见证就很有说服力了。

共饮黑河水

北宋李之仪有一首卜算子写得真好:"我住长江头,君住长江尾,日日思君不见君,共饮长江水。"讲的是青年男女互相渴慕却又不能见面的思念之情。说"渴慕"而不说"爱慕",是因为非如此形容不足以表达那种朝思暮想的迫切心情,对一个人的爱慕到了如同极度口渴时需要甘甜的水才能救命的程度,那这份情想必已经达到了死生契阔非君莫属般的深厚了吧?

其实,共饮一江水的感情不论是否关乎爱情,都有着一衣带水的亲厚。不仅仅限于长江、黄河,水流作为连接和沟通上下游人们感情的一条特殊纽带,同饮一江水也常常被当作人与人之间的一种缘分和友谊。

黑河,养育了无数黄土地上的生灵。尤其人类,从最原始的部落开始,就一直逐水而居,哪里有水流哪里就有繁衍生息。黑河流域从来都不缺故事,有昆仑和弱水的诸多神话传说加持,便显得更为神秘。黑河是西北地区除黄河以外最重要的人文诞生摇篮,也是张掖人民赖以生存延续的母亲河。几千年前大禹"导弱水至于合黎"时肯定没有想过,这条发源于昆仑的河流在千百年之后驯服一如当年,依然是滋润一方土地、养活万千黎民的生命之源。

张掖人熟知的黑河,是古弱水下源合黎山以北段,山丹河与甘州河合流后的一支河流,入内蒙古境后称额济纳河,其中一段依然保留了弱水的叫法。而黑水,一般则指弱水下游黑河内蒙古段。古代时黑河曾名合黎水、羌谷水、鲜水、覆袤水、副投水、张掖水、甘州河等,是中国西北地区第二大内陆河,也是甘肃省最大的内陆河。它发源于祁连山北麓中段,流经青海、甘肃、内蒙古自治区三省区。下游称弱水,其中内蒙古境内河段的额济纳河在西夏语中就叫黑水,最终在居延海消失。黑河是张掖市、临泽县、高台县及下游金塔东部和额济纳旗绿洲等地城市工业、生活用水的主要水源。全长948千米,流域面积4.44万平方千米。黑河下游有西夏黑水城遗址。

《水经注》《山海经》等古籍记载:"大禹导弱水至于合黎,余波入于流沙。""弱水自张掖删丹西至酒泉、合黎,余波入流沙。"后经专家考证,古代指的弱水是现代黑河的支流山丹河,或者说山丹河是古弱水的干流上游,而非现代认为的支流,而黑河上游古代称甘州河,现在山丹河汇入黑河后的北段仍称弱水。弱水过合黎山进入内蒙古的河段古代称黑河,与西夏黑水城有关。

历史记载上,对弱水的注释是很不相同的。

《禹贡》说:"导弱水,至于合黎。余波入于流沙。"而《蔡沈书传》则指出源头在"张掖郡删丹县(现在的山丹县)"。《水经注》说得较为清楚:"弱水出张掖删丹县,西北至酒泉会水县入合黎山腹。"《徐松西域水道记》讲的就更明白:"弱水,今谓之黑河,又曰张掖河。汉儒不知本为一河,分张掖河当禹贡弱水,黑河当禹贡之黑水。误也。"也就是说,黑河就是弱水,也是张掖河。

这些记载合而为一,就能粗略知晓黑河的前生后世。当然,历史上也有很多不同的说法,收集起来读一读,也真是一种享受和受益,也更加懂得治学须严谨的道理,以及古人就有这样孜孜不倦地探索,对存疑和未知的地域非要弄个清楚的精神。

明代兵部尚书韩邦奇《禹贡详略》中把弱水写得很奇特。史称韩邦奇"自诸经子史及天文地理乐律、术数兵法之书,无不通晓"。据晚清《人物志》记载,他曾写过《洪范图解》《苑洛志乐》等七八本书,也算是个有名有姓的人物了。但是,他写的关于弱水的解释却颇为令人费解,兹照录如下:

"弱水自西海之山,西海今在西宁卫城西三百余里,穷石之山,当在其左右。自东而西,一千五十里,至甘州古张掖地。过合黎山,又五百一十里至肃州古酒泉地。又八百余里至沙洲古敦煌地。以上皆雍州域也。"

从这一段文字看,再翻阅古汉代地图,对照当代地图就可以知道,弱水、张掖河(也作甘州河)、疏勒河等水系,古代很可能是连在一起的。接着一段却很奇怪:"……又二万余里至条支国以入西海。"古条支即现在的伊拉克。也许,远古这里有大水系直达伊拉克。因为据此说,再和古代这里摩崖壁画上的蛇、大象和有人曾在祁连山口拾到的古代水百合化石等分析,只能是这样的结论了。

我们都知道大河向东流,这是地理原因形成的规律,但韩邦奇描述弱水流向条支,那就是向西的流向,这很奇特。如果将"条支"作唐代"条支都护府"之解,恐怕会更有佐证性,因为,水向西流到伊拉克,真是不合地理地势之规律。但若此说成立,唐条支都护府设在今新疆境内,弱水就有可能在唐以前，曾经是自新疆至甘肃的一大河流。事实上，弱水上游也的确有一段倒流河。我们都知道，黑河干流源于祁连山北麓的冰川地带和草甸湿地，分东西两脉，也叫东岔、西岔。东岔与黄河源头之一的青海大通河同宗同源，以景阳岭为分水岭，大通河向东流入黄河，黑河东岔则从景阳岭西部开始孕育，沿途汇入高山融雪、草甸溪流成俄博沟（八宝河）、青羊沟等大小支流，一路向西倒流80多千米，至青海黄藏寺与西岔汇合，然后才经由甘青交界的高山峡谷出莺落峡山口进入张掖境内。从古代许多大国、名城在西域自地图上消失，尤其具有代表意义的罗布泊、楼兰古国的消失来看，弱水纳川携流向西倒流，似乎是一个很值得考据的事情，因为蒙古语罗布泊就是"多水汇入之湖"。各种研究和猜测不一而足，各有各的见解和观点，但唯一达成共识的一点就是弱水最终流入北边的大漠消失在地表是确定无疑的。

因为有黑河的滋润，城市湿地成为张掖独一无二的风景线，张掖国家湿地公园被评为4A级旅游风景区，成了当下张掖旅游的网红打卡胜地。而下游的额济纳旗，因为同样一支水流，衍生出的另一种独特景观则是胡杨林。额济纳胡杨林每到秋天层林尽染五彩缤纷，河水和树木相映成趣营造出水天一色的大美景致来，吸引着全国各地的游客慕名而来，一览大漠中静水流深的奇观，品味三千年胡杨的不朽传奇，为当地旅游业增收的同时，也让人们只一眼便终生记住了这条富有传说的神奇河流。上游有上游的雄浑，下游有下游的静美，四时风景各不相同，各地民风迥然，但谁也不能改变的却是同饮一河水的互相羁绊，这便构成了黑河一家亲的大流域情谊。

黑河流域自上游甘州至下游居延海，一条河流养育着汉、蒙、藏、回、裕固等十几个民族数百万人口，农田和林草灌溉面积达到了三百多万亩，农牧区粮食和牲畜产值早在21世纪初就分别达到了100余万吨和超过250万头的数量。这也就是张掖之所以比其他地市相对富裕的重要原因之一，黑河流域的人们有赖于河水带来的滋养和便利，一直以来都是相对富足的。张掖作为西北极度干旱大气候下的一个例外，居然还有几百年的水稻种植历史，甘州区乌江镇所产的稻米个大粒长晶莹剔透，口味上米香四溢、回味悠长更是不输江南盛产大米之地，早在明代起就是专供王室和皇帝御用的贡米产地。"乌江稻浪"

一段时期更是甘州八景之一，明弘治初年，甘州行太仆寺卿郭绅还曾作有《观割稻诗》曰："甘州城北水云乡，每至秋深一望黄。穗老连畴多秀色，实繁隔陇有余香。"生动地描述了张掖稻田连片喜获丰收的盛世景象。

但是，黑河历史上曾经面临过数次水源枯竭的危机，由此而引发的争水事件也严重威胁到了黑河流域的民族团结和社会安定。再加上生态恶劣的影响，黑河治理已是迫在眉睫。2001年8月3日，由国家水利部报送国务院关于黑河流域治理的规划得到批复，国务院同意建立联席会议制度，由水利部牵头，国家发展计划委员会、财政部、国家林业局、农业部、国土资源部、总装备部等部门和内蒙古自治区、甘肃省、青海省人民政府及黄河水利委员会参加，协商解决黑河流域综合治理的重大问题。国务院批示：加快黑河流域综合治理，对于实现经济和可持续发展，加强民族团结，具有十分重要的意义，是实施西部大开发战略的重点工程。要求甘、青、蒙三省区人民政府、中央有关部门和单位要加强领导，密切配合，保障投入，确保完成《规划》确定的各项目标任务，逐步恢复黑河生态系统。

二十年过去，黑河流域的生态恢复和治理取得了很大成功，尤其张掖，经过近年来的治理和保护黑河生态，正在努力恢复"一城山色，半城塔影，苇溪连片，古刹遍地"的古甘州美景。黑河张掖段建成了总面积1347公顷的国家级城市湿地公园，是以黑河流域潜水地带草甸、内陆盐沼湿地植被和多样的湿地生态系统为主要保护对象的荒漠绿洲生态系统类型的湿地。张掖湿地公园不单单是一座休憩观览之地，更是拥有湿地植物45科124属195种，以及包括鱼类、两栖类、鸟类和兽类共四大动物类型100多种大型动植物的生活家园。

原来，共饮一河水的情谊不仅限定在人与人之间、人和动物之间，我们和山川河流、草木万物之间都应该和谐相处、互为依存，与这个我们共同生存的大自然长久相处，势必要求我们具有热爱自然的情怀，还要有对万物的尊重和包容。懂得珍惜、爱护一切自然资源，我们才有资格和能力把这份一衣带水的感情永远维持下去。

THE
BIOGRAPHY
of
ZHANGYE

张掖传

老子出关化胡为佛

第二章

张掖木塔 　　　　　　　　　　　　　　　　　　　　　　　摄影：王怀民

道与道的碰撞

众所周知，老子是道家学说的创始人，更是被后世尊为道教至尊并赋予神性的中国古代思想家、哲学家、文学家和史学家。在民间，特别是信奉道教的百姓更习惯于把老子称作太上老君，有关他的传说和故事也有多个版本，不但出现在正史之中，很多野史和文学作品中也屡屡提及，遍布全国的道观、道教圣地更有许多老君传道的图文介绍。

正史记载老子原名老聃，因春秋时期称学识渊博者为"子"而以示尊敬，因此，在老聃学问日深、声名日响后就被人们称为"老子"。明明是一位博学多识的学者，在道家典籍中的形象却是神性夸饰的，这中间经历了一个漫长的演化过程，而随着道家学说向仙道宗教的过渡，老子身上的神秘色彩得到神化进而"成神"，这个过程其实就是关于"道"确立的必经过程。道，简单理解就是适用于万物存在的大自然法则。老子之所以成为思想家、哲学家，又被后世奉为仙神，是因为他创立了独辟蹊径的学说，成了天地众多法则之中的一道，他提出的"无为而治"在当时有醍醐灌顶的效用，统治者采纳后发现对治理国家和管理百姓有着事半功倍的效果，便很快推广开来加以宣导，"道"也便顺势确立巩固，并影响了中华文化几千年。

继老子之后，孔子创立了儒家学说，成为另一影响中华文明的"道"，再到后来佛教的东进，很长一段时期，中国古代以"儒释道"的融合思想引领社会发展，通过不断地碰撞，促进文明进程的同时道与道的冲突和矛盾，以及互相融合的发展历程也开始慢慢走向兼容并包。河西走廊因为地理位置的特殊性，作为佛法东进的第一站，亲眼见证和实践了诸道兴盛与碰撞裂变的伟大过程，这一点通过张掖这座城市的特点就可见一斑。

张掖市五县一区之中广泛分布着各种风格迥异的民族宗教建筑，以及石窟、庙宇等诸多宗教文化遗产。开凿于北凉时期的马蹄寺石窟，与敦煌的莫高窟和安西的榆林窟齐称为河西佛教圣地的三大艺术宝窟，是体现草原游牧民族生活方式和文化特色的一处石窟群。从汉传佛教到藏传佛教的演变，就是一次道与道碰撞后的兼容。

马蹄寺兴建于百丈高的悬崖之上，历经1600多年的风雨侵蚀依旧巍然屹立于峭壁，令人惊叹古人卓越的建筑技艺，也让观光者产生视觉和心灵上的双重震撼，而寺中收藏的晋代佛像和清代康熙帝御赐龙袍，以及乾隆帝的马鞍等众多文物，都说明了马蹄寺经历过的那些辉煌与沧桑。马蹄寺环境秀丽适宜旅游观光，在这里可以体验草原民族的生活，吃手抓肉喝青稞酒，还可以欣赏到当地藏族牧民热情的草原歌舞。如果有足够的勇气，还能领略一番在草原上策马驰骋的激情飞扬，到山上的原始森林里捡野生蘑菇一饱口福，顺便听听寺里的喇嘛讲经思考一下人生，是非常不错的夏季避暑好去处。

除了马蹄寺，张掖有名的寺院遗迹还有城区内的"大佛寺"，位于山丹县的"山丹大佛寺"，和临泽县内的"香古寺"，以及诸如"西来寺""木塔寺""文殊寺"等其他大大小小二十多家寺院，可见张掖佛教的兴盛。

相比于佛教寺院众多，张掖道德观则是唯一保留下来的道教观宇。道德观位于张掖市东大街道德巷，光听这个地名就知道，这里曾经奉行修德成真之道，是一个积淀了深厚道家文化底蕴的地方。道德观坐北向南，奉祀张天师及康道宁，现在只有两名道士驻守道观，地处闹市之中却独有一股静谧安然之气。道德观，顾名思义便是直接取名《道德经》而来的一间观宇，言简意赅。大隐隐于市，顺其自然的道家思想在这里得到完美诠释。

走进道德观，扑面而来的是悠久的历史气息，"古树自然青，茶余悟道深"说尽了超然物外的洒脱和道法自然的随性，观内墙壁上绘有道教故事的彩绘，这些古老的壁画历经几百年依然生动传神、颜色鲜艳。老君殿里供奉着慈眉善目的太上老君，有别于佛教寺院众神佛偏向于西方的样貌特征，道观中的太上老君则是典型的东方老者形象，睿智而祥和一如过去人家须发皆白笑眯眯待人的老爷爷一般可亲可敬。太上老君手捧太极八卦，有乾坤尽握的寓意，更是参透阴阳超脱生死的象征，在道家典籍里这位神案上的仙神就是老子的化身。但是，随着老子出关化胡为佛的典故之后，道家与佛家谁先谁后的问题一直都存在争议，佛道之争几千年来都没有得到彼此完全信服的解决方案，而佛教大兴之后，道家的思想虽然根深蒂固影响久远，但道观庙宇明显不如佛教禅刹兴盛了。

佛道之争，溯本追源其实就是"道"和"道"的一次碰撞，国内除去几座著名的大型道观和武当山等道场，很多地方的道观表面上似乎走向了颓势，人们更倾向于追逐佛家思想来寻求心灵与精神上的慰藉。殊不知，老子化胡为佛已经在试图解决两者的相互融合发展，中华大地上的佛教并不是一个直接的舶来品，而是在一定程度上吸收了中国特色的道家思想与儒家思想之后，重新发展形成的一个新宗教文化体。所以，我们完全没有必要去争论孰优孰劣，也无须计较孰先孰后，作为大众精神上的一种寄托，能让人得到真正意义上的安宁与心灵慰藉，才是最重要的。

老子出关与化胡为佛

化胡为佛是从老子化胡延伸出来的，这是一个典故，但实质上还关乎佛道之争，是个至今难以说清楚且具有争议的话题。我们不妨抛开争议，从老子出关这件事本身来看看关外的风土人情。

2600多年前，老子辞去宫廷图书管理员的官职，到各地游学讲道，那时候他在人们眼里还只是一个渊博的学者，而中原国家的疆域至西边也只以函谷关为门户，出了函谷关就是关外胡人聚居区了。《史记》里笼统地说老子西出函谷关，不知所终。老子的去向成谜，为后世人研究老子学说和道教始源留下了太多的猜想，口口相传两千多年，便成了无法佐证的神话传说。

历史上有三个函谷关，古函谷关又称"秦函谷关"，始建于西周时期，地处"长安古道"，紧靠黄河岸边，是洛阳到长安的必经之地。老子骑青牛出关，出的就是这座函谷关，而故事里守关官吏，成为老子亲传弟子的尹喜就是在这里望气，看到紫气东来而等到了圣人，进而挽留老子求道，才有了传世名篇

《道德经》。函谷关是古代中原与西北地区文化、经济交流的要点，更是汉胡之间的分界点，因为在这里诞生了《道德经》，成为毫无争议的道家文化的发源地。

函谷关所处的位置在秦代便是边境关隘，但更多的意义在于其军事防御，到了汉代，丝绸之路开辟之后，随着国家疆域的延伸，函谷关的军事地位渐渐被潼关所替代，由军事关口蜕变成了丝绸之路上东起第一道交往贸易的大门，为繁荣丝绸之路发挥了巨大的作用。我们回到原话题，老子出关不知所终，到底是去了哪里呢？道教典籍中说，老子出关是教化胡人去了，足迹甚至到达了天竺等西域国家，最后在西域化身为佛又将佛教传到了中原。抛去神话传说的成分和存疑的部分，我们单看老子出关教化胡人这件事，是符合实际操作条件的，不论他的脚步是否真的踏足了印度等南亚国家，至少从陕西到甘肃这一路，老子传道教化人们是确定成立的。白云山、华山、终南山、崆峒山等名山作为道教圣地，都曾留下老子讲经传道的足迹。

在张掖的民间传说里，老子骑青牛入流沙，在张掖境内的平山湖大峡谷中羽化成仙是当地人一直津津乐道的一个神奇故事。而翻阅历史典籍对照，这个传说固然存在神话夸饰的成分，但从地理历史和当时的社会大环境考证来看，也有一定的可信度。《后汉书》记载老子出关"西入夷狄"。甘肃自古以来就是少数民族的杂居区，春秋时把边境居民统称为夷狄，居住在西北边境的又称西戎。而据现代学者考证，通过"紫气东来"而知圣人驾到的关令尹喜实际上并非洛阳城外的函谷关令，而是散关的守关官员。散关，在今天的宝鸡市西南，老子西行是经过函谷关，但真正意义上的出关应该是指"散关"。这一论证，早在郦道元的《水经注》里就有提及，锁定了老子西行出关的"关"是散关。由此可见，老子出关之后继续西行，是直接到了甘肃，到了张掖，这是毋庸置疑的。

老子西入夷狄真的只是为了教化胡人然后成佛吗？那也不尽然。我们都知道昆仑在西北，张掖境内的祁连山即便不能代表整个昆仑，但起码也是昆仑的中心，作为众神在人间成圣又充满了无数神迹遗留的一座圣地仙山，是多少寻访求教者作为最终证道成神的缥缈之地。如果后世道教始祖太上老君真的是老子一具化身，那老子应该早在道教建立之前就已经证道成仙，而他证道的途径仅仅靠教化胡人，还是得到了什么机缘借助了昆仑神力才能达到羽化飞升的呢？我想后者更靠谱一些。因为显而易见又至关重要的一点，佛教传入中原的时间是晚于老子创立道家学说许多年的。

我们可以这样去猜想，老子晚年弃官出关，也许有对当时国情吏治的失望，但从种种记载和故事里能够看出来，他之所以这么做，最大的原因还是参透了道之玄机，西出关外更大概率是去寻求自证大道的机会。如此，我们就可以大胆猜想，老子西出函谷关，他的最终目标很有可能是寻访昆仑圣迹证道成神，那么他作为凡人学者的归宿地选择在昆仑所在地张掖是值得信服的一个说法。当然，那个时候张掖还不叫张掖，还是统称为夷狄的一片蛮夷之地。有了这个前提，化胡为佛才能立得住脚，前后之间才有了可以论证的关系。老子于昆仑的中心张掖成神，然后看到夷狄胡人不可教化，便用了一具分身"太上老君"来实行教化之责，令中原人士一直认为的不可教化的胡人具有了佛性，佛教借此东进大兴就在情理之中了。至于老子化胡到了天竺等国的传说，在这个角度上也就有了可以作为依据的一个佐证，"骑青牛入流沙"说不定就是老子成神之后的另一具化身，继续西行传道去了呢！

如此看来，当地的民间传说并不是空穴来风，这个历经无数代人口口相传的故事，虽然存在着失真和部分夸大，但很显然这里面饱含的一份最纯朴的感情和希冀则是普罗大众对所信奉道教的崇仰，更有对中华民族传统文化的继承。我们现在著书立说，也并非为了给某一个人、某一件事定性、粉饰，而是在整理研究民俗的基础上继承和发扬中华传统文化，取其精华弃其糟粕，让更多人了解华夏文明，让我们的下一代知道我们的根在哪里。

一城山光半城塔影

张掖是一座地处戈壁沙漠边缘的塞上古城，却又是不同于河西走廊其他城市的"塞上水乡"。在采访张掖老一辈人的时候，他们告诉我，小时候张掖到处是水泽，出行走亲戚坐船更是常事。而张掖"五塔"就掩映在水光山色里,是人们抬头就能看见的地理坐标,也是大家心目中历史遗留给张掖的美景。没有亲自到过张掖的人很难理解,这座古城为什么叫"金张掖",甚至会以为张掖有矿出产黄金。其实,张掖之所以在称谓之前冠以一个"金"字,是因为这里多水,在堪舆学里水为金,张掖作为塞上水乡称作"金张掖"就是这么来的。

张掖城内原有五座塔,分别以金木水火土命名,但现在保存下来的只有木塔和土塔了。木塔又叫万寿寺塔,坐落于甘州城内县府街中心广场西侧,始建于北周,是张掖众多塔建筑中历史最为悠久的一座。木塔在隋朝时曾有重建,据说当时由尉迟恭负责监修,尉迟恭就是我们现在过年时在大门上张贴的门神敬德,原来门神与万寿寺还是颇有渊源的。木塔,一直以来都受到官员百姓的重视和尊崇,在明清两代时也有过多次维修加固。民间曾有谚语赞美木塔说:"张掖有座木塔,离天还有尺八。"赞木塔建造之宏伟,也有一种不可忽视的骄傲意味在里头,可见,木塔在张掖人心目中还是很有地位的。史料记载,万寿寺原有山门、大殿、陪殿、藏经楼、方亭等建筑,还有500尊罗汉塑像。千百年风雨沧桑,如今只剩下了这座塔,其他建筑和内中佛像都已经荡然无存,而充满了历史风霜印记的木塔,也成了仅供游人观赏而不可攀登的古建筑。

甘州八景之一"木塔疏钟"说的就是万寿寺木塔和塔顶的古钟。根据万寿寺的资料介绍,以前最顶层有古钟一口,敲响钟声四野皆闻,可谓"塔势凌霄汉,钟声叩白云"。然而,那口声震四野的古钟已经遗失,甘州古八景中的"木塔疏钟"被新八景"木塔晨曦"所替代,到底略有遗憾。称作木塔,最早并不是应五行而来,而是它本身的结构原为木质所建。据重修万寿寺塔碑文记载:元代时所见的木塔为十五层木构塔,下有地窖,地窖中心矗立着一根上接塔顶、下连铁座的铁柱子,有大力士站在铁座上用力搬动铁柱,就可令木塔整体旋转。自然,这样的神奇建筑技艺我们已无缘亲见了。现存的木塔乃是民国十五年重建,塔身高32.8米,八面九级,每级八角,上有木刻的龙首作口含宝珠状,下挂风铃叮叮清音,外檐采用楼阁式建造,主体依然是木质结构,塔身内壁由砖砌而成。木塔各层都有门窗,上面镂刻有花饰,看起来古色古香很有厚重感。木塔建造最能体现中国传统建筑学精髓的，莫过于它的木工手艺了，木构塔身整体没有一钉一铆，全靠斗拱、立柱和大梁相互契合，木头和木头之间纵横交错，彼此连接，浑然而成一个整体。单从建筑技艺来说，张掖木塔可谓是一座巧夺天工的艺术品了，从中我们便能够领略到老祖先的巧手、巧思，对传统建筑技艺有了一个全新的认识。

土塔、木塔是唯二保存下来的五行塔佛教建筑。佛教兴盛由西往东，张掖作为率先接触并接纳僧侣宣扬佛法的古城镇之一，佛教在这里留下了浓墨重彩的一笔，"半城塔影"更多的时候作为一种信仰和纪念，里面多安放着得道高僧的舍利或是灵骨。相传，土塔原为天竺国高僧迦摄摩腾的灵骨安放处，历来乃是信士檀越供佛、礼佛的重要场所。土塔建于西夏时期，位于大佛寺内，在明清两代多有补修，但是1929年张掖地震塔的顶部遭到毁坏，我们今天看到的土塔是20世纪80年代修复之后的了。土塔与木塔在建筑风格上是大相径庭的，这里更注重宗教特色的表现形式，土塔的整体结构充满了浓浓的藏传佛教风格，又兼顾了一部分印度建筑的特色。土塔还有一个别称，叫作喇嘛塔，高33.37米，由塔座、塔身、塔刹三部分组成，塔座分两层须弥座，上面各有八座小塔和供着佛像的小佛龛，塔顶相轮造型就是藏传佛教中具有典型特色的样子。土塔和其上又设置的小塔都统一采用下圆螺旋而上的形状，顶呈宝伞状，建筑线条十分流畅、壮观。细细看去，塔下部的须弥座上除雕饰有佛像外，还有狮子和大象等动物的图案，这一部分是沿用自古天竺国等地的绘饰特点，从中也可看出这座佛塔的历史颇为久远。

这种类型的塔在张掖并不罕见，作为高僧大德或是喇嘛最终的灵骨安放处，土塔的覆钵保留了坟冢的样式，比如已遭毁损的金塔、水塔和火塔都是实心塔，人们不能登临塔顶，只能在塔下仰望敬拜。更早的时候，张掖人把城内最大的五座塔分作"五行塔"，用金木水火土来对应称呼。但是，如果真的按照五行方位来印证，这五座塔却并不在五行应该的位置上，这中间自然是有一段渊源。原因是五行塔的建造并不在同一时代，木塔建于北周，土塔建于西夏，金塔、水塔、火塔则建于明代。而在叫五行塔之前，它们都拥有自己的名字，只是木塔是纯木质结构，人们便习惯称之为木塔却忽略了它原本是叫作万寿寺塔的；土塔则原称弥陀千佛塔，因是砖土结构就叫了土塔。到后来修筑了其他三座大型佛塔，有人便将五行恰好附会在了这五座塔上，凑全了五行塔的数字，但因着木塔和土塔的叫法早已成型没有办法为其重新命名，才形成了张掖城里五行之塔不在其位的特例。①

  到张掖旅游木塔和土塔是必选之地，假如正好选的是春夏之际，绿树掩映中向南看，祁连雪峰遥遥在望，仿佛牛马的哞叫和牧民放歌的声音就在耳际；向北望，龙首山俯卧腾冲起伏连绵；合黎山的神话传说传唱不绝，情侣峰上的夫妻千古凝眸……一城山光浮想联翩。走在清风徐徐、水汽扑面的湿地栈道上感受张掖气息，木塔沐浴在万岚晨曦之中诉说千年来的风云跌宕，大佛寺的晨钟暮鼓里吟唱经卷梵音袅袅……脑海里便浮现出丝绸古道上的一幅"清明上河图"来，那里面有驼铃逶迤的商队行进于城关之外，将军饮马黑河，胡姬卖唱酒肆，摇着转经轮的僧侣虔诚叩拜瞻仰佛塔，转山、转水、转来生，跳脱的孩童穿梭在行人之间，结伴游玩的女子衣带飘飘和对岸的少年郎隔河相望欲语还休……如此景致就构成了古甘州的盛世繁华，也成就了那书卷里写的"一城山光、半城塔影"的魅力张掖。

《西游记》与张掖

  《西游记》装点了无数人的记忆，以前孩子们假期里没有现在这么多的辅导班，也没有游乐园和新奇的玩具，最大的娱乐就是围在一起看电视剧。从《葫芦娃》《蓝精灵》《小龙人》到《西游记》。电视台也乐此不疲，每个假期反复播放，怎么看都看不腻，孩子们对里面的故事更是如数家珍。尤其《西游记》，那真是老少皆宜、常看常新，是最受欢迎的电视剧了。我不知道现在孩子们喜欢的偶像是哪一个，他们的假期里是不是也看电视剧，是不是也兴高采烈地围在一起追逐美猴王降妖除怪？还能对体现我们传统文化的中国式神魔玄幻故事知道多少？

---

① 《甘州区志》，甘肃文化出版社。

西游故事耳熟能详本没什么新鲜东西可写的，可是，在那些充满神奇色彩的故事背后，包括创作者的思想、人物的塑造艺术、想要表达的观点、体现的精神，以及内里包含的有关道家、儒家学说的许多典故和哲理，却一直是很多人乐于研究的关注点，进而出现了"西游文化"这样一种新型文化体系。西游凝聚的精神和内涵不消多说，我们的理解和那些专门研究西游文化的学者也没办法相提并论，但因着对西游的热爱，还是免不了对其关注，也因此发现了很多与张掖相关的趣事、趣闻。

作为玄奘西游路上的必经之地，张掖留下了不少西游遗迹，而且随着旅游文创的兴起，这些遗迹逐渐得到开发，对挖掘传统文化是很有现实意义的。张掖与《西游记》的渊源还是很深的，现在仍然有很多地名与书中的地名恰好一致，而修建于西夏朝的甘州大佛寺壁画更形象生动地绘制着《西游记》故事连环画作，十分神奇的是，据专业人士考证，这些壁画的绘制年代要早于《西游记》成书大约200年的时间。因此，有人猜测当年吴承恩有可能是先来过张掖，受到大佛寺壁画的启发之后，才创作出了脍炙人口的《西游记》一书。当然，这只是一个缺乏有力佐证的可能，事情到底是什么样子的谁也难以断定，就只能作为历史遗留的又一段佳话来权作笑谈了。

不论吴承恩是否来过张掖，西游故事是否借鉴或取材自流传在张掖民间的那些传说，抑或是张掖人民根据玄奘西行取经的故事给一些地方命名，争论自是毫无必要，却都说明了一件事，那就是张掖与《西游记》的关系，说这二者之间是相辅相成并不为过。张掖的黑河、高老庄、牛魔王洞、莲花山、晾经台、流沙河、弱水、通天河等地名，在《西游记》中出现的次数和频率高达六个章回几十次。在属于张掖的众多地名中，流沙河、弱水、黑水河、黑河四条河流的字眼是出镜率最高的，而实际当中，看起来并不相同的四条水流却都是指现在的黑河，也就是古弱水，只不过黑河上下游各段或是其分支河流都很有个性，且水域延展至张掖境内自山丹县、甘州区、肃南县、临泽县和高台县的不同区段，又因河水流势各不相同便很容易让人觉得它们不是一体。比如地处临泽县的流沙河就是黑河支流之一，上游为梨园河，中下游为沙河，下游才归于黑河主流。而大佛寺始建于西夏时代，甘州区博物馆保存的从卧佛腹内发现的铜牌和铁牌上记载:"流沙河地界张掖郡有迦叶遗迹,大夏建"和"震旦国张掖郡流沙河有迦叶遗迹,大夏建"的铭文。查阅文献得知,"震旦国"是先秦、秦汉时期古印度天竺国一带对中国的称呼,最早得自佛经音译当中,称作摩诃震旦。由此推论,流沙河以及通天河等水流在张掖的河流命名上当是早于《西游记》的。

《西游记》第22回讲的是唐僧收三弟子沙和尚的故事,正因为发生地是在流沙河,便赐了悟净一个"沙"姓。书中描写流沙河地貌用了四句诗说:"八百流沙界,三千弱水深。鹅毛飘不起,芦花定底沉。"这里既说出了流沙河的宏阔,表现了河流的险象湍急,更说明了流沙河是弱水分支的事实。根据有关资料记载,临泽县境内的黑河岸边早年间的确有一块石碑,上书"弱水三千里,自古无人烟"。可惜,后来这块碑被损毁不在了。无独有偶,在黑河东岸早年也曾有块石碑,上刻"通天河"三个大字,并提有类似楹联的两行石刻小字,分别为"径过八百里,亘古少人行"。通天河水流相对较为平缓,正是黑河中段流经张掖平原地区的一段。古人行路靠双脚,即便骑马驾车也赶不了多少路程,玄奘西行路过张掖时并不像我们今天的公路、铁路畅通直接,大多还是依照逐水延伸的道路而前行,以人的体力和脚程计算,从高老庄收服猪八戒到流沙河沙和尚受戒,再到通天河,也算是一个比较漫长的行程了,这中间发生种种故事完全是在情理之中的。

86版电视剧《西游记》旺盛的生命力和无可比拟的影响力,令几代人尽皆成为西游的忠实粉丝,成就了演员,也成就了国产神魔影视剧的高峰。高老庄收降猪八戒是西游故事的经典之一,剧中猪八戒背媳妇那一段具有高辨识度的音乐至今还是无数人捧腹的高水准艺术作品,而猪八戒在西游途中闹出的种种笑话更是妇孺皆知,还被总结概括为歇后语等形式而广为流传。如猪八戒吃人参果——不知啥滋味、猪八戒照镜子——里外不是人、猪八戒耍把式——倒打一耙等,都成了人们口中惯用的典故。

张掖丹霞口有个叫高庄村的地方,据说是《西游记》中描写的高老庄所在地,离此不远的山里还有一方山洞,有人考证过,说这个洞叫作"云栈洞"。早年间洞口附近经常发生牛羊失踪的事件,甚至还有小孩子在洞口附近失踪的怪事。当地村民中有传说，说此云栈洞就是猪八戒曾经居住过的彼云栈洞，但因为此洞随着猪八戒的离去被不知名的"妖怪"所占才会发生小孩和牛羊莫名失踪的事，便发动村民把山洞填埋封堵，并在其上建了座"净坛庙"来镇压。现在"净坛庙"早已损毁没了痕迹，但这处当地人称作"八戒墩"的土台子还矗立原地，是一座直径约2米、高20米的圆形夯筑土台，具体建筑年代不详。[1]

丹霞口兴建的旅游文创园区里有一处叫"高老庄"的民俗观览园，还原复制高老庄之余，还准备把西游故事中关于猪八戒和高老庄这一段故事拍成影视片来发展旅游业。我去参观的时候还没有修建完成，粗略看工程量还是很大的，设计规划也很有河西地域风格，相信建成以后将会吸引全国各地的游客来观光，成为张掖旅游的一大亮点景区，也为西游文化的研究和西游粉丝提供了一个不错的去处。

除了这两处代表性的地方，还有甘州区靖安乡以北山里的牛魔王洞，和肃南县马蹄藏族乡的芭蕉湾，都与《西游记》中的故事大有关联。特别是芭蕉湾，这里地处高原，气候寒旱，芭蕉树是根本不可能存活的，生活在当地的人几乎都没有见过芭蕉树，但却很离奇地叫了这么一个地名，个中原因无人能解，唯一的解释也许就只能是《西游记》了。联系据此一山之隔的牛魔王洞，以及几十千米处说是金角大王和银角大王啸聚为魔的莲花洞所在来分析，铁扇公主的芭蕉扇和银角大王的芭蕉扇应该都来自芭蕉湾。也许在很早很早之前，这里还没有因为地壳运动而成为隆起的高原时，曾经生长着芭蕉树也未可知呢。何况，芭蕉扇那般神异，或者是生长在这里的一种芭蕉的变异树种，那谁又能说得清楚呢？

除此之外，高台县的晾经台遗迹也是西游粉们值得一去的地方。当地人一直自豪地声称，晾经台是唐僧师徒取经回来在通天河遇难浸湿了经卷的晾晒之处，有个叫台子寺村的村庄里甚至还有口口相传下来"先有晾经台，后有台子寺"的谚语。还有人说，高台县的得名也由晾经台而来。不知道玄奘和

---

[1]《金张掖史话》，甘肃文化出版社，2004.8。

吴承恩有没有实地到过台子寺，但踏访之后赫然发现这里确确实实有着悠久的历史。十六国时期西凉国君李暠（hào）在台子寺堆筑高台，用于练兵和军备，后来，当地人在这基础之上修建了一座寺院称为"台子寺"。经过岁月的洗礼，当年的台子寺破败拆除，然而台子寺村却保留着桑柘人烟的延续，见证了这座貌不惊人的土台所经历的风云变幻。寻访晾经台，村里有文化的老人对这里的历史和传说烂熟于心，在他们骄傲的讲述当中，能够领略到和我们一样的西游情怀。而村外遗留的李暠台遗址和两方石碑，都在用历经沧桑的身躯无声诉说着发生在这里的故事。

我们总是纠结于《西游记》是否取材于张掖本地的传说，以及那些巧合的地名的出处和来源，其实对于热爱西游的人来说这都不重要。或许，未知才令探索更具有趣味！与其追索流于表面的问题，不如秉持着一份西游情怀，用脚步丈量那份热爱，通过走访游学，去触摸历史，感悟其中的意义，从而深层次地理解西游精神，理解传统文化中的精髓，才是最有价值的收获吧！

张掖存在着大量古地名和富含文化内涵的老地名，不仅仅限于《西游记》中的这些，它们广泛分布在山水湖塘之间、村舍街巷当中和古刹城砖里面，像一张张历史名片，演绎过和正在上演着属于张掖特色的精彩故事。这座具有2000多年历史的丝路文化古城，还有许许多多让人迷恋的美好，正等待有缘人来拥抱她。

河西宝卷和张掖民俗

河西宝卷是广泛流传于甘肃省河西地区的一种民间说唱文学，由唐代敦煌变文、俗讲及宋代说经演变而来。河西宝卷受民间话本、白话小说、宫调曲牌和地方戏曲的影响，在编写上力求朗朗上口、韵脚相合，是具有很高艺术水准的民间文学，而它的表演采用当地人喜闻乐见的唱念形式，因此河西民间多称之为"念卷"。

河西宝卷的历史渊源可以追溯到两汉时期，起源于河西四郡，在甘州、肃州、凉州等地都有深厚的文学沉淀，历经千年传唱不衰，是列入国家级非物质文化遗产的宝贵传承。有学者提出了河西宝卷是源自北方宝卷的说法，在国内其他地区也有相同或雷同的卷目流传，南方苏浙一带也继承了一部分，可见宝卷这种民间文学还是拥有旺盛生命力的，且在老百姓当中具有很大存续力的一种传统民间文艺形式。而河西宝卷则是在继承和传承过程中，进一步民族化、地方化和民间化而演变定型为适宜于河西地区人们喜爱传唱，具有河西特色的民间文艺形式。在实际念唱和各地保存整理的卷目方面，河西宝卷在河西各地市也存在地方化差异性，比如张掖民间的宝卷，里面的唱腔还融入了甘州曲调，而武威则沿用了凉州小调。

国内现存的河西宝卷有上百种，而流落到海外的也有数百种之多，我们完全可以想象，在宝卷大流行的那个年代，这种艺术表现形式有可能媲美今天的流行音乐，是受到百姓追捧的文娱活动。但是，随着时代的变迁和社会的发展，宝卷已不再风靡万千，"念卷人"大都年事已高，而年轻人对念卷活动没有兴趣鲜少继承，听卷人也大量减少，渐渐呈现出后继无人的濒危态势来，让宝卷文化的传承普及失去了存活的环境和传播的市场。

在河西人的记忆当中，每到冬天农闲时节家里炕头或是农家院落，总能见到少则四五人、多则几十人在一起念卷的热闹景象，说到高潮处更是一人唱百人和，颇有声振屋瓦的浩大声势。在河西地区，主唱的念卷人选是很有讲究的，基本都是信佛的居士、阴阳先生，还有一些得到群众普遍认可的民间艺人，或是识文断字的德高望重者，而妇女是不被允许领唱的。但事实上，一些上了年纪的妇女充当听卷人时间长了便大多会唱、会念了。

这个看似属于陈规陋俗的习俗和宝卷的来源是大有关联的。因为，宝卷还有得自宗教说经的另一种说法，又因内中关于神佛的宗教故事占很大比重，在农村地区比较守旧的老辈人心目中，妇女在祭祀参拜等有关礼教活动中依然只能作为附属，缺乏主导地位的农村妇女也就只能参与听卷，而不做主要念卷人了。宝卷的传播方式有两种，一种口头流传就是聚集念唱，另一种是文字抄录。在过去的河西地区，人们普遍认为宝卷有着镇妖辟邪的功效，抄卷被当作积功德的善事，有文化的人都愿意抄写，除了自己保存还可以赠送给亲友，既为自己修功德又联络了感情，是很高雅的一种人情往来赠礼佳品，书法好的，甚至能被人当传家宝一直保存下来。当然，常见的还是那种竖行印成的木刻版。

河西宝卷内容广泛，包含儒、释、道三教合一的有关传说，还有大量非宗教的历史人物、民间神话和戏曲故事，现当代又与时俱进新增了一部分符合当下道德审美的故事。从总体上依然秉持着浅显易懂的通俗化寓意，通过念唱讲故事来劝人向善、助人为乐、孝敬父母、和睦兄弟、与人友善，以及勤劳生产、爱惜粮食等富含教育意义的唱词，达到或者促进人们对精神和品德修养的正确导向。

河西宝卷涉及题材广泛，故事有长有短，短的五六千字，长的八九万字，有反映人民群众生活生产内容的，如《丁郎寻母宝卷》，我记得这个故事在民间叫《丁郎刻母》的更多一些。讲的是一个不辨是非的儿子从懵懂刻薄、偏听偏信到失去母亲才知道母爱伟大，继而劝人孝顺父母、及时行孝莫留遗憾的感人故事。

历史类的故事是宝卷中最受人喜爱的一类，任何人群都适宜，因为故事性强，人物性格鲜明，又是大家都耳熟能详的历代历史事件或人物编写而成，在念唱时不挑观众往往还能获得超高的人气。比如《孟姜女哭长城》和《包公错断严查散》，这些历史故事更多流传形式可能来自演义、戏曲等书籍和舞台方面，没有听过以宝卷这种相对特别的念唱白话来表演的吧？那我要建议大家，如果有机会还是近距离聆听一次，你就会被那种独特的表演所吸引，沉醉在朗朗上口的韵文中为之倾倒。

娱乐类宝卷故事是以民间传说和神话为主，这一类宝卷神话色彩浓厚，故事情节动人，趣味性和感染力兼备，颇受老人和妇女欢迎。像我们知道的《天仙配》《劈山救母》《何仙姑》等神话传说，最具有张掖特色的则为《敕封平天仙姑宝卷》。由张掖市图书馆整理印制的这部宝卷，是从康熙刻本而来，书中记叙了张掖地区民间世代流传的一位女神。宝卷中讲，仙姑在看到黑河泛滥不能渡河严重威胁黎民百姓生产、生活安全之后，发愿要在黑河上修造一座桥来帮助人们，却因为修造途中种种艰难险阻，以至于最后以身投水，用自己毕生的法力和身躯铸成桥梁，沟通了黑河两岸，继而受封成仙。这部宝卷里主要记述的故事发生在明代后期，在汉代就已成仙的仙姑频频显灵，帮助当地驻守官军抗击北方靼子和对品行操守都有口皆碑的官民许愿应验的显圣事件。这些故事均以明代河西历史大事件为依据，直接反映了当时河西地区，尤其是张掖的历史政治和风土人情，以及宗教文化与宝卷文学之间的互相影响，是一部保存完整、记事全面的神话类宝卷。

教育类宝卷也是河西民间自古以来用于启发子孙后代的主要方式，选取富有教育意义的寓言、童话故事为题材，运用神奇的幻想和大胆的夸张渲染，受到人们的喜爱，《鹦哥宝卷》就是其一。鹦哥，是当地人对鹦鹉的另一种称呼，讲的是一只白鹦鹉为了患病而不久于人世的母亲寻找仙桃来续命的故事，张掖民间俗称这个故事叫"白鹦哥盗桃"。小鹦哥历经千难万险寻访仙桃，遇到了坏人被捕捉关进笼子里卖到一个包姓大户人家，鹦哥嘴巧向这家主人诉说了自己不能久留屋檐下承欢的苦衷，并曲意逢迎获得主人家喜爱，然后感动了主人终得重获自由。那段念唱是我记得为数不多的宝卷唱词之一："包奶奶白来包奶奶白，跌到面柜里寻不见；包爷爷黑来包爷爷黑，站到煤山上寻不见……"像这样通俗浅显而富有生活气息的比兴唱词，在河西宝卷里不计其数，不管有文化还是没有文化的人一听就懂，过耳不忘，使得宝卷既能登大雅之堂供人品赏，又能让普通百姓瞬间理解，难怪能流传千百年牢牢扎根于广大百姓之间了。

还有一种就是宗教类宝卷，从敦煌佛教变文发展而来，主要目的是演释经文、宣扬教义、劝人行善，具有代表意义的大约要数《唐王游地狱宝卷》了。这部宝卷里讲唐王李世民在十八层地狱里的所见所闻，从而说明人是有前生和来世的，告诫人们行善和作恶终会得到因果报应等富有教化意义的道理。

河西宝卷大量反映了老百姓切身的社会生活，寄托着人民群众发自内心的喜怒哀乐，在过去的很长一段时间承担着基层，尤其是农村劳动人民的精神文明建设作用，对培养人们的良好品德有着不可忽视的重要意义。但是，由于农村经济的发展和生活习俗的改变，现在已经很少有人主动举行念唱宝卷的活动了，那些祖上曾为念卷人的人家收藏的宝卷也大多束之高阁，轻易不向外人展示了。农村里头还会念卷的人基本都是年逾古稀之龄、极为稀少的一群老人，随着这个群体在未来逐渐逝去，河西宝卷或许只有文字遗留，那些唱腔很可能将会彻底消亡。这是一件令人感到非常沉痛和遗憾的事情，再过若干年，我们的下一代、下下一代也许再也没有聆听河西宝卷的机会，甚至连什么是河西宝卷都不知道了。作为一个文字工作者，不免时常担心河西宝卷的未来命运，就如同历史上的张掖大曲的消亡遗失，八声甘州只见其文却不闻其声一样，真怕我们又一次与这份文化遗产失之交臂。

所幸，张掖政府和有关人士对河西宝卷的发掘和保护终于重视了起来，政府组织人力、物力全面搜集整理散落在张掖民间的宝卷卷本，通过进行广泛的普查和征集，及时了解并掌握卷本数量、种类，以及念卷人和听卷受众的情况，多次举办现场念卷活动，进行了实况拍摄、录音、录像，并通过抄录和复印搜集到了一部分原始宝卷脚本。张掖市图书馆整理编辑的《敕封平天仙姑宝卷》就是在甘州民间收藏的康熙三十七年刻本基础上，经过精心对照、补漏纠错而汇总印制的。随着保护发掘工作的展开，我们终于可以面对面观看和聆听宝卷念唱了，这是一件功莫大焉的事情。[①]

要听地道并有水准的念卷，坐落在临泽县的河西民俗博览园也许是个值得推荐的好去处。记得是夏天的一个上午，带着几位来自南方的文友去丹霞赏景，看到丹霞口的河西民俗博览园大门，朋友很感兴趣，要作为丹霞旅游的第一站进去参观。陪同他们走进免费开放的博览园，一阵特别的音乐丁丁零零吸引了我们的注意力，顺着乐声寻去，竟然是久违了的河西宝卷的现场念卷活动，我一阵惊喜。南方来的朋友对河西独有的这种文娱活动更是惊奇不已，不知不觉就站着听了半个小时，等念卷告一段落都情不自禁鼓起掌来，直称长知识、见世面了。如果把念卷称作音乐的一种，那就真的应了那句话，音乐是相通的，不分国界、不分种族，而作为艺术的一种，更是具有共通之处的。

那天的旅游最终打乱了计划，我们的脚步停留在民俗博览园没有离开，

---

①参考文献《甘州区图书馆志》甘肃文化出版社，黄岳年编著。

受到这群热情的民间文艺家的邀请，大家全程参与了整场念卷，在新奇与喜悦里度过了愉快的一天。活动结束，博览园的负责人向我们介绍，这已经不是他在这里举办的第一场现场念卷了，早在 2018 年 8 月，国际亚细亚民俗学会第 19 次学术大会暨丝路民俗中的宝卷与甘州古乐传承学术研讨会就是在这里举办的。研讨会上，来自国际民俗学界的相关专家、学者围绕河西宝卷与丝绸之路多元化文化交融，以及非遗保护与河西宝卷的活动传承，还有河西走廊古代音乐与中华文化互相渗透等研究课题，进行了深入研讨交流。听了这样的介绍还是让人十分振奋的，看来我的心终于能放到实处了。民族的就是世界的！河西宝卷的存续发掘，是张掖传统文化存续发展的其中一个序章，也是对张掖民俗文化的展映和继承，希望河西宝卷能继往开来，受到越来越多人的重视和喜爱。

THE
BIOGRAPHY
of
ZHANGYE

张掖传

第三章 骠骑西征张国臂掖

甘州府城　　　　　　　　　　　　　　　　　　　　　　摄影：王怀民

断匈奴右臂张中国之掖

每一个王朝更迭都是一部风云激荡的巨变史，每一个盛世的崛起又是一次人类整体向文明过渡的进化史。在中国历史上，曾经发生过无数次新旧交替、天下分合的大事件，也因此诞生了许许多多青史留名的文臣武将、豪杰枭雄。这些人创造了历史，也造就了许多流传后世的神话，他们或永远留在了史册中，或活在民间的传说里，成为沧海桑田般的记忆。譬如，霍去病。

霍去病的一生灿若星辰，但又短如流星转瞬即逝，在年仅24岁时就英年早逝了。尽管如此，在他短暂的生命历程中却留下了太多耀目辉煌的英雄事迹，由他缔造的那些传奇深深影响后世，并将在未来一直被铭记。尤其在西北地区，霍去病这个名字早已深入人心，代表着威武彪悍、霸气凌云，历来都是西部人崇尚的标准英雄形象。

张掖的得名事关霍去病，事关一段彪悍铁血的华夏历史，西部传奇。2000多年前西汉建立初期，河西地区还是游牧民族匈奴的生活聚居地，是中原王朝口中的"蛮夷之地"。河西，是因为地处黄河以西的统称，在匈奴占领之前本属大月氏部族领地，虽然与中原王朝时有摩擦，但相比于匈奴人的好战，大月氏是一个相对喜欢安宁，没什么入主中原野心的游牧民族。正因为大月氏的得过且过，最适宜于牛羊牧养的广袤河西草原归属了匈奴人强悍武力的统治之下，继而威胁到了大汉的西北边境。匈奴人控制西域各国，渐渐有了和大汉分庭抗礼的强盛，令汉武帝深为忧虑，于是便有了张骞第一次出使西域。一出西域，张骞并没有取得成功，在西行途中被匈奴俘获，滞留河西十年，辗转流落受尽苦楚才找到了因战败失去家园更加随遇而安的大月氏。可是，汉武帝君臣雄心勃勃制订的"凿空河西"战略大计中，被寄予厚望的大月氏却令张骞失望至极，他们早已没了东返夺取故园的信心。当张骞衣衫褴褛、蓬头垢面回到长安复命时，雄才伟略的汉武帝是何等颓丧，可想而知。

张骞没有带回大月氏联手制敌的盟书，却用双脚丈量了河西走廊以及西域大片疆域，为大汉君臣带回一个完全不同于中原的新世界蓝图。透过这张蓝图，汉武帝预见了一条源源不断的财富之路，也预见了一个八方来贺的辽阔强汉盛世的来临，他更加坚定了必取河西的决心。尝试过从其他路线连通河西都未能如愿之后，武力攻取剪除匈奴右臂、以张国之肘腋的军事战略势在必行，而年轻的冠军侯在众多质疑声中毅然挑起了这一注定彪炳史册的伟大战事的指挥者重任。历史没有假设，如果不是博望侯的十年淹留，河西之战应该不会那么早发生；如果不是冠军侯威猛善战，河西四郡也没有那么早正式归属大汉。如果没有如果，"张掖"这个响彻华夏大地2000多年的名字还不知道什么时候能够落地生根。

在今天看来，河西之战的胜利似乎毫无悬念，事实上那场被誉为冷兵器时代作战范本的战争，却是千里奔袭拼命流血换来的成功。霍去病率领一万骑兵出征匈奴，创下了六天转战千余里，孤军深入合黎与匈奴短兵相接还取得决定性胜利的战绩。在一战取胜之后，汉军很快组织了第二次河西之战，霍去病率众从宁夏渡河迂回，翻越贺兰山、穿过大沙漠，绕道居延海向匈奴腹地挺进，最终在祁连山与合黎山之间的弱水上游张掖地区，给了匈奴浑邪王和休屠王致命的一击。此战匈奴人死伤3万余，被俘和迫降的王族、臣僚不计其数，匈奴当政的首领仓皇逃窜率残部退出河西远遁漠南和漠北诸偏远地区，从此一蹶不振，河西走廊正式纳入大汉版图。

为了彰显大汉对河西用兵的武功军威，汉武帝大笔一挥定下了河西四郡的名称，张国臂掖令大汉君臣感到前所未有的舒展，更在大汉的版图上舒张出一支举重若轻的遒劲巨臂来。张掖，在当时不知曾让多少人畅意抒怀，每念及一次，它的厚重和有力就势必加重一分，让这支打出威风的胳臂直指西域，打开了大汉通往遥远亚细亚的丝绸之路，也打出了"犯我强汉者虽远必诛"的中华气节。河西归属，促进了汉朝统一西域，自此之后，秦长城从令居塞延伸到了阳关和玉门关，汉长城的烽燧直抵轮台。这条连通西域的巍巍长城，隔断了匈奴与西羌的联系，以南是汉移民屯垦的农业区和天山以南的乌孙、小月氏等诸部，以长城为界形成了强盛大汉为主导的汉夷联盟，切断的是匈奴赖以厉兵秣马的强壮臂膀。匈奴从西北直扑中原华夏大地的"两臂环抱"之势，就此折断右翼，却成就了河西走廊繁盛汉唐的辉煌。

张掖从此有了自己的名字，汉唐时期一度是媲美京都长安的繁华之地。看腻了江南烟柳柔婉的文人士子，纷纷涌向河西流连忘返，在广阔的河西大地上相约一起去看流星雨，脚步遍及黑水河，结伴同赴一场草原之约，策马奔腾共享人间繁华，陶醉于张掖的奇山妙水。于是，有了那首著名的诗句："大漠孤烟直，长河落日圆。"张掖，就是这么引人入胜！也许，令人沉醉的不只是风物景致，它旷达丰厚的历史底蕴和那段充斥着金戈铁马的热血过往，更能使人找到疾风烈马、英雄归来的共鸣吧！

三迁郡治两地同名

河西诸地是个"十里不同天、百里不同音"的地方，来过河西走廊的人大概都有切身体会，有些地区的方言晦涩难懂，跟"鸟语"也差不了多少。不过，将他们的方言文字化，你就会发现这些奇奇怪怪各不相同的方言虽然存在地方性差异，无论发声再怎么不同，词汇的出处却基本相同，且都是有迹可循的。究其原因，是河西在正式纳入中原王权版图后，很大一部分从中原地区迁徙来西北屯垦戍边的移民，带来了当时先进的汉学和汉语言。

据史料记载，汉元鼎元年，也就是前116年，汉武帝派数万人渡黄河修筑了令居塞及以西的长城，并从中原迁来数十万汉民散居河西，开始大规模屯田。令居塞，是今天永登县西北区域，亦为河西走廊的东开端。由此可见，河西诸地在很早便受到了中原文化的影响，河西四郡的建立开启了真正意义上的第一次东西文化融合。

河西四郡的设立是汉武帝文治武功的一大体现，应该也是他雄才大略的一生中，值得自豪和骄傲的一件伟业。因此，四郡的命名和郡治选址也一定是万般权衡考量之后制定的。事实上，四郡之中第一个设立的并非张掖，而是酒泉郡，但郡治也并非今天我们熟知的那个酒泉城，而在觻（lì）得城。觻得城原为匈奴浑邪王的王城，位于现在张掖市甘州区西碱滩乡和临泽县昭武村之间。因觻得城中有"泉甘似酒"，便得了酒泉郡名，酒泉郡位处河西走廊中心地段，统辖整个河西。张掖紧随其后得名，但那时候还只是一个县并没有设郡，县府在今天凉州区东南60千米处的张义堡。继霍去病之后，汉王朝持续对匈奴残余势力用兵，大将赵破奴对本就不成气候的匈奴进行了最后的荡伐，彻底消除了河西匈奴对汉王朝的威胁。随着疆域的扩大和移民骤增的新形势，前111年，汉武帝下令改设张掖县为张掖郡，郡治依然在河西走廊东端的原张掖县址处。辖域东到黄河，西至焉支山，在当时属于管辖地域很大的郡城。

直到四十多年后的汉宣帝时，张掖郡辖域一再增扩不便管理，才从中又分置了武威郡，张掖郡治不变，武威郡治则在当时的武威县，今民勤县东北之地。在此基础之上，张掖郡治又经过了三十年的停留，然后在汉元帝允准匈奴降部在河西安置，并设置了骊靬县后，汉王朝对河西各郡的统辖区域做了大幅度的调整，各郡治也相应有了新的地段划分。酒泉郡由觻得城移驻今肃州区城区的福禄县城；张掖郡治西进移驻觻得城；武威郡治则移往当时的姑臧城，也就是今天武威的市区所在；敦煌郡稍晚一些，随着汉长城的铸成而设立，辖阳关和玉门关两处险要关隘。史书上笼统的河西四郡叫法一直误导人们，都以为四郡是同一时间设立，其实是错误的。现存相关史料也多有出入，如《汉书·地理志》载：前104年，西汉政府设置酒泉郡与张掖郡，前101年设武威郡，前88年又设敦煌郡。而在《汉书·武帝本纪》中又说：元狩二年（前121）浑邪王降，以其地为武威、酒泉郡；元鼎六年（前111）分置张掖、敦煌郡。很多人读到这里不免挠头，到底哪一种记载是正确可信的？这就是史书记叙和传承抄录过程中所出现的纰漏了。

古代人传书都是靠手抄记载，印刷术发明后才大大节省了人工抄录的繁重工序，但是印刷校对也并非全无错处，加上年代久远和传承过程中有些个人理解的偏差，以及缺乏考证纠错，传到后来就出现了差之毫厘谬以千里的误读了。就如河西四郡设立的时间和先后顺序，还有四郡郡治的地理变迁，都出现了不同程度的差异。史料中说先有酒泉和武威二郡，后有张掖、敦煌设立，这就是一个超级乌龙事件。张掖和武威，与酒泉、敦煌，四地得名时间相差无几，不存在先有谁后有谁的疑问，只是酒泉置郡早于其他三地，而张掖和武威稍晚一些建郡，敦煌则更晚一些称郡罢了。得名与置郡，是两件事，不能混为一谈。

到了渠蒙逊建立的北凉国后期，张掖被赋予了一个新名字——凉州，为了区别先前已有过凉州的事实，将新地名称为西凉州，下辖八郡中多以"西"冠名者如西安、西郡、西海，大约张掖被称西凉就是从那个时候被坐实的了。等到北魏灭了北凉之后，张掖这个地方成了凉州治所，而张掖郡治则移往番和去了，《太平寰宇记》中记载：番和县、汉旧县，属张掖郡。后魏立张掖郡于此。番和，在今天的金昌市永昌县境内。历史的车轮滚滚不息，两百年岁月仿佛弹指一挥间，十六国乱世被隋王朝一统之后，张掖郡治才重新回归，从番和迁回了张掖该在的位置上。虽然之后张掖郡几度易其名，但不论是叫甘州还是张掖，总算再没有被迁出易地的遭遇，存在的只是名称的变化。

而另一个和张掖同名的地方，也在西晋初年随着武威郡十县撤并为七县时，结束了它常常"撞名字"的尴尬遭遇，历经三百七十多年而从河西走廊版图上消失，解除了张掖郡所辖十县中没有张掖县，而武威所辖十县却有张掖县的蹊跷历史。但是，武威的张掖县虽然不存在了，那里的人们却保留了一个谐音的"张义"。我曾到过张义堡，那个四面环山、青山绿水的地方现在是一个乡镇，曾经出过不少的仁人志士，当地人的语言和张掖这边的方言有许多惊人的相同之处，和老年人聊起地名，他们中也还有不少人知道张掖废县西迁的历史，对张掖变成张义颇有一些耿耿于怀的情结，倒也令人不禁莞尔。

1997年兰州大学出版梁新民著《武威史地综述》中记述：张掖，治所在今武威市张义堡。《大清一统志》里也说：张掖废县，在武威县南，汉置，属武威郡。而李鼎超所著《陇右方言》一书中，站在方言研究的层面对这段历史做了说明，他说："武威城东南百廿里有'张义堡'，即汉武威郡之张掖县。'掖'从'夜'声，'夜'亦从'亦'声，'亦'音近'义'而借用耳。"引用了三部相关文献，张掖两地同名的一段演变史就不难理解了。张掖和张义隔着三百千米，风土人情有相似之处，也有不同的差异，但总体上还是属于河西一脉。跟张掖一样，张义堡也是一个人杰地灵的好地方，有时间的话还是推荐朋友们去踏访游览一番，也许会有更多的发现。

马背上的深思

张掖是融游牧文化、农耕文化、中原文化、红色文化等多种文化体系和文化元素为一体的丝路古城，更是一个以汉族为主体的多民族地区，由汉族、回族、蒙古族、藏族、满族、裕固族、土族等22个民族构成。因为多种少数民族的聚居生活，张掖自古农牧业相当发达，牧业和农业相互促进，东西方文化融合，再有本地人文元素和多种外来元素的交互影响，便造就了张掖独特的人文环境和农牧秩序。

张掖的历史可以追溯到更久远的上古、远古时期，人类初始便有在这里生产生活的遗迹，从这个层面看农耕要早于游牧。但是，随着人类驯服一部分兽类为己所用开始，畜牧在古老的西部区域成为主力产业，特别是弱水流域这个尤其适合畜牧业发展的地区，游牧文化的诞生和游牧生活方式得到普及发展。

在汉武帝收服河西之前，张掖一直处在游牧民族的统治之下，从早期的羌、戎到月氏、乌孙、匈奴，这些马背上的民族虽然也有农桑耕作，但相比于畜牧是相对落后的，农耕在他们而言只是副业。直到汉王朝攻取河西，匈奴被彻底征服，为数不多的匈奴人西逃而去，大部分包括匈奴和其他少数民族的人选择降汉留了下来。其中有些人继续保留着他们擅长的牧养生活，还有一些或出于自愿或被迫加入了屯田种地的农垦行列。汉王朝向西移民数十万，带来了众多人口的同时，也把当时最先进的农业技术传播到了河西诸地，随之而来的还有中原文化对河西本土文化的冲击。农桑之事苦则苦矣，但具有绝对的稳定性，土地给予人们的丰厚馈赠，是一贯以肉类当主食而缺乏米粮的游牧民族最羡慕的食粮，相对于牧业来说更能保障生存所需。

见识过农田产粮的丰收之后，马背上的牧民们坐不住了，这回不用任何人督促动员,他们用握惯了马鞭的手拿起镢头尝试种田,而那些养在草场的马牛也被套进了犁辕,脚步从草原移到了田垄之间。不擅种植的游牧民族,从马背走向田地,应该是一个相当漫长的过程,不论是从实际应用当中,还是心理上的变化,由牧业过渡到农业,他们一定吃过不少的苦头,也付出过许多艰辛的劳动。胜在他们终于学会了种田,不用像过去那样看着汉民吃白面稻米而艳羡,也不用冒着生命危险跟随头领去汉边境抢掠了。游牧民族走下马背,走上农田,实现了牧民向农民的转变,向推进农田建设、促进发展农耕产业迈出了一大步,也为张掖成为日后的产粮大区"塞上江南"奠定了良好基础。

汉以后的各少数民族普通百姓,也基本保持了农业为主、牧业为辅的劳动生产模式,除了王族不事生产,大多数普通人的粮食来源还是主要依靠农业种植。诸如后来的回鹘、吐蕃、党项、回族等少数民族,其中有他们在张掖建立的王国政权,牧业提供战马固然重要,但军民等的口粮依然得依赖农业种植才能有所保障。历史上好几次中原与少数民族政权的战争,起因大多为粮食和土地的争夺,可见农耕种植业在游牧民族心目中,早已成为比牧业更能影响安定的重中之重。

如今,生活在张掖的很多人早已说不清自己祖上的来历,对民族界限的划分也没那么执着了,大家说着同样的语言,书写着同样的汉字,除了身份证上标示的区别,生活习性中属于少数民族的特征已经越来越少了。不过,近些年随着传统文化的复兴,很多少数民族特有的传承逐渐被拾了起来,文化旅游业的兴起也让民族风成了时尚潮流,特色旅游、特色民宿、特色美食等民族化的东西得到越来越多人的喜爱和追捧。张掖本就是多民族地区,自然也抓住了民族风大热的春潮,大力发展旅游文创产业和新型农业产业,开发扶持了一大批具有民族特色的实业团体和特色商品。那些古老的游牧民族从马背上走到农田,又从农田返回马背去找寻和继承属于他们的传统,这就是传统文化复兴的最好说明。

在张掖,裕固族是最具有民族特色和研究价值的少数民族之一。这个古老而特殊的民族充满了各种传说,关于其来历、起源众说纷纭,但不论哪种说法都脱离不了他们祖上是游牧民族的统一认知。张掖肃南县,全称是张掖市肃南裕固族自治县，是一个以裕固族为主体，藏、汉、回、蒙、土等11个民族集聚，以牧业为主的自治县。裕固族，是甘肃省独有的人口较少的民族之一，有一万余人，他们自称"尧乎尔"，是一个历史悠久、文化独特的游牧民族，1954年自治县成立时定了"裕固族"这个名称。根据史料研究发现，这个民族源于8世纪的回纥族，与漠北迁入河西走廊一带的甘州回鹘有着密切的渊源关系，经过多次民族大迁徙、大融合，受到粟特文化、中原汉文化以及西部众多少数民族文化的影响和冲击，逐渐发展形成了现在这个独具特色的新民族。

裕固族信奉佛教，与当地藏族等多个少数民族一样，尤为信奉藏传佛教。在肃南县城以南的桦树林，有一座于2009年建成的世界最大的转经轮，在藏语中叫作香巴拉却科，已经被纳入吉尼斯世界纪录。大经轮直径9米，高24米多，建筑面积676平方米，主体为钢架结构，筒身为黄铜制造，外面镀有金箔，重达170多吨。不过轮座有滚珠轴承，五六个成人合力就可推动了。当地讲究，转经筒一旦转起来就必须转满三圈才能达到祈福的效用，等真正去转的时候才发现这个世界之最的转经轮还是蛮沉的，六个人转完三圈基本上就都上气不接下气了，建议还是多点人一起转更省力。

到肃南观光旅游，除了草原驰马、转经祈福外，还有一个必去之处就是中国裕固族博物馆。博物馆是免费对外开放的，还有口才非常好的导游小姐姐现场讲解，里面陈列和展出的物品还是很丰富的，有肃南县内各少数民族的传统特色服饰，也有比较久远的年代里遗留下来的特色物件和当地出土的各年代历史文物和宗教文物。馆藏之中的西夏时期黑釉剔花缸是我国现存西夏瓷器中体积最大、保存最完整的西夏瓷器。境内出土的唐吐蕃时期的三足折叠盘尤其令人赞叹，先不说三足鼎立的造型具有的稳定性，妙就妙在三只细细高高线条流畅的金足居然能够折叠起来，应该是当时为了便于收纳存储而设计制造的。现在看来这样的设计似乎不值一提，但在遥远的唐吐蕃时期，能够领悟三角形的稳定性并做成折叠式，称得上巧思超前了。

馆藏里面还有一件桃形倒流赤金壶，它的设计和使用原理也刷新了我们对古人铸造技艺的认识，为古人高超的手工艺和智慧直呼惊奇。还有体现封建王朝与边疆少数民族密切关系的康熙皇帝御赐给裕固族大头目的传世龙袍，以及乾隆皇帝御赐给马蹄寺的龙袍、金马鞍,更有新石器时代的彩陶罐制品,汉代的金银文物等,都是非常具有传世意义的无价之宝。没有亲眼见过的人很难想象,就这样一家县城里的博物馆,竟然收藏有数件国宝级文物,其中一级文物33件、二级文物118件、三级文物84件、少数民族文物1700余件。

经过悠久的历史演变,这些马背上的民族在保留了他们赖以生存的传统畜牧,以及具有民族特色的诸多手工艺、习俗之外,又学会了种植农田,学会了写汉字、说汉语。伴随着市场经济的迅猛发展,少数民族的子弟走出大山、走出草场去了外面上学、工作,他们很快融入了社会大潮,生活水平大幅度提高。但是,随之而来的却是民族传统方面的东西逐渐消亡,民族传统文化和习俗后继乏人。以裕固族为例,本民族文字久已失传,民间艺人严重老龄化,使得大批具有历史和文化价值的民族遗产不断消失。据调查,目前裕固族中平时穿着民族服装的人寥寥无几,且都是60岁以上的农牧区老人;会讲裕固族语言的不到人口的一半,居住在城镇的裕固族青少年基本不会本民族语言;了解本民族习俗传统的不足30%,参与民族传统活动者更是少之又少……那些知晓民族传统习俗和语言,能讲得清家族渊源的老人正在逐年减少,依靠口传心授的传统技能和民间艺术也面临着失传和消亡的濒危情势。如此下去,也许用不了多久,游牧民族的名单上将会再留一处空白,而我们往后去肃南旅游,很可能再也吃不到地道的牦牛肉和草原羊肉,听不到天鹅琴奏响优美旋律,再想追索裕固族也只能在那间"裕固族红缨帽"外形的博物馆去凭吊了。

回到马背,不是文明的倒退,而是对游牧民族传统文化的保护,祁连山脚下的这个古老民族的文化传统能否传承下去,要看他们还是否愿意再次跨上马背了。

几番风雨始成甘

更能消,几番风雨,匆匆春又归去。这是《稼轩长短句》中的诗词,翻译成白话文的字面意思是说:还能经得起多少风雨飘摇的世事,春天又将匆匆过去。表面好像在为春天的短暂而遗憾留恋,但作者辛弃疾真正要表达的却是对当时南宋王朝国势危亡,以及朝中奸邪当道致使自己济世救国理想一再落空的忧愤伤感之情。古人辞藻就是这么讲究,把借物抒怀写得含蓄隐晦,偏偏又饱含着一咏三叹的隽永与深刻。

如果按照这样的文采去写张掖的历史,恐怕没有苏辛之才是难以描摹万一的了。因为,张掖的故事写不尽,这是一个历史底蕴非常深厚的城市,不知道历经了多少的风雨变迁。我们常常在文字中或是口语中说起张掖古称甘州,或者是"张掖别称甘州"等类似的字眼,仿佛张掖原来就叫甘州,张掖就是古甘州似的,常将这两个称谓放在一起用,因而造成了一个得名先后和来源的困惑。

因为历史的久远,我们现在将历史习惯笼统地归类到一起,见诸报端的也多有说"汉唐风格"或"明清建筑"的,粗略看去让人错以为汉唐相连、明清一家。其实,这种说法在特定环境下还可以用一用,一般来讲是不能这么囫囵吞枣般用的。汉与唐,两个简单的汉字,代表了整个华夏文明中两个极为重要的繁盛时期,对中华文明,甚至对世界文明产生的巨大影响力和有关文明传承还经久不息。而这两个朝代所持续的年限和意义,也拥有着一个汉字所不能承载的重量。两汉到盛唐之间的传承延续并非直接过渡一蹴而就,而是又经历了多个王朝政权更迭。就如同从张掖得名置郡到第一次改称甘州,这中间历时六百年一样。甘州的名称最先得于西魏恭帝元年,也就是554年,之后起起落落,即便在唐初,甘州与张掖郡的官方称谓也几易其名,忽而改州为郡,忽而改郡为州,可谓反复蹉跎。在来来回回的反复中,体现的自然就是你方唱罢我登场的历史演变,金戈铁马声中不免令人感叹一句:更能消,几番风雨。

甘州得名与张掖郡有很大的不同,如果说张掖郡得名是彰显大汉睥睨四合的上邦气势,那甘州就显得温婉随性多了。张掖本地以"甘"命名的地方有好几处,最为大家熟知的就是甘浚,在《甘州府志》里面也多有记载,如"甘浚山,城西南八十里。山下有泉甘洌,故名";"甘浚谷,城西南八十里,俗名甘浚山口";"甘泉,城西南甘浚山下,有泉甘洌。又,城南门内亦有甘泉,清洌,北流出城";"龙首山,城西北三十里,一名甘浚山,又名甘峻山,山阴有泉"。此外，在有关史籍中还有"酒泉郡初治觻得，因泉甘似酒得名"和"地多甘草因名"的记载。由此可见，甘州称谓的由来，大概率便是以本地"甘"字冠名的山、泉而来了。

隋代的张掖发生过一件举世闻名的大事件，那就是隋炀帝西巡在焉支山召见西域各国使臣，并召开博览会。《资治通鉴》记载：隋大业五年六月壬子，帝至焉支山，麹伯雅、吐屯设等西域二十七国诸王谒于道左，佩金玉，焚香奏乐，歌舞喧噪。帝乃令武威、甘州仕女盛饰纵观。衣服车马不鲜者，郡县都课之。骑乘嗔咽，周亘数十里，以示中国之盛。从史料来看，隋代张掖郡依然沿用甘州的称谓，而隋炀帝这个中原封建王朝历史上，唯一西巡亲临西北边境的帝王，选择在甘州驻跸接见诸国使臣，不仅扩大和巩固了西北边防，对甘州的经济发展与商贸交流也起到了巨大的推动作用。我们甚至可以想象，在那个时代，隋炀帝驾临将会为甘州带来多大的名气，提升知名度某些时候也意味着机遇，各地名流士子、贩夫商贾慕名而来，不论是做买卖行商，还是游学寻访，为甘州带来的肯定不止经济繁荣一项好处了。这些人或定居，或来去匆匆，但毫无疑问，甘州这个名字将通过他们的嘴和笔，传到全国各地去，也势必会吸引来更多人的目光与脚步。

隋唐时期，战乱频繁，州郡建制的设撤也十分频繁。隋大业三年（607）甘州改为张掖郡；唐武德三年（620），张掖郡复改为甘州；唐天宝元年（742）推行改州为郡，甘州又回了张掖郡；唐乾元元年（758）复易张掖郡之名为甘州；唐建中二年至大中二年（781—848），甘州被吐蕃占领……之后到清末封建王朝彻底覆灭，甘州的建制都一直存在。中华民国时期和新中国成立后的数十年间，甘州再次从建制序列中消失，直到2002年的6月28日，随着张掖地区撤改为张掖市，原县级张掖市定名为甘州区，销声匿迹了多年的"甘州"才又出现在大众面前。

千年沧桑、风云变幻，甘州的变迁不啻一部地域变革发展史，而透过甘州的风雨，看到的则是整个中华民族的社会发展具象。如今回头再来梳理，那些久远的往事时过境迁已经无法触摸，也无须留恋感伤，那诗词里匆匆归去的春天，伴随历史的烟尘永远留在了传说里，而春去春又回，带来的才是当下这个继往开来的新时代。如果还有叹息和遗憾，所感伤的也只是时间匆匆里对美好生活的不舍，只盼这幸福的脚步走得能够慢一些，再慢一些……

坚强后盾

2000多年前，一个威武不凡的王朝崛起于世界东方，数万铁甲雄师鞭指向西、直达关外，在群敌环伺的西域设立了军政机构，从此，西域都护府震慑西疆，令号称三十六国的西域大小诸国俯首称臣。大汉，在当时强悍无匹、威震寰宇。

"宜悬头槁街蛮夷邸间，以示万里，明犯强汉者，虽远必诛。"这是西汉时期，大将陈汤给汉元帝上书中的一句，其中霸气地宣示：应该将敌人头领的首级悬挂在蛮夷街巷民居之间，好让他们明白一个道理，对冒犯我强大汉朝的言行或敢于侵犯的人，即使再遥远也必定要诛杀。很多人知晓这句话可能得自一部电影中的引用"犯我中华者，虽远必诛"吧？其实，早在2000年前，已经有这样一个铁血武将有了这般言语口号，更是当时大汉王朝君臣达成共识的治国宗旨，以及上下一心的雄心壮志。

陈汤这封上书从文采上来说也许算不得千古名篇，但胜在气势雄浑、霸气凌云，因此得以流传。西汉自武帝派霍去病攻取河西，后又在宣帝时设立了西域都护府管辖西域诸国。如果说河西四郡是大汉打出去的一条臂膀，那西域都护府就绝对是这条臂膀上发力最猛的铁拳。西域都护府辖制包括匈奴西迁势力建立的藩属国和乌孙、月氏、畏兀儿等少数民族部落和国家。比如后来神秘消亡，现在常出现在影视和文学作品中充满玄幻色彩的楼兰国、精绝王城等西域国家和地区，当时都臣服于大汉，受西域都护府节制。

西域都护府孤悬西疆，最大的倚仗和底气是大汉国力的雄厚，军事力量的强大，但毕竟离着长安还有千里之遥，业已收服的河西四郡便成了强有力的后盾。进可攻退可守，是当时河西四郡的存在，对于西域都护府最重要的战略意义。陈汤上书元帝时之所以有那份自信霸气，也是因为河西四郡的军民百姓已经对大汉的统治心悦诚服，骨子里烙上了华夏印记，到元帝时期，生活在河西地区的人不论是汉民还是其他少数民族，都深深认可了自己是大汉子民的身份，再也轮不着被中原指着鼻子骂蛮夷了。此时的蛮夷，指关外西域诸地不服管教的土著，还有依然贼心不死想要夺取河西故地的匈奴。

不得不承认，匈奴是一个好战的民族，在接连受到大汉军队打击，被驱逐关外后还是不停发动战争，吞并了西域一些小部落之后，继续不依不饶地对抗汉军，伺机重新入关进驻河西走廊。没办法，河西走廊水草丰茂，有着最适宜于游牧民族的天然草场。尤其连绵的祁连山和弱水流域张掖地段，处于河西走廊中心，不仅适宜畜牧业发展，在军事战略方面也具有非常重要的地位，一直以来都是匈奴人的梦中天堂。当然，还有天山南麓和更遥远的伊犁地区也有大片草原，匈奴被霍去病开始的数代大将驱逐漠北，可他们从未停止争夺，当时在天山南麓草原上建立政权的车师国便成了夹心饼干。

匈奴和大汉夹车师国征战互有胜负，西域诸国也是纷争不断，但关内的河西走廊却空前安定，那些曾经占据过，或者在河西称王建立过政权的游牧民族，即便强大如月氏也早偃旗息鼓成为历史。月氏在匈奴人之前占据过整个河西走廊，曾经控弦十余万与中原分庭抗礼，他们选取张掖为王都，在临泽筑昭武城为月氏都城，在民乐永固修筑月氏城，亦是看中了张掖在河西走廊的战略地位。昭武城选址处在黑河上游，月氏城则在山丹河畔，沿弱水流向修筑城池，牢牢把控着水源何愁畜牧不兴？只是，强中更有强中手！当不可一世的匈奴铁骑南下直扑而来时，随遇而安被蛮横彪悍所取代，月氏一触即溃，二十年时间便被瓦解西徙，费尽千辛万苦抵达伊犁河流域，又被乌孙所不容，只得继续西迁，在远离故土的妫水流域草草安了家。妫水，就是今天的阿姆河，中亚最大的内陆河流，从东亚迁徙到中亚靠双腿走过去，月氏虽败但也是一个值得敬佩的民族。抛舍故地远距离迁徙，有人愿意就有人不愿意。没有走的那一部分月氏人选择留下来，与原生活在月氏统治之下的羌族混合，后被占据河西的匈奴所奴役，仍然保留月氏族称，于祁连山生活，只是被冠以一个"小"字，史称小月氏。

月氏衰落之后，匈奴以绝对武力占据了河西，归属于匈奴右贤王管领。

匈奴以黑河为界，以西置觻得城由浑邪王统御，以东置休屠王城，于原月氏城的基础上修建了单于王城，以供匈奴老上单于和他的次子右贤王巡行时居住。老上单于自诩为"天之子"，成功夺取河西走廊后便有了祁连山这个名称，匈奴语中"祁连"就是天的意思，而将当时山丹县境内的大黄山称作阏氏山，即后来的焉支山，意为天后之山。匈奴人还在祁连山临松薤谷为单于建有避暑行宫，宫墙断垣至今可见，薤谷行宫，即后来增扩兴建于北凉时期的马蹄寺。

从此，祁连山麓、弱水流域成为匈奴人的广阔牧场，他们垄断和控制了东西贸易，随意掠夺当地或西域国家的平民百姓卖往中原为奴，这些贩卖的人口统称为"昆仑奴"。匈奴强大蛮横，压榨西域诸国不算，还将触手伸向了汉朝境域，匈奴骑兵一度侵袭汉边境，前锋直抵长安甘泉，对汉王朝构成了极大的威胁。由于匈奴贪得无厌，汉武帝接掌帝位之后，便有了张骞第一次出使西域。可其时的大月氏已经建立了新的家园，不愿意再与匈奴打仗流血，张骞无功而返。然后，便有了河西之战，霍去病征战西疆大破匈奴的浩大军威，其间匈奴统治河西走廊、驻牧弱水河畔也只有短短55年的时间。

张掖境内于秦汉时期定居的游牧民族中比较强大的，除了月氏和匈奴，还有一个就是卢水胡族。这一族为义渠后裔，原来居住在今甘肃宁县、庆阳及宁夏固原一带，以耕牧为主。看过电视剧《芈月传》的人应该还记得里面有一位义渠君吧？那位电视剧中痴情豪爽的人物就是这一族的头领，在当时被称为"义渠戎"。后来义渠一族被秦国吞并，一部分族人逃亡河西投靠匈奴，其首领受到匈奴单于封赏，得授左沮渠的官职。匈奴降汉后，张掖属国将卢水胡安置于显美县，也就是今天的永昌县东龙首山脚下的一块地域。汉元和三年（86），卢水胡居住地水草不丰、牲畜不繁，处境困苦之下发生骚乱，时任张掖太守邓训特准他们迁居临松山一带。临松山即祁连山一脉，这支义渠后裔在此繁衍壮大，三百多年后建立了北凉政权。

两汉虽灭，但在这之后的各个年代中原政权都习惯了称自己为"汉民"，少数民族也几经变迁融合更迭，发展出了更多分支，有好几支都曾直接威胁或侵袭到了中原大地。

每一次中华民族面对危险之际，多少仁人义士都秉持着"犯我中华者，虽远必诛"的气节,慷慨赴义守土卫疆,这份热血之勇早已成为中华民族共有的一种精神和气质。这句荡气回肠的呐喊,也必将永远继承下去深深镌刻在每一个中华儿女的骨头上。

甘州府城的前世今生

甘州府城是矗立在张掖国家湿地公园与芦水湾生态大景区一隅的仿古建筑群,古色古香的建筑旨在还原古甘州府中心街巷的风貌。目前,投资九亿多的主体工程已经建成一大半,剩余地貌复原绿化和引水连湖,以及部分在建的收尾工程也正在有条不紊地施工。

笔者第一次到甘州府城,是作为受邀讲学的客人身份来参观游览的。里面建筑面积很大,初来乍到时只觉得曲折蜿蜒、雕梁画栋、碧水相连、绿树掩映的清新雅致中竟有些如刘姥姥一进大观园般的不辨东西。彼时,并不觉得自己和这里会有什么牵扯,和这其中的一座小院有着什么样的不解之缘。

时隔三月,再次踏足甘州府城,已是作为张掖市委、甘州区委引进的专家学者,以特殊人才的身份入驻这里,成了甘州府城的常驻客,成了位于"甘州府衙"之中一间小院的主人。缘分就是这么神奇,兜兜转转便确定了一个人和一个地方的牵绊,在把自己交给这方土地时,没有任何顾虑,也没有一丝排斥,我决心后半生就在此地扎根了。厌倦了高楼林立间的逼仄憋闷,看烦了车水马龙的嘈杂喧闹,站在府城清冷的街道上,感觉到了前所未有的舒畅,空气里带着泥土和草木的丝丝本真,与一缕缕湿漉漉的水汽一起吸进肺腑,便瞬间找到了一种叫作回归的东西。很久没有如此接地气了,城市的生活让我们活得像一架架行走的机器,习惯了楼房里那四四方方桎梏般的水泥钢筋,能够搬回平房沾一沾泥土草屑,跟一只得脱鸟笼的金丝雀重获自由回归森林是差不多畅快的。

于甘州府城布置工作室"安家"之后,终于有时间近距离触摸这方山水,细细感受那些明清风格的建筑群落,从而对甘州的前世今生有了浓浓的好奇与探究。一座城池的诞生不会比一个人的孕育生长过程复杂多少，饶是久远总还是有来历可寻的。查阅史料追古溯今，历史中的甘州府城从遥远的风尘中款款而来，逐渐面目清晰轮廓分明起来。

甘州古城的历史可以追溯到西汉时期，这里是历代所辖郡、州、路、府、镇、地、市、县驻地。秦汉时，月氏和匈奴筑城还没有甘州的叫法，十六国西魏时期，随着甘州的命名，才有了甘州城的叫法。《甘州府志》里面说甘州城始建于西夏以前，元大德年间有过扩修和重修。这个记载稍显敷衍。《甘肃通志》中的记载就详细很多了：旧城周长九里三十步。明洪武二十五年（1394），于旧城东面增筑三里三百二十七步，总计周长为十二里三百五十七步，高三丈三尺，厚三丈七尺，城墙东西南北正中各开一门，上有横额镶刻。东门"扬煦"，二门"寅宾"；西门"怀新"，二门"广德"，三门"宣威"；南门"延恩"，二门"时薰"，三门"行熏"；北门"镇远"，二门"永康"。各城门顶上和城墙四角都建有三层飞檐挑角的门楼和角楼；正门之外筑有瓮城；城四周护城河相围，深一丈七尺，宽三丈七尺，与城门相通的河面上各架石孔桥一座；城东、南、北三面筑有城郭，东郭长四里一百三十步，高二丈二尺，厚二丈一尺；南郭长二里二十四步，高厚与东郭相等；北郭长占东郭的一半，高厚亦与东郭相等；城西未建郭。

古代计量各个时期均有不同，以清光绪年制定的度量衡计算：一步等于五尺，一丈等于十尺，180丈为一里。换算成现代数值，一尺相当于32厘米，一里就是576米。我们现在熟知的一里500米的计算结果，1929年才开始沿用。按照这个数据去量甘州古城的大小，便可以得出，明洪武二十五年（1394）前还没有增扩的城池周长是5232米，权且当作一个正方形来分解，其时的甘州城长宽只有2.6千米委实不大。而等到明初增筑之后有多大呢？同一算法得出周长7483米，假设还是一个正方形，边长约为3.75千米。在古代，方圆在这尺寸的一座城池已经很有规模了，据史学家提供的数据，汉唐时作为京都的长安城也才只是东西长约十八里、南北宽约十五里的一座城池。当然，如果再加上能跑马车的厚重城墙、瓮城、护城河和四郭外围建筑，便成了一座攻防兼备、规模浩大的城市了。

甘州古城是河西边陲举足轻重的军事重镇，历代都有重兵驻守，各朝代对城防设施也非常重视，特别是明代改建的砖砌城墙，据说在西北仅次于声名显赫的西安城。砖砌城墙源于明嘉靖三十八年（1559），时任甘肃巡抚都御使陈棐查勘河西军事防务时，发现甘州城墙是沙土夯建的土城墙，考虑到对敌作战的诸多不利，当即亲自督建城防，在城墙四门各新增修筑了六座炮台，用于安放火炮加固防卫。至万历初年，三边总督石茂华与继任甘肃巡抚廖逢节先后上奏，对甘州城加固的重要性陈述利害，获得万历皇帝允准，随即拨付帑银支持修筑。历时两年，甘州城墙由土墙改建加固为砖石包砌，这才有了与西安城相媲美的新城。《甘州府志》记载：城墙包砌共用砖四百八十八万八千三百块，石条一万一千二百块，石灰一万七千五百石。

修复后的甘州城，四门之上有了更为显明的匾额，"弱水东流""祁连南耸""长城北环""流沙西被"，四块匾额各有对应，道尽了甘州地理、地形的特点，一时成为当地人人称颂的盛事。不过，相对于之前四门镶刻着的横额，这些浅显易懂的新匾额虽然文艺气息浓厚，却到底少了那么一点点讲究，与历朝题匾的用意和含蓄相比，不够厚重倒稍显浅薄了。

古代建造城池和城门命名都是有规矩和学问的，以北京城为例，设计和布局依照阴阳八卦的原理而定，修几个城门、分别叫什么、主要用途是什么都有明确定规。明洪武三十五年还曾出过法典，明文规定军民人等不许九五间数。因为皇帝是"九五之尊"，普通百姓，甚至文武官员建造房舍都有专门管理的衙门来监督，更别说是一座城池的修筑和城门命名了。甘州城筑有四门是定规，命名如"扬煦"是旭日东升的意思，不用说乃是东门，为官民人等进出通行所用；相对应的西门处横额"怀新"，取自陶渊明诗句"平畴交远风，粮苗亦怀新"，喻为苗壮的禾苗正在孕育谷穗，形容生机盎然的意思，一般作为粮车专门进出的城门，尤其在战备时这道门专为粮道，有效避免了关键时刻堵塞拥挤的隐患，确保城池被围或是往外调运粮草时快速直达；南门主火，为柴草煤炭进城的绿色通道。时薰与行熏分别指花草和薪柴，泛指柴草。在古代那个以烧柴和煤炭取暖用火的时代，需求量和耗费量巨大，但没有先进的煤矿开采技术，多以伐木烧炭来代替，白居易名作《卖炭翁》中可见一斑。南门题

"延恩"有源源不断的祈愿，让人十分不解，难道古人也担心资源枯竭？北门就直接明了多了，"镇远"有坐镇一方威慑敌人的寓意，"永康"则希望天下长治久安、百姓清泰安康。古时，特别在历代中原政权心目当中，敌人皆来自北方，北门之上题写霸气匾额多为激励鼓舞民心，一个杀气腾腾的名字具有尚武之风和时刻警醒的多重含义。如"平远""抚远""安远"等词汇并不鲜见，在古代体现着中原王权对北方少数民族的忌惮和提防，多用于北城门匾额，以及历代出征打仗时对统兵大将的封赐名号。所以说，有些时候与时俱进的并不见得都是可取的，修复后的甘州城四门匾额未见得比原来那直观且具有文化内涵的两个字更出彩，这不失为一种遗憾。

　　大修之后的甘州城从整体坚固性和美观度上都有所提高，尽管文化意蕴上有所欠缺，但亦不妨碍它成为传说里与西安城相提并论的名城。只是，这样的繁荣仅持续了十多年，至明万历十八年（1590），一场地震便令很大一部分城墙倒塌、断裂，虽有地方乡绅、商贾出资修葺也已很难完全恢复原貌，总归留了残痕破损。清康雍乾三代把经略西北重新提上日程，于乾隆二十九年（1764）拨专款重修甘州城，使得古城得以复原。晚清时西北回乱，甘州城不可避免受到冲击，北城门惨遭战火焚毁，被破坏得十分严重，令无数甘州人扼腕叹息。所毁城墙于甘州古城来说仿佛一块难以愈合的伤口，见证着那些刀光剑影对自己的一次次冲击，欲说还休中只剩了一声沉重的叹息。

　　光绪二十四年（1898），在甘肃提督张永清、甘州知府诚瑞和知县张心镜等地方官员的筹措下，甘州城再次得以修复。比起被毁损前，新修的甘州城一扫"土"气，全砖石垒筑达到了空前的完整牢固，再加上晚清建筑技艺趋于臻境，甘州城较之以前更为威武雄壮，东城门楼上煊赫地镌刻着白底黑字"河西第一城"匾额，令其具有了张掖郡最初归属大汉时的那份豪气干云来，端得直白自信，一如张掖人骨子里深藏的性格。只是，甘州城似乎注定了命运多舛，巍峨雄奇的"河西第一城"只辉煌了短短不到30年的时间，便又毁于民国十六年（1927）的甘州大地震。是年农历四月二十三日，震源中心位于甘肃武威的8级大地震致使人畜死伤无数，田地房舍震毁十之八九，一衣带水的甘州受损程度略轻，但也伤亡不小，甘州城墙亦遭波及多处倒塌断裂。地震之后，地方士绅组织人力、物力进行修整，好不容易恢复原状了又赶上抗日战争爆发，为预防日军空袭和利于百姓疏散，于城墙南北各开辟了一道新城门，后来又因汽车进城不易转弯，陆续拆除了东、西、南三面的瓮城，甘州古城新伤旧痕千疮百孔。到了解放初期恢复大生产运动中，老百姓掏城砖修房、运城土造田，开始将古城墙大面积拆除夷平，只剩了残破的一小段土台子，墙体不知什么原因没有被彻底铲平。20世纪90年代，对那一截土台子做了圈护和基本修整，总算是保存下来了，但从逐渐淹没于城市高楼林立之间的古城墙遗址间，已经很难寻找到史书中记载描写的半点雄伟，终是成了永远的遗憾。

　　站在复原仿建的甘州府城仿古城楼上远眺，追忆一城山色、半城塔影的古甘州，属于这座城市的历史记忆封存于远去的岁月之中，已经没有办法感受到更多。曾有人批判当今的仿古建筑，说仿古复原修筑得了外形，内在灵魂却再也不可能还原。我原来也觉得有道理，但亲身感受过、亲眼看到后便不能完全苟同了。历史不可复制，这固然是事实，但这些仿古建筑虽然还原不了古老的灵魂，但起码我们在试图用这样的形式去铭记历史，至少让看到的今人和后人知道这座城市曾经存在过的辉煌，经历过的风雨，拥有过和失去过的那些酸甜苦辣。城市是有生命的，通过追溯它的前世今生，我们就找到了自己的来处与归处。

THE
BIOGRAPHY
of
ZHANGYE

张掖传

汗血宝马皇家御苑

第四章

山丹马场汗血宝马　　　　　　　　　　　　　　　　摄影：王怀民

一个容易念错的名字

金日磾。这是个人名,不过我敢打赌,这个名字里的后两个字有90%的人都读不对发音。了解这个人,就先要从普及汉语发音开始。金日磾(jīn mì dī),因为霍去病夺了休屠王的祭天金人,而金日磾又是休屠王世子,为纪念这一重大胜利,他被汉武帝赐姓为"金"。金日磾子孙七世都做皇帝的近身侍卫,以忠孝闻名于汉世,金日磾本人更被张掖民间视为"马神"的化身。

张掖城里有条街道叫作"马神庙街",街道上有所小学是马神庙小学。关于这个叫法的由来,据说就和金日磾有着不可分割的渊源。故事还得从2000年前说起。

前87年春,汉武帝病重卧床,床下跪着霍光、金日磾、上官桀、桑弘羊四个大臣。霍光哭着问:"如果陛下弃臣而去,让谁继承大业呢?"武帝答:"让少子刘弗陵继位,你当周公摄政。"霍光叩头推让说:"臣不如金日磾。"金日磾也推让说:"臣是外国人,不如霍光。"武帝最终让霍光摄政,并且与另外三位大臣共同辅佐太子刘弗陵。金日磾,本是匈奴王子,他凭什么能成为汉武帝的托孤大臣,辅佐年幼的汉昭帝呢?这故事还得继续往前追溯,从河西匈奴降汉开始讲起。

金日磾,字翁叔,本是匈奴休屠王的太子。当初匈奴的浑邪王和休屠王被霍去病击败,损失惨重。匈奴单于大怒,想将二王诛杀。二王恐惧,暗中打算向汉朝投降。半路上,休屠王反悔,于是被浑邪王杀掉了。金日磾父子的部众被浑邪王吞并,也随之投降了汉朝。这时,金日磾才14岁,被送到皇宫养马。

金日磾与汉武帝之间的君臣感情,被后世一直当成皇权时代里最为模范的君臣相处范本,个中原因固然是汉武帝慧眼识英才,但作为一个与大汉有着血仇战败被俘的匈奴王子,金日磾能够放下怨恨忠心为臣,才是最值得称道的品行。自然，能入汉武帝的法眼，也必得有几分靠脸吃饭的资本，据说金日磾长相不俗。

史料记载，金日磾在御苑养马直到成年。一天，汉武帝兴之所至去观看御马，这才遇到了埋没在御马监的匈奴王子。此时的汉武帝已是远克大宛威震西域的一代帝王，气势慑人不可仰望，一般人，尤其是对处于最底层比奴仆身份好不了多少的马夫们来说，绝对是难得一见了。因此，一众马夫牵着马让皇帝鉴赏时，都好奇而又敬畏地偷看这位传说里的雄主，却只有金日磾不敢。他当然不敢，曾经养尊处优的匈奴王子，一朝沦落为背井离乡的马夫，其中磨难坎坷自不必说，仅是心理上的落差就足够折磨人了，遑论这个年纪的金日磾原本应该正是意气风发的大好青年，又如何甘心在马厩里虚度一生？但是，现实面前他只能俯首为奴，谨小慎微地活着。14岁遭受家庭巨变，人情冷暖尝尽的匈奴王子，一定是矛盾而敏感的，他不敢偷窥皇帝的容颜，是因为自卑，而不自觉地挺直脊背，却又是因为骨子里的高傲。如此，一个鹤立鸡群的金日磾就很难不被汉武帝注意到。

金日磾长得高大威猛，得益于从小生活在河西草原上，对养马有着独到经验的益处，他饲养的战马跟他自己一样出众。看到自己的御马苑中竟有这般出类拔萃的年轻人，汉武帝感到惊奇，便随口问起他的姓名、出身，金日磾逐一应答。武帝这才知道给他养马的是休屠王世子，傲视天下的武帝想必是起了怜贫惜弱之心，又或许是为了彰显自己一代雄主的宽仁，也不排除他真觉得金日磾是个奇才，总之当场就赏赐了他，封他做御马监的养马总管。之后，金日磾平步青云一再得到升迁，从侍中、驸马都尉、光禄大夫，一直做到了车骑将军，最后还被汉武帝寄予厚望做了托孤大臣，并留下遗命敕封为秺侯。封侯拜相，是为人臣最高成就。

一介夷狄也能封侯？汉人朝臣嫉妒眼红，及至到了宋代还有人作诗讽刺挖苦，对金日磾能够取得这样的殊荣嗤之以鼻。宋末陈普有诗曰："牵马胡儿共拥昭，同功同德不同骄。麒麟阁上尘埃面，羞见芬芳七叶貂。"出自陈普的另一首专门贬斥金日磾，彰显自己宁死不降气节的诗则更为露骨："騠騜千万去无归，博得麒麟作厩厮。一片兽心犹自在，建章殿下食其儿。"还有一位宋末亡国诗人林同也曾写过贬讽金日䃅的诗句："牧马一胡儿，如何却受遗。多因汉宫里，泣拜画阏氏。"宋亡于蒙元，可以理解这些爱国诗人对"胡人"的仇恨与偏见，但出于私心站在不公正的角度来谩骂一个几百年前的古人，这种做法并不可取，所以这两个人和他们的诗作没有多少人了解。可见，他们对金日䃅的评价只是一家之言，不被大多数人所接受。

关于汉武帝遗诏封侯的旨意，金日䃅自己也惶恐不已，他坚决不肯受封生怕招来杀身之祸，说到底还是自卑的。可是，正因为他的这份谨小慎微，让武帝在世时觉得他为人谦逊，从而更加亲厚起来，常常令其陪伴左右。金日䃅的母亲病死，武帝认为她把儿子教育得很好，特意下诏让人给她画像，挂在甘泉宫，署名为"休屠王阏氏"。金日䃅每次进宫见到母亲的画像都要跪拜哭泣，然后才离开。这一行为不排除金日䃅有作秀嫌疑，但我们更愿意相信，这是因为他内心里对母亲休屠王阏氏至死都没能回到故土而感到惭愧伤感下的真情流露。事母至孝，事君至忠，这样的人即便没什么惊艳世人的才学，但起码是心地良善的，试问汉武帝又怎能不倚重亲近呢？

史书记载，金日䃅的儿子受到汉武帝的宠爱，常出入于汉宫。有一次，金日䃅的长子弄儿与武帝嬉闹，从身后搂着武帝的脖子爬上脊背，金日䃅看见脸色大变，怒瞪着儿子。弄儿哭着说："父亲生气了！"武帝还责备金日䃅太过严苛。有汉武帝的骄纵，此子长大后行为放浪，在宫殿下与宫女拉拉扯扯时金日䃅刚好看到，他对儿子敢于在宫中淫乱震怒惊惧，于是杀死了长子。弄儿之死让喜爱他的武帝心疼至极，但金日䃅叩头谢罪并详细陈述这种放纵将使他们君臣被人诟病，武帝只得哀泣一番，从此心里越发敬重金日䃅了。

金日䃅真正获得汉武帝的信任，还是因他救驾有功，护卫武帝免遭刺杀。武帝晚年，社会阶级矛盾日益尖锐，农民起义连绵不断，巫蛊盛行。汉武帝又迷信黄老之说，时常服食丹药，身体每况愈下，常怀疑有人用邪术害他，恰有人举报丞相之子公孙敬用巫蛊咒他，还与阳石公主通奸，武帝大怒，未经核实，就将公孙敬和其父亲公孙贺斩首，处死阳石公主，还将自己最宠爱的公主诸邑和卫青之子卫伉连坐诛杀。

汉武帝任命宠臣江充彻查"巫蛊之案"，并赋予他生杀大权。江充借机排除异己，诬陷太子刘据是首祸，联合宦官苏文一起来坐实刘据的罪名。一场惊心动魄的"巫蛊之祸"，使太子和皇后双双自杀。不久，武帝醒悟，知道自己被江充所骗，下令诛杀了江充的三族，烧死太监苏文，在太子自杀的地方修建了"思子宫"，寄托自己的哀思。

武将莽何罗[①]与江充是好友，江充陷害太子刘据时，莽何罗的弟弟莽通与太子死战，因此得以封侯。太子的冤情得以昭雪，江充被诛杀后，莽何罗兄弟害怕受到牵连，密谋刺杀武帝以保全自身。金日磾是个有心之人，他观察到莽何罗的神态和行为都不正常便心生怀疑，于是暗中监视其动静。莽何罗也察觉到了金日磾的监视，所以久久没有行动。后来，金日磾生了小病，卧养在房中。莽何罗兄弟密谋发动兵变。

第二天莽何罗袖中揣着利刃潜入院中，想要趁武帝还没有起床之际刺杀时，被因小病躲在武帝寝殿值宿的金日磾如厕回来看见，他神色大变，因为紧张撞到了琴瑟，怀中利刃掸在地上。金日磾趁势上前抱住莽何罗，宫中侍卫也纷纷拔剑想上去砍死莽何罗。武帝担心伤到金日磾，让侍卫不要用剑。金日磾将莽何罗摔倒在殿下，绑住了他。武帝彻查到底，诛杀了叛臣。金日磾由此被武帝完全信任，汉武帝称赞他有勇有谋。

金日磾陪伴汉武帝左右几十年，从来没有直视过皇帝一眼。武帝赐给他宫女做妻妾，他也不敢亲近宫女。武帝想纳他的女儿进后宫，他也不肯。金日磾如此谨慎谦卑，在武帝眼中就是淡泊名利的正人君子兼忠臣，封侯便是水到渠成之事。武帝驾崩，金日磾辅政一年多后，生了重病，霍光受命再次施行封赏，金日磾此时已经处于弥留之际，再也没有力气拒绝了，只得勉强接受。一天后，金日磾去世，昭帝赏赐他丧葬用具和墓地，发兵送葬到茂陵长伴武帝左右，谥号为"敬侯"，史称"秺敬侯"。一个"敬"字盖棺论定，这是皇帝对金日磾的认可，亦是对其最高的评价和赞誉。

秺侯，全称秺县侯，是汉代列侯中爵位最高的一级。列侯有封国，按封

---

①马何罗，汉书上将其写作莽何罗。这是因为后来的东汉明帝皇后是伏波将军马援的小女儿，而马援即马通之曾孙。当年马何罗、马通和马安成合谋夜闯深宫行刺武帝，此事对于马家后人，确实不光彩。因此，在写史书的时候将其写成莽何罗。

区户数所拥有的土地数量和产量征收地税，供其享用，称食邑。在封国无治民权。列侯封国大小不等，大者相当于一个县，称侯国；小者为一乡、一亭。因而以其封国食邑的大小封县侯、乡侯、亭侯三等，并以其封地为名号。列侯的名号，既是封国，又是赐爵。列侯的来源有四种：一是王子封侯，王在自己的封国内，以土封其子；二是功臣封侯；三是外戚恩泽侯；四是宦官侯。除此之外，列侯的爵位还可以世袭。史载金日䃅封秺侯，领2118户，其封地就在今山东成武县城西北伯乐集镇前郭庄、玉皇庙一带。《元和郡县图志》载："成武县有故秺城，在县西北二十九里。"他的后世历经七代，共130多年，都在朝廷做官。史学家班固赞扬说："金日䃅以笃敬寤主，忠孝自著，勒功上将，传国后嗣，世名忠孝，七世内侍，何其甚也。"

金日䃅以一个战俘、奴隶的身份受到汉武帝赏识重用，他凭借的是一颗真心和一份谦虚忠直的操行，再往深处研究，应该还有审时度势和对机遇的巧妙把握，如此他才能于泥沼中崛起，并成就了个人的辉煌。

金日䃅出生于河西，死后虽葬于茂陵没能落叶归根，但他在河西走廊的张掖故园之地的人们却没有忘记这位奇人。而金日䃅在当官后，负责天下马政的那些年也没少关注张掖。

汉初的河西走廊张掖地区，农耕文明的火种还未燎原，周围基本全部是湿地草场，由于水草丰美，这里承载了众多少数民族的悲欢离合。金日䃅升任大汉马监后，主管全国的军马驯养，张掖著名的山丹军马场，就是当时汉王朝最大的一个马场。张掖人总爱戏称金日䃅是山丹军马场的第一任场长。

张掖山丹军马场为祁连山腹地草场，草场面积185万亩，海拔在2500米左右，这里的所有马匹都是散养，方圆几十里成群结队的马匹在头马的带领下，自由撒欢、奔跑、觅食。从这里出去的马匹，无论民用军用，个个膘肥体壮，较之低海拔地区饲养的马，奔跑耐力极强。从大汉王朝开始，就成为御用皇家马场，每逢前方战事吃紧，急需马匹，这里都是首选牧场。这里培育出的军马，在几千年的历史长河中，可谓战功赫赫。

金日䃅一生专注养马，被后世的张掖人奉为马王爷。民间传说马王爷有三只眼，能洞察人间万事秋毫，惩恶扬善，深受百姓爱戴。据付永正《清代甘肃地区马神庙修建概况管窥》考证，当时"甘州府马神庙在城东北隅；山丹县马神庙在县治北，另张掖县马神庙，我朝顺治十二年巡抚周文华等重修。雍正九年，提督宋可进塑金像，提督豆斌、王进泰俱献匾。一马神庙，城南郭内"。文章中记载不仅仅是甘州境内，在凉州府、平凉府、宁夏府、庆阳府、巩昌府、西宁府、秦州直隶州等均建有马神庙。

张掖地方志也记载，明时在张掖东北隅就建有马神庙，供奉马王爷金日䃅，即马神。马神在北方"五圣庙"中尊为五神之首，中国许多地方都有祭祀马王爷的马神庙。

古代人们大都在每年六月二十三日，到马神庙祭祀，相传这天是马王爷金日䃅的生日。清代《燕京岁时记·祭马王》称："马王者，房星也。凡营伍中及蓄养车马人家，均于六月二十三日祭之。"在这一天，首先是官方祭祀马神，大都为管理御马有关的官员，还有领兵打仗的武将骑卒，祭拜马神以祈求平安；其次民间祭祀马神，凡与畜养交易及使用马骡驴畜力相关的商户和普通百姓，通过祭拜希望得到马神的护佑，祈盼平平安安，生意兴隆。

近些年，金姓后世在寻祖考证后说，金日䃅后世一支去了今天的朝鲜，还有在安徽也找到了金日䃅的家谱。张掖也有金姓，但却没有祖谱为证，多半都是移民到张掖的。被当地百姓称为逃荒堡的秺侯堡遗址，因为缺乏有力的证据被很多学者否定，他们认为金日䃅并没有在张掖建造过住宅。其实，这件事还真不必刻意计较，大约这里曾经是明朝戍边屯田的堡子，抑或是一支匈奴休屠部族后裔曾屯居生活过的堡寨，他们仰慕秺侯，以其名号曰秺侯堡也未可知。无论哪种推断，似乎都在情理之中。而今，我们看不到历史清晰的容颜，推断似乎也觉得不尽如人意。汉武帝、霍去病、祭天金人、金日䃅的背影已随历史烟尘而远去，渐渐消散在祁连山的云烟之中，他们的故事也早已融入了这座城池曾经的过往，成了张掖不可分割的一部分。

宝马引发的战争

山丹军马场位于张掖市山丹县焉支山下的大马营草场,占地面积260多万亩,是世界第一大马场,大马营草场被评为中国最美的六大草原之一。山丹军马场从西汉元狩二年(前121)起即为皇家马场,于祁连山和焉支山之间地势平坦、风光旖旎处,现在已成为著名的旅游度假胜地。

大马营草滩,古称汉阳大草滩,因为历史上这里建立的最早治所叫汉阳而得名。这里是天然牧场,早在春秋战国时期就被生活在此地的少数民族当作驻牧草场,大月氏筑永固城定居,到匈奴控制了河西之后,又增建单于城,历来都是游牧民族赖以生活和繁衍的圣地,更是游牧民族建立的政权得以崛起壮大的根基。因此,当霍去病远征河西驱逐匈奴于关外万里之遥时,匈奴人悲痛哀歌:失我祁连山,令我六畜不蕃息;失我焉支山,令我妇女无颜色。自此惨败到往后的千余年间,匈奴及北方少数民族虽身居关外,但从未放弃过窃取河西的野心,不惜一次次发动战争挑衅、劫掠中原王朝的西北边境,就是想要重新取得使他们安身立命、称霸一隅的丰沃草场。

大马营草场有着得天独厚的牧养优势和丰盛的水源,又兼地处河西四郡中部,控扼扁都口、白石崖、平羌口等要隘,连通甘青两省之要道,历代都在此设立皇家马场专门牧养军马,并修筑城堡、烽燧屯兵戍边。我们现在口语中习惯称为山丹军马场的大马营草场,是1955年由总后勤部接管后改的名称,在那之前它还拥有很多个不同的名字。西汉初设张掖郡,汉武帝认识到战马对于军队的重要性,下诏设苑马寺主管天下马政,又于各地分置牧师苑,当时仅河西牧苑就有66所,牧养战马30万匹,而汉阳牧苑承担其中大半军需牧养任务,是当时河西最大的牧马场,亦是后来为汉武帝培育出"国产"汗血马的地方。关于汉武帝和汗血马的渊源,涉及一段很传奇的历史演义。

汉武帝喜爱名马,是一个名副其实的马痴,有着跟现在成功人士喜欢名车,到世界各地收集私藏一样的喜好。前113年,当汉武帝从一个敦煌囚徒那里得到敬献御前的汗血马,亲眼见证了这匹骏马的威武雄健与器宇轩昂,便就此点燃了这个骨子里充满好战因子的皇帝对汗血宝马的狂热追求。汉武帝得到这匹神驹如获至宝，遂作诗以颂："太一贡兮天马下，沾赤汗兮沫流赭。骋容与兮跇万里，今安匹兮龙为友。"可以想象这首《天马歌》是汉武帝在何等欣喜若狂中有感而发的赞叹，让他发出了"此马只应天上有，人间哪得几回闻"的由衷赞誉。也许龙马精神的出处跟此诗也大有关联了，汉武帝认为这是上天赏赐给自己的机遇，而仅仅一两匹汗血马并不足以填补自己对"天马"的收藏欣赏之好，更不足以改变大汉战马品种的蕃息。然后，他派人带着大量金银和一匹纯金打造的金马，去当时盛产汗血马的大宛国首府贰师城去求购宝马。那句话怎么说的？"得不到的永远在骚动，被偏爱的都有恃无恐"，这话用来形容彼时的大宛国和汉武帝最是贴切不过。或许正是汉武帝求购心切反倒令大宛国生出轻视之心，他们因为有汗血宝马而居奇，不但严词拒绝了交易，还很奇葩地将汉武帝派去买马的使节给杀了。这还了得！当时正雄视天下志得意满的汉武帝当然容不得如此挑衅，当即下诏命李广利率军远征大宛国。大汉军力强盛，其时已成无可争议的亚洲第一强国。李广利两次出征，从大宛得到3000多匹纯种公母汗血马。但是，经过4000多千米的长途跋涉，远征军到达玉门关时仅剩了1000多匹，其余都在路上折损了。这大约是古代最远距离的一次活物长途运输了吧？更是一场因马而起爆发国家战争的大规模远征。此战之后，李广利这个贰师将军立下了汗马功劳，而汗血马在中原随之驰名，品评名马、收藏名马开始成为贵族们争相攀比的炫富行为，汗血马受到热捧成为有价无市的稀世珍奇。

　　从大宛国得来的战利品汗血马并没有全数送往京都长安，汉武帝命汉阳牧苑引进繁育，以期培育新品种良种战马。汉阳牧苑不负众望，经过不断研究积累经验，终于培育出了属于大汉自己的汗血马，即后来的"凉州大马"。出土于武威汉墓的铜奔马，就是这种良马的形象再现。到了西汉末年，河西诸地的牧苑多因战乱而废弃，仅汉阳马苑保持了完整，东汉稳定后由羽林郎接管，成了真正意义上的皇家马场。两晋时期，凉州刺史张轨特别重视养马，汉阳马场的中心永固堡新设为汉阳郡，在原基础之上增派军兵驻守，更加强了对马场的护卫。北魏时祁连山麓草场正式划为官属牧地，马场得到前所未有的壮大繁盛，十数年间养马数量达到了200万匹，骆驼牧养量亦超过百万，牛羊更是不计其数。据史料记载，孝文帝时，仅汉阳马场一处就养马10万匹，每年都输送成年军马至山西大同等地补充军需。隋炀帝亲临山丹马场，是汉阳草场在古代时最值得被注目的一件盛事了，那时的山丹马场已经有了十分完善的牧养技术和管理体系，同样也是隋王朝用兵征调战马的主要所在。唐宋两朝，及至后来的元明清各朝各代，山丹马场不论是"茶马互市"的民生经济方面，还是向军队供需战马的军事战略方面，都作出了不可忽视的重大贡献，尽管中间也曾经历过起起落落、风风雨雨，但总体下来，冷兵器时代里因为战马的重要性，历代封建王朝对马场的经营和管理都是非常重视和严格的。从开始的汉阳大草滩，到明永乐年移治的大马营草滩，随着草场面积的不断扩大，无数战马走出草原牧场步入烽烟战场，载着那些兵将驰骋征战，成了"一将功成万骨枯"的战争牺牲品，把热血和汗水洒遍了中华大地，成就将军们列土封侯的同时，也把龙马精神注入中华民族的气质当中，成为另一种图腾样的存在。

1919年，中华民国政府经管山丹马场，改名为甘肃种马牧场。此时的战马需求还在，但已经有了马匹将被汽车取代的初象。后因战事频繁，军阀混战，西北为军阀马步芳、马步青兄弟所据，山丹马场也沦为马氏兄弟的私人牧场，直到1940年才复归国民政府经管，重组并改名为山丹军牧场。中华人民共和国成立前夕共有各种马匹1万余匹。随着西北解放和中华人民共和国成立，大马营马场终于结束了它不断被转手的命运，完整无缺地交付人民解放军，成为中国人民解放军山丹军马场。20世纪60年代，山丹军马场曾为毛泽东、彭德怀、贺龙等几位新中国领导人选送过坐骑。而那时到现在，战马已被汽车取代，除了少数条件不允许的边疆地区还得依靠战马巡逻，战场不再需要战马的助阵和牺牲。马不再称之为战马，终于和战场剥离开来结束了它们披甲沙场流血拼搏的命运，重新回归草原过着本属于骏马的安宁悠然生活。

告别金戈杀伐，骏马逐渐退出了历史舞台，似乎已经没有了用武之地，生活在城市里的孩子有很多甚至连马都没有亲眼见过。现在社会，能用到马匹的时候不多，除了影视剧拍摄需要，人们很难将骏马和坐骑实际联系起来，运输和骑乘，以及农耕的作用基本不存在了，剩下的貌似也就只有食用和娱乐及体育竞技之用。现代经济的快速发展和社会变迁，致使骏马淡出人们的视野，冷落与遗忘已成必然，但正如许许多多与我们一起生活在这个地球上的动物一样，即使它们远离人类如同避世一般遁入大自然，也会一直住在人们心中永不磨灭。不过，回归草原泯然于众，这对于马来说是幸，还是不幸呢？或许只有骏马自己知道了。

马文化起源之地

中国马文化源远流长，从马被人类驯服的那一刻算起，至少有6000年的历史。从神话中周穆王驾乘八骏拜访西王母开始，骏马便与西北再也脱不开关系。如果说八骏是存在于神话里的天马，那天马中最接地气的"汗血宝马"则是神马下凡的具象呈现了。

霍去病西征，归附大汉版图的不仅仅是土地和人口，还有战马。汗血宝马途经河西走廊落户祁连牧场，张掖就直接参与了马文化的形成与演变，成为促进马文化发展的重要推手，堪称中国马文化的源头之一，尤其在两汉之后的历史中，随着山丹军马场规模的日趋增加，张掖与张掖的骏马一直保持着不可动摇的地位，祁连山下蕴育出的名马不在少数，专供将士们驰骋疆场的战马更是军队装备精良之师的首选。

在古代，战马的优劣和数量多寡，直接关系着一个国家武备和实力的强弱，好的战马往往能帮助骑乘者成就不世功勋，如此便有了"汗马功劳"这样满含感恩之心的褒扬词汇。关于这个成语的典故，还有一段故事，最早的出处来自汉代。汉朝是中华民族历史上最为辉煌耀目的一个朝代，两汉时期也是直接影响和奠定了中华传统文化的鼎盛年代。"汗马功劳"就是西汉开国皇帝刘邦赞誉他的大臣萧何的功绩时所引申出的一个成语。

萧何是与韩信、陈平等能臣比肩的名士，但他却比韩信更懂得处世之道。汉朝天下未定时，刘邦就曾说过"治理国家，安抚百姓，给前方运送军粮，我不及萧何"，可见萧何在刘邦心目中的地位。汉朝建立以后，刘邦犒赏有功之臣，封萧何为鄫侯，惹来许多将领不满。那些武将都不服气文弱书生萧何封侯，跑到刘邦跟前争辩，认为天下是武将们出生入死百战沙场打下来的，而萧何不过在后方做一些动动嘴皮子、耍耍笔杆子，完全没有危险性的工作，而论功行赏，他的官职和爵位却在武将之上，这让武将们很不理解，认为是刘邦偏心。刘邦见众口一词，却并不慌张，他问大家："你们知道怎样打猎吧？"对于打猎武将们自然非常清楚。刘邦意味深长地对他们说："打猎时，猎狗去追杀野兽，而驱使猎狗追杀的却是人。你们在战争中起的作用是有功的猎狗的作用，而萧何要知道野兽的去处，要让猎狗去追杀，难道这不是大功劳吗？还有，你们一般都是和同族二三人随我打天下，可是萧何让全家族几十个男子都参加了我的队伍，齐心协力打江山，他的功劳，我怎么能忘记呢？"武将们虽然挺介意皇帝将他们比作猎狗，但细细一想刘邦的比喻还真有道理，何况萧何平日里没什么架子，和任何人都能和谐相处，便也不好意思再纠结这件事了。萧何的"汗马功劳"，一时间传为美谈。后来，凡是立下显赫战功，或做出大成就的人，上级都喜欢用这个成语来美化和褒扬其功劳，这个特殊的词汇就成了定语，收录进了中华成语词库之中。

汗血马的引进，更与张掖有紧密关联。其实，在汗血马入关之前，张掖并不缺马。在中国众多少数民族特别是西北少数民族文化中，马更扮演着不可替代的角色。得益于月氏、匈奴等草原民族的繁衍生息，张掖一直以来都是"风吹草低见牛羊"的肥美草场，驭马、养马甚至喝马奶、吃马肉都是司空见惯的家常小事，少数民族心目中马匹的作用偏重于实用，他们依赖骏马、喜爱骏马，生活中不能没有马，促进了马文化的兴盛，却唯独缺乏文字表达。

汉唐时期，人们对骏马的喜爱和尊崇达到了新高度，刘邦创造了"汗马功劳"这个成语，而汉武帝刘彻则是兴起龙马图腾的鼻祖。正因为汉武帝对汗血宝马执着的偏好，他派霍去病打通了河西走廊，派李广利远征大宛国，才有丝绸之路的形成。而随着丝路延展，汉文化走出去的同时，迎来了西域佛教的盛行，继而衍生出龙马图腾。严格来说龙马图腾在当时属于舶来品，起源于西域视马为命的诸少数民族。

众所周知，中华民族的图腾崇拜是龙，而马只是被当做坐骑或者家畜，还登不上图腾崇拜的精神地位。但是，当马与龙结合之后，龙马便应运而生，从此一个崭新的图腾就这样闯入了人们的精神世界，开辟了马文化的先河。龙马，既有龙的彪悍威严，又有马的俊逸健壮，之所以得到全民认可，其内在含义与精神象征正是满足了现实与理想的最佳体现。由于《周易》的演绎，马的形象脱离具体形态而提升为一种抽象精神，它融合了中华民族的最高图腾"龙"的内涵，成为人们意识当中崭新的精神实质。龙马，是天的象征，又代表着君王、父亲、大人、君子、祖考、金玉、敬畏、威严、健康、善良、远大、原始、生生不息……一切美好的寄予远大理想的词汇，都与马有着息息相关的连通，这就是《周易·乾卦》中总结的那句中国人代代流传的最响亮的名言："天行健，君子以自强不息！"是的，这匹由我们民族的魂魄所生造出的龙马，雄壮无比，力大无穷，追月逐日，披星跨斗，

驰风骋雨，不舍昼夜。所以，马毫无争议地跻身十二生肖，排名仅次于龙与蛇，成为第七属相，出生在马年的人，也被长辈寄予厚望，认为这个属相代表着豁达温和前途不可限量。

真正将"龙马精神"以文字形式确定下来并流传深远的人，是唐代诗人进士及第的李郢。在他写给裴度的一首诗中说道："四朝忧国鬓如丝，龙马精神海鹤姿。"诗人为裴度的遭遇打抱不平，颇有老骥伏枥壮心未已的感慨。此后，龙马精神就成了振奋激越的象征，专门用来形容或赞誉一个人精神健旺老当益壮。诗人为什么会想到用"龙马精神"来赞颂裴度呢？这里头还与他的籍贯有关。李郢出生在长安，也就是现在的西安市，唐代都城坐落长安，是全国的文化、经济交流中心，龙马图腾从西域传入中原，在这里得到认可、得以发扬光大。李郢耳濡目染，自然是熟悉和尊崇龙马的，尽管谁也没有见过现实中的龙马长什么样子，他们崇拜龙马、向往龙马，不会质疑这个神奇的物种是否存在，这与唐朝充满浪漫气息的文化氛围也是非常贴切的。龙马跃动在唐诗里，兼容了阳刚之气与俊朗风采，也带着佛教禅理赋予它的空灵神异，在中原文化的神坛上很快占有了一席之地，亦是西域文化与中原文化相融合的最直接体现。自然，在这个传播与融合的过程中，河西走廊养马业的兴盛起到了举足轻重的作用。张掖因为繁育出汗血马，直接决定了国家军事力量储备，唐"安史之乱"中皇帝被迫逃离京都，如此厄运的原因之一就是优良战马被少数民族控制。而历史上，所有少数民族入

主中原，或者严重威胁到中原皇权统治的局势中，战马储备与装备，起了主导作用。人们依赖骏马，喜爱骏马，渐渐就有了马文化的诞生，马也拥有了属于它自己的海量粉丝，且这种崇拜自成一派经久不衰。

马文化的崛起与兴盛还体现在很多方面，除了生肖传统，在十二地支中也占有独特象征地位。在地支中马属午，一天里最热烈奔放的时刻，也象征着树木旺盛、万物欣欣向荣、一切都充满生机的时刻，每当午时，骏马奔腾嘶鸣雄姿英发，故又称"午马"。在祖先们的世界观里，已经把马等同于纯阳的乾，而在《周易》里，马又是阳气凝聚、正向积极的代表，"乾为马"，马便成了刚健、明亮、热烈、高昂、升腾、饱满、昌盛、发达的代名词。

以马入诗，是文人骚客最喜欢借喻的物象，历史上也留下了许多跟马有关的诗词，且基本出现了骏马身影的诗词，又多与边塞和战事离不开关系。由于马豪放不羁、强健不息的气质特点，再加之战场上的矫健身姿和勇武气势，马成了古代文人士大夫豪情壮志的寄托。"马作的卢飞快，弓如霹雳弦惊""夜阑卧听风吹雨，铁马冰河入梦来""葡萄美酒夜光杯，欲饮琵琶马上催""云横秦岭家何在？雪拥蓝关马不前"等一系列脍炙人口的诗句，就是豪放派诗词的最直观表现。从这些流传千年的诗句中，我们依旧可以感受到金戈铁马的战阵气势和马革裹尸的悲壮情怀。与婉约派卿卿我我、伤春悲秋的诗词相比，豪放派更能使人精神振奋、同仇敌忾，是丈夫情怀、英雄本色的最好说明，也使马文化愈加深入人心。

马文化诞生于战场，起源于边塞，兴盛于华夏大地，内中经历数千年，甚至更久年代。由骏马形成独立的文化现象，其意义包含着中华民族兼收并蓄、开放创新的胸怀和精神特质，以及我们的祖先骨子里存在的浪漫主义精神。古代文人心目中，马还代表了一种独立不羁的形象，是人们自由精神的寄托。天马行空，独来独往，是人们所向往的境界；神采骏逸，龙马精神，是中国人所崇尚的一种精神。正因为如此，马便成为人们最喜欢描摹的动物，古人常将马安上腾飞的翅膀，将它幻化成龙的形状。唐张彦远《历代名画记》说："古人画马……皆螭颈龙体，矢激电驰，非马之状也。"宋郭若虚《图画见闻志》也称古人画马"逸状奇形，实亦龙之类也。"诗圣杜甫爱咏马，他也把良马比喻成龙，有"斯须九重真龙出，一洗万古凡马空"的名句。

理想中的马存在于文艺的幻想中，但现实中的马始终都没有脱离本真，更多时候依然是以坐骑和伙伴的身份出现，有时候还是身份与地位的象征。在古代，历朝历代的帝王将相都很爱马，特别是武将之于骏马的热爱，堪比当今有钱人对豪车的狂热追捧。不同的是，骏马相比于豪车更具生命的灵性，历史上流传着许多人与马的动人故事，内中也多有名驹成就名将互相忠于对方的感人情节。如项羽的乌锥马、关羽的赤兔马、秦琼的黄骠马、唐太宗的六骏马、薛仁贵的白马等，名驹因名人乘骑而相得益彰。甚至还有南宋皇帝赵构"泥马渡江"得以保全的传说，骏马忠厚可靠、神勇非凡的品质可见一斑。久远历史里的名马随风而逝，我们早已无缘得见，但我们还可以通过传承下来的马文化去追溯一二，"昭陵六骏"就是其一。相传唐太宗生前很爱马，他曾广泛征集天下名马，还下令工艺家阎立德和画家阎立本，把自己在重大的开国战役中所乘的六匹战马，用浮雕描绘列置于自己陵前，俗称"昭陵六骏"。据说"昭陵六骏"高度还原六骏形象，它们造型优美，雕刻线条流畅，刀工精细圆润，是我国珍贵的古代石刻艺术珍品。

马还是美好吉祥的象征。马的形象常被绘于各种皇家吉祥图中。最早的骏马吉祥图是"周王八骏图"，传说周穆王有良马八匹，乘之周游天下而得名"八骏"。关于"八骏"的名称，《玉堂丛书》因其毛色而命名为"赤骥、盗骊、白义、逾轮、山子、渠黄、骅骝、绿耳"。《拾遗记》则记载"八骏"之名为绝地、翻羽、奔宵、超影、逾辉、超光、腾雾、挟翼。八骏图象征人才济济。另一常见吉祥图名为"马上封侯"，画面为猴子骑在马上，马上即立即之意，"猴"与"侯"同音，寓意"封侯"，也是传统文化中美好寄语的一种。骏马图张挂在家，意寓着事业有成、功成名就、学业精进、财运腾达之意，一直深得国人喜欢，从城市到乡野，谁家里没有张贴或悬挂过这副吉祥之图！凡舞文弄墨之人，又有谁没有临摹或书写过骏马呢！

古有诗云："天马奇骏游神州，一日万里奔春秋。马蹄踏歌催壮志，驰骋山河辉煌收。"马的精神，是忠诚，是高贵，是奔驰，是不可征服。马的神韵，则是马在与人类同生死、共荣辱的历史中所表现出来的一种奉献美的史诗。因此，徐悲鸿一生独爱画马，徐悲鸿画的马反映和表现了时代的精神和特征，在艺术内涵上较前代有明显的进步，在意蕴上有明显的创新或开拓，给后人提供了更为积极、广阔、丰富的内涵。他画的马，既没有唐马的雍容，也没有宋马的清俊，其忍辱负重、急流勇进之态跃然纸上，是对艰难国运中国民雄健而强韧的精神写照。可以说，徐悲鸿是继唐代韩干、宋代车公群之后的又一座丰碑。

纵观历史，马是古代最重要的陆上交通工具，是最重要的战争武器，他从远古的沙场尘烟中驰骋而来，雄浑、高昂、豪迈，几千年来，马用自己的力量和赤诚，经历了血与火的洗礼，随人类的发展升华为一种精神，成就了源远流长的龙马神韵。马已经成为人们精神生活的一部分，是保家卫国、惩恶扬善、匡扶正义的英雄征战疆场、驰骋翱翔的理想寄托。马的精神和神韵，是人类发展过程中一种宝贵的精神财富，它对人类的情感、心理甚至对人类社会的发展都有非常重要的意义，它的奔放驰骋给了人类战胜敌人、战胜自我的力量，马的骨子里流露着忠诚心和竞争性。从人类的发展中去追溯马的精神，更能感受到马是人类最亲密、最友善的朋友的真正含义。

龙马精神是中华民族自古以来所崇尚的奋斗不止、自强不息、进取向上的民族精神。祖先们认为，龙马就是仁马，它是黄河的精灵，是炎黄子孙的化身，代表了中华民族的主体精神和最高道德。张掖牧马场，作为当今世界第二大育马基地，能够以主导地位参与马文化推动和演变，这是具有重大历史文化意义的一件事啊！

新马说

自古兵马相提并论，体现一支军队战斗力强悍的硬核条件就是兵强与马壮，二者缺一不可。但好马、良马并不是那么容易就能得到的，特别是那些名传千古的战马，像赤兔、乌骓、的卢等被赋予宝马神驹之称的名马，必是万里挑一十分罕见的。而每一匹名马几乎都关系着一段英豪的传奇人生，所谓红粉赠佳人、宝马配英雄，骏马有特别神勇之处，还得遇上堪称英雄的人物才能缔造神话样的传奇。同理，一匹良马也得遇上识货的行家，才有机会绽放光芒。

在古代，马是一个国家强盛与否、百姓生活水平高低的重要衡量标准。战马受到国家严格管理，专供军队打仗所用，家用拉车骑乘的马管理相对宽松一些，但也只有达官贵人或有钱人家才配备得起，于普通老百姓来说是绝对的奢侈品，因为经济实力和社会地位直接决定了骏马的归属。受大环境驱使，诞生出相马师这样的一个行当便不足为奇了。伯乐，就是相马师中的佼佼者。

传说中，天上专管马匹的神仙叫伯乐。所以，人们把善于相马精于鉴别马匹优劣的人，也叫伯乐，以示对其人的肯定和尊敬。历史上第一个被称作伯乐的人本名叫孙阳，是春秋时期郜国人，受秦穆公信赖专司相马，为秦富国强兵立下汗马功劳，因功得封"伯乐将军"。伯乐将毕生经验总结写成我国历史上第一部相马学著作《伯乐相马经》，一直被后世奉为养马、相马行业的圭臬。相传，伯乐游历天下时路过泰山，见有农夫驱赶着一架满载的盐车上山，驾车的马瘦弱不堪并浑身多处受伤，却还在吃力地负重挣扎。伯乐对马向来亲近，见到这马伤痕累累不由动了怜悯之心，他走近去看，那马似乎有所感应突然昂首嘶鸣眼中流泪。伯乐相马无数，从马鸣声中顿时判断出这是一匹难得的骏马，有感于良马埋没、明珠蒙尘的不忿，伯乐当即脱下自己的衣服包住马身上的伤口号啕大哭，并拿出重金要农夫将马卖给自己。农夫不认得伯乐，更不认得他用来驾车的这匹瘦马是良驹，便高高兴兴卖了马得金而去。伯乐买回此马精心饲养，一年后令其恢复了原有的神骏，众人这才看出原来此马就是十分有名的千里良驹——骐骥。据传，骐骥被伯乐赠给了好友墨翟，墨翟乘此马翻山越岭如履平地，真正发挥了良驹应有的作用。墨翟就是后来诸子百家里面的墨子。骐骥得遇伯乐，然后成为墨子的坐骑，倒也算是宝马与名士之间一段不世之缘了。而伯乐慧眼识宝解救骐骥，乃为真正的良马之知音。

历史记载和文学传记中不乏有名的宝马，人们最熟悉、知名度最高的恐怕非赤兔马莫属。一部《三国演义》让很多人都知道了赤兔马，它是吕布的坐骑，后来被曹操转送给了关羽，荆州之战中关羽败走麦城被杀害，赤兔马亦绝食而死。关羽和赤兔马的故事象征着忠义，成为英雄与宝马的千古绝唱。但是，鲜少有人知道赤兔马正是出自祁连山麓的草场，也就是现在的山丹军马场。可能你会觉得不可思议，赤兔马怎么跟祁连扯上了关系？这个还要从张骞出使西域和丝绸之路说起。

在汉朝时期，中原并不盛产良马，所用马匹都不擅长远途行驶，用来装备军队更是无法匹敌北方少数民族军队。为了改善中原马匹质量和组建强悍的骑兵队伍，汉武帝开始大力发展边疆贸易，尤其是与匈奴、月氏等草原民族的贸易，想要从草原引进好马，从而改善中原马匹族群。当时匈奴独霸草原势力异常强大，又时常同中原军队交战，肯定不愿意中原骑兵强盛，为抑制中原骑兵的发展，匈奴单于就像中原皇帝禁止向草原出售铁器一样，实行马匹禁运。虽然有一些走私商贩把草原马运到中原牟取暴利，但是草原马身材矮小，虽然耐力比较强，但是与中原马繁育出的马匹不够雄健，冲锋陷阵的能力明显不足，于是，汉武帝决定从更远的地方引进良马。

当时，比草原马更好的马匹产自西域，统称为汗血宝马。这种汗血宝马产自西域小国中的楼兰、大宛、龟兹和车迟等国，尤以大宛良驹最负盛名。相传大宛产的汗血宝马通体洁白，不仅雄健俊美，而且耐力十足，是不可多得的战马。汉武帝曾派出数批使者，赶往西域，想要以中原丝绸和瓷器等交换。但是当时商路为匈奴人阻绝，几批汉朝使团都被匈奴人截留、杀害。直到张骞历尽艰辛，出使西域，才将汗血宝马引进中原。

当时张骞带回几百匹汗血宝马，这些宝马都是一等一的良驹，作为最早的种马进行繁衍，以便改善中原马种。但是中原虽大，却并没有马匹适合生长的马场。为了能让宝马在中原扎根，汉武帝亲自下旨，在西凉营建千里马场，当时派了两名校尉掌管牧马，并设置骠骑将军一职，开始训练骑兵。

这之后，霍去病不断向匈奴出击，同时派出使者四处搜寻好马，投入到西凉马场中，使得西凉马场不断壮大，每年出产战马不下千匹，使得汉朝骑兵得以全面装备良马，极大地壮大了中原骑兵的实力。骠骑大将军霍去病更获赠两匹宝马，靠这两匹宝马和中原强大的骑兵，霍去病率领汉军出征匈奴，节节胜利，最终消灭匈奴主力，祭祀天山而归。

之后天下动荡，西凉马场也逐渐荒废，里面的马匹散落，逐渐聚集成群，成了野马。直到东汉桓帝末年，董卓任西凉刺史，在凉州郊外打猎，无意间看到一匹野马，浑身似火，两眼有神，四蹄如盆，尾扫残云，董卓大惊失色，道：这难道是传说中的宝马中的赤骥。当时董卓身边有一人名叫伯驭，乃是相马大师伯乐之后，就对董卓说道：这不是赤骥，而是那赤骥与白义的后代赤兔，乃是马中皇者，比传说中的八骏宝马更厉害。

董卓也是爱马之人，于是下令不惜一切代价也要捕捉到这匹野马之王，于是在伤亡了近千名士卒，累死了近八百匹西凉好马之后，这才捕捉到赤兔马。董卓爱之如命，以至于最后董卓率军入长安也是带的这匹宝马，这就是所谓的马中赤兔。

讲完这段历史很多人可能依然存疑，但这都不重要了，毕竟像赤兔马这样的神驹宝马千古难寻，即便还存在也得有能够鉴别的眼力才会被发现不是。正如韩愈的《马说》里所写：世有伯乐，然后才有千里马，千里马常有，而伯乐不常有。于芸芸众马中发现真正的千里马，没有伯乐之才可是千难万难的。现代社会已经逐渐淘汰了骏马，现实生活当中马的作用很小很小了，但因着伯乐相马的故事引申出的特殊意义，却一直被继承下来沿用在各行各业。

人生中总有各种各样的人际交往，有的萍水相逢、擦肩而过，有的一见如故、相见恨晚。其中有一类人，人们总是对他们特别尊重和感激，就是一份知遇之恩的维系。比如诸葛亮的鞠躬尽瘁死而后已，不过为了报答刘备那三顾茅庐的知遇之恩。所谓士为知己者死就是这个道理。伯乐相马，若没有伯乐一双慧眼，再好的千里马亦是枉然；而引申到人的身上亦然，人才那么多，但有伯乐之才的人却太少，没有伯乐那双慧眼，再好的人才怕也是怀才不遇。所以，一个人的一生当中，若遇到那个赏识你并愿意给你机会崭露锋芒的伯乐，请一定记得珍惜和感恩，得遇知己不容易，知遇之恩当永记。

神马当从西北来

"神马当从西北来"本是一句卦词，得自《周易》，是汉武帝御批占卜的结果，意思是说神骏的马在西北。汉武帝命人占卜的前因是他夜间做梦得到一匹好马，醒来后对梦中神驹念念不忘，因此命人解梦。从这个典故可以看出，古代人是十分迷信的，一点小事动辄就要动用占卜来预判吉凶，然后依据卦象来采取行动。西北，即刚刚纳入大汉版图的河西四郡，其中又以祁连山下水草丰美专擅养马的张掖为据点继续往西，出敦煌远涉西域天山沿线的地方。而在这之前，已经选择依附大汉的乌孙国就曾经向汉武帝进献过良马，一度使得汉武帝以为得到了神马，还特意作诗赞颂其为天马。

那么，既然汉武帝的御马监已经有了良马，为什么还要孜孜以求地不断追寻好马呢？原因还在大名鼎鼎的博望侯张骞身上。张骞出使西域回来汉武帝给了他高官厚禄，还特意加赐封侯名利双收，一时间引得很多野心勃勃者纷纷效仿，都想通过西域之行来博取富贵。用现代语言形容，这些人的心理无非就是想借投机倒把来升官发财了。因此，当张骞第一次告诉汉武帝大宛国有汗血马，武帝还不怎么相信，而等其他人陆续跑来跟他说大宛真有汗血宝马，印证张骞所言不虚的时候，这位爱马成痴的帝王就再也按捺不住蠢蠢欲动的那颗私心了。以今人的角度去猜测，就凭武帝对马的狂热和痴迷，也许"神马当从西北来"的爻文和那次卜卦，都是他事先排练好的作秀也不一定。不如此，没有借口说服臣民为他的个人喜好买单，更没有充足的理由为得到神马而一掷千金。

事实上，汉武帝为了得到神马还真是舍得下老本，派使臣重金求购汗血马不成毅然发动了远征，不惜一切代价从大宛夺回了他梦寐以求的神马。大宛国路途遥远，李广利甘当马夫驱赶三千多匹马回来，那场面想一想都觉得异常震撼。而从入关东进直奔长安的过程，可不就是神马打从西北姗姗而来了么？汗血马在路上折损三分之二，真正走到长安御马苑的寥寥无几，但毫不影响武帝终得神马的狂喜，他当即下令，改称乌孙马为"西极马"，而汗血马才是当之无愧的"天马"，以此来满足自己的虚荣，彰显他的志得意满。西北，因为神马而延伸得更远更广阔，河西走廊成为继丝绸、茶叶、玉石之后的骏马东进之通道，张掖也因为繁育"国产"汗血马成了皇家御用马场。之后的神驹良马皆从张掖走向长安，实现了真正意义上的神马应从西北来，不再靠征战掠夺去获得，《周易》的推演占卜到这里才算圆满了。

有了自己的神马和逐步完善的马政管理体系，汉代逐渐告别了缓慢粗笨的牛车出行方式，骏马驾车便衍生出一个特殊的官职——车骑都尉。这一官职始置于汉武帝时期，刚开始专管皇帝出行时的车马调度和驾驭使用，后来又细化分为好多官职，如掌管御乘辇车的奉车都尉，掌管副车马匹的驸马都尉，还有掌管皇帝近卫军的骑都尉以及三国时期由曹操设置的专门随侍皇帝身侧陪同进出的散骑常侍。骑都尉后来演变为同将军一样的待遇，可以执掌的兵马也由皇帝近卫军扩展到国家军队中，像我们熟知的董卓、曹操等人都担任过骑都尉，麾下兵马不在少数。

除了专司马匹驾车的这些官职外，还有一些特别有意思的汉代官职也与马有关，比如"别驾"。别驾，在汉代属于地方官中比较有地位的官职，相当于现在的省委秘书长，辅佐刺史处理政事，每当刺史出巡时乘坐专车跟随充当传书文秘工作，不与刺史一车同行故称别驾，就是另一驾马车的意思。相对于别驾，大司马则算是绝对的高官了。历史上周朝首次把掌握军政和军赋的官职称为"司马"，用来突出马的重要性，还属于地方官级别，但汉武帝专设大司马一职，却是把司马权力提高到了部级待遇。汉代官拜大司马者卫青、霍光，相当于现在的国防部部长，可见汉武帝对马的狂热喜爱。司者管理也，司马就是掌管马匹的意思，主管兵马调动与防务，是非常重要的实权职位，一度位列三公，直到隋代才换了官职称谓。

隋唐之后，虽然司马、别驾这样的官职不再设置，但历朝历代对马政却从来没有放松过，毕竟冷兵器时代拥有战马控制权江山才坐得稳，只不过张掖马场不再一家独大，养马业逐渐东移使得曾经辉煌一时的皇家马场失却了风华。神马依然自西北繁育的为佳，但马场遍布河西走廊和甘肃东部更多适宜养马的地方，内地开始育马、养马，北方蒙古草原出产的战马也登上了军事历史舞台，大有取代西北马的趋势。但是，中央皇权集团对西北战马日渐疏淡直接促使少数民族快速崛起，"安史之乱"后，唐王朝无力控制河西局面，吐蕃趁机占领河西取得绝对话语权，张掖马场也随之落入吐蕃掌控。正因为精良战马的缺失，唐中后期在与吐蕃的较量中一直处于下风，甚至有过迁都洛阳中心地带的打算。而到了宋代，重文轻武体制下，战事不断的河西走廊直接被宋王朝放弃了，张掖马场几易其手，先后被甘州回鹘、沙陀人、党项人等强盛的少数民族所占有。在宋王朝文化高度发展的鼎盛时期，河西走廊则从没停止过刀光剑影，你方唱罢我登场的更迭厮杀在甘凉大地的烽火狼烟里起起落落，最后还是由西夏国主李元昊实现了统一，而彼时的河西走廊已经在丝绸之路的时钟上停摆了太久太久。西北战马用于装备少数民族骑兵，然后向中原王权发出挑衅的事情比比皆是，宋王朝的灭国固然是因为蒙古人铁蹄南下直接导致，但西夏垄断西北战马供应亦是间接促使宋亡国的一大推手。蒙元、辽金、鲜卑、满清，每一个少数民族政权入主中原的基础都是强大的军事力量，骑兵骁勇、战马精良就是他们所向披靡的最大利器，而灭国的原因很大程度上则是兵备不足、战马短缺的无情现实所导致。

有了前车之鉴，晚唐及宋之后王权阶层深刻领悟到军马必须养在自家马场，明代干脆把西北省会设在了张掖，朱元璋不惜分封儿子为肃王到张掖来镇守。明代是张掖历史上最辉煌的时期，作为西北最高军政大权集汇地，踏上了高速发展的快车道。陕西行都指挥使司衙门、甘肃镇总兵府都设在甘州城里，大大小小的办事机构和行政机关落地，使得张掖在时隔多年后再次成为焕发耀眼光芒的一线城市。有明一朝，张掖统管陕甘青宁政务、军务，每天无数调度指令和信件往来如雪片一样从张掖发出，马匹便成了信使，五百里加急、八百里加急等重要军情谍报都从张掖马场遴选良马来完成，而普通物品的运输则会经由驿递所发往全国。明代驿递所，可能是中国历史上邮局和快递的前身了。历代都有专门的驿站来完成投递事务，绝大多数时候是直接对皇帝负责，专司军情传递，但明代增设的驿递所则是对民间开放的，人们可以在驿递所托运物资，只需缴纳少量运输费用就可完成长途寄递，十分人性化。在长篇小说《八声甘州之云起》里面，笔者就曾特意写到甘州驿递所，不过书中展现的是明末甘州故事，官办驿递所已经入不敷出趋向民营化，但依然承揽民间寄递业务，比镖局费用要少很多。明代对马匹的管理异常严格，即便像驿递所这样的机构，所用脚力也只能选用骡子和毛驴，虽然身在祁连山下，马场近在咫尺，但用马有一套特别严苛的管理办法，除非军队上淘汰下来的战马才允许民间购买。如此，明末腐败时期，就有军官和地方上的商贩合作，时常偷梁换柱把优良战马打上淘汰标记倒卖出去获利，以至于后来明军中用来打仗的马匹孱弱不堪，而满洲八旗骑兵的战马则健硕精良，如此一来，两军对阵，结果可想而知。

有马就得有骑马的技术，后来也称马术。中国古代把骑马当做一项基本技能，还要经过考试认证，骑术精湛往往作为朝廷选拔人才的标准之一。类似于今天人们开车所需的技术，骑马和驾马车与"射艺"一样，列为六艺必学、必考的项目。骑术的发明最初应当是为了狩猎，后来引用到军事上，随着冷兵器时代的终结又逐渐发展为一种体育活动。骑术在中国出现较早，据考古资料证实，中国最早发明骑术的应该是生活在北部的游牧民族。在甘肃河西走廊的祁连山脉一带，自古就是氐、羌、大月氏、突厥、匈奴、鲜卑、回鹘等游牧民族居住生息之地。张掖很多地方的山峡、山崖上有大量原始先民雕刻的岩画，这些岩画中有远古先民的狩猎图和作战图，其中有骑士挽弓猎杀的描绘。据考古学家们的初步研究，认为这些岩画刻于4000—10000年前，是远古游牧部落先民的文化遗存。

真要论神马出西北，还得从黄帝开始说起。众所周知，炎黄故里就在西北，而我们的祖先从炎黄时期就开始对马进行驯化了，传说有一个王亥驯马的故事，最早的一支骑兵据说也产生于那个时期。故事里说黄帝时代，人们过着迁徙不定的游牧生活。有一次，黄帝的部下捕获了一匹野马，当时人们还不认识马这种动物，便请黄帝来辨认。黄帝观察了很久发现，每当人接近它时，它就前蹄腾空、昂头嘶鸣，或后腿绷起，但它并不伤害人和其它动物，只以草为食。于是黄帝派驯养动物的能手王亥用木栏先把它圈起来，再对马进行长久的驯服训练，有一天终于骑着马回来了。

王亥骑马的事很快就轰动了整个部落，不久黄帝也知道了。应龙是黄帝身边的一员大将，对骑马也很感兴趣。他积极协助王亥驯马，自己也练习骑马。就在这时，不幸的事发生了。一天清早，王亥、应龙起来练马，忘记关上栏杆门，一只老虎乘虚而入，把新生的小马驹咬死了。王亥和应龙见马驹被咬死，气得快要发疯，立刻带上弓箭，骑马向老虎追去。他们跑过几十座山，终于找到这只老虎，把它射死在山谷中。回来时他们又骑着马顺便射死了几只鹿作为猎物。这些事引起了风后的注意。风后足智多谋，他脑子一动，对黄帝说："既然骑着马能追老虎，能射杀野兽，那打仗时能不能也骑着马追杀敌人呢？"黄帝觉得很有道理，就下命令今后出外打猎，一律不许射杀野马。凡能捉回野马者，给予奖励。从此，黄帝自己也开始练习骑马。经过两年多的训练，中华民族最早的一支骑兵就这样诞生了。

有了骑兵，军事力量就得到一个飞跃，早期战争中人们更常用战车作战，这便要求人们熟练掌握驾驭马车的技术，也就是利用马拉车作战。据《书经·牧誓》记载，武王伐纣时，"戎车三百辆，虎贲三千人"。这里的戎车即指马拉的战车了。前305年，赵武灵王为了对付北方的匈奴和西边的秦国，决心整军经武，学习胡人穿短装、习骑射之长，克服中原人宽袍大袖、重甲循兵只善车战之短。赵武灵王"胡服骑射"的实现，改变了商周时代马拉战车的作战观念，让中原王朝也拥有了强悍的骑兵。单骑灵活，速度快，在作战时能出其不意地攻击对方，与少数民族骑兵相抗时就有了"以己之道还施彼身"的意味了。所以说，神马出西北，骑兵的演变也与西北少数民族大有关联。

数千年来，中华民族，尤其是北方民族之于马有着深厚的情结与历史文化内涵。一部几千年的中国历史，是一部战争史也是一部民族融合史，但在融合之前大多是北方的游牧文明进犯农耕文明，骠骑疾箭对阵长枪盾牌，打来打去，南方打输的居多，但农耕社会强大的文明终究将那些逐水草而居的民族同化，让他们变得知书达理，过上列鼎而食的生活。在这个过程中，马是战争的利器，顺便也成为改变历史进程的因素。自从僧格林沁的骑兵溃败于英法联军的枪炮，骑兵告别最光辉的岁月，马匹的战争功能也基本宣告终结。随着机械时代的来临，马匹远离时代中心，也远离了中国人的生活。

从此中国的马文化进入一个依靠回忆和想象的时代，直到马术成为正在中国蹒跚起步的体育项目。现在很多人不知道马术，中国的马术是一个被遗忘的角落。其实，中国古代也有骑术，而且历史悠久，最重要的特点是高超的御马术，强调人与马的合作，人与自然的和谐互动，这种理念也符合古代中国天人合一的思想。

因为军事上的地位和作用非同一般，所以中国古代重马之风盛行，《山堂考察·论马》认为：马是"甲兵之本，国之大用，安宁则以尊卑之序，有变则以济远近之行，而兵所以恃以取胜也"。唐代的军队马术训练非常严格，有一种"透剑门伎"，表演者纵马从利刃林立的门中急驰而过，不伤分毫，令人惊叹。到了明清，骑术表演除了民间，还作为军队训练的一项重要内容，清宫画家郎士宁曾经描绘了一幅反映清军进行马术训练的《马术图》，表现了清军在马术训练当中的各种动作、各种方式，引人入胜。

今天，中国蒙古族的赛马和奥运会马术比赛中，盛装舞步骑术、三日赛和障碍赛，从某种角度都反映了两种体育文化发展脉络，两种不同民族的文化精神。而在张掖，祁连山下的裕固族和藏族、蒙古族等少数民族同胞也依然保留着赛马传统，他们会在一年里定期或不定期地举行各种规模的赛马活动，或是马术表演，吸引着当地人去观看，也为张掖文旅增色不少。祁连山下的山丹马场自古出好马，山丹马因为血统里流淌着汗血马的基因，所以能跑善战耐力极强，且身姿优雅骨骼匀称，一直以来深受人们喜爱。自古以来，当地的少数民族对马就有特殊的感情，裕固族、蒙古族人从小就在马背上长大，都以自己有一匹善跑的快马感到自豪！驯练烈马，精骑善射是牧民的绝技，他们通常把是否善于驯马、赛马、射箭、摔跤作为鉴别一个优秀牧民的标准。中国的马术运动没有朝奥运会的方向走，却保留了民族文化特色，2006年5月20日，那达慕民俗集会经国务院批准列入第一批国家级非物质文化遗产名录，而与此同时，我们在回顾中国古代的运动项目中可以发现，中国古代与马有关的体育活动其实非常丰富多彩，比如马球和马戏，这些项目的起源却是从西北游牧民族的生活习性演变而来。可见，神马当从西北来并不是汉武帝的随口一说，中国的牧马业从西北游牧民族处承继并发扬光大，中国人和马也有属于自己的历史，马与中华民族的特殊感情由来已久、源远流长。

THE
BIOGRAPHY
of
ZHANGYE

张掖 传

黑水古国未解之谜

第五章

张掖市区黑河大桥　　　　　　　　　　　　　　　　　摄影：王怀民

神秘消亡的国家

前两年盛行一种叫作"盗墓派"的悬疑小说，以写盗墓这个行当里的所见所闻和奇诡莫测而闻名。被奉为盗墓三经典的几部小说受到热捧之后，书中提到的一些山川河岳也再次活跃起来，出镜率最高的比如昆仑山、精绝城、孔雀河、黑水城等地方都与西北有关，而其中的黑水城与黑河有着直接的关系。黑水城在黑河下游，当年为西夏统治的重要城市，与黑水城拥有同一个名字的还有一地，位于黑河中游的黑水国，在张掖城西15千米处。黑水国和黑水城，因同一条河流的存在而得名，它们的命运也几乎相同，都是在经历了短暂的繁盛之后，废弃于荒漠之中了。

关于黑水国的来历，至今都是史学家没有明确论证结果的谜题之一，就连它的得名也充满了各种假设和猜测。有传说黑水国名字的由来是因为弱水，也就是后来叫黑水，沿用至今又叫了黑河的河流。黑水在历史记载中有很多，不止张掖黑河一条，但唯有张掖的黑河流域建立了黑水国和黑水城两处人居城郭，尽管现在已经荒废为遗迹，但那些存在过的文明不可磨灭。

黑水国由谁建立，存在于什么时期，史料无载，一直都颇有争议。新中国成立前国民党元老于右任老先生同考古学家曾一同来到张掖考察，在黑水国遗址发现了与常人腿骨尺寸有相当大差异的遗骨，由此引发了又一个难以解释的谜题，人们甚至猜想黑水国曾经有巨人存在，或许还是一个巨人部落。但是，随后发现的诸多带有明显中原特色的灶具等物，又证明这片遗迹距离我们并不遥远，结合更早一些被军阀马步芳部的旅长韩起功盗掘遗址古墓发现的子母砖以及诸多文物来推测，考古界提出黑水国建于两汉时期，之后各朝各代都有所增建的观点。随着对黑水国遗址的发掘研究，当代专家学者又有了不同的论述，从新发现的仰韶马厂式陶片和新石器时代的数件文物分析，这里在史前就有人类生活。这一论证刷新了考古学界此前对"两汉所建"和"元明后所筑"的界定,"城中城""城上城"的新推论令黑水国更增神秘,学术界更是一片哗然。

　　现有史料中关于黑水国的记载最早应该就是河西归属大汉而见诸人前的了。史载霍去病驱逐匈奴扬武于觻得,后西汉政权置酒泉郡,郡治设于觻得,后来张掖郡从武威南西迁,也将这里当作郡治。而觻得在此之前一直是月氏和匈奴生活的主要城池,至于为什么叫了这样一个生僻的名字,已经无从考证,有学者说是出自匈奴语,含义却不得而知。不过黑水国以及"黑"这个字在研究游牧民族语言的学者那里倒是获得了一些新发现。敦煌研究院民族文化宗教研究所所长杨富学曾提出,根据蒙古语和突厥语乃至原始突厥语的语言规律,这里的"黑",其意是"大,雄浑",而非我们传统意义上认为的黑色。"黑河"在突厥语中的原意是"大河",传说中建立黑水国的那支"黑匈奴"部落,也并非肤色发黑,而是"大匈奴"的尊崇叫法。如果这个说法成立,那黑水国的得名就很容易理解了,就是大河之畔的国家。还有另一种说法,说古黑水每年发大洪水泥沙俱下,河道里浊浪滔天黑沙翻滚,然后人们就叫这条河流为黑水,而傍依黑水建都立国时索性就取了"黑水国"这样一个名字。到底因何得名,最早又是何人在此建国,依然是扑朔迷离无有结论的千古谜题。

　　不管学术界对黑水国的历史演变有着怎样的推测和假想,其中一点谁也不可否认,那就是黑水国的建立要远远早于张掖城的建成。黑水国被废弃彻底沦为墓葬地是在清代,但在现当代出土的文物却可以追溯到距今4000多年前,甚至更为久远的史前时代。黑水国遗址出土的大量小米、粟、小麦等已经炭化的农作物标本,以及一部分动物标本,还有被发现的铜渣、铜器,据考古报告称乃是4000多年前的遗迹。无独有偶,河西走廊向西延伸地段还有不少史前遗址被陆续发掘,从而证明在遥远的史前时代,这里就是人类生活的主要聚居地,而且无论是农牧业的发展,还是冶炼技术与生产技术都达到了一定的高度。之前我们说弱水流域和昆仑是人类文明的重要发祥地之一,有人认为那都是神话传说,但通过黑水国遗址地下文物的被发现和持续深入研究的成果来看,无疑是从现实的层面解读和印证了这一说法,神话传说中存在的国度和人物,越来越接地气,越来越具有"人"气,覆在神话与现实之间的那重重面纱便又揭开了一层,让我们探寻人类文明的脚步也相对意义上往前迈出了一大步。

其实,黑水国到底是不是一个国家也有待考证,因为史料中根本就没有这个国度,而建立政权必然是有资料留存的,不可能一点蛛丝马迹的文字都没留下,没有哪一个国度的消亡连文字也一并消失得干干净净一片空白。所以,张掖人以前把黑水国遗址叫作"老甘州"可能更接近历史原貌。

黑水国遗址的古城分为南北两城,相距约3千米,312国道从两城之间向东西穿过。现在公认的考古说法是,南城修建要晚于北城很多年,大约始筑于唐代,宋、元、明三朝沿用,至清初彻底废弃。存在争议和未解之谜的是北城,已知的历史记载中只能查阅到是西汉设置张掖郡以此为郡治,更早时候则是月氏和匈奴相继盘踞河西时曾于此地筑城生活的印记。然而,随着近当代考古界发掘研究,北城的历史被推演到了史前,甚至因为于右任先生的发现,还被上升到了神话传说中的巨人国。由此得出,黑水国遗址是我们已知河西走廊中部最早、最大的原始部落居住地。

黑水国遗址区域内分布有占地面积15千米的古墓葬群,这些古墓葬主要为东汉至魏晋砖室墓,但基本都被盗掘一空,毁坏十分厉害。据统计,在黑水国及周边墓葬区至少有1万座大小不一的古墓,这些埋葬于汉代和魏晋时期的墓主身份已不可考,但修筑墓室的汉砖却提供了后来建造南城时的砖石所需,有不少于1000万块的墓砖被就地取材,成了砌筑黑水国南城城墙的"有功之臣"。南城城墙可达490米的长度,均为汉墓砖所砌,可见当年的古墓群有着怎样惊人的规模,也难怪张掖老辈人时时不忘提醒年轻人轻易不要涉足黑水国遗址了。据老年人说,过去在黑水国遗址发生过许多灵异事件,阴天或夜晚是绝没有人敢去那里的,就连牧羊人也轻易不把羊群赶到那边去放牧,女人和孩子更是对其避之唯恐不及。对于这种颇具封建迷信的言论,无神论者自是不屑一顾的,但民间信奉鬼神的毕竟还有相当一部分人,加之佛教和道教等宗教文化在河西走廊的兴盛,人们敬畏鬼神,深信轮回因果,对古墓葬地怀有避讳之心是完全可以理解的。不过,从旅游和观光的角度出发,如果要到黑水国遗址探寻游览，还是尽量选择天气尚好、温暖适宜的时节去比较好一些，不必受天气影响的视野会更开阔，可以从容恣意地饱览荒漠古城残缺之美，遥想远去的辉煌。

捡一片残瓦，捧一抔黄沙，于历史风尘中感受千年孤独；拥一怀清风，沐一身灼阳，于残垣断壁间聆听金戈铁马。看着黄沙掩埋的城池和一地残损荒凉，忽然就想起了《红楼梦》里那首脍炙人口的"好了歌"。"古今将相在何方，荒冢一堆草没了。"又有"陋室空堂，当年笏满床。衰草枯杨，曾为歌舞场"。古今繁华都如过眼烟云，而我们却汲汲营营为名利、为金钱斤斤计较，放不下，拿不够，想来真是颇为唏嘘。参观古遗迹，若能收获旷达通透，已是不虚此行。

黑水国，这个没有记载只存在于传说里的国度，其神秘程度绝不亚于美洲的"黄泉大道"和古蜀王国遗迹。按照西北地理风貌的演变史，有学者推断，黑水国应该经历过三次废弃、数度兴复。早在4000年前的原始部落栖居黑水岸边，他们有着远超史籍所载的人类文明，在黑水国区域建立了相对稳定的居住地，社会经济以农牧业和渔猎为主，并尝试或学会了青铜冶炼，打制精致石器的手工业异常发达。正是因为拥有相对发达的社会经济和稳定的人居环境，人口不断增长加剧了生产活动日益扩大，随之而来的就是资源过度消耗，包括最重要的水和草木资源快速枯竭。生态植被遭到严重破坏，本就居于流沙边缘的黑水国土地沙化难以遏制，开始残酷侵袭人类家园。大约在距今3900年时，张掖最早的先民被迫走出黑水国，离开了他们赖以生存的土地，迁徙到祁连山一带的宽阔草原上，黑水国变为沙漠。

之后经历了大约一千年的自然恢复，有赖于黑河滋养，黑水国逐渐恢复了旧日地貌，再度成为宜居之地。重新开发了黑水国的这个新部落，便是月氏了。月氏在黑水国原址修建了城池，又于黑水国以西建昭武城作为政治中心，在以南再建月氏城，三座城池互相拱卫遥相呼应，呈"品"字形牢牢把控张掖肥美的土地，以壮大自身繁衍部族。月氏独霸河西，一度曾是雄峙西北的强大氏族，依附于他的小部落、小氏族无不臣服。直到更为强悍的匈奴攻入河西，杀月氏王取而代之后，黑水国成了匈奴人的觻得城，而月氏城亦改名为单于城，政治中心从昭武移到了觻得。可想而知，经过千年休养的黑水国一定是重新具有了适宜生活的环境，才会被匈奴人确立为中心城市。匈奴以张掖为中心，向东延伸势力威胁到了中原政权，迫使秦始皇不惜劳民伤财去修筑长城以作防御。秦亡后刘邦建立西汉，依然视匈奴为洪水猛兽，打又打不过，无奈以和亲来安抚蠢蠢欲动的强敌。西汉有八位皇室宗女用于和亲远嫁匈奴，即便到汉武帝掌权时，也有诸如细君公主、解忧公主和亲匈奴，再之后还有著名的昭君出塞，都是慑于匈奴武力不得已之下的忍让与妥协。

匈奴不可战胜的神话破灭于霍去病率领的西汉铁骑，在驱逐匈奴远离河西后，西汉设四郡管理河西，酒泉郡和张掖郡的郡治先后沿用匈奴觻得城而设，延续了黑水国的繁盛。随后的河西大移民，令黑水国区域空前壮大的同时，也为这里埋下了二次生态枯竭的隐患。两汉时期过度的开发远远超过生态资源的承受能力，至东汉晚期，黑水国区域再次陷入风沙侵袭的包围圈，张掖郡城只好放弃觻得城另择宜居之地，政治中心逐渐移到了今天我们熟知的甘州区城区。两度消耗令黑水国元气大伤，自此之后接近两千年的漫长时光里，黑水国一蹶不振仿佛失去了自愈能力，不再具备快速修复的能量，竟沦落为专门的墓葬之地，从东汉到五凉时期的坟墓星罗棋布遍地皆是，令黑水国被阴森和沉重笼罩。

唐代在黑水国南城设立巩囤驿，标志着黑水国第三次兴复。但其时早已沙化严重的南北二城，纵然重新启用，到底难改墓葬地的固有面貌，许是哪一位胸有大志者不甘心昔日繁华被埋没，硬是挖掘了古墓起出墓砖来重筑新城，深埋地下令人敬畏的墓葬地晾晒于人前，一堵由墓砖砌筑而成的城墙带着森冷之气阻挡风沙侵袭，却终究挡不住大唐王朝走向衰落的步伐。

西夏建国以后，黑水国区域的生态恢复是相对比较稳定的一段时期，史料中形容此地"耕作连畴、村堡相属"。元代沿用西夏旧名，这里还是西城驿，黑水国的居民越发多了起来，甚至有规模宏大的寺院也落户到此，香火旺盛、物阜民丰，西城驿俨然成了此时稍稍逊色于作为甘肃省省会城市甘州城的繁华之地。元代对张掖的统治十分短暂，却奠定了甘肃省会城市的地位，整个明代甘州都是西北政治、军事和经济贸易的中心，只不过将西城驿改名为小沙河驿，并新建长乐堡，对原黑水国区域的开发和利用达到了顶峰，致使黑水国土地第三次恶化。到明代晚期，巨大的沙尘暴残酷无情地将人们赶出这座古老的城市，用黄沙封锁了一切，黑水国彻底沦为无人区，直到现在也没能恢复原有生态。[①]

历经数千年，黑水国起起落落沧桑了颜容，精疲力竭沉睡不醒，不知道什么时候才能重新焕发生机。我们不由得猜想，面对一次次无底线的伤害，这片土地是否早已对人类失望透顶，再也不愿意蕴养生命而牺牲自己了呢？

金月宝藏

与遗迹相伴的传说里，宝藏是最具有吸引力也最惹人关注的一个话题。所以，但凡遗迹处，除了科考人员，总不会缺乏寻宝、探宝的冒险家身影。有关黑水国地下宝藏的传说从来都没有断过，在诸多传说中，金月亮或许是宝中之宝的一份特殊宝藏了，而这则传说还要从一个当地妇孺皆知的故事讲起。

传说很久以前，有个牧羊人在黑水国附近放羊，他的羊群里每天都会莫名其妙地丢羊，且不多不少就丢一只，牧羊人觉得很奇怪，想要弄个明白。观察羊群好几天之后，他终于发现了一丝异样，羊群中的头羊每天固定的时刻总会跑上沙丘一阵嘶叫，然后就会有那么一只羊，忽然之间就像被无形的绳子牵住了脖子，一直闷头往残破的城垣后面走去，等他赶过去看时却空旷一片什么也没有。但牧羊人胆子很大，他不信邪，决定把这件事查个水落石出。有一天，牧羊人掐着点蹲守在羊群边，然后跟那只离群的羊走到了城垣后面。沿着残墙走了几步，只见他的羊钻进了墙下荒草丛中的一个地洞，他犹豫了一下，也随着钻了进去。进去一看，洞里像一座宫殿，每推开一道门，里面都堆满了金银财宝。他一直走到第九道门，也就是最后一道门，推开一看，见屋正中的方桌上摆着一个金月亮，牧羊人欣喜若狂，想把金月亮带回家。可是当他刚一拿起，室内顿时一团漆黑，怎么也找不到出口。他只好放下，室内又恢复了光

[①] 参考文献《张掖地区志》，甘肃人民出版社。

亮。牧羊人出洞后急忙跑回家里做火把,有了火把照亮就不怕拿走金月亮找不到回去的路了,他做梦都想要取回金月亮。但是,等他做好火把出门时,天空刹那间暗了下来,平地里猛地刮起了狂风,别说出门了连睁眼都很难做到。牧羊人不能去取宝,急得在家里辗转反侧一夜无法入眠,等到第二日风停了就火急火燎地赶到黑水国遗址,却发现仅仅过了一夜的时间,风沙已经淹没了他昨天傍晚看到的一切,城垣残墙不在了,荒草古洞也没了任何踪迹,到处都是黄沙的世界,金月亮是再也拿不回来了。这个贪心的牧羊人从此疯傻癫狂,走到哪里嘴里都念叨着金月亮,人们虽然半信半疑,但黑水国地下有金月宝藏的传言还是渐渐传了出去,无数梦想一夜暴富的探险家和盗墓者蜂拥而至,沉寂荒芜的黑水国遗址再无宁日。

1908年,俄国探险家彼得·科兹洛夫不知道从哪里听闻了黑水国遗址宝藏的传说,专程来此探险,在发掘中获得宋代《刘知远诸宫调》残本42页和其他文物。此事一经曝光,国外文物贩子们一片哗然,当即组织了所谓联合探险队重返西北,开始对黑水国进行盗掘。不过,科兹洛夫这次在黑水国遗址并没有取得预期的收获,在遗址盘桓数日后一改原计划,顺着黑河北上直奔额济纳旗的黑水城遗址去了。大约在当时贪心不足的探险队看来,黑水国和黑水城名字相似,又皆是以黑水河畔为依傍的遗址,他们猜测应当会有所发现才改道而去的吧。

事实上,科兹洛夫这个外国盗墓贼的判断是正确的,当他带着队员于流沙荒漠中漫无目的寻找黑水城,其他人觉得辛苦想要放弃时,他的坚持和毅力使之最终如愿找到了黑水古城遗址。科兹洛夫在回忆录里说,当时第一次来到黑水城找寻古迹,他找到当地人称为札萨克的蒙古王公巴登。札萨克是清代蒙古族地方机构总管的官职名,一般都由蒙古王公出任。令科兹洛夫没有想到的是,巴登札萨克和他的手下人一度像对待以往来这儿的其他外国人一样异口同声否认周围有什么遗址废墟,他只得再想其他办法。最终让王爷动心的是科兹洛夫事先准备好的左轮手枪、步枪、留声机等重礼和俄国驻北京使团转请清政府给予巴登更多赏赐和加封的信件。

受到贿赂的巴登最终提供了前往黑水城的路线并且派遣了向导,充当了科兹洛夫盗掘黑水城的帮凶，对此科兹洛夫在日记中有过这样的记述："对腐败愚昧的清朝政府和其走卒仆从来说，只要能发财升官，又何惜这陈年的古董废物。"

进入黑水城后，短短13天时间，科兹洛夫和同伙在城内的官衙、民居、寺庙、佛塔遗址到处乱挖乱掘，在城西南的一座佛塔中就挖出了3本西夏文书本和30本西夏文小册子，佛塑、麻布和绢质佛画、钱币、金属碗、妇女饰物、日用器具、佛事用品以及波斯文残卷、伊斯兰教写经和西夏文抄本残卷等物品，一下子装满了10个大箱子。这批文物在巴登的帮助下，立即通过蒙古邮驿分批经由库伦运往俄国圣彼得堡，科兹洛夫也离开了黑水城。

文物中那些没有人认识的文字和造型独特的佛像震惊了圣彼得堡。俄国地理学会副会长格利戈利耶夫立即通知科兹洛夫，探险队取消深入四川考察的计划，立即重返大漠黑城，不惜一切代价，集中人力、物力和时间再次探寻发掘。

这次，仅用了9天时间就从青海重返黑水城的科兹洛夫，对黑水城展开了一次更大规模的挖掘。他们在城内西墙一栋大屋遗址旁扎起了营帐，雇用了当地人给他们运水、运粮和挖掘土方。科兹洛夫把他的手下人分成两组，从城内到城外的远近荒漠、残垣断垒中搜索探察。科兹洛夫亲眼看到一年以前他们挖掘的地方还保持原样；他们当作废物扔掉的东西，也无人动过。天气渐渐热了起来，白天地面被太阳烤灼，气温高达60摄氏度以上，热浪扬起的尘土令人窒息。他们只得早晚干活。尽管每天都有所获，但已不能满足科兹洛夫日益增长的贪婪欲望。他们翻遍了黑水城东街、正街两侧的店铺作坊，挖掘了总管府和全部佛寺遗址。由于收获不大，科兹洛夫便将目光投向了城外。一座距古城西墙约400米、位于干河床右岸的大佛塔，成了他首先猎取的目标。当这座佛塔被打开后，奇迹出现了：塔内堆满了大量的文物和文献，精美的墙画，无数的经史子集……科兹洛夫简直不敢相信自己的眼睛，因为展现在他面前的简直就是一座无法用金银财宝去衡量的历史博物馆。他惊骇得张大了嘴巴，惊呼"伟大的塔"。自从发现了这座"伟大的塔"后，尝到甜头的科兹洛夫的挖掘行为变得更加野蛮，几乎是见塔就挖，30多座佛塔塔身和塔基都被一一刨开，围绕着黑水城的近千年的佛塔绝大多数就这样在一个外国强盗手中毁于一旦。经过第二次掠夺式挖掘，科兹洛夫怀着从没有过的满足感，带着从数量到质量都比第一次挖掘更为丰厚的文物、文献悄悄离开了黑水城。

据说科兹洛夫当年除把能运走的运走外，一些例如等身的大佛像等大件不便运走的就近埋在了古城周围的一个秘密地点。1926年，他对黑水城进行了第三次也是最后一次考察，但他竟未能找到15年前所藏匿的文物。这部分文物至今下落不明，究竟埋在什么位置，埋了多少至今还是个谜。

驻扎13天的时间，科兹洛夫装了9大箱佛像、书籍、图画、祭祀物品等古物，大摇大摆地运回了俄国圣彼得堡，在俄国掀起了西夏学的研究热潮。沙皇政府和皇家地理学会对科兹洛夫大加褒奖，并且派他二次进蒙，进一步发掘更多的宝藏。1909年，科兹洛夫雇用当地民众大举挖掘黑水城遗址，用了40只骆驼将古籍、艺术品等宝藏运回了俄国。俄罗斯人都在传说科兹洛夫运回了一个中世界的图书馆和博物馆。两次发掘，震惊了整个西方世界，中国的宝物大量流出。

科兹洛夫从黑水城盗掘的文献有举世闻名的西夏文刊本和写本达8000余种，还有大量的汉文、藏文、回鹘文、蒙古文、波斯文等书籍和经卷，以及陶器、铁器、织品、雕塑品和绘画等珍贵文物。这些文物文献数量很大，版本大都完整，是研究西夏王朝甚至同时期的宋、辽、金王朝，还有元朝历史的"无价之宝"，据说，俄罗斯有关学者整整花了半个世纪才提出了这批文献的完整目录，由此可以看出这批文献数量之浩繁。

这个俄国强盗通过掠夺中国的宝物，在俄国受到了盛大的赞誉，政府批准科兹洛夫获得终身特别退休金，并且让他以自己的探险发掘经历为课题在各地进行演讲宣传。据说俄国花了半个世纪都没研究完这些古籍，大量的资料至今仍未公开。

无独有偶，紧随其后的另一个强盗是英国探险家奥莱罗·斯坦因。1914年，斯坦因以《马可·波罗游记》为指南，第三次进入中国西北探险，1月到达敦煌，3月悄悄折回张掖黑水国遗址，进行了一番挖掘。在黑水国劳而无获后，他复返酒泉，沿额济纳河北上也到达黑水城遗址，在那里掘得大量文物。

奥莱罗·斯坦因是一个不折不扣的盗贼，把从牛津大学、伦敦大学等世界著名学府中学到的知识和技能，完全应用到了攫取中国文物、偷盗中国古墓中珍贵文物的勾当之中。斯坦因打着探险家的名号，先后四次入境中国西北，在和田、尼雅、楼兰等遗址都有所攫获，最为臭名昭著的便是于河西走廊的掠夺，从敦煌莫高窟连蒙带骗盗走大量珍贵文献，从黑水国到黑水城一路不停地盗掘收获让他扬名欧洲，深受英国政府的赞赏，被英国女王授予爵士勋号，牛津和剑桥大学还赠以名誉博士学位。这个贪婪的掠夺者，他所有的荣誉都得自对中国古遗迹无耻的盗掘，打着科考和探险的旗号，却实则偷盗财宝的行为成就了他的名利双收。被斯坦因盗走的我国珍贵文物和文献，当年入藏伦敦英国博物馆、英国图书馆和印度事务部图书馆，以及印度德里中亚博物馆。藏品由英国和印度两地各科专家编目、研究，从而发表了大量的研究成果，享誉世界。

除了外国强盗的掠夺，黑水国遗址遭受最严重的浩劫就非韩起功莫属了。韩起功，国民党马家军头子马步芳的得力干将，为马步芳麾下第三旅旅长，以凶狠残暴而闻名，在统治张掖期间为所欲为、恶行昭彰，曾经以残忍手段杀害过3000多名红军战士，在当时号称"张掖王"。韩起功于1949年解放张掖时向人民解放军投诚，但在一年多以后因"策动反监暴动"，煽动、教唆在押犯人暴动，罪行暴露后在甘肃河州被执行枪决。在驻兵张掖的十年里，韩起功大肆掠夺搜刮民财，肆意砍伐毁坏祁连山原始林木，据统计多达47万株的松木被滥伐。而他疯狂的盗墓行径与军阀孙殿英不相上下，这个原为厨子出身的刽子手杀人放火之余，对金银财帛有着异乎寻常的疯狂占有欲，张掖金塔的金顶和大佛寺内的明代大钟都被韩起功盗运至青海老家，最终下落不明。

正是因为听说了黑水国地下有金月宝藏后，韩起功对黑水国遗址进行了粗野蛮横的盗挖，他派出大批工兵，在黑水国墓葬群公开发掘。因为韩起功暴戾在前，当年他从黑水国到底挖走了什么，运出去了多少文物，谁都不敢问，更无人知道确切数量，当地人的传说里只说是好几卡车，而文献记载中也说不清具体的数字，仅有的文字记录也只是说所盗出的墓砖被用来铺路7千米的字样，但当地老百姓却说实际铺了长达30多里的道路。时隔多年，黑水国被盗卖的文物不知凡几，有许多或许早已不在国内，许多不知所终了，但韩起功这次毁灭式的盗墓对黑水国遗址造成的破坏却历历在目，对国家文化物质遗产更是造成了不可逆转的巨大损失，他的暴行使他永久被钉在历史的耻辱柱上令人所不齿。

近一个世纪以来，黑水国古城遗址周围的古墓群，是无数盗墓者垂涎的宝藏福地，被挖掘的古墓随处可见，残砖碎瓦四散遍地。根据金月亮传说和黑水国的千古之谜，还曾被作家和剧作家们引入文本与屏幕，令这座残破的古城充满了传奇。而今，城郭里建筑物早已化为乌有，昔日的繁荣随风而逝，城下黄沙之中是否掩埋着金月宝藏都已经不重要了，因为祖国的强大再也没有人敢觊觎，也不会让科兹洛夫和韩起功那样的盗贼沾染半分，相对于贪婪不足的私欲，我们更愿意看到考古专家用文明合法的技术手段，为世界呈现一个属于我们自己的文明遗迹，以此来追索那逝去的岁月里祖先留下的珍贵记忆。

2010年到2013年间，由甘肃省文物考古研究所、北京科技大学冶金与材料史研究所组成的联合考察队对黑水国遗址进行了考古发掘。这次发掘出土了大量已经炭化的小米、小麦、大麦等农作物种子和动物骨骼标本，还通过遗迹内的铜渣、铜器，发现了距今4000多年的冶炼痕迹，为我国早期冶金技术研究提供了有力的新说明。而在这之前，考古学家们在黑水国遗址众多汉砖当中发现的永元十四年记事砖、四灵神兽画像砖、驱驴急行画像砖尤为珍贵。在南城的古墓葬区出土的彩陶罐、陶仓、陶井、陶炉等陶器，为我们展现出几千年前边地居民的日常生活场景，具有非常重要的考古学价值和人文历史价值，并提出了比古丝绸之路更早的青铜之路的说法，将河西走廊文明的探索往前推了一大步。

随着黑水国遗址的不断发掘，人们从地下陆续发现了农作物种子、青铜冶炼痕迹和青铜器，还发现了丰富的玉石矿物制品。结合在中原各地的类似发现，有关专家提出"玉石之路"的新说法，并通过一系列考古论证，证明玉石之路是早于青铜之路和丝绸之路的早期东西文化交流的实证。在丝绸之路开通之前，还有一条更为悠久，更能代表先进文明发展延伸的玉石之路。

古人对玉石的喜爱异常热烈，从不知成书于何年代的《山海经》中可见一斑，但凡有山有水处多记载有无玉石出产。玉石在原始社会仅仅被当作装饰物，到了后来的氏族社会，因为发现了不同于其他石头的特异之处，玉石便被专门用于礼器和祭器的制作，及至封建王朝皇权的渲染，又成了皇室和勋贵专用。正是来自上层阶级的推崇，让玉石多了一份高贵神秘，在普罗大众的心目中佩戴玉石饰物或收藏玉石已是身份与炫富的标志。历经千百年，让玉石从祭坛走下凡尘，走到普通百姓家里。虽然它身上赋予的神性少了，但其本身具有的价值却没变，时至今日依然是收藏者最钟爱的珍宝之一，亦是人们最喜欢随身佩戴的饰品首选。具有养生功效，还有传家折现的经济价值，使玉石越来越身价不菲。

不过，在中原地区人们更追求玉石经济价值的时候，部分少数民族还是保留了对玉石固有用途的认定，他们的心目中，玉石作为礼器的作用更为重要。因此，少数民族当中依然保留了早期社会关于玉石的界定，有很多祭祀礼仪中都传承了玉石作为神人沟通载体的神秘性，将它们制作成各种各样有特殊意义的礼器或是祭器来使用。照这个思路来推测，黑水国的"金月亮"是不是并非黄金，而是玉石呢？因为，黄金根本不可能在黑暗中发光，那个牧羊人闯进地洞拿走金月亮周遭便漆黑一片的传说中，所谓金月亮之说就难以立得住脚。但是，如果那是由会发光的玉石制作的圆月，就完全说得通了。在已知的玉石品种里，能在黑暗中发光的很有可能是萤石，也就是素常我们所说的夜明珠。而据此推断，夜光石制作，或者是萤石自然形成的圆石，恐怕跟月氏一族有着极大的关联了。

月氏族，在2000多年前盘踞河西，于今张掖市区西北的黑水国区域修建城池，以临泽县境内黑水河畔修筑昭武城为王都而生活。月氏一族崇拜月亮，相传部落人等到了夜晚拜过月亮之后才入睡。后来匈奴击败月氏占据河西，黑水国处修建的城池原来不知道叫什么，但匈奴人称之为觻得城，且改建成了王城。史料中明确记载，月氏败北西去，遭到乌孙驱赶后远涉阿姆河流域才重新安家置业，但有相当一部分人却因为种种原因没有迁徙而留在了祁连山区，史称"小月氏"。这支月氏人虽没有走，却继承了月氏族的传统，他们也许会慑于匈奴的统治而随波逐流选择生活方式的融入，但并不能阻止对信仰的坚守，还保留着望月而拜的原始祭礼。而紧随其后统治河西走廊的匈奴人不但崇拜月亮，还崇拜太阳，他们每天早上望日而拜后才开始一天的劳作，到了夜晚也一样拜月之后才安息。深藏地下的"金月亮"，到底是小月氏悄悄藏起来的祭祀品，还是月氏王败走之前来不及携带而遗留下的礼器，抑或是匈奴被霍去病驱逐而遗失了的宝物呢？如果这些猜测成立，那存在于黑水国地下的礼器，很可能就是月氏王族或匈奴人在撤走之前与财宝一起掩埋深藏起来的了。这么一想，似乎黑水国的"金月亮"就是曾经笑傲西北的两大游牧民族其中之一的部族宝物吧！

基于月氏族的月亮崇拜和匈奴人的日月崇拜风俗，既然有了金月亮，是不是还应该有一只相同质量，或更为煊赫的金太阳呢？而传说里牧羊人发现的圆形会发光的宝物，还说不准是太阳还是月亮，因为谁也没有见过原型，史籍中更是毫无一点记载，一切都不过是根据一则传说而来的猜测，为黑水国遗址增添更多神秘莫测罢了。可是，每一个传说都不是空穴来风，否则刽子手韩起功为何对"金月亮"深信不疑，宁可背负千古骂名也要做那些盗掘古墓毁人身后安宁的事呢？要知道对中国人而言，挖坟掘墓那可是被视为最无耻勾当的行径，若没有足够的诱惑，相信韩起功也不至于不顾世俗道德舆论的谴责而公然盗挖了。

相比于金月亮的诱惑，这些具有纪念和研究意义的文化历史遗产才是无价之宝，可惜像韩起功那样鼠目寸光的盗墓贼却本末倒置，为了一己私欲毁坏了这处珍贵的遗迹，使之落寞之余更添残损，让黑水国的过往越发扑朔迷离，终究成了又一个难解的千古之谜。

巨人族和女儿国

古今中外的许多神话故事和传说里，都存在巨人的身影，人们将自己力不能及的诸多希望寄予巨人身上，借他们的故事来表达对力量的渴望，这种现象凸显的是人们对于力量的崇拜。在中国神话故事开山之作的《山海经》中，就多次出现对巨人族的描写，最出名的如夸父、刑天、共工等人物，都是超出常人认知的巨人大力士。除了这几位出名人物，还有一些异于常人的高个头，也出现在作者笔下，比如《大荒西经》中提到的"长胫之国"，因其国中之人小腿较长而得名。还有《海内经》中描述脚跟向前会吃人的赣巨人和人首蛇身、身长如车辕的苗民，都是身高很有优势的几类人。

"沙草迷离黑水边，何王建国史无传。中原灶具长人骨，大吉铭文草隶砖。"这是1941年国民党元老于右任先生到张掖黑水国遗址考察后有感而发所写的一首诗。诗中所说的"长人骨"，是他在黑水国遗址见到出土的一截古人腿骨的遗骸，这截胫骨远远超过一般人的正常长度。结合《山海经》让人很容易就联想到了书中所说的"长胫之国"。难道黑水国在远古时期就有"巨人"一族生活，或者说这里就是"长胫之国"？根据这截胫骨，有人猜测这些长胫之人应该是一支来自欧洲的部落，因为传统意义上认为欧洲人的身高要比亚洲人高，能够拥有长胫的也只有这个猜测符合常理一些了。但是，若真的是欧洲人的遗骸，那他们到底是如何来到亚洲并埋骨黑水国，又是因为什么样的原因而来的呢？史无科考，没有任何线索能够说明，无非也是猜测的一种罢了。

相比于欧洲人的说法，我倒更愿意相信中国本土的传说，相信巨人一族的存在。因为，在古老的史前社会，相对恶劣的生存环境和生存挑战使然，就要求人们必须具备相当强悍的体魄去适应大环境，如此才能在百兽环伺中安然活下去并繁衍下一代。而随着日益稳定的社会环境到来，人类占据了食物链最顶层位置，百兽不再成为绝对的威胁，人类的好多特异之处没了用武之地便慢慢退化变得普通起来，这也是物竞天择的一种自然表现了。

如此想来，"长胫之国"的存在是合理且必然的，作为东西文明交流重要通道之上的河西走廊，又作为弱水之畔寒苦之地的黑水国地域，生存环境逼迫原始先民长成了异于常人的身高也没什么可奇怪的。直到现在，西北人的身高普遍优于南方，这或许能够说明一些问题。不过，这都是猜测之论，黑水国长人骨的发现至今还是一个无解之谜。或许，黑水国的长胫人还不能称为巨人，充其量也就是跟篮球明星姚明差不多的身高就已经顶破天了，与我们影视剧中见到的被艺术化渲染夸张过的巨人更是天壤之别。姑妄言之，姑且笑之，也就是了。

关于黑水国曾是女儿国的说法，虽然没有巨人国那么扑朔迷离，却比巨人国的猜测有看点多了。月氏一族崇拜月亮乃史料明载，有人根据黑水国"金月亮"的传说分析，这里是古月氏人栖居的中心地带，而王国维经过考证，把过去读音中ròuzhi矫正为yuèzhi，并推论月氏族很大可能就是神话中的西王母部落。已知真实的历史典籍中，月氏族被匈奴击败西迁阿姆河流域，不论是语言还是相貌都与汉民族有着很大的差异，而继续生活在祁连山麓的那部分被称为"小月氏"的少数民族，在经过不断融合之后长相已经与当地人无异了。曾经看见过关于中国人的肤色在东西走向上存在由黄转白的过渡问题论述，说越往西走，白色人种的成分越显明。原来不以为然，但在研究黑水国长人骨时忽然有了启发，那个猜测长人骨来自印欧血统的说法恐怕是站不住脚的。因为，从古月氏一族迁徙的历史来看，他们应该是保持了原始相貌，本身就与汉民族有着差别，从人种遗传方面而言，不是印欧人到了黑水国，应该是古月氏人原属这片地域，是黑水国的原住民，这才会有长人骨出土引发其是欧洲人的猜测。

从月氏族被证实的历史来继续溯源便不难得出，女儿国是比月氏族更早生活在黑水国区域的原始部落，其前身就是威名赫赫且神话不断的西王母部落。据史学家研究，3000多年前的西部确实存在一个西王母国。从黄帝时代到西周，西王母国连续存在了千余年，还曾帮助黄帝部落攻打蚩尤，舜帝时期敬献过白玉璧。西王母部落由女性掌权，是一个名副其实的女儿国，也是母系社会的体现，但西王母部落一定不是所有人都是女性，而西王母也不可能永远是个女人。由母系过渡为父系，是个漫长的过程，而且，母系特征还会在相当长的时间内遗存。女儿在中国的文化里对应月亮，我们通过考察发现，月氏人不但有母系的遗存，还有崇拜月亮的习俗。有人就此推断，黑水国就是中国历史上最早的女儿国，月氏人是怎么一个习俗，史书里没有详细的记载，但人们却能从他们的同类嚈哒人那里读到答案。北史、周书、隋书、新唐书等都说嚈哒人大月氏之种，周书说："其俗有兄弟共娶一妻。夫无兄弟者，其妻戴一角帽。若有兄弟者，依其多少之数，更加帽角焉。"

汉设置张掖郡的时候，当地的月氏人还有一部分叫小月氏。汉军入驻河西，小月氏出山，与汉人杂居，他们共有七个大部落，分布在湟中及令居一代的称为"湟中月氏胡"。另有数百户在张掖,称"义从胡"。"湟中月氏胡"由于当时尚在汉朝管辖以外,为匈奴所管治,渐渐地与匈奴本族融人,被称为匈奴别部卢水胡。这时候,女儿国已经距离人们很远了,但匈奴人仍然保留着收继婚的习俗,多数是兄弟亡故收其寡妻为己妻,包括兄收弟媳和弟收兄嫂,个别亦有子收庶母为妻者。只是不知道匈奴人的这种习俗是受月氏人影响,还是他们本来也具有母系传承,曾经是西王母国的一分子呢?

不能绝对地说"长人骨"就是月氏人,金月亮就是他们留下来的宝藏,因为匈奴人也是崇拜月亮的,他们认为,月亮可以赐予他们力量,每逢打仗必先看星辰月亮来预测吉凶,月盈则战,月亏则退。但是,没有史籍说明他们的胫骨长度远远超过普通人。所以,这个金月亮的传说就让我们想到了月氏人,与女儿国对应的月亮,在古月氏人心目中象征着绝对的王权和神性的光辉。

有专门研究外国文字的学者说过这样一件有趣的事情,在印度文中,"印度"的意思就是月亮。但这个称谓最早并不是一个国家的名称,而是由很多个零散小众团体组成的部落。历史上,中国对印度的称呼几经改变。西汉叫"羌独",东汉称它为"天竺"。直到唐玄奘西行,经过反复探讨研究,放弃了天竺、身毒、贤豆这些名称,而根据当地发音,称作印度。"如月照临,由是义故,谓之印度。"玄奘说,印度各族人民自古以来常把自己的国家称为"婆罗多",这个词的原义就是"月亮"。由此联想月氏人的西迁,印度人的血液里就有月氏一脉的遗传了,只不过历经千年的演变,西迁的古月氏一族早已没了母系风俗的半点遗留,反而向另一个极端的方向发展,诸如印度等中亚好多国家,女性在社会中的地位十分卑微,让人不禁感叹岁月之于文明的改造还真是摧枯拉朽般残酷无情啊!

有关巨人族和女儿国的猜测虽然并未得到强有力的史学证明与考古证实,还亟待有关专家学者去研究。如今,站在破败残损的黑水国遗址上,看绿草逐渐爬过荒漠,掩去昔日荒凉,也掩去千疮百孔的古迹,不论是西风烈马的种种辉煌过往,还是女儿娇、女儿媚的旖丽传说,都随着沧海桑田的变换而永远消失在了时空的深处。黑水国的长人骨和金月亮,留下了太多传说,也留给我们太多的谜题,这座见证了弱水奔流、祁连暮雪,领略过控弦驰骋、张国臂掖,最后归于寂寥的古城,其外在的贫瘠和富有的内涵应当,也必然值得所有人铭记,终将成为我们身体里的毛细血管之一。血液是热的,那根就永不腐败。

穿越两千年的汉砖

黑水国遗址被誉为"汉砖博览园",在出土的众多汉砖里,其中最为完整和有名的莫过于"四灵神兽画像砖"和"驱驴急行画像砖"。而另一块虽然残缺,却代表汉代张掖建筑一大创举的"桓表门砖"则更为稀有,其历史文化研究价值和考古学价值都非常具有地方代表性。

画像砖流行于东汉晚期,在黑水国遗址出土的这两类,分别带有宗教意义与生活艺术特征。四灵神兽画像砖,即为宗教色彩的一类,多用于修筑墓室,在上面刻画青龙、白虎、朱雀、玄武四神兽图案,在古代有辟邪镇压的特殊意义。黑水国遗址中的四灵神兽画像砖是一砖四兽造型,不同于其他地方发现的一砖一兽图样的同类砖,属于黑水国特有。上面图案的印制工艺也有别于国内其他地方出土的整块印制手法,而是用小块模具分别压印而成,工序和制作时间加大了,但却体现出当时黑水国地区汉砖艺术趋于新发展的特点。像这类画像砖,其实在秦代已经兴起,到汉代才广泛使用,只是流传到当时的西北边疆,有很明显的晚于中原地区技艺的痕迹,导致不论从模印还是图形勾画,抑或是画像砖的质量与数量上,都落后于同时期的四川、山东等主流地区很多。

张掖黑水国遗址发现的四灵神兽砖于市博物馆收藏有完整孤品,其上模印两条平行凸线分割出正方形的平面面积,又以同样方法在正方形中分割出四角和中心画区,四角为对等梯形状,拱出中心的圆形区域绘以五行图,四梯形区模印的分别就是四神兽了。整砖图案独具特色,线条流畅,四神兽的造型有着明显的秦汉风格,尽显粗犷简约而刚烈大气的强者风范,透过神兽图案能够看出,那个时候的人们已然拥有一套完善的宗教信仰体系,四神兽作为具有神性的灵物来镇压四方的认知已经深入人心,走向社会各个阶层了。从砖面上显现的图案更可以看出，当时的画像砖烧制技艺已经非常成熟，并被赋予艺术化的勾勒和刻画，体现出宗教之外强烈的汉文化情结。

"驱驴急行砖"是一块长37厘米、宽17厘米、厚4.5厘米的榫卯型汉砖。榫卯，是古代建筑、家具及其他器械的主要结构方式，指在两个构件上采用凹凸部位相结合的连接方法，凸出部分叫榫，或榫头；凹进部分叫卯，也叫榫眼或榫槽。在中国古建筑中，榫卯型结构多用于木建筑，既能节省和解决金属构件的匮乏，又凸显高超的技艺水准，是古代工匠智慧与艺术的完美结合。榫卯型汉砖，通俗的叫法便是"子母砖"，专用于砌筑弧形顶，在井壁和汉墓中最为集中。很多人认为子母砖是汉代专有，其实不然，陕西临潼曾有秦墓之中出土过子母卯为三角形的墓砖，而在河南泌阳县战国时期的百口井遗址也发现了大量子母砖，证明这种独特造型的砖并非汉代才出现，而是更早时期就已经用于砌筑井壁了，只不过在两汉时得到了广泛应用而已。榫卯砖在相当一段时期内得到大量运用，但后来随着烧砖技术的改进，这种风靡一时的特型砖被稳定性和牢固性更为优越的拱券技术所取代，东汉以后便不再制造，成了考古断代最为显明的时代产物，其制造技术停留在东汉没有继续延伸。

"驱驴急行砖"的画像体现，不仅限于制造本身的技艺，更多代表的是当时张掖地区的服饰文化和社会环境的真实反映。有专门研究中国服饰发展变革的学者曾写文章，着重介绍了这块汉砖中体现的人物服饰特色，分别列举《礼记》《说文解字》《离骚》等古代书籍中关于服饰文化的注解和描述，论证了流行于汉晋时被称作"裲裆"的服饰，或许是由河西一带的汉族人从西域某国或某少数民族袒臂的生活习惯得到启发而设计出的一种新款服装的猜想。通过这块画像砖展示的东汉之际张掖郡觻得县的裲裆衣形象，从而得出裲裆衣流行于魏晋，而出现起码在东汉或者更早时候的合理性。并提出汉代张掖居民全新的夏季服饰结构：头戴草笠，上身穿裲裆，下身穿复裙的形象，与河西或西域少数民族的风俗习惯有关，而驱驴急行砖为研究我国服饰文化提供了珍贵的实物资料。

除史料价值外，该砖也是一件绝好的艺术作品，作者用简练的线条勾出一幅骑在毛驴背上顶戴草笠、回首顾盼的人物形象，全幅画面仅用了不到三十笔,一气呵成、自然流畅,可谓早期速写的佳作。

人物和毛驴俱生动传神,表现了毛驴在被主人驱赶急行时,全身处于紧张的状态,也生动展现出人物在急行中的动态,驴警其前,人惕其后,急行中紧张的气氛跃然画面。根据这幅画像结合当时的时代背景,在东汉中后期,羌人掀起了风起云涌的反抗运动,经常袭击张掖郡县,河西人民的生命和财产安全时刻面临严重的威胁,驱驴急行砖很有可能是当时这种历史和社会环境的真实反映。

"桓表门"砖,亦是出自黑水国遗址,特别具有代表性的汉墓砖之一。依照汉代"事死如事生"的丧葬风俗,陵墓中能用到桓表门砖的墓主至少是某一部门的主政者,或身居高位的官员。因为,这种名为"桓"的建筑标志物,在汉代是官署衙门和驿站等官方机构门旁边竖立作为标志的柱子,这根象征官威和显赫地位,标志着官民有别的柱子便称之为"桓表",演变到后来就成了我们熟知的"华表"。黑水国遗址出土的桓表门砖,所绘图案乃是一个敞开的双扇大门,描绘的是某城门建筑,很有可能就是当时的张掖郡城门,或是觻得县的县城门。画面中门上重檐建筑的装饰,结合了另一重显示煊赫的"阙门"建筑风格,两相糅合做出了更为繁复的重楼金阙的建筑新样式,是为一个奇妙的构想。通过这块画像砖可以推断,汉代黑水国区域以及张掖郡有可能在现实的桓表制作中已经融入了阙门的建筑形式,把当地的桓表门做出了独出心裁的别致和新意。自然,如果推测成立,那河西一带的木工手艺与建筑技艺就很有可能在当时已经领先全国,便也就难怪有关专家将之誉为汉代张掖建筑的一大创举了。

除了上述几类画像砖,在黑水国遗址出土和发现的汉砖还有千金文铺地砖、青龙纹砖,文字类汉砖有日利砖、千字砖、大利砖,以及其他记录年号日期的文字砖和许多素面灰砖。从砖的外形上又区分为条砖、楔形砖、榫卯砖等几种类型。新中国成立前于右任先生捡到的"大吉铭文砖"就属于文字砖的一类,而代表汉代专有风格的子母砖便是榫卯砖。当年韩起功盗挖黑水国古墓,铺了路的那些汉砖里面应该还有许多类似品,因为他的无知暴行不知道让多少有价值的汉砖遭到毁灭性破坏,当真暴殄天物。我们可以想象到,假如那些汉砖还在，黑水国遗址"汉砖博览园"一定会更为壮观，对汉砖文化的研究也必定大有裨益。

秦砖汉瓦唐彩宋瓷，是华夏五千年文明的传承精粹，其中秦汉时期的砖瓦烧制技艺达到了顶峰，代表中国古代建筑技术的最高水准。一块汉砖，就是一种文化。它见证了历史的沧桑辉煌，讲述着悠远岁月里金戈铁马的故事，传承着汉文化理念和人文情怀。作为中国历史上一个令世界为之敬仰的伟大王朝，汉朝不仅开启了东方高端文明之路，在政治、军事、经济、文化等诸多领域也曾达到无人可及的高度。我们的汉字、汉服，甚至汉族这个民族名称，都得自当时汉朝雄踞世界的威武霸主地位。因此，汉代的文化和建筑风格都对后世有着非常大的影响力，汉砖、汉瓦的装饰魅力和文化内涵，才得以生生不息地传承。汉砖，带着浓厚的汉文化气息穿越千年而来，一路深入人心，深入我们生活的方方面面，于中华民族的骨头上烙下了一个深刻而神圣的印记，不可磨灭。

黑水国中陶文化

黑水国遗址出土文物中最多的是汉砖无疑，其次就是陶器了。汉墓中的随葬品与战国时代有很大不同，考虑到事死如事生的丧葬观念，大多在墓主下葬时会在墓室中放置储存有大量食物和饮水的器具。两汉时期，因为烧陶技艺的普遍化，这些随葬的器具多为陶制品，还专门发展出了一类随葬明器，模仿生活中一应生活用品，有仓、灶、井、磨等大型生活用具的模型，更有盘、杯、罐、灯、壶等日常所需，以及猪、狗、鸡等家禽、家畜类陶偶。有些显赫贵族的墓中，更有象征墓主身份或家族地位的大量人偶、金玉饰物和车马仪仗明器，造型别致的博山炉、樽、鼎等礼器类陪葬品也不少见。

考古学者发掘黑水国遗址时，众多汉墓已经历过无数次盗挖，尤其1938年被韩起功肆无忌惮地破坏之后，现存特别有价值的明器所剩不多。相比于隔壁城市武威雷台汉墓出土的轰动世界的铜奔马，黑水国汉墓显得委实寒酸破败，青铜陪葬品只有几件铜镜，不知道是本来没有，还是一次次明里暗里的盗掘，那些非常有价值的东西早被盗卖了。就跟残损的那些汉砖一样，存在于出土陶器身上的仅为文化参考价值，通过研究当时的烧陶艺术，让我们了解这一汇集了中国古代人民高度智慧结晶的古老手艺，是如何起源，又如何得到继承发扬的。

黑水国汉墓中出土的陶器以泥质灰陶为主，还有一些表面施以彩绘图案的器物，造型中融入了当地文化元素和中原陶制品元素，看得出来已经具备了技术上和审美上兼收并蓄的融合特型。泥质灰陶是陶器的一种，它的制作工艺最早可追溯至石器时代。最早的陶器仅用于民生器皿，但随着技术和制造工艺的发达，制陶逐渐变成了一种艺术。原始陶器通常用手工捏制、泥条盘筑法成型，多为细泥红陶，用篝火烧制，烧成温度低，烧结程度差。仰韶文化时期的彩陶常用泥条盘筑法成型，有黑色的几何图案作装饰，晚期出现了以人物为主体的图案。

大汶口文化时期的彩陶使用了慢轮成型的工艺。陶轮的发明，为制陶技术带来了革命性发展。龙山文化出土了黑陶、灰陶、红陶、白陶等多种陶器，其中黑陶使用快轮成型技术以及刻花、镂空等装饰手法。黑水国遗址出土的陶器，基本采用的就是轮制，由此就能轻松推断出它们成型的历史时期。到了商周时期，手工制陶产品多为灰陶，还有青铜器造型的白陶。西周陶器常用几何纹、弦纹、兽面纹和回纹装饰，并且开始运用灰釉制作原始青瓷。春秋时期的陶器则多是印文硬陶，造型多样，表面采用磨光、暗花、划花、施漆衣和彩绘等技法，普遍使用云雷纹和兽面纹。如黑水国陶器中保存比较完好的一些陶罐上，就有着清晰而凸出线条造型的兽面装饰。

秦汉时期的制陶技艺发展到了高峰，陶器的应用与制作逐渐趋于完美，陶制品深入社会生活的各个方面，从质量上也得到了跨越式的提高，主要以硬陶为主，出现了陶砖、陶瓦和瓦当，因其制作工艺精美，故后人有"秦砖汉瓦"之说。汉代大量使用绿、黄、褐等低温色釉，同时彩绘陶也较普遍了，为之后的唐代三彩陶器打下了良好的基础，亦为后世瓷器的探路者。

陶器的发明是人类由旧石器时代发展到新石器时代的标志之一。但陶器和兴于两宋时期的瓷器却是两种不同的东西,虽然它们之间有着密切的联系,烧制方法亦有相同之处。查阅史料可知,早在距今一万多年前的新石器时代就出现了陶器,在几千年之后的商代出现了瓷器,瓷器是由陶器发展而来。陶器的取材没什么讲究,一般的黏土都可以作为烧制陶器的原料,把黏土制成坯后,经过特定范围内的温度烧制而成的就是陶器。而瓷器用料比较讲究,采用的是瓷土,以高岭土为主要原料。用高岭土作坯,经过特定高温烧制而成的就是瓷器。两者除选料不同之外,对烧制过程中温度的要求和火候把控也不一样,一般来讲,低温出陶器,高温出瓷器。唐宋之前的烧陶侧重点是以实用为主,还没有对烧窑进行大改造,或者说烧制技术还没有向精细化靠拢,陶器的烧制相对简单,由于烧制温度低,土质没有完全烧结,所以陶器胎质比较疏松,陶器颜色也较暗淡,并有杂色,成品质地相对唐宋比较粗糙。瓷器因采用的是高岭土,注重烧窑改造后烧制温度达到了过去没有的高度,使得瓷胎土质能够完全烧结,出窑后胎质坚实细密,成品细腻,颜色鲜亮,手感细滑,瓷器基本不吸水、不渗水,且美观度大为提高。因此,瓷器比陶器更得人喜爱,唐宋时已经成为能够登上大雅之堂的摆饰品,精美别致的瓷器还会被上流社会当作馈赠礼品,开始出现在礼单的显眼位置了。比如宋代的瓷器艺术发展中,有官、哥、汝、定、钧五大名窑及磁州窑、耀州窑和景德镇窑,其陶器的制作技巧、器型美感、釉色效果、装饰手法等都堪称完美。

由于两者本身存在许多共同之处,人们习惯性把凡是用陶土和瓷土这两种不同性质的黏土为原料,经过配料、成型、干燥、焙烧等工艺流程制成的器物统称为陶瓷。明代的景德镇成为全国的瓷业中心,青花瓷风靡全国成为主流,直到现在依然是陶瓷珍品。而至清代后,陶瓷工艺发展到了顶峰,色釉达到了十几种,如古彩、粉彩、珐琅彩等,中国瓷器当时就已闻名中外。自唐以来历朝历代都注重陶瓷制造,被纳入政府主管重点行业之内,陶瓷中的精品还被选送皇宫大内,几个著名的陶瓷生产地甚至划分出了专门为皇室烧制瓷器的御用官窑,老百姓所用的瓷器则为普通民用窑厂出品的器具,历代都对陶瓷的控制有着十分严格的等级区分。品相上佳的瓷器已不是有没有购买能力的问题,而是有没有资格拥有,身份地位决定了瓷器的归属权,而只求精巧、不计成本的生产要求，使得官窑瓷器极为名贵，官窑出品世人皆视为稀世珍宝，一直都享有非常高的名气，受到上至贵族阶层、下至黎民百姓以及海内外无数人追捧和热爱。

中国的烧陶技术历经万年传承，发展为具有属于中华民族气质和独特韵味在内的陶瓷艺术，被世界上称为陶瓷的故乡，英语中china的大写是中国，而小写正是瓷器。可见，中国的陶瓷曾经是完全能够代表中华民族的实力派象征，中国瓷器蕴藏的深厚文化底蕴亦成为中华文明的精髓之一，瓷器文化源远流长，影响了一代又一代中国人，通过瓷器文化产生的向心力，让我们更热爱自己的祖国，让每一个炎黄子孙走出去感到自信与骄傲。

不同于景德镇、醴陵、彭城这些陶瓷之城，河西走廊地区显然并没有继承烧陶技术，应该说这里没有发展出高超的烧陶技艺，虽然不缺日常生活所需的陶瓷器具，但对精美陶瓷的烧制并无出彩之处。这一点从黑水国出土的陶器上就已经隐约可见了。黑水国汉墓中的陶器只是最基本的陶艺制品，与体现陶瓷艺术的高水准陶器还有不小的差距。作为古代雕塑的前驱，两汉至魏晋时期的陶塑用途有了很大的变化，从日用陶器衍变出了随葬的明器，随着厚葬风的盛行，依照日常生活用品微缩复制而烧制的一众明器也促使烧陶技术不断趋于精细，相对于之前有了很大进步。

黑水国，在两汉时期还是人烟稠密的城镇，中原移民屯垦河西带来了先进的技术，也带来了中原文化中丧葬的观念，伴随而生的明器生产就在这里生了根。从已经出土的众多陶器中可以看出寓巧于拙、简朴浑厚的汉代陶艺风格，而模制现实生活用具的井、仓、灯、灶等一系列器具，都忠实地记录了当时的社会生活。因为黑水国古墓遭到毁坏，我们现在已经无法得知内中是否有身份地位极为煊赫的墓主，而从已知的墓葬品来看，基本都是属于平民百姓，或者稍有社会地位的古人墓葬，这也间接说明黑水国汉墓群反映出的正是当时市井生活风貌的一个微观缩影。

透过黑水国陶器看到的不仅仅是烧陶艺术的发展，还有最真实的市井百态中所反映出的张掖地区当时存在的市井文化。尹知章注解市井曰："立市必四方，若造井之制，故曰市井。"过去的封建士大夫眼中，市井是粗俗鄙陋的代名词,他们把平民百姓称作"市井小民",有时候还叫"升斗小民",有着高高在上的明显鄙夷。无市井不成生活。其实,市井文化才最能反映黎民百姓的日常生活和心态,生动且直接表现着人们的喜怒哀乐,不过因为自由散漫缺乏庄严,而又杂乱无章,长久以来被视作一种不登大雅之堂的粗俗"文化现象"。黑水国出土的陶器中,多的是各种款式的陶灶明器,烟火气十足,市井气颇为明显,从这个方面也可以看出,当时生活在这里的人们衣食丰足、睦邻而居,人文气息十分浓厚,黑水国区域也是繁华一时的城镇坊市。

陶器虽然没能在河西走廊发展出辉煌成就,但它的起源却与河西有着千丝万缕的联系,尤其是彩陶。根据现有的考古资料研究发现,最早的彩陶发源地在黄河流域,以陕西的泾、渭河及甘肃东部比较集中,大地湾一期文化是世界上最早出现的彩陶文化之一。黑水国遗址中发现的马厂类型彩陶残片,反映出的是这一地区当时半农半牧的社会经济状况,证明在4000年前人类解决了果腹问题之外,尚有余力追求艺术美的真实精神需求,为研究张掖地区乃至河西走廊一带陶器艺术和陶瓷文化提供了可贵的实物参照。

汉陶既是中国古代陶器工艺发展的结晶,又是大气磅礴的汉文化体现;既为后人研究汉代社会生活提供了丰富而真实的形象资料,又为中国传统雕塑、绘画和其他相关工艺的发展开辟了无限广阔的道路。陶瓷经历了从陶到瓷,陶与瓷齐驱的发展历程,被喻为中国文化的象征。正因为如此,研究陶器承载的文化艺术价值,就是在挖掘中华传统文化,而黑水国陶器的出土和研究,亦是在挖掘张掖地区乃至河西走廊于传统文化传承之路上的历史演变过程。

其实,张掖汉墓群不止黑水国一处,还有诸如高台县骆驼城遗址,许三湾古城及墓群、八卦营、永固城等许多值得游览和探索的古迹。只不过黑水国的谜题一直未被解开,种种传说更让人好奇,更神秘,才格外引人注目。

THE
BIOGRAPHY
of
ZHANGYE

张掖传

第六章 沮渠蒙逊北凉开国

马蹄寺石窟群——千佛洞　　　　　　　　　　　　　　　　　摄影：王怀民

沮渠氏的渊源

曾经有一部相当火的电视剧叫《芈月传》，创下了高收视率的同时，也让无数人重新认识到了"芈"这一古老姓氏，认识了这个生僻字，以及战国时代特殊的礼仪文化和历史知识。在剧中有一位少数民族首领义渠君，与宣太后恩怨纠葛最后为情而死，更是涉及极为冷门的一段历史。如果没有这部剧，我们很少有人记得中国古代还有这样一个民族势力，更不会有继续往下追索去关注义渠君后裔的兴趣，当然便不会知道义渠君与沮渠一族的渊源。

历史上义渠君确有其人，义渠一族虽然只是一个人口不多的部落，但与当时的秦国比邻而居，位于甘肃省西南部的庆阳境内。看似不起眼的义渠部落一直以来都是秦国视为异族的戎狄，好战而勇猛的义渠人时常劫掠秦边境，虽不如中原诸如楚、赵等强国实力雄厚，但对秦国也有着不小的威胁。义渠一族的部落首领肯定有属于他们自己的称呼，而当秦国有计划、有针对性地展开对义渠的征服行动，不善谋略的义渠首领最终拜倒在宣太后的石榴裙下，秦国封了他官职称作"义渠君"，是敬称，亦是义渠王的意思。史书上的寥寥几笔，远不如编成影视剧故事来得异彩纷呈，我们无法判断义渠君和宣太后之间那些风花雪月的真实性，但这个桀骜不驯的义渠王被诱杀于甘泉宫却是真实的历史。

义渠部落的历史就此结束，一大部分臣服并接受了强秦的统治，而另有一部分不肯归附的偷偷离开他们祖辈生活的家园，一路往西逃到了河西走廊继续以游牧或者半农半牧的生活为主，后来依附强大的匈奴才得到沮渠这样一个官职，然后在官封地临松卢水定居，干脆就改姓了"沮渠"。史上称这支少数民族为"卢水胡"，而临松即今张掖市肃南裕固族自治县的马蹄乡一带，辖境包括今肃南、民乐两县，即张掖市南部区域。

沮渠，是匈奴官职的一种称谓，分左右沮渠，相当于汉时的太尉一职，属于高位了。可见，义渠依附匈奴成为匈奴附属部落，是得到匈奴认可与肯定的，此时他们俨然已成为匈奴强盛武力的重要构成部分和支柱力量。而改姓沮渠大有可能存在扬眉吐气的意味，跟过去那个因美色误终身的义渠君颇有些彻底告别的断腕气概。融合于匈奴的义渠戎在此后600余年间，仍然保持了自己民族特有的独立性，世为匈奴左沮渠王。后来匈奴政权灭亡西迁，这支以官为姓自称姓沮渠的人和当初的小月氏一样留在了张掖，并以极强的适应能力很快融入当地，成为张掖籍的匈奴别部。沮渠一族历代多有名人，最为著名的就是建立了北凉政权的沮渠蒙逊。如果按照秦时的称谓，沮渠蒙逊就是"沮渠君"了，只是和那个死于秦宣太后权谋之下的先祖"义渠君"相比，他的成就和影响力自然不能同日而语。

北凉，是处于东晋末至南北朝前期，属十六国时期的一个河西政权。当时河西走廊先后有五个政权崛起，因为当时西北地区分属凉州辖制，这五个政权便都以"凉"为国号，为便于区别，有前、后、南、北、西之分，北凉就是其中之一。关于北凉的建立一直以来有两种说法，一说是以沮渠男成拥立段业称凉州牧为立国之始；另一说是蒙逊使计离间堂兄沮渠男成和段业之间的关系，段业信以为真斩杀男成，然后蒙逊又以为兄报仇作借口攻灭段业夺了政权开始算起。

从沮渠一族西迁张掖的发展轨迹来说，卢水胡应该归为匈奴支系，有些书籍上写沮渠蒙逊是鲜卑族，显然是错误的，可能是把建立南凉政权的鲜卑拓跋族与此混淆了的结果。沮渠家族的壮大耗费了六百年时光，为了快速繁衍族人，他们的婚俗与遵循中原礼教的汉人完全不一样，一妻多夫的现象普遍存在。在这种接近母系氏族的原始生育机制下，沮渠人从最初只有数百人的一支逃难者，逐渐成为草原强族，加上与匈奴帝国建立的臣属依附关系，用六百年时间奠定了稳固的建立北凉政权的基础，然后只待时机顺势崛起了。

《晋书》中曾提到，沮渠蒙逊的伯父罗仇、麴粥被吕光杀害后，"宗姻诸部会葬者万余人"。"宗"即宗族，"姻"为姻亲。万余人集会送葬，直接呈现出一个事实，就是沮渠一族此时的人口数量已经具有很大优势了。罗仇二人被杀时，蒙逊是族长，召集万余人来吊唁，不难看出他已经具备了振臂一呼从者如云的威信，而那时的沮渠蒙逊正是三十而立的奋发之龄。在当时人口并不稠密的河西地区，万余之数的规模，放到哪里都不算是小部族了。古人看重亲情关系以是否在五服之内而分远近亲疏，一般只有五服之内的宗亲方能正式参与祭、葬之事。从沮渠蒙逊二位伯父的丧事规格推测，恐怕五服之外的"同宗别族"以及血缘更远的"同祖异宗"者实际上还远远不止这个人数。既然沮渠罗仇和沮渠麹粥所属的这一支宗族便已经达万余人之多，那么再加上其他支系宗族的部民，整个沮渠氏族群的总人口至少在数万人至十万人就是很有可能的！试想，在1500多年前沮渠氏族群的总人口数就已经达到了这样一个相对可观的规模，他们有资格成为临松卢水胡的主体与核心就完全在情理之中。正因如此，他们也才能够经受得住历代战乱的严酷考验而繁衍至今。

蒙逊以为伯父被杀害报仇为由，快速集结诸部落举兵讨伐凉王吕光，其时吕光为后凉国主，号称"天王"。沮渠蒙逊起兵后首克临松郡，占据金山与吕光的军队对峙，其伯兄沮渠男成听闻亦揭竿响应，聚集了数千人攻入建康郡，拥立建康太守段业为主，自号大都督、凉州牧、建康公，以张掖为都与吕光分庭抗礼，史称北凉。段业本为后凉尚书，博涉经史，颇有贤名。但这个人毕竟书生意气过浓，喜听谗言又好迷信，蒙逊初投靠之时尚能兼听兼纳，后来却忌惮沮渠蒙逊的勇武谋略，不但厌恶疏远，还削去了他张掖太守的官职，意欲加害。偏偏伯兄沮渠男成对段业十分效忠，行事之间没有一点维护之意，反倒怪沮渠蒙逊不忠不义。沮渠蒙逊对其兄的行径不齿又不满，兄弟之间已然势同水火，为自保起见，他设计离间沮渠男成和段业的关系，致使段业疑心男成谋反故而将其处死。这个结果正中沮渠蒙逊下怀，他随即反叛，利用沮渠男成的死进行鼓动，纠结了其他对段业不满的几股势力，聚兵万余反攻国都张掖。段业众叛亲离，走投无路之下开城乞降，只求苟延残喘能留一条性命，但沮渠蒙逊不为所动，毫不留情地处死了昔日主上，然后在众人推举之下就任凉州牧，自号张掖公，接掌了北凉国主之位。沮渠蒙逊杀伐果决、谋略出众，令骨子里充满狼性的沮渠一族大为信服，北凉进入兴盛，拥有了与后凉、南凉、西凉一较强弱的资本与实力，沮渠蒙逊也成了威震西北的一代枭雄，成就远远超过了他那个儿女情长的先祖义渠君。

关于沮渠氏的起源有好几种说法，也有人否定他们来自义渠一脉，众说纷纭莫衷一是的论断中，令人最为震惊的却是古代临松卢水胡出自秦胡的新说法。秦胡，即对河西走廊至今存有争议的那支古罗马人的称呼。甘肃省武威市地方志编纂办公室所撰的资料中说，前1世纪末，汉王朝西部发生了一件极其特殊的大事，即在前53年至前36年之间，汉将成汤俘获了一批依附于匈奴的异族从西域迁入河西，汉王朝将这批异族安置在张掖郡东南的番和县，还特地划出一块地域为这支异族安居乐业所用，并取名为骊靬县，也就是我们现在熟知的后来改为骊靬县的地方。据考证，骊靬应该是音译，从汉朝对古罗马的叫法而来。不过，当时也有把罗马称为"大秦"的另一种称呼，这支已经归顺的异族便俗称"秦胡"，意为大秦来的胡人。

因为历史原因，河西走廊分布着众多少数民族，中原王朝为了区分和便于管理，对这些胡人有着相当细化的称谓，比如小月氏一族是"义从胡"，沮渠氏为"卢水胡"，传说里罗马人的这支降部就是"秦胡"。秦胡人定居河西之后一度十分活跃，他们曾多次参与地方上的兵事活动。东汉末年以马超、韩遂为联盟的"西凉军"中便有大量体格强健孔武有力的秦胡士兵。这批善于控马、作战勇猛的骊靬人，在东汉称作秦胡，三国时称卢水胡，在西晋称作力羯戎，在东晋称作骊靬戎。史书均有明确记载。《晋书·张祚传》载：永和十年，张祚"遣其将和昊伐骊靬戎于南山，大败而还"。东晋张祚在武威自立为王，骊靬戎反叛，竟打败前来讨伐的张祚军队，可见势力之大。

虽然当代学者对骊靬人来自古罗马后裔一说多番否定，但根据历代史书中的记载，也很难完全说得清"秦胡"和"骊靬戎"的来历及他们与沮渠氏的渊源。而在漫长的民族融合过程中，到底发生过什么，恐怕也没有人能说得清楚了。至于沮渠氏是义渠戎后裔，还是骊靬戎后裔，抑或是生于本地的土著民族，都还没有令人信服的论证。或许，这将又是一个千古之谜也未可知。

随着民族的融合，在河西被称为骊靬人的古罗马人的种族特性已经消失，故隋代开皇中，将骊靬县并入番和，骊靬存县600余年。《大清一统志》《五凉志》说：骊靬废县在今永昌县南者来寨。《汉书·地理志》的记载是：张掖郡，县十。……骊靬：（王）莽曰：揭虏；颜师古曰：今其土俗人呼骊靬，疾言之曰力虔。东汉时期的经学家应劭，在他所撰的《汉书集解音义》中说："骊靬，大秦也，张掖骊靬县为西域蛮族而置。"另一位东汉学者服虔也说："骊靬，张掖县名也。"他们的这种解释，是以当时河西走廊存在大量秦胡的事实为根据的。从清初的大学者惠栋，到清中期的钱坫、徐松，到清末的王筠、王先谦等，通过考证，对骊靬县缘何而设作了明确的诠释，一致认为：骊靬县，本以骊靬降人置。这降人并非俘虏，而是和平归附者。向达在1920年出版的《中外交通小史》中指出："张掖郡有骊靬县，此外有陇西郡的大夏县和上郡的龟兹县，都是为处置归义降胡而设。"冯承钧在1944年所著的《西力东渐记》中指出：前36年，汉西域副校尉陈汤发西域诸国兵入康居，擒杀郅支单于，罗马士兵参加了此次战役，支持郅支单于，首次和汉兵发生接触。这是第一次将骊靬降人跟古罗马东征军联系起来。他们又因自己的祖先五帝时代曾与夏人的祖上白马族在庆阳联姻，所以其后代赫连勃勃认为自己身上有夏人的血统，故十六国时代在庆阳北部的靖边县白马城子建立"夏"政权，其国都称"统万城"。义渠后裔沮渠蒙逊十六国时代在张掖、武威一带，建立了北凉政权，共历两代43年。留居北地的义渠王室后裔，后来复为华胥氏之"且"姓或"巨"姓，但其发音仍然是"渠"。如西峰巨家塬，发音为"趣家塬"。翟姓、狄姓，也多是融入华夏族的义渠戎国的古老姓氏。弥姓则同于芈姓，出自炎帝羌族。且弥是西貘族与炎帝族融合后裔的古国，其一部流入西域形成了且弥古国。今人为了避免与"且（qiě）"字音释混合，写作"拘弥"。

　　沮渠氏的来源到底为何，至今都没有一个确定的说法，或者说没有令大多数人公认的依据。甚至有推断称，沮渠一族就是河西土著，他们的血缘应该与大月氏同出一脉。旧时有学者认为："当年，大月氏人被匈奴击败向西北大逃亡时，尚有一小部分大月氏人未能随部逃走，被迫投降匈奴，这部分人仍然留在今天的甘肃卢水黑河流域。""这部分人归服匈奴后，按匈奴的军事行政编制改编，有一个家族世袭匈奴人统治下的沮渠小官，当初并无姓氏，直到300年后沮渠蒙逊的前辈需要有个姓氏的时候，才应用这个世袭的小官名'沮渠'

为姓，开始姓'且渠'或'沮渠'……"但事实却是，沮渠人并不是被匈奴化的大月氏人。历史上的相关记载表明：大月氏人西迁后，残余的大月氏人并没有投降匈奴，也没有留在今天的张掖卢水（今黑河流域），而是向南撤退到祁连山谷地及南麓与羌人杂居，即史书上说的"保南山羌，号小月氏"。这部分月氏人日后长期留住该地，与青海羌人逐渐融合。根本就不存在所谓"被迫投降匈奴，按匈奴的军事行政编制改编"的事情。后来，一部分号称"义从胡"的小月氏人又北上到达河西走廊，但是这里已经变为汉朝的天下，更不会发生"被迫投降匈奴，按匈奴的军事行政编制"的事情。

汉晋时入塞居住在河西走廊张掖郡这一带的少数民族有很多，既有许多归附汉朝的匈奴人，也有少部分羌人及号称"义从胡"的小月氏人，还有不少西域各民族包括罗马军团的降人。所以，在这片沃土上并不是只有小月氏人一个民族。不过，虽然民族不同，原本是匈奴人的沮渠氏通过与周围部族联姻，从此带有羌人、月氏人、罗马人或者其他西域各民族的血液是很有可能的。汉朝时对于各个少数民族包括小月氏人和匈奴人，对其各自的特征及称呼是区分得很清楚的，相互之间并不混淆。号称"义从胡"的小月氏人在东汉时仍可见于史书，而沮渠氏所属的卢水胡这一族名在东汉时也出现在史书中。由此可见，小月氏人与沮渠氏是分别属于两个不同的民族，即使后来二者有了姻亲关系也改变不了这一点。支持上述论点的除了《史记》《汉书》《后汉书》等史籍，还有张掖居延汉简为证，卢水胡之名的实际出现可能会更早。至此，对小月氏人与沮渠氏关系的辨析已很清楚。

比较有说服力的一种说法是，河西走廊的沮渠氏来源于迁居塞内的匈奴人，即"匈奴归附者"。沮渠氏族群是一个有着悠久历史的部族。沮渠氏的先人担任的是匈奴沮渠官（也译作且渠），这个官职在匈奴政权的中央和各地方都有，并不是只在河西走廊的匈奴地方政权中才存在。在前2世纪初的汉文帝时期，便已有担任沮渠官的匈奴人雕渠难以单于代表的身份出使中原；到了汉宣帝、汉元帝时期，左大且渠都隆奇（此人后来入塞归附了汉朝）甚至参与了当时几个单于的废立，可见这个官职在匈奴帝国中是比较重要的。在匈奴帝国，如沮渠之类的官职都是由一些特定的家族世袭的，正如《史记》所言：

"诸大臣皆世官。"这也就意味着：最晚在前2世纪初，沮渠氏先人的家族就已经有相当的规模了，绝非单枪匹马闯天下。

应当看到，他们并不是始终待在匈奴帝国不动的。根据《史记》《汉书》等记载，从前2世纪前期（汉文帝时期）到前1世纪后期（汉成帝时期），匈奴人入塞归附者络绎不绝。在这些归附者中，既有单于太子、名王等上层统治者，也有都尉、沮渠、当户等中下层官员及其亲属。他们多被安排在沿边属国居住，位于河西走廊的张掖属国和张掖居延属国便是重要的吸纳地，于是归附者中的沮渠氏就在这片土地上定居并传承下来。此为一说，还有几种别的解释，但归汉时间基本上都不晚于前1世纪。他们以属国胡骑的身份，屡屡参与汉朝组织的出击匈奴的战斗，发挥了很大作用。

至于沮渠氏以官为姓起于何时，这并不是个复杂的问题。根据《晋书》等诸多史籍对这件事的记载，通常为这种格式："沮渠蒙逊，临松卢水胡人。其祖先世为匈奴左沮渠，遂以官为氏。"这就说明以官为氏这件事并非沮渠蒙逊所为，而是其祖先所为。是什么时期的祖先所为呢？无疑是在他们担任匈奴左沮渠时所为。因为祖先归汉后所在的张掖属国或张掖居延属国虽亦有沮渠之官，但是属国的沮渠与匈奴的沮渠在性质上是不一样的，如果是在归汉后才以官为氏，话就会这样说："其祖先世为属国左沮渠，遂以官为氏。"由此可知，沮渠氏开始以官为氏是在匈奴帝国的鼎盛时代，即发生在他们归汉之前的前3世纪末至前1世纪初这一时期。匈奴帝国的诸大臣皆有其所属的氏族，而且随着发展也衍生出了更多新的氏族及相应的新姓氏，越往后期这种情况就越明显。比如在前2世纪的西汉文帝时，有一位担任当户并且兼任沮渠官职的匈奴使节，他的姓名就是雕渠难。从其姓名可反映出这个稀有氏族的存在。沮渠氏也不会例外，以官为氏就是他们最自然、最直接的做法。

沮渠氏与义渠一族有无关系、血缘如何，以及后来经过了怎样的融合变迁，恐怕不是一两句话能够说得清楚的；而一个家族或部落也不是几年、几十年就能够壮大成了气候的，那必定有着极其曲折和不得已的艰难挣扎，这势必成就他们的许多传奇。

张掖属国与五凉更迭

张掖属国，是西汉驱逐匈奴后，专为管理张掖地区诸多少数民族，特别是小月氏和一部分原依附匈奴而生的势力，以及归降了大汉的匈奴部族而设立。张掖属国初设之时，和郡为平级，与张掖郡同为地方一级机构，属国设都尉一职，和太守也是平级，享有同等权利。似乎，张掖的许多历史事件都和神秘脱不开关系，故而时有争议，就比如张掖属国这个特殊的机构，关于设立时间和设置方位一直都存有多种争议。但不管结论如何都改变不了一个事实，那就是张掖地区自古以来便为多民族聚居之地，自河西走廊纳入中原王权的政治版图起，历朝历代对辖理少数民族亦从未松懈。张掖属国，也许是最早的民族管理施行先进示范点，它开启了民族自治的先河，也为少数民族争取到了在当时以汉为尊的社会环境与政治环境下的相对权益，上层统治者采取"以夷制夷"的管理方式，任用了一些少数民族官吏来协助治理。久而久之，那些学会了如何处理政务和获得民心的少数民族为官者，便积累了掌管一方的能力，又加上他们内心根深蒂固的异族反抗思想，难免生出割据独立的野心来。因此，张掖属国的设立，虽然对当时的社会安定有着和谐促进作用，但却在一定意义上为两百多年后的五凉纷争埋下了巨大的隐患。

铁打的营盘流水的兵。张掖属国设立以来，就职的都尉来来去去行色匆匆，其中最有名、最值得大书特书的非窦融莫属。如果说设立张掖属国令少数民族觉醒了割据政权的野心，那窦融的到来则让他们看到了拥有自己政权之后的开挂人生。毕竟，有几个人能经得住万众臣服带来的成就感和荣华富贵带来的高品质享受的诱惑呢？

窦融，祖籍陕西扶风，但实际意义来说却是个地道的河西人，他的高祖父曾任张掖太守，从那时起祖辈经营河西，在张掖等地的人脉可谓根深叶茂，自然具有丰富的与各民族打交道的经验。因此，在河北巨鹿太守和张掖属国都尉之间，窦融毫不犹豫地选择了后者，他认为河西才是乱世之中的安身立命之地。史书中记载，窦融劝家族人等西入河西时曾精准分析时政，他说："现在天下大乱，何时稳定很难预测，河西地肥民富，东面的黄河又是天然屏障，而张掖属国有万余精兵，一旦情势紧急，只要把住黄河渡口，就可保河西无虞，那里实在是保全家族的宝地、福地。"

不得不承认，窦融的分析判断掐准了乱世之脉，在他带领窦氏全族移居张掖后仅两年时间，刘玄的更始政权倒台，刘秀即皇位称帝。窦氏偏安河西，躲过了那场腥风血雨。之后的数十年间，窦融坐镇张掖经营河西，他广交英雄豪杰，关心民间疾苦，对张掖属国及其境内各胡族都一视同仁、关怀备至，逐渐获得了河西人民的拥戴，让他成了控制河西诸地的实权派。

东汉光武帝建武元年，窦融受到河西五郡共同推荐，做了"河西五郡大将军"，军政大权独揽一身。窦融当上五郡大将军后，第一时间调整人事，将五郡太守都换成了亲近自己的人，任梁统为武威太守，史苞为张掖太守，竺曾为酒泉太守，库钧为金城太守，并设从事官行监察之事。河西五郡空前团结，在军政上着重操练兵马、招贤纳才、修筑城防，不断加强军事设施建设，将五郡打造成联合出击、互为援引的共同利益体。他还曾身先士卒，亲自率军与其他郡县相互配合保卫河西边境，对护疆有功的军民大加奖赏，确保中原战火不止的大环境下河西地区稳定繁荣的大好局面，使得中原许多士子儒生以及从事各类行业的民众蜂拥来投寻求庇护。窦融施行仁政，对慕名投奔和逃荒流亡而来的人都以礼相待，让他们得到了妥善安置。这些人员的到来，带来了中原先进的农耕技术和文化知识，极大地促进了张掖经济社会的发展。最重要的是，奠定了五凉文化的稳固基础，为五凉文化的发展提供了适于生存成长的温床。自然，也为两百年后的五凉割据政权悄然掀开了序幕的一角。

审时度势，待价而沽，这也许是窦融能够成功，并于乱世之中还能保证善始善终的最大优势所在。光武帝刘秀定都洛阳后，窦融很想归顺刘秀，但千里迢迢，难以联系。恰好隗嚣打败了反对刘秀的冯愔军。邓禹奉刘秀指示派使者持节命隗嚣为"西州大将军，专制凉州朔方事"。隗嚣为顺民心，奉行建武年号，并行文河西，给窦融等人赐了将军印绶。这一举动正合窦融所想，他当即欣然接受，实行建武年号，一心一意建设河西。建武四年，班彪来张掖做了窦融的从事，为其出谋划策，让他专心归汉。不久，隗嚣的说客张玄也来张掖游说，劝窦融与隗嚣、公孙述联合，抗拒刘秀搞独立王国。窦融召集五郡太守及其谋士商议，多数人认为刘秀"土地最广，甲兵最强，号令最明"，应归汉，而少数人不同意。窦融在班彪等人的策划下，耐心说服大家，于建武五年(29)夏派刘钧去洛阳上书事汉。刘秀便复玺书，封窦融为"河西五郡大将军，张掖属国都尉，凉州牧"。

建武六年五月，隗嚣举兵造反。窦融让班彪写了《让隗嚣书》，劝嚣归汉，实现统一。隗嚣不采纳窦融的建议。窦融等便解去隗嚣曾授的将军印绶，杀了说客张玄，彻底与隗嚣断绝了关系。同时，还上书刘秀，约定日期，东西夹击隗嚣。建武七年（31），隗嚣攻安定，刘秀御驾西征。窦融率五郡太守及小月氏步骑数万，辎重五千余辆。两军会师于宁夏固原共同攻嚣，嚣军大败，"城邑皆降"。刘秀封窦融为安丰侯，窦友为显亲侯，竺曾为助义侯，梁统为成义侯，辛肜为扶义侯。封爵礼毕，窦融率兵凯旋继续回守张掖。建武十二年（36），隗嚣、公孙述的残余势力在窦融的连续追剿之下被彻底消灭，刘秀诏令窦融等回京师奏事，官属宾客们全随着窦融启程。乘车一千多辆，赶着蔽野的驼马牛羊，浩浩荡荡到了京城洛阳。窦融登了诸侯的高位，得到丰厚的赏赐，受到惊人的恩宠。数月之后提升为冀州牧；十余日后，又升为大司空。由于窦融功高，窦氏一门俱有封赏，家族的荣耀一时风头无两，俨然成了人人称羡的勋贵之家。窦融很有忧患意识，生怕窦氏过于高调引来杀身之祸，以自己不是中兴元老为由，多次提出辞去爵位，而刘秀对他信任有加不予批准。直到东汉明帝永平二年（59），窦融堂兄的儿子窦林作护羌校尉时，因弄虚作假而被处决，窦融才借机还乡。他78岁而死，被封为"戴侯"。

窦氏之后，到晋惠帝时，张轨出任凉州刺史兼护羌校尉，延续了河西地区的安定繁荣。张轨沿用当地有才干的人共同治理凉州，课农桑、立学校，阻击入侵的鲜卑部，保境安民，抚定地方，成为继窦融之后第二个获得河西官民真心爱戴的主政之人。永嘉之乱时，天下分崩，独张轨贡使不绝，并遣将北宫纯勤王赴难。自洛阳沦陷后，中原和关中地区人民流入凉州的很多。他于姑臧西北置武兴郡，分西平（今青海西宁）郡界置晋兴郡，以处流民。又铸五铢钱，通行境内。愍帝即位长安时，张轨又遣将宋配助卫京师。314年张轨病死，长子张寔继任凉州刺史，晋愍帝司马邺任命寔为都督凉州诸军事、凉州刺史、西平公。张氏世守凉州，有了强大的根基。西晋亡后，凉州张氏称王，自号凉王，史称"前凉"。前凉长期使用晋愍帝的建兴年号，虽名晋臣及向数国称臣，但实为独立的割据政权，并不听命于东晋的地方政权。张骏、张重华父子统治时，前凉达于极盛，境内分置凉、沙、河三州，设西域长史于海头，在今吐鲁番地区设置高昌郡，其疆域"南逾河、湟，东至秦、陇，西包葱岭，北暨居延"。353年张重华死后，王位被奸诈的张祚夺走。354年，凉威王张祚改元称帝，前凉国正式进入自治割据。此后张氏宗室内乱不绝，凉国大姓也起兵反抗。十年争权夺位的斗争，使国势大衰，到张天锡时已失去今甘肃南部。376年，前秦主苻坚以步骑十三万大举进攻，张天锡被迫出降，前凉灭亡。张天锡后来到了东晋，得了个官，死后被"封"为归义侯。前凉先后与前赵、后赵发生过战争，多次击败刘曜、石虎的进攻，但慑于对方军事力量的强大，也曾向前赵、后赵称臣纳贡。张氏子孙世代保守的凉州，是当时中国北部较为安定的地区，河西走廊商业繁荣，农业和畜牧业生产也较发达。

前凉灭国后，凉州大乱，吕光趁机拥兵自立，建立了后凉政权。而后凉建立没多久，吕光麾下鲜卑族将领"秃发乌孤"也效仿他的上司，分裂出来自立为王，建立了南凉。之后的事情就很明晰了，因为吕光杀害沮渠蒙逊的两位伯父，激起沮渠氏公愤，沮渠男成拥立段业建立北凉，之后沮渠蒙逊阴谋、阳谋一番运作，将段业取而代之成了国主。至于西凉，则是原为北凉治下的敦煌太守李暠拥兵自立而建立的。

五凉是历史上属于南北朝时期北朝的五个小国家，各国你征我伐争战不断，其寿命都非常短暂，最长的北凉也只有64年，而后凉和南凉只维持了18年。北凉国史在史书上的记载是43年，但沮渠牧犍归魏后，其弟沮渠安周和沮渠无讳败逃出关，攻下了当时的楼兰国，继续称号北凉又维持了十余年才彻底灭国，总体算来是64年。在当时天下大乱的时局中，五凉地区之乱相对于中原简直就是小巫见大巫，纷乱战事虽时时有，但总体上各国自治用心经营，河西走廊依然相对保持了平稳过渡，经济文化各方面反而都有所进步。从历史形成原因来说，"五凉文化"并不能简单认为是五凉时期诞生的特色地域文化现象，还要往上追溯到张掖属国的建立，和窦融、张轨等人在河西的经营，没有之前几百年的铺垫积累，五凉文化恐怕无从谈起，更不会拥有影响千年的历史文化底蕴。

抛开政治谈文化是不负责任的，五凉文化的发源、兴盛以及传承，与政治、政权的更迭相辅相成，我们不能只看表面而舍弃内在根本的研究。五凉文化，更不能片面地认定是属于一座城市、一块地域的"家传"，而应该是属于一个时代的历史产物和政治现象共生的结合体。

一个君王心目中的佛国净土

泱泱华夏薪火传承，从三皇五帝到称洪宪帝两个多月的袁世凯，历经几千年的君主制彻底结束，其间总共诞生过830位君主。在这些当权君王里面，北凉国主沮渠蒙逊不是最差的那一个，但亦不是最耀眼的一个，史书上对这位少数民族君主的评价褒贬不一。在浩如烟海的历史天幕中，北凉短暂的统治和沮渠蒙逊这个小国君主，仅仅是其中一颗毫不起眼的星子。但是，秦皇汉武、唐宗宋祖固然蜚声中外，成就了千古帝王的盛名，而像沮渠蒙逊这样的君王，亦有属于他自己的辉煌和政绩。沮渠蒙逊被誉为东方"阿育王"，为佛教的东进与兴盛做出过举足轻重的贡献，他执政期间修建的佛寺、佛像，支持翻译的佛经不计其数，由他兴建开凿的马蹄寺石窟和天梯山石窟、文殊山石窟、金塔寺石窟，以及敦煌莫高窟第268、272、275号石窟至今都巍然屹立，早于大同云冈石窟和洛阳龙门石窟许多年，天梯山石窟更是公认的中国石窟鼻祖。

也许是受到了孔雀王朝那个声名显赫的阿育王事迹的影响，年轻时不惜屠戮手足也要达到目的，攻灭西凉宁愿背负骂名也要屠城的沮渠蒙逊，在当上北凉国主之后，忽然异常笃信佛教，热衷于佛法经义，开始大肆修建佛寺，开凿石窟供养僧人。昙无谶，就是这个时候被沮渠蒙逊迎请而来，并拜为国师，为沮渠蒙逊营造佛国净土的西域高僧。

昙无谶本是中天竺人，随达摩耶舍学习小乘佛法，后遇白头禅师授树皮《涅槃经》，改修大乘。约411年，昙无谶携《涅槃经》等经书从西域行至河西走廊，正值崇尚佛法的沮渠蒙逊统治河西，对他十分礼敬，提供条件，让他得以译出《涅槃经》。"宣说释迦牟尼在拘尸那国阿利罗跋提河边的婆罗双树间临涅槃时向大众所说佛法，阐述佛身常驻不灭，及常乐我净之义、众生悉有佛性乃至阐提成佛等旨，被列为大乘五大部经之一"。这次译经引发了当时中国佛教界的大地震，解决了一直以来争论不休的"佛性问题"，涅槃宗由此形成。昙无谶的到来使得张掖成为涅槃宗的发源地，人人皆有佛性、皆可成佛的理论受到广大信众的认可，涅槃信仰迅速席卷全国，尤其在张掖，上至皇室贵族，下至贩夫走卒，更是对涅槃佛法推崇备至。

佛教在沮渠蒙逊的支持下得到大力弘扬，听闻昙无谶授命于君主翻译佛经，当时有本就身居河西走廊一带传教的西域僧人纷纷赶来投效，僧侣人等受到极大的尊崇。沮渠蒙逊是虔诚的涅槃佛法信奉者，接受了涅槃法的洗礼，他开始着手选址开凿石窟。这一举动不仅需要大量的人力、物力，还需要专业技术人才，要求施工者不但雕琢技艺精湛，还要能领会佛法经义，而昙无谶和那些来自西域的僧侣就是最好的设计者。昙无谶和一众僧侣自然乐见其成，为沮渠蒙逊的石窟建造鞍前马后不遗余力。随着昙无谶回国搜集佛经，带来了更多的西域工匠和僧侣参与开凿，短时间内，从敦煌莫高窟到张掖马蹄寺，及至当时的国都故臧天梯山，都展开了大规模的石窟开凿工程。在这期间，沮渠蒙逊的母亲车氏患病身亡，对信奉涅槃佛法的沮渠蒙逊来说，没有比建造一座母亲真身佛像来进行供奉更能体现孝道的事情了。因此，他下令以自己的母亲为原型，让工匠们雕琢出一座六丈高的女性石像来，于故臧以南正在修建的天梯山石窟供奉，以示敬缅。

如果就此便说沮渠蒙逊是个事佛至诚的信教徒那就太过片面了，这位身体里延续着义渠戎之狼性血液的君主，原本就不具备放下屠刀立地成佛的觉悟，他之所以支持佛教大兴，更多的可能是对自己所做过的那些事，或是对正在兴起的一场场战争杀戮的一种精神安慰。在他的心目中，佛国净土应当是一个能够洗脱所有罪恶，给予自身心灵救赎和宽慰的避难之地，涅槃佛法正好能够解决他内心的自责和愧悔，因而才得到了他极大的认可，并乐于推行发扬。可是，一旦他自认为可以摆脱一切烦恼的佛法并不能从现实出发提供利益时，沮渠蒙逊还是暴露了他残暴的一面。

在慧皎《高僧传》卷二《昙无谶传》中记载了这样一件事,说沮渠蒙逊派遣世子沮渠兴国攻打枹罕失利而战死,沮渠蒙逊十分痛心,将心中的愤恨迁怒于佛法之上,认为儿子的死是因为佛法不灵,没有得到理想中的庇佑才有的悲剧。于是,他下令砸毁佛塔、寺院,驱赶僧侣出境。有一次巡行阳述山,恰好一群僧人避于道路旁被沮渠蒙逊看到,他一见之下顿时发怒,当即杀死了这些僧人继续赶路。之后,有将士官员人等偶然看到沮渠蒙逊为自己的母亲特意打造的那尊石像在默默流泪,众人惊惧急忙上报,沮渠蒙逊闻讯亲自来看,那尊石像果然泪如泉涌。石像显圣,流泪示警。这种异象不知真假,但昙无谶随即出现,一番恳谈之后沮渠蒙逊深感自责,遂召集官民信众开设法会做了深刻的自我批评,然后又召回僧侣重新开寺建塔,支持佛法传教恢复如故。

于佛家典籍里书写的这则小故事,是被当作劝导信众一心向佛而广为流传的。整个事件当中,六丈石像似乎是重点,但真正要告诉世人的深层次道理却不仅仅是尊奉佛法这么简单。沮渠蒙逊作为一代君主,手握生杀予夺大权,可以随意决定一个人的命运,判定一门法理是否能够存续,佛寺可以摧毁,但真正的佛国净土却不会因此而消失。善恶自在人心,佛魔一念之间。也许,这才是佛家想要告诉信众真正应该追求和明悟的道理吧!

只是,昙无谶努力半生,在沮渠蒙逊身边苦心孤诣地传道授业,却依然难以消除这位杀戮成性、脾气暴戾的君主骨子里热衷征战的秉性,沮渠蒙逊心中的佛国净土,使他偏执地认为昙无谶一旦离开北凉就将变节,将会对他的北凉政权构成威胁。433年,北魏主拓跋焘听到昙无谶会种种秘术,派人到北凉接昙无谶,沮渠蒙逊既因魏国强大不敢拒绝,又怕昙无谶去了北魏之后对他不利,便暗下杀心。恰恰昙无谶当时有再去西域求《涅槃经》之意,这正合沮渠蒙逊之意,他巴不得昙无谶远离北魏。但远行西域的昙无谶依然让沮渠蒙逊不能完全放心,他假意不舍赠送财帛以作赞助,却在路途中派刺客杀害了昙无谶。一代宗师就此殒命。昙无谶死了,但佛教和他带来的无上佛法却在河西大地上牢牢扎根,佛国之中并不缺信徒,沮渠蒙逊却到底因为对昙无谶的暴行失了民心。北凉的臣民得知了大师昙无谶之死的背后隐情,再也无法仰视他们心中曾经圣明的君主，对这个政权的未来也渐渐不抱希望了。到沮渠蒙逊死后，他的儿子沮渠牧犍继位，北魏大军兵临城下时，城中官民百姓竟连一点抵抗的心思都没有，在王室成员带领下抛弃了他们的君主，主动开城迎接北魏军队入内。可见，这样的局面乃是北凉臣民对君王和国家的失望积攒到了一定程度，必然会有的结果。因为，此时的北凉百姓思想中已经有了佛的烙印，他们更愿意相信那个也开始信奉佛法的北魏皇帝。民心所向，水能覆舟，这是亘古不变的真理。

抛开宗教看历史，如果没有沮渠蒙逊这个人，虽然也难以抵挡佛教东进大兴中原的脚步，但正是因为他的大力推行，为河西走廊丰富的文化艺术增添了浓墨重彩的一笔，我们今天才能有幸领略到恢宏灿烂的中西交融之下独特的河西文化。有学者概括命名河西文化为"敦煌文化"，其实，还是过于狭义了。"敦煌文化"只是河西走廊文化特色其中之一的直观体现，却代表不了整个河西千载沉淀而来的文化底蕴。说"敦煌文化"置其他地市于何地呢？要知道，河西走廊诸地归属大汉建郡而治，敦煌郡是最晚的那一个。或许，有人会觉得笔者斤斤计较，毕竟敦煌莫高窟驰名中外，但作为一个土生土长的河西人，窃以为这个叫法有失偏颇，我们研究历史遗存、挖掘传统文化，不应该以当今名气大小来衡量历史价值，岂知"文化"后面还有一个词汇是叫"底蕴"的。敦煌，因为保留了大量珍贵的历史文献和宗教典籍，为我国和丝绸之路沿线的中外古史研究提供了不可多得的一手资料，因而诞生出一门新学科叫"敦煌学"。不可否认，敦煌学的兴起对于弘扬中华民族文化，推动世界文化的交流与融合，以及带动西部地区文化事业发展，激发社会公众的爱国热情和民族自豪感，都有着重要的历史意义和现实意义。但是，在这背后还有无数岁月里为河西走廊的发展和西部文化繁荣默默奉献的一代代劳动人民，以及那些为戍守边疆黄土埋骨的有志之士。正是因为有他们数不清的汗水和心血，才换来灿烂夺目的文化艺术珍藏，有了今天响当当的"敦煌学"。不过，敦煌学不能等同于敦煌文化，敦煌文化也不能完全囊括河西走廊丰富多彩、形形色色的各种文化。因为，莫说什么"敦煌文化"的名头，即便河西文化也只是浩繁的丝绸之路文化中的一个分支，单凭一座城市、一片地域就要概括一整个文化体系，肯定是缺乏科学依据和客观历史的片面说法。

一代君王营造的这片佛国净土，为我们留下的不只是佛理对人精神方面的影响，更多的是一份中西融合后崭新的文化艺术现象。如果真有往生一说，不知道沮渠蒙逊能否看到今天由他主推打造的石窟艺术依然璀璨夺目？而这份已经流传千年，并将继续被继承、欣赏下去的文化瑰宝，是否就是他心目中那个真正的佛国净土呢？我想，应该是吧！

兴也无谶亡也无谶

北凉初建时期，处在后凉、南凉、西凉的强邻压境之中，形势险恶。为了巩固政权，沮渠蒙逊重用通晓法典的汉族人士治国，并在此基础上整顿内政。首务是扭转因连年争战而造成的农田失理及粮食等物资匮乏的情况，实行轻徭薄赋，令民"专功南亩"的政策。同时，放宽刑罚，赈恤灾荒，检查失政，严督官司吏，劝课农桑，以期"明设科条务尽地利"。蒙逊纪纲严明，对卢水胡豪强，有蠹国害民的严惩不贷。元兴二年（403）八月，镇守临松郡的中田护军亲信、临松太守孔笃为非作歹，欺压百姓，民愤极大，两人虽为蒙逊伯父，也未获宽贷，先予严责后勒令自杀。

蒙逊执政时，提倡儒学。对"凉之旧臣"有才望者，"咸礼而用之"。敦煌人阚骃博通经传，聪明过人，注王朗《易传》，撰《十三州志》，行于世。沮渠蒙逊很器重他，拜秘书、考课郎中，给文史30人，点校经籍，刊定诸子三千余卷，加奉车都尉。郭瑀的学生敦煌人刘昞，曾在西凉李暠时为儒林祭酒，从事郎中，著《略记》《凉书》《敦煌实录》《方言》等一百多卷行于世。东晋元熙二年（420），北凉灭西凉，沮渠蒙逊又拜其为秘书郎，专管注记，在京城建造陆沉观，供其居之，"学生数百，月致羊酒"。到沮渠牧犍时，尊刘昞为国师。敦煌人宋繇，后凉吕光时举秀才，任郎中，后投奔北凉段业，因段业"无远略"，又西奔西凉李暠，沮渠蒙逊下西凉后，拜宋繇为北凉尚书吏部郎中，委以重任。除上述人物，还有张湛、索敞、阴兴、宗钦、程骏、程弘等一大批著名学者云集张掖，蒙逊都给予殊荣，使他们得以其长效力国家。

由于沮渠蒙逊采取了上述举措，使北凉在经济、政治、文化诸方面都比河西同时期的后凉、西凉、南凉有显著进步，国力也比较强盛。承玄元年（428），蒙逊夺得西秦的枹罕、西平郡（今西宁）两郡，又占领河南、湟水地区。到430年前，完成了整个河西走廊的统一，疆土东接金城（今兰州），西包敦煌，势力所及达于葱岭。沮渠蒙逊不仅是一位历史人物，同时对河西文化还有着不可磨灭的贡献，特别是在普及佛学中起了重大作用。玄始中（412—425），蒙逊请天竺高僧昙无谶到姑臧传授佛学和译经，先后与河西沙门惠嵩、道朗等合作，译出《涅槃经》36卷，《六等大集经》29卷，共14部。蒙逊执政期间还先后开凿了天梯山石窟、文殊山石窟、马蹄寺石窟部分洞窟和金塔寺石窟以及敦煌莫高窟第272、275号等石窟，成为河西文化的瑰宝。南朝宋元嘉十年（433），沮渠蒙逊卒，年66岁，儿子牧犍即河西王位。六年后北凉被北魏灭掉，北魏接受姑臧城市户口二十余万，仓库珍宝不可胜计。从此可以看出北凉政治安定、经济繁荣、文化发达之一斑。

沮渠蒙逊执掌北凉三十年，从一代明君变成晚年时期的荒淫残暴之主，这里面与昙无谶大有关系。昙无谶在崇尚佛法的北凉任国师，他的地位异常尊贵，可以说一人之下万人之上。但俗话说伴君如伴虎，昙无谶久伴沮渠蒙逊身边，对王室隐秘知之甚多，知道的多了承担的相应风险也就大了。有史官曾记载说，昙无谶深晓巫咒之术，对男女房中术的研究更有独到的见解，在被沮渠蒙逊尊为"圣人"之前，曾经效忠于楼兰国王室，当时的国王比龙对其也是尊崇有加。据说，昙无谶经常教习贵妇们秘术，这种秘术可以让女人多生男孩儿，在以人丁多寡作为绝对实力象征的古代，精通此术那就相当于握住了国家命脉。因此，昙无谶受到楼兰国王重用，时常流连于宫廷王室中间如鱼得水。

以现代医学来分析，生女生男事关基因学的深层次理论研究，目前为止人类都没有掌握出生性别的技术性控制，远在两千年前的古代，一个佛门中人又凭什么说精通此术呢？正如有人调侃猜测的那样，大概率昙无谶这个所谓圣人所擅长的并非生育之道，而是房中狎戏的可能性更大一些。否则，又怎么会出现他与楼兰王的妹妹曼头陀林私通,事发后被楼兰王室追杀的风流官司呢?当然,还有一则传说中言称,昙无谶并不仅仅是因为与公主发生了一些不可描述之事才遭追杀,而是这个和尚得知了一个关乎楼兰国兴亡的重大秘密,这才令楼兰王室想要除之而后快。

逃亡到河西走廊的昙无谶一开始并不在河西中心腹地的张掖,而是悄然藏身于敦煌,凭借他对佛理的造诣获得了当地官民的爱戴,很快又跻身于西凉国上流人士的交际圈,西凉王李暠对昙无谶也多有照拂。随着昙无谶的名气日盛,北凉主沮渠蒙逊对其人有了招募之心,如果昙无谶手上真有一件令君主们趋之若鹜的神奇宝物,那西凉的灭国就是因这个和尚而起的第一桩惨案。不管是否武力胁迫,还是昙无谶自己的意愿,总之他来到北凉成了沮渠蒙逊的座上宾,并被赋予极大的权力主持开凿马蹄寺石窟。与此同时,沮渠蒙逊秘遣自己的儿媳妇、女儿们去国师那里学习秘术,对昙无谶也给予了足够的信任和倚重。我们姑且不去探讨沮渠蒙逊后来灭佛的行为,是对佛法失望,还是这个雄霸西北的君主心中一开始就别有所图,他对昙无谶一直以来都是宽厚和礼遇的,直到北魏皇帝拓跋焘公然索要高僧到魏国时,沮渠蒙逊忽然便动了杀心。他一边好言好语礼送昙无谶回天竺故国去取经,一边命人暗中截杀陪了他数十年的"圣人"。昙无谶为什么不去实力和地域更为广阔的北魏传道,而是选择避其锋芒借口西行取经而回国呢?有人分析,昙无谶陆续从楼兰、西凉到北凉,轮番在三个国家的王室中厮混,对形势和人心都有相当的洞察力,他一定意识到了自己将会成为北凉灭国的导火索,所以聪明地选择了再次逃亡,只是没想到他眼中最具有佛性的北凉王却成了他生命的终结者。

拓跋焘索要昙无谶不成怒火中烧,就此加快了吞并北凉的步伐,沮渠蒙逊也因为弑杀昙无谶有了心魔,不到一年便死于心绞痛。再之后,沮渠牧犍继位,但仅仅几年时间,北魏军强势进攻灭掉了沮渠家建立的北凉国,紧接着兵峰未歇继续西进,把矛头对准了楼兰国。故事回到了原点,楼兰在当时只是一个微不足道的小国,国王比龙更是没有一点儿敢于对抗北魏的野心,他们连原来的西凉和北凉都奉为上国进行纳贡,又怎么会招惹拓跋焘呢?原因只有一个,那就是昙无谶曾经掌握的那个秘密。早在北凉灭国之后,沮渠安周逃入楼兰境内时，比龙王就率领一部分国人亡命天涯去了，离去之前还对太子真达说起："唇亡齿寒，自然之道也。今武威为魏所灭，次及我也。若通其使人知我国事，取亡必近。不如绝之，可以支久。"（《魏书·西域记》）用白话文翻译，这句话的意思是说，唇亡齿寒是自然的道理，现在武威被魏国灭亡，接下来就会轮到我们了，要是再让他们通过使臣知道了我们的国事，就是我国灭亡的时候了，不如趁早断了这个念想，或许还能支撑得长久一些。

比龙王所说的"国事"显然是个大秘密，是一个令别国觊觎会使得楼兰灭亡的秘密。所以，在败军之将沮渠安周只带着3000人来犯、楼兰拥有绝对优势的情况下，比龙王还是毅然带领国人亡命而去，留下太子守城抵御。楼兰国王比龙原本以为自己带着秘密逃走，就可以保全国家，殊不知正是因为他的逃跑令国民产生恐慌，当沮渠安周兵临城下时双方交战，楼兰军无心恋战一触即溃，太子只得投降做了安周的阶下囚，楼兰宣告灭国。

有意思的一点是，在昙无谶被杀之初，远在平城的拓跋焘派出使臣前往楼兰，一个月之内就有多达20次遣使往楼兰去交好比龙。正所谓无事献殷勤非奸即盗，拓跋焘的热情肯定不是单纯为了拉拢弱小的楼兰国，以北魏的实力完全不需要如此纡尊降贵去结交一个西域小国的君主，很大可能还是跟昙无谶有关，跟昙无谶掌握的那个秘密有关。既然昙无谶死了，那他只能向楼兰王索要了。这么看来，楼兰王那一通隐晦的言语就完全说得通了，他是不愿意交出秘密才提前逃遁的，甚至不惜灭国也不能交出的秘密到底是什么呢？没有人能说得清楚，这是又一个藏进历史褶皱中被永久尘封的千古悬案。楼兰消亡一直被当作一个神秘事件，但最大的神秘之处或许不是小河女尸，也不是楼兰后裔确定为哪一民族，而是比龙带走的那4000户国民的下落，以及那个连续导致几个国家灭亡、令一代传奇僧人昙无谶暴尸荒野的重大秘密。

拓跋焘执意要得到昙无谶，为的绝不是佛法，因为他本身并不是一个虔诚的佛教徒，北魏"灭佛法诏"一令的颁布就是实证。444年，拓跋焘正式下令灭佛，要求凡臣民百姓不得包庇僧侣，窝藏僧侣者满门诛杀，限定日期强制僧侣到官府自首，供奉佛像的一旦发现也满门诛杀，并勒令各地打砸佛像焚毁经书，佛门中人不论老幼一律活埋。可以看出，这场灭佛运动真是残酷血腥，从古到今这是最为残忍的一次灭佛行为。这里面固然有对国家治理的需要，也有对当时佛教滥行天下的统管必要，但谁又能说清楚，此时的拓跋焘是不是因为没有得到昙无谶和楼兰的秘密，进而迁怒于佛教徒了呢？从统治意义上来说，拓跋焘这一举动促使国家劳动力大幅增加，那些打着佛门旗号不劳而获的人被迫参与劳动，令北魏国力和库廪都有所增长，为以后的孝文帝迁都洛阳打下了坚实的基础。

一代高僧昙无谶怀揣秘辛而死，楼兰国王扔下国家离奇出逃，西凉、北凉相继灭亡，北魏大肆屠杀佛教徒、捣毁佛像、焚烧佛教典籍，这些惨剧都与昙无谶有着千丝万缕的联系。尤其是北凉王沮渠蒙逊，他通过推崇佛教赢得百姓真心拥戴，又因为杀害高僧失去民心，最后竟被拓跋焘以此为借口兴兵征伐，导致北凉灭亡，当真是兴也无谶亡也无谶了。

一脉相承的石窟艺术

张掖马蹄寺石窟群，是在北凉沮渠蒙逊执政期间发起开凿，魏晋之后历朝都有增补修缮的石窟艺术群落，位于张掖市肃南裕固族自治县东南的临松山中。马蹄寺石窟由北寺、南寺、金塔寺、千佛洞和上、中、下观音洞等处组成，各处相距数十千米不等，是中国佛教重要的石窟之一。

与马蹄寺石窟相隔两百多千米的天梯山石窟，亦是北凉沮渠蒙逊主持开凿，但天梯山石窟有文史记载，马蹄寺石窟的创建者和创建年代至今还有争议。不过，根据洞窟形制和造像风格判断，很多专家学者认为包括金塔寺石窟在内的张掖境内石窟，都与史书中"凉州南山石窟"的创建者沮渠蒙逊有关。现存的石窟，是在北凉开凿基础上从北魏到明清历代营建或重修而形成的规模。

马蹄寺石窟群落中，金塔寺石窟保存最为完整，金塔寺石窟虽属于马蹄寺石窟群，但距离马蹄寺石窟主群有相当一段距离。有关学者考证，在连绵的祁连山脉中单选一地开凿石窟，并不是随意而为，如果金塔寺的开窟时间与昙无谶在张掖活动的时间有交集，加上沮渠蒙逊对涅槃佛法深有研究的昙无谶的推崇，选择形似涅槃卧佛的山崖而开窟造像，就是符合推理和逻辑的。由此还延伸到了张掖市内建造于西夏时的大佛寺内佛像成型的源头。

众所周知，张掖大佛寺内供奉着国内最宏大的释迦牟尼涅槃像，也就是我们俗称的"卧佛"。涅槃佛法兴起于河西，又逐渐东进成为佛教众多教义理法中最经典的一门佛法，其中昙无谶和沮渠蒙逊的推行功不可没。以至于到了西夏李氏皇室之中，他们还是对涅槃佛法信奉尊崇，越是身份地位高的人越对涅槃佛法中说的"人人皆可通过修行，最终获得涅槃成佛的大超脱"佛说而深为信服。如此一来，西夏朝建造一座涅槃佛就合乎情理了。

有了石窟群才有马蹄寺，先有临松薤谷始有凿窟静修。修习涅槃佛法的善男信女心目中，非深山幽谷不能逃避红尘；专注于传道授业的士族儒子认知里，非青山绿水不能蕴养妙笔华章。因此，临松薤谷中有了第一座洞窟，率先开凿者是谁尽管时有争论，但不外乎这两类人士。马蹄寺最早开凿，带有显著的印传佛教特色，后来随着历史的变迁过渡为汉传佛教圣地，到今天却已是藏传佛教与汉传佛教相结合的寺院，观光时可见，既有喇嘛在此修行，也有和尚在这里禅定受戒，相互融合，和谐共生，倒也算是一大特色。相传，曾有天马在此饮水遗留马蹄印，寺院因此而得名，马蹄印迹现存于普光寺马蹄殿内，是马蹄寺的镇寺之宝。普光寺即是马蹄寺，乃明代永乐年间改名的叫法，清代时康熙、乾隆二皇帝还曾向寺院钦赐金马鞍、龙袍，现于肃南裕固族博物馆中收藏保护。

石窟的奇特之处就在于它不需要占地面积多大的巍峨殿阁馆舍，也没有参天古木拱卫，而是在陡峭的崖壁上开凿出犹如蜂房一般的洞窟来，以供佛、礼佛。马蹄寺最具盛名的标志性洞窟是"三十三天"，由7层21窟构成，取自佛教梵语的意译，形容最高的地方。"三十三天"造型十分独特，洞窟错落有致，相互之间建有"之"字形的隧道相连通，全部来自手工挖掘雕琢，虽不如其他地方的石窟佛像高大宏伟，但洞窟之多、洞窟悬空之险首屈一指，足以与敦煌莫高窟相媲美。若论马蹄寺地处的临松薤谷之美景，碧峰清泉、冰山瑞霭，尤其到了夏天松柏鼓涛、溪流鸣唱，绿草如茵的草地上百花斗艳，是最接近大自然的旅游避暑绝佳之地。

天梯山石窟位于武威市南部山崖间，天梯山坐落地"张义堡"，现名张义镇，正是最早的张掖县辖地治所，不得不说两座石窟东西而望遥相呼应，延续了张掖与张义的历史渊源和情感维系。北凉中后期这里是都城故藏所在，沮渠蒙逊亲自主持修建，规模自然不容小觑。只是由于受到历代战争和自然灾害的侵蚀，天梯山石窟群毁损严重，很多小型的石窟已经荡然无存，记载中沮渠蒙逊为其母专门打造的佛像也难觅踪迹了。现存完整的只有第13号窟，一座身高28米、宽10米的巨大坐佛塑像。天梯山石窟虽然最早开凿于北凉时期，但有专家考证这座大佛却是唐代建造，相传为弘化公主所建，与石窟中最有价值的北凉洞窟同属于我国国宝级石窟。天梯山石窟不仅是我国开凿最早的石窟之一，也是我国早期石窟艺术的代表，具有极高的历史地位和艺术价值，被史学界誉为"石窟源头、石窟鼻祖"。如此美誉，说明中国的石窟艺术是自西向东发展壮大的，而国内石窟艺术的一脉相承，还要从北凉说起。

从北凉国主沮渠蒙逊迎请昙无谶到国都翻译《涅槃经》开始，西北掀起空前高涨的佛学禅修之道。有了大批热衷于参禅修行者，营建禅寺庙院和供奉佛菩萨就势在必行了，而涅槃宗提倡静修苦禅，就需要寻找优雅僻静的地方凿窟以居远离红尘。在这样的背景下，昙无谶的弟子昙曜勇挑重任承担起了选址建造的设计与实施工程。昙无谶师徒很快选定景色秀美的凉州南山形似天梯的一座山崖，决定在这里开凿石窟。沮渠蒙逊早期是忠实的涅槃宗信士，对他亲自封奉的国师昙无谶的提议自是举双手赞成，他下令召集工匠，调遣国民，开始大规模建造石窟，并要求具体负责施工监管的昙曜在窟中为他逝世的母亲雕凿了一尊六丈高的石像。天梯山石窟修建成功，成就了天下石窟艺术鼻祖的非凡地位，也让昙曜成了杰出佛教徒和出色的寺庙建筑大师，他的名气随着精美恢宏的石窟面世而蜚声朝野，涅槃宗亦有了坚固而深远的传播影响力。

北凉灭亡后，同样信奉佛法尊崇涅槃佛法的北魏拓跋氏一族一统天下，他们不但支持石窟继续开凿，还将昙曜和一众熟练匠人半请半掳到了北魏都城所在地平城，然后在那里又开凿石窟，就是举世闻名的云冈石窟了。昙曜带领一大批工匠和佛门僧侣，一边奉命开凿石窟，一边传播佛法，开凿了著名的

"昙曜五窟"，五个石窟中央都雕刻了巨大的如来佛像，象征着北魏五朝的五代皇帝权力无限和皇权连绵不绝的寓意。昙曜五窟是云冈开凿最早、气魄最宏大的石窟群，其中第16窟的巨佛是一尊13.5米高的立像，佛像昂首挺胸、形容俊美；第20窟则是一座露天大佛坐像，高13.7米，是云冈石窟中最负盛名的佛像，他面露微笑，蓄有八字须，身后加持火焰背光，还有诸佛与飞天相随。五窟大佛身高都在13米以上，最高的第17窟交脚菩萨为15.5米，虽没有凉州天梯山大佛的高度，但胜在气象宏伟、表情生动，整体亦是十分壮观。与天梯山石窟和马蹄寺石窟的佛像相比，云冈石窟已经有了很明显的地域性变化，属于印度风格与面貌特点的成分减少了很多，整体造型逐渐趋向于中原化。昙曜五窟重点反映了北魏初期佛教文化的变革，五尊大佛在代表佛陀的同时，现实中还分别象征具体的皇帝个人，是佛教造像的一个崭新尝试与突破，亦是公认的印度佛教与中国佛教的分界点，汉传佛教从此有了自己的理念和认识。

如果说云冈石窟是印度佛教与汉传佛教的分水岭，那龙门石窟就是佛教中国化、世俗化变革的里程碑。龙门石窟是北魏孝文帝迁都洛阳后开凿的皇家佛寺，位于洛阳伊水东西两山的峭壁上，它的修建始于北魏，盛于李唐，终于清末，历经十多个朝代，总营造时长达1400多年。龙门石窟最负盛名、最大的佛像是卢舍那大佛，是唐高宗咸亨三年（672）开凿而成，据说这座佛像是唐高宗专门为武则天所造，大佛的面容就是根据武则天的原貌雕琢复制的，当时用了三年又九个月时间才完成，因此又叫武则天像。卢舍那大佛高17.14米，相貌端正，具有母仪天下的雍容之姿，风度与威严并存，是龙门石窟中艺术水准最高的精品之作。从卢舍那佛的成型可以证明，唐时的佛教塑像已经完全舍弃印度佛教的固有面貌特征，更具有东方特色，佛像造型也完全摒弃了印度佛像"宽肩细腰"的固有模式，而是采用唐代崇尚丰腴美的时尚特点，卢舍那佛便拥有一双壮实丰圆的肩膀和饱满的整体线条。

龙门石窟从北魏开始，一直以来都作为皇家贵族供奉祈愿所用，孝文帝为冯太后凿古阳洞，兰陵王孙造像万佛洞，李泰为母亲长孙皇后造宾阳南洞，韦贵妃凿敬善寺，高力士为玄宗造无量寿佛等都选择了龙门，让这一方山水之间的天地有了一脉相承的最佳优势。盛唐时期，龙门石窟的发展尤为壮观，武则天为了巩固自己的皇权，有意营造自己乃是弥勒佛化身的神性思想来统治国家，还曾下令专门编造了一部《大云经书》来证明她是弥勒转世。这一举动令唐代皇族和贵族阶级开始崇拜弥勒佛，塑造弥勒、供奉弥勒之风大行天下，及至20余年后，唐玄宗在四川乐山计划修造大佛时，首选便是这尊象征光明和幸福的未来佛。

乐山大佛的官方名称应该叫"嘉州凌云寺大弥勒石像"，高71米，是世界上最高的石刻佛像，其宏大的造像规模和历史文化意义堪称世界之最，已被列入吉尼斯世界纪录，并入选联合国教科文组织世界遗产目录。乐山大佛头与山齐、足踏大江，临江危坐之姿是当年特意设计了用来镇水的佛像，此时的佛教塑像造型与龙门石窟相比已经成熟的基础上再增中原佛教的理念，建筑技术也充分利用中国传统建筑技巧和方法，采用泥质、木构，又杂入铁质部件的多种建造方式，前后历时90年才整体修造完成，是古代建筑史上的经典力作。乐山大佛与龙门石窟的唐代众多造像系出同源，亦是中国石窟艺术之一脉相承而来的摩崖石刻造像，为石窟艺术与佛教文化相融合的高峰代表。

中国石窟艺术发源于西部，敦煌莫高窟更是中国石窟艺术的最高峰，但在北魏时期的莫高窟却名声不显，远不如同时期的张掖马蹄寺石窟和石窟鼻祖天梯山石窟。原因无他，敦煌石窟的大成晚于上述两个地区，而且，根据现代学者研究考证，莫高窟虽然也有北凉，甚至更早时期的石窟，但整体成为规模却是石窟艺术在中原地区成熟之后，反向流入西北而融合成型的。换言之，莫高窟是在石窟艺术大成之后，融合了地域文化特色、集多种文化结合之后的再创作表现。在莫高窟现存开凿于北凉时期的石窟，和后来历代开窟造像的特征做对比，不难发现早期的佛像建筑有着浓厚的印度风格，到了后来慢慢有所过渡，但总体还是以印度及西域为主，糅入中原风格的成分比较少。而线条雕凿也不如后世柔润，着色与之相比更缺乏饱满多变，粗犷之中尽显北凉时期沮渠氏统治下偏重于游牧民族文化的特点，只在佛窟中的供养人中有少部分汉民造型，衣着还多为胡汉结合的混合装。像存在于张掖马蹄寺石窟群的金塔寺石窟中的悬塑飞天，更是别处没有的。因为莫高窟的"敦煌飞天"是平面壁画，而金塔寺石窟的飞天则是"V"字形更具有表现力的立体高肉雕泥塑飞天，比敦煌飞天要早300年时间。因此，研究敦煌学的专家看过之后，也感叹于高肉雕泥塑飞天的精美雕塑艺术，称其为"特窟中的特窟"。

从稚拙到精致，由粗犷到细腻，聚合印度佛教文化、中原佛教文化，然后又衍生出汉传佛教和藏传佛教，石窟艺术随着佛教文化自西向东的传播，后又由东向西返流历经千百年方兴未艾，在中华大地到处留下佛的身影、佛的传说。石窟艺术的一脉相承，足以说明古代丝绸之路的发达和中华民族包容开放的胸怀。这门艺术体现了古代文化的灿烂辉煌，也为我们研究佛教文化与中国美术史、建筑史提供了一条脉络清晰的路线，是古人智慧和文化的结晶遗留，值得我们一代又一代继承并延续下去。

冲冠一怒为红颜

历史上为亡国背负骂名的女子并不鲜见，夏之妹喜、商之妲己、周之褒姒、吴之西施，还有国外引发特洛伊战争的海伦……人们总把这些美女称为红颜祸水，把亡国的罪责推到女人的头上，让人既感叹男权社会不负责的推脱，又为那些可悲的女性而深感不公。新旧更替、优胜劣汰，这本是最平常的生存规律，那些消亡在历史长河中的王朝，大多为天灾、内乱、外敌入侵的多种原因构成了灭亡，史家不去公正客观地评价事实，却把国君的无能、吏治的腐败归咎于女人，当真使人啼笑皆非。

相比于那些泱泱大国中丢了江山还要女人背锅的亡国君主来，沮渠牧犍这个北凉末代君王算是比较有担当的了。沮渠牧犍是北凉国主沮渠蒙逊的第三个儿子，史书记载牧犍自小就拜汉族儒生为师，深知臣藩之礼。单从这一点来看，沮渠蒙逊对儿子的教导是十分重视的，在汉家儒学熏陶之下的继承人，最起码知道礼义廉耻。但是，沮渠蒙逊却疏忽了他们身体里始终遗留着义渠基因，有属于狼族的原始欲望，他们骨子里深埋着的疯狂任性种子，总有一天会破土发芽。沮渠牧犍完美地继承了家族基因，甚至比他那个几百年前为情所累而死于秦宣太后之手的先祖义渠君还要任性，还要执着。

沮渠蒙逊临终前，为自己的儿子铺设好了为君道路，他留下遗言要牧犍把妹妹兴平公主进献给北魏皇帝拓跋焘，因为北魏国力强盛可暂作依靠。沮渠蒙逊的原意，大约是远交近攻，想以联姻来稳住北魏势力，好令北凉有精力去专心对付周边小国，以扩大自身强盛北凉，说不定有一天就不必再受北魏这样的大国压制了。看得出来，这是一个励精图治、有勇有谋的君王，在治理国家方面是完全称职的。可是，一副好牌到了沮渠牧犍手里，却被他打得又臭又烂，以致最后不但亡了国，死得更是屈辱至极。

沮渠牧犍刚即位之时还能遵从其父遗志行事，对外交好北魏，往南更是取得了宋国的友好支持，兴平公主嫁给拓跋焘封了右昭仪颇有荣宠，而他自己也同时获得了北魏和南朝宋文帝的双重加封，成为双料"河西王"。按说，一片大好形势下，北凉就算不能拿下全部的敌人，扩展疆域抵御西北柔然等胡人进攻应当是不成问题的吧？事实却并非如此，沮渠蒙逊在位时西域三十六国遣使朝贡的显赫，在沮渠牧犍这里不复存在，耽于玩乐的牧犍荒淫无度、骂名在外，西域诸国越过北凉直接向北魏称臣纳贡，不再将北凉放在眼里。好在，沮渠牧犍虽没什么才能，但还有他老子留给他的一帮子能臣和同样是他老子留给他的众多兄弟，其中善谋善断的尚书宋繇，能征惯战如沮渠安周、沮渠无讳等人，北凉还不至于立即就出大乱子。

事情还得从拓跋焘的一统天下谋略说起。为了更好、更快地收拾十六国乱局，拓跋焘首先需要安抚后方，只有后顾无忧，北魏军队才能全面出动。为防后院失火，拓跋焘投桃报李，在明知道沮渠牧犍已经有皇后的情况下，还把自己的妹妹武威公主送到了沮渠牧犍身边，甚至大度地安慰沮渠牧犍，他的妹妹可以不做皇后，称王后即可。沮渠牧犍慑于北魏武力，更多的则是自鸣得意和侥幸心理，他觉得拓跋焘能够主动把武威公主嫁给自己，还是以如此谦逊的姿态来结交，说明自己在某些方面是深得北魏欣赏的。有了姻亲关系的加固，北魏和北凉就是郎舅铁哥们，北凉岂不是从此就可高枕无忧了？抱着满怀的欣慰，沮渠牧犍二话不说就接纳了姿色平平远不如自己正妻的武威公主。沮渠牧犍的正妻元后是已经被北凉攻灭的西凉国国主李暠的女儿，也是一位金枝玉叶，名叫李敬爱。

传说当时西凉国被灭，沮渠蒙逊听闻李暠的王后尹夫人和公主李敬爱素有美名，便特赦了这母女二人的死罪准其入朝觐见，沮渠蒙逊本来抱有纳母女二人为妃的打算，却没想到李敬爱进宫的半道上遇到了正好也要进宫的沮渠牧犍。这就是孽缘的开始了。一番惊为天人的赞叹之后，沮渠牧犍率先开口请求蒙逊把李敬爱赐予自己为妃，生怕老子不答应还摆出自己一桩桩功勋来哭诉。沮渠牧犍之所以这么做，肯定也是知道他父皇中意李氏公主的，但谁让李敬爱实在太美，沮渠牧犍看一眼就欲罢不能了呢？当着文武百官的面，沮渠蒙逊自然不能和儿子去抢一个女人，无奈之下只得忍痛割爱，把李敬爱赐给了牧犍做王妃。就这样，沮渠牧犍截胡成功，如愿娶到了美丽高贵的李氏公主。

可是，武威公主的到来，打破了沮渠牧犍的"小确幸"，也给李敬爱这个亡国公主本就战战兢兢的生活带来了毁灭性的打击。北魏皇帝虽然说他的妹妹不争后位，但敏感谨慎的李皇后又怎么敢真的高高在上？她向沮渠牧犍辞去皇后之位，和自己的母亲尹夫人远避酒泉故地，过起了普通人的日子，彻底与王宫诀别。可能是深为沮渠牧犍不挽留的绝情所伤，也许是一直以来难以卸下身上背负的亡国之恨，李敬爱在回归酒泉后很快病逝，以孤苦凄惨收场。武威公主顺理成章做了北凉的国母，她与李敬爱最大的不同是有一个强有力的娘家，北魏皇帝送她来沮渠牧犍身边时曾有明言，她到北凉就是为了将来北魏灭凉打前站的。因此，武威公主并不对沮渠牧犍怀有多深的夫妻情分，她时时事事都要过问，对北凉的国事有着异乎寻常的热情，这引起了沮渠牧犍和朝臣们的警惕与反感。在北凉生活了两年，武威公主不得人心，沮渠牧犍因着对北魏的忌惮不敢动她，只好敬而远之地高高供着，宫里的嫔妃们更是敬畏有加避之如蛇蝎，就连沮渠蒙逊的姐姐都对武威公主干涉北凉内政多有不满。

换了皇后夫妻生活过得却很不开心的沮渠牧犍，难免要将目光移往别处，寡嫂李氏就这样闯进了他的视线。李氏素有艳名，据说是一个天生媚骨的妖艳美女，在沮渠牧犍被武威公主动辄搬出娘家压制的苦闷中，给予了小叔子无微不至的关怀，两下里情投意合便传出了一些绯闻。武威公主听闻当然不能容忍，不但将沮渠牧犍骂得狗血淋头，还扬言要杀了李氏方肯罢休。李氏久在沮渠王族厮混，她利用自己的美色拿下的何止沮渠牧犍一人，像沮渠安周、沮渠无讳等几个小叔子也是她的入幕之宾。有众多小叔子支持，再加上大姑姐对武威公主的不喜，李氏怎肯引颈就戮受武威公主迫害？她联合沮渠牧犍的姐姐，买通武威公主身边的侍女，将毒药悄悄掺进了饭菜。不知道是毒药的分量不够，还是遇上了制假药的无良商贩，据说入喉即死的剧毒在武威公主那里却药效大减，武威公主吃了有毒的饭菜没有当即毙命，而是不停呕吐、高热不退。

事迹败露，沮渠牧犍第一时间不是追究李氏下毒，而是担心武威公主若死了北魏拓跋焘是否会找他算账。他之所以动用国家一切力量来救武威公主，并不是对这位继任皇后有多深的感情，怕的只是拓跋焘追究起来没办法交代，怕的是公主背后强大的北魏势力。如果可以，沮渠牧犍恨不得把这件事捂得严严实实不让外人尤其不让北魏知道。但是，恰巧北魏使臣李盖奉命出使北凉，谒见公主得知中毒缘由，便八百里加急直报平城。拓跋焘对身负特殊使命的妹妹本就心中有愧，听闻武威公主遭此毒手当即勃然大怒，一边派出国中最好的疗毒圣手，赐乘皇帝专用的车架赶去北凉救治，一边行文斥责沮渠牧犍失德，勒令他交出罪魁祸首李氏严加惩治。李氏交出去必然难逃一死，但也能使得拓跋焘怒气稍减，沮渠牧犍完全可以把一切罪责都推到李氏头上，用一个女人的性命熄灭北魏的怒火。朝中大臣不是没有如此劝谏过，只不过沮渠牧犍这次一反常态，拒不交出李氏也就算了，还对拓跋焘的斥责公开反驳，谴责北魏干涉别国内政，把一件争风吃醋的谋杀案上升到国家尊严的高度，并偷偷派人护送李氏到北凉的大后方酒泉秘密安置，随行赠予其大量财物，一副誓死也要护她周全的大丈夫担当。

如此有情有义的君主，令那个史书中只称李氏、连个名字都不配拥有的女人感动得无可名状，从此悄然隐匿下落不明。而武威公主也算幸运，在御医的调理下捡回一条命，也落下了残疾。倘若沮渠牧犍在北魏遣使接回武威公主时，一把鼻涕一把泪苦苦哀求，哪怕装也装出对妻子的离去痛不欲生的样子来，拓跋焘兴许还可以暂时饶恕他。但貌似沮渠牧犍不在乎与北魏为敌，他前脚送妻子归国，后脚就紧锣密鼓安排人联络柔然，以优厚的条件请求柔然出兵协助对抗北魏。沮渠牧犍的这一举动无异于与虎谋皮，昔日死敌柔然怎么会援助实力远不如北魏的北凉小国呢？他们表面上答应沮渠牧犍来援助，实际上却将北凉的行动暗中告诉了拓跋焘，以期换得北魏对柔然暂时不予兴兵。要知道，那个时候的北魏气势如虹，拓跋焘早已征服东面的北燕，高句丽也被赶到渤海以东去了，以强悍著称的柔然也不具备与之一战的优势。拓跋焘嫁妹的初衷本就是为了稳住北凉，让他腾出手来收拾东面的敌人，如今东方既安他正愁找不到出兵借口讨伐北凉，没想到沮渠牧犍居然愚蠢地做出谋害武威公主还拒不承认错误的蠢事，竟妄图借柔然之势压制北魏。这还了得？拓跋焘师出有名决意出兵灭凉，打出的旗号还是为妹妹讨要公道，妥妥的一支正义之师。

439年8月，北魏拓跋焘亲自率兵攻打北凉。大军兵临城下，拓跋焘喝令沮渠牧犍开城投降，并交出害得武威公主成了半残废的李氏以死谢罪。沮渠牧犍自以为取得了柔然信任，很快就会有援兵来救，故而避之不见，对拓跋焘不理不睬。北魏国富民强，又兼本次出兵是沮渠牧犍自己失德而致，朝臣和勋贵对他的行为也是忍无可忍了，考虑到为家族保住血脉延续，沮渠牧犍的侄子沮渠万年愤而出城，率先向北魏投降。勋贵尚且如此，城中官民信心尽失，纷纷放下兵器不愿抵抗，沮渠牧犍久等柔然不至自是孤掌难鸣，知道大势已去便只得无奈投降，带领文武百官五千人俯首认罪，都城故臧二十万百姓和府库之中的无数宝藏也尽数归北魏所有，北凉破国。

拓跋焘没有当即诛杀沮渠牧犍，而是将他带回平城交给武威公主发落。彼时，武威公主虽身有残疾，但二人之间尚有一个女儿，念及父女情分，公主愿意给沮渠牧犍一个改过自新的机会，原谅了他对自己的伤害准其留在身边照顾自己和女儿。沮渠牧犍算是个能屈能伸之人，他既能在北魏诘问时据理力争，也能在失败被俘后做小伏低，一心一意地伺候起公主来，把全副精力放在经营幸福美满的小家庭上，逐渐获得了太后和皇帝的信任。几年过去，当所有人都夸赞"浪子回头金不换"，认为沮渠牧犍可以安度晚年，却有人告发他家中藏有毒药图谋不轨，还提供了他与北凉遗民过从甚密的证据。毒害对手，这似乎是沮渠家族惯用的手段了。拓跋焘一听自是雷霆震怒，等待沮渠牧犍的便是一张勒令自裁的诏书。而在此之前，拓跋焘用了五年时间肃清北凉在西北的势力，沮渠牧犍的弟弟沮渠无讳固守酒泉不敌后撤往高昌与沮渠安周会合，只不过是苟延残喘，对北魏早已没有任何威胁。因此，赐死沮渠牧犍一事，拓跋焘不会存有半点犹豫，或许整个事件是他一手导演也未可知。又或者因为兄长虐待武威公主而受到牵连，被拓跋焘冷落后凄惨度日的兴平公主及旧仆借机报复也是有可能的。总之，这个骨子里充满疯狂不羁的一代君主最后结局可谓凄凉，令人不胜唏嘘。

　　沮渠牧犍下场可悲，客观来说颇有些咎由自取，但他至死都没有暴露李氏的藏身之处，更没有为了自己能够活着，或是江山得以延续而出卖李氏，这份担当还是可圈可点的。对比历史上那些因为自己荒淫无能失去民心而灭国的君王，沮渠牧犍算是一个重情之人了。且不论他与李氏之间的叔嫂不伦之恋，能做到这个地步，应该是有真感情在的，这份无视伦常、超越世俗的情爱也真是难能可贵。就连以"在天愿作比翼鸟，在地愿为连理枝"而标榜的神仙眷侣唐明皇与杨贵妃，马嵬坡兵变时，唐明皇还不是照样赐死杨贵妃，把一身罪责都归咎于那个死去的女人，而换得自己苟延残喘。单从这一点来说，沮渠牧犍当得一赞，不知道要羞煞多少推卸责任让女人背锅的灭国帝王了。

　　不过，冲冠一怒为红颜这件事，搁到帝王身上到底还是代价过于昂贵了。北凉的灭亡，沮渠氏的彻底衰败，与他们的先祖义渠戎有着异曲同工之处，至今看来不得不承认那句话："都是爱情惹的祸。"

THE
BIOGRAPHY
of
ZHANGYE

张掖传

隋炀大帝万国博览

第七章

焉支山景区　　　　　　　　　　　　　　　　摄影：王怀民

一场说走就走的旅行

旅行这件事，对现代人来说真的可以说走就走，借以便利的交通，千里之外已经不算距离，天涯海角也并非遥不可及。但是，远在1400多年前，出行主要靠双腿，王公贵族即便有马车助力，一天也走不了多少路程，旅行绝不是享受，反而是一场令人头痛的苦差事。

跋山涉水，这个词汇充分说明旅途中的路况遥远且艰险，尤其西北地区山高水急，与一马平川的开阔平原自是不可同日而语。因此，在古代官民心目中，到平原地区任职是正常的职务调动，出差亦是正常的公事所需；而到边陲去，哪怕是高升了也不免心有戚戚，感觉跟被发配似的不痛快，这便有了"劝君更尽一杯酒，西出阳关无故人"的感慨。个中缘由，边塞之地条件艰苦是一方面，那路途中的险阻更是使人望而却步。

作为丝绸之路国内段最重要的交通要道，河西走廊的地理位置不论从军事还是经济角度都非常具有战略性意义，这也就使得历朝历代将对河西走廊的经略视作重中之重，其中尤以在长安建都的几个王朝为最。隋王朝虽然短暂，但承担了汉唐传承的纽带作用，继承汉时万国来朝的霸主遗风并传给唐王朝的那个人正是亡国之君隋炀帝。

隋炀帝在历史上是个褒贬不一的帝王，众所周知的最大成就是开凿了京杭大运河，而使他被世人诟病背上劳民伤财罪名的也是这条功在后代、罪于当时的大运河。史书上说隋炀帝之所以开凿大运河是为了他的龙舟能够畅行无阻，享受到上有天堂、下有苏杭的江南繁华物阜，并指出隋炀帝造奢华龙舟不计花费是穷奢极欲、贪图享乐的自私行为。更有野史说，隋炀帝三下江南只为寻花问柳，流连扬州等地骄奢淫逸无所不用其极，甚至还记录有一些皇帝与民女之间风花雪月的绯闻逸事。可见，当年隋炀帝开凿大运河是一件多么不得民心的事情。也难怪，刚刚经历了五胡乱华、南北朝分裂而终于统一的隋王朝，其国力还不够强盛，正是需要休养生息的时候，即便大运河的开凿对国民有着长远的利益，但在立足未稳人心浮动的老百姓看来，这无异于供养皇帝个人英雄梦的实现，又怎么会得到支持和理解呢？所以说，在隋朝人的眼中，隋炀帝官宣的巡行视察，大约是被当作皇帝闲得无聊而兴之所至的一次次旅行罢了。

如果说隋炀帝南巡是为了尽享江南美色，那他御驾亲征到西北消灭了吐谷浑，就绝对是为自己正名的一次正义之举了。起码，在西北各民族人民看来，隋炀帝驾幸西北，克服重重困难抵达最边陲的河西走廊，敢于和蠢蠢欲动的西域诸国正面相对、斗智斗勇，他的这份胆识和气魄在历代坐镇中原的帝王中是绝无仅有的，既为大中国挣回了最高的颜面，也让大西北结结实实体验了一把无上的民族自豪感与荣誉感。而对于关外虎视眈眈的西域诸国来说，更是一次强有力的震慑。西域诸国自霍去病立威河西之后，再一次见识到了中华上邦浩浩国威，不禁悄然按捺住了各自的小心思，臣服便成了他们唯一的出路。从这一点来说，隋炀帝西巡收获还是巨大的，肯定大大超出了他的预期。

关于隋炀帝驾临张掖一事的始末，史书之中说早有预案，其实不然。翻阅史料细加研究，有一个惊人的发现，所谓计划之中的巡视，恐怕还真是隋炀帝临时起意的一次旅行也未可知。在攻克吐谷浑之前，隋炀帝的出行计划中应该是没有张掖之行的，否则他就不必翻越祁连山受尽苦楚，而是挥师向东再从武威一条大道直通张掖来得快捷舒适了。我完全有理由相信，这位随心所欲的帝王是个想一出是一出的性格，他在完败吐谷浑之后内心里一定是志得意满的，自认不比自己的偶像秦皇汉武逊色多少，为了进一步宣泄这份骄傲，他势必要扩大影响力，甚至有继续征伐其他国家的想法。吐谷浑灭亡西北一统，放眼西部，隋炀帝深知自己的实力还不足以与强大的突厥直接交恶，那他的目光只能针对玉门关外的西域诸国了。而他的心腹大臣裴矩曾经敬献的那卷《西域图记》，历数西域四十四国山川风貌、民风民俗，书中的西域是一方财宝丰富、美女如云的福地，令本就不安一隅的隋炀帝向往良多。站在青海湖畔遥望西北，隋炀帝想要重拾旧山河、再现汉武雄风统御西域诸国的豪情壮志油然而生，加上裴矩鼓动，西巡张掖伺机而动的念头就这样付诸行动了。

与洛阳城导演假富裕取悦隋炀帝一样，这次临时改变主意北上张掖，也是裴矩察言观色洞察了隋炀帝好大喜功而有的放矢的成功实践。隋炀帝一声令下直指张掖，甚至都来不及好好规划路线、勘察路况，带着他的嫔妃和士兵们径直翻越祁连山，完全不顾山中复杂多变的天气和道路崎岖难行的实际状况，导致在本为一年中最酷热的六月份，突然而降的暴风雪下冻死了数万衣着单薄的兵士。值得关注的一点，史书记载的六月是农历，那时候可没有公历的说法，农历六月在南方是酷暑天气，便是西北的这个时节也是一年里气温最高的时候，祁连山中更是风景如画、清风习习。可事情就是如此这般的巧合，隋炀帝翻越祁连穿行大斗拔谷偏偏遭遇了百年罕见的暴风雪，十万大军冻死过半，马驴等随行牲畜冻死十之八九。

大斗拔谷事件的真实性至今都是个谜，质疑者的声音颇多，他们都有个共同的疑问，纵然西北苦寒祁连山中气候多变，炎炎六月冻死数万人畜的说法也很难立住脚，如此大数量的伤亡除非-30°C的极寒天气，否则难以令人信服。甚而有人推测，这番记录很大可能是因为史料被篡改的结果，将隋炀帝污名化固然有他自身的原因，以及当时因为开凿大运河和修造其他如东都洛阳宫殿、出行龙舟等大兴土木的工程，导致隋朝百姓怨声载道，但李唐趁机推翻隋朝取而代之，势必就需要民心所向。那么，给已经几十条大罪加身、世人眼中的无道昏君再添加一个恶名，不但能够使得造反更加名正言顺，还能获得舆论和民意支持，又何乐而不为呢？况且，隋炀帝与李渊还是表兄弟加儿女亲家的关系，作为隋朝的勋戚臣子，摘取皇冠未免显得太过于不近人情了些。因此，将隋炀帝尽可能多地污名化，就是在为李唐造反树立正面形象，免去了官民百姓的口诛笔伐，可谓一劳永逸。基于这种缘由，在李唐坐上皇位之后，为了证明朝代更迭是因得道多助、失道寡助而起，便有篡改史书的必然性，夸大其词、过分渲染也就在情理之中了。

大斗拔谷事件中或许真有冻死的士兵和牲畜，但时值六月，山中即便真有风雪突至，也绝不可能令十万大军一夜之间冻死大半，除非隋炀帝和他的兵士们一个个都是傻瓜白痴，明明大风雪中还不知御寒硬要死等着挨冻，哪怕有点活动搓搓手、跺跺脚，再不济下令部队不得停顿继续赶路，也不会冻死那么多数量的人畜。这则记录耸人听闻，以至于大史学家司马光在《资治通鉴》里也否定了《隋书·炀帝纪》在六月经大斗拔谷遇难的记载。我们不禁要问：《隋书》真是取自隋代史家所著史料吗？隋在前，唐在后，隋朝存在年代又短，其国力和声威的影响又远不如唐，臭名昭著的隋炀帝已成往事，还有谁愿意站出来替一个作古的昏君提不同意见呢？不会，也不敢。这就是历史，由胜利者书写的历史。所以，隋炀帝遭遇六月飞雪之难，兵卒死伤泰半，是老天也看不过去降下的天罚，是昏君咎由自取。这个有意歪曲渲染的神异事件愈演愈烈，人们从怀疑隋炀帝的治国能力，到质疑他的人品，谁还记得他亲征吐谷浑安定西北的功绩，又有谁会记得他坐镇张掖接受四方来朝的盛世雄风？大约在污名不可洗白的后世里，他所做的一切，以及他一心想要重振秦汉大国威风的决心，也依然抵不过"好大喜功"这个轻飘飘的词汇吧！

事实就是如此，一千四百多年后的今天，我们提起隋炀帝印象最深的还是他那些骂名，和野史传记当中不堪的风流荒唐。由此可见，先入为主真的是很可怕的一件事。而作为一个帝王，一次次说走就走的旅行为他带来的又何止是劳民伤财的骂名，等待隋炀帝的是众叛亲离江山覆灭，终以亡国横死而惨淡收场。当唐军攻入长安，隋炀帝在扬州看花赏月听小曲的旅居惬意生活宣告结束，惶惶不可终日里他也曾做过迁都南京从头收拾旧山河的打算，但奈何从属文武官兵已经与他离心离德，尤其祖籍家眷都在长安的士兵们可没有背井离乡的决绝。一场有预谋、有计划的兵变就这么发生了，当隋炀帝的生命走到了最后，面对满朝文武只为看他死去才能安心的那一刻，他在对人世繁华的无尽留恋中幡然醒悟，想必也要长叹一句：旅行有风险，且行且珍惜。

所谓上梁不正下梁歪

上梁与下梁，原指中国古建筑中的建筑部件。上梁也叫正梁，或脊檩，指架在屋架或山墙上最高的一根横木，担负着承载屋脊重量的作用，能被选中做正梁的木材就是人们常说的"栋梁之材"。而下梁，则是正梁的配角，作用在于稳固正梁的位置，并分担房屋给予正梁的重量，是房屋对外展示的颜值担当。在中国古建筑时代，房屋搭建都是梁柱式结构，梁与梁之间、梁与柱子之间、柱子与檩椽之间都有着严密的架构，是一门很深奥的科学原理。所以，一旦上梁安放不正，就会影响整个房屋结构，若不加以矫正下梁自然也就跟着出现歪斜，上梁的作用便不言而喻了。后来，人们就用"上梁不正下梁歪"来比喻起主要作用的人如领导和长辈，在处事中违背法律和道德准则，其余的人就会上行下效跟着这样做。

木头毕竟是死物，正或不正都不能随意变换，形状更不会出现反转性的差别，人却不一样。有的时候，同为一个人，在不同的时期，在不同的环境下，在不同君王的手中，往往能扮演不同的角色；在昏君手下，他是一个佞臣，而在明君手下，他则是一个良臣。隋末唐初，就有这么一个奇特的人物，他既有文才，又有干才，他曾用优美的文字撰写了《西域图记》，把当时西域四十四国的山川地貌、风俗民情，记载得十分详尽，是当时了解西域的地理科普读物。他历仕杨隋、宇文化及、窦建德、李唐四家，前后经六十余载，"年八十，精明不忘"。更奇特的是，他先谄媚逢迎于隋炀帝杨广，出了不少祸国殃民的坏主意，是一个大佞臣；而降唐后，却变成了忠直良臣，成为唐太宗李世民的重要谏臣。这个人就是裴矩。

裴矩，是隋炀帝身边最得信任的臣子，也是难得能够左右隋炀帝情绪和想法的人，李唐取代隋朝坐拥天下，他功不可没。所以，才能在隋后还受到李渊父子的重用。在隋炀帝身边尽出馊主意，还做了不少坏事的奸佞，为什么能够在朝代更迭的风云变幻之中一叶扁舟还独善其身呢？有人说这则事例中体现了一个叫作"上梁不正下梁歪"的至理，还有人说裴矩的身上有着值得让人学习的处世方圆之道。究竟为何，还需要从头说起。

《西域图记》是裴矩奉命在张掖监管互市时所绘制撰写的书籍。史书中说裴矩掌管西蕃诸国与隋朝的互市贸易时，每当西域商人到互市，他都要想方设法以利相诱，让他们详述各地形势、山川风貌和民情风俗，然后以图文相配的形式记录成册，是费了很大功夫的。此书中共搜集到四十四国资料，分别从山川分布、姓氏民族、风土礼仪、服饰文化、物产特色等方面做了详细介绍，不但有各国地图，还有不同民族长相样貌的描画。《西域图记》首开丝绸之路主干道的研究，详细标出丝绸之路从长安到"西海"的三条路线，途中所经过的城镇关隘和国家，一度还曾被客商当作路线参照，更是北宋年间《太平寰宇记》和《太平御览》成书的参考，二书之中多有引用。

这本书是裴矩最为得意的著作，是他为了迎合取悦隋炀帝特意编写，书成之后一经上供便得到隋炀帝非常高的赞赏，之后隋炀帝亲征吐谷浑、驾临焉支山都与裴矩献书有密切的关系。隋炀帝心怀立威西域的梦想，裴矩和他的《西域图记》起到了推波助澜的作用，从某种意义上说，也是为隋炀帝一步步失去民心的亡国之路加快了进程。不过，正是应了那句"上梁不正下梁歪"，作为臣子的裴矩迎合君主本没有可非议之处，而隋炀帝执掌天下缺乏大局观任性妄为，导致亡国身死还真不能完全怪到裴矩身上。单凭这一点要给裴矩这个人贴一张"奸佞"的标签，恐怕还真有失公允，何况裴矩本身并不是一无是处只知逢迎，相反，他文武双全、才能超群，难得还有非凡的洞察力和圆滑的处世手段，妥妥的人才一枚无疑。

正所谓成也萧何、败也萧何。隋炀帝西巡的丰功伟绩得自裴矩怂恿，到他最后被叛将缢死江都，裴矩就在身边却无力相救，之后还臣服杀君叛逆的宇文化及以求存活，君臣之间也算相爱相杀了。从这一点来说，裴矩绝不是忠臣，而相对于宇文化及等人来说，他也不算奸臣。亦正亦邪的裴矩，起码不让人痛恨。反观裴矩在隋唐二朝的表现，倒还真有许多处世学问值得研究。裴矩在隋炀帝在位时，想方设法满足炀帝的要求，极尽阿谀奉承之能事，以溜须拍马著称。可到了唐朝，他却一反常态，经常对朝政发表意见，甚至敢于当面跟唐太宗争论，成了忠直敢谏的诤臣。

同样一个裴矩，为何在两个朝代的表现截然不同呢？第一个原因就涉及了上梁正与不正的问题。隋炀帝貌似并不能接受诤臣直谏，他像个被大人宠坏的孩子，进谏更愿意大臣们委婉含蓄地指正，这就要求给他当臣子第一要务得学会说话，学会如何表达，简而言之就是要有看脸色行事的本领。这对于大臣们来说当真有难度，因为古代官员在隋以前靠举荐制选拔，各地大氏族和皇帝之间是相辅相成的关系，这便导致氏族子弟入朝为官时虽为臣下，但骨子里却并不惧怕皇威，个个都是清高自傲之流，他们当然不会也不必刻意去看皇帝的脸色和心情而选择是否进言。某些时候，大氏族因为手中掌握的人脉和权力，还能直接干预皇帝的决定，对国策的制定和推行有着不可忽视的影响力。毫不夸张地说，科举选拔之前的封建王朝，皇帝与氏族间玩的是权力制衡的游戏，就如东风与西风，决定他们谁更有话语权的是权术，也是各自综合实力的对抗。一个皇位的继承者，在没有登上帝位前需要这些人的力量，采用联姻来取得大氏族的支持是最简洁且行之有效的办法，而一旦即位，过分的倚重肯定不会再有，皇帝势必要防止外戚夺权，那么他就需要重新培养自己的势力，慢慢地就与氏族不再亲近。这就是封建社会的官僚体系，隋炀帝继承文帝科举制度并发扬推行一定不是心血来潮的做法，他在尝试杜绝世族垄断的固有阶级思想，因此得罪绝大多数官员的后果就是身边冷眼看笑话的多，等着皇帝出丑服软的更多。

这个时候裴矩出现了，他虽然也是氏族出身，但前半生一事无成功业平平，一度还曾赋闲在家，如此遭遇对于满腹才华的人来说定然心中不甘，等他再次起复也只是文帝杨坚身边专事文字工作的一名小吏，用现在的话来说就是个文秘。裴矩自负，他当然不满意一辈子只当个名不见经传的胥吏，然后便有了平定岭南的决然一试，又有了讨伐突厥的战功，以及为独孤皇后逝世制定后妃殡葬制度而出任吏部侍郎。裴矩终于走到了人前，算是一个有名有号的人物了，可这应该还没有达到他的人生目标。他汲汲营营努力找寻更进一步的机遇时，隋炀帝给了他经营河西互市的机会，在掌管西域诸国和隋朝互市贸易的几年里，裴矩坐镇张掖撰写《西域图记》有逢迎隋炀帝的嫌疑，也是在为自己的官场政治铺路。此后的裴矩前程似锦，成了隋炀帝最为倚重的臣子之一，难得他身上还没有世族子弟的清傲，说话更是挑着隋炀帝喜欢的来，把一个宠臣的生存技巧修炼得炉火纯青。

上梁如此，下梁又能强扭不成？裴矩也就逐渐变得喜欢溜须拍马、阿谀奉承，顺其自然就成了佞臣。而唐太宗虚心纳谏喜欢听真话、实话，还以能够接纳忠直谏言为荣，最难得从不给人穿小鞋。所以在唐时大环境的驱使下，靠奉承谄媚皇帝而得到实惠的那一套行不通了，裴矩立即调整思路顺势而为，自然而然地变成了诤臣。

"君恶闻其过，则诤化为佞；君乐闻其过，则佞化为诤"。同样的一个人，同样的一句话，有时会因受话对象的不同而理解各异，带来的结果也会大相径庭。裴矩先以隋朝吏部侍郎的身份掌管与西域诸胡的交易，后拜为民部侍郎，不久又迁为黄门侍郎，参与朝政。他在张掖掌管与西域诸胡的交易时，为了招徕胡人，不惜花费巨资。司马光在《资治通鉴》中是这样记载的："西域胡往来相继，所经郡县疲于送迎，糜费以万万计，卒令中国疲弊以至于亡，皆矩之倡导也。"更有甚者，隋大业六年（610）正月，裴矩向隋炀帝建议，邀请西域各国到东都洛阳参观天朝盛威。于是，在洛阳端门一带大陈百戏，光乐队就有一万八千余人，整整延续了一个月，花费巨大。不仅如此，他还让外来者在各个饭店白吃白喝，美其名曰："中国丰饶，酒席例不取值。"时值千里冰封、万里雪飘的北方冬季，他命人用绢帛缠树，却告诉不明就里的胡人，此乃"仙晨帝所"。最具讽刺意味的是，就在他导演这出"盛世天朝"大戏之时，长安一带正在闹大饥荒，百姓流离失所，人畜多有饿死。就连有的胡人都当面质疑："中国亦有贫者，衣不盖形，何以如此？物与之，缠树何为？"对于裴矩的这些作为，士民恨之入骨，称其为佞人。然而，令人惊讶的是，就是这个在隋朝被称为佞人的裴矩，在隋亡几经波折降唐后，却做了不少好事，成为唐初良臣。

唐太宗李世民登基后，裴矩以户部尚书的身份上表，对遭受突厥暴践者给以抚恤，民众欣然。李世民对官员的行贿受贿行为深恶痛绝，便想出一惩治之法：他密使左右用财物试探官员，果然有个门官接受了一匹帛（类似于今日之钓鱼执法）。李世民大怒，下令处斩。就在此时，裴矩义正词严地批评唐太宗，道："为吏受赂，罪诚为死但陛下使人遗之而受，乃陷人于法也，恐非所谓道之以德，齐之以礼。"一番话，说得唐太宗点头称赞。李世民不愧为一代英主，当即召文武五品以上告之曰："裴矩能当官力争，不为面从，倘每事皆然，何忧不治！"把裴矩敢于当庭直谏的精神大大地表彰了一番。

《旧唐书·列传十三》是这样评价隋朝时的裴矩的："是时，帝昏侈逾甚，矩无所谏诤，但悦媚取容而已。"（帝指隋炀帝）。在《新唐书·列传二十五》

中则是这样评论的:"封伦、裴矩,其奸足以亡隋,其知反之佐唐,何哉?惟奸人多才能,与时而成败也。"司马光在《资治通鉴》中则是这么评论的:"古人有言:君明臣直。裴矩佞于隋而忠于唐,非其性之有变也;君恶闻其过,则忠化为佞;君乐为直言,则佞化为忠。是知君者表也,臣者景也,表动则景随矣。"这里所说的表,是指用来测影子的表,景是指由表映出的影子。也就是说,君主如同测影子的表,臣子便是表所映出的影子,表怎么动,影子就会随表而动。若君王不喜欢别人说他的过错,那么忠言就会变成佞语;若君王喜欢听到别人的直言不讳,那么佞语就会变为忠言。司马光在此提出了一个极其鲜明的观点:上行下效。也就是,上梁正而下梁端,上梁不正下梁歪。"楚王喜细腰,宫中多饿死"就是这个道理。

裴矩为隋臣时,隋炀帝杨广好大喜功,好做假动作,好做打肿脸充胖子的虚事。为了取悦皇帝,他便不惜劳民伤财,在洛阳导演了那场假富裕的大戏。可到了唐朝,唐太宗李世民是一位提倡说实话办实事,且善于听取不同意见的皇帝,所以,隋朝的佞人,便在这样的好皇帝领导下的好环境中,变成了贤人良臣。这就是"君明臣直"的硬道理。

由此可知,一个良好的社会环境,是能让一个作恶的人,变成一个向善的人。

裴矩被誉为官场"不倒翁",除了会说话还懂得适者生存原理。他深谙生存之道,知道根据受话对象来说话,"见人讲人话,见鬼说鬼话",最大限度地保全自己。试想如果在隋炀帝时,他硬是要讲真话,当面顶撞皇帝,不被处死才怪。如果在唐太宗时,他专门阿谀奉承、溜须拍马,可能早被革职查办了。可见,说话这件事也是一门大学问。不是有那么一句话吗?"我们用两年时间学会了说话,却要用一生的时间学会闭嘴。"适当的时候说适当的话,裴矩才能活得如鱼得水,也成就了他从佞臣到忠臣的神奇转变,分析他的处事之道,时至今日对我们还有醍醐灌顶的警醒,倒真不知道这算正面教材还是负面教材了。我们姑且不论裴矩此人到底如何,单就这一事例来看,他是在运用适者生存原理,根据受话对象的不同在说他应该说的话。这何尝不是一种智慧的表现。只是,"见人说人话,见鬼说鬼话"毕竟是贬义的不被提倡的一种做法,我们为人处世时，还是得弃其糟粕取其精华，可以借鉴裴矩的一些做法，根据受话对象的不同去选择性地说话。如果能做到圆滑而不世故、婉转而不虚伪，也许对融洽关系、开展工作更有帮助。

人生在世，要面对太多事情，亲情、友情、爱情、大家、小家、自家，三亲六戚、七朋八友，上级下级，左邻右舍，纷繁而复杂，都需要我们面对。有时可能一件事办不好，一句话不合适，带来的问题就会很严重，有时是灾难性的。能不能协调好这些关系，营造融洽和谐的周边环境，很重要的一条就是要学会说话，要根据受话对象的不同有选择地说话。作为一个成熟的人，一个有追求的人，做到这一点是最基本的要求，也是必备的一项基本功。试想连话都不会说，又何谈成熟与成功？

当然，在我们的生活中，难免会出现很多尴尬，会遇到许多形形色色之人，这就更需要我们体悟说话的分寸。当遇到性情暴躁之人，不可与之争讲，柔中带刚可能更为有利。当遇到性格腼腆之人，不可模棱两可，刚多柔少可能更合适。当遇到争强好胜之人，不可争强斗胜，揭疤撒盐，亦柔亦刚、彬彬有礼可能利人利己。当遇到不屑一顾之人，不可继续交往，言多无益，规避有礼可能更适合自己。当遇到智商不高、算计太精之人，不可与之计较，睁只眼闭只眼、一笑了之可能你"喜"他也"喜"……不一而足。

古人通过种种经验教训总结成处世学问，旨在让后来人学以致用，用而后知，少走弯路。但是，谁都懂的大道理要真正付诸实践却实在太难，还是有无数人，尤其是从政者跌倒在"上梁不正下梁歪"的魔性规律中，明知上司出错却不敢加以指正，或者用了不恰当的方式来提出，因此并没有取得良好效果。处世是门哲学，总是考验着我们的理解力和执行力，像裴矩那样游刃有余地活着，又有几个人能真的做到呢？生活如同修行，只能边走边悟了。

世博会鼻祖

隋炀帝是封建王朝唯一一个亲自到过西北边塞重镇的帝王，而张掖亦是封建王朝时代接待过帝王驻跸的河西唯一城镇,一个帝王与一方山水、一座城市的故事就发生在1400多年前的隋王朝。而张掖在历史上达到顶点的风光大盛,与隋炀帝的明星效应有直接关系。

1400年前,张掖已成为我国西部的国际贸易重镇,但当时的河西却受北面突厥、南面吐谷浑袭扰。平定突厥、吐谷浑,收复西域诸国、扩展疆域是隋炀帝西征西巡的根本目的。隋炀帝首先派吏部侍郎裴矩到张掖专门管理市场贸易,裴矩便利用前来张掖交易的西域诸国和阿拉伯诸国的使者和商人,了解了西域诸国的"国俗、山川、险易",并且撰写《西域图记》三卷呈送隋炀帝。吏部侍郎做这项工作好像有些专业不对口,但谁让裴矩是皇帝信任的人呢!裴矩不惜重金与西域来使及商人交好,从多方面为隋炀帝收复西域做准备,而此时还在蠢蠢欲动的吐谷浑便成了隋炀帝的开胃小菜。

史料记载,大业五年(609)隋炀帝亲率40万大军西征,包围"车我真山"(今祁连山八宝河上游),重拳出击盘踞在此的吐谷浑十余万人马。这场战役隋王朝有着军队人数上的绝对优势,还有皇帝御驾亲征来提振士气,结局毫无悬念,因双方力量悬殊,除吐谷浑可汗率领十余人亡命天涯,所部兵马百姓尽皆投降归顺隋朝。之后,意气风发的隋炀帝按捺不住胸中豪情,都来不及做迂回就径直选择险要道路直抵扁都口,带领十万人马翻山越岭,欲要一睹他心目中的偶像圣山焉支山。扁都口,在古代叫大斗拔谷,是扼控甘、青两省的重要交通隘道,亦是当年霍去病轻骑奔袭抄了匈奴后路的决胜之道,此处北通河西走廊、南到青海湟中,自古就是兵家必争之地。而焉支山那就更了不得了,是匈奴牧马河西繁衍壮大的摇篮,更是他们盛极一时无人匹敌的巅峰圣地,当然,也是匈奴勇士之梦的终结之地,妇女簪花敷面装点美好的梦碎家园。一心效仿秦皇汉武的隋炀帝,又怎能错失和焉支山亲密接触的机会呢?

不幸的是,隋炀帝翻越大斗拔谷时,遭遇极端严寒天气。史书上记载皇帝的车驾路经大斗拔谷,山路狭窄险要,队伍只能鱼贯通行。风雪使天色昏暗,文武官员饥饿、湿冷,都深夜了还未到达宿营地,士兵冻死大半,隋炀帝的亲姐姐也被冻死。马驴死亡十之八九;后宫妃嫔、公主有的都走散了,和军士们混杂在一起宿于山间。隋炀帝狼狈不堪,在路上吃尽了苦头。

且不论史书中说十万大军冻死泰半孰真孰假，单说隋炀帝惊险之中如愿到达张掖之后的一番作为。大业五年（609）六月壬子日，即公历7月23日，隋炀帝到达魂牵梦萦的焉支山，此前已经谒见过皇帝并授命有所准备的高昌、伊吾二国国君，率领西域诸国的君长和使者恭列道左迎谒，共有二十七国君使前来参加会见。一见诸胡臣服拜谒，隋炀帝自是龙心大悦，他那个喜好面子爱摆阔的老毛病忍不住又发作了，遂即决定在焉支山大宴群臣，并命令所有的参加者，人人都要佩金带玉，身着华丽的服装才满意。至于所到之处，则要求"焚香奏乐，歌舞喧噪"，以渲染气氛增加喜庆。为了显示隋王朝的富庶，隋炀帝还命令地方长官督促武威、张掖两郡的男女百姓，乘车骑马、盛装前往参会，衣服车马不漂亮的，郡县官吏要进行督促检查。

盛会当天，焉支山周围几十里的地方都被车马围得水泄不通。试想当时盛况，既然能被称作"万国博览会"，大约跟今天的大型交流会是差不多的，商贩云集、你来我往，还要专意辟出一隅来作为招待游客买卖食水的地段，既解决了参会者的吃饭问题，还能有机会把各自带来的商品、工艺品趁机兜售一个好价钱。否则，难道皇帝宴请诸国使节、国君和众大臣，还得管百姓食宿不成？况且，张掖本就是朝廷官办的互市贸易集散地，怎能不趁着这样好的商机进行买卖，增加收益呢？

六月丙辰日，即公历7月28日，隋炀帝的河西之行进入高潮。是日，隋炀帝登上焉支山顶进行封禅祭拜，以君临天下的气概祭祀天地神灵，并颁令大赦天下，宣告免除陇右地区赋税徭役一年，他经过的地方则免除两年。此诏一出百姓官民一片欢呼，对这位不怕艰苦亲自涉足边关的君王充满了感激和赞赏。

焉支山封禅，是中原王朝唯一一次在西北举行的封禅大典，隋炀帝堪称前无古人后无来者，令张掖的名气蜚声中外之余，也为后来唐王朝经营西域打下了坚实的基础，西域诸国选择在唐代还年年朝贡与这次领略到中原帝王的浩浩威风和强大实力有直接的关系。自然，河西走廊一代与西域诸国能够保持此后至唐末的鼎盛发展，和隋炀帝本次西巡带来的影响不无关系，丝绸之路重新热闹起来，恢复到了汉代的畅通贸易，外交与经贸交流的增加更为隋唐时期的中原带去了勃勃生机。当那些五花八门的奇珍异宝风靡唐都长安，来自西域各个国家的使团、学子流连于灯火阑珊的长安街头,新奇有趣的胡姬献艺在坊市鱼龙起舞之际,必有人记得这其中还有隋炀帝一份功劳吧?

皇帝西巡特意赶制的观风行殿,是将作大匠宇文恺等人设计的一座有轮子可移动的宫殿,是目前已知世界上最早的活动房屋,更是最早的房车。这座巨型房车闲时置于洛阳皇宫紫微城内,用时则行驶各地,可以相互分离、聚合,"又作行城,周二千步,以板为干,衣之以布,施以丹青,楼橹悉备"。殿上能够容纳数百名侍卫,下面安装有轮轴,移动起来非常迅速。大业五年隋炀帝西巡乘坐的就是这座神奇的移动式宫殿,当时手工业落后的西部少数民族没有见过这样的建筑,以为此殿拥有神灵一般的力量,"胡人惊以为神,每望御营,十里之外,屈膝稽颡,无敢乘马"。

隋炀帝在张掖召开"万国博览会",大宴群臣就是在观风行殿举行的。史书记载会上盛陈文物,大殿上下排列着各色旌旗仪仗,乐队演奏着专为宫廷宴会用的九部乐,而且表演了"鱼龙曼延"(古代由艺人手持珍禽异兽模型表演的百戏杂耍节目)。礼宾官引导高昌王麴伯雅及伊吾吐屯设升殿宴饮,以示皇帝特别的恩宠,"其余蛮夷陪列者三十余国"。这就是隋炀帝在张掖举办的万国博览会了。就连后来的唐太宗李世民也感慨地说:"大业之初,隋主入突厥界,兵马之强,自古以来不过一两代耳。"

这次博览会开展贸易畅通丝路扬我国威,不但是盛世创举,隋炀帝还开拓疆土,安定边疆,大呈武威,威震西域。焉支山召开的"万国博览会"应为现代世博会的雏形。当时参加这一盛会的有突厥、新罗、靺鞨、乌那曷、波腊、吐火罗、毕大辞、诃咄、传越、俱虑建、忽论、沛汗、龟兹、疏勒、诃多、于阗、安国、曹国、何国、穆国、毕、衣密、失范延、伽折、契丹等国。虽然没有一万个国家之多,但此般盛况史无前例,便沿用"万国来朝"的说法,称作"万国博览会",代表很多的意思。

历史上几乎所有的皇帝都有两面评价,隋炀帝也不例外。有人说隋炀帝是一个明君只不过后期被李家钻了空子,提出的论点就是大业五年(609)的隋朝是巅峰盛世,即使后世李世民的贞观之治都没能赶超大业五年的水平。有人说隋炀帝是一个昏君,因为他强征高句丽导致国家陷入纷争,而且修缮大运河滥用民力是一个不折不扣的昏君。尽管隋炀帝几乎是一个公认的昏君，但是，几千年的封建王朝中只有隋炀帝一人西行至张掖，其他皇帝要么东行泰山封禅，要么南下江南巡视，且隋炀帝曾经开创的西巡张掖召开万国博览会这一纪录，没有皇帝能超越。

因古代皇帝也有很多南下或者东行的例子，人们认为西行张掖也不是什么困难事。其实不然，隋炀帝西行张掖的影响以及难度不是一般的高。

隋大业三年（607），这一年隋朝国力蒸蒸日盛，隋炀帝决定巩固一下隋朝在西域的地位。西域胡人一般都会去张掖的交市进行贸易，隋朝和诸胡的外交也多是在这里开始的。要想巩固地位，那就必须开拓丝绸之路以及提高交市的重要性。自南北朝起丝绸之路一直由吐谷浑控制，这在当时是一个极大的威胁，为了解决这一威胁他开始谋划西征以及西行。大业三年，隋炀帝派裴矩去张掖主持交市。由隋朝官方控制，交市的影响越来越大，中西贸易也就慢慢地聚集在此。裴矩通过交市结识胡商向他们打听西域各国的情况，名为编撰图书，实则调查西域诸国的地理、风土人情，这为西征做出重大的贡献。

大业四年（608），隋朝开始制造隋炀帝西巡的行宫。大业五年，隋朝派军西征。当时李琼和刘权统帅将近40万人马对吐谷浑展开战略大包围，仅仅一个月就彻底解决了吐谷浑这一威胁，将当时的吐谷浑打得几乎全军覆没。自此隋朝扫清了西巡张掖的障碍，皇帝巡行焉支山也被提上日程。与攻打吐谷浑不同，隋炀帝西巡张掖并不容易，史书虽有夸张之处，但北上焉支山经过大斗拔谷时的确遭遇了极端天气。据说，隋炀帝的亲姐姐也就是北周皇后杨丽华也死在了西行的路上。以现在的天气常识来理解，当时正值农历六月初，一年中最为炎热的季节，大军与随行杂役人等穿着都比较单薄，但是大斗拔谷在祁连山中，天气多变气温反复，遇上阴雨天温度一下子能降低十多度。试想一下，过惯了舒适生活的温室花朵们，在突遇极端天气时伤风感冒那就太正常不过了。只是，古代医疗水平所限，伤风就能要人命，挨冻受冷硬撑着走出大斗拔谷后，不论是军队士兵还是随行男女杂役人员的身体状况，那就是大型流感席卷而来的惨烈现场，伤亡便在所难免。

《资治通鉴》记载："经大斗拔谷，山路险隘，鱼贯而出，风雪晦冥，文武饥馁沾湿,夜久不逮前营,士卒冻死者大半,马驴什八九,后宫妃、主或狼狈相失,与军士杂宿山间。"没有汽车的古代,翻越大斗拔谷25千米的山路,仅靠两条腿走需要一天时间,又赶上天黑雨雪,路途艰险、风雪晦冥对每一个人来说都是一场极限挑战。但是,层层困难都阻挡不了隋炀帝朝圣焉支山的决心,他最终如愿封禅焉支山,既是对自己的交代,也是对秦皇汉武丰功伟绩的穿越时空式挑战,他要用这样的方式来告诉自己的偶像,自己完全可以与他们比肩。这就是隋炀帝,宁可激进而背负骂名,也要执着于个人英雄梦!历代皇帝中唯独隋炀帝西巡张掖,足以见其胸襟与胆魄。

秦皇汉武都是历史上取得非凡成就的帝王,和他们的小迷弟隋炀帝一样,都有着穷兵黩武的骂名,也都有任性好战的暴戾。秦始皇修筑长城和阿房宫征调百万民夫,致使国库空虚、民怨沸腾;汉武帝为了一匹骏马就能发动跨国战争,两征大宛国劳民伤财;隋炀帝三巡江南、三次北巡、三征高句丽,外加一次西巡张掖,财政耗资巨大,官民苦不堪言,同时还要受调前往运河工程服劳役,他能有好评价吗?即便有万国博览会的盛举安定了西域诸国,有连通五大水系的创举解决了南粮北调的运输问题,却也把整个国家给折腾没了,这样的皇帝还真不能单纯说他是好是坏,只能说他是一个为了个人梦想不考虑实际承受能力的人,间或还夹杂着一点文学青年的书生意气。

说起文学,隋炀帝的诗文水平恐怕是他人生中唯一没有被诟病的优点了,据说唐太宗李世民还曾抄袭过他的诗句"疾风知劲草,板荡识诚臣"。可见,李世民虽然在政治上针对隋炀帝,但对他的文采还是蛮欣赏的。隋炀帝有一首很著名的诗《野望》:"寒鸦飞数点,流水绕孤村。斜阳欲落处,一望黯销魂。"在元代还被马致远化用写出了那首脍炙人口的《天净沙·秋思》,而他最为霸气的《饮马长城窟行》,正是西巡张掖时所作,后世称赞"通篇气势强大,颇有魏武之风",成为名篇被千古传诵。根据考证,这首诗应该是隋炀帝巡行张掖后返回途中,经由河西一带行过,看到了汉武帝时期所筑的长城,然后又联想到自己此次西行所取得的成就,因此有感而发写下的作品。

肃肃秋风起,悠悠行万里。

> 万里何所行，横漠筑长城。
> 岂合小子智，先圣之所营。
> 树兹万世策，安此亿兆生。
> 讵敢惮焦思，高枕于上京。
> 北河见武节，千里卷戎旌。
> 山川互出没，原野穷超忽。
> 撞金止行阵，鸣鼓兴士卒。
> 千乘万旗动，饮马长城窟。
> 秋昏塞外云，雾暗关山月。
> 缘严驿马上，乘空烽火发。
> 借问长城侯，单于入朝谒。
> 浊气静天山，晨光照高阙。
> 释兵仍振旅，要荒事万举。
> 饮至告言旋，功归清庙前。

诗中可以看出隋炀帝对西巡后志得意满的自豪之情，并自诩能与汉武帝的成就相媲美的自我肯定。这首诗中所表达的感情和意境也许是隋炀帝人生当中最为风光、自我感觉最好的时期，在此之后隋王朝兵锋暗起，隋炀帝直至殒命再也没能找回当年唯我独尊的盛世荣耀和睥睨四合的雄主气概。

如果没有做皇帝，隋炀帝一定能成为一位伟大的诗人，可历史就是如此作弄人，这位带着书卷气有梦想、有作为的皇帝，身后之事却可怜得要命。618年，隋炀帝巡幸扬州期间，禁卫军发动兵变，推举重臣宇文化及为首领，并缢死了隋炀帝。最后，他连个像样的棺材也没有，由萧皇后和宫人拆床板做了一个小棺材，偷偷地葬在江都宫的流珠堂下。后李渊下令以帝礼重新安葬了他，并赐了一个极具贬义性质的"炀"字作为他的谥号，等于是以"好色无礼、背信弃义、欺压百姓"为他盖棺论定。所以，后人只知亡国之君隋炀帝而不知隋世祖明皇帝也！

富不富，看仓库

中国人自古就有储蓄的习惯，从粮食到金钱，凡是适宜于存放的物品都要提前预留一部分以备不时之需。储蓄的习惯势必就需要营造专门用于存放的器皿或建筑，仓廪便应运而生了。古代，不像今天生活方便，有银行专司存钱理财，也没有超市便利店提供日常物资流转，每家每户只能自己想办法存储，而随着各家各户劳动力和收入的不同，就慢慢有了贫富差距，看一家人是否富足，往往能从仓廪储备的情况判断出来。因此，就有了富不富看仓库的评判标准。小到百姓官绅，大到军队国家，仓库的建设和物资储备一直都是衡量一个国家国力强盛的硬性指标。

隋朝在经过南北朝分裂之后进入大一统时代，用很短的时间便完成了国库的充盈，尤其隋文帝的"开皇之治"之后，隋王朝的国力积蓄达到一个前所未有的富足顶峰，到隋炀帝接掌皇位时才有资格进行败家式的挥霍。隋朝灭亡，接替这个政权的是封建王朝历史上最有名的大唐盛世，所幸隋炀帝的折腾并没有完全败光家底，李唐王朝接管天下时也一并掌握了天下粮道大动脉——大运河，以及大运河附属建筑"隋六大粮仓"。可以说，唐王朝是站在巨人的肩膀上建立的繁华，隋炀帝为自己穷兵黩武、劳民伤财埋了单，而李唐一朝却享受到了这份胜利果实，有了大运河的畅通无阻，谁接皇位都是要做梦笑醒般地躺赢。所以，有了终唐一世不及隋这个说法。

隋唐二朝孰强孰弱的对比要从两个方面说起，第一人口，第二国力。

先说人口，隋朝时期是全世界公认的中国最强盛的时期，这个时期是中华文化、政治、经济、外交等方面都达到登峰造极的全盛黄金期，是世界上最强大的国家。当时的东亚邻国包括新罗、渤海国、日本时称"倭国"等国家的政治体制、文化等方面亦受其很大影响。

农业社会经济最主要的是户口的增长，隋平陈时，南北朝人口总数不过一千一百万，经过二十六年时间，到大业二年（606），人口总数达到四千六百万。

而《新唐书·食货志》记载"贞观初（627）户不及三百万"。经"贞观之治"，到高宗永徽元年（650），全国户口达到三百八十万。至玄宗开元年间，唐代户口达到鼎盛时期，户九百六十一万，口五千二百九十一万。

从唐初到天宝十四年，(618—755)，中国人口的发展基本上是一条直线，从唐初到天宝十四年，人口增加了3.3倍，年平均增长率为8.7%，高于两汉，低于隋朝。

从户籍看，唐最鼎盛时期户口是高于隋朝的，但我们需要慎重考察，隋朝二十六年间的人口增长超过唐朝一百三十七年，这说明了一个事实：隋朝二十六年发展的国力远高于唐朝一个半世纪的发展，去除户籍核实方面的误差，也足以说明隋朝国力强于唐朝。

国力方面，隋朝时政府在各地都修建了许多粮仓，其中著名的有含嘉仓、洛口仓、回洛仓、常平仓、黎阳仓、广通仓等，存储粮食皆在百万石以上。贞观十一年（637），监察御史马周对唐太宗李世民说："隋家储洛口，而李密因之；西京府库，亦为国家之用，至今未尽。"隋朝已灭亡了20年，隋文帝已经死了33年，可那时的粮食布帛还未用完。且不论储品长久存放的质量问题，单从数量上来看还真是令人咋舌，究其原因还是隋朝重视储运，修建巨型仓库的技术水准达到成熟的结果。这从1969年在洛阳发现了一座隋朝粮仓——含嘉仓遗址就能说明。被发现的含嘉仓遗址面积达45万多平方米，内探出259个粮窖，其中有一个粮窖还留有已经炭化的谷子50万斤。

关于隋朝对仓库的重视程度，在《贞观政要》中记载了李世民和王珪的一段对话。李世民说："隋开皇十四年大旱，人多饥乏。是时仓库盈溢，竟不许赈给，乃令百姓逐粮。隋文不怜百姓而惜仓库，比至末年，计天下储积，得供五六十年。炀帝恃此富饶，所以奢华无道，遂致灭亡。炀帝失国，亦此之由。"隋文帝末期发生旱灾，仓库中虽然有能支撑五六十年的粮食，但隋文帝并未放粮赈灾，而是让百姓变成流民自己找粮食吃。隋炀帝继位后，这些粮食是他三征高句丽、兴修大运河的基础，隋王朝也因此灭亡。这也算是隋王朝富庶的一个有力证据了。

隋朝自统一中原后，仍然把北方地区作为政治中心，北方也是重点城市分布地区。从隋文帝开始，都城大兴和东都洛阳所处区域一直受到黄河泛滥的困扰，加上人口增长，这些重点城市粮食一直是个大问题。于是，隋文帝就在开皇三年（583）下诏在十三州先后修建大型粮仓，如卫州设黎阳仓，洛州置河阳仓，陕州置常平仓，华州置广通仓，转相灌注。这四座国家储备粮库都在黄河沿岸，储存粮食都在百万石以上。

黎阳仓在黄河北岸，大小仓窖遍布一山，黄河以北各州征收的粮食都先集中在黎阳仓，然后沿黄河或永济渠运往长安、洛阳。现考古发掘已经确定了一部分仓窖的容积，储量可供8万人食用1年，考虑到被破坏或者被掩埋没发现的，黎阳仓的粮食最多也就是能供三五十万人食用1年。

常平仓又叫太原仓，位于陕州（三门峡市西）仓城六里，也是能蓄巨万之仓。常平仓主要是洛阳到长安粮食运输的中转站，粮船需要沿黄河顺流而上，受地势和黄河水情影响，在常平仓临时转运。

河阳仓在黄河北岸孟县南，后来修建洛口仓，河阳仓在隋末被废弃。

广通仓又叫永丰仓，在陕西华阴，是唯一一个专供长安和西域驻军的粮仓。

隋炀帝时期增修了两座粮仓，都在洛阳附近，包括洛口仓和回洛仓。洛口仓是隋朝最大的粮仓，又叫兴洛仓，可容纳粮食2400万石，位于河南巩县东南，与隋朝大运河连接，东南运送过来的漕米大多储存在这里。另外，三征高句丽时，这里是出征的粮食基地，过黄河后经永济渠运往辽东。回洛仓与洛口仓基本同时修建，位于洛阳北部，用于东都洛阳的粮食供应。

隋朝时期京师周边有六大粮仓，十三州各地还分别建有低于州仓建制的县仓等仓廪，再加上老百姓自己家里的储存，如果不遇上大的自然灾害的侵害，就能基本解决隋朝全国的粮食供应，这又是隋王朝治国方略中比较成功的一项民生保障壮举。

正是因为隋粮仓的储备，隋末农民起义兴起时，洛阳附近的洛口仓和黎阳仓被翟让、李密的瓦岗军夺取，瓦岗军因此广招兵马，有了数十万大军，一跃成为隋末最大的一股政治势力。但是，李密也因为"恋于仓米，未遑远略"而失去了战略机动性，造成最终的失败。洛阳附近的回洛仓也是如此，唐朝没有使用回洛仓，现代考古发现回洛仓中空无一物，原来隋朝的粮食估计都被李密、王世充吃光了。

长安、洛阳之间的常平仓是个转运仓，隋末乱世不可能有大量粮食留存。长安附近的广通仓是唐朝唯一能享用的粮仓，虽然之前杨素造反就曾经占领了广通仓，等李渊再去的时候，广通仓仍然有粮。不但广通仓的粮食解决了李渊的军粮、物资问题，余下的粮食还可以赈济灾民，李渊在关中的军事行动顺利与此是有关的。之后李渊安排李建成、刘文静等人率军数万镇守广通仓和潼关。

含嘉仓位于河南省洛阳市老城北，修建于大业初年（605），修建的主要目的是储藏京城东边州县的粮食，作为战略储备。东西宽600米，南北长710米，总面积达到了43万平方米，因为它太大了，故而又叫"含嘉仓城"。就像司马家摘了曹家的桃子，唐朝也摘了隋朝的桃子，含嘉仓就是其中之一。唐朝天宝年间，全国粮食总储量是1265万石，含嘉仓有583万石，占了将近一半，所以有了"天下第一粮仓"的称号。北宋也有使用含嘉仓的记录，之后才被废弃。

隋文帝杨坚修建了黎阳仓、永丰仓、河阳仓、常平仓，隋炀帝杨广修建了含嘉仓、回洛仓，这些粮仓凝聚着劳动人民的智慧和心血，无论在当时还是后世都起了重大的作用。当然，粮仓的发明者和创建者并不是隋炀帝父子，据史料记载，大规模建仓储粮始于汉代初期。秦朝灭亡以后，汉王朝采取了"轻徭薄赋、与民休息"等一系列政策，加之铁制农具的大量使用，使农业生产有了较大发展。为了更好地储存这些粮食，大规模的粮仓也随之建立。

粮仓系国脉，民心定乾坤。在以农业生产为主的中国古代，粮食问题在历朝历代都是国家头等大事。在古代，农业生产主要"看天吃饭"，为了防止因天灾导致的饥荒，国家逐渐建立起粮食仓储制度。

在古代众多粮仓当中，最具有人文情怀和体现统治者对民生疾苦最为关切的粮仓非常平仓和义仓莫属。常平仓始建于汉代，它的基本运作流程是，丰收时粮食比较便宜，国家就以高于市场价的价格大量买入，避免谷贱伤农。等粮食歉收时，国家再以低于市场价的价格大量抛售，抑制粮食价格上涨，防止饥荒发生。义仓的出现晚于常平仓，但也始于汉代，在南北朝时期得到发展，在隋唐时期兴盛。义仓是由地方所设立的粮仓，和常平仓不同的是，常平仓通常是运用官府的资金进行粮食和实物囤积,而义仓是在官府的组织下,按人头和田亩抽成进行征收和采购。

粮仓的充足是直观体现国力强盛的关键因素,汉代始建之后一直沿用至今。宋朝义仓最初在963年由皇帝下旨建设,地方官员控制。同唐朝时一样,义仓粮食主要通过土地附加税的方式征收或采购。到了明朝,大多数社区义仓又改称社仓。1529年,明朝中央政府下令各省建立农村粮仓,每25—30农户为一组,由"正直的富户"担当仓头,每个仓头配两位合适的助手管理粮仓。纳税者有义务存入数量与其应纳的土地税比例相应的粮食。清政府对粮食仓储制度进行了较大的改进和调整。顺治初年就明确规定,在各府、州、县设常平仓,在市镇设义仓,在乡村设社仓。此外,在东北地区还增设了旗仓和营仓,或以便民,或以给军。明清两代对负责管理这些粮仓的官员要求十分严厉。康熙四十三年确定"州县仓谷霉烂者革职留任,限一年赔完复职;逾年不完,解任;三年外不完,定罪,着落家产追赔"。乾隆时期,一些地方政府又增设了县仓、学仓和留养局。据深州地方志记载,深州旧有五局,后增至十二局,"有仓之村皆有局,留养局皆傍大道,以养他州县之流移者"。咸丰同治时期,各地粮仓建设逐步走向衰落,虽由当地政府屡次修缮,但由于战乱、水患、地震和管理不善等原因,大多遗弃无存。也正是因此,修建于清末光绪年间并保存至今的盈亿义仓也就显得弥足珍贵。

地处张掖城区东大仓院内的明代粮仓,旧名甘州仓,俗名大仓,明朝洪武二十五年(1392)由甘肃都督宋晟建造。此后经过历次翻新增建,至清光绪年间,占地面积达4659平方米,可储存粮食770万公斤。现存廒房9座54间,建筑面积1982.8平方米。廒房建造全是土木结构,设计科学,建造精巧,房顶屋架为"人"字形梁,由大梁、檩条、椽子通脚开铆套制而成。廒房坚固耐用,通风抗震,储粮具有防潮、防鼠、防虫害、防霉变的功能。明粮仓建造距今已有600多年的历史,曾为储粮备荒、军城民食发挥了巨大的作用。中华人民共和国成立以来,张掖的大多数收购粮均在东仓入库。明粮仓至今还能储存粮食,是目前国内保存时间最长、最完整,还能继续使用的古代仓廪之一。

民以食为天!一个国家的安定离不开充足的粮食供应,更离不开有计划、有保障的仓储流通。富不富看仓库,到今天为止依然是放之四海而皆准的评判标准。库里有粮心不慌,国家强盛干劲足。生于当今富足的社会,我们又有什么理由不去感恩祖国的强大为我们带来的安定生活呢!

THE
BIOGRAPHY
of
ZHANGYE

张掖 传

盛唐甘州异彩纷呈

第八章

乌江稻田（贡米） 摄影：王怀民

天生的商业民族

唐代沿袭了隋朝的互市交易，河西走廊最大的互市贸易集散地依然设在张掖，此时的张掖正式更名为甘州。有赖于隋朝对汉人实行重农抑商的政策，汉人不再从事对外商贸，基本都去种田了，这就给了那些从西域来做行商的少数民族商人更多机会。粟特人就是在这个时候逐渐内迁坐地行商定居张掖的，他们本就善于经商，趁势抓住机会快速掌握了丝绸之路上的贸易主动权，独霸了河西走廊商贸通道。

说起粟特人就难免要追本溯源，必得从昭武九姓开始才能讲清楚这个民族的来历。昭武九姓，源出中国西北古代月氏族，前5世纪时，在祁连山一带游牧。据《北史·西域传》记载，"其王本姓温，月氏人，旧居祁连山北昭武城，因被匈奴所破，西逾葱岭遂有国，枝庶各分王"。汉初，匈奴破月氏，迫其西迁，以河西昭武（昭武即王城，今甘肃临泽昭武，张掖附近）为故地的月氏部落遂向西逃亡，进入中亚粟特地域征服当地土著，形成若干城邦。随后，又为嚈哒统治，一度被迫改姓温（温那沙），嚈哒衰落之后，各城邦重获独立，复姓昭武，形成以康国为首的诸粟特城邦，其中有安、曹、石、米、何、史、穆、毕等国，统称"昭武九姓"。

前125年，大月氏征服大夏国，其部族一分为五，设五部翕侯，反客为主统治大夏原居粟特族。历经百年民族融合，月氏与粟特形成一个强大民族联合体。这便是昭武九姓粟特人的来历。1世纪，大月氏五部之一的贵霜崛起，统领月氏五部，征服了中亚地区的西天竺、吐火罗、萨迪劳卡伊等众多邻邦，在50年建立贵霜帝国。到迦腻色伽帝王时，帝国达到鼎盛，疆域向西扩张至亚欧大陆腹地里海，向南扩张至今印度恒河流域，成为当时与中国东汉、罗马、安息并列齐名的世界四大强国之一。3世纪，受西亚波斯王朝的攻掠，贵霜王朝日益衰落，分裂为若干小的公国。4世纪，西印度诸王公叛离贵霜，降服东印度，贵霜王朝势力更为削弱。425年，贵霜被白匈奴嚈哒灭国。

360年之后，嚈哒统治粟特族居地，月氏人仍以粟特族的小公国独立存在，分别称为康、米、何、史、曹、石、安、火寻、戊地9国，但皆以昭武为姓，以示不忘本。历史上称其"粟特人"，又因其原居祁连山北昭武城，汉史称其9国为"昭武九姓"。

粟特人直到消失前，都仅停留在城邦阶段、未建立起一个统一的国家，并先后臣属波斯的阿契美尼德王朝、亚历山大帝国等，这松散的臣属关系让粟特人保有了自己的文化，成为丝路上一个独特的商业民族。粟特人的商队组成不只有商人，还有武装部队可以在商路上以武力自保。在中国的五胡十六国到南北朝时期，从塔里木盆地、河西走廊、中原北方及蒙古高原等地区，都可以看到粟特人的足迹和建立的聚落。粟特人擅于在丝路上建立聚落，也吸纳许多草原上的游牧民族，比如吐火罗人、突厥人等，让粟特人掌握了许多西域民族的语言，也是他们贸易的资本。

粟特人入华的时间大约是3世纪或更早，因为商业利益等许多原因让他们转往东方贸易，甚至移居中国，葬于中国。中国北朝、隋唐时期，为了掌控这些胡人聚落，把粟特人商队首领萨保纳入官僚体系中，并设置官吏来控制胡人聚落，管理聚落的行政和宗教事务。这段时间入华的粟特人并不全都居住在胡人聚落里，从北魏到唐代的各级机构中都可以看到粟特人的身影。考古出土的史射勿的墓志中可以看到，这位粟特人随着中原王朝到处南征北讨，累积了显赫的军功。史射勿墓称："公讳射勿，字盘陀，平凉平高县人也。其先出自西国。曾祖妙尼，祖波波匿，并仕本国，俱为萨宝。"

粟特人基本上活跃于中古时期，大概在汉唐这段时间，这是陆上丝绸之路最活跃、最发达的时期。丝绸之路从中国汉代的首都长安到罗马世界、地中海世界，中古时期丝绸之路上的贸易担当者就是粟特人。他们从小就跟着父母做生意，只要有利，再远的地方都会跑去做买卖。我们看中亚的阿姆河和锡尔河，正是丝绸之路上一个东西南北的通道，就是我们所说文明的十字路口，或者商业的十字路口。向南就是印度,向北就是游牧的突厥、柔然、匈奴这些王国,往东到中国,向西就是波斯、罗马。所以粟特何国有一个门楼,东边画中华皇帝,北面画突厥可汗,南面画印度的国王,东面画拂菻(东罗马)王。他们的民族性也是这样,四海为家,是一个世界国家。比如安禄山、史思明这些人到了中国就变成中国人,到了突厥就是突厥人,到了日本也可能就是日本人。可见,这个民族的适应能力是超强的,他们的思想更是多元化包容形式的,这也就导致粟特族最后消亡,却把血脉传承带到了整个亚洲。

大唐的开放包容与粟特人的兼容并蓄可谓天作之合,这不仅仅体现在粟特人对血脉传承的理解方面,他们的宗教信仰也同样呈现出多元文化色彩,主要有祆教、佛教、景教、摩尼教,后来还改信了伊斯兰教。粟特人信奉的宗教在中原文化中叫作"三夷教",专指隋唐时期的三大外来宗教,即祆教、景教、摩尼教。

祆教(xiān jiào),即拜火教,源自波斯(发源地大概在今伊朗),因为该教的先知名叫索罗亚斯德,其原名也叫"索罗亚斯德教",祆教是传入中国后的说法。"祆"字左边是"礻"而非"衤",右边是"天"而非"夭"。这个字的意思是"外来的天神"。祆教属于自然崇拜,主要崇拜火,以及日月星辰。《丝路岁月》中提到长安曾有祆教的寺庙,宋敏求《长安志》中写道:"布政坊西南隅胡祆祠,武德四年(621)立。西域胡祆神也。祠内有萨宝府官,主祠神,亦有胡祝充其职。"另外唐太宗时期,波斯萨珊王朝被阿拉伯入侵灭国,王子流落到长安成立了流亡朝廷,并在唐高宗时被允许在长安建立一所祆教寺庙。在敦煌长城烽燧下发现的粟特文古信札里,可以确证祆教早在4世纪初就由粟特人带到了中国。他们在从事丝绸中转贸易的同时,还在欧亚内陆扮演着传播多元文化和多种宗教的角色,对中西文化的沟通、交流起过至关重要的作用。

景教就是基督教的聂斯脱利派在中国的称呼。聂斯脱利是东罗马帝国的主教,他强调基督不但具有神性也具有人性,但当时基督教主流认为基督只有神性,因此驱逐了聂斯脱利派。结果后来聂斯脱利派的学说变成了主流。在元代以前,新疆一带曾有大量的维吾尔人信仰景教,新疆的喀什噶尔甚至是景教的第19教区(总共25个教区)。当时中国唐代各地都零星地有景教的寺院,称为"波斯寺"或者"大秦寺"。

摩尼教是于3世纪在古波斯兴起的宗教。因创始人摩尼而得名。中国旧译明教、明尊教、二尊教、末尼教、牟尼教等。

佛教在贵霜王朝时代曾为中亚地区的主体信仰，后来随着萨珊王朝政治影响的扩大和祆教的复兴，虽有所衰落，但仍存在一定势力。有史料记载：米国遭受西突厥肆叶护可汗侵扰，毁佛伽蓝，掠去大量金宝，安国佛教寺院规模宏大，佛像饰以金宝，大食攻入沛肯城，毁所供银质佛像，价值4000迪勒木，在佛眼中挖出鸽蛋大小的珍珠两颗，可见粟特人中佛教信徒依然不少。迪勒木就是银币。根据史料记载：大食为了推广伊斯兰教，对到清真寺做礼拜的河中百姓奖励两个迪勒木重金诱惑。安国一座价值4000迪勒木的佛像为大食所毁，佛眼一对精美的明珠也遭其掠去。萨曼王朝脱离哈里后，管辖下的中亚税收达到4500万迪勒木。因此估算1迪勒木相当于唐朝两百多文。

粟特人是一个以经商著称的民族，粟特位于泽拉夫善河流域，长期活跃在丝绸之路上。他们的经商活动促进了东西方的经济交往和文化交流，在农耕文明和游牧文明之间、东方文明与西方文明之间搭起了一座桥梁。粟特人组成商团，成群结队地东来中国进行贸易，有许多人就逐渐在经商之地留居下来。在南北朝到唐朝时期，沿丝绸之路及周边的于阗、楼兰、高昌、敦煌、张掖、长安、洛阳等大小城市形成一个个移民聚落。粟特人迁居各地，与其他民族融合，从而成为许多民族的来源之一，如张掖肃南的裕固族，他们的来历和粟特人也有着千丝万缕的渊源。到今天，虽然粟特语几乎已成了死语言，粟特人也成了一个历史名词，但是他们建立的功绩是不可磨灭的。

也许正是这个民族骨子里那种不受拘束、随遇而安的性格使然，又因为到各地行商接触过各种不同的文化，他们多元化的特长便不仅限于经商和语言，在绘画、音乐、舞蹈方面也都非常发达。张彦远《历代名画记》盛赞北齐粟特画家曹仲达的"湿衣贴体"的画风，这种画风在片治肯特的大幅宏伟壁画中充分显示出来。在音乐方面，康国乐、安国乐皆名闻天下，粟特琵琶高手曹婆罗门、曹僧奴、曹明达祖孙三代皆擅绝技，历仕西魏、北齐、隋三朝，皆大红大紫，其中曹明达还为北齐主封为郡王。唐代著名歌手何满子誉满京师，元稹诗云"何满能歌声婉转,天宝年中世称罕"。曹刚善于右手琵琶,人谓其运拨"若风雨",康昆仑更是号称弹琵琶"长安第一手"。歌手米嘉荣歌声凄楚动人,刘禹锡诗云"三朝供奉米嘉荣,能变新声作旧声",又云"唱得凉州意外声,故人唯数米嘉荣"。音乐理论家何妥曾为隋朝正音律,出任国子监祭酒。在舞蹈方面康国粟特善胡旋舞,石国粟特善柘枝舞。胡旋舞以旋转快速、动作刚劲著称,柘枝舞则胡帽银带,帽上饰金铃,舞时伜转有声。又有胡腾舞,反手叉腰,首足如弓,倏然腾起,而又颇作醉态,李端《胡腾儿》诗曰:"扬眉动目踏花毡,红汗交流珠帽偏。醉却东倾又西倒,双靴柔弱满灯前。环行急蹴皆应节,反手叉腰如却月。"甚至有人认为,我国武术中的醉拳就承袭了胡腾舞的某些动作。壁画中还绘有二人对弈图,所弈者乃是源出波斯的国际象棋。我国象棋与此同源,可见这一棋类也是以粟特人为媒介传入的。

粟特人的主要商业活动内容是从中原购买丝绸,而从西域运进体积小、价值高的珍宝,如瑟瑟[①]、美玉、玛瑙、珍珠等,因此,粟特胡以善于鉴别宝物著称。《南部新书》记长安"西市胡人贵蚌珠而贱蛇珠。蛇珠者,蛇之所出也,唯胡人辨之"。六畜也是粟特商人出售的主要商品,突厥汗国境内的粟特人主要承担着这种以畜易绢的互市活动。新疆境内作为唐之臣民的粟特人也常做一些较短途的牲畜生意。

奴隶也是粟特人贩运的主要商品,官府一般保护这种交易的正常进行,粟特人还以非法手段抢掠或拐带中原妇女。唐振武军使张光晟就查获了一起回鹘境内粟特人拐卖汉女的案件:"建中元年(780)回纥突董梅录领众,并杂胡等自京师返国,舆载金帛,相属于道,光晟讶其装橐颇多潜令驿卒以长锥刺之,则皆辇归所诱致京师妇人也。"粟特商人几乎都是高利贷者,除贷钱外还贷放绢帛,吐鲁番阿斯塔那61号墓出土文书中有一件《唐西州高昌县上安西都护府牒稿》,内容是汉人李绍谨借练于粟特胡曹禄山,拖欠未还,引起的一起经济诉案。此案李绍谨于弓月城一次借练275匹之多,可见粟特人资财之众,并以之牟利。又《册府元龟》卷999记长庆二年"京师内冠子弟"多"举

[①]瑟瑟:碧色宝石。《新唐书·高仙芝传》:"仙芝为人贪,破石,获瑟瑟十馀斛。"

蕃客本钱"，即借了粟特人的钱，偿还不起。由此可知，粟特人的商业活动包括丝绸、珠宝、珍玩、牲畜、奴隶、举息等，几乎覆盖了一切重要市场领域，确已控制了丝路贸易的命脉，乃至"京师衣冠子弟"也不得不拜在他们的脚下。粟特人商业成功的奥秘，除了归功于精通业务、善于筹算、不畏艰险、谙熟各种语言以外，还具有许多经商的手段。

善于投附一定政治势力，并取得一定政治地位，从而有利于商业活动的开展。例如，粟特人马涅亚克曾代表突厥，奉使波斯、东罗马，西魏酒泉胡安诺盘陀曾奉使突厥，唐代著名粟特商人康艳典、石万年、康拂耽延、何伏帝延等皆拥有城主称号，曹令忠官拜北庭大都护、康感官拜凉州刺史、康进德为安西大都护府果毅，其例不胜枚举。凭借官员身份或投依官府，进行商业活动，自然是得心应手了。

新疆的维吾尔族有一种吃食叫"抓饭"，还有一种面食叫"馕"，想必大家都不陌生，而这些特色吃法都与粟特人有直接关系。慧琳《一切经音义》云："胡食者，即铧锣、烧饼、胡饼、搭纳等事。"铧锣，即油焖大米饭，是一种大米加羊肉、葡萄干混合制成的油焖饭。烧饼即今日维吾尔族食用的馕。胡饼则上加胡麻，反似今日的北京烧饼。葡萄酒则是粟特人常备的佐餐饮料，盛在一种特殊的碗形酒器叵罗中，以金、银、铜等各种不同质料制成，岑参诗中有"交河美酒金叵罗"之语，所指就是这种酒器。

粟特人是天生的商人，他们要跑遍中亚到各国去做买卖，就需要掌握多种语言，所以他们又是天生的翻译家。比如在唐朝时的张掖，互市管理都用粟特人，因为他们懂多国语言，是翻译的不二人选，一个突厥人和一个汉人说不清楚的时候，粟特人跑到那里就能很快调解明白了。粟特人善于经商，就注定他们有充裕的财富积累，但是他们还难得能够做到低调行事，并不喜欢炫富露财。唐玄奘《大唐西域记》也说，粟特人本来是商人，很有钱，但是平常好像穿得很一般。其实玄奘一路就是搭着粟特商队走的，对粟特商人的了解应当非常深入了。在中国发现的这些粟特首领的墓葬里面，几乎都有商队的场面。商队一般都要两三百人一起走，商队最后面的人戴着一个船形的帽子，拿着一个望筒，看远处有没有敌情。又有赶牲口的，又有周边的警卫。队伍很有一个行进规则，走的时候是牲口在中间，护卫队在外面，到了一个地方就地做买卖，把自己的商品销售出去，再收购当地货物去往下一个目的地。因为粟特人的流动性使然，中原政府想要治理管控有局限性，便采取"以夷制夷"的统治策略，把他们的首领任用为官，固定下来在一地居住进行统管负责，这一类官职被称作萨保。顾名思义，大约就是保长的意思，专事粟特商人在内地的贸易往来，并承担纠纷调解和收取商业税。像昭武九姓中比较出名的安家和史家，他们中的首领就做了萨保，既是粟特聚落的首领，又是中央或者地方军府的官员，到后来慢慢获得政府认可，有些萨保索性入籍永久留在了中原，并被赐予带兵打仗的权利。安史之乱中的粟特人兵将，就是经过数代经营在唐王朝获得兵权的例证，安禄山和史思明能够拥兵统御一方，固然有巴结上杨贵妃的裙带关系，但更多的还是他们善于投机，把祖先做商人成功的那一套用在了谋权夺利的政治方面而来。

粟特人正是利用在各国、各地担任萨保之际，与政府高官取得了交易的机会，从而把他们的买卖做成了一张巨大的网络贸易体。在古代丝绸之路上，绝不能靠长途贩运去赚钱，长途贩运能赚多少钱？他们从事的都是中转贸易赚取差价，这样既省事省力，还有安全保障。而地方政府，像高昌国这些丝绸之路上的中转国家或城镇，则靠收取商税来支撑经济命脉。这种操作方式两厢里一拍即合，能够达到双赢局面，正是现在进出口贸易商税缴纳的雏形。

粟特人在建立了成熟的贸易网络之后，他们基本上控制了中古时期丝绸之路上的贸易。有了话语权，也就有了足以影响别人的实力。大唐的开放为粟特人提供了最好的舞台，唐朝的辉煌文化里面有相当大的因素是来自粟特的背景，一直到今天，许多源自粟特文化的东西实际上是经过大唐的洗礼变成了唐朝文化的组成部分。中原的音乐、舞蹈受西域乐舞的影响，有了全新的转变，九部乐主体上都变成了西方的乐，变成了康国乐、安国乐、印度乐，都是通过丝绸之路与汉乐融合后重新演化而来。像著名的《霓裳羽衣曲》就是由河西节度使杨敬述进献的印度《婆罗门曲》改编而成为唐宫廷乐舞的。《甘州曲》中脍炙人口的《八声甘州》被收录进唐教坊曲时，亦是由边塞地张掖传到长安去而被人们所熟知和喜爱的。

粟特人在丝绸之路上承担着贸易的角色，也是东西文化传播的使者。经过千年融合演变，粟特人的民族和文字虽然消失了，但他们的血统实际上留在了汉人的血液里，留在回族的血液里，留在维吾尔族的血液里……留在丝绸之路众多国家和地区的土地里、山川间，像他们善于做生意一样，悄然融入我们的血脉中生生不息地传承下来。

吐蕃奴役下的甘州沙陀人

在历史上，吐蕃王朝是实力数一数二的外邦国。630年，也就是唐朝贞观年间，松赞干布继位。当时松赞干布只有十三岁，但是他的铁血手腕，一点不输他的父亲，在松赞干布的带领下，吐蕃部落将周边很多叛变的小部落重新收服，并且，松赞干布开始西征。在他统治期间，西藏地区几乎全部被他征服，吐蕃王朝最终建立。在治理国家方面，松赞干布制定了很多政策，使经济、政治得到长足发展，给吐蕃人民带来了一个繁荣兴盛的美好时代。当吐蕃王朝的实力发展到一定程度后，松赞干布提出与唐朝建交。但当时唐太宗李世民拒绝了他的请求，于是松赞干布便决定挑起战争。被打败后，松赞干布依然提出和亲请求，或许是他的诚意打动了唐王朝高层，又或许是唐官僚高层要显摆一下大国威仪，最终唐太宗答应松赞干布的请求，从宗室当中挑中了文成公主远嫁吐蕃。就是这位在史书里都没有自己名字的文成公主，缔造了和亲史上最为壮阔的历史华章。文成公主入藏，带去了很多金银财宝，同时也维护了边境多年的和平，使唐朝和吐蕃多年来未有战乱。

金城公主是继文成公主之后又一位嫁给吐蕃赞普和亲的宗室女。景龙四年（710），金城公主嫁给吐蕃赞普尺带珠丹（赤德祖赞）。这次和亲唐朝花费了巨大代价，却没能换来长久的和平。713年，吐蕃向唐朝索取"河西九曲"（今青海茫拉河流域）之地，作为金城公主"汤沐邑"。吐蕃据水草肥美的河西九曲后，秣马厉兵，积极备战。第二年，便毁约犯唐。其后几十年，双方进行过多次大战，各有胜负。

763年，经历了安史之乱后的大唐帝国，又发生了一件堪称奇耻大辱的大事。这年十月，吐蕃大将达扎路恭（汉名马重英）竟然率军长驱直进，攻入大唐帝国的首都长安。当时的皇帝唐代宗仓皇出逃陕州。吐蕃于是立早年入吐蕃和亲的金城公主之侄、广武王李承宏为傀儡皇帝，停留十五日后，引兵西退。直到十二月，唐代宗才回到长安。

吐蕃的强盛持续了近两百年，统治河西走廊却几近百年，其中甘州与肃州、凉州差不多同一时期失陷，但凉州收复较晚，被吐蕃统治的时间最长，有98年，敦煌最短也有62年。在这段时间，河西走廊的发展基本停滞不前，丝绸之路也因为战乱被迫截断，曾经繁荣的东西商贸渐渐没落。有人说吐蕃的统治让历史倒退了几百年，他们掌管河西之后否定了先进的封建文明，采用奴隶制部落管理法，令河西地区沦为半殖民地的原始农耕社会。在文化方面，更是强行推行藏民族文化，企图消灭汉文化，对河西地区的汉文明大肆荼毒，的确阻滞了文明进程的发展。吐蕃占领河西后，大力推行藏文化统治，强迫汉人改穿吐蕃服饰，改变原有风俗习惯，每年只准许唐民在正月初一穿汉服祭祖。取消了唐朝设立的"州学博士""乡贡明经"和译语学官，废除科举取士，取缔原有州、县官私学校，实行吐蕃本土的教育模式——寺学。并将藏文作为官方文字广泛使用，改变原有汉族天干地支纪年方式，推行阴阳五行＋十二生肖的蕃式纪年。白居易《缚戎人》一诗中写道："一落蕃中四十载，遭着皮裘系毛带。唯许正朝服汉仪，敛衣整巾潜泪垂。"保存在敦煌藏经洞的写本也提及"（阴家投降后）熊罴爱子，拆襁褓以文身，鸳鸯夫妻，解鬟钿而辫发"。

可见当时，吐蕃在河西地区强硬推行"辫发左衽"的民族传统，以对抗传承久远的汉文化基础。但文化的改变不是一朝一夕便能完成的，虽然吐蕃强迫汉人改变原有的服饰、礼仪、发式和语言，但在河西数十年的统治还是沉淀太浅，虽然大多数河西唐民的第二代、第三代多说藏语、写藏文，但汉族语言文字的使用始终未能断绝。河西地区百姓对吐蕃的统治也在不间断地进行反抗，当中有汉民更有其他不堪忍受吐蕃压迫的少数民族抗争，其中最为壮烈的要数甘州沙陀人归唐的血泪史了。

沙陀族原名"处月"，唐贞观年间，游牧于新疆金娑山（今新疆博格达山,一说为尼赤金山)南,蒲类海(今新疆东北部巴里坤湖)东地区,名为"沙陀"的大沙漠一带,为突厥别种,也称"沙陀突厥"。

唐代文献中将"处月",译作"朱邪"。这一称谓,逐渐成了沙陀族统治者的姓氏。盛唐时期,随着唐朝将触角深入天山北麓,沙陀族一度成为唐朝的盟友。沙陀族酋长朱邪金山被唐朝封为"金满州都督",受北庭都护府管辖,累封张掖公,部族居住地也从关外逐渐内迁到了张掖昭武附近。朱邪金山死后,朱邪辅国嗣位。早在唐永徽五年,唐军在征讨西突厥阿史那·贺鲁叛乱过程中,开始在沙陀族生活的区域设置管理机构,创建了金满、沙陀二个羁縻州。安史之乱爆发后,沙陀部落也应征东调参与平叛。其首领朱邪·骨咄支因功被授予特进、骁卫上将军之职。他的儿子也在唐朝帐下听令,因军功累积,官至金吾卫大将军、酒泉县公。唐肃宗时期,吐蕃趁唐军东调之机纵横河陇,"沙陀部六千余帐,与北庭相依"。这时的沙陀还与唐军共御吐蕃,但面对吐蕃强唐弱的局面,沙陀部众渐生背向之心。

唐代宗广德二年(764)凉州被吐蕃攻克后,河西节度副使杨志烈退守甘州,当时沙陀人已经有了背离大唐的打算。所以,当杨志烈退守甘州时,沙陀人便趁其不备伏击唐军,拿击杀杨志烈作为军功投效吐蕃,而随着沙陀人的反叛,甘州也很快陷落成为吐蕃统领之地。由于沙陀人"勇冠诸胡",吐蕃将沙陀人尽数从北庭迁往甘州,此时的沙陀首领为朱邪尽忠,沙陀部因军功卓著得以占据张掖水草丰美的祁连山一代,并修建了沙陀城固守部族,为吐蕃扩张疆土而卖命。此后,沙陀部落这柄利剑,成了吐蕃帐下北挡回纥、东突大唐的重要盟友。史记:"吐蕃寇边,常以沙陀为前锋。"

797年(德宗贞元十三),河西的战争局面发生了逆转。回鹘(788年,回纥改称回鹘)汗国在怀信可汗的统治下,国力急剧回升。在天山东西两侧,连败吐蕃盟友葛逻禄及黠戛斯。紧接着,回鹘骑兵卷地而来,大败吐蕃和黠戛斯联军,不但收复了被吐蕃占据24年的凉州(今甘肃武威),还将围攻龟兹(安西都护府治所)的吐蕃军几近全歼。惨败之下的吐蕃人迁怒于沙陀人,认为其在战场上出工不出力,贻误了战机。吐蕃节度使担心沙陀族万一再有异动,将会对甘州附近的局势造成更为恶劣的影响,便计划将沙陀人迁至河外,即今天的青海玉树地区。由俭入奢易，由奢入俭难。沙陀人当然不愿意，他们生活的甘州地区，是整个河西走廊水草最为丰美之地，大量的雪山融水将张掖周边滋养得犹如膏腴之地。而河外平均海拔高达4500米，乃是高原苦寒之所，并不适合部族生活。这种巨大的落差，引起了沙陀部族的不满。况且，归附吐蕃这些年，每有大战，沙陀必是先锋。绵延的战事让沙陀部落损失了大量青壮，却没有换来相应的报酬。战后所得，多被吐蕃、葛逻禄瓜分，留给沙陀人的都是些残羹冷炙。流血拼命换来的却是质疑和不公平的待遇，现在吐蕃人还要将他们发配到偏远苦寒之地去，换谁也不能答应，对吐蕃积怨已久的沙陀族有了新想法，他们暗中计划决定归唐。

沙陀首领朱邪尽忠对儿子朱邪执宜说："我世为唐臣，不幸陷污，今若走萧关自归，不愈于绝种乎？"这话意思就是，我族世代都是唐朝臣子，无奈背叛唐庭，现在吐蕃要把我们赶去玉树之地，我们干脆东入萧关复投唐朝，不比去玉树绝种强吗？

唐宪宗元和三年（808），不堪忍受的沙陀人走上了东归投唐之路，举族东迁。吐蕃节度使得到消息大为震怒，当即派骑兵围追堵截。沙陀后卫部队为了能让亲族老幼顺利东去，在势单力孤的窘境下，迸发出了惊人的战斗力。在吐蕃重兵追击中，拼死血战，战马死了就下马步战，武器损毁就拳打、牙咬。残酷的阻击战，沙陀后卫以全军战死告终，两军士兵的鲜血汇成涓涓细流，染红了黑河的河水。随后，两军在河西走廊近千里的路程上边走边打，前后交战四百余次。封堵、突围、阻击、突袭的场景每天都在上演，在血火中挣扎的沙陀人蹒跚着奔向东方，用鲜血和生命蹚开了一条回归之路。终于，沙陀族人接近了唐朝灵州（灵武）的边境。

但是，摆在沙陀人面前的依然是一条九死一生的道路，他们不但要抵御紧追不舍的吐蕃军队围杀，还要渡过天堑黄河。在黄河岸边，隔着滔滔江水向前望去，对面就是大唐的疆土，走过去就能获得新生，而身后那比黄河水更可怕的吐蕃军队，正扛着沾满沙陀人鲜血的屠刀步步进逼。前无援手相助，后有刀剑加身，过河并不容易。

首领朱邪尽忠做出了悲壮的决定，要以自己为诱饵，引吐蕃军队离开渡口，为其他族人创造逃出生天的机会。他平静地对儿子朱邪执宜说道："前面就是黄河，过了黄河继续向东，不远就是唐朝灵州的边境。明天我率部突袭渡口，你带领族中老幼趁机渡河。从明天起，你便是沙陀族的首领，沙陀族若亡于你手，万死难辞其咎，你可明白？！"朱邪执宜伏地大哭，要求自己承担诱敌任务。朱邪尽忠怒斥道："王旗与我共在，吐蕃才会上钩，此行东来，健儿沥血，今沙陀老幼皆为你的亲族，弃一人如弃父母，此后千钧重担在你肩头，何有小儿之状？！"

次日清晨，黄河渡口前，沙陀族与吐蕃人决一死战，朱邪尽忠率领的突击部队和伤兵营全军覆没，终于为渡河族人创造了一个机会。丢弃了全部辎重的沙陀族蹒跚着冲入唐境，当朱邪执宜面对前来接应的唐军部队时，不禁泪流满面。他知道族人终于安全了，不会再有灭族之虞，而他的父亲和那些为了族人顺利东归的将士们永远留在了黄河的另一边。回望东归之路，沙陀从出发时的三万多人，现已不足万余，能够作战的士兵仅剩千余，三分之二的族人倒在吐蕃的屠刀之下。

这个倔强的部落，终于迎来重生。唐朝将沙陀部安置于盐州，沙陀人再次成为唐军的先锋。810年，唐宪宗首召朱邪执宜入京朝觐，赐以"金币袍马万计，授特进金吾卫将军"。后因盐州节度使范希朝调任河东节度使，沙陀人随其迁往河东。范希朝挑选沙陀勇士组成"沙陀军"，其余部众被安置于定襄川。从此，朱邪执宜以神武川的黄花堆（山西山阴县东北）为根据地，其所部改称"阴山北沙陀"，居住于燕北、河东一带，生活在燕北的沙陀族，依旧保持着他们勇悍的民族风格。

唐武宗会昌二年（842），纵横辉煌二百余年的吐蕃王朝发生内乱，河陇地区吐蕃军阀论恐热、尚婢婢展开了长达24年的自相残杀，战火一度波及盐州。此时沙陀族的首领是朱邪赤心，时隔五十多年沙陀族依然对吐蕃差点将他们灭族的血仇恨之入骨，自愿请战去对付来攻城的吐蕃军。沙陀族民听说首领要去报昔日血仇，无人甘心落后，只要高过车轮的男儿全部出征参战。那一战唐军配合沙陀人前后夹击，杀得吐蕃大败，尸横遍野，沙陀族总算是报了旧仇扬眉吐气了。

唐懿宗咸通十年（869），朱邪赤心因镇压庞勋有功，官拜单于大都护、振武军节度使、徐州观察使，赐名李国昌。其子也因战功卓著，赐名李克用，受封为云中牙将。唐朝灭亡后，中原历史进入了五代十国的混乱周期。已成北地霸主的沙陀族，先后建立了后唐、后晋、后汉三个国家，李克用、李存勖、石敬瑭、刘知远，都是这次东归沙陀族的后裔。就连大宋的开国君主赵匡胤的父亲，也曾在李存勖的禁军中为将。随着宋朝的建立，元气耗尽的沙陀人，加入了宋太宗北伐幽州的部队。只是在防范武将胜于外患的宋朝，沙陀人的骁勇渐渐被制度磨平，逐渐融入了汉族大家庭的血脉之中。

和粟特人一样，沙陀族也是一个神奇的民族，只是他们比起粟特人来在商贸经营上有很大差距，但论打仗却更具天赋，不然也不会有以一族之力撑起五代十国其中之三国的霸业了。不过，沙陀族虽然勇猛，还在乱世之中称霸先后建国做皇帝，但后来他们再也没能回到甘州，回到他们亲手建立的沙陀城。

汉唐重镇骆驼城

骆驼城，位于张掖市高台县城西南20千米处的骆驼城乡永胜村西。如果没有北凉政权的建立，也许这座戈壁上的小城镇将会和许多同类型的地方一样寂寂无名。十六国时期这里是建康郡的治所，段业初建北凉便成了当时的都城，后来沮渠蒙逊从段业手里夺取政权后迁都张掖，骆驼城结束了作为都城的短暂辉煌历史终归于平凡。唐末吐蕃人占领张掖致使建康郡城废弃后，这里成了商队过往歇脚和驼队用于圈牧骆驼的临时停靠站，才慢慢有了骆驼城的叫法。在这之前，唐代驻兵防御的部队还称作"建康军"。

骆驼城名称究竟由何而来？众说纷纭，却无定论。"骆驼城"一名始见于清雍正十三年（1735）至乾隆二年（1737）编撰的《重修肃州新志》："骆驼城，在城西南四十里，按此即建康故城，骆驼城乃俗名耳。"高台县在古代一度归肃州管辖，新中国成立后才划定成为张掖市辖的一县。有专家认为，骆驼城废弃后，遗址周围成为游牧场地，可能用来圈养骆驼，因此得名，这个说法比较中肯。当然，还有另外几种传说，东晋太元七年（382），前秦大将吕光受命率十万大军征讨西域，385年，以两万头骆驼满载从西域俘获的奇珍异宝班师东归，途经建康郡时，这支浩浩荡荡的驼队曾在这里驻扎。这是历史上经过骆驼城最大的一支驼队，也是骆驼城成名的发端，从此骆驼与这座古老的城池结下了不解之缘。两万骆驼驻扎此城，这在中国历史上、世界历史上也是没有的壮观景象，以此盛大的驼队为这个城池命名，实属当之无愧，但这也只是一个传说，骆驼城的名称由来至今也是一个难解之谜。

据史料记载和学术考证，今天的骆驼城遗址所在区域属西汉"表是县"。骆驼城的历史最早可以追溯到汉武帝时期，汉武帝元鼎六年（前111），在河西黑河中游地区设表是、乐涫、绥弥三县，归属酒泉郡。据《后汉书·五行志》记载，东汉灵帝光和三年（180），表是县发生了一次大地震，官寺、民舍全被震毁了，大大小小的余震一直从当年秋天持续到第二年春天。地震后朝廷下旨另选县址，据史书记载和学术考证，骆驼城为西汉表是县地震后迁于距县城西南20千米处新建的治所。西晋灭亡后，割据河西的前凉张氏政权为安置关内来投的难民，在骆驼城故址建郡，并以东晋王朝都城"建康"来命名，借此标榜效忠晋王室，争取北方汉人的支持。335年，表是县升格为建康郡，隶属于凉州，建康郡成为丝绸之路上重要的军事重镇和中西文化交流的融汇地。前凉于376年被前秦所灭，建康郡易主。淝水之战前秦苻坚失败后，雄心勃勃的前秦将领吕光乘机占领河西拥兵自立，次年又镇压了以张大豫、王穆为首的前凉残余势力在建康郡举行的叛乱，并于386年建立后凉，委任参军段业为建康太守。397年，段业被卢水胡沮渠男成等人推举为主，改元神玺，建立北凉，段业自称凉王，改元天玺。401年，沮渠蒙逊发动兵变将段业杀害，自立为王。骆驼城作为北凉政权的发祥地从此正式登上历史舞台，成为人们常说的"北凉故都"。407年，敦煌太守李暠任冠军大将军、凉公，改元"庚子"，史称"西凉"，疆域东自建康，西至鄯善。此后，骆驼城就成了北凉和西凉双方征战中拉锯的战场。东晋义熙元年（405），沮渠蒙逊侵袭西凉国，发兵进攻建康郡。沮渠蒙逊自段业自称凉王后，为与西凉李暠争霸，于405年增筑了建康郡城。

建康郡下辖福禄县，也就是今天的肃州城区一带。有趣的是，西汉与东汉两朝，经过王莽乱国后，福禄县曾经更名禄福县，在历经北魏、北周250年后至隋代被撤销建置重新叫回了福禄县。

唐武后证圣元年（695），武威道总管王孝杰在这里建了军队，也就是建康军了，当时驻军有5300人，战马500匹，成为甘、肃两州之间的军事重镇。郡与军虽一字之差，但反映出地方行政与军事管制两种管理体制，军有大军、中军、小军之分。大军的建置是万人左右，中军五千人左右，小军三千人左右。建康军是中等军，最多时，屯兵五千三百人。唐大历元年（766）甘州在吐蕃大军铁蹄下失陷，建康郡被吐蕃攻入，城内军民惨遭屠掠，再不复昔日盛景。骆驼城东接张掖，西向酒泉，顺着黑河北上直达居延海进入内蒙古高原，往南翻越祁连山可以进入青藏高原。骆驼城就处在这样的关键位置，不仅是河西走廊东西通道上的一个纽带，更是保障丝路畅通的一道边关重镇，兵家必争的军事要塞。《资治通鉴》记载，407年，北凉和西凉打仗，在骆驼城俘虏了3000户人家。当时一户平均超过5人，说明骆驼城有一两万人，可见当时的繁华程度。自河西陷落吐蕃至明代近700多年，骆驼城先后被吐蕃、回鹘、党项、蒙古等游牧民族所占据。

神秘的骆驼城曾让后人产生了许多遐想，也留下了很多传说。相传，西夏王李元昊在攻打由回鹘骆驼王子镇守的骆驼城时，因城池坚固久攻不下，便命人用乱木、骷髅镇住了从山上流向骆驼城的"臭门泉"。断水后骆驼王支持不住，以土丘水缸假制米山面岭、油缸醋井来迷惑城外重兵，摆出誓同来敌一决死战的架势，而在背后则调兵差民开挖了一条自城中直通往今罗城红寺坡的地道。一个月黑风高的夜晚，骆驼王用饿马摇铃、悬羊擂鼓的手法掩敌耳目，他自己则率领城中军民老少潜入地道悄然远遁。虽然这只是一个传说，但不难看出从这则故事中体现出来的智慧，骆驼城不管是否曾经居住过骆驼王，能够用饿马摇铃和悬羊擂鼓的方法来迷惑敌人进而逃生，就足以说明这里的人们智商不差。

骆驼城遗址由南北两部分组成。南北两城仅一墙之隔，总面积30万平方米。南城南北长494米，东西宽425米；北城东西长425米，南北宽210米。东、西、南正中各辟一门，门外皆有方形瓮城。城内西南角又有一座南北长

132米、东西宽79米的小城，俗称"宫城"，城内有古井一眼。北城俗称"皇城"，面积为6.54万平方米，南面正中筑方形瓮城，开东、西向城门，与南城相通。城垣四角均有6米×6米的方形角墩。两城现存墙垣总长1933米。城内地表遗存有汉、唐时代的砖、瓦、陶片，北城内有建筑遗迹9处。城内地表散见焦兽骨、灰陶片，出土过汉五铢钱币、陶纺轮、唐代铜器和铁器等。从整体设施上看又分外廓、宫城、皇城三层，外城的瓮城、马面、敌台、角墩、城垣等辅助设施一应俱全，基本完好。在城西南2千米处，还有俗称"羊蹄鼓城"的小方城，长55米，宽40米，向东开一小城门，系主城外围防御堡垒，二者遥相呼应，互为掎角之势。统观全城，结构严密精巧，气势宏伟雄壮，历经千年仍巍然屹立，充分展示了古人在军事工程设计施工方面的高超水平。

遗址周围还有城南墓群、城东墓群和五座窑遗址。墓群以城址为中心，分布在城南、西、北三面。城南墓群距城址南2千米，面积27平方千米，有封土墓葬2000余座。封土堆呈圆形或方形，有土圹墓和砖室墓两种。出土有大量的彩绘画像砖，内容有伏羲、女娲、农耕、畜牧、家居等，并出土有前凉时期的木牍、木俑及西晋时期的彩帛旌铭、木版画。城西南墓群距城址西南1千米处，墓葬均为高大的方形夯土墩，土墩底边长6—8米，高5—6米，为五凉时期墓葬，经发掘为砖室墓和土圹墓，出土有彩绘画像砖、胡运子衣物疏、红纱旌铭、青海神树等。城北1.5千米处有古窑址9座，窑底周长50米，窑高8—10米，地表散见大量砖瓦、陶器残片和少量墓葬。

考古工作者在遗址内采集到了大量的汉晋玉铢和唐开元古币及汉、魏晋铜印、箭镞，城南墓群出土的魏晋画像砖、猴形木印、汉晋纪年简牍、彩绘木马、木版画、木尺、西晋纪年彩帛旌铭，五座窑出土的魏晋帛书等珍贵文物，为研究古代河西历史提供了丰富直观的资料佐证，受到国家文物部门的高度重视，多次出国展出，在国际考古界引起强烈轰动。2002年8月，甘肃省考古研究所在北城西南角进行考察性考古发掘，发掘面积1000多平方米，出土文物有唐代开元通宝钱币和方形莲花纹地砖，据此判断北城最上面地表为唐代文化层，并根据房屋柱基被火焚烧的遗存推断，骆驼城的废弃，与一场大火有关。同时还发掘出一眼砖砌水井，深5.7米，表明在唐代，骆驼城地表水位在

5米左右，现骆驼城周围打井，出水层在34米左右，地下水位在千余年历史过程中下降30米左右。地下水位逐年下降，也与骆驼城的废弃密切相关。

骆驼城是地处河西丝绸之路中部的大型汉唐古文化遗址，具有保存完整、分布区域广泛、历史脉络清晰和文化内涵丰富的特征。遗存丰厚，包括古城、墓葬群、古窑址、农耕区、古代防护工程等种类，呈现出以古城为中心、以周围墓群为重点的分布格局，集中地反映了古代丝绸之路沿线经济开发、文化交流、民族融合的历史事实，是国内现存最大的保存较完整的汉、唐古城遗址。古城遗址曾出土的珍贵文物，部分已被国家文物局专家鉴定为国家一级文物。骆驼城遗址现已出土的数百块彩绘壁画砖，全景式地反映了汉唐时期张掖的绿洲屯田、西塞牧猎、交通出行、歌舞宴乐、远古神话等多方面的社会生活，从一定程度上反映了当时的社会经济生活，它对研究河西历史、社会经济都将起到十分重要的作用。1996年，国务院公布骆驼城为第四批全国重点文物保护单位。骆驼城遗址向西8千米处是许三湾城及墓群，2001年被列为第五批"国保"单位。这一带有可见封土墓葬8000余座，是国内分布最密集、保存最完好的特大古墓群。2013年，这两处国保单位同时被列入国家"十二五"期间重要大遗址名单。

清代沈青崖任西安粮道军需官驻留甘州，曾留诗道："榆木山前古建康，南郭风景绘屯庄。两行高柳沙汀暗，一派平湖水稻香。紫燕啣泥穿曲巷，白鸥冲雨过横塘。当年画舸中流处，谈笑行兵寄羽觞。"这首诗道出了当年故城周围人丁兴旺、水清树茂、阡陌纵横的田野风光秀色。从诗中可以得到一条信息，那就是清初的骆驼城还没有彻底沦为荒漠，虽已不再是人们居住的村庄城镇，但绿意盎然的植被应该还是比较茂盛的。不过，有资料显示，在元时沿涤沟、黑泉、高台一线设置驿站，骆驼城却不在驿路上，想必那个时候此地已经没有人居住，也不适合担任驿站联络事宜了，后来随着河西走廊生态恶化才慢慢荒废的吧？

古城废弃，在时光中荒芜，城墙却像不屈的战士犹在风沙中屹立。骆驼城见证了汉唐最耀目的辉煌时代，目送着丝绸之路上驼队的西去东来，鲜衣怒马的将军扬鞭出征战旗猎猎，聆听过僧侣们晨钟暮鼓里的梵音清唱，胡汉一家以物易物的笑语嫣嫣，也饱览了祁连黑水间一场场春华秋实、雪落甘州。这座沧桑的古城，是各民族相互交流融合的见证者，也是东西文化传播的见证者。

张掖有个乌江镇

一说乌江，几乎所有人都知道那是八百里皖江第一镇，还知道有个乌江榨菜吧？但是，今天我要向大家介绍的却是大西北丝路古城张掖市甘州区的乌江镇，一座与西楚乌江南北相隔数千里，又同样拥有历史底蕴的千年古镇。西楚乌江因霸王项羽而名动天下，甘州乌江没有楚霸王的挥剑一刎壮烈，却是以盛产稻米进贡皇家而享誉塞上。

甘州乌江镇地处张掖盆地北端，黑河南岸的平坦和丰沃给了这片土地得天独厚的优势，让乌江镇有了水稻种植的条件。南方人很难想象，在风沙怒卷干旱贫瘠的甘肃西部有水稻田，更不敢相信甘州出产的大米居然还是皇室贡米。那我要告诉你，大西北的神奇在张掖可谓展现得淋漓尽致了。这里北接沙漠，南依雪山，黑河贯流，湿地连片，高山与河水相握，雪域和草原共生，既有沙海绿树、不乏涛声枕梦……张掖就是这么任性！

乌江镇的稻浪连畴水鸟啁啾，早已不是什么鲜见的景色，远在唐代这里引入水稻开始，便注定了张掖的丰饶会成就一个名副其实的塞上江南鱼米之乡。唐代的甘州是水泽成片、芦苇丛生的湖泽之地，奇异地区别于河西其他郡城，大漠戈壁似乎对这里格外优待，总是小心翼翼地绕道而过，张掖绿洲在河西走廊便显得尤为珍稀。乌江镇，就这样带着江南水乡的诗意，在大西北的甘州铺展开来，就连稻田间纵横的阡陌都拥有了唐诗的意味、水墨的典雅。

乌江镇种植水稻的历史有史可考，1300多年前的盛唐时期就开始了。隋末唐初战乱，河西"州县萧条，户口鲜少"。贞观十四年（640），侯君集进军高昌，河西负责军粮运输，负担沉重，结果使河西"十室九空，数郡萧条，五年不复"。唐王朝不得不采取休养生息和鼓励农耕政策，发布《田令》和《赋役令》，大力推行移民实边。贞观初，唐朝政府共招集汉族流亡人口、突厥降卒120万人，大部分被安置到西北，兴水利，设屯田，发展生产，使河西走廊农耕达到又一高峰。乌江稻米就是这个时期引入并落户甘州的，但初期种植只是尝试性阶段，大面积水稻种植应该是从686年陈子昂奉武则天之命到河西巡视展开的。

陈子昂是初唐有名的诗人，在政治上也富有远见，他在巡视河西后给武则天的《上谏武后疏》中指出："甘州所积四十万斛，观其山川，诚河西咽喉地。"他有针对性地提出，甘州诸屯，皆因水利，浊河灌溉，四十余水泉良为沃，不待天时，岁收二十万斛。这只是在通常情况下的产量，如果挖掘潜力，还可以有更大的收获。所以，陈子昂分析道："宜益屯兵，外得以防盗，内得以营农，取数年之收，可饱士百万，则天兵所临，何求不得哉！"武则天看后大为欣赏，颁布法令鼓励甘州种植水稻。701年，郭元振任凉州都督时较好地贯彻了这一战略。他命甘州刺史李汉通恢复屯田，兴修水利，仅甘州所属的甘州军就屯田19屯，大斗军（今民乐扁都口北南丰地区）16屯，建康军（今高台骆驼城）15屯，共计50屯（按：每屯50顷，每顷100亩，即25万亩）。

《旧唐书·郭元振传》载："武后长安元年，甘州刺史李汉通置屯田，稻丰收稔，一缣数十斛，积军粮数十年。"这是乌江种植水稻最早的记载。甘肃近代学者慕少堂在《甘州水利溯源》一文中考证，甘州的盈科渠、大满渠、小满渠、大官渠、永利渠、加官渠等，皆为唐朝兴建，可灌溉46万亩。可见郭元振、李汉通治下的河西人民殷富，粮食丰足。以至于到了宋朝，司马光还在《资治通鉴》中评说这一时期："自安远门（长安西北第一门）西尽唐境万二千里，闾阎相望，桑麻翳野，天下称富庶者无出陇右。"

西夏占据河西时，黑河流域的张掖绿洲和额济纳屯田区都成为西夏的重要粮仓。《元史》中更有记载说，董文用以中兴省郎中身份到河西督垦，开渠引水，从中兴（今银川）引进稻种，仿宁夏之法种植，视为改进水稻种植良法，在黑河沿岸的甘州区乌江镇一带种植成功，乌江稻米一度成为贡品。

明朝更加重视黑河流域的开发，"欲兴屯田、必开水利"是历任地方官的主导思想。洪武二十五年（1392），右佥都御史杨博"巡抚甘肃，大兴屯利"。1397年，朱元璋命肃王朱楧前往甘州"督军屯粮"，在巡抚都御史杨博指挥下，甘州五卫大兴水利，他亲率募兵在城西修建了木龙坝渠，即龙首渠；与指挥使张廷辅在张掖城东修建了东泉渠，与副使石永在城东南修建了仁寿渠，赢得了与宁夏引黄灌区一样的声誉。《重刊甘镇志》记载，明朝张掖境内的引水渠道多达110余条，除整修旧渠外，新修渠道近50条。《中国大百科全书·水利》载，当时张掖有灌溉面积11749顷，遂有"金张掖"之称。而明代郭绅诗文："甘州城北水云乡，每至秋深一望黄。穗老连畴多秀色，实繁隔陇有余香。"就是甘州水稻种植盛大场面的生动体现。

黑河由南至北，纵贯乌江全境，途经谢家湾、元丰、贾家、乌江、管寨、平原、永丰、小湾、大湾等12个村，镇域内湿地面积3.2万亩，占辖区总面积的23%，是甘州区湿地面积最大的乡镇。乌江水稻自唐代屯田时落户甘州，历经元、明、清数百年发展，面积不断扩大，品质逐步提升，特别是白芒稻和黑芒稻，因其体长个大、外形独特、晶莹剔透、口感筋柔、米香浓郁，被当作贡米进献皇宫而赢得"皇家贡米"的美誉。1995年，原国内贸易部授予乌江大米"中华老字号"称号。乌江大米能在中国万千稻米品种中脱颖而出，有其不可复制的优势，张掖人将其归结为以下几个方面：

其一为水。祁连雪水孕育的黑河，出莺落峡口后，大部沿主河道流淌，小股则渗透地下。因乌江地势低下，至今仍有万眼泉水汇聚，形成数条支流。雪泉之水，冰清玉洁，种植水稻得天独厚。

其二为土。乌江是一块因水而生的福地，水润之处皆为湿地，占其全境三分之二，湿地土层中厚积腐质物，其色黄中透黝黑，黏稠而不失疏松，多为潮平土、潮立土，面积约有8000亩，多在平原村、东湖村地带，为水稻所独喜。据地质勘测，这里硒元素高出正常值的两倍，为河西走廊富硒地带，是优质农产品绝佳生产地。

其三为光。张掖地处北纬38度，光照时间足，昼夜温差大，乌江水稻生长周期180天，年日照3000小时以上，是南方普通大米的两倍，使稻米直链淀粉降低，有机干物质增多，稻米不佐菜肴而香气四溢。

其四为纯。河西走廊为南北两山夹峙的孔道，外来物种与病毒不易入侵，乌江水下土壤中天然肥料充足，使得水稻品种纯良，几无病虫害侵扰，不需要施化肥喷农药，为天然绿色环保食品。

如此四者兼具者，全国产稻区绝无仅有，乌江贡米因此获得了自己的名声与尊贵。

20世纪末，由于品种退化，产量骤减，出米量低，种植面积逐年萎缩。加之彼时张掖大力推进节水农业，作为高耗水作物的水稻种植面积大幅缩小，久负盛名的"乌江贡米"更是逐渐销声匿迹、濒临灭绝。2013年起，张掖市开展抢救性保护。2015年，专家在靖安乡新沟村村民曹学林家找到28粒"黑芒稻"。同年10月，这28粒"黑芒稻"被带往湖南省农科院海南繁育基地进行提纯复壮和种子扩繁并获成功。2016年4月，扩繁后的1200多粒"黑芒稻"种子"荣归故里"育出新苗，5月，在乌江镇栽培示范基地插秧种植。

28粒种子经过6年扩繁，面积从当初的0.4亩扩大到后来的3000亩，亩产从不足200公斤到350公斤，价格一路攀升至每公斤50元，基地规模和品牌效益逐年提升，2018年获得农产品地理商标认证——"乌江贡米"，这块"金"字招牌被重新擦亮。在南京举行的第二届"中国'好米榜'暨优质农产品展销会"上，张掖"乌江贡米"从全国13个省的313家同类产品中脱颖而出，荣获金奖，成为消费者信得过的优质农产品中的"王者"，再次叩开全国大门。

每到秋夏之际，乌江镇稻花弥香，水天一色，鱼翔浅底，鸟鸣晴空，如果不去看祁连山顶那一抹晶莹，当真让人有置身江南水乡的错觉。只是，甘州乌江镇到底不同江南，少了那份朦胧缠绵，多的却是天高云淡。徜徉在黑河与山丹河交汇冲击而成的这片平原上，总会被眼前的美景所震撼，为满目的葱茏葳蕤而倍觉舒心，看田间村陌安然宁静，聆听炊烟与清风的慢吟低唱，一股来自生命深处的感动便忍不住充盈肺腑，心旷神怡之余连心境都倏然通透起来。然后，不由得哼唱起那首脍炙人口的歌曲来："一条大河波浪宽，风吹稻花香两岸，我家就在岸上住，听惯了艄公的号子，看惯了船上的白帆……"真的很怀疑，这歌里唱的就是甘州乌江景色。再一回味，不觉失笑，祖国美好处处盛景，哪里又单单是一处、一地就能说尽大美中国之广博，览尽华夏山水之灵秀的呢？

THE
BIOGRAPHY
of
ZHANGYE

张掖 传

甘州回鹘裕固起源

第九章

热情好客的裕固族姑娘　　　　　　　　　　　　　　摄影：王怀民

漫长的西迁之路

回鹘（纥）是我国北方一个古老的少数民族，长期生活在蒙古高原上，是古代丁零人的后裔。丁零人是前5世纪游牧在我国最北方的民族，分为东西两支，东支游牧于当代的贝加尔湖以南地带，西支游牧于当代的额尔齐斯河和巴尔喀什湖之间。匈奴人西迁后，丁零人也逐渐南移。

回纥部众早期在漠北游牧，到5世纪左右时，迁到了土拉河及天山北部一带游牧。6世纪中叶居住在阿尔泰山一带的突厥部崛起，建立了汗国。突厥汗国最盛时，其疆土广阔"东自辽海以西，西至西海万里，南自沙漠以北，北至北海五六千里皆属焉"。这是一个强大的部落联盟，之所以能在短时间形成一个疆域广大的帝国，其依仗的也是强大的军事力量。但是，由于没有共同的文化和经济基础，一旦军事优势被打破，就会迅速四分五裂，或者出现另外一个强权人物后也会发生分裂。

唐贞观年间，突厥趁大唐立国未稳大举南下，铁蹄直逼唐都长安城下。当时突厥号称百万之师，诸部集合兵马达二十余万，在兵力和战力上占据绝对优势，而长安城只有三万守军，唐庭官民几乎丧失了守城的信心，一度动起了迁都洛阳的打算。唐太宗李世民新皇即位，正是需要证明自己提振大唐威名的时候，他力排众议不肯迁都，自己身先士卒带头守城，为官民抵御突厥鼓舞了士气。随后，李世民和一众大臣抓住突厥内部并不统一的短板，一面积极备战等待援军赶来，一面派人暗中到突厥各部进行游说，最终策反了契苾何力一部。突厥颉利可汗天性多疑，麾下各部落首领更是各有打算，这支看似声势浩大的联盟军因为缺乏统一协调，彼此间又互相猜疑防备，在唐援军赶到长安后李靖统军十万分六路反攻时，竟然不遵号令一哄而散，唐军生擒了突厥颉利可汗。几年之后，唐军又击败西部突厥。后来突厥人利用唐政府忙于和吐蕃之间大战，东山再起，成立汗国，人们称之为后突厥。后突厥在游掠过程中不断受到中原王朝的打击，最后内部四分五裂，分别被唐王朝接管安置。

在突厥与大唐你征我伐的斗争中，回纥人逐渐壮大，形成了以回纥为中心的部落联盟，主要由九个部落组成，史称九姓回纥：回纥、仆固、浑、拔野古、同罗、思结、拔悉蜜、葛逻禄、契苾。回纥部的首领则世袭产生于回纥部的"可汗姓"，即"药罗葛氏"。

回纥在发展壮大的过程中充分利用了唐王朝和突厥人之间微妙的关系。他们先后帮助唐军攻突厥、伐朝鲜、消灭薛延陀。唐玄宗天宝三年（744）封回纥首领骨力裴罗为怀仁可汗。后来，回纥人攻杀了突厥的最后一任可汗白眉可汗后，建立了东起兴安岭西至阿尔泰山之间的大汗国。回纥和唐王朝自始至终有着良好的友谊，帮助唐王朝平定了安史之乱，收复长安和洛阳。虽然回纥兵在帮助唐王朝的同时，也对他们所经过的农业地区进行了大肆抢掠，尤其是收复东京、洛阳后，回纥兵"入府库收财帛，于市井村坊剽掠三日"，甚至还纵火焚烧寺院，死亡达万人，但在总体上唐王朝和回纥保持了比较好的关系。

据记载，在唐肃宗到唐宪宗的五十年间，唐王朝有7位公主嫁给回纥可汗，而回纥可汗也给唐王朝进贡了宝马、貂裘等珍品。唐贞元四年（788）回纥自请改为回鹘，主要是取"捷鸷犹鹘"之意。鹘是一种鸟类，主要是指隼科，人们常常把游隼称为鹘，把燕鹘称为土鹘。杜甫曾有诗云"高堂见生鹘，飒爽动秋骨"。

到9世纪中叶，在天灾人祸的影响下，回鹘人开始走下坡路，长期受回鹘人统治的黠戛斯人趁机起兵，进攻回鹘都城。840年，他们杀了回鹘宰相及可汗，焚毁了回鹘人的王宫。回鹘人各自逃生，分成三支：一支迁到吐鲁番盆地，他们称之为高昌回鹘或西州回鹘；还有一支迁到葱岭以西的楚河一带，即葱岭西回鹘；一支迁到河西走廊称为河西回鹘。

河西回鹘又称甘州回鹘，是9世纪晚期至1028年间由河西地区的回鹘人以甘州为中心建立的民族政权。这一时期，正是中国历史上大动荡、大分裂的时期。先是五代十国的对峙，继之又是辽、宋、西夏的争锋。中原如此，西北地区亦是如此，各藩镇、各民族乃至各州县都自有政权，俨然独立王国，互不统属。甘州回鹘人于9世纪40年代迁入河西走廊时，正是吐蕃统治大西北的末期，他们先归吐蕃所属，河西被张议潮收复之后转而又受到归义军政权的统治。9世纪晚期，甘州回鹘的势力得到迅速发展，终于摆脱了归义军政权的统治，以独立的姿态登上了历史舞台。

其实，在吐蕃攻取河西和归义军起义收复甘州之前，回鹘早就在河西有所活动。根据新旧《唐书》的记载，早在唐太宗贞观六年（632）就有回鹘部——契苾部六千余家在契苾何力的率领下入关降唐，契苾何力部因为有相助李靖大败颉利可汗的战功，战后便被唐朝安置在甘、凉二州。唐高宗初，另一支回鹘部落首领婆闰曾助唐平定突厥叛乱，立有战功，唐由此而于总章元年（668）迁其有功部落于甘州长居。这两支回鹘人就是甘州回鹘最初的原住民。武则天时，突厥进攻漠北回鹘的根据地乌德鞬山，一大批回鹘人遂在其酋长的带领下南奔甘、凉之间，唐取其精骑充赤水军。安史之乱爆发后，吐蕃攘有河西，当地回鹘遂成吐蕃部属。840年以后，更有大批的回鹘人自漠北迁往这里。由今张掖（今甘州）北出额济纳河（今黑河）、居延海抵蒙古国翁金河流域一线，自古以来就是河西地区与漠北的交通要道。回鹘人沿该道从漠北南来自是情理中事。

在河西地区，甘州是回鹘人较为集中的聚居区，此外尚有散布在河西和陇右的诸多部落，见于记载的有贺兰山回鹘、秦州回鹘、凉州回鹘、合罗川回鹘、肃州回鹘和瓜、沙州回鹘等。

吐蕃对回鹘的统治为时不长，842年吐蕃王国发生内乱，统治阶级分裂为两派，互相争战。848年，沙州土豪张议潮乘吐蕃内乱之机发动起义，得到各族响应，很快推翻了吐蕃在沙州的统治，接着又出兵攻占了瓜、伊、肃、甘、鄯、河、西、岷、兰、廓十州。唐宣宗置归义军于沙州，以张议潮为节度使。河西回鹘诸部遂归张氏归义军所辖，其后势力逐步壮大。

至于甘州回鹘何时独立建国，学界则见仁见智，说法不一。有的认为立国时间应在884年以前，也有人认为是在872年，此外还有将立国时间定在884—887年、890年、894年、895—900年及10世纪初等多种意见。概言之，至迟于10世纪初期，甘州回鹘国已经建立，并经过不断的东征西讨，基本上控制了河西地区。境内民族除回鹘外，还有汉、吐蕃和党项等。

甘州回鹘立国之际正是河西地区强势迭起，民族变迁频繁，战乱纷繁的时代。吐蕃之强盛、西夏的崛起、沙州归义军政权的存在，都对甘州回鹘的生存构成极大的威胁。于是，甘州回鹘便采取了远交近攻的策略，积极发展与中原地区的关系，与后梁、后唐、后晋、后汉、后周及辽、宋等都建立了良好的政治经济往来关系，特别是同中原地区的五代政府和北宋王朝，甥舅相称，贡使往来十分频繁。1001年，甘州回鹘遣使曹万通入宋朝贡，与之建立了反西夏联盟。此后，甘州回鹘屡屡向西夏发难，给西夏以沉重打击，并从其手中夺取了河西重镇凉州，基本上将西夏势力逐出了河西。但此后，西夏势力不断壮大，而回鹘内部却因缺乏统一的集权和割据势力增长而日渐衰退，1028年西夏发动第七次大型战役，趁着甘州回鹘重兵支援凉州应对吐蕃攻打，甘州兵力空虚之际实施突袭，甘州回鹘回防无力就此灭亡。

甘州回鹘牙帐

牙帐，即中国古代将帅出征时所居住和处理事务的营帐，对少数民族政权来说，则是他们建立国家后的首都。在古代史上，西北边境如匈奴、鲜卑、羌、铁勒、柔然、回纥、突厥、沙陀等少数民族都先后建立过政权，以牙帐为领导中心向周边扩张疆域，最高领导人称可汗。甘州回鹘在甘州站稳脚跟后，也建立了牙帐，这应该是第一个建立在中原王朝政权管辖土地内的少数民族牙帐。

唐会昌二年（842）庞特勤率十五部西迁，其中一部留居河西，庞特勤在甘州称可汗。也有人认为，庞特勤西迁到安西都护府所辖的龟兹、于阗、疏勒、碎叶一带。在甘州者为其一部，奉庞特勤为始祖。还有从幽州流落而来的回鹘。迁移到河西走廊的回鹘，分散在张掖、酒泉、敦煌、武威以及天水、贺兰山等地。它们相互之间并不统属，其中进入甘州的回鹘势力最为强大。据记载，唐大中五年（851）张议潮在收复甘、肃、兰等十州后，派遣使节向唐王朝汇报，由于东去的道路被吐蕃人占领，张议潮的使者只好借道回鹘，经合罗川（今额济纳）东行，最后抵达唐王朝天德军驻地。第二年，在张议潮的默许下，庞特勤首次进入甘州的删丹（今山丹）驻牧，并且在此设立牙帐（王廷），唐王朝也册封庞特勤为怀建可汗。自此，这一部被人们称为甘州回鹘。由于甘州回鹘一直和周边的民族如吐蕃等保持了良好的和睦关系，以甘州为中心的回鹘人开始逐渐发展壮大，最多时人口达到 30 万人，成为一个大部族。

甘州回鹘在山丹修建了规模巨大的城市。史料中介绍，甘州回鹘新建的城市占地 25 平方千米，是仿照前回鹘汗国都城修建的，城墙高达 10 米、碉楼高 12 米、望楼高 14 米。人们需要一天时间才能穿过这座城市。后来，有位大食的作家看到此城后，误认为这座城就是中国的王城。对于这座回鹘城的具体位置，有人认为在当代山丹的大马营，也有人认为在民乐县永固南的马营墩一带，因为历史久远，回鹘城没有得到继承保护，现在已经很难确定其真正的地理位置了。

唐末宋初，生活在今陕西、甘肃、宁夏三省交界处的党项人崛起，党项首领李德明建立了西夏政权。西夏多次发动夺取武威、张掖的战争，以图占据河西走廊要道，面对西夏的强势来袭，甘州回鹘只能和凉州的吐蕃六谷部结成联盟共同抵抗。在西夏初建与甘州回鹘的较量当中，党项人六次偷袭甘州都铩羽而归，没能完成对河西走廊的控制。当时西夏正与辽国打得火热，不仅与辽联姻巩固盟友关系共同对抗大宋，同时也把这种关系延伸到了与河西各地的战斗当中。西夏拿不下甘州，便联络辽国来助拳。宋真宗大中祥符三年（1010），辽国西北招讨使萧图玉攻破肃州，给甘州回鹘以极大的打击。宋仁宗天圣四年，辽国又派兵围攻甘州回鹘城，甘州回鹘也是血雨腥风中锤炼出来的民族，自然不肯甘心战败。因此，在辽国对甘州长达四个月之久的围城战中，甘州回鹘倾举国之力抵抗住了这次艰苦的困局，迫使辽国最终退兵而去。甘州虽然没有被辽国攻克，但国力损耗巨大，甘州回鹘迫切地需要休养生息。而夏辽联盟不会给予他们喘息的机会，随着李元昊这颗帝星的迅速崛起，针对甘凉地区的河西大战方略逐渐成熟。

1028 年，年仅二十四岁的李元昊亲自挂帅，采用迂回战术对凉州实施突袭。李元昊放弃了过去先攻甘州再取凉州的老战术，集结重兵围攻凉州，盘踞在凉州的六谷蕃部无法独立对敌，便向与他们一向亲厚的甘州回鹘求救。甘州回鹘义气为先，联想到与六谷部长期以来的友好互助，以及六谷部被灭自身更是独木难支的战略形势，毫不推辞便派数万大军倾巢而出去支援凉州。岂不知，这一举动正中李元昊的下怀，引甘州回鹘驰援凉州，趁虚而入攻取回鹘牙帐才是本次战役的重点。甘州回鹘不明就里，一心只想着助人为乐却令自己的大本营失去防守，李元昊看准了甘州回鹘防卫空虚，连夜率轻骑疾进，直捣河西心脏腹地甘州突袭回鹘牙帐，甘州沦陷。等回鹘兵将发现这一切都是场阴谋时，回援甘州已经来不及了，而远在沙州的回鹘分部曹贤顺带兵来援也是远水解不了近渴，兵马还未到甘州，回鹘牙帐业已失陷。西夏军势盛大，回鹘可汗在城破之时自焚而死，后妃和子女都被李元昊所掳，其余部将逃的逃、降的降，眼看回鹘再无翻盘的可能，曹贤顺只得率部归降。

而另一边，甘州回鹘兵马两面都未能救援得当，凉州守将西凉府知府丁惟清战死，甘州回鹘回撤之路也被堵死，无奈只能和吐蕃六谷部苦苦坚守凉州，却大势已去。六年以后，已经因战功受封太子的李元昊再取凉州，甘州回鹘和六谷部军心涣散力不能抵，凉州城破，甘州回鹘大部分逃往葱岭以西，一小部则归附了宋朝，还有些人被党项所俘虏。另一部退向西南，同原先驻牧于沙州、瓜州的回鹘人会合，退守瓜、沙以西以南的地方。这时，他们还拥有相当的势力，迫使西夏政府不得不派一支三万人的常备军驻守瓜、沙二州。这些回鹘部众被人们称为黄头回鹘，为何把他们称为"黄头回鹘"呢？人们有过多种解释，有人认为，他们的头发是黄色，也有人认为他们喜欢用黄色，其实，黄头是指这些回鹘是回鹘人中的皇族，故而被称为黄头回鹘。元代称这些人为"撒里畏吾"，明代称之为"撒里畏兀儿"。"撒里畏吾"是突厥语，撒里是黄的意思，畏吾则是回鹘的转音。1036年，继位西夏皇帝的李元昊又亲率大军西取瓜州回鹘，在占领了沙州之后回师攻克肃州，一举拿下整个河西走廊的控制权，甘州回鹘彻底结束统治，西夏则成为与辽、宋三足鼎立的大国。

甘州回鹘地狭人少，国力不足，但所处的位置却正在丝绸之路的咽喉要地，四面为各大强势所绕，自其成立的那天起，就一直面临着生存危机，西面的沙州归义军,金山国政权及来自东北方的西夏为吞并河西走廊,进而控制丝绸之路中西交通要道,一直对甘州回鹘虎视眈眈。对身处夹缝中求生存的甘州回鹘来说,如何处理好与周边民族、周边政权的关系,一直是其基本政策的主导宗旨。

在甘州回鹘政权存在的一个多世纪间,与中原王朝保持着密切的政治、经济、文化联系,除派遣使者朝贡,并接受其册封和回赠外,同时还以"朝贡"的名义和方式进行贸易活动。史载:"当五代之际,有居甘州、西州者尝见中国,而甘州回鹘数至,犹呼中国为舅,中国答以诏书,亦呼为甥。"

回鹘西迁河西后,由于力量大衰,故而与唐王朝的联系要比漠北时代少得多。天复二年(902)唐昭宗被劫往凤翔,"灵州节度使韩逊,表回鹘请率兵赴难。"但未得到允许。天祐二年(905),唐朝被后梁(907—923)所取代。其后不久,回鹘便与之建立了联系。史书中关于中原王朝与甘州回鹘贡使关系的记载极详,同时敦煌文书中亦有相关的记述。

从史实看,甘州回鹘与中原王朝的贡使关系大致可概括为三种情况:

首先,政治性的。一方面,甘州回鹘新建牙帐于甘州,作为一个远道而来的入足者,要在别人的地盘上硬占去一片领地,并要获得周边政权的认可,特别是以汉人为主的沙州政权的认可,首先要得到中原王朝的承认和支持,因此请求中原王朝予以册封就是最有效的办法;另一方面,一些迹象表明,其与中原王朝在一定程度上还存在着军事联盟关系,这对甘州回鹘应对沙州与西夏是极为有利的。

其次,商业性的。中原王朝需要来自甘州回鹘或通过甘州回鹘输入的马匹、医药、香料、宝玉等,而甘州回鹘对来自中原的丝绸、服饰、金银器皿等则抱有渴望。经济上的互通有无,使双方都受益良多,尤其是回鹘的战马,对加强北宋的军事力量具有不可忽视的作用。

最后,我们见到的更多情况往往是其政治性与经济性双重目的共存,即以甘州建牙帐与控制丝路的交通和贸易之双重目的共存,寻求中原王朝的承认及支持与加强朝贡贸易并求得最大经济利益之双重目的共存。但是,唐朝经过安史之乱后国力急剧衰弱,本为附属国的回鹘借着出兵帮助唐王朝平乱的便利，采用劣马易物强迫交易，在唐中末期广泛存在于中原与西域回鹘之间的贸易交往当中，一度被中原官民视为祸患。

唐朝对外贸易十分繁荣，长安街各国商贾络绎不绝，来自亚洲、非洲的商人行销珠宝、玉石、香料、稀有珍奇动物、药材、马匹以及土特产品，又运走中国的丝绸、瓷器。其中回纥（后更名为回鹘）是与唐朝关系最密切的少数民族。755年安史之乱爆发，唐朝实力不足，向外借兵平叛。756年、757年、762年，回纥三次派大军助唐平叛，收复长安、洛阳、河北等地。唐朝大加赏赐，双方和亲，葛勒可汗嫁女给唐朝敦煌王，唐朝6位公主先后嫁给回纥，双方保持着紧密的政治、经济和文化往来。与此同时，双方开始长期的绢马贸易，唐朝以40匹绢换取回纥一匹马，这个价格远远高于唐朝和突厥的交易，当时突厥一匹马的价格不到30匹绢。为了维持双方的关系，唐朝只能吃哑巴亏，但回纥每年动辄以几万匹马向唐朝倾销，80年中一共向唐朝倾销300万匹马，换回12000万匹丝绸。安史之乱后，唐朝对战马需求减少，数量如此庞大的绢马交易给唐朝造成极大的经济负担，再加上战乱，国库空虚，根本拿不出这么多绢交易，造成债台高筑。《旧唐书》为此记载："回纥恃功，自乾元之后，屡遣使以马和市缯帛，仍岁来市，以马一匹易绢四十匹，动至数万马。其使候遣继留于鸿胪寺者非一，蕃得帛无厌，我得马无用，朝廷甚苦之。"

大历八年（773）十一月，回纥又带了一万匹马来唐朝交易。唐代宗最初只愿意购买一千匹，在将领郭子仪等人请求下，命令允许交易六千匹。不能共赢的贸易难免走向失信，不守诚信的贸易难以走得更远。唐朝和回纥为此贸易纠纷不断、摩擦频繁，以致关系恶化，引发边疆争斗，爆发小规模军事冲突。到唐德宗时，双方重修于好，回纥请求唐朝将国名回纥改为回鹘，取"回旋轻捷如鹘"之义。双方又开始绢马贸易，但回鹘常常以病弱驽马强卖强售。《新唐书》记载："乾元后，回纥恃功，岁入马取缯，马皆病弱不可用。""岁以数万求售，使者相蹑，留舍鸿胪，驽弱不可用。"唐朝欠回鹘已经累计达180万匹绢，不堪重负，同样以次充好，用质量差的绢进行贸易。

回鹘人并没有见好就收，反而养成骄横跋扈的习气，来到长安、洛阳等地从事商贸活动，因享有特权而常常胡作非为，放火烧了东京圣善寺和白马寺，造成百姓死伤上万人。大历十三年（778），回鹘人又在洛阳侮辱唐朝官员。建中元年（780），唐德宗即位后，就想解决这个问题，杀一杀回鹘人的威风。唐德宗命令回鹘使者、合骨咄禄可汗的叔父董突带着他的手下回国。董突到了振武，停留了几个月。八月，唐朝将领张光晟故意激怒董突，随之杀死董突等上千人。唐朝和回鹘关系陷入低谷。建中三年（782）五月，唐德宗派源休出使回鹘。回鹘没有要求追究当事人的责任，而是"所欠吾马直绢一百八十万匹，当速归之"。在回鹘看来，维持贸易比人命更加重要。后来，唐朝给了帛十万匹、金银十万两，抵偿20年所欠马价，此事才暂时消停下来。

贞元三年（787）八月，合骨咄禄可汗再次致信唐德宗，请求和亲。最初唐德宗坚决反对，经宰相李泌力劝，德宗才最终同意。由翰林学士陆贽执笔起草外交国书《与回鹘可汗书》，答应将女儿咸安公主嫁为回鹘王后。回鹘亦表示减少马匹出口，双方均答应严格控制马和绢的质量。和亲成功后，贸易问题并没有彻底解决。远嫁回鹘的咸安公主曾为外贸商品质量问题，多次给唐朝写来奏论。阴山是唐朝和回鹘的跨境交易集市，唐代诗人元稹在题为《阴山道》的诗中写道："年年买马阴山道，马死阴山帛空耗。"元稹的好友白居易也写了一首同题诗《阴山道》，生动描述当时情景："草尽泉枯马病羸，飞龙但印骨与皮。五十匹缣易一匹，缣去马来无了日。养无所用去非宜，每岁死伤十六七。缣丝不足女工苦，疏织短截充匹数。藕丝蛛网三丈余，回纥诉称无用处。"指出了唐朝丝绢的两个问题，一是疏织，像藕丝蛛网一样；二是短截，唐朝规定丝织品标准为阔一尺八寸、长四丈，而唐朝给回鹘的仅长三丈余。陈寅恪先生读到这首诗时曾经标注："其恶滥至此，宜回鹘之诉称无用处矣。观唐回马价问题，彼此俱以贪诈行之，既无益，复可笑。乐天此篇诚足为后世言国交者之鉴戒也。又史籍所载，只言回鹘之贪，不及唐家之诈，乐天此篇则并言之。"认为白居易这首诗可以让后世国家交往警惕、警醒。

元和二年（807），唐宪宗下令整治以次充好的问题，"仍诏江淮马价缣，从此不令疏短织"。双方互派使节，重新约定规则，各自规范质量，逐步建立起一套可以互相申诉的制度，绢马贸易才延续下去。

甘州回鹘在唐代之后的绢马交易中已经不占优势，对中原王朝的忌惮和恭顺也是由来已久。他们只能依附中原王朝，从中取得政治上的支持和经济贸易上的互惠。毕竟，相比于回鹘汗国的强盛，甘州回鹘只是一个夹缝中求生存的小政权，他们并没有吞并周围国家的野心，更不具备扩张地盘的实力，如何安稳生存想必才是他们追求的目标。可惜，甘州回鹘还是逃不脱灭亡的命运，在更有实力和野心的西夏倾轧下宣告结束，为甘州的历史留下了浓墨重彩的一笔。

打断骨头连着筋

裕固族是存在于祁连山下的一个古老的少数民族，主要分布在张掖肃南裕固族自治县和酒泉黄泥堡地区，张掖市肃南县就是全中国独一无二的裕固族自治县。裕固族源出唐代游牧在鄂尔浑河流域的回鹘，这是之前认为的裕固族最初的起源与来历。但是，追源溯流细细翻阅各类历史文献，发现这个民族的起源远不止唐代，而在更为久远的5世纪。源头不管多悠远，裕固族属于内迁民族这个事实却是毋庸置疑的。

裕固族的称呼来自新中国，他们族中习惯称自己是尧熬尔，或者尧乎尔，更早时还有其他名称。裕固族中口口相传下来的叙事诗歌里说他们来自西至州哈卓，或西至哈州。西州哈卓到底指哪里，好像并没有获得确认，而来自西边是确定的，而且是被迫迁徙。裕固族中流传着一首叙事长歌《尧熬尔来自西州哈卓》中有流露："谁不知道蓝天是大地的母亲，尧熬尔说雨水是母亲的乳浆。高山上有松柏和花朵，它们都各自有扎根的土壤。我们尧熬尔民族哟，是谁把我们子孙生养？舀一勺眼泪汇成的河流，也能照得见我们心灵上的创伤……"裕固族在歌唱自己美好生活的同时，也深切地怀念自己的故乡，这首歌中所流露出的悲伤情绪，就是裕固族先民对本民族曾经遭受过的创伤和他们迫不得已迁离故土时的无奈与呐喊。

5世纪中叶，在准噶尔盆地东部出现了一个以阿史那氏为核心的铁勒部落"突厥"。552年，阿史那氏建立了包括整个蒙古草原和准噶尔盆地的突厥汗国，使其他一些铁勒部落成为它的属部。突厥贵族残酷的统治激起了各铁勒部落的反抗。为了与突厥贵族相抗衡，"韦纥""仆固""同罗""拔野古"等东部铁勒中较大的九个部落结成地域性的"回纥"部落联盟，被称为"九姓铁勒"，简称"九姓"。

统一九姓铁勒各部的第一代可汗是骨力裴罗。744 年，以骨力裴罗为领袖的回纥联盟在唐朝大军的配合下，推翻了突厥汗国，并建立起漠北回纥汗国。诸部落原有的名称从此基本消失，统称"回纥"。就在这一年，骨力裴罗被唐朝册封为怀仁可汗，回纥汗国成为唐朝的属国。此后，回纥历代可汗都接受唐朝的册封。回纥与唐朝一直保持友好和从属关系，并两次出兵助唐朝平定"安史之乱"。

当时，回纥汗国的疆域包括贝加尔湖以南，阴山以北，兴安岭以西和阿尔泰山以东的蒙古草原地区，而在"诸部落原有的名称从此基本消失并统称回纥"的记述里，我们多少可以看到这个民族的组成是多元的、复杂的，并非单一的。通过今天的史料看来，当初回纥或者回鹘诸部大都是黄种人，但并不排除有白种人的可能，在中国北方草原上发展起来的任何部落或者民族含有白种人的记述，在中国的史书里是很常见的。

840 年，改名为回鹘的回纥汗国瓦解，居住在漠北的回鹘部落大部分南下，其余部分分三支西迁，其中一支和天山一带的回鹘结合，还有部分回鹘部落依附黠戛斯。南下部分由乌介可汗率领，这部分回鹘达 27 部之多，加上南下的回鹘溃兵散卒、零散部众，约有 30 万人。但通过现有的一些资料分析，可能没有这么多，在 20 万左右这个数字比较合理。这部分人除融入当时唐朝的边疆地区（核心在河套地区），投降唐朝的有数万人，其中一些人被"发配"到了江淮地区。

这部分人是当时回鹘人因为灭国而迁徙的主流，另外即是留在原地和西迁的，西迁的分三路，一迁今天的吉木萨尔与吐鲁番地区，二迁河西走廊，三迁南疆地区。这部分有多少，现在没有人能说清楚，但估计也应该与南下的人数差不多。西迁实际上分了前后拨，即迁吐鲁番地区与河西走廊应该是一同出发的，但在路上遇到了战争，就分成两支，到河西走廊的就是甘州回鹘了。

迁南疆的另一支由回鹘王子庞特勤率领，有15个部落，有意思的是，他们与当时迁至吉木萨尔地区的回鹘会合后，并没有在吉木萨尔滞留，而是由吉木萨尔率部南越天山进入塔里木盆地，先停驻于库车，后驻跸于焉耆。由于庞特勤所部的活动地域，主要在焉耆、龟兹等原来唐朝安西都护府辖境之内，所以人们称之为安西回鹘政权。

当时没有随庞特勤南下的回鹘部众，继续驻牧于北庭附近的草原，人口规模逐渐发展到20余万，与庞特勤南北呼应。866年，其大首领仆固俊从北庭（今新疆吉木萨尔县北破城子）出击，打败吐蕃，取得西州（治所在高昌，今新疆吐鲁番市高昌古城）、轮台（在今新疆乌鲁木齐市附近）等城。这就有了历史上所说的高昌回鹘或者西州回鹘。

这些回鹘部落最先引起唐朝注意的是庞特勤领导的部落，庞特勤曾3次遣使唐朝，请求册封。唐宣宗即位以后，改变以前唐武宗讨伐回鹘的政策，于856年、857年两次颁诏，册封庞特勤为禄登里罗汨没密施合俱录毗伽怀建可汗，简称怀建可汗，虽然册命因唐朝使节路途受阻而未成，但唐朝已将庞特勤视为原来漠北回鹘汗国的正统继承人。此后10余年，庞特勤一再向唐朝进贡土特产。

庞特勤建立了安西回鹘政权，但该政权始终没能有效地统一天山南北的各股回鹘势力。最初归附庞特勤的、活动于金莎岭一带的北庭回鹘，在张义潮举义于沙州之后，开始与沙州归义军日渐亲厚，而与安西回鹘政权逐渐疏远。还有几股回鹘势力根本不受安西回鹘节制。在东部天山地区的分裂格局中，各股政治势力此消彼长，安西回鹘政权逐渐衰落，代之而兴的是以仆固俊为首的北庭回鹘，他们建立了高昌回鹘王国。

一个大的部落最后分成了两个，而从当初庞特勤不在吉木萨尔滞留以及后来那里的几股回鹘势力不受他的节制，人们不难看出，这些回鹘部落也并非铁板一块，甚至还有某种间隙。866年，北庭回鹘与庞特勤系的安西回鹘政权决裂。这一年，北庭回鹘首领仆固俊率众出击，攻克西州、北庭、轮台、清镇诸城，派遣达干米怀玉为使，向唐朝报告胜利的消息。西迁回鹘内部的争斗，最终以仆固俊系的胜利而告终。仆固俊获胜以后，庞特勤的后代被迫东迁到甘州。此后，仆固俊系回鹘取代安西回鹘政权，高昌回鹘王国成为回鹘的正统。

通过回鹘政权节制关系的变化或演变，高昌与河西两地回鹘人的血缘应该更纯粹一些，至于安西回鹘则被南疆的土著民族同化了不少。按照我们古代史籍的记载，先前，南疆的土著民族白种人应该占有一定数量，而到了民国的时候，除裕固族外，天山南北的很多少数民族大多被划入了维吾尔族。这就是今天维吾尔族人中为什么既有白种人也有黄种人，吐鲁番的黄种人基因多一些，而南疆地区的白种人基因多一些的原因所在。

庞特勤的后代被迫东迁进入甘州，成为本地的原住居民，这中间经历了一个漫长的过程。这一部分少数民族在历史上被称为河西回鹘或者甘州回鹘，一直与中原王朝保持着密切联系，并和高昌回鹘一样，对中原王朝"以甥舅相称"。

9世纪中叶，回鹘汗国因内受大雪天灾和统治阶级内部的争扰，外受黠戛斯族袭击而崩溃，部众分途西迁。其中一支迁至河西走廊的沙州（今敦煌）、甘州（今张掖）、凉州（今武威）一带，受吐蕃政权统治，史称河西回鹘。851年，沙州汉人张议潮乘吐蕃内乱之机，领导沙州各族人民起义，驱逐河西吐蕃守将，据有瓜、沙、伊、肃、甘等11州之地，归附唐朝。河西回鹘遂依附张议潮。872年，张议潮病死长安。后来，河西回鹘攻占了甘州城，立了可汗，所以河西回鹘又被称为甘州回鹘。875年，甘州回鹘从合罗川（今额济纳河，在张掖西北）遣使入贡，唐赠绢10000匹。当时，唐朝本身已很穷困，还能应贡使要求馈赠绢匹，充分表现了双方的友好关系。

到了10世纪，吐蕃势力衰弱，甘州回鹘逐渐强盛，进一步控制了兰州、河州，扼制着唐和西域的交通孔道。后来又击败瓜、沙等州的汉族统治者，使瓜、沙二州实际上成为它的附庸。

甘州回鹘建立政权后，统领河西各回鹘部落。最高统治者为可汗，同时还采用汉族官制，设有宰相、枢密使等职务。可汗统领下的部落中设有首领，"分领族帐"。按照《宋史》记载，当时有瓜、沙二州回鹘、凉州回鹘、贺兰山回鹘、秦州回鹘、合罗川回鹘、肃州回鹘等。

甘州回鹘同中原王朝一直保持着密切联系，以甥舅相称。到北宋时，甘州回鹘可汗时常派遣使者来贡土产，宋朝呼为"甘州回鹘可汗外甥"，回赠内地特产。宋太宗太平兴国五年（980）和宋真宗大中祥符三年（1010），甘州回鹘可汗曾数遣重要官吏到宋朝京城朝贡，献橐驼、名马、珊瑚、琥珀。

11世纪中叶，西夏与甘州回鹘发生战争，李元昊攻破甘州，甘州回鹘政权崩溃，从此甘州回鹘成为西夏附庸，各部落迁到嘉峪关外放牧，但仍与宋朝有联系。宋神宗熙宁元年（1068），回鹘使者又来朝贡，求买金字《大般若经》。1073年，使者称回鹘人口有30余万、丁壮20万。这一支人口逐渐繁衍，成为河西一带的重要土著。1227年，蒙古军攻灭西夏后，河西回鹘也就被蒙古人直接统治了。

从11世纪中叶到16世纪，是裕固族逐步形成的重要时期。在长期历史过程中，河西回鹘的一部分同周围蒙古、藏、维吾尔、汉等民族长期相处，互相融合，逐步发展形成为一个共同体。《宋会要辑稿》称之为黄头回鹘，《元史》称之为撒里畏吾，《明史》称之为撒里畏兀儿，就是今天的裕固族，甘、青、新交界地区是他们活动居住的共同地域。在这段时期，河西回鹘中也有许多人融合到其他民族共同体之内去了。

元末明初，嘉峪关外一带的吐鲁番、哈密、瓦剌等地方封建集团互相争权夺地，不断发生战争。明朝先后在关外设立了安定、阿端、曲先、沙州、罕东、赤金、哈密等几个带有军事性质的"羁縻卫"，统治各族人民，裕固族也被置于"卫"的统治之下。但不久，各卫由于统治者之间的相互攻伐，外受吐鲁番政权及蒙古右翼封建主的侵袭，相继崩溃。明朝为了便于统治，将关外诸卫迁入关内安置。裕固族这时也东迁入关，在肃州附近及甘州南山地区定居下来。关于明末裕固族迁徙定居的事情，在长篇历史小说《八声甘州之乘风》里也有详细演绎，故事相当精彩，竭力还原了这段历史。

东迁入关是裕固族历史上的一件大事。至今，裕固族民间中还流传着关于东迁的传说。据说，在几百年以前，裕固族的故乡遭受很大的沙尘暴风灾，狂风卷走牲畜，沙山吞没帐房，连黄金筑成的经堂也被淹没在沙山底下了。又说他们遇到了别的宗教的压迫，在故乡不能立足，开始东迁。"走过了千佛洞，穿过了万佛峡，酒泉城下扎营帐。沿着山梁走上那高高的祁连山，望见了八字墩辽阔的牧场。草绿花香的八字墩草原,变成了裕固族可爱的家乡"。这首历史民歌大致反映了裕固族东迁的路线和经过。

裕固族原以畜牧业生产为主。史载五代各朝和北宋政府所需战马,主要从回鹘购买。甘州、西州回鹘每年都不止一次以进贡名义送马匹到开封,五代或北宋政府都"估值回赐"。宋太宗乾德三年(965)年初,甘州回鹘一次就贡入北宋政府"名马"1000匹,另有橐驼500只。

东迁后,裕固族在经济生产方式上逐渐发生变化。黄泥堡地区的裕固族在同汉族相互往来和影响下,学会了农业生产技术,并逐步代替畜牧业。肃南地区的牧民则仍从事畜牧和狩猎业。由于汉族地区铁制工具和武器的输入,裕固族农业、畜牧业和狩猎业的技术有了提高,生产力得到发展。

明崇祯元年(1628),在今张掖西南设立梨园堡,派兵驻守,作为统治裕固族人民的据点,并曾发给裕固族大头目管辖草原的执照。清初厄鲁特蒙古准噶尔部占据南疆并威慑甘青西部,迫使祁连山地区的裕固族(清代称西喇古尔黄番)向其纳税称臣。准噶尔部在裕固族地区派驻有专门的收税官员。康熙三十五年,清朝消灭准噶尔蒙古主力,裕固族归附清朝。

民国初期,裕固族地区分别由甘州镇守使和肃州镇守使管辖。1931年以后,马步芳的青海军队控制了河西走廊中部和西部。从此,裕固族处于马家军军阀的统治下,前后长达十年之久。1942年以后,国民党河西各县政府开始在裕固族地方编查户口,设立保甲,旨在将裕固族置于各县的直接管辖之下。在国民党"分而治之"的政策下,裕固族聚居区被分割得四分五裂,分属于张掖、酒泉和高台等县管辖。裕固族地区由此陷入长时间的纷争之中。

据清朝康熙年间颁给"七族黄番总管"的执照,黑河上游的整个八字墩草原都是裕固族的牧地。1959年,甘肃、青海两省对祁连山地区省界进行大调整,八字墩和友爱由甘肃划归青海省祁连县,这次地域划分称为裕固族"千里大搬家",迁居青海划归甘肃的皇城滩(今皇城镇)。"千里大搬家"是清代以来裕固族分布格局的一次重大变化,各部落传统的居住区域被打乱。

新中国成立前,裕固族地区长期实行封建部落制度。清初,裕固族有7个部落,到民国时期分化为10个,裕固族习惯称把部落又称"家",即大头目家、东八个家、杨哥家、罗尔家、四个马家、五个家、曼台部落、西八个家、亚拉格家和贺郎格家。前七个部落居住在东部，说恩格尔语；后三个部落居住在西部，说尧呼尔语。各部落有自己的放牧范围。在今康乐镇境内的是大头目家、东八个家、杨哥家、罗尔家和四个马家；在今大河乡境内的是亚拉格家、贺郎格家、八个家和五个家。明花乡东西海子地方也属于亚拉格家和贺郎格家的牧地。曼台部落的牧地则在黑河和八宝河的夹角地带。

以前的裕固族传统社会设有一个世袭大头目统辖各部落。大头目既是"七族"首领，又是"大头目家"的部落首领，身兼双重职务。其权力和管辖地域，经明、清王朝封授确定，颁给执照。大头目过去权势很大，掌管所有部落。民国后期势力缩小，只能管辖讲恩格尔语的几个部落。讲尧乎尔语的部落则由亚拉格家头目掌握实权。

每个部落设有正头目、副头目、总圈头（或辅帮）和小圈头。部落头目也是世袭的，各部落头目都姓安，所以裕固族有"天下头目都姓安"的说法。部落正、副头目多数为共同管理一个地方，少数为分地而治。亚拉格家、贺郎格家的正头目驻今大河乡，副头目驻今明花东、西海子，实际上等于有了自己单独的一块辖地。曼台部落的正头目则由大头目部落的副头目出任。

总圈头、辅帮是帮助头目处理日常行政事务的总管，几乎概由大户担任。一般任期是一年或三年，可以连任。头目、总圈头掌握本部落大权，审讯部落内发生的盗窃、打架、草场纠纷等案件，并有处罚和施刑的权力。审理时，原告、被告都得向头目、总圈头送礼、请客和出官司钱，并负担所有审理人员的茶饭和牲畜饲料。处理后的罚款也常常落入头目们的腰包。因而诉讼只能给贫苦牧民带来新的灾难，小圈头是为头目跑腿办事的差役。由部落头目指派，有的部落则由交不起茶马的贫苦牧民轮流担任，任期一般也是一年至三年，但常常也有被头目指派连任六七年的。

部落每年举行几次会议，主要是为了摊派杂款和处理民刑纠纷。部落会议由头目召集，一般每户都要派人参加。名义上是民主议事，实际上一切问题都由头目和总圈头决定。在封建部落统治下，广大贫苦牧民没有社会地位可言。遇见头目必须俯首下跪，呼头目为"老爷"，若骑马相遇必得下马伫立问候。牧民去见头目时，不能穿短衣，不能抽烟和大声说话，否则就要受惩罚。头目家遇婚丧等事，牧民必须送财物。总圈头和辅帮也积有威势。东八个家的妇女哄孩子时，一说"总圈头来了"，孩子就不敢哭了。

民国时期，裕固族地区还设有千户二人和"老者"若干人。千户一个是东八个家的大户艾罗，一个是亚拉格家正头目安进朝（人称"安千户"）。分别是由青海广惠寺夏洛瓦呼图克图和青海佑宁寺土观呼图克图加封，均得到河西马家军师长韩起功的加委，权势很大。艾罗一度代行大头目的职权，在大头目家、东八个家、杨哥家、四个马家等地搜刮"官羊""官马"。亚拉格家、贺郎格家、五个家的重要事务，如总圈头的更换，都要同"安千户"商量。"老者"相当于部落下各户族的族长。在明花和大河由头目指定，负责征集部落的各种款项和协助头目处理纠纷；在康乐由退任的总圈头和辅帮充任，不担负具体任务，供头目咨询。裕固族草场和牲畜的绝大部分在新中国成立前都掌握在部落头目、寺院上层和牧主手中。他们拥有45%以上的牲畜，占有全部草场的42%以上。这些草场大都是冬春场。部落公有草场占30%左右，主要是夏秋场。公有草场名义上部落成员都可放牧，实际上贫苦牧民由于牲畜少，没有驮畜，往往搬入公场时，肥美的草头已被牧主的牲畜吃光了。一般牧民只占有全部草场的18%左右。

裕固族具有光荣的革命传统。1937年，红军长征进入祁连山裕固族地区，得到裕固人民的有力支援，共同展开了抗击国民党军队的斗争。裕固族牧民不畏艰险，为红军送粮、送柴、救护伤病员。裕固族青年柯阿代给红军带路，不幸被俘，宁死不屈，惨遭杀害。裕固族老大娘焦斯巴楞，在红石窝战斗中，收留了十多个失散、负伤的红军战士，后来又送他们重返队伍，并将一名红军战士招为女婿留下来，被誉为裕固族"红老人"。

1949年9月，河西地区解放，裕固族人民获得新生。新中国成立后，党和政府本着民族区域自治的基本精神，首先认真对待和解决裕固族地区的行政建制问题。1950年，根据裕固族群众的意见和实际情形，决定以梨园河、东柳沟为界，以东的大头目家、罗儿家、四个马家、东八个家划归张掖县，设第11区。以西的八个家、五个家、亚拉格家、贺郎格家属高台县，设第6区。

东西海子划属酒泉县祁明区。1953年7月，祁连山北麓各族各界人士座谈会在酒泉召开。经过反复讨论，一致同意成立肃南裕固族自治区（县级）。1954年2月20日，肃南裕固族自治区人民政府成立，1954年4月，酒泉县黄泥堡民族乡成立。1957年，曼台部落所在的友爱乡（原属民乐县）划归肃南。至此，除黄泥堡外，所有裕固族部落都团聚在自治县的统一管辖之下。

  时过境迁，裕固族先民通过勤劳的双手和坚韧不屈的精神，历经千百年的不懈奋斗，终于在祁连山下牢牢扎根，融入到了中华民族大家庭的摇篮，成为五十六个民族中不可忽视，并具有深厚历史底蕴和独特文化传承的一个新民族。这个古老的民族始终都与汉族保持着亲厚密切的联系，与我们更是打断骨头连着筋的同胞，是中华民族重要的组成部分。

裕固族风俗民情

  古往今来，河西走廊都生活着许多少数民族同胞，古代的月氏、乌孙、匈奴、蒙古等族都是擅于骑射并占据过主导权位的民族。经过一次次历史融合演变，到现在生活在张掖境内的裕固、藏、蒙、回等民族都和谐地融入中华民族大观园，很多属于本民族的生活习惯也渐渐有所淡化了。不过，生活习惯可以随着时代进程而改变，宗教信仰却一直都根植在他们的骨子里，一些本民族根深蒂固的风俗传统也依然有所保留。

  裕固族与蒙古族和藏族生活习性基本相同，他们都喜食牛羊肉，还擅长使用小刀分食肉类。到裕固族家里做客，他们招待客人一般都会清煮大块的牛羊肉。大块有多大？没有亲眼见过的朋友们大概是想象不到的。就是那种直径32厘米的大盘子，一块肉就占满了的规格。然后，裕固族同胞会围坐一起，一边敬酒、敬茶，一边拿精致的小刀片来食用。这种时候，往往是他们炫刀技的时刻，片肉技术见长的人将会赢得满桌赞誉，那份熟练潇洒恐怕也就北京全聚德专管片烤鸭的师傅能与之一较高下了。看过《水浒》的朋友都知道，梁山好汉们尊崇的是大碗喝酒、大块吃肉的豪迈，仿佛不那么做不能称英雄。而裕固族人煮肉虽是大块，食用时那份细致却跟粗豪没有半点关系，片好的肉片放进各人面前的小碟里，配上同样切得薄薄的蒜片，筷子夹了轻轻送进嘴里，整个过程是优雅含蓄的，又是充满民族特色的，粗与细、雅和俗，二者兼容竟然没有违和感，容不得有人去质疑他们是马背上铁血英雄的事实，但又让人觉得温柔无害乐于亲近。这就是裕固族的特别之处吧！相对于曾经那些古老的好战民族，他们从来都是温文尔雅、乐观包容的。

餐桌上敬酒，裕固族和藏族一样，都是摆三只酒杯，意为天地人，喝之前要先用无名指沾了酒液抹在额头上表示敬天，再弹一指酒水到地面是为敬地，最后才自己喝。这种敬酒方式大有文化深意，寓意天地人合一的和谐圆满，也有对天地赐予我们一切的感恩与敬重，是酒桌上必不可少的礼仪。佐餐的茶水也有讲究，是他们自制的奶茶，有咸味和甜味两种选择。奶茶的熬制很特殊，会选用茯砖加入新鲜牛奶当中去慢火熬煮，加盐饮用是咸味奶茶，加糖就是甜味了。还有一种煮法是不要牛奶，茯砖里面加几粒花椒，喝的时候再加盐，据说这种花椒砖茶对伤风感冒有特殊疗效。想来这应该是牧民在长期放牧生活中积累总结出的经验，毕竟祁连山下昼夜温差极大，寒凉之地发生伤风的概率很大，而牧区就医不便聪明的他们只能自己想办法拿土方妙招来抵抗风寒。

裕固族人喝酒必有唱歌来伴，他们天生有一副好嗓子，绝大多数人都具有歌手的潜质，随时随地就能高歌一曲，还可以在民族语言与汉语之间从容转换。嘴边有美酒佳肴，耳边倾听着他们唱歌，有个裕固族朋友绝对是人生一大乐事。

根据史料记载，裕固族在东迁以前信仰过萨满教和摩尼教。东迁后，裕固族改信藏传佛教格鲁派（黄教）。明末，裕固族建立起本民族最早的黄教寺院——古佛寺。清代，黄教在裕固族地区达到全盛。先后修建了景耀、康隆、转轮、莲花、明海、长沟、红湾、水关、夹道（系古佛寺迁移而来）9个寺院，分布在各个部落，故有"什么寺院属什么家"的说法。这些寺院中，除康隆寺、红湾寺属青海广惠寺夏洛瓦呼图克图管辖外，其余均受青海互助县佑宁寺土观呼图克图管辖。

裕固族寺院的规模比较小。规模最大的康隆寺，最多时有五百多僧人。其他各寺以二三十个僧人的居多，最少的只有七八个僧人。寺院内部组织不甚严密，有的寺院有活佛、堪布、法台，有的只有僧官或提经。他们除宗教节日和放会时到寺院念经外，平日大多在家参加牧业劳动。较大的几个寺院，每年都有定期的正月大会、四月大会、六月大会、十月大会，每月十五还有一次小会。

新中国成立前，寺院是各部落宗教活动中心，也是各部落的政治经济中心。寺院上层和部落头人的关系十分密切，有些部落的重大事务，头目经常和寺院上层人物商量。青海主寺通过教权进而掌握裕固族部落头目的承袭批准权。如裕固族"七族黄番总管"首先要经过青海广惠寺寺主的批准，再经地方驻军衙门委任。

裕固族皈依藏传佛教后，仍保留着古老的信仰，即对"汗点格尔"的崇拜。从讲两种语言的裕固族在敬奉"汗点格尔"时都用尧呼尔语的传统来看，这可能是原始萨满教的遗留。"点格尔"在裕固族语中是"天"的意思，"汗"是"可汗"的意思。"汗点格尔"意为"天可汗"。裕固族人认为"汗点格尔"能使他们避邪免灾，一年四季太平吉祥。所说的"汗点格尔"，就是一根细毛绳，上面缠有各种牲畜的毛穗和各色布条，下端是一个小白布袋，里面装有带皮和脱皮的五谷杂粮，供奉在帐篷内的右上方。

新中国成立前，裕固族畜牧业生产技术十分落后。生产工具很简单，主要有鞭、"浩尔畏"（俗称"撂抛子"，是毛制的2公尺长的条状抛石工具，用来打野兽和赶羊群）、套索、"土布拉"（装羊羔的皮口袋）、奶角子（用牛角、羊角制成的哺乳器）、剪刀、镰刀等。牛羊实行混群放牧，畜圈一般都是用木杆围成简单的栅栏，贫苦牧民连这样的设施都没有。畜群时常受到野兽和风雪的侵袭，牲畜成活率一般仅达50%—60%。经过几十年的艰苦努力，如今的裕固族畜牧业已实现了历史性飞跃。

新中国成立前，为适应游牧生活，裕固族以帐篷为主要居住方式。裕固族帐篷是用牛毛或羊毛褐子缝制而成的。扎立帐篷，要选择避风向阳的地方搭盖，多数坐北向南。坐向选定后，先用一根横梁及两根柱子将帐篷撑起来，再用四根木杆和绳子拉成四方形。富户人家帐篷宽大一些,用六根或九根木杆拉成圆形。帐篷正中为炉灶,是做饭和取暖的地方。过去是三块石头顶一口锅(裕固语叫"加格斯"),后来改为石块和泥巴砌成的炉灶。1958年以后逐渐改用有烟囱的铁皮炉,可烧粪烧煤,火旺又干净。帐篷顶端为天窗,白天掀开,晚上或雨雪天盖住。新中国后,肃南县牧区逐渐实现定居,牧民在冬春场都住进了平房。老人在这里安度晚年,孩子可就近上学。现在,裕固族牧民定居的土木房又被砖瓦房或钢架房所取代,他们的屋内陈设也更加时髦和现代化。过去是土炕上铺芨芨席子、毛毡等,现在基本都用上了床。在夏秋场上,旧式毛帐篷基本被淘汰,改用藏族式方形大帐篷。如今许多牧民在夏秋场上也盖起了砖房,居住条件比过去大为改善,他们的生活已经具有了浓烈的现代化气息。

裕固族牧民的饮食以酥油茶、糌粑(裕固语叫"塔勒坎")和奶皮子、曲拉(一种块粒状奶制品)等乳制品为主。每日通常是三茶一饭,即早晨、中午、下午各喝一次酥油奶茶,晚上全家人在一起吃一顿羊肉面片或米饭,有时也吃烤馍馍和烤花卷(习称"烧壳子")等。手抓羊肉、"脂裹肝"是裕固族人最喜爱吃的风味食品。手抓肉讲究吃开锅肉,即肉刚熟便出锅食用,鲜嫩可口。宰羊后,将脖子肉和里脊肉剁碎,拌上炒面和调味品装进肥肠内,叫"肉肠",当地口语则叫"羊筏子"。把羊血、肝肺等内脏切碎,加入炒面及葱蒜等调料,用肚油卷成卷,叫"脂裹肝"。肉肠和"脂裹肝"煮熟后切成薄片,浇上蒜汁和醋,肥而不腻,冷热食用均可。

裕固族传统服饰中男子戴毡帽,穿高领的左大襟长袍,束红蓝色腰带,穿高统靴。已婚妇女戴喇叭形白毡帽子(裕固语叫"拉扎帽"),前缘镶有黑边两道,帽顶缀有大红彩络。过去妇女还戴有长带形头面,上面镶有各种饰品,构成图案式样。但头面很重,垂在头发上对劳动和健康都有妨害,现在已经淘汰了。随着时代的变化,裕固族男女平时大都以内地流行的服装为主,只有在重大节日或喜庆活动中才穿戴传统服饰。这些传统的装饰都收藏在肃南县裕固族博物馆里,到肃南旅游观光时可以亲身去参观一番,能够更加直观地领略到这一民族的服饰装扮特点。

裕固族民间口头文学非常发达,包括历史传说、民间故事、叙事长诗和民歌等多个种类。民间故事内容丰富，语言生动，流传较广的有《莫拉》《神箭手射雁》《珍珠鹿》等。最有名的叙事长诗是《黄黛琛》，叙写了一位年轻姑娘在旧社会包办婚姻下的不幸遭遇。民歌是裕固族人最喜爱的一种口头文学形式，题材非常广泛。关于生产劳动的有擀毡歌、割草歌、垛草歌、放羊歌、放牛歌、拉骆驼歌等，关于婚嫁礼仪的则有戴头面歌、离别歌、待客歌、"瑶达曲戈"、"阿斯哈斯"等。会唱裕固族传统民歌的人现在已经不多见了，得找上了年纪的裕固族老人才能听到。新中国成立后，群众又创作了许多歌颂新时代、赞美新生活的新歌。这一部分民歌会唱的裕固族人还是很普遍，感兴趣可以聆听一番。

裕固族擅长造型艺术，主要是实用工艺美术，他们在自制的毛口袋、毯子和马缰绳上编织出各种美丽的图案。裕固族妇女吸取了汉族的刺绣技术，在妇女的衣领、衣袖和布靴上绣出各种花草虫鸟、家畜、家禽等，色彩和谐，形象生动。明花地方的裕固族男子还擅长根雕艺术，他们将生长在沙漠中的梭梭根，依照其原始形状进行加工，刷上清漆，就是一件很有价值的艺术品。

裕固族传统里的婚姻习惯有正式婚与非正式婚两种形态。非正式婚多存在于解放前的旧俗中，如招赘女婿婚、童养媳婚、养女婚等都被视为非正式，明媒正娶的才是正式婚。裕固族的正式婚仪式繁多且隆重，分别有：求婚、许亲、说亲、订婚、选人、戴头、送亲、打尖、踏房、让客、尧达曲格尔、阿斯哈斯、献羊背、道谢、交新娘、入新房、生新火、回门、串亲、出牧、站娘家等一系列衔接紧密的流程。在这些繁多的仪式中保留着许多古老的规矩。在女方家最重要的仪式是"戴头面"。迎亲路上，男方要在途中铺毡毯、备羊酒迎候，谓之打尖（裕固语叫"杜苏尔池"）。在男方家的婚宴上，还要举行有名的"阿斯哈斯"仪式，即由"总东"（负责主持礼仪的人）向大家讲述裕固族婚礼的古老来历。这类正式婚姻花费很大，在八十年代的统计中男方多的就需要花费两三千元，少的也要花几百元。即使一般牧户，再困难也得出一马一牛，十几只羊，一二十块布（一块布一丈六尺）、两块茯茶的彩礼。对女方来说，陪嫁的财物动辄超过男方彩礼的三四倍，往往比男方花费得更多。当然，这些都是老传统了，当今裕固人业已摒弃陈规步入新时代，婚嫁习俗除保留了民族传统的仪式感外，其他一切婚礼规格和费用都与当地消费水平一致，再也不会出现"辛辛苦苦几十年，嫁娶回到解放前"的境地了。

跟我们一样，春节也是裕固族一年中最大的节日。节前要包饺子（用作冻饺）、炸油馃子、馓子等，并有祭祖的习俗。节日期间裕固族人会穿上民族服饰载歌载舞欢度春节，走亲串友中联络情感，大人会带着孩子们放鞭炮，家里长燃酥油灯，并互送哈达和礼品以示祝福。

总之，裕固族民俗风情还是很别致的，随着非遗保护与传统文化的继承越来越受到重视，去肃南领略民俗并不算困难。裕固族同胞热情好客、温和谦逊，相信会让每一个旅行者或探访者不虚此行。

相爱相杀回汉情

不论是回纥、回鹘，还是后来的尧乎尔，这个一脉相承的古老民族与中原王权之间一直都保持着紧密关系，在合久必分、分久必合的天下大势中，哪怕有过龃龉和争斗，也依然没有疏远过彼此，上演了一场又一场相爱相杀的历史戏码。

张掖因为曾经是甘州回鹘牙帐的王庭所在，是河西走廊经济文化与军事政治中心，夹在西域与中原之间承担着双边，甚至多边外交和贸易任务，相对的也承受着多重压力。不过，历史的进程与文明的进步，都是在不断摩擦融合中沉淀下来的，多民族相处或打或杀还是相亲相爱都是推进文明必不可少的历程，这就形成了张掖特有的人文历史。在这段风尘里，回鹘西迁甘州无疑是回汉融合的重大历史事件，而甘州回鹘公认的首领庞特勤就成了不得不说的一个关键人物。

庞特勤，是漠北回鹘汗国王族，唐末西迁回鹘的首领。书籍中有多种记载，有的称庞勤、庞特勒、庞勒、已庞历，史籍又写作庞特勤。唐开成五年(840)，漠北回鹘汗国崩溃，庞特勤率部分回鹘人向西南迁徙，一支奔安西，据北庭、吐鲁番、焉耆等地；一支进入河西走廊。唐宣宗大中十年(856)，被唐廷册封为温禄登里逻汨没密斯(施)合俱录毗伽怀建可汗，为安西或西州回鹘首领，一说为甘州回鹘汗国第一代可汗。9世纪中叶，曾于安西任叶护，创建安西回鹘，成为各地回鹘共主。叶护，是古代突厥、回纥等少数民族的官名，地位仅次于可汗，一般由可汗的子弟或族中的强者来担任。

西迁回鹘并不是在漠北回鹘于840年灭亡以后马上就进入河西走廊的，在他们到来之前，河西实际上是张议潮归义军政权的领地。西迁回鹘经过数十年的斗争，方才从归义军及其属下各部族手中夺得甘州，并逐渐形成甘州回鹘政权。

"甘州回鹘"，指的是西迁回鹘进入河西走廊后建立的一个政权，并不是指甘州地区的回鹘。甘州地区的回鹘部众，可以上溯到唐朝前期包括回纥在内的铁勒各部迁徙至河西，但这些回纥人经过唐朝和吐蕃百年以上的统治，到西迁回鹘到来的九世纪中叶，早已被同化，他们不能构成甘州回鹘的主体。事实上，九世纪中叶的河西，主要是吐蕃、吐谷浑、龙家、温末一系的部族和归义军的势力，更有许多其他少数民族生活在内。正如一爿百花齐放的花圃，当时的甘州是一个多民族混居的大家园，已经初具民族团结和谐共处的雏形；更像一锅大杂烩，充满各种品相的食材，以时间为火，用岁月熬煮，汇成口感独特、五彩缤纷的民族盛宴。

唐大中二年，张议潮率众收复瓜、沙二州，次年，攻占甘、肃二州。大中五年，唐朝在沙州设归义军，封张议潮为节度使并辖理十一州观察使。以后经过十年的努力，张议潮于咸通二年（861），赶走了吐蕃最后的守军，攻占河西重镇凉州，完全统治了河西走廊。史料描述归义军极盛时的势力说："西尽伊吾，东接灵武，得地四千余里，户口百万之家，六郡山河，宛然而旧。"这里的"河西六郡"，不同于西汉时期的"河西六郡"，专指甘、凉、肃、瓜、沙、伊六州之地，也就是今天的张掖、武威、酒泉、安西、敦煌、哈密一带。

张议潮驻守沙州一时风头无两，成为河西土皇帝，节制众多民族势力受到尊崇。此时，归义军从上到下志得意满。正当张议潮沉浸在"修文献捷，万乘忻欢，赞美功臣，良增惊叹。便驰星使，重赐功勋，甲士春冬，例沾衣赐，转授检校司空，食实封二百户"的欢腾海洋中时，唐朝王庭削弱藩镇的大政也在紧锣密鼓地开展。继安史之乱后一次次兵变，朝廷深感藩镇威胁，对归义军的猜疑与忌恨也与日俱增，并迫不及待地试图削弱归义军势力。归义军势力的迅速发展引起了皇帝一系的不安，遂要求张议潮入朝长安，实际上这一举动就是要将张议潮招至长安以为人质。张议潮虽然功高盖主，但他内心里一直都秉持着忠君思想，接到皇命毫不迟疑地准备起了行程，并按照要求带上了自己的两个儿子，临行前委托其侄张淮深主持归义军军政事务。

唐王朝着手削藩，但对边远的河西走廊上错综复杂的民族关系处置也极为小心，随着张议潮被召长安，唐朝将"嗢末百姓"、庞特勤、安宁、仆固俊视为可以牵制和阻碍归义军的势力予以扶持。对于这一政令的颁布，张淮深显然十分不满，他刚刚接受归义军大权自然不想与别人分享权势，便上奏朝廷称"回鹘狼性，绥抚甚难"。有趣的是，不管是张议潮还是西州（现今吐鲁番）回鹘首领安宁，都向唐朝隐瞒了安西回鹘可汗庞特勤的存在。西州的安宁显然希望唐朝确立他在西州统治的合法地位，而沙州张议潮则希望唐朝信任自己，相信他有能力"镇抚"西州甚至西域。三方博弈各有所图，关键人物庞特勤夹在中间当然也不甘屈居人下，野史里说庞特勤得知张议潮入朝长安后，聪明的他立即意识到这是张议潮要倒霉的征兆，便紧急安排亲信携带重金秘密去了长安，然后通过贿赂高官让朝廷知道了有他的存在。事实正如所料，当唐朝得知庞特勤和安西回鹘的消息，便迫不及待的前往册封实施笼络。大中十年，唐王朝派遣使者前往河西招抚庞特勤，不但给安西回鹘带去唐朝皇帝的册命，还有象征统治合法性的印信"玺币"，并且带有非常厚重的"展礼"。虽然这次册封并没有直接授予庞特勤安西回鹘可汗的身份，但是唐朝对于安西政权的支持和认可是显而易见的。此后，庞特勤获得与归义军首领同等地位，不再向张氏称臣。

随着安西回鹘政权名正言顺的建立，回鹘部族渐渐不满于久居人下，时常与归义军发生摩擦，张淮深到底不如张议潮有威望，对庞特勤部属的所为也只是敢怒不敢言。归义军在失去张议潮节制后，河西地区众多少数民族似乎纷纷挺直了腰杆。据《张淮深变文》记载，曾有回鹘散众入侵瓜州，被归义军击败俘获，但唐朝廷居然命令张淮深将"生降回鹘，尽放归还"，即使是这种散兵流寇，唐廷也一概"绥抚"。此事也体现了唐王朝对安西回鹘政权近乎偏爱的支持及保护。

事实证明，唐王朝削藩政策的施行的确削弱了藩镇势力，但同时也对自身安全产生了不可逆转的威胁。咸通十三年八月，归义节度使张义潮病逝长安。几年以后，归义军所属的伊州被西州回鹘仆固天王攻占，张淮深无力收服伊州，只得派人到长安求援，但此时唐王朝深受内地兵变困扰，对河西走廊无暇他顾哪里还能派出兵马来支援河西走廊。内忧外患，使得归义军势力急剧衰弱，伊州彻底落入西州回鹘手中，归义军内撤据守沙州，失去了大片土地。归义军走向没落，中和元年（881）以后，甘州也被吐蕃残余势力、吐谷浑及龙家瓜分占据。而安西回鹘此时才真正进入河西心脏地带甘州从事劫掠。中和四年末，龙家等各族不敌回鹘，连番征战后选择退出甘州，安西回鹘完全占领了甘州，回鹘崛起渐渐成为一支可以与归义军分庭抗礼的少数民族势力，为回鹘可汗牙帐的建立打下牢固基础。

"甘州回鹘"一名首次出现在光启三年（887）的敦煌文书中，表明甘州回鹘政权的正式成立应在884年至887年中间。此后，归义军政权内部政争激烈，甘州回鹘势力得以迅速发展，光化初年（898—899），终于得到唐朝的承认，首领庞特勤被封为可汗，成为所有回鹘人的共主。

史学专家认为，迁徙到河西走廊的这一部分回鹘人，就是裕固族的主要来源。甘州回鹘人在初到河西走廊时，依附于当时统治着这一地区的吐蕃。但到851年左右，敦煌地方官吏张义潮收复河西十一州以后，甘州回鹘人又依附于张义潮，故在名义上也就归附了唐王朝。当然，这也与当时的漠北回鹘汗国与唐王朝始终保持着密切的友好这一历史事实，有着重要的关系。大约在900年前后，甘州回鹘攻占了甘州城并设立牙帐，初步建立了甘州回鹘汗国。

甘州回鹘汗国是一个比较松散的军事行政联合体，其可汗所统辖的也只限于甘州城附近的部分部落，而其他分布在沙州（今敦煌）、凉州、合罗川、贺兰山、秦州（今天水）等地区的回鹘部落多半只在名义上属于甘州回鹘汗国。甘州回鹘汗国在历史上共存在了一百多年。直到11世纪初，经过长期的战争，才被西夏所灭。

甘州回鹘汗国，在整个民族历史上占有十分重要的地位。甘州回鹘建立政权之后仍以畜牧业经济为主，在当时，河西走廊的中部地带张掖正是水草丰美的天然牧场，同时也是发展农业生产的理想场所。值得肯定的是，甘州回鹘也有着十分发达的商业经济。在历史上，从很早起，河西走廊就是古代丝绸之路的重要交通要道。甘州回鹘也充分利用了这一地理位置上的优势，在这一时期的东西方贸易中，充当了十分重要的角色，当时的甘州回鹘几乎垄断了中西贸易往来之利。在甘州回鹘政权控制河西走廊的一个多世纪里，甘州回鹘人的足迹西到波斯、阿拉伯，东到中原各地及契丹地区，为促进当时的中西经济文化的交流做出了积极贡献。

甘州回鹘汗国同当时的中原王朝保持着密切关系，他们仍然继承了漠北回鹘汗国时期与唐王朝保持友好关系的传统，继续"世以中国为舅"，而中原王朝也"常以甥呼之"。到北宋时，也仍然保持着这种甥舅关系。中原王朝也曾多次册封甘州回鹘可汗，如后唐同光二年（924）三月，册封甘州回鹘可汗仁美为"英义可汗"，后晋大福四年（939），又册封可汗仁裕为"奉化可汗"。直到北宋仁宗天圣元年（1023）中原王朝与甘州回鹘之间还维持着亲密交往。史记："诏甘州回鹘外甥可汗王夜落隔通顺，特封归忠保顺可汗王"。此外，双方还始终保持着通使、朝贡等密切的往来关系。

甘州回鹘存在期，中原地区经历了唐宋更迭，烽火狼烟中河西走廊偏安一隅，甘州回鹘与其它民族如汉族人、西夏人、契丹人、塞人、藏人及其它突厥民族如拔野古等杂处一地，并没有出现特别剥削压榨的现象，回鹘政权颇得民心。

回鹘人过去与现在都是对外文化开放的。在一度属于甘州回鹘王国的沙州（敦煌）发现有许多回鹘文写本。另外，在敦煌等地的壁画上，人物所穿的衣饰也见于吐鲁番写有回鹘文题词的壁画上，这说明在敦煌和吐鲁番之间，曾有过密切的往来贸易和生活。

914年，敦煌王张承奉（张议潮的孙子）去世，后继无人，敦煌人公推曹议金（张议潮外孙婿）主持州事。曹议金就任后，取消敦煌国称号，恢复唐朝归义军名号，归附中原王朝，出任归义军节度使、沙州刺史，执掌瓜、沙二州军政权。然而，此时的瓜、沙二州东有回鹘，西有于阗，在六蕃包围之中，万般无奈之下，曹议金想到了联姻。

这次联姻非常特别，首先是曹议金娶了甘州回鹘可汗的圣天公主为妻，这位公主的形象至今还保留在曹氏所营建的敦煌石窟中，她穿着自己本民族的服装，一身回鹘打扮，头戴桃形金冠，冠后垂红结绶，双鬓抱面，耳垂大环，身穿弧形大翻领窄袖长袍。美丽的回鹘公主就这样成为归义军节度使夫人。但节度使本人并没有因此而停止联姻，他分别将自己的两个女儿嫁与于阗国王李圣天和甘州回鹘可汗为妻，自己在做回鹘女婿的同时，也当起了回鹘可汗的岳丈，而嫁给李圣天的女儿则被后晋册封为"大朝大于阗国、大政大明、天册全封至孝皇帝天皇后"。

风风光光联姻，快快乐乐做事。根据史料记载，在曹议金与甘州回鹘建立了姻亲关系后，两族互帮互助共同发展，他们各自交结世家豪族，巩固内部统治；发展农牧业生产，使百姓安居乐业；提倡佛教，大造寺窟，安抚人心。河西走廊一度出现了刀兵罢散、四海通达的繁荣景象。而曹氏三代也均与甘州回鹘和于阗王朝联姻，李圣天在做了曹议金的女婿后，也把自己的第三个女儿嫁给曹议金之孙曹延禄为妻。因此，在敦煌莫高窟不仅有李圣天画像，还有"大朝大于阗国大政大明天册全封至孝皇帝天皇后曹氏"像，以及"大朝大于阗国天册皇帝第三女天公主李氏为新受太傅曹延禄姬供养"像。

血浓于水，这种联姻的方式不但让甘州回鹘、于阗王朝、沙州政权结成了政治上的联盟，而且有了血缘的亲情。因为沙州政权，于阗与甘州回鹘的交往也很密切，敦煌文书中有不少10世纪两个政权之间相互往来的于阗塞文和吐蕃文书信，于阗派往中原的使者，经常与甘州回鹘的使臣结伴同行。然而，这种和平的景象并没有维持多长时间，1006年，于阗国被喀喇汗国吞并，而西夏的崛起也使沙州政权与甘州回鹘最终走向了灭亡。

其实，早在回鹘西迁至甘州建牙帐之前的强大回纥时期，回纥与唐王朝就有着剪不断理还乱千丝万缕的联系，他们从没有失去过和中原王朝的互动。甘州回鹘之外的高昌回鹘与唐朝之间，与归义军之间可谓是相爱相杀了。高昌回鹘王国存在四五百年之久并接受和发展了城市和农业文化，并在摩尼教、佛教背景下创造了光辉的回鹘文明,直到蒙古时期,来自西南方的伊斯兰教在当地占有优势为止。除吐鲁番外,在天山北面的别失巴里(汉文称北庭,指今天巴里坤地区)作为国王的夏驻地也属于高昌回鹘王国。其东面的哈密绿洲及西面的曲先也在一个时期属于高昌王国。回鹘人在吐鲁番这个重要绿洲创造了很古老的文化。回鹘人在九世纪中期迁居这里后,在高昌古代居民的影响下逐渐转入定居的农耕生活,并在他们的信仰影响下,逐渐舍弃了摩尼教而皈依了佛教。此外,在吐鲁番的布拉依克,即现在的葡萄沟地区考古队曾发现景教遗址和多种语言的景教文献。那里应为景教徒的居住地,他们在回鹘人中从事传布景教的活动。

回纥在改名回鹘的两百年前就与中原王朝建立了臣属关系。其一是回纥可汗历代受唐朝的册封者才被视为正宗。646年得唐朝助力灭薛延陀后,回纥首领即接受唐朝的封号,官方册封为瀚海都督府的都督,《旧唐书·回纥传》中记载:"皆受都督号,以统蕃州"。回纥首领骨力裴罗统治时期,于744年又得到唐朝之助灭后突厥正式统一漠北,骨力裴罗又被唐朝封为怀仁可汗、左骁卫员外大将军。从骨力裴罗以后,回纥在漠北所建立游牧封建政权凡传十五世而亡。这十五世可汗中只有四位可汗因特殊情况未受唐朝的封号外,其余各代可汗一律受过唐封。同样在《旧唐书·回纥传》中记叙,回纥牟羽可汗的叔父顿英贺(780—789)初立时遣使到唐朝时曾说:"今可汗初立,遣使来告,垂发不剪,待天子命!"这如实地反映了唐代祖国北方各族人民对于中原王朝竭诚拥护的心情;回纥可汗如果没有唐朝中央的命令,即很难得到他们本族人民的拥护。

除回纥可汗外,旗下大臣也受唐廷节制,唐王朝直接参与高阶官员的任命及罢免。这种例子在回纥正式统一漠北(744)前发生较多:如吐迷度的曾孙独解支(680—715)被唐朝继立为瀚海大都督后,他的"亲属及部落征战有功"的,"并自碛北移居甘州界"。单从这一信息中就可看出,回纥在这一时期就由唐王朝正式允许迁移甘州居住生活了。独解支死后,子伏帝匐(715—719)继位可汗,因为乃父有功,被唐朝任命为河西经略使兼赤水军使。这是回纥首领被唐朝任命为内地官吏的例子,也是回纥迁往内地生活的开端。回纥官吏也有被唐朝惩罚的，如早在唐武后时期（684—704），回纥在漠北的劲敌后突厥贵族兴起，回纥人民因不堪其压迫，有回纥、契□、思结、浑四个部落徙居甘、凉二州间。后来回纥人因与唐朝河西陇右节度使王君㚟发生摩擦，唐廷竟将回纥的最高首领瀚海大都督承宗流放到□州去，唐朝更立其子伏帝难为瀚海大都督。

此外，唐朝对于回纥可汗以下的"可敦"（即皇后）以及其他高级官吏也有任命及惩罚之权。如乾元二年（759），以回纥葛勤可汗（747—759）之子叶护以及大将骨啜特勒助唐平定安禄山之乱有功，唐封叶护为左羽林军大将军员外郎，骨啜特勒为银青光禄大夫鸿胪卿员外郎。宝应元年（762），以回纥牟羽可汗助唐平史朝义之乱有功，"可汗、可敦及左右'设'……加实封二千户"，并"左杀封为雄朔王，右杀封为宁朔王，胡禄都督封金河王，拔览将军封为静漠王，诸都督十一人并封国公"。又贞元八年（785），唐朝封回纥可汗养子药罗葛灵为"检校右仆射"，也是唐朝对于回纥可汗的亲属有任官之权的例证。788年，回纥上书唐廷请求允准他们改名为"回鹘"，也是得到唐王朝书面同意后才正式更名，臣属关系可见已经根深蒂固。

中原王朝对回纥的节制还体现在军事管理上，回纥军队受唐朝中央直接征调。唐朝统治的武力基础是府兵，府兵是兵农合一的；但府兵既是农兵，还要从事农业，不宜于时间过长和离家太远。因此，唐初在边境上另设戍兵，其防地叫做军、守捉、城、镇，所以边兵又称为镇兵，利用镇兵来征伐边疆。

回纥在兴起之初，大约只有军队五万，尚未被唐朝直接征调。贞观二十年（646）唐灭薛延陀，回纥还只是出兵相助。及薛延陀灭亡以后，漠北初步统一，唐以回纥住地为瀚海都督府，任吐迷度为瀚海都督，回纥民族已加入唐朝统一的多民族的大家庭之中；而且事实上，由于回纥住地的入唐，唐朝的势力直伸至极北，"使穷发之地，尽为编户"。从此以后，回纥的军队即正式作为唐朝的边兵而受其征调，正如《资治通鉴》所载开元六年二月的诏谕中指出的："（回纥）有所讨捕，量宜追集；无事各归部落营生，仍常加存抚"。贞观以后，回纥军队正式受唐朝征调，凡有从征直接编入唐军，唐王朝可以在回纥地区直接驻军。

回纥崛起之前受突厥领导，因不堪后突厥贵族的压迫，有四个部落率先横度沙碛徙居甘、凉二州。沙碛就是沙漠的意思，《周书·异域传下·高昌》曾描述："自敦煌向其国，多沙碛，道里不可准记，唯以人畜骸骨及驼马粪为验。"回纥人内迁甘州，途中艰辛不可言表。到了后来，回纥首领因为亲属及部落帮助唐朝征伐有功，被唐朝特许从碛北迁居甘州，甘、凉一带的回纥人慢慢增多。就在河西走廊回纥人被直接编入唐军的同时，在漠北，唐朝因为防止后突厥势力的兴起，采取在当地直接驻军的办法。《资治通鉴》载："（开元六年二月），移蔚州横野军于阴山北，屯兵三万，为九姓（回纥）之援。"同书还说，唐朝下令漠北的回纥等部都督各出骑兵为前、后、左、右军讨击大使，均受河东节度经略使辖下的天兵军节度，其兵马平时各为部落营生，有事即遵命应战。

唐朝从玄宗天宝十四年至代宗广德元年（755—763）首尾十四年间，因中央势衰，地方节度使权重，而发生安禄山、史思明之乱。天宝十四年冬，安禄山以讨伐"国舅"杨国忠为借口，攻陷两京，玄宗出走。太子亨西奔灵武即位，是为肃宗。《通鉴》指明："时朔方节度使郭子仪以回纥兵精，劝上益征其兵以击贼。"可见唐朝调回纥兵马平定安史之乱属于征调边兵性质。至德二年（757），回纥葛勒可汗应征遣其子叶护率领精兵四千余人出发，而且还有西域的回鹘军参加。他们穿过河西走廊一路来到陕西凤翔、扶风一带部署兵力准备出击，唐将郭子仪先留宴三天。叶护在宴会上曾说："国家有急，远来相助，何暇食为？"显然，在回纥太子看来，唐王朝是大家的朝廷，国家有难他们奉调而来再正常不过，甚至都不愿意把时间耽误在吃饭喝酒上，急于上战场去讨伐叛逆助国平乱。回纥太子叶护的口气并非远到异国的表现，而是同在一个国家以内的感情。安史之乱得到平息后，唐肃宗回到长安，诏书中明令夸赞回纥人的功劳时说："功济艰难，义存邦国，万里绝域，一德同心，求之古今，所未闻也。"唐肃宗的思想意识中也半点没有把回纥视为外国人的意思，从此越发可以证明，回纥助唐平定安史之乱纯系边兵应中央征调的性质，两者之间是忠实的君臣关系。

也许正因为这份毫不见外的优势，以及在安史之乱中的赫赫战功，回纥人在肃宗继位时期，一度因功居大膨胀到几乎没朋友。起先，回纥兵应邀帮助唐朝收复洛阳时，众多洛阳仕女为了逃避战火，躲到白马寺、圣善寺的阁楼上。回纥兵赶来一番欺凌，之后纵火焚烧阁楼消灭证据，寺庙阁楼与里面的女性全部化为灰烬，白马寺遭到严重破坏，从此一蹶不振。后来，唐人张继《宿白马寺》诗描绘白马寺的萧条破败景象说："白马驮经事已空，断碑残刹见遗踪。萧萧茅屋秋风起，一夜雨声羁思浓。"亦是间接对回纥人暴行和朝廷放任回纥人行凶不加节制的控诉。

唐代的北庭又名庭州，在今新疆天山北麓吉木萨尔县护堡子为唐朝从漠北通往西域乃至中亚的要冲。尤其从安史乱后二十余年间，即从唐广德元年至贞元六年（763—790），因吐蕃陷陇右、西域，北庭更显其重要性。回纥人为了保卫祖国的这个军事交通要冲，不知和强大的吐蕃战斗过多少次。到唐朝元和年间（866—820），回纥在保义可汗（808—821）的领导下，武力甚强，大破吐蕃，为唐朝收复北庭、龟兹（今南疆库车县），使唐朝对外的东西交通为之打开，这是回纥作为唐王朝属臣的有功之处。

唐时轮台在今新疆乌鲁木齐市迤北附近，西州在今吐鲁番。唐开成五年（840），回纥地方游牧封建政权在漠北崩溃，分三支西迁，其中主要的一支迁至西州。时轮台、西州尚为吐蕃人所占据。回纥人西迁来此之初，在其首领仆固俊的领导下，和吐蕃人展开斗争，终于在唐末咸通七年（866）最后战胜吐蕃，收复轮台、西州，并斩其大将论恐热"传首京师"。此时，回鹘汗国虽然已经土崩瓦解，但回鹘人骨子里对唐王朝的忠诚依然没有丝毫改变，依然在奋不顾身为维护他们心目中的国家而流血拼搏。宋人王溥《唐会要》卷97《吐蕃》一节中载："沙州首领张义潮奏，（仆固）俊收西河及部落，胡、汉皆伏，并表贺收西州等事。"从这个贺表来看，唐王朝也从不把回纥的后裔在西州所建立的政权视为独立的王国，而肯定它是唐朝统一的多民族国家的一部分。即便时有摩擦纷争，回汉之间的一系列问题也应当归属为内部矛盾，是君臣、同僚、兄弟间的打打闹闹，而不是国与国之分敌我间的生死较量。从这个角度来看，中华民族包容开放的胸襟是与生俱来的，不会因为时代变迁和岁月沧桑而有所转移，多民族共生的大中华繁荣形势亦是必然结果。

THE
BIOGRAPHY
of
ZHANGYE

张掖 传

边塞诗词八声甘州

第十章

张掖钟鼓楼(镇远楼)　　　　　　　　　　　　　　　　摄影：王怀民

八声甘州和甘州古八景

说起《八声甘州》，不少人都会想起柳永《八声甘州》里的词句："对潇潇暮雨洒江天，一番洗清秋。"这首词的词牌选自古甘州曲调，就字面上讲，与甘州有着紧密的联系。《八声甘州》是流行于唐教坊曲之一《甘州曲》中的一个篇章，是由一系列相关联的单曲组成的成套乐曲。而今天，《甘州曲》早已失传。和许许多多久已失落的文明一样，作为古代音乐集萃的不少曲牌，都永远遗失在了岁月深处，我们再也无缘倾听《八声甘州》的妙音清歌了。我们无法想象《甘州曲》当年的旋律是何等美妙，如此才会被选中进献到玄宗的案头，然后成了大唐皇室教坊的宫廷音乐，继而风靡唐宋，传唱不衰；也无法想象，究竟经历了什么样的浩劫，致使那些旋律全部消亡，只余词牌不闻曲调，留下了颇多遗憾。

在中国的古代文化里，词牌名一直是一个关键词。无论是哪个朝代，都有不少优秀的诗词作品涌现。唐朝诗词歌赋最负盛名，被称为中国诗歌的高峰；其次是宋词，被誉为沉香千年的古卷。如辛弃疾《八声甘州·故将军饮罢夜归来》：

故将军饮罢夜归来，长亭解雕鞍。恨灞陵醉尉，匆匆未识，桃李无言。射虎山横一骑，裂石响惊弦。落魄封侯事，岁晚田间。

谁向桑麻杜曲，要短衣匹马，移住南山？看风流慷慨，谈笑过残年。汉开边、功名万里，甚当时、健者也曾闲。纱窗外、斜风细雨，一阵轻寒。

诗歌的源头，要从上古时代说起。那个时候，我们的祖先是没有文字的。在那个没有文字的时代，先民们将劳动生活、宗教祭祀，以口头歌谣传唱，配合着音乐和舞蹈。这些歌谣、音乐和舞蹈虽然流传下来的不多，但窥一斑而知全貌，我们通过祖先们留下来的足迹和日常生活中的劳动工具，就能推理出那个时期的基本情况。

到了商周时代，周王朝大兴礼乐，派专门的采诗官在每年的春秋两个季节到民间各个地方收集购买歌谣，这其中会发现不少优秀的诗词。王公贵族为了各种需要，也会创作一些歌颂、讽喻、祭祖等名目繁多的诗词。不少缺乏文采的王公贵族还花钱请一些文人墨客用诗词的形式为他们服务。我们把王公贵族和他们委托的文人们创作的诗词称为专业工作者作品。这样日积月累，民间歌谣加上专业的诗词创作，就涌现出了不少优秀的民间文艺和诗词作品。这些作品在前6世纪左右被编成了《诗》，收录了自西周初年（前11世纪）开始至春秋中期（前7世纪），大约五百年间的各类诗歌305首，又被称为《诗三百》，汉代以后又被称为《诗经》。

到了隋朝，为了配合燕乐而创作了词牌，逐渐发展为可以和唐诗相媲美的词。这样，诗词的盛世王朝就出现了。从最早的诗三百开始，到隋唐时期的词牌创作，贯穿整个中国古代文化的诗词都是被唱出来的。根据史料记载，优秀的词都有一个乐谱，每个乐谱都必定属于某种宫调，就类似于今天的C调、G调等。除此之外，还有一定的旋律和节奏，这些宫调、旋律、节奏后来被统称为词牌。

有文化底蕴的城市，应该有一个词牌名，古城张掖是历史文化名城，是文学创作的宝库，自然也有词牌名流淌在中国古代文化的历史长河之中，这就是我们耳熟能详的《八声甘州》。张掖在隋唐时正式称为甘州，因其甘俊山下有一眼甘泉而得名。唐初的甘州在那时只是一个边塞小城，但是盛唐时期，受西域乐舞的影响，结合甘州本地乐曲首创了《甘州曲》。后来这首极具边塞风格的乐曲被收录入京都教坊司，经由掌管教习礼乐、宫廷音乐的官署唐教坊改编之后成了唐代著名系列音乐《甘州大曲》。而传颂后世的《八声甘州》就是这部《甘州大曲》中的一篇。八声甘州的词牌在宋代被文人墨客广泛使用，后来影响越来越大。其中最出名的便是唐宋八大家之一的苏轼，他有一首《八声甘州·有情风万里卷潮来》，整首词充满豪气，向往出世却又执着于友情，毫无颓唐、消极之感，读来气势恢宏、荡气回肠，属于《八声甘州》中极具影响力的作品。

　　有情风、万里卷潮来，无情送潮归。问钱塘江上，西兴浦口，几度斜晖？不用思量今古，俯仰昔人非。谁似东坡老，白首忘机。
　　记取西湖西畔，正春山好处，空翠烟霏。算诗人相得，如我与君稀。约他年、东还海道，愿谢公雅志莫相违。西州路，不应回首，为我沾衣。

　　更有宋代词人柳永的《八声甘州·对潇潇暮雨洒江天》，虽然其缠缠绵绵、凄凄切切的小女子情态十足，但也成了闻名天下之作。除此之外，还有太多的词牌被记录了下来，成了中华传统优秀文化的主要内容和精神力量。由于《甘州》的音律起源于漠北甘州，所以八声甘州的音节慷慨悲壮，适合宋代词人们的委婉流转的长篇慢词。由此，八声甘州词牌便逐渐火了起来。如果在今天，那八声甘州的词牌名不但是一个大IP，而且应该是实打实的宋代"网红音乐"。在无数文人墨客追捧之下，八声甘州也衍生出了许多变体，有史书记载的就有六种平仄变体。

　　可以试想在一千多年前的唐宋盛世，一个个慷慨悲壮的漠北音符在坊间流淌，一曲曲代表甘州人文风情的词曲被世人哼唱，文字最后被记录了下来，传颂后世。可那些音符却被时光收藏，回荡在五千年的华夏大地上。据王灼《碧鸡漫志》载："《甘州》世不见，今'仙吕调'有曲破，有八声慢，有令，而'中吕调'有《八声甘州》，他宫调不见也。凡大曲就本宫调制引、序、慢、近、令，盖度曲者常态。若《八声甘州》，即是用其法于'中吕调'。"《西域记》载："龟兹国土制曲，《伊州》《甘州》《梁州》等曲翻入中国。"至于《八声甘州》因何叫"八声"，无他，只因全词共八韵而得名。

　　八，这个数字似乎与甘州极为有缘，乐曲有《八声甘州》，美景有甘州八景。

　　甘州八景，是指甘州最负盛名的八个景点，有古八景和新八景之分。古甘州八景是黑水春融、苇溆秋风、板桥夜月、祁连积雪、木塔疏钟、甘泉晚照、东山烟雾、薤（xiè）谷晴岚。

黑河春融

黑河是张掖人的母亲河，她来自冰封雪盖的祁连山，千百年来滋养着这片黄土地上的子民。万物生发的春天，黑河也随着季节的转暖而多情起来，一路融融泄泄自雪峰而下，催开了冰封的河谷，拂绿了两岸青山，携轻柔的春风吹向每一个角落，春天就变得丰满而具体了。黑河有多条支流，汩汩细流在青海省境内汇聚起来，从两个地方往北流淌，一个发源于祁连县的鄂博东端景阳岭，行程约100千米到达黄藏寺，称为八宝河。另一个发源于祁连县的托赖山，行程约75千米到达黄藏寺，称为伏牛河。两条河流越峡穿谷，水流湍急，在黄藏寺汇合后向北流入张掖绿洲平原，又穿越合黎山，进入内蒙古的额济纳旗，汇入居延海。黑河全长八百多千米，出了祁连山大峡谷后它以恬静闲适的姿态，缓缓涌动，进入内蒙古额济纳旗，汇入居延海。明代官员兼诗人岳正的《黑河古渡》中重点描写了黑河的清幽：

城南古渡最清幽，通透居延自古流。
采药鲜闻适织女，乘槎曾听会牵牛。
滩头矶父攀罾网，崖畔渔翁罢钓钩。
过客停鞭吟未已，不知世上几千秋。

而另一位同样是明代甘肃总兵官的郭登所作的《甘州即事》则更注重张掖的历史底蕴：

黑河如带向西来，河上边城自汉开。
山近四时常见雪，地寒终岁不闻雷。
牦牛互市番氓出，宛马临关汉使回。
东望玉京将万里，云霄何处是蓬莱。

苇溆秋风

古代的张掖城四面芦苇三面水，有"一城山光，半城塔影，苇溪连片，古刹遍地"的盛景，更有"举步见塘，抬头见苇"的说法。城内水多湖广，清代有南大池、北大池、甘泉池、西水塘等大的水塘，更有许多大小不一的苇塘相连成片，葳蕤的芦苇荡堪比歌曲之中的白洋淀，每到秋天荻花翻浪，秋风里庄稼成熟的气息穿过芦苇荡，散发着丰收的甜香，湿漉漉的饱满就充斥了农人的胸腔。

古张掖城的苇塘尤以北城门外最为壮观，原古城北门外护城河上建有"四善桥"一座，由嘉庆初年的甘肃提督苏宁阿取名，桥头牌楼还有对联曰：桥头看月色如画，田畔听水流有声。可见，北门外风光殊胜，苇狄面积非常有规模，人们可以站在北护城河上尽览秋光。苇荡宏阔，北大池就有了北湖的名称。明甘肃巡抚陈棐在甘州时曾作诗盛赞北湖风光：

边城城北接烟林，四座风来吹我襟。
自信中流双桨动，共看曲岸一竿沉。
山围面面丹青出，水奏淙淙韶濩音。
人散月明横渡处，夜深还吸有龙吟。

当然，在众多描写古张掖苇狄秋光景色的诗作中，还有许多名篇。其中当数民国诗人罗家伦的那首七绝为天下人所熟知：

绿荫丛外麦毵毵，竟见芦花水一湾。
不望山顶祁连雪，错将张掖认江南。

而从诗作的意境和文采来看，又数清代张联元作的《苇狄秋风》为上乘佳作，内中描写正是"苇溆秋风"的生动写照：

金风萧索冷秋容，潋滟清波势渐溶。

> 祁岭峰头云欲散,蒹葭洲上露初浓。
> 涨浮皎月芦花白,烟锁寒枝翠影重。
> 碧水长天连一色,盈眸爽气豁心胸。

板桥夜月

"板桥"就是木板桥,却比"木桥"更有诗味儿。"板桥"这个词也有一种特殊的情意,换成"木桥"就索然无味了,板桥和木桥表面看似相同的两个词语,其实却千差万别。古人更爱用板桥来抒发自己的思想感情。刘禹锡《杨柳枝》:"春江一曲柳千条,二十年前旧板桥。曾与美人桥上别,恨无消息到今朝。"这里的"板桥"更有韵味,写出了诗人的思念和惆怅之情。如果换成"春江一曲柳千条,二十年前旧木桥"这样一来,不仅朗读的语调生硬,而且意境乏味。

其实板桥在诗人的眼里都是离别的象征,它不仅柔美且凄美。而木桥却过于单调,与木头的结构一样,太过简单,于是表达起来也就显得直白。前者是离别的凄凉,而后者却是枯燥的景物。一前一后的对比,板桥更有诗境和蕴意,木桥只是以单纯的形象出现罢了。

甘州八景中的板桥位于临泽县东北四十里处,现为板桥乡所在地,是一个久负盛名的地方,它在黑河北岸,古时因庄前河上用木板架桥,通达对岸而得名。由于黑河从这里蜿蜒流过,滋润着两岸广袤粗犷的戈壁大漠,造就了一片片绿洲,塞外江南的风韵与田园风光的统一在这里表现得淋漓尽致。板桥东北,山漠连绵,具有边关烽燧、玉人箫声的奇幻绝妙的意境。民国著名诗人申缅胥的《板桥夜月》描绘了板桥远山映水、蒹葭夹板的景色:

> 东山远映水迢迢,两岸蒹葭夹板桥。
> 月拥重轮飞兔彩,光腾五夜射虹腰。
> 平分陇塞辉千里,仿佛扬州路一条。
> 有客临流闲眺处,可曾听得玉人箫。

祁连积雪

祁连山是我国西北最有名的山脉，它位于河西走廊以南、青藏高原北缘。在历史上，祁连山曾被戎、羌、乌孙、月氏、匈奴占据，"祁连山"一名也源自古代匈奴语，"祁连"是"天"的意思，祁连山因此得名"天山"。

因受高原寒冷气候的影响，祁连山在海拔 4200 米以上的高山地带，终年积雪不化。在古时，甘州郡南城楼正对祁连山终年不化的积雪，青空慢云之下，遥望南山积雪，祁连山顶银装素裹，如玉屏横亘，突兀高峻，绵延千里，"祁连积雪"也因此成为古甘州的一大胜景。多少年，往来的文人墨客无不被祁连山冰峰雪岭深深吸引，每当盛夏，登楼倚栏，挥毫泼墨，面山吟诵。

遥望南山积雪，顿觉清凉舒意，凉生坐间，暑气尽消。祁连阴天飞雪茫茫，浓云蒙蒙；晴日山开银屏，岭舞素练，苍松龙鳞透冰，不仅雄姿壮观，而且也是河西各族的衣食之源。正如陈棐的诗《祁连山》中所说：

> 马上望祁连，连峰高插天。
> 西走接嘉峪，凝素无青烟。
> 对峰拱合黎，遥海看居延。
> 四时积雪明，六月飞霜寒。
> 所喜炎阳会，雪消灌甫田。
> 可以代雨泽，可以资流泉。
> 谁是挂弓者？千年能比肩。

木塔疏钟

"木塔疏钟"曾作为甘州八景之一，可谓"塔势凌霄汉，钟声叩白云"。登上塔顶，扶栏远眺，全市风光尽收眼底。这座塔不仅造型美观，而且构制精细，别具风格，古时木塔顶上曾有一口大钟，清晨敲响声震四野。属于甘州的岁月就在晨钟暮鼓里日复一日延续翻新，拙朴厚重的钟声既是这座古城的底色，也是人们的精气神。木塔后有楼，俗名黑楼，取震慑黑水之意，现存者为清末重建，也称藏经楼，阔五间，27.4 米。楼有两层重檐歇山顶，四周绕廊，气势宏伟，与木塔交相辉映。可惜，军阀马步芳的部队进驻张掖后，韩起功利欲熏心盗卖了木塔上的大钟，那口陪伴甘州人民几个世纪的大钟至今下落不明。现存的木塔于1983年到1986年间经人民政府拨款修复，保留了这一珍贵的历史遗迹，为我们欣赏甘州古建筑之神奇提供了可去之处。清代马羲瑞《木塔疏钟》诗云：

　　　　天花何处鸟衔飞，一塔依然立翠微。
　　　　画栋崚嶒齐雪岭，残钟断续入柴扉。
　　　　阳回乍喜初调律，漏尽谁伤未拂衣。
　　　　莫厌疏慵趺坐久，半生劳碌已知非。

甘泉晚照

古籍记载，在甘州境内甘泉有两处，一处在甘州城西南的甘浚山下，甘泉泉水甘洌，西魏因之称张掖为甘州；另一处甘泉位于城南门内的城墙下，泉水北流出城，能推动石磨用来磨面粉，形成阿薛渠灌溉农田，可见当年水流量之大。现在人们一般认为的甘泉就是从古甘州城墙下流出的这一泓清泉。泉水分为两翼，一翼为文流，一翼为武派，后建池汇合并建坊，横额"文武一道"。据记载，这"汩汩泉水，似玉带飘悠，尽显袅娜；淙淙水声，如缕缕琴声，不绝于耳，更加别致"。据说该泉泉水夏不增，冬不减，旱不涸，涝不溢，并有严冬不冻，在"三九三"这一天人们清早取水生饮有消炎延寿的说法，并被传为"天泉"。

甘泉泉源在南城墙底下，在泉水流经的墙脚下建筑硬木支撑呈长方形的泉洞，洞前有嘉靖三十七年（1558）巡抚御史陈棐在泉边石上刻的"有本如是"四个大字，在泉洞上部有明嘉靖二十八年（1549）巡抚杨博建造的甘泉楼。每当夕阳西下，登上甘泉楼极目远眺，半湖瑟瑟半湖红，甚为壮观。距泉不远的北面构筑泉池，周长约30米，沿边有木构曲栏，从泉洞中涌出的泉水流入泉池，水清见底，游鱼可数。甘泉晚照和苇溆秋风构成甘州八景的代表，是塞上江南的蒹葭水月。清代诗人马羲瑞的《甘泉观鱼》诗云：

涓涓一脉任纵横，雄镇天关旧有名。
鱼出石龛惊客至，风恬水面逼人清。
沿溪看柳枝枝曲，踏月登楼步步明。
载酒临渊堪寄傲，几回弃醉枕流声。

东山烟雾

东山是龙首山的主峰，海拔3000多米，是河西走廊北侧的最高山峰，因位于甘州城区东北32千米处，绵延数十千米，故又称"东大山"。"东山烟雾"是古甘州八景之一，是由于东山周围的南北东西均为荒山、沙漠、戈壁，而东山却终年烟雾弥漫，景色秀丽。在雨后或清晨，缕缕薄雾从山下冉冉升起，遥望山峰，朦朦胧胧，影影绰绰，山峰隐现于轻岚薄雾之中，望若蓬瀛，透出无限神秘。在朝日初升时，违映笼烟，缭绕飘荡于万木丛林之间，景象十分壮观。

在东山，沟壑纵横，岩峻石怪，山峦起伏，山秀峰奇，松柏苍翠，花草飘香，飞禽走兽繁多。在东山山门前有一巨石矗立，独守山门，称为女娲石，传说是女娲补天时剩下的一块，掷抛于此。陡峭的奇峰异石还造就了"棋盘绿荫""神仙赐福""接驾神泉"等自然景观。棋盘山中间有一条界线分明的"楚河"，两边各一营盘，棋局对弈，传说是道家祖师袁天罡和张天师云游至此对弈，布下棋局而留下的遗迹。棋盘山后，有泉水涓涓，盘山而下，远望如九曲长河，近观呈龙飞凤舞，充满活力，如同接驾之势，故名曰"接驾神泉"。更有以形取名的"天河飞渡、桦林佛钟、通天栈道、登天云梯、大漠逐鹿、无限风光"等自然景观，栩栩如生。有雾天举目仰望，仿佛进入蓬莱仙岛，景色十分怡情诱人，因而古人命之为"东山烟雾"。清代人秦彬有《游东山寺》诗一首：

寻胜春郊踏绿畦，几重山色望中迷。
郸边谷口频惊马，看镜岩前欲舞鸡。
树密漫闻钟远近，云横谁辨路高低。

逢僧引到清峰处，日出东方月落西。

薤谷晴岚

离开喧嚣的城市，出甘州古城南行六十余千米，便来到了风光旖旎的临松山下。临松薤谷是著名的马蹄寺风景名胜区所在地，属祁连山分脉。顾名思义，山谷之中曾经应该生长着很多的野葱、野蒜，因此才得名薤谷。马蹄寺因薤谷而超然红尘喧嚣，薤谷又因马蹄寺而多了几分禅宗的幽寂空灵，二者相辅相成便构成了独特的景致，既是避居红尘的世外桃源，也是参禅修道的宝山净土。

进入山谷沿路仰视，那一座座有悠久历史的古丝路文化的悬壁石窟，错落有致地分布在山崖绝壁之上，让高山绿水的旷野深处别有洞天，若有若无的梵音中，一颗心便随之归于宁静。据文物考古学家考证，马蹄寺尚存石窟七十余座，其中北朝时期9窟，明朝时期2窟，其余皆清代遗迹。而其中金塔寺石窟中的彩塑高肉飞天，以其独特的艺术魅力和珍贵的历史文物价值，在中国古代石窟艺术之中，占据了极其重要的位置。

因为海拔高的原因，薤谷的夏秋季节多雾、多雨，形成了云岚雾绕的奇幻景象。雨过天晴之际，浓云渐次发散，从山上往平川看去，云岚多变气象万千，山谷之中可见缓缓流淌的云雾，白茫茫变幻着各种形状铺陈于满沟满谷间，一伸手就能抓到一缕湿漉漉的云雾，而一抬脚仿佛就能驾云飞驰，真如置身在传说中的仙界，令人心旷神怡。

马蹄寺风景区环境优美，山青、水秀、峰奇、洞异堪称四绝。此外，白雪皑皑的祁连山、开阔宽敞的兰花坪、恰似五朵莲花盛开的莲花峰、飞流直下的临松瀑布、郁郁葱葱的原始森林和格萨尔王剑劈石等，令人流连忘返、乐不思归。这儿春天到得晚，最佳的游览时间为夏秋时节，山花烂漫、秋叶泛黄时，是游客纷至沓来、络绎不绝的旺季。游客在这里可骑马畅游草原风光，可在临松瀑下拍照留影，体验草原游牧民族独特的生活方式和裕固文化特色，也可居住于热情好客的裕固族帐篷，喝着热乎乎的酥油奶茶，吃着香喷喷的手抓羊肉，欣赏着裕固族欢快的歌舞，畅饮着青稞银碗酒，你会瞬间被裕固人特有的豁达、豪爽个性所感染，游览后的疲惫顿消，情不自禁地相敬豪饮、欢歌共舞。

薤谷之清幽与人声之欢闹奇异地融合，构成了一个佛性的烟火世界，也许正是这份不一样的景致才有了更能够使人明悟的心境吧？薤谷和马蹄寺便一直都是人们乐于游览和偶尔找寻内心平静空明的地方。明人朱惟均有《咏马蹄寺》七律一首：

　　古刹层层出上方，云梯石蹬步回长。
　　金神宝相莲开座，玉梵清音月近床。
　　茶沸烟腾禅出空，花飞泉落水流香。
　　逢僧共说无生活，回首音尘意自忙。

清代诗人陶千龄更有《马蹄山晚眺》传诵于世：

　　寻诗不必曳筇行，到处秋光泼眼明。
　　千树红兼千树碧，数峰阴间数峰晴。
　　雁盘夕照书无迹，鸦噪秋林画有声。
　　小立莫愁归路暝，祁连岭上月初生。

新甘州八景

甘州，是古丝绸之路上的重镇，作为中国历史文化名城之一，这里山河壮美，物产丰饶，文化灿烂，人才辈出。这里不但有丰富的历史遗迹，还有独特的自然景观和人文景观。甘州的美景众多，在历史上最有名的莫过于古"甘州八景"了，古八景作为甘州的一张亮丽的名片，在历史上留下了浓墨重彩的一笔。但是随着时间的推移、自然的变迁，社会的发展，甘州这块充满生机的沃土发生了翻天覆地的变化，一些在历史上历经沧桑的自然美景已不复存在，同时一些新的美景在甘州儿女的呵护下，不断涌现，吸引着南来北往的游客。

近年来，随着旅游业的不断升温，实施甘州旅游品牌战略的呼声日益强烈。在这样的社会背景下，中共甘州区委宣传部与甘州电视台作为新"甘州八景"评选活动的主办单位，率先担负起了新"甘州八景"评选的组织及拍摄任务。通过专家评委观看节目，结合观众的投票情况，于2006年3月评选出的新"甘州八景"是：古刹塔影、钟楼晨曦、古城夕照、扁都岚烟、丹霞映辉、康乐牧歌、焉支松涛、陵园翠柏。

古刹塔影——大佛寺

　　张掖大佛寺原名迦叶如来寺，因寺内供奉释迦牟尼涅槃像，故又名"卧佛寺""大佛寺"。始建于西夏崇宗永安元年（1098），至今已有900多年的历史。这座古老的寺院早在魏晋、南北朝时期就如同驿馆般地接待着佛教先驱，为东西方文化交流发挥着重要的桥梁和纽带作用。据《敕赐宝觉寺碑记》记载，西夏时，有一个名叫嵬咩的国师，他经常云游四方。一天，他途经甘州，正在敛神静居之时，忽闻天地间隐隐有丝竹之音，他睁眼一看，华光灿烂，还伴有诵佛之声，声光飘忽，慢慢隐入地下，嵬咩国师万分景仰，立即起身寻求，他"掘地数尺，有翠瓦罩焉，得石涅槃像"。嵬咩以为这是佛祖显灵，当即动员僧众信徒，化募捐赠，就这样建起了大佛寺。

　　雄伟的大殿建成后，如何塑得巨大的卧佛却成了难题，嵬咩国师日思夜想，一日，忽梦见一位神工走入殿中，侧卧而羽化，最后仅余骨架。嵬咩国师顿悟，于是，外钉木板，再妆塑泥肤，半个月后便塑成大佛。大佛身长34.5米，肩宽7.5米。寺院建成后，成了西夏三大佛教中心之一。

　　大佛殿是大佛寺的主体建筑，殿高24米，宽40.3米，深24.5米，占地1770平方米。殿内卧佛头枕莲花，神态安详，横卧七间大殿，因此有"人过大佛寺，寺佛大过人"之说。卧佛头脚处各立像一尊，前女后男，女的为中年王后像，俗称"优婆夷"，男的为中年帝王像，俗称"优婆塞"。身后为十大弟子举哀像，两侧是十八罗汉塑像。殿内四壁存有明清壁画700多平方米，内容涉及二十四天护法神将、十二因缘、七佛像、佛本生图像、西游记图像等。

　　大殿东北角昏暗的屋梁上有金龙盘绕，俗称"金龙绕梁"。说的是元灭宋后，元世祖忽必烈将南宋小皇帝赵显带到大都。在赵显十八岁时，忽必烈打发他到张掖，在大佛寺当和尚，准许其婚娶。赵显到49岁时生了一个小孩，后元仁宗到寺院，在大佛寺做梦，梦见金龙绕梁，后又见到了小孩，看到孩子头顶紫气环绕，于是将小孩收为义子，后来这个小孩当了元朝最后一个皇帝元惠宗，因此民间有"元朝天下，南宋皇帝"一说。后人为记这一故事，就在大佛寺塑了一条绕梁金龙。

明永乐十七年（1419），明成祖朱棣敕赐"弘仁寺"。明宣德二年（1427），宣宗皇帝御制《敕赐宝觉寺碑记》，对卧佛殿进行了全面维修，并赐名"宝觉寺"。明正统元年（1436），明英宗御赐《北藏佛经》，大佛寺集高士用泥金书写成600卷《大般若波罗蜜多经》，张掖大佛寺进入了空前昌盛时期。清康熙十七年（1678），敕改"宏仁寺"。从明代到现在，金书《大般若波罗蜜多经》成了大佛寺的镇寺之宝，今已被列为国宝级文物，有"张掖金经、稀世之珍"之美誉。

大佛寺坐落在老城区的市中心地带，因为保护得当香火旺盛，寺外古巷建有仿古群落，柳丝袅娜雀鸟啁啾，是闹中取静的清幽之地。后院矗立着五塔之一的土塔，土塔周围风铃在微风中铮铮作响，给静谧的寺院平添了几份惬意。风和日丽之时，雀鸟围塔飞翔，铃声叮咚成韵，别有一番雅趣。大佛寺现在是集文物收藏、陈列、展览、旅游、民族风情于一体的游览胜地。1996年被国务院列为全国重点文物保护单位。

钟楼晨曦——钟鼓楼

在张掖城中心，东、南、西、北四条大街中心点上，呈"田"字形坐落着一座雄伟而壮观的鼓楼，它就是张掖古城的标志，名叫镇远楼，又叫钟鼓楼，俗称鼓楼。据《重修甘州吊桥及靖远楼》碑铭记载：钟鼓楼始建于明代正德二年（1507），由甘肃巡抚筹资兴建。清顺治五年（1648）毁于兵变，清康熙七年（1668）甘肃提督靖逆将军张勇主持重建。

每至清晨，一轮红日从东方升起，给雄伟的鼓楼涂上了一层橘红。在晨曦的映衬下，古老的钟楼显得更加端庄而凝重。关于钟鼓楼，民间还有这样的传说，说的是甘州城原是半城芦苇半城塔，人民在这赛过江南的环境中居住得安逸舒适。谁知有一年，城里闯进一条大黑鱼，这条黑鱼四只眼睛、四只脚、八条尾巴。黑鱼先是吃净了湖中的鱼，后来就盯上了岸上人家的小孩，弄得满城风雨，鸡犬不宁。甘州城里当时有弟兄三个，老大是铁匠，老二是石匠，老三是木匠，最终降服了黑鱼。铁匠老大造了一口大锅，罩在了湖面上，石匠老二造高台压在了锅上，木匠老三在高台上又修建了三层高楼，把黑鱼压到了底下。从此，雄伟的钟鼓楼就这样耸立在了古城中央。

传说毕竟是传说，但也给古老的钟鼓楼增添了迷人的风韵。钟鼓楼楼体为砖土木结构，建筑格局下为楼台，上为楼阁，边高21米。楼台为夯土青砖包砌，边长32米，高9米。台中轴开辟"十"字形通道，道门各宽4米，高5米，呈拱形，四门遥对东、南、西、北四大城门。四大城门上有匾额，东"旭升"，西"怀新"，南"迎薰"，北"镇远"。楼台之上的楼阁为外3层，内2层木楼，重檐四角攒尖顶。楼上原有四块匾额，东"金城春雨"，西"玉关晓月"，南"祁连晴雪"，北"居延古牧"。清康熙七年（1668）重修时改名，匾额名称是：东"九重在望"，西"万国咸宾"，南"声教四达"，北"湖山一览"，楼面阔3间，进深3米，底宽16米，楼阶置于台基西北角。

楼上北面置重修甘州吊桥及靖远楼碑一块，东南角悬古钟一口，系唐代所铸，叫"唐钟"。钟高1.3米，重约600公斤，口径1.15米。整个唐钟铸造规整，造型优美，钟上铸有朱雀、玄武图案，敲响之时声音洪亮，响彻整个古城，钟声回肠荡气。晨曦苍烟，薄云飘逸，如诗如幻的景色曾令多少南来北往的才子佳人浮想联翩。

古城夕照——黑水国

位于甘州城区西北17千米处的黑水国遗址，千百年来一直以神秘而吸引着南来北往的游客前来探幽思古。"沙草迷离黑水边，何王建国史无传。中原灶具长人骨，大吉铭文草隶砖。"1941年9月于右任探访黑水国古城时所赋的《黑水国》诗表达了对遗物遗迹的感慨和疑问。

黑水国遗址，最好看的莫过于夏日夕阳下的景色了。灿烂的晚霞与周围郁郁葱葱的农田和绿洲相映成趣，古遗迹愈发显现出沉重的气氛。在一轮夕阳的映照下，也更加凄凉、死寂。

据考证，黑水国遗址是目前已知河西走廊中部最早、最大的原始部落居住地。早在4000多年以前，就有一个庞大的原始部落在这里生息繁衍。他们以农业、畜牧业和渔猎为生。当时，这里的工匠已经能打造出各类精致的玉石器，以满足不断丰富的生产、生活需要。据说，居住在黑水国的原始部落从遥远的中亚一带运来了美丽的绿松石，加工成精美的装饰品，供妇女佩戴。因此说这个部落是"玉石之路"的最早使者之一。后来，随着人口的不断增长和生产活动的不断加剧，这里的生态环境逐渐恶化，在距今约3900年时，张掖最早的先民无可奈何地走出了黑水国，这里第一次沦为绿洲中的沙漠。

经历了一千多年以后，黑水国恢复了植被，月氏族走入了黑水国。前121年，骠骑将军霍去病两次进军河西，后来在黑水国先后设立了酒泉郡和张掖郡，黑水国成了汉王朝在河西走廊中部的政治、经济、文化中心，又迎来了开发的春天，生态环境随之遭到破坏。到东汉晚期，受沙浪的袭击，黑水国逐渐沦为荒漠区和墓葬区，第二次被人类遗弃。

此后大约400年的自然恢复，黑水国又一次形成了相对稳定的生态环境。唐代在这里设立了驿站，到明代改设小沙河驿，并建常乐堡，对黑水国的开发和利用走到了历史的顶峰，土地第三次严重沙化。明代晚期，巨大的沙尘暴将人们赶出了这座古老的城市，黑水国第三次沦为了无人区。

关于黑水国的沦亡，民间还有这样的传说，说的是隋朝大将军韩世龙在黑水国驻守期间，一日城里来了一位老道人，道人手提篮子，篮内装有红枣、黄梨，沿街叫卖"枣—梨、枣—梨"。韩世龙得知老道的消息后，深感蹊跷，不禁反复念叨"枣梨、枣梨"，突然心里一亮，悟出其中道理，此城必有灾难，必须"早离"。于是率城里军民全部撤离。当天夜里，狂风夹着黄沙向古城袭来，不过几个时辰，古城便被黄沙掩埋了。

传说给古城增添了神秘的色彩，也使更多的人前来张掖寻访探秘。目前，整个遗址被312国道分为南北两座古城。古城城墙城门可辨，古砖古瓦散见，黄沙裹掩成丘。穿过坍塌的城门，仿佛穿越了历史的隧道，使人不由想到，古城的兴替是人之所为，而古城的沙毁不也是人之所为吗？

黑水国兴衰的历史再一次证明了保护环境的重要性，也为今天的人们敲响了环境保护的警钟。

扁都岚烟——扁都口

雄伟耸峙、重嶂叠峦、凌空万仞的祁连山，是我国著名的高大山系之一。在民乐县城东南28千米处的祁连山中，呈南北走向有一条狭长的大峡谷，古称大斗拔谷，今天我们称其为扁都口。这条全长28千米的大峡谷，历史上是南下河湟、北达甘凉的重要通道，扼甘青咽喉，也是走廊南端天造地设的险障关隘，现如今国道227线由此通过。

盛夏时节，扁都口大峡谷两侧满目金黄的油菜花一望无垠，花间蜂飞蝶舞，芳香四溢，甚为壮观，微风过处，一道黄波金浪掠过眼前，在这如织的金地毯内游玩，真有"人在画中游"的感觉。峡谷内奇峰罗列，怪石嶙峋，似人状物，如佛若仙，千姿百态，惟妙惟肖。远处山坡上成群的牛羊，或悠闲地觅食，或在水中嬉戏，山顶白云缭绕，此景令人心旷神怡，如痴如醉。

在扁都口大峡谷两侧盛产的农作物除了油菜还有青稞，如果说油菜花开的季节令人陶醉的话，那么，青稞抽穗飘香的季节更使人流连忘返。青稞穗子在微风中轻轻摇曳，层层穗浪给人一种返璞归真的感觉。

扁都口历来为兵家必争之地，历史上自汉代开始，许多大事件都经过或发生在这里。汉代霍去病第一次率兵西征，隋炀帝率40万大军征服吐谷浑后在焉支山会见27国使臣，五凉时期北凉沮渠蒙逊和南凉秃发乌孤的几次交战，唐代大将杜宾客大战吐蕃，成吉思汗派兵攻取西宁，明朝末年闯王李自成部将贺锦攻取青海，清康熙年间青海厄鲁特部怀阿尔勒侵占大草滩，被守将王进宝击退。近现代史上的数次回民暴动，马仲英出山，以及1949年中国人民解放军一野一兵团于9月17日解放民乐、张掖，然后挺进新疆，都在这条狭长的山谷中留下了历史的印记。汉代张骞出使西域，晋高僧法显西去取经，《大公报》著名记者范长江也曾经此峡谷进入甘州。

扁都口峡谷是古丝绸之路的重要地段，据历史记载，丝绸之路的南线，就是从今天的西安开始，经天水、秦安、陇西、临洮、兰州，沿湟水谷地西进，经民和、西宁、大通、俄博、扁都口峡谷到甘州，后与现在的西丝绸之路会合。峡谷内两侧山峰海拔大都在3500—4500米，两山相对峙，群峰参天、峭壁林立，峡谷最窄处仅15米，最宽处也不过150米。在古代，这里曾被称为"一夫当关，万夫莫开"的险关要隘。

避暑消夏胜地扁都口，在历史上还发生过"六月飞雪冻死人"的事件。据考证，隋大业五年（609），隋炀帝率领大军西征，在对吐谷浑战役取得决定性胜利后，从扁都口入张掖，时值农历六月，不料在扁都口内却下起了鹅毛大雪，冻死了不少官兵。现如今，在离谷口两千米的地方，有一个小山堆被称作"娘娘坟"，具有"娘娘"之称的人，必须是皇帝的后妃。纵观历史，从这里走过的皇帝只有隋炀帝一位，这位娘娘当然与隋炀帝有关。《周书·皇后传》记载："炀帝西巡，随行乐平公主，系文帝之女，炀帝亲姐，北周宣帝宇文赟的天元皇后杨丽华，葬于河西。"有人推断，这个"娘娘坟"就是杨广亲姐姐杨丽华的坟墓。

扁都口在经济上还是南北贸易交流的重要通道，青海北部的游牧民族，历来都通过扁都口进入河西走廊进行物资交流和经商贸易。风光旖旎的扁都口，已经成了张掖招牌式的旅游胜地之一。

丹霞映辉——七彩丹霞

张掖丹霞包括临泽丹霞和冰沟丹霞，集中分布在临泽、肃南两县境内，面积达300多平方千米，是中国丹霞地貌发育最大最好、地貌造型最丰富的地区之一。张掖丹霞中比较有名的是张掖七彩丹霞，2005年《中国国家地理》杂志评出"中国最美的七大丹霞地貌"就有张掖七彩丹霞大名。

在巍巍祁连山中，肃南县白银、康乐两乡和临泽县倪家营乡境内，分布着大面积的丹霞地貌群，主要是由红色砾石、砂岩和泥岩组成的。数以千计的山峦和悬壁呈现出鲜艳的丹红色和红褐色，以及色彩丰富的彩色丘陵，丹霞与七彩丘陵相互映衬，各展风采，展示出"色若沃丹，灿若红霞"的奇妙风采。这种奇特的山景，当地人叫"风雨雕"，地质学上称为"丹霞地貌"。

丹霞奇观，最吸引人眼球的莫过于朝晖与夕阳下，以及雨后初晴时的景色了。闻鸡起舞，太阳登山，望断朝晖，一轮红日，万道霞光为丹霞梳妆打扮，丹霞活像一个充满活力的俊俏姑娘，用朝晖霞光装点自己的容颜。日过中天，夕阳西下，丹霞地貌似乎领略出自身的生命之道，夕阳与群山之间，峰林石柱间，人影绰绰，时隐时现，或窃窃私语，或品茶围棋，如梦如幻。雨后赏景，丹霞如出浴佳人，洗尽铅华，一尘不染，尽显浓妆淡抹总相宜的百变风情，于微风中展现出别具一格的楚楚动人之姿，让观赏者不禁称叹，为大自然的鬼斧神工所倾倒。

如诗如画的丹霞地貌，它的形成经历了漫长的过程，是地壳运动的产物。从科学的角度来说，丹霞的形成是红色砂岩经长期风化剥离和流水侵蚀，加之特殊的地质结构、气候变化以及风力等自然环境的影响，形成陡峭的山峰和奇岩怪石，主要在侏罗纪至第三纪的水平或缓倾的红色地层中发育的，是巨厚红色砂岩层中沿垂直节理发育的各种丹霞奇峰的总称。丹霞地貌有明显的干旱、半干旱气候的印迹，以交错层理、四壁陡峭、垂直节理、色彩斑斓而称奇，它是一个以自然风光为主的风景区，雄、奇、险、美、情集于一体是它的最大特征。

在白银乡、倪家营乡分布的丹霞地貌，其山石高下参差，疏密相生，富有韵律感和层次感，在蓝天、白云的映衬下，和谐中产生对比，构成一幅色彩斑斓的画卷。在康乐乡分布的丹霞石柱则主要以雄奇见称，许多悬崖峭壁，像刀削斧劈，直指蓝天，景色雄奇，气势磅礴，雄伟如泰岱、华岳，雄浑而富有力度。

丹霞地貌，一年四季无论晴雨早晚，都以不同的景色供游人观赏。朝晖夕阳永远是点燃丹霞地貌生命奇观的源泉。经考察，分布在张掖市境内的丹霞地貌是全国丹霞精品中之精品，分布之广、种类之繁、数量之多全国第一。

四时常新七彩山，八方宾客聚张掖！张掖七彩丹霞正以其独特的风光吸引国内外众多游客前来观览胜景，领略大美西部的人文风情。

康乐牧歌——裕固族风情

美丽如画的康乐草原，气势磅礴的丹霞地貌，色彩绚丽的彩色丘陵交相辉映，将祁连山草原映衬得五彩缤纷，登高远眺康乐草原，山峦起伏，碧海松涛，满目青翠，让人心旷神怡，驻足赞叹。清新凉爽的气候，山花烂漫的原野，驰骋骏马的豪迈，更有裕固人为你精心准备的醇香扑鼻的酥油茶，鲜美可口的手抓肉和醇厚甘洌的青稞美酒。

康乐草原，梦幻一般的地方。这里是肃南县的属地，距甘州城83千米。走进康乐草原，风轻云淡，展现在你眼前的是绿色的海洋，有平川、高低不等的山峦、开满野花的洼地，还有那生长在阴坡上的松树林。放眼望去，远近山色各不相同，远处的山峦云遮雾罩，像在绿毯子上覆盖了一层白纱，近处的山丘翠绿如碧，让人心境大开，沉醉于大自然的怀抱之中。

每当盛夏之际，在这里休闲旅游的人纷至沓来，使这片静谧酣畅、闻名于世的美丽草原，增添了几多喜悦欢乐的气氛。宽阔、富饶的大草原，充满着游牧民族那种坦荡自由的气息。辽阔的草原，茵茵碧翠，和风习习，那种畅快清爽的感受，难以用语言来表达。站在草原上，会使人真真切切地领会到"天苍苍，野茫茫，风吹草低见牛羊"和"天似穹庐、笼盖四野"的感受，会给我们的遐想插上翱翔的翅膀。辽阔的草原，诗一般的气质，酒一般的醇香，醉迷了回家的归途。

康乐草原风光优美一望无际，碧草如茵，山花烂漫，畜群与翠绿构成了一幅壮观绚丽的牧场风光图。彪悍的骏马，或撒蹄奔跑，或醉卧草地，健壮的牦牛，悠然自得，羊只像一个个绒球在草地上滚动，出没于深草浅花之间，游动于茫茫绿海之上，牧人扬鞭放歌，抒发他们的豪情。跨一匹骏马，风驰电掣，在草原上驰骋，真有汉将雄风。

美丽的大草原，以肥美的草场养育了裕固族牧人。牧人们也用悠扬的歌声来回报大草原，这歌声是对美好幸福生活的赞美。满眼盛开的野花，加上盛装的裕固族少女，和着高处的松涛与山顶的白雪，映成了一幅色彩流畅的油画。牧人当然离不开草原，多少年来草原一直是裕固族牧人追逐的目标，也是他们赖以生存的家园。草原与牧人互相依赖，因此，草原上的草，早已将自己的血脉与牧人的血脉联系在了一起，而牧人也早已将自己的命运与草结为一体，就像藤缠着树一般。康乐草原，是裕固族牧人的家。

焉支松涛——焉支山

千里河西走廊，茫茫戈壁夹杂着时断时续的绿洲。美丽壮观的焉支山就耸立在走廊蜂腰地带的山丹县东南40千米处。焉支山，又叫胭脂山、燕支山，她宛如一颗镶嵌在走廊中间的绿色宝石，东连"银武威"，西接"金张掖"。山上重峦叠嶂，松林密布，整个区域被葱郁茂盛的原始森林所覆盖。

史书中称焉支山是因匈奴占领河西，匈奴王后叫阏氏而来；也有记载山上长有红花，常被匈奴妇女制成胭脂作化妆之用而得名。更有当地民间的传说如是说：很久以前，焉支山下住着一户牧民，一夜梦见院子里长出了鲜艳的野花，一年后他们终于喜得千金，便取名胭脂。胭脂长大后，聪明伶俐，村里没有一个人不夸她的。有一年，流行一种瘟疫，村里的人都病倒了，唯有胭脂姑娘没有病，村里老人说这种瘟疫只有喝了山神赐予的神水才能治愈。胭脂为救乡亲们来到山上，不知用了多少个日夜准备凿水引流，但水还没有掘出来，她却累倒在了石头上。胭脂的诚心感动了王母，王母给了她一把金斧和一袋花种。胭脂把金斧一挥，便劈出了山泉，她用双手捧着花种往水中撒去，却见每一粒花种都沾满了自己手上流出的鲜血。为了乡亲，她毅然撒完了花种，自己却眼前一黑，掉进了水中，化在了水中。水流到村里，疫病解除了，庄稼返青了，村民得救了，胭脂花也开遍了山野。人们为了纪念胭脂姑娘，就把她凿石取水的山叫胭脂山，把漫山遍野开放的花叫胭脂花。

夏秋之际，焉支山气候凉爽湿润，景色秀丽迷人，有"小黄山"之称。登高远望，山上林海松涛、碧波无际，山下沟壑纵横，清泉淙淙。峡谷两侧崇山峭直，奇石耸立，是消夏、避暑、游览不可多得的好地方。焉支山虽属于祁连山系，却又独立成山，间于祁连、龙首二山之间，西汉霍去病收复河西之前，这里是大月氏、乌孙、匈奴等游牧民族争夺不休和生存的理想牧场。

焉支山不仅因迷人的景色令人叫绝，她深厚的历史文化底蕴，更让人神往。历史上，西汉骠骑将军霍去病征服匈奴、平定河西，建成著名的皇家军马场。霍去病开疆之功，成为后来有志之士建功立业的模范，焉支山也因此成为有志之士驰骋一展抱负的疆场。隋炀帝西巡张掖，在焉支山召开"万国博览会"，兵不血刃震慑住了整个西亚地区的国家。在唐代诗词中，"焉支山"是经常提及的意象。李白的"虽居焉支山，莫道朔雪寒"和韦应物的"胡马、胡马，远放焉支山下"等诗句都说明焉支山在汉唐时期已经成了边塞诗中不可或缺的底色。

看焉支，最妙的是看她晴雨明晦、奇异多变的仙姿。清晨，屡屡薄雾从山涧升起，遥望山峰，朦朦胧胧，影影绰绰，恰似一位面戴轻纱、身披蝉翼的少女，显现出一种飘逸而神秘的美。黄昏，袅袅炊烟与暮霭交织蒸腾在一起，山峰隐现于轻岚薄雾之中，时浓时淡，光怪迷离，仿若蓬莱仙境。登上焉支山，穿行在茂密的原始森林里，晨晖一缕缕从松针柏叶间漏下来，给人一种迷幻、眩晕的美妙。秋日，在悬崖峭壁上盛开的山丹花红艳艳一片，竞相怒放，争奇斗艳，空气也异常清新，堪称"天然氧吧"，是消夏避暑、度假游览不可多得的自然风景胜地。

神奇美妙的焉支山，还有许多优美的传说，诸如钟山寺、黑虎岭、直沟口、凤仙草、焉支草等景观，以及霍去病与匈奴鏖战、薛仁贵西征、休屠王牧马围猎等历史故事，还有未被发现的琼阁仙境，正在等待旅游者去探源觅踪。

陵园翠柏——西路军烈士陵园

在高台县城的东南角，坐落着一处神圣而庄严的红色旅游景点，它就是2002年4月被评为全国爱国主义教育示范基地的高台烈士陵园。烈士陵园正门上方是朱德总司令亲笔题写的"高台烈士陵园"六个大字。"碧血丹心血沃神州兆大地，壮志豪情志屹华夏贯长空""血溅沙场威武不屈，志光中华浩气长存"。两副对联表达了人们对血战高台牺牲的烈士的缅怀和哀思。

进入烈士陵园大门，首先映入眼帘的是由著名的雕塑家何鄂设计的"血战高台"英雄群雕，雕塑的人物代表了西路军将士，刻画了他们英勇杀敌、视死如归的大无畏革命精神，真实再现了当年红军同仇敌忾、浴血奋战的悲壮场面。

在高台烈士陵园，"西路军战史陈列馆"集中反映了西路军血战高台的悲壮历程。走进陈列馆，毛主席手书"共产主义是不可抗拒的，星星之火可以燎原，死难烈士万岁"的字迹列于眼前。两面墙上有朱德、李先念、徐向前等老一辈革命家的题词，展览柜里都是红军用过的大刀、手雷、枪管、被单、海螺号、砂锅等遗物，这些遗物让今天的人们真正了解到了当年红军生活的艰苦，领略到了红军就是在这样极其艰苦的条件下，凭着简陋的武器和百折不挠的意志把革命进行到底的精神。在展室中，"血战高台"展室最让人难忘，整个展室将红军血战高台的经过详细地展现在了参观者面前，观后让人心情久久难以平静。

经过多年建设，目前，高台烈士陵园已经成为曲径通幽、环境优雅的红色旅游胜地。园内亭、堂、室、碑、群雕、公墓布局合理，错落有致，伴随着鲜花、绿草、松柏和清新的空气，历史的厚重和现代气息融为一体，置身其中，令人感慨万千、荡气回肠。近年来，高台烈士陵园已成为集传统教育和休闲于一体的多功能旅游景区。

题"新甘州八景"

受命创作《张掖传》一书，发现甘州有新旧八景之说，旧景尝有明清方家题记成诗，新八景却寥寥数笔，盖因新景于当代诗词大失之下所评，故无行家撰诗以题。余虽不才，大胆试作八律以增补之，不尽完美处敬请方家雅正。——陈玉福

古刹塔影
红尘闹里诵经声，重觅繁华一寸兴。
深巷柳荫遮不住，净园松柏守凡僧。
三千大梦终觉醒，五蕴皆空有道乘。
廊下飞莺啼聒噪，饶音宝塔伴青灯。

钟楼晨曦
边城鼓角满山风，靖远楼头大吕钟。

暮色征途多壮志，晨曦别梦更从容。
金戈铁马镇张掖，沥胆披肝逐列凶。
北望阳关犹在目，古来守业不轻松。

古城夕照（新韵）
斜阳懒照近黄昏，古驿番城黑水村。
寂寞老鸦无觅处，倚墙衰草锁余温。
荒原隐秘千秋事，金月荣华一捧尘。
若得汉砖能诉说，西风也做断肠人。

扁都岚烟（新韵）
汉唐健马走烽烟，粟特行商贩塞边。
茶酒丝绸销域外，胡笳乐舞过祁连。
陇头躁动传捷报，华阙升平定玉关。
绿草清波春正好，无非西北与长安。

丹霞映辉
四时常景拂尘埃，绿玉红裳次第开。
偷取虹霓云做褛，借来霞蔚染妆台。
一亭烟雨鸥为客，百里山风月下裁。
可是仙家遗宝阙，飘然失落自蓬莱？

康乐牧歌
春归翠陌燕修窠，裕固人家喜事多。
东使迟来三月半，佳期早约尽蹉跎。
摘花酿做相思酒，绣帕卿心对牧歌。
马背雕鞍迎嫁娶，红缨帽下画新娥。

焉支松涛

松风入韵舞参差，跃马英雄不可追。
暮雪苍山消疏勒，横波水月润焉支。
单于回首伤心处，隋帝巡边侧目时。
塞酒难捱红粉醉，花开蘼谷正荼蘼。

陵园翠柏

燎原烈火到西疆，卷地红潮赴雪霜。
身带吴钩真壮士，肩挑大义志如钢。
征鸿落尽铮铮血，杜宇哀鸣点点殇。
翠柏何须言冷漠，青山埋骨为炎黄。

新甘州八景题诗赏析（本文作者：清浅）

甘州古八景在明清两代及民国时有很多题诗，为大美甘州打出了那个时代亮眼的名片，其中不乏佳句妙思，最为人所熟知的莫过于郭绅的《观刈稻》和民国时罗家伦的那首"不望祁连山顶雪，错把张掖当江南"了。而正是通过这些诗句，让金张掖展现在更多人面前，为宣传、提升张掖知名度增添了亮丽的一笔。

新甘州八景是近年来所评出公认的代表张掖旅游盛景的新胜地，只是可惜多年来却无人为新八景题诗，或有所题亦平平无奇并不被大众接受，乏善可陈便颇多遗憾。幸有著名作家陈玉福先生受聘张掖市、甘州区两级政府，成为我市特聘专家教授又承担了创作《张掖传》一书的重任，在梳理张掖这座城市的文史脉络时，先生发现了"新甘州八景"没有题诗的短板。于是，他实地踏访八处景点，为新八景逐一题诗，终于补齐了此中缺失，实为张掖之幸事！

要赏析陈玉福先生八景题诗，就势必从相关基础开始谈起，从古人的粉壁题诗说起。

题诗，是指就一事一物或一书一画等具体对象抒发感受而题写诗句。古代题诗兴起于两汉，盛行于唐宋，多写于墙壁、廊柱、书画和器皿上。现代意义上的题诗，则多指所题写的诗句。题诗这一举动，在古代文化史上代表着风雅、才气和文人墨客骨子里的不羁洒脱，在那个传播速度迟滞、传播方式单一的时代，粉壁题诗更多时候是为了展示个人文采进而博得关注、获得机遇。当然也有例外，如陆放翁题壁沈园，却是难解毕生遗憾去缅怀纪念初恋感情的独特做法。古人喜欢题诗，往往在登临山水、拜谒禅刹时有感而发大畅诗怀，于是凭古吊今题诗山壁亭柱之上，便有如今我们看到的各名胜古迹处流传下来的诗、词、文、联，其中还有很多都是脍炙人口的经典佳作。

随着题诗的广泛流传，人们发现一首名人佳作实际上具有显著的广告效应，能够提升地方知名度，更多景点、酒楼，甚至寺庙禅院都专意修建了粉壁置于显眼处，为文人墨客和过往官员名流提供题诗留墨的便利。如此一来，景点随诗文而更负盛名，诗文又会随游客被广为传诵，双赢就这样达成了。如苏轼的《题西林壁》，崔颢的《黄鹤楼》等名胜，人、景、诗三者相辅相成，谁成全了谁一时还真难以说清。

题诗要求应景应事应人，选取文体大多以律诗为主。律诗，是唐朝流行起来的一种汉族诗歌体裁，属于近体诗的一种，因格律要求非常严格而得名。常见的类型有五律和七律，一般有几个字说几言。以八句为定格。每句有一定的平仄格式；双句押韵，以押平声为常，首句可押可不押。中间四句除特殊情况外必须对偶，其句数在八句以上者称排律。

有这么多规矩所限，可见格律诗创作并不是一件容易的事，比现在信马由缰的诗歌在难度上绝不可同日而语。而陈玉福先生为"新八景"所题，却是选了最难最苛刻的文体来进行创作，足显其在格律诗方面有着绝强的功底和驾驭能力。

第一首《古刹塔影》，描绘的是张掖大佛寺景象：

红尘闹里诵经声，重觅繁华一寸兴。
深巷柳荫遮不住，净园松柏守凡僧。
三千大梦终觉醒，五蕴皆空有道乘。
廊下飞莺啼聒噪，饶音宝塔伴青灯。

诗中首联即点明了大佛寺的外部环境，是在红尘闹里繁华一隅中难得兴盛的佛门清静之地。颔联更进一步描绘大佛寺的清幽，在于"深巷柳荫"之秾丽中不可忽视的存在，而寺里古树繁茂、僧俗修禅，是静中有动的写景手法。前二联写景完成了起与承的衔接，颈联峰回路转，目光落在了禅刹最引人入胜处，那就是赫赫有名的卧佛像，当地也称睡佛。众所周知，张掖大佛寺内供奉的是释迦牟尼涅槃像，以宏大睡姿独步禅宗。颈联既生动描写出了佛像的外在固有形貌，又深层次阐述了佛家禅理，三千大梦是一场顿悟，是生死之境界，而五蕴皆空是佛家修行的最高境界。看破红尘、体悟生死，最终让人的心灵得到安宁，精神得以解脱升华，这是佛理奥义中涅槃的真正含义。先生为大佛寺题诗，尤以颈联工对最具意象，一展文采且有修心之感悟，应该也是完成了一次涅槃式的创作，可喜可贺。最后的尾联用鸟雀啼鸣饶舌、围塔翻飞之动态描写重点突出一个"闹"字，恰与首联前后呼应，让闹里取静的禅刹显得更加难能可贵。连六识不明的聒噪鸟雀都乐于和宝塔青灯为伴，何况人乎？我想，先生合题的这个结尾一定作如是想。内中也饱含惜福珍视的寓意，提醒世人修身修心保护古刹。细细体悟此诗中意境，当真令人顿生清宁之感、释然之觉，佳作不外如是。

再来看第二首《钟楼晨曦》

> 边城鼓角满山风，靖远楼头大吕钟。
> 暮色征途多壮志，晨曦别梦更从容。
> 金戈铁马镇张掖，沥胆披肝逐列凶。
> 北望阳关犹在目，古来守业不轻松。

与古刹禅寺的宁静超逸不同，钟鼓楼作为古代大镇的标志性建筑，象征的不仅仅是百姓日出而作、日落而息的提醒，还有身处边塞重镇时时刻刻警戒边防的军备重任。所以，古代边境各城镇的钟鼓楼都有一个特别霸气的名字，寓意都在于震慑敌人。

张掖市中心的钟鼓楼叫作镇远楼，也叫靖远楼。楼上有大钟一座，还有一面大鼓，都是古物。晨钟暮鼓，沧桑了岁月，也见证了河西走廊的兴衰峥嵘。镇远楼头镇远钟，边城鼓角边城风。透过光阴的缝隙，先生带我们一起回顾了那段中华民族一统四海的铁血征程，迎着晨曦出发，披星戴月赶赴战场，驱逐夷狄，镇守边关，视死如归，从不言败，日复一日的坚守中有了家国安定,有了生活从容。而金张掖的繁荣,甚至河西走廊的一切都是一代又一代建设者披肝沥胆的付出换来的。尾联"北望阳关犹在目,古来守业不轻松"。是整首诗中的点睛之语。从中可以看出,先生是一个内心充满热血的爱国之人,他的这种热情也代表了我们大家的所思所想,往事历历在目,维护国家领土完整,任何时代都应该,也必须成为我们共同的责任和义务。只是,创业容易守业难,列强还在虎视眈眈,我们又怎敢放松警惕呢?这里隐喻的是现代,是当下形势中我们的建设者、执政者所面对的方方面面的挑战,守业不轻松但决不放松,建设风清气正的社会新环境,需要每一个人都牢记历史教训持正守心。诗面所见是写钟鼓楼颂扬古人战功,但暗含对新时代功业的赞美,含蓄表达意在言外,体现了对"不忘初心、牢记使命"的时代最强音的肯定和拥护。

古城夕照(新韵)

斜阳懒照近黄昏,古驿番城黑水村。
寂寞老鸦无觅处,倚墙衰草锁余温。
荒原隐秘千秋事,金月荣华一捧尘。
若得汉砖能诉说,西风也做断肠人。

为既定的景观题诗,就是我们俗语中说的应题诗,或命题诗。写这类诗词最容易翻车的一点就是呆板直白,因为素材就是那些固定的外在东西,规定好了条条框框,包括题名都给你定好了,当真没有多少可以自由发挥的余地,稍不留神就写成千篇一律的教条诗了。因此,要写出新意还扣题,立意就非常重要,把具体的素材打造成意象,融入诗的意境还要出彩,很难!

陈玉福先生这首黑水国古城的题诗,以宏观的视角取象,巧妙地把古遗址一应物象嵌入诗意,随着远景开题,又以近景承接凸显画面感,仿佛丹青水墨的晕染铺陈,让人瞬间就在脑海里勾勒出一幅夕阳余晖中苍茫遗迹的图画。衰草枯杨、昏鸦彷徨、残垣古墙、瓦砾散布是古城遗址的常见景象,但如果就这么直白地写进诗里,未免落了下乘,且有萧条灰心之感。先生写诗高就高在这里,他化用马致远《天净沙·秋思》中的客观物象,糅入自己的主观情思,两者相互融合之下创造出了"斜阳懒照""寂寞老鸦"和"倚墙衰草"的形象,又通过动词如"锁""觅"赋予静态生物以生命,从而使一座荒寂古城因为这些生命的活动而活了起来,脱离了马致远描绘的那种荒凉萧瑟,令古遗址有了温情。颈联"荒原隐秘千秋事,金月荣华一捧尘"是本诗作中出彩的两句,说的是黑水国遗址的神秘猜想和有关古城下面藏有金月宝藏的传说。早在国民党元老于右任先生1941年视察张掖时所作"沙草迷离黑水边,何王建国史无传。中原灶具长人骨,大吉铭文草隶砖。"一诗中就提出过疑问,对黑水国的过往和遗址汉墓中发现的文物存有很大的好奇。今玉福先生更加细致地提起,避开了那些人们熟知的已经被发现的事物,而别具一格地表达了自己的观点,金月宝藏的传说也罢,荣华富贵也罢,其实都是过眼云烟,多么难以看透、想通的隐秘,千秋之后都将归于尘土不值一提了!这才是先生告诉我们的人生哲理。最后结尾中,更是含蓄地指出被毁坏的众多古墓,不禁感慨,从古墓里起出来的汉砖汉瓦若能开口诉说,盗挖毁损墓葬的恶行当令没有感情的西风都会怆然涕下悲痛不已啊!

很多人参观古迹都会或多或少生出灰心消极的沧桑感来,而先生这首诗表意看似萧索,但细读之下并无负面情绪发泄,反而能够发人深省,并借古物之口指控破坏了古遗迹的那些盗贼宵小,确乃构思新奇、立意高远之作。

扁都岚烟(新韵)

汉唐健马走烽烟,粟特行商贩塞边。
茶酒丝绸销域外,胡笳乐舞过祁连。
陇头躁动传捷报,华阙升平定玉关。
绿草清波春正好,无非西北与长安。

扁都口是张掖市境内著名的游览胜地,古代时曾叫大斗拔谷的扁都峡地势险峻,有一夫当关万夫莫开的军事要隘优势。这里风光秀美,气候凉爽,更是万亩油菜花种植基地，每到花开之际四野飘香、游人如织，颇有"花开时节动京城"的壮美之景。因此，扁都口以风光无限入选新"甘州八景"，成为张掖文化旅游的一张亮丽名片。

　　与前一首类似，玉福先生写扁都口并不着眼于单纯的外在表象，正所谓美丽都是相似的，差别则各有各的特色。扁都口的独特之处就在于历史悠久，富有文化底蕴。先生诗中对扁都口的绿草春波着笔并不多，他把目光放在了更深层次，也就是扁都口之所以能够代表大美张掖的历史底蕴。历史上，扁都口控扼甘青咽喉，历来都是兵家必争之地，因此上演了一幕幕惊天动地、可歌可泣的故事。霍去病轻骑逐匈奴，粟特行商东西贸易延伸着丝绸之路的宽度和长度，把中国的茶叶、瓷器、丝绸销往西域，又把域外的乐舞胡旋带回中原……张骞两出西塞经过这里，玄奘取经驻足这里，更有如李白、王维、岑参、王昌龄等文人墨客经由这里西出阳关，写下了许多脍炙人口流传千古的边塞诗词。驼铃声里汉唐之风一路翩然而来，飞跃扁都口，吹向外面的世界……

　　不得不承认，先生作诗深晓起承转合的要义，此诗之中颈联转折有力不落俗套，"陇头"说明扁都口地处河西走廊西段的地理位置，"躁动"与"捷报"泛指平定一切不安定因素的信心。而"华阙"代表国家，"玉关"是边境的代指，"长安"则有两重意思，既指京师又有"长治久安"的寄语。尾联合题说回扁都口的秀美风景正在当时，又继续延伸了上联中的美好祈愿，边境安则家国安，边境安便是四海升平的清宁盛世，生活在如此繁荣安宁的国家，祖国处处是春天，又何必区分是在西北还是京师呢？

　　读先生的诗词，耳边仿佛有驼铃响起，鼻端有烽烟余味，心中油然而起的却是自豪和骄傲，这就是我们的大中华啊！

丹霞映辉

　　　　四时常景拂尘埃，绿玉红裳次第开。
　　　　偷取虹霓云做褛，借来霞蔚染妆台。
　　　　一亭烟雨鸥为客，百里山风月下裁。

可是仙家遗宝阙，飘然失落自蓬莱？

人们赏景游览大多为的是一个放松，陶冶情操、娱乐身心是旅游的最终目的，而赏心悦目的景致无疑就是精神层面的一种享受了。张掖七彩丹霞，以瑰丽的彩色丘陵和奇异的自然地貌闻名于世，正如先生诗中所描述的那样四时常新。这首诗，玉福先生采用轻快的笔触描绘丹霞奇妙胜景，他写丹霞之彩形象地用了"绿玉红裳"这个词汇，更用了"次第开"这样的动景来衬托丹霞融融泄泄的饱满色彩，让本没情感的山陵如同青春欢快的少年那般具有了灵秀之气。读过《红楼梦》的朋友对"怡红快绿"这个词语应该不陌生，大观园里生活的是一群十多岁正值妙龄的少男少女，曹雪芹描写人物穿着和配色大多明快艳丽，经常会出现用红绿搭配的对比来凸显人物性格的场景，比如贾宝玉居住的院子匾额就是"怡红快绿"。民间常把红绿搭配视为失败的配色，其实是缺乏经验美学，简单而莽撞的搭配当然不够美观，但先生在这里用了"次第"一词，便把对比甚为刺眼的大红大绿给予了层次上的梳理，排列有序层次分明，或是相间相融，就有了绚丽的色彩感。而且，内中一个"开"字，取次第花开之意，把丹霞至美的七彩之色比喻为花朵争相开放，花开满园活色生香，试问这样的景象有谁不喜欢呢？

"偷取虹霓云做袄，借来霞蔚染妆台。"展示了先生奇异的想象和艺术化的构思，把丹霞山陵作拟人化比喻，言说色彩来源比作彩虹为衣、云霞点妆的仙子，发出"此景只应天上有，人间哪得几回闻"的愉快感慨，丰满的意象便淋漓尽致了。而说丹霞山势清俊引人入胜，先生用鸥鹭相伴、山风轻拂来形容，暗喻"山不在高有仙则名"的意思，比喻丹霞拥有钟灵毓秀的仙灵之气。烟雨之中与月色之下赏丹霞各具风情，也许还会有更多的发现，那景似梦似幻，那山刀削剪裁，这般鬼斧神工天下少见。禁不住令人疑惑，如此美景难不成是仙家不小心遗落人间的仙山宫阙，自那蓬莱仙境飘飘然然落到这里来的吗？

自仙境遗落当然只是一种明知不可能的猜测，但先生有此一问，就不免使得读者也产生了好奇，七彩丹霞到底是什么原因形成的呢？有了疑问就需要求证，地貌形成的知识就这样普及开来了。赏景游玩之余激发游客对一项知识的探索了解，这可真正是丹霞善莫大焉，诗人善莫大焉了！

康乐牧歌

> 春归翠陌燕修窠，裕固人家喜事多。
> 东使迟来三月半，佳期早约尽蹉跎。
> 摘花酿做相思酒，绣帕卿心对牧歌。
> 马背雕鞍迎嫁娶，红缨帽下画新娥。

仅看题目脑海中顿时浮现出一幅场景，那就是广阔草原上牧人骑马放歌的悠然自得。苍翠的草地、洁白的羊群、牧者的歌唱构成了我们熟知的草原特色，或亲身领略过，或通过影视作品见识过，草原景致大抵如此，用文字来形容也不外如是。我们已经读到、看到过许多关于草原牧歌的文章、诗歌，就那么多的具象，只不过是文字反复组合排列的过程，多的是千篇一律、平平无奇。说实话，那些翻来覆去的所谓诗歌有时候真是令人倒尽胃口，不说也罢。

但是，当读到玉福先生题写"康乐牧歌"的这首诗时，不由眼前一亮。诗中写的是康乐草原，但又跳出草原去写草原，通过康乐草原上独有、张掖独有的一个特殊民族——裕固族的一场婚礼始末，用别开生面的视角和构思，描绘了一个不一样的康乐草原。这种取景手法可谓巧思，全诗之中没有提任何康乐草原的字眼，但人人都知道这里是裕固族人民赖以生存的家园，又何须特意多费笔墨？

写这首诗，先生怀有愉悦，还有一些轻松幽默的调侃。他用燕子筑巢来比喻裕固人家收拾婚房准备婚礼的前奏，开篇就喜气扑面。颔联说草原春迟既是真实的物候，也把青年男女两情相悦期待早日携手的小迫切含蓄地表现出来，那埋怨婚期迟迟不到的心情，是相爱的两个人才能体会的忐忑，说不得双方家族之间是否还有些不为人知的小试探、小怨言，使得早定的婚期出现了一点点蹉跎延误。"东使迟来三月半，佳期早约尽蹉跎。"这两句耐人寻味，而且余味无穷,越读越能品出情趣,让人忍不住莞尔。

后面两联重点描述了裕固族婚礼的具体欢闹场景,草原民族嫁娶之时男女双方亲朋满座,酒酣耳热之际上演婚礼重头戏,那便是对歌。这个时候新嫁娘满怀喜悦,但又有着一些担心,只有喝到女方亲手酿制的桃花酒才能顺利娶回心上人,她却生怕男方对不上歌来怎么办。而那种紧张的心情,体现在手中几乎攥出冷汗来的绣帕之上……一场传统的民族婚礼,诸多刁难的背后是裕固人家对即将成为夫妇的双方青年的考验,更是对新郎新娘未来生活中同舟共济感情的一种独特促进方式,可谓用心良苦。

最后,男女双方经过考验顺利成婚,新郎如愿以偿娶回了心上人,雕花的马鞍上乘载新娘而归,马背也承载着一个新组小家庭的幸福和喜悦。如此良辰美景,裕固新娘特有的红缨帽下,是新娘娇羞中幸福的笑脸,从此二人出双入对和谐相处,正应了那句"妆罢低声问夫婿,画眉深浅入时无",心悦彼此,未来可期!

先生此诗用典之妙淡若无痕,构思之巧独辟蹊径,最可取的还是以小见大、突出特色,通过裕固族说明康乐草原的异样之美,通过一场婚礼展现草原牧民喜乐安定的生活现状,折射出我们生活的时代富足安康,便就确实印证了这片草原为何能称"康乐"之名了。诗中人物心境刻画入微,文辞用典雕琢精到,大爱之处则在于含蓄之美,这美美得清新隽永、沁人心脾!读罢此诗对康乐草原的裕固人家有了一定了解,他们那种欢乐洒脱的生活真的令人心向往之。

焉支松涛

> 松风入韵舞参差,跃马英雄不可追。
> 暮雪苍山消疏勒,横波水月润焉支。
> 单于回首伤心处,隋帝巡边侧目时。
> 塞酒难推红粉醉,花开蒎谷正荼蘼。

甘州八景无论如何都不可能少了焉支山的一席之地,从古八景之"蒎谷晴岚"到新八景之"焉支松涛",地点没变,不过涵盖范围扩大了,眼光从一片山谷拔高到了整条山脉。着眼点不同,书写侧重点就跟着发生了变化,如何把绵延千里的一座山脉用寥寥数语写出神韵来,这就必须得从立意开始谋篇布局了。

应题、合题容易,脱俗却非容易事。一般诗作者看了题目首先想到的就是焉支山原始森林的成片古松林,这便难免先入为主,把构思的重点放在了展现松林葳蕤上去了,然后再加入焉支山宏阔的描写,一首诗的意象大抵也就定了下来。殊不知,山川之宏阔雄伟是最难展现的,遣词炼字稍有差别就成了标语诗,要么缺少诗意直白无味,要么失去含蓄露骨肉麻。因此,立意就显得尤为重要,眼光聚焦在哪里决定了意象展现的内容,思想和认识想要达到什么高度决定着诗的情感主旨。诗言志,诗言情,就需要词能达意,而脱俗则要求以独到的见解表现精雅,不能人云亦云,更不能套题敷衍。关于应题诗的诸多方面,玉福先生显然想到了,也成功地做到了。

以"松风入韵"破题,先生很大气地描绘出了松涛之动景,如此意象空灵超逸,将松树的阳刚之美与松风鼓涛时亦柔亦刚、亦舞亦武的悠然惬意形象地展现出来,一句七字不拖沓、不啰唆,干净利落气象万千,唯美松涛不过如此。显而易见,先生题写"焉支松涛",并没有囫囵模糊,他以焉支山为主,松涛为辅,侧重点选得非常正确,毕竟松涛常见,而焉支山仅此一家。果然,紧接着的"跃马英雄不可追",便介入了焉支山深厚悠久的历史韵味,英雄跃马毫无疑问是指霍去病当年的雄姿,这一句紧承破题之势起笔,其实已经具有了转折的意象,将读者的思想不动声色地带入正题。颔联与颈联两两相对工于律而严于韵,技巧娴熟一气呵成,最主要是将焉支山的雄浑地貌和发生在这里的历史大事件交代了个明明白白。苍山暮雪消融汇聚于以疏勒河为代表的水系,滋润了焉支山一方水土,这是生活在这方土地上的人民的母亲河,"眉如初月,目引横波",所以她拥有如水横流的温柔眼波。水月呼应松风,寓意高洁品格,大开大合又含蓄内敛,是先生礼赞的焉支山水,应该也是他追求的一种高逸志趣。

"单于回首伤心处,隋帝巡边侧目时。"说的是西汉时匈奴人败北退出河西走廊的历史大事件，匈奴单于当时曾作"失我焉支山，使我妇女无颜色！"的悲歌，焉支山之于游牧民族的重要性可见一斑。焉支山的辉煌在隋炀帝西巡张掖时达到了巅峰，当时隋炀帝在几十万大军的拥护下浩浩荡荡来到张掖，于焉支山封禅告天，又以天朝大国的风仪召开了"万国博览会"，兵不血刃安定西域诸国可是绝无仅有的大手笔。焉支山是匈奴人的伤心地，亦是隋王朝盛极一时的光芒折射，国人侧目一时无两，圆满了隋炀帝的英雄梦想，也成就了焉支山的无上荣光。

结尾处，玉福先生还是收束合题言归正传，顺带用焉支山泉酿造的塞酒入题，对应后句中的薙谷，说回了标题焉支松涛所要求展现的意境，那便是花开荼蘼、红粉渐醉的焉支山大景致。焉支山令人陶醉者，松风是韵致，水月是韵致，野花可入眼，故事能走心，面对这般美景无须酒来加持，却已经是酒不醉人人自醉。美景佳作相得益彰，焉支之幸，我辈之幸！

陵园翠柏

> 燎原烈火到西疆，卷地红潮赴雪霜。
> 身带吴钩真壮士，肩挑大义志如钢。
> 征鸿落尽铮铮血，杜宇哀鸣点点殇。
> 翠柏何须言冷漠，青山埋骨为炎黄。

"星星之火，可以燎原。"这是伟大的毛主席在1930年于古田会议之后，为阐明他对中国革命和红军前途看法观点时，所写下的千古名言。中国革命正如毛主席所预见的那样，在这之后虽然艰难困苦，但最终还是由此探索出了思想建党、政治建军的光辉道路，彻底脱离樊笼走上了发展壮大的历史征程。红军由弱到强，革命事业由小壮大，恰如一颗火种的顽强不息，光明热烈满怀壮志。

玉福先生常言他是毛主席的崇拜者，所以才能写出皇皇巨著《建军大业》。先生崇拜的不仅仅是伟人创建伟业，还一并喜欢《毛泽东诗词》，从这首为高台红军烈士陵园题写的诗中，动笔化用"星星之火可以燎原"就完全可以看得出来。也是，红军烈士陵园这样肃穆庄严的地方，如此用典再合适不过，没有哪个词汇能这般精准生动形容红军烈士们当年慷慨壮烈、不畏牺牲的精神了。

这首诗依然秉承含蓄婉转之风来写红军历史，"到西疆"代指红西路军，"赴雪霜"既说明时令，也隐喻西路军的悲壮赴义。首联言简意赅毫无滞涩，取象造景的选取十分巧妙，虽没有任何一字提及红西路军，但读者就是非常明白所指，用典无痕而恰如其分，还避免了干巴巴的叙述，在开篇时就呈现出了丰满的意象。

悲则悲矣哀其伤，痛则痛矣苦其难，红西路军的悲壮世人皆知，但要写好这份感慨最难把握的就是一个度，要避免过犹不及还要有深度，一个字"难"！因此，很多人讴歌赞颂、缅怀崇敬，感情是到位了，唯独缺乏诗味。诗味就是诗的意象，通过炼字、炼词和比兴、拟人等的修辞手法提炼出来的属于诗的语言，而不是辞藻的堆砌和一堆杂乱纷繁的思想大杂烩。解决了意象才能谈到意境，诗的意境则是整篇作品的艺术境界，一首诗的中心所在和诗作者极力追求的目标。

烈士陵园的题诗，主旨很明确不容取巧，就是缅怀革命先烈、表达敬仰之情，从而激励人心珍惜当下。这类题材很容易流于表面变成口号诗、老干体，想要达到一定的意境，在物象固定的情况下只能从炼意着眼入手，于情感和心理的呈现上做到抒情、托意。诗意的语言，在这首诗中就显得尤为重要，合适的修辞更是重中之重，如此才不会过于直白，失了诗意。

先生用"壮士吴钩"和"大志如钢"隐喻革命烈士的英勇顽强和坚定信仰，已经在尝试摆脱俗套，但因题材所限还是未能免俗，此处略有微疵，却完成了对首联的不错承接，算是瑕不掩瑜了。颈联对仗突破诗体的局限，用词格之风营造意象，借"征鸿"隐喻红军烈士，"杜宇"代表前来瞻仰烈士遗风的凭吊者；"铮铮血"形容烈士们铁骨铮铮宁死不屈，"点点殇"则体现凭吊者对革命烈士伤逝的悲痛。二者情景交融，诗借词意的尝试使得意象更为精细丰满，拟古却不泥古，是非常可取的一种修辞手法，既有掷地之厚重，又渲染了诗之气韵，意境也便出来了。

在这首诗中，出彩之句当为尾联。先生将陵园翠柏拟人化，借翠柏之口道出"冷漠"之意，此处冷漠非一般意义上的漠不关心，而是推己及人的一句疑问。试问翠柏之于陵园的陪伴，也代表世人问询长眠此地的烈士：诸位献身革命埋骨他乡可觉得寂寥，可有不甘？经此一问，才引出结尾慷慨豪迈的回答：青山处处埋忠骨，何须马革裹尸还？更何况，抛头颅洒热血的初衷是为了炎黄子孙、中华民族的统一呢！

本诗不看到最后一句总以为将会以悲痛涕下而收尾，却不想还有如此惊艳的转折升华，这便拔高了整首诗的格调和意境。而且，如此厚重的问答，并没有我们常见的露骨肉麻，兼容了理性与感性，化悲凉为疏阔顿改郁怨之气，令全诗风格有了推门见山的开阔之象，也把一首应题诗写出了新颖，情感内涵尽在此中。

清先著《词洁序》说："诗之道广，而词之体轻。道广则穷天际地，体物状变，历古今作者而犹未穷。体轻则转喉庆拍，倾耳赏心而足矣。"意思是说，诗的意象多体现苍凉、广阔、厚重和理性；而词的意象多体现纤巧、婉约、细腻和感性。因此律诗更适合山川风物的题写，长短句则适宜于一咏三叹的欲语还休。题诗选律，非律诗不足以展现其庄重，非佳作不堪于人前呈览。

综观玉福先生为新"甘州八景"的八首题诗，每一律都是上乘之作，笔酣墨饱文采斐然，兼有诗词相融的多种气象。再看诗格，八首律诗各有特点，内中三观却惊人地相同，可见先生个人之三观品行都充满了正能量，通过一首首诗作积极正向引导读者，用诗意的美好做到了寓教于乐的至高境界，展现自身在经典传统文学造诣方面的文采功底，也带我们领略了文字与美景的完美契合。玉福先生于诗文之中匠心独具，以饱满的热情和笔调呈现出甘州八景的独特迥异，补上了"新甘州八景"无诗相配的一大缺憾，此举当拊掌大赞。在此也希望有关方面能够慧眼识宝，以此八律勒刻成典，作为我大美张掖新时代新景致的亮眼名片，以传千秋永存后世。期待不久之后八方游客来甘览胜，不必为当代金张掖缺乏诗意而徒留嗟叹！

THE
BIOGRAPHY
of
ZHANGYE

张掖传

西夏败亡甘肃行省

第十一章

西夏国寺——大佛寺　　　　　　　　　　　　　　摄影：王怀民

有力的臂膀

西夏王朝是中国历史上一个重要的少数民族政权，建都在今宁夏银川市，鼎盛时期曾与两宋、辽、金鼎足而立，疆域横跨今宁夏、甘肃、青海、陕西、内蒙古等地，自1038年至1227年间，历时189年。

189年是西夏正式建国到最后灭亡的时间，但从9世纪末期，党项人建立夏州政权开始到覆灭，其对河西走廊及甘州的直接控制和影响却长达200余年之久。也就是说，在李元昊称帝之前，张掖已经被党项人实际占领，继甘州回鹘之后成为又一个控制张掖的少数民族势力。不过，为了拉拢善战的回鹘人为己所用，西夏攻破甘州回鹘牙帐迫使回鹘可汗和一部分贵族、大臣自杀后，采用羁縻管理的怀柔政策，没有对甘州回鹘赶尽杀绝，而是在一定范围内给予权限，让回鹘人代管张掖。这一时期，张掖地区境内不但有回鹘族，还有大量吐蕃族、汉族，和其他少数民族生活居住，西夏对这些民族都充分包容，相对处于公平生存阶段。各民族和谐相处，极大地保持了河西走廊繁荣安定。

河西地区自古以来就具有重要的战略地位，它既有宜农宜牧的自然环境，又是东西交通的咽喉和关陇的屏障。"欲保秦、陇，必固河西"。历代西夏统治者都把河西地区作为与宋、辽、金各国周旋、抗衡的基地，并采取一系列措施，不断地开拓经营。

西夏统治者为了加强对河西的控制，在河西地区设立卓啰和南、甘肃、瓜州、西平等监军司。甘肃军司主管甘州和肃州军务，这也是"甘肃"出现在历史上的正式记载。党项民族尚武善战，全民皆兵是西夏军事制度的特色，兵民一体，战时出征，平时生产。在这种军事体制下，甘肃监军司的十多万士兵成为开发河西的主要劳动力资源。

西夏政权的建立，使党项族成为统治民族，吐蕃占据河西时，不仅大批吐蕃部落迁入河西地区，而且河西的大部分汉人也已"吐蕃化"。西夏统治时期，这些吐蕃部族仍在河西活动，成为西夏境内的一个民族。甘州回鹘被攻破牙帐后，也成为西夏统治下的河西居民。这些少数民族成为历史上开发河西、经营河西的重要力量。

历史上的河西地区是多民族杂居之地，民族关系复杂，矛盾斗争较多。西夏占领河西以后，民族问题仍是一个极为复杂、敏感的话题。西夏统治者采取羁縻政策，在服从党项统治的大前提下，允许保留各民族自治，拥有部分权利。甘州地区原先的回鹘族帐，"后悉羁縻于西夏"。西夏统治者允许甘州回鹘"各立君长，分领族帐"，保留其自治权和单独向辽、宋入贡和贸易的权利。

西夏法令规定党项人与吐蕃人均为"主户"，吐蕃人与党项人享有同等的权利。在西夏国中，异族官员的地位首先取决于他们的职位，而不是族别。法令规定，党项、汉、吐蕃、回鹘官员们一起共事时，必须依据本人地位的高低按序就座。党项族大量吸收汉、吐蕃、回鹘等各族文化，各民族的地位基本上是平等的，这有利于西夏社会的进步、文化的发展以及各民族间相互融合。

在汉武帝时期霍去病攻占河西走廊之后，河西走廊就从游牧区逐步变成了农耕区，汉族人口不断增加，虽然西汉末期和王莽末期因为战乱，当地人口数量大幅下降，但汉人仍然是占据主导地位的。汉末曾经失守，但汉魏嬗代完成后，曹真坐镇雍凉，又收复了河西走廊，打通了西域。永嘉之乱后，中原丧乱，民不聊生，凉州刺史张轨控制下的河西地区相对和平，大批中原地区的汉人逃往河西避难，是河西走廊比较繁荣的时期。

此后，河西地区先后出现了五凉政权，持续时间很长，尤其是西凉的势力延伸到了今天的新疆东部吐鲁番、哈密一带。一直到北魏崛起，先后消灭了这一地区的割据势力，重新控制了河西走廊，并强迁当地豪强及乐户、文士到当时的北魏首都大同。一直到唐朝基本统一全国，高昌国（今吐鲁番、哈密一带）大体上也还是以汉人为主的，杂居当地的胡人也在逐步汉化过程之中。

安史之乱后，河西走廊失陷，这一过程完全被逆转。吐蕃占领河西走廊时，河西地区被吐蕃视为"幸福之地"，大量藏族人口迁入，至今仍然有些藏族在河西走廊繁衍生息，比如张掖肃南县的马蹄藏族乡，就是以藏族人口为主的聚居区。马蹄寺曾经是佛教文化东传中原的重要遗迹，后来也变成了藏传佛教。

河西地区是西夏的后方基地，战争中掳掠而来的人口在这一地区安置得较多。西夏军队中有专以俘掠人口为职责的"擒生"十万人，他们俘获的人口必然众多。西夏统治者曾得"脆怯无他伎者，迁河外耕作"。即迁他们到西宁、乐、廓、积石四州从事耕作或至甘州、肃州屯守。显然河西地区也是他们的农耕区。这一时期河西原有的人口有较大的增长，并占有较大的比例。

历代以来，河西走廊都是事关各王朝与西域诸国经济贸易通畅和边境安定与否的重要枢纽地区。自汉武帝征战河西打开国之臂掖开始，河西四郡便成为中原王朝统治疆域是否完整的度量衡，守住河西代表着国家领土完整，失去河西走廊的统治则意味着门户大开直面异族威胁。安史之乱后唐王朝无力统御河西逐渐走向衰败，失去河西走廊的掩护关中门户洞开，吐蕃势力不断东进，唐朝在关中毫无安全感可言，中晚唐的版图基本上恢复到秦始皇统一六国之后的状态，甚至还要更小一些，因为陕北、天水等地还在秦朝的控制之下，而唐朝也基本上失控了。全盛期的吐蕃能够控制的地方甚至前进到今天的平凉地区，而这里离西安只有不到三百公里，实际上相当于骑兵部队一两天的行程。在此时期，河西走廊以及被吐蕃占领的地区，逐步和其他民族相互融合，当地汉族的生活习惯也逐步被同化，河西走廊和天水地区都出现了汉人为主的游牧部落。吐蕃崩溃之后，河西走廊曾经发生过起义，即沙州张议潮的归义军势力，汉人重新控制这一地区。张议潮死后，河西少数民族不受节制，其侄张淮深派人向唐朝上奏，希望能够得到援助，但唐朝此时自保不暇无力西顾，最后还是被消灭了。

宋朝统一之后的版图大体上和中晚唐能够实际控制的区域一致。同样因为没有河西走廊的掩护，关中西部和北部地区成为沦陷区，环庆路、秦凤路都成为边境地带，这个地区以北和以西，都是由正在崛起过程中的党项实际控制。到宋仁宗时期，李元昊正式建立西夏政权，并在之后越过贺兰山，占领了河西走廊，张掖作为河西走廊中心腹地成了西夏境内重要性仅次于兴庆府的城市。

实际上，如果中晚唐和宋朝能够有效控制河西走廊，党项在西北是很难崛起的，即使崛起了，战略上也是被三面包围的处境，很难对内地形成实质性威胁。但是因为没有河西走廊掩护，所以中晚唐的时候吐蕃能够多次蹂躏关中，西夏崛起之初，北宋甚至出现了迁都以避其锋的意见，也有人认为应该直接放弃关中，退守潼关一线。好在宋朝人多钱多，才靠着堡垒线逐步稳住了局势。

宋神宗时期经过变法改革之后，宋朝国力有所提高，开始逐步向西夏发起反击，并且攻占了河湟地区的一部分，但同样因为无法实际有效控制河西走廊，缺乏掩护新开辟的地域难以自给，不久之后就放弃了。到北宋末期，虽然再次主动讨伐西夏，占领了一些地区，但这时的宋朝已经是强弩之末，占领了没多久北宋就灭亡了，也没有从根本上扭转河西走廊游牧化的趋势。河西各地市都有吐蕃和西夏时期留存下来的大量文物遗迹，就是这一时期游牧民族对河西走廊形成影响力的有力证明。比如对吐蕃的研究中，相当一部分资料来自敦煌出土的文献，而这里之所以会有吐蕃文献，就是因为吐蕃曾经在这里建立过实际有效的统治。西夏也一样，张掖市内现存的大佛寺就是当时的西夏国寺，专门为西夏王公贵族礼佛祭祀所建，张掖市博物馆，包括各县区的博物馆都收藏有西夏特有的陶瓷器具。

元朝时期，蒙古消灭西夏占据了河西走廊，并在此基础上建立起了中原王朝对西藏的首次有效控制。元朝崩溃之后，河西走廊一度被已经逃往蒙古草原的北元占领，一直到明朝初期，朱元璋派冯胜率兵西征，才驱逐了残元势力，重新占有河西走廊，并将河西中心腹地的张掖设置为省会，军政主管机构都派驻甘州进行驻守，实际有效控制的范围一度延伸到哈密一带。即便是在明朝中期武力衰退之后，也只是退守嘉峪关一线，一直坚持到明朝灭亡。

从汉武帝时期据有河西走廊，并迁徙汉族人民进入当地进行屯垦和开发，到安史之乱河西走廊失陷，这个时期长达八百年。这是河西走廊历史上从游牧逐步转向农耕的一个快速发展时期。而在安史之乱河西走廊失陷之后，到明朝收复河西走廊，又过去了七百年，而这个时期中原王朝始终无法建立起对北方游牧民族的完整防线，处于游牧民族的严重威胁之下。

由于游牧民族缺乏规划和建设能力，正是在安史之乱后，河西走廊的自然环境也开始严重退化，原来的农田逐步退化成游牧民族的草场，游牧民族的过度放牧又导致草场进一步退化,变成戈壁滩和沙漠,农耕区不断缩小,自然环境逐步恶化。如此一来,已经在这里落叶生根、繁衍生息的汉族人口要么迁徙回到中原,要么迁到西域,要么就只能被当地少数民族同化。

因此,河西走廊的重要意义就在于,如果中原王朝能够有效统治河西走廊,既可以在战略上形成对北方游牧民族的完整防御体系,武力强盛时也很容易进入西域,行扩张领土之便利。向南,如果能够实际控制河西走廊,就能够以此为根据地,攻取青海并建立起对西藏的防御屏障进而统治西藏。明朝后期虽然没能打出嘉峪关夺回新疆的控制权,却始终牢牢扼守着河西走廊,所以西藏并未成为威胁,对蒙古的封锁也始终是有效的。对中原王朝而言,保持对河西走廊的统治,才能够掩护关中地区,使关中成为腹地,而不是像中晚唐和北宋一样,关中也成了前线。有效据守河西走廊就是打出去的一只有力臂膀,拥有河西控制权就不太容易出现像北宋面对西夏时那种随时都准备放弃关中的局面。

如果从地图上看,这一点就更容易理解一些。今天的陕北到鄂尔多斯一线大体在西安的正北方向,而这里也是长城线的中间点,向西直到嘉峪关和向东到山海关的两条线,就像中原地区向北长开的两条手臂。失去了河西走廊,就等于一个人失去了一条手臂,半边身体就暴露在敌人面前,在面对威胁时只能躲闪,而无力还击。只有同时保持着两条手臂都张开的中原王朝,才能更好地掩护中原地区,保护自己的身体,张国之臂掖的意义就在于此了。

西夏时期的丝路贸易

唐末五代以来是陆上丝绸之路的重要转型时期,"无数铃声遥过碛,应驮白练到安西"的丝路盛况不复存在。这种变化是多种因素共同作用的结果,其中与西夏的崛起有一定关系。西夏王朝在十一世纪初攻取河西走廊,占据丝绸之路主动脉,这对陆上丝路贸易及西北地区交通状况产生了强烈影响。对此,学界存在较大分歧:一种观点认为西夏崛起严重阻滞了陆上丝路交通,甚至认为陆上丝绸之路基本中断；另一种观点则认为西夏时期陆上丝绸之路畅通，西夏之于丝路贸易并无大碍。实际上，这两种观点都不能很好归结这一时期陆上丝绸之路的基本特点，应当看到其中的复杂因素。有史学专家指出："如何正确理解西夏时期在中西方物质文化交流史中的准确定位及其历史借鉴，是当前丝路研究中较为薄弱的环节。"西夏历史及西夏文化的研究，一直都处于缓慢进行的阶段，所以对西夏统治下的河西走廊对外贸易是否畅通的观点还没有值得大众信服的定论。

学界认为丝路畅通与否应包含两层含义：丝路贸易的客体即物流是否畅通；丝路贸易主体即人流是否受阻，应将二者区别对待。学界所讨论的丝路畅通或断绝多指第二层含义。从汉文文献看，仍有一些丝路商旅途经西夏境内抵达中原，因此不能笼统地说西夏兴起导致陆上丝路断绝。《宋史·回鹘传》明确记载宣和年间回鹘贡使在陕西诸州私自贸易，引起北宋朝廷警觉，下令边臣对途经夏国的回鹘商人严加看管。从河西走廊进入宁夏平原的灵州，东向经夏州进而南下抵中原地区是西夏时期的一条重要通道。当然，也不能避谈西夏兴起后给丝路贸易及交通带来的巨大影响。从史籍反映的诸蕃朝贡次数看，西夏建国前后的确是丝路贸易史上一个重要分水岭，从北宋建立到西夏攻取敦煌的75年间，西域诸蕃以平均每年一次的频率向中原政权朝贡，而在其后的时段里，诸蕃朝贡的频率降低到两年一次。这种状况不能不说与西夏的兴起有关。

因此，问题的实质并不在于西夏占据了哪些地区，而是西夏与周边的政治关系和政治环境，这恐怕是影响丝路贸易状况的决定性因素。宋人当时对这一状况也有清醒认识，如宋臣富弼曾讲："自与（西夏）通好，略无猜情，门市不讥，商贩如织，纵其往来，盖示怀柔。"明确指出在通好的政治环境下，才出现"商贩如织"的盛况。虽然宋夏双方对缘边贸易都持积极扶植态度，但宋夏之间的关系却变化无常。一旦处于战事状态，双方都严格控制边地人员出入，无疑会影响丝路贸易。庆历年间宋夏交恶，宋朝就下令严查途经夏国的商旅。西夏文献《天盛律令》中也有战时出入边境的严格规定。需要指出的是，虽然西夏时期诸蕃并立，呈现割据状态，但追求和平始终是历史发展的主流，东西方物质文化的交流始终继续，只是丝路贸易的规模、方式和路线发生了变化。

唐末五代以后，陆上丝路贸易的主体发生了巨大变化，曾主宰丝路贸易的粟特商人渐渐淡出历史舞台，取而代之的是回鹘势力的异军突起，甚至可以说五代以后陆上丝路进入了"回鹘时代"。回鹘商人频繁活跃于这一时期的陆上丝绸之路，其中包括西州回鹘、甘州回鹘、龟兹回鹘、民间回鹘等商人。如西夏文献《天盛律令》卷7《敕禁门》中就有专门针对高昌回鹘、大食等地商人贸易的规定。回鹘商人还成为与中原政权进行朝贡贸易的主体，足迹遍及华夏中原与北方草原。从中西文化交流的内涵看，回鹘积极参与陆上丝绸之路已经超出了商业贸易范畴，扩展到文化交流的层次。一些回鹘商人迁居内地久留不归，《宋史·吐蕃传》记载大量高昌回鹘商人在鄯州进行丝路贸易，人数有几万之众。一些回鹘商人直接进入中原地区，以致宋朝廷还曾下过针对回鹘民众的"逐客令"：缘于河西地区大量回鹘商人往秦陇以东聚集，并以此为家，宋朝要求边臣严加看守，并且遣返部分回鹘商人。回鹘商人的迁入，也带来了别具特色的异域文化。今河南开封市郊的兴慈塔，兴建于北宋初期，其二层内壁上嵌有20方伎乐塑像砖。塑像砖上刻画的就是一些菩萨手执羯鼓、曲颈琵琶等外来乐器进行演奏的形象，其内容反映的应是北宋时期专供朝廷欣赏的龟兹乐队。由此可见，西夏时期回鹘不仅成为陆上丝路贸易的主力军，回鹘文化还渗透和影响到中原地区，而甘州回鹘在丧失王权之后也并没有受到屠戮，他们就地转换身份以平民姿态定居本地，青壮年则出门行商，足迹直达当时宋朝的首都开封，并形成一股影响力不小的商贸力量。

西夏时期陆上丝绸之路的一个重要特点，就是辽国沟通东西方的作用显著增强。辽国我们都不陌生，就是演义中杨家将与之血战几代最后只剩满门寡妇的那个北方草原国家。由于辽国控扼北方大漠，幅员辽阔，东起日本、朝鲜，西到中亚地区都与之保持着广泛的贸易联系，"东西交汇，贯通南北"的地域特点使四方商品汇集在此，辽因此成为巨大的中转贸易市场。辽与西域诸族保持密切的贸易联系，这一点在《契丹国志》里有明确交代："高昌国、龟兹国、于阗国、大食国、小食国、甘州、沙州、凉州，以上诸国三年一次遣使，约四百人，至契丹贡玉、珠、犀、乳香、琥珀、卤沙、玛瑙器、宾铁兵器，斜合里皮、褐里丝、门得丝、帕里阿褐里丝，以上皆细毛织成，以二丈为匹。契丹回赐至少亦不下四十万贯。"从这个记载中可以看出，当时的甘州回鹘应该还是牙帐健在时期，甘州回鹘每三年向辽国遣使朝拜敬献土特产及贵重礼品与之交好。

辽国当时与宋王朝国力持平，在军事方面甚至远超中原宋王朝，他们学习中原政权的朝贡贸易体系，诸蕃朝贡频繁，与中原政权别无二致。近些年来，新材料的发现和发掘不断提升学术界对辽国丝绸之路的认知。一是在回鹘文书中发现不少契丹人的人口买卖文书、典押文书、诉讼文书以及做生意的协议等，甚至反映出辽代河西走廊及高昌地区居住着不少契丹人，这显然是辽国沟通东西方功能的直接体现；二是有关辽代丝路文物考古资料的大量面世，不断提供丝路研究的新信息。例如内蒙古奈曼旗的辽陈国公主墓出土了不少丝路文物，不仅有伊斯兰风格的瓷器，还有一件琥珀佩饰特别引人注意。该佩饰为胡人驯狮浮雕佩饰，是一件熟悉驯狮场景的西方匠师的写实作品，应从中亚地区输入，证实了文献中所载契丹族与西域诸国相互交往，货物经由河西走廊到达辽国的历史。而那个时期，丝绸之路河西走廊段的通行，张掖是交集点，因为西夏的干涉商人们放弃了经由河西四郡到长安的原始路线，而是改行从张掖通往额济纳旗，再继续北上的交通新路线。

9至13世纪是陆上丝绸之路发展史上的一个特殊阶段，维系着陆上丝绸之路的运营和发展。由于辽与西夏等政权在丝路贸易中扮演的重要角色，这一时期陆上丝绸之路并非简单的东西向交流通道所能概括，而是形成了巨大的丝路贸易网络，纵横交错，极具复杂性。从西夏时期陆上丝绸之路的基本状况可以看出，中西方物质文化交流一直未断，丝绸之路见证着东西方进行交往交流的客观需求，同时也为今天维护好、利用好这一条国际通道提供历史启迪和借鉴。而张掖，乃至整个河西走廊，在任何时期都承担着东西方贸易来往的重要作用，并非某些专家认为的那样，称五代辽宋时期丝路不畅。相反的，张掖因为甘州回鹘及众多民族加入贸易队伍，并与西夏首府临近而道路通畅，成为了宋代丝绸之路东西交往的重要枢纽。

发生在张掖大佛寺的传奇故事

张掖大佛寺始建于西夏崇宗永安元年（1098），距今已有900多年的历史，是当时的西夏国皇家寺院。它的名称几度更改，曾称作"迦叶如来寺""宝觉寺""弘仁寺"等，因寺内塑有著名的室内大卧佛，所以老百姓习惯称之为"卧佛寺"或"大佛寺"。张掖西夏国寺（大佛寺）是集建筑、雕塑、壁画、雕刻、经籍和文物为一体的佛教艺术博物馆，是全国仅存的四大皇家寺院之一，全国重点文物保护单位。西夏国寺（大佛寺）经国家多次拨款修葺，被评为国家4A级旅游景区，今天已成为集文物收藏、陈列、展出、旅游、民族风情为一体的游览胜地。

张掖在唐代称为甘州，安史之乱以后，一直是回鹘王庭——"牙帐"所在地，史称甘州回鹘。北宋仁宗天圣六年（1028），以今天银川一带为中心建立西夏政权的党项人李元昊，攻下了甘州，八年之后，西夏全面占领河西走廊。为了加强对河西的经营和管理，西夏政权积极推行了一系列的汉化政策，其中包括兴建寺院、翻译佛经的活动。到崇宗李乾顺统治时期，西夏国力鼎盛，凉州的护国寺和张掖的大佛寺都是在这一时期修建的。张掖大佛寺内安放有国内最大的室内卧佛，也就是佛祖释迦牟尼的涅像。他安睡在大殿正中高1.2米的佛坛之上，佛身长34.5米，肩宽7.5米，耳朵约4米，脚长5.2米。大佛的一根中指就能平躺一个人，耳朵上能容八个人并排而坐，可见塑像何等的宏大。

明正统初年，钦差镇守陕西甘肃等处御马监太监兼尚宝监太监鲁安公王贵驻守甘州。王贵在张掖监兵之暇，奉英宗敕命会集众多高僧大德与当地书画名流，历数十年岁月、经四五代努力，以寺藏御赐《北藏》为蓝本真金书写、绫锦装帧了一部《大般若波罗蜜多经》共600卷。大佛寺另藏清代金银粉手写经126卷，系顺治初年陕西行都司为补造大佛寺散佚佛经而遍邀张掖名士仿明金经制作，其书画水平均高出明代抄经一筹。寺院始建于西夏永安元年，史载西夏国师嵬咩在此掘出一翠瓦覆盖的卧佛而初建大佛寺。现存建筑有大佛殿、藏经阁、土塔三处。大佛殿殿高33米，面阔9间，规模宏大。殿门两侧各镶以六平方米的砖雕一块，左为"登极乐天""西方圣境"，右为"入三摩地""底园演法"。殿内有木胎泥塑佛像，金装彩绘，形态逼真，视之若醒，呼之则寐。卧佛身后塑十大弟子，两侧廊房塑十八罗汉，殿内四壁为《西游记》和《山海经》壁画。藏经阁内珍藏有明英宗颁赐的六千多卷佛经，经文保存完好，以金银粉书写的经文最为珍贵。寺后有一土塔，高33.37米，为张掖五行塔之一，其一、二层台座四隅各建一小塔，风格独特，为国内罕见。张掖西夏国寺据传曾为元世祖忽必烈的降生地，别吉太后的灵柩曾寄放于寺内。南宋末年，宋恭宗赵显被房后为避祸而出家于此。大佛寺规模宏大，16世纪时寺内可容纳四五千人同时朝拜。

"卧佛长睡睡千年长睡不醒，问者永问问百世永问不明。"这是大佛寺山门的副楹联，极具佛家禅理，作者是谁已无从考证。大殿楹联："一觉睡西天，谁知梦里乾坤大；只身眠净土，只道其中日月长。"是对山门楹联的进一步注释，但从意境来看显然不如山门联更具禅意。我常去大佛寺，每次都喜欢在山门楹联处逗留良久，细细体味其中佛禅深义，很多时候都能获得醍醐灌顶的开悟。大佛寺历史久远，于凡俗之人来说堪比沧海桑田，时光流逝斗转星移，芸芸众生犹如小小蜉蝣朝生夕死，佛祖一梦悠长世间已是风云变幻倏忽千万年，不知道他什么时候醒来？而我们，每一个人的一生看似活得明白，经历了无数甘苦酸辛，到头来亦是梦境一场，所以有什么放不下想不开的呢？世人经常求神拜佛，追寻未知的明天、懊悔逝去的昨天，岂不知紧握当下过好每一天才是真理，与其担心未来吉凶不如现在奋起拼搏，也强过整天疑神疑鬼无所适从。我想，睡佛不醒不是他睡得深沉，而是委婉暗示只求问卜不事实际的意思吧？这副楹联高妙之处就在这里，求神不如求己，过好当下务实守心就是身处红尘不落凡俗的一种修行了。

说回大佛寺本身，西夏建国后，景宗元昊、毅宗谅诈、惠宗秉常都大力提倡和推行佛教，其重视和信仰的程度是空前的。及至崇宗乾顺、仁宗仁孝时期，西夏已成为佛的国度。而就在这一时期，西夏的女人们登上朝堂，开始了执掌西夏近百年的历史。1049年，李元昊在执掌西夏10年后被刺而亡，元昊年仅一岁的儿子谅诈登上帝位。皇帝年幼，权力掌握在谅诈的母亲没藏太后手中，这是西夏女人第一次打开后宫通向前朝的大门。1056年，没藏太后在一场情杀中香消玉陨，没藏太后的哥哥没藏讹庞接掌了国家的权力。转眼13年过去，年幼的皇帝在没藏讹庞家遇见一次改写西夏命运的美丽邂逅，他与没藏讹庞的儿媳妇梁氏一见钟情。私通引发了谋杀，没藏讹庞父子密谋弑君篡权自立，梁氏向皇帝告了密，谅诈将没藏家族一网打尽。谅诈正式执掌西夏大权，封梁氏为皇后。然而，6年后21岁的谅诈暴病而亡，梁氏的儿子秉常即位，梁氏成为西夏历史上第二位太后。子幼母壮，梁太后当仁不让的总缆朝政大权。而此时，梁太后与儿子秉常却发生了严重的分歧。梁太后掌权后要废除儒家礼仪，恢复党项风俗，而儿子秉常宣布废除传统的党项习俗，推广汉人礼仪。分歧的结果是梁太后囚禁了年幼的皇帝。这给宋神宗创造了天赐良机。1081年，宋朝借解救西夏皇帝之名，发动了宋夏史上最大的战争。面临岌岌可危的战争局势，年轻的梁太后出奇的冷静，她亲自带领精锐部队抗击宋军，并在永乐城一战歼灭宋军十万多人，西夏大获全胜。1086年，乾顺继位。此后，梁太后携乾顺攻兰州、下环州、破延州、取宋城，在激烈的抗争中为西夏争得了生存之地。可以说，梁太后拯救了西夏的命运，她已成为激励战士们奋勇作战的精神象征，也是党项民族所信奉的神。

1098年，梁太后暴病而死，为了纪念这位功勋赫赫的女性，西夏皇帝乾顺以皇家的名义斥资在经济文化繁盛的甘州兴建卧佛寺及崇庆寺，以此缅怀他的母亲。其时，儒学已在西夏广泛兴起，以"忠""孝"为主题的佛教教义和理念已成为西夏宣扬佛教的主旨，这是西夏统治者维护国家长治久安的必要选择，也是符合佛教传播趋势的必然选择。在之后的数十年间，特别是仁宗皇帝李仁孝时期，西夏成为一个佛的国度，把推广儒学和佛教作为治国之策，把佛教信仰建立在政治管理和文化发展当中，与西夏的政治、文化建设成为一体，上至帝王将相下到平民百姓都是佛教的信徒。仁宗李仁孝的皇后、桓宗李纯祐的母亲罗太后就是一位虔诚的佛教徒与佛教信仰的推动者。她不仅刊印发放了大量的佛经，而且组织翻译了西夏文的全部约6000余卷《大藏经》。

张掖当地民间传说称，大佛寺建成之后，笃信佛教的西夏皇太后小梁氏常到寺内朝拜、居住，在此设道场，大作斋会。又传说蒙古别吉太后住在大佛寺，生下大元帝国的开国君主——元始祖忽必烈。别吉太后死后，灵柩也停殡在大佛寺。这些传闻，不见经传，是真是假，至今是谜。但是，南宋最后一任皇帝恭帝赵㬎曾在甘州大佛寺出家，却是有文史记载的。此间故事牵扯到封建王朝更迭的一项陋规改革，和大宋赵氏皇族的血脉传承隐秘，整个事件颇具戏剧性。

通过禅让改朝换代，却又残杀前朝君王的恶例始自南朝宋武帝刘裕。说起来，为登上帝位，残杀最多皇帝的人也是刘裕。刘裕为东晋权臣时，就先后擒杀了伪楚桓玄、南燕慕容超、蜀国谯纵、后秦姚泓；等要篡位自立了，又杀晋安帝司马德宗，立晋恭帝司马德文继位。等司马德文禅位不足一年，又杀掉司马德文以去心头之患。

刘裕在有生之年，一共杀了六位皇帝，创历史之最。不过，刘裕杀东晋的皇帝杀得狠，自己的子孙也死得很惨，干干净净一个不剩。以后的各朝各代有样学样，帝位一经禅让，新朝皇帝必杀前朝皇帝。如南朝宋刘准禅让给萧道成，南朝齐萧宝融禅让给萧衍，南朝梁萧方智禅让给陈霸先，东魏元善见禅让给高洋，西魏元廓禅让给宇文觉，北周宇文衍禅让给杨坚，隋杨侑禅让给李渊等，无一能脱逃被杀噩运，所有的政权交替都在血光中完成。

隋恭帝杨侑禅位给唐高祖李渊，自知难逃一死，怆然发出"我何生于帝王家"之叹。貌似忠厚敦实的李渊严格遵守前朝游戏规则，鸩杀了杨侑。到了残唐五代，朱温屠唐，李渊的子孙一个个被人割喉放血，犹如杀鸡宰鹅惨不堪言。当然，朱温本人和他的子孙也难逃过历史怪圈，报应落在了子孙身上。终止毒害前朝皇帝恶例的人是宋太祖赵匡胤。

赵匡胤在一代雄主后周世宗柴荣死后，在陈桥驿自导自演了一场黄袍加身的兵变，夺了后周的天下，建立了北宋。但赵匡胤对柴荣的后代非常宽容。周世宗柴荣总共有七个儿子，其中越王柴宗谊、韩王柴宗 和吴王柴宗诚早年被后汉隐帝刘承所杀。四子恭帝柴宗训禅位后降封为郑王，于北宋开宝六年（973）病逝。曹王柴熙让不知所终。纪王柴熙谨由北宋大将潘美收养。柴熙诲则被后周开国上将军卢琰收养。赵匡胤不但没有加害柴荣的儿子，还专门在太庙里立下誓碑，命令子孙为皇帝者，要优待前朝宗室之后裔，且不得滥杀士大夫与上书言事之人，否则天必讨灭之。从这一点来说，赵匡胤是极有帝王气量的。这也是为什么《水浒传》里会塑造出持丹书铁券的沧州横海郡好汉小旋风柴荣这么一号人物。

不过，宋太祖赵匡胤虽仁义，他的弟弟宋太宗赵光义却颇具争议。民间猜测，宋太宗赵光义就是在烛影斧声疑案中干掉了哥哥赵匡胤，登上帝位的。赵光义哄骗无知群众，宣称哥哥是自然死亡，死前有交代，订有"兄终弟及"的继承法则。但是，他并没有把帝位传给弟弟赵廷美，也没传给赵匡胤的儿子，而是传给了自己的儿子。赵廷美以及赵匡胤的儿子赵德昭、赵德芳都相继神秘死亡。赵光义杀害南唐后主的手法也特别残忍，用的是毒药千机散。李后主死时，四肢抽搐蜷缩，最后缩成一个小圆球，痛苦万分。于是，百年之后，当"靖康之难"的大风暴卷来，人们都说这是一场报应。赵光义的子孙基本被金国女真人一窝端掉，在北方黄龙府受尽蹂躏、折磨，生不如死。当时，还有人说，金主吴乞买相貌与宋太祖出奇相似，金兵南下灭宋，是宋太祖转世讨债来了。这也使得在临安立国的赵光义之后宋高宗赵构心惊肉跳，坐立不安。

赵构没有儿子，在选择接班人问题上，据说做了一个梦，梦见宋太祖赵匡胤带他到了万岁殿，看到了当日烛光斧影的全部情景，并说："你只有把王位传给我的儿孙，国势才可能有一线转机。"朝臣们经过千辛万苦，找出了赵匡胤的七世孙赵慎。就这样，宋朝的国祚又回到了宋太祖赵匡胤这一脉当中。奇怪的是，南宋被蒙元所亡，作为宋太祖赵匡胤这一脉的宋恭帝赵㬎却得到了元世祖忽必烈的优待，没有陷入新旧王朝交替的恶性喋血中。于是，有人说，这是由于赵匡胤当年优待柴荣子孙积下的厚德。

与之形成鲜明对比的是，大批屠杀北宋王室成员的金朝王室后裔，也被蒙兵大批屠杀，情形和北宋王室当年遭受的"靖康之难"差不多。不过，最为诡谲的是，世间还有一个"元灭宋而终为宋所灭"的故事。即宋恭帝在元朝生活得很好，还被元世祖忽必烈招为驸马，将阿尔斯兰汗的裔孙女罕禄鲁公主相许配。宋恭帝和罕禄鲁公主婚后第二年生了长子普完。尽管这样，宋恭帝为了消除忽必烈对自己的戒心，主动请求剃度为僧，永脱尘世。忽必烈应允，"赐钞百锭"，遣送他入吐蕃（今西藏）。宋恭帝入藏后，居住于萨迦大寺（位于今日喀则市萨迦县城内），更名为合尊法师，号本波讲师。不久，宋恭帝又与罕禄鲁公主奉诏迁居甘州山寺。

甘州山寺就是俗称的张掖大佛寺。元延七年(1320)，尚未登帝位的元明宗，时为周王的孛儿只斤·和世㻋巡行至宋恭帝居住的甘州山寺，恰逢公主夜间生了一个儿子。元明宗无子，得此消息，认为是世祖转世，当即收养此子，赐名妥欢帖睦尔。这个孩子就是后来元代最后一位皇帝元顺帝。明朝洪武间正和人余应（号虚庵）曾写《遗事歌》一首咏此事，云："皇宋第十六飞龙，元朝降封瀛国公。元君诏公尚公主……"

清人丁传靖编辑的《宋人轶事汇编·少帝》卷中也记，有明朝才子俞应则曾为此写有"虽因浪子失中国，世为君长传无穷"诗句。意思是说，南宋王朝虽被西湖的熏风歌舞所断送，宋恭帝赵显的后裔依然能得到天子之位（指元顺帝）。而明成祖朱棣在得知俞应则的诗后，去观看历代帝王像，感慨道："难怪元顺帝一点也不像元朝的历代帝王，而酷似宋太祖。"

此外，除诸如《宋稗类钞》（清初潘永因编）等明清稗史也都对此事有大致相近的记载外，《元史·顺帝纪》也载："顺帝名妥欢帖睦尔，明宗之长子，母姓罕禄鲁氏，名迈来迪，郡王阿尔斯兰之裔孙也。…及明帝北狩，过其地，纳罕禄鲁氏。延七年四月丙寅，生帝于北方。""言明宗在朔漠之时，素谓非其己子。"《元史·虞集传》中也有提道："明宗在日，素谓太子非其子，黜之江南。"《续通鉴·元纪二十四》亦归录其文字。

元顺帝是元朝的最后一位皇帝，也是元朝在位时间最长的皇帝，在位三十六年，他荒淫无度，可劲折腾，把元朝江山糟蹋得不成样子。1368年8月，当明朝军队逼近北京时，元顺帝主动弃城北逃，两年后病死于应昌府（今内蒙古自治区克什克腾旗西达来诺尔附近），时年五十一岁。明太祖认为此人识趣，能顺应天命，不拼死固守，遂谥号"顺帝"。

到底元朝皇帝顺帝是否为宋恭帝赵显的儿子，这是一个谜！有人猜测这是当时汉族文人不满蒙元统治而编造了来腼应皇室的，抑或还有蒙元皇室成员想要推翻顺帝取而代之所以造谣的，很多人都表示不足采信。但在其时的蒙古王公大臣们却相信了，而且深信不疑，数百年来一直对此事耿耿于怀，以至于到了 20 世纪 80 年代，还找来赵家的子孙和蒙古皇室后裔比对遗传基因。那么，这件扑朔迷离的宫廷秘案，到底是怎么一回事呢?

话说南宋末帝赵显 1276 年跟着祖母谢太后投降元兵后，被囚禁于大都，封爵瀛国公。元朝统治者为了利用赵显拉拢汉人，巩固其在中国的统治，不但对赵显礼遇有加，还把皇室公主嫁给他为妻，生了一个儿子赵完普。但是当元朝扑灭了南宋的残余势力后，赵显就失去了作用，处置赵显就成为了元朝统治者的当务之急。杀了赵显吧，怕激起汉人的反抗情绪，不杀吧，又怕节外生枝。于是在一番议论后，元朝统治者决定将赵显父子送到西藏一处偏僻的喇嘛庙出家。

1290 年，南宋亡国之君赵显一家被元兵秘密送往吐蕃，到达甘州时，元武宗的长子周王孛儿只斤·和世㻋（即元明宗，1329 年在位）将赵显一家拦住，要赵显将已经怀有身孕的妻子送给他。赵显已经是出家之人，妻子送给周王也算是给她们母子找了个好归宿，自然不敢有意见。就这样，赵显的妻子摇身一变，成了周王的妻子，并于同年为周王生了一个儿子孛儿只斤·妥欢帖睦尔（即元顺帝）。元、明、清史均对此事有确切记载，曰："长子周王和世㻋流亡西北，过甘州山寺，见瀛国公幼子，大喜，因求为子，并其母载以归。"

1328 年，周王和世㻋的弟弟（元文宗）率兵击败了现任皇帝天顺帝，夺回了父亲武宗皇帝的江山。因为在元朝皇室内树敌过多，当了 4 个多月的皇帝，就禅位于兄长和世㻋，此即元明宗。和世㻋高高兴兴地从甘州赶来大都当皇帝，却没有想到这天上掉下来的馅饼是有毒的，继位不到半年，还没有赶到大都就稀里糊涂的死在了路上，皇位又回到了元文宗手中。后来和世㻋的儿子妥欢帖睦尔当了皇帝后，曾当众宣布父亲就是元文宗毒杀的。

1330 年，元文宗杀死元明宗的皇后（即赵显的妻子），并将妥欢帖睦尔流放到高丽（今朝鲜半岛）监禁。后来听说辽阳和高丽的地方政府要拥戴妥欢帖睦尔当皇帝，于是昭告天下，将妥欢帖睦尔是赵显之子的宫廷秘闻公开。1331年，妥欢帖睦尔被元文宗从高丽接回，流放于广西静江（今桂林）。次年，元文宗的太子暴病身亡。本来他还有另外一个亲生儿子，但是受佛教因果报应的影响，元文宗认为太子夭亡是因为自己杀害了兄长和皇嫂，才遭上天的报应。

因此决定立妥欢帖睦尔为太子继承皇位。同年8月元文宗病死后,权臣却废黜了妥欢帖睦尔而改立元明宗幼子懿璘质班(妥欢帖睦尔异母弟)继位,是为元宁宗。然而人算不如天算,元宁宗登基3个月后暴病身亡,元朝上下人心浮动,流言四起,占卜师说因为大家不听元文宗的遗言,故才遭到上天的惩罚,只有遵从元文宗的遗愿,立妥欢帖睦尔为帝,天下才可太平,元朝的国运才能地久天长。朝臣们自然不相信占卜师的话,提出以半年为期,先着太平王燕帖木儿"摄政",等到了半年后的良辰吉日,再让妥欢帖睦尔登基。就这样,元朝有半年的时间是没有皇帝在位的,由人代行皇帝之职。

1333年5月,在这半年间,太皇太后(元文宗皇后)卜答失里临朝称制,燕帖木儿的弄权也登峰造极。至顺四年(1333)五月,燕帖木儿因纵欲过度而亡,卜答失里在内定自己的儿子燕帖古思为妥　帖睦尔继承人以后,决定正式奉妥　帖睦尔为帝,是为元惠宗(元顺帝)。但是卜答失里立妥欢帖睦尔为帝是有条件的,就是让自己的儿子燕帖古思为妥欢帖睦尔的继承人。后来元顺帝坐稳了皇帝之位后,下诏毁太庙文宗室,废太皇太后卜答失里并将她赐死,流放燕帖古思,还缴销了当年元文宗宣称他不是元明宗儿子的诏敕。

元顺帝当上皇帝时,瀛国公赵㬎已经去世十年(1323年去世),想尽孝也不可能了。但是元顺帝的同母哥哥赵完普还在西藏受苦,于是元顺帝下旨将其迁移到生活条件稍微好的沙州(今敦煌)生活。至于元顺帝是南宋宗室后人的问题,也没有人敢提及。

明朝建立后,元顺帝北逃,建立北元,继续与中原为敌。为了打击北元的士气,同时也是劝降元顺帝,明朝将元顺帝的身世大肆渲染报道,弄得天下人皆知:老赵家出了一个不孝子,认贼作父,与汉人为敌。因为此事有很多的佐证,弄得那些蒙古王公贵族即使有一肚子气,也没有地方出。

20世纪80年代,当人类遗传基因技术日渐成熟后,这些被身世困扰了数百年的蒙古皇族后裔坐不住了。他们成立了一个研究会,寻找到南宋皇室后裔,提取他们的DNA样本,再与蒙古元顺帝的后裔DNA样本做比较,得出了一个相当欣慰的结论:南宋皇室和蒙古皇室没有亲缘关系。以此证明元顺帝并非赵㬎的儿子。然而此事从发生到现在已经经过了漫长的600多年的时光,物是人非，又岂是几张纸片就可以证明得了的？对于今人而言更没有必要去追究那些事情是史实还是谣传了，只管当做一段故事去看待倒也不失精彩。

西夏不入正史的背后

西夏国极盛的时候拥兵 80 万，占据了整个河西走廊，西域诸国也宾服其下，这样一个影响中原和西域一百多年的政权却偏偏没有自己的史书。元朝建立后，分别为辽国、金国和宋朝修史书，偏偏忽略了西夏，不免让人感觉奇怪。

中国历史之所以丰富多彩，是因为有大量的史书史册的详细记录。在中国历史上有一个不成文的约定，后朝要为前朝修史。这样做有着非常积极的意义，一来后朝修的史会比较客观，二来后朝修前朝的史，作为历史的传承，也是一份对历史的责任。

所以，在中国有"二十四史"之说。所谓"二十四史"是中国古代历朝历代撰写的二十四部史书的统称。

了解宋史的人大概都会知道，中国历史上与宋朝处在同一时代的王朝，有辽、金、西夏和元朝。但在二十四史中有宋史、辽史、金史、元史，而唯独缺了西夏史，西夏王朝自 1227 年被元灭亡之后，就像从中国历史上凭空消失了一样，这是为什么呢？西夏不入正史这里面有什么隐情吗？有人早有总结：

第一，西夏的整体文明程度太低。宋朝就不用说了，文明程度在当时居于世界首位。其他的辽国、金国尽管在建国初期也很野蛮，但是在辽国拿到幽云十六州以及金国入主中原后都迅速地学习先进的汉文化，从奴隶制度迅速过渡到了封建社会。而西夏一直奉行孤立主义，不愿意向中原文明王朝靠拢，据考古发现，西夏可能自始至终文明程度都处于农奴社会。

第二，整体上西夏是个小国。虽然西夏军事实力很彪悍，但西夏从整体上看仍然是个小国。疆域面积方面：辽国 489 万平方千米，金国 361 万平方千米，北宋 280 万平方千米，南宋也有 200 万平方千米，西夏只有 77 万平方千米。除了疆域面积小，西夏的生存环境也很差，境内多山多荒漠，只有很少地方适合发展生产，因此西夏的综合国力并不强，之所以存在一百多年更多的原因是周边的强国看不上这块地方。同理，大理国也因为太小没有入正史。

第三，西夏盛行神秘主义。不管是我们现代人还是西夏所处的时代，西夏都有明显的神秘色彩，比如西夏王族自称是鲜卑拓跋氏后人，但更多的证据显示他们实际上是党项族（羌族的一支）人，西夏没有史官，内地人对西夏的了解多来自传说，不管是出于什么原因，西夏人都在刻意制造神秘，这样做有利于维持自己的统治，西夏人还有自己独特的文字系统，西夏的国王死后葬入特别的金字塔。

第四，西夏惹了不该惹的蒙古。13、14世纪的蒙古军队毫无疑问是世界最强，就连文明程度超高的南宋也没有抗住蒙古的攻势，西夏被灭是肯定的。但是西夏这个国家从建国开始就有一个特色就是不讲信用，宋辽金史均记载，西夏"狡诈多变"，经常利用辽宋、辽金、金宋的政治矛盾，周旋其中，或战或和，反复无常，从中捞到不少好处。比如，金灭北宋，西夏曾趁火打劫，纵兵千里，扩张地盘。蒙古崛起后，西夏仍然奉行这样的国策，成吉思汗西征之际，西夏就曾联金反蒙。最后成吉思汗决定先灭西夏，而恰好在这个时候成吉思汗不慎坠马身亡，临死前恨透了西夏人，下令将西夏夷为平地，只能说，西夏的运气太差，遭遇了最不能惹的成吉思汗。

所有这些原因导致关于西夏的史料太少，不足以为其修史，加上后来修史的元朝看不上西夏，导致了西夏没有自己的独立史书。蒙元看不上西夏主要还是因为两国之间结仇太深，元朝把成吉思汗的死归咎于西夏。这中间比较客观和公正的记述大约是这样的：

1226年秋天，因为西夏背叛与蒙古的盟约，成吉思汗决定亲征西夏，教训教训狂妄自大的西夏君臣。途中，意气风发的成吉思汗进行了一场秋猎，不料坠马受伤。这对于64岁高龄的成吉思汗来说是一场灾难，元气大伤。很多将领建议成吉思汗退兵养伤，伤好之后再复仇不迟。但成吉思汗不想罢兵，派人去西夏问罪劝降。不料西夏君臣有种，服软的话一句都不说，还放出狂言，让蒙古来贺兰山决斗。

成吉思汗哪能受得了这等屈辱，于是发兵进攻。蒙古大军势如破竹，于

1227年春天打到西夏首都兴庆府,并包围都城。围困都城半年后,城内粮尽援绝,西夏末帝李睍只能投降。就在这时,成吉思汗病危,加上旧伤复发,便卧床不起,不久后病逝在六盘山。成吉思汗去世之前,留下了三条遗旨:指定大汗的继承人窝阔台;命人隐瞒自己的死讯,使西夏贵族前来投降,然后赶尽杀绝;指出联宋灭金的策略。

成吉思汗死后,西夏末帝不知,仍然按照约定率领文武百官、宗亲贵族前来投降。而蒙古人遵照成吉思汗的遗言,早就做好准备,将前来投降的皇帝、贵族、大臣等全部处死。然后蒙古兵杀进都城内,屠杀了三天三夜,将城中的百姓也几乎屠杀殆尽。蒙古人认为,成吉思汗的死是西夏人造成的,所以他们对西夏人的仇恨可想而知。成吉思汗临终前,也表达了对西夏人的仇恨,要求屠城。这种仇恨,很可能决定了元朝统一中原后,拒绝为西夏人修史。蒙古人想要灭亡的是整个西夏文明及西夏在历史中的踪迹。

蒙古军队有一个习俗,当对方的抵抗给自己造成巨大损失后,他们会加倍进行报复。成吉思汗死在出征西夏的时期,汗王的死是西夏人造成的,因为是西夏先背叛盟约,所以包括成吉思汗在内的蒙古人,把所有的仇恨都记在西夏人的头上。窝阔台即位后,命令处死西夏皇帝李睍,杀死所有西夏贵族。这种屠杀行为很快蔓延到西夏全国。散布在西夏各地的贵族官员,得知消息后也都四处逃散,隐姓埋名地生活,甚至不敢表明自己是西夏人。据推测,西夏贵族的逃跑路线主要有以下几个方向:(1)大部分人沿着丝绸之路,逃亡青海西藏一带,回到党项人祖先的发源地;(2)逃亡新疆、中亚等地;(3)逃亡金国,现在的河北一带;(4)逃亡南宋。

在河北保定莲池公园一角,至今保留着一对石幢,上面刻满了西夏文。文字刻于明朝弘治十五年(1502),刻的是佛经经文。经文的背后有80多位许愿人的姓名,根据姓氏判断,大部分人为西夏党项人。据现在考古发现,内蒙古鄂托克前旗、安徽桐城、河南濮阳、西藏甘孜州九龙县等地,都发现了西夏人的遗迹或者后裔,这一点恰好证明了西夏灭亡后,西夏贵族四处逃散的命运。

作为掌握西夏文字的贵族和官员,死的死,逃的逃,逃出的这些人,也必须隐姓埋名躲避蒙古人的追杀，他们怎么可能公开为本国修史？

关于西夏没有正史，还有个重要的原因，那就是西夏文字的局限决定了历史的传播。据史料记载，西夏景宗李元昊正式称帝前的大庆元年（1036），命大臣野利仁荣创制西夏文，三年始成。西夏文形体方整，笔画繁冗，结构仿汉字而制，现存共有5917个字。西夏文作为西夏的官方文字，随着西夏的灭亡也几乎消失。西夏文的传播范围实际上只限于西夏国内，传播的群体也只限于少量的贵族官员，对于没有受到教育的普通百姓是很难掌握西夏文的。这一点，决定了西夏文的传播力很小。

元朝在1279年灭掉南宋后，终于成为中国最终的唯一政权。一般来说，后朝要为前朝修史，都会在国家统一、政权稳定后才开始。元朝统一中国后，距离西夏灭亡已经过去了52年。懂西夏文的人死的死，逃的逃，即使元朝要为西夏修史，也很难找到前朝的遗老旧臣来做这件事情。另外，上文提到过西夏投降后，蒙古兵在都城进行了大规模的屠城破坏。这种毁灭性的破坏，摧毁的不但是西夏人的意志，连同他们的文明也一并摧毁了。修史是一项非常巨大的工程，要查阅大量的史料，经过蒙古兵的洗劫破坏，后人也没有多少西夏资料可以查询，这也决定了西夏的历史是无法编写的。

今内蒙古额济纳旗达赖库布镇东南25千米的荒漠中，有一座城墙保存完好的古城遗址，这就是西夏有名的边防重镇黑水城。1909年，一位俄国探险家，打着科考的名义来到清朝的蒙古，行贿了蒙古的一位王爷后，来到黑水城进行了破坏性的挖掘。前后两次挖掘总共盗走8000多件珍贵的文物，其中包含大量的西夏文书籍、经书和官方文件资料。最有价值的，当数一本《番汉合时掌中珠》，也就是夏汉文字对照词典。这才解开西夏文的面纱，解读出西夏文记载的信息。

西夏文字传播的局限性，是导致西夏文失传的又一个主要原因。西夏灭亡后，西夏文字也就等同于失传了。这也是元朝不能为西夏修史的又一个原因。

综上分析，二十四史中没有西夏史，并不是一件非常奇怪的事情。追溯其原因，是由西夏时期特殊的历史决定的。

蒙古人认为西夏人害死了成吉思汗，不愿意给西夏修史；蒙古对西夏贵族的迫害追杀，让西夏人隐藏起这段历史；西夏文献的破坏，文字的失传，导致后朝没有参考资料。

直到现在，西夏的历史才开始陆续有学者撰写，依据就是《宋史》《元史》《金史》，以及解读的西夏文献。

西夏是一个神秘的国家，其神秘性也许正是因为这段历史的缺失。

固守一隅仍难逃覆灭

仁孝皇帝去世后，长子纯祐即位。即位不久，年轻的纯祐就与堂叔仁友的儿子李安全发生了争斗。纯祐皇帝拒绝了李安全世袭爵位的请求，并将其降为郡王。李安全萌生了篡位的想法。1206年，在纯祐的母亲罗太后的幕后操纵下，纯祐被堂兄李安全推翻，李安全成为西夏的新皇帝。就在李安全篡位的同一年，铁木真完成了对蒙古草原的统一，他把目光盯向了西夏，他将成为西夏的终结者。

在纯祐皇帝统治西夏时期，蒙古铁骑多次踏上了西夏的土地，他们并非为了攻城略地，只是劫掠一番就返回了大漠。这是铁木真在对西夏进行试探和侦察。李安全篡位后，其皇位的不正当性，使他偏激而冲动。一年后，蒙古军队再次进犯，这一次蒙古大军甚至包围了西夏的都城兴庆府。李安全向金国求援，而金国皇帝的回应，使得西夏羸弱的身躯上又挨了一刀。据史料记载，金国对此事的回应是：敌人相攻，我国之福。李安全本就对金国很不满意，这次被彻底激怒了。他做出了一个冲动而错误的决定——向成吉思汗献女求和，并制定了附蒙攻金的政策，迅速发动了对金国的战争。虽然李安全很快被废，但金夏两国的战争持续了十年之久。成吉思汗抓住机会，他借西征前曾派使者向西夏征兵、一个西夏贵族嘲笑并羞辱了他的使者为由，发动了对西夏的战争，西夏灭亡的命运就此确定。

1224年，靠近漠北北端的黑水城被蒙古大军攻破，成吉思汗亲率大军以雷霆万钧之势直逼西夏。这一次，他要征服整个西夏国，并把西夏并入蒙古帝国的版图。成吉思汗采取由北向南、由西向东两线包夹的战略。西线进攻首先锁定沙州。沙州是西线最重要的门户，与东部的肃州、甘州、灵州共同组成西夏的西部防线。蒙古大军攻城的同时，切断各路西夏援军，沙州成为一座孤城，苦战数月，沙州最终失陷。难以抑制愤怒的成吉思汗下令屠城，沙州几万人口几日之间归于死寂，世间最残酷的词汇也不足以形容这场战争惨剧。1226年冬天，攻占沙州后的蒙古军队开始攻打肃州。在蒙古军队中有一位叫昔里钤部的军官，他是党项人。破城之后，蒙古军队把和他有亲戚关系的106户人家保存了下来，其他肃州居民大多被杀。肃州之后是甘州。蒙古军队中一个叫察罕的人，他是西夏皇族，早年被成吉思汗收为养子，已经追随成吉思汗多年，在成吉思汗西征时，察罕战功显赫。但察罕的父亲此时是甘州的守将，兄弟和族人都在甘州。察罕给父亲写了一封劝降信，要父亲投降，但甘州城内的副将不愿投降，他发动了一次军事政变，刺杀了察罕的父亲和兄弟。甘州城的西夏军队展开了激烈的反抗，但最终甘州失陷，守城将士全部战死。在察罕的强烈建议下，成吉思汗没有屠城，城中百姓幸免于难。甘州之后，蒙古铁骑一路东进，很快抵达西夏国都的最后一道防线灵州，并一战攻破了灵州城。

1226年冬，成吉思汗两路大军抵达中兴府①，包围了西夏的都城，开始了西夏最后命运的决战。这个时候，西夏的主力部队已经在之前的战争中消耗殆尽，参与抵抗的是中兴府全城的民众，他们在年迈的国相高良惠带领下日夜坚守着城墙，令成吉思汗大军几个月不能攻陷。但上苍没有眷顾可怜的西夏人，次年6月，西夏都城中兴府地震，灾难让西夏彻底陷入绝境，面对走投无路的窘境，国相高良惠和年轻的皇帝李睍决定投降，但是请成吉思汗给他们一个月的时间做准备。就在这一个月时间里成吉思汗突然驾崩了。

对西夏深恶痛绝的成吉思汗留下遗言：将党项人全部消灭掉。这次又是在察罕的强烈建议下，蒙古军入城之后仅仅把那些他们认为抵抗激烈的人处斩，大部分百姓得以保全。西夏末帝李睍在投降后被杀，在中华大地上存在了

---

① 13世纪初，蒙古兵进攻西夏，退兵后，桓宗纯祐修复被破坏的城堡，大赦境内，改兴庆府为中兴府。

190年的西夏王国灭亡了。

历史上的西夏王朝，控制着从河套到河西走廊的关键性位置。其军队在同四周强敌的征伐中，获得了充分锻炼。西夏其实有比较强的进取精神，至少在前期是一直希望对外扩张的。但限于自身的实力和所处环境的格局，没办法继续做大。两个因素还相辅相成，交织在一块发挥作用。所以，西夏人在立国不久后便停止了对外扩张，不仅没有朝着西域继续进军，也没有南下中原腹地。

建立西夏的党项人，本身就是一个来源较为复杂的小族群，既有相当部分的血统来自横跨河西走廊两端的藏人和羌人集团，也有部分贵族和上层人物来自建立吐谷浑的鲜卑后裔。但自身的实力一直不够强大。这也是他们在唐朝结束后，没有立刻成为一方豪强的原因。哪怕是到自己终于建立西夏王朝后，都不能说是有多强实力的大国。

党项是典型的混合族群，与周边不少势力有千丝万缕的联系。西夏人在李元昊正式称帝之前，已经历了几代人的部族战争。包括和北宋官军的战争，也有和同族政敌的较量，甚至还要应付在当地很有势力的吐蕃征服者后裔。这种不高的起点，决定了西夏不可能轻易成为地区大国。王朝的统治者，必须始终要警惕自己周遭的复杂环境。一旦有所闪失，就可能遭遇灭顶之灾。

河西走廊的回鹘—粟特—汉三族群是党项人早期的攻掠对象。到李元昊正式建立霸业为止，西夏的扩张目标非常明确，那就是一路向西打。攻打实力最弱却比较有油水的甘州回鹘人与旗下的归义军残部。前者是回鹘部落中较弱的一支，后者则是残唐五代时出现的西域汉人与粟特人的联合势力。他们都卡住了河西走廊的贸易线路，不利于西夏人迅速攫取财富。因此西夏人早期的扩张，基本上都是针对这两家人来的。

但当西夏军队拿下河西走廊的入口后，就没有能力继续西征下去。因为在西域已经出现了势力更强的喀喇汗国。喀喇汗国虽然也源自回鹘人，却已经在中亚的七河流域经历了中亚化改造。不仅改宗伊斯兰信仰，也学习了不少波斯宫廷制度和中亚军事技术。

喀喇汗国掌握着更多资源和更先进的军事技术，西夏军队根本不是这样一个大国的对手。不仅兵源数量不如对方，视为军中精锐的铁鹞子重骑兵也不如喀喇汗国的正宗中亚铁骑。喀喇汗国的广袤纵深，也丝毫不怕同西夏人进行反复拉锯。一旦出现长期对峙，那么依然活跃在西域东部的回鹘部落，也会加入对西夏的战争。这都是西夏人不愿意看到，也承受不起的。

此外，还有三个势力一直在牵制西夏人的注意力。分别是西南方的吐蕃、南方的北宋和东部的辽国。这三个国家都有充分的动机去消灭西夏政权。

西夏的周围都是潜在的威胁和对手。就拿军事水平最弱的北宋来说，西夏的建立就是对其维持东亚朝贡宗藩体系的打脸。所以北宋一直主动进攻西夏，并且从西夏立国前就一直进行对抗，陆陆续续打到了靖康之变前夕。尽管宋军的战斗力很差，屡屡被西夏人用地形优势和战术偷袭所挫败。但毕竟掌握的资源数目庞大，可以继续拖下去。所以，西夏人就始终处在面临入侵威胁的环境下。反过来，如果西夏要侵入北宋的地界，也不可能对宋军获得决定性的胜利。战争会反反复复成拉锯战，消耗西夏本就不多的各类资源，宋军打不下西夏，也可以用资源优势去进行消耗。

其次是东方的大国——辽国。在西夏建立前后，党项人曾经为了抗衡北宋的压力而选择归附辽国。由于辽国是一个封建联盟性质的帝国，很自然地接纳了他们。后来双方翻脸，也就给西夏增添了一个巨大威胁。辽国军队也非常善战，让西夏人不能掉以轻心。辽国一直控制着山西北部与蒙古高原大部分地方。服从契丹王权的地区，在战略上包围了西夏的领地。辽国就此控制了西夏原本可以轻松掌握的草原贸易路线。这也是逼着西夏必须西征河西走廊的重要原因。

就是看上去整体实力最弱的吐蕃人，也是西夏非常忌惮的一支势力。双方的矛盾一直保持到了北宋灭亡为止。吐蕃人一直希望重新控制西夏控制的河套等地，并经常接受北宋的贿赂，帮助宋军去牵制西夏人的兵力。

所以，西夏在大部分时间里都承受着巨大的军事压力。这种压力还不集中于一两个方向，几乎是对西夏形成了全方位的包裹。这就决定了西夏不可能有精力去进行大肆扩张。因为他们根本没法集中力量，朝某个方向进行大规模攻击。他们本身也成了大部分周边势力平衡局势的砝码。这种微妙的平衡关系，一直到蒙古帝国崛起后才被打破。

甘肃行省

元朝建立之前,蒙古政权机构混乱,"随时创立,未有定制"。忽必烈称帝并统一全国后,为了加强中央集权,采纳一些儒生的建议,沿袭宋、金的制度,在中央设立中书省(下设左三部司吏、户、礼,右三部司兵、刑、工)、枢密院、御史台以及殿中司、察院、内八道肃政廉访司。此外,还设立宣政院,主管全国释教及吐蕃地区军民之政,此系元代新创。

元朝建立后,为了加强中央集权,在地方上设置行省,山东、山西、河北、蒙古等地,则称为腹里,由中书省直接管辖。"中书总庶政,是为都省。幅员际天,机务日繁。相天下重地,立行省而分治焉。"当时人们认为:"若稽古制,魏晋有行台,齐隋所管置外州称行台尚书省,唐以诸道事繁,准齐分置,今行省,其遗制也。"把行省制的建立视为魏晋的行台和隋唐的行台尚书省。实际上元代的行省制是金朝行省制在新的历史条件下的变更。金朝尚书省宰相或执政官(金制以尚书令、左丞相、右丞相、平章政事为宰相,左、右丞,参知政事为执政)被派遣到地方上行使尚书省职权时,所设立的临时建置称为行尚书省。金朝后期,出于抵御蒙古的军事需要,曾先后在各地遍置行省,但就其性质而言,始终属于临时性的建置。蒙古政权建立初期,官制未备,"惟以万户统军旅,以断事官治政刑"。自南下攻金开始,随着蒙金战争的发展,一大批汉族地主武装头目先后归附蒙古政权,蒙古贵族也采用金的行省官称予以封赏,以表彰他们效忠蒙古政权的诚意。故凡有征伐之役,分任军民之事,往往称行省或行台。总之,当时未有定制,随事设立,屡为废置。

忽必烈即位后,随着四大汗国相继走向独立发展的道路,蒙古皇帝直接统治的辖区只限于漠南各地,为了管理各地事务,初置燕京、开平、京兆、平阳等十路宣抚司,作为地方一级的最高行政机构。同时,以中书省官行某处省事系衔,代表中书省赴各地处理政务,行使中书省的职权,从而也设立了不少行省,但这时的行省仍属于临时性的中央派出机构。后由于宰执行某处省事系衔嫌于外重,权力过大,因此,改为某处行中书省平章或右丞、左丞、参知政事等,而不再以中书省的官员行某处省事系衔,于是行省就从中书省派出机构逐步演变为地方最高行政机构。元代的行省职责，即"掌国庶务，统郡县，镇边鄙，与都省为表里"，"凡钱粮、兵甲、屯种、漕运，军国重事，无不统之"。元代行省官员设置、名称及其品级大都同中书省。

至元二十八年（1291），元代的行省建制已基本定型。当时，除河北、山东、山西及内蒙古由中书省直接统辖，称为腹里地区外，在全国设置了辽阳、陕西、甘肃、四川、云南、湖广、江西、江浙、河南、征东十行省，到元成宗大德十一年（1307），元朝政府在蒙古本部设置和林行省，皇庆元年（1312），再改和林行省为岭北行省。终元一代，十一行省建制的格局一直延续下来。

元代在行省制下，还依次设置了路、府、州、县四级行政组织，分别管理辖区内的各种政务。边远地区还设有军的建制，其官吏的设置与品级相当于下州。在远离行省政治中心的地区和边远的民族聚集区，则设置宣慰司、宣抚司及宣慰司都元帅府，以便就近处理辖区内的军民事务。此外，元代的枢密院和御史台在地方上也有其相应的分设机构，称行枢密院和行御史台。行枢密院是适应大规模的军事活动的需要专为征伐之事设置的，有时也掌管民事，但主要以征伐和镇抚为主。元武宗至大四年（1311），曾经在甘州设立行枢密院，专门负责提调西路军马。行御史台是专门负责监察的机构，分为江南行台和陕西行台。行台之下又按道设立肃政廉访司，对各级地方官吏实行监察与监督。负责甘肃行省监察工作的河西陇北道肃政廉访司，隶属于陕西行御史台管辖。

在元代，由于行政区划的历史演变，今之甘肃地区分属甘肃、陕西两行省和宣政院所属的吐蕃等处宣慰司都元帅府管辖。元朝在甘肃设置的行政机构既与全国相一致，又凸显了甘肃地域、民族的特点。

甘肃行省设置始于中统二年（1261），初称中兴行省，省治设于中兴府（今宁夏银川市）。至元十年（1273）撤罢，至元十八年（1281）又重新设置，至元二十二年（1285）再次撤罢，改置宣慰司。至元二十三年（1286），徙西夏中兴省于甘州，治今甘肃张掖市甘州区，改称甘肃行省。至元三十一年（1294），分省按治宁夏，不久，又并归甘肃行省管辖。元代甘肃行省辖区奄有原西夏的全部属地，相当于今甘肃省的河西地区、宁夏回族自治区的全部及内蒙古自治区的一部分。按照元朝制度，其全称为"甘肃等处行中书省"。据此

314

可知，元代的甘肃行省的范围与今甘肃省行政区划相比，有很大差异。尽管甘肃省的名称渊源于13、14世纪元代的"甘肃等处行中书省"，而具体辖区却有很大的变化。

元朝时期，在甘肃设置的地方行政机构，主要有路、直隶州、属州共14处，属于甘肃等处行中书省的管辖范围。甘肃行省中，属于路一级建置有甘州、肃州、沙州、亦集乃、宁夏府、永昌府、兀剌海七处，在今甘肃境内的主要有甘州（治今甘肃张掖市甘州区）、肃州（治今甘肃酒泉市肃州区）、沙州（治今甘肃敦煌市）、永昌府（治今甘肃永昌县）四路。

甘州路，称甘州，又称张掖郡。北宋初，为西夏所据，西夏政权在这里设镇夷郡，后又立宣化府。蒙古奄有此地后，仍称甘州。至元元年（1264），置甘肃路总管府。至元八年（1271），改为甘州路总管府。至元十八年（1281），立甘肃等处行中书省于甘州，以控制河西诸郡。自此，甘州遂成为甘肃行省的政治中心。至元二十七年（1290）时，甘州有"户一千五百五十，口二万三千九百八十七"，是甘肃河西走廊地区人口比较密集的城市之一。

永昌路，唐代称凉州，宋初更名为西凉府，景德（1004—1007）中为西夏占据，蒙古入据河西后，仍为西凉府，成为河西走廊地区重要的政治、文化中心。窝阔台即汗位后，西凉府成为太子阔端的封地。阔端曾以西凉王的身份，代表蒙古王室与吐蕃萨迦派领袖萨迦班智达·贡噶坚赞在凉州会晤，从而实现了蒙古对西藏地区的政治统一。至元九年（1272）十一月壬戌，"诸王只必帖木儿筑新城成，赐名永昌府"。以永昌王宫殿所在设立永昌路，遂降西凉府为西凉州，隶于永昌路。永昌路地处河西走廊东段要冲，南临宣政院辖地及西宁州，其主要职责是镇守河西及与宣政院临接地区。元朝初期永昌路的城址在今武威市凉州区以北30里处的永昌堡（乡），至今仍依稀可辨。

肃州路，唐代称肃州，又称为酒泉郡。宋初为西夏占据。早在1226年成吉思汗西征时，就攻占了肃州。元世祖至元七年（1270），设置肃州路总管府。至元二十七年（1290）时，有"户一千二百六十二，口八千六百七十九"。

沙州路，唐代为沙州，又称为敦煌郡，宋初仍为沙州。蒙古灭西夏，攻占沙州，遂以其地为术赤子拔都大王的封地。直到至元十四年（1277），始立为沙州。因沙州远离肃州，而"内附贫民欲乞粮沙州"，必须上报肃州当局，然后才能拨给，元朝政府"以其不便"，于是在至元十七年（1280），将沙州升为沙州路总管府，瓜州归其辖属。沙州升格为路的建制，便于就近解决内附贫民乞粮问题。

亦集乃路（治亦集乃城，今内蒙古额济纳旗东南），地在甘州北 1500 里，路治亦集乃城东北有大泽，西北俱接沙漠。该地是西海郡居延故城，西夏立国后，曾在这里设立黑水镇燕军司，作为抵御蒙古南下的军事防线。蒙古太祖二十一年（1226），该地即为蒙古占领。至元二十三年（1286），元朝始立亦集乃路总管府，并且根据亦集乃路总管忽都鲁的奏请，调遣"新军二百人凿合即渠于亦集乃地"，引水溉田，进行屯田，并让附近人民、僧户也"助其力"，先后垦田九十余顷。这一地区今属内蒙古自治区额济纳旗。

宁夏府路（治今宁夏银川市），唐代属灵州，宋初废为镇，领蕃部。西夏立国后，成为西夏王都所在地，初名兴庆府，后改为中兴府。西夏灭亡后，蒙古奄有此地。中统二年（1261），始置西夏中兴行省，至元八年（1271），立西夏中兴等处行尚书省。至元二十三年（1286）徙西夏中兴行省于甘州，改称甘肃行省。此后，宁夏府一直保留路一级的行政建制。直至元朝灭亡。按照元朝的区划，宁夏府下辖的灵州、鸣沙州（今宁夏中宁县）、应理州（今宁夏中卫市），今俱在宁夏回族自治区境内。

兀剌海路，在原西夏疆域东北部，有兀剌海（一作斡罗孩）城，西夏曾在这里设立黑山威福军司。是蒙古从西夏北部边境进攻西夏的一个重要突破口，蒙古曾与西夏在这里激烈争夺。元朝建立后，在这一地区设立路的建制，实际上是突出了这一地区的军事防御性。其地大约在今内蒙古自治区阿拉善左、右旗境内。

甘肃行省中，属于直隶州建制的有山丹州（治今甘肃山丹县）、西宁州（治今青海西宁市）。系今甘肃境内的山丹县。

山丹州，唐代为删丹县，隶属甘州。宋初为西夏据有，成为西夏军事重镇，曾在这里设甘肃军司。蒙古奄有此地后，这里成为察合台孙不里之子威远王阿只吉长期驻守地区。为了沟通察合台汗国与中原内地的交通联系，在蒙古国时期，就曾在山丹设置驿站，连接内地到西域的驿路。后因"删丹"讹传为"山丹"，遂以讹为正，至元六年（1269），"行山丹城事，删讹为山"，山丹之名始定。至元二十二年（1285），升为山丹州，直隶甘肃行省管辖。

西宁州，于其地设鄯州，上元（761—762）年间，陷入吐蕃，号称青唐城。北宋时，改为西宁州。成吉思汗灭西夏时，曾被蒙古军占领。元朝初期，曾是章吉驸马封地。至元二十三年（1286），设立西宁州等处拘榷课所，隶甘肃行省直辖。至元二十四年（1287），章吉驸马晋升为宁濮郡王，镇守此地。这一地区现属青海省辖区。

甘肃行省中，还有西凉州（治今甘肃武威市凉州区）、灵州（治今宁夏市吴忠市北）、瓜州（治今甘肃瓜州县）、鸣沙州（治今宁夏中宁县东北鸣沙镇）及应理州（治今宁夏中卫县）五属州。

西凉州，唐代称凉州，宋初更名为西凉府，后被西夏占据。蒙古入据河西后，仍为西凉府，窝阔台即汗位后，西凉府成为太子阔端的封地，也是阔端与萨班的会晤地，元朝初期，改西凉府为西凉州。

灵州，唐朝时为灵州，又为灵武郡。北宋初，陷入夏国，改为翔庆军。

瓜州，唐朝时为晋昌郡，后复为瓜州，宋初陷于西夏。西夏亡国后，州废。至元十四年（1277）重立，至元二十八年（1291），元朝政府将瓜州居民迁至肃州，但瓜州名仍存。

鸣沙州，隋置环州，立鸣沙县。唐去州以县隶灵州。北宋初，西夏据有，仍称为鸣沙县。元初，立鸣沙州。

应理州，系唐灵武郡辖境，地与"兰州接境，东阻大河，西据沙山"。其州城不知何时建立，元朝初期，仍立为州。

上述五州中，系今甘肃境内的只有西凉州与瓜州。

元代的甘肃行省，除了上述七路、二直隶州、五属州的行政建制外，还在甘肃行省所辖的河西地区设置了脱脱禾孙[①]马站六处，共有"马四百九十一匹，牛一百四十九头，驴一百七十一头，羊六百五十口"，用以专职稽查出入

[①] 蒙古语意为"查验者"，是元政府在关会之地重要驿站所设盘查往来使臣、防止诈伪的官员。

河西的乘驿人员。这充分证明甘肃行省地理位置的重要性。

忽必烈坐稳汗位以后，为了解决皇权和藩权的矛盾，加强中央集权，采取了一系列削藩措施，在河西地区主要就是设立行省，削弱阔端后王在河西的特权。

中统二年（1261），忽必烈在西夏故地设立中兴等路行中书省，也就是甘肃行省的前身，开始将窝阔台以来以阔端系诸王为首的河西宗藩对西夏故地的统治权收归中央。行省官员在皇权支持下对宗王特权进行了种种限制，使习惯于草原旧俗的蒙古宗室贵族难以接受，冲突时有发生。《元史》卷148《董文用传》载："时诸王只必帖木儿镇西方，其下纵横，需索无算，省臣不能支，文用坐幕府，辄面折以法……王怒，召文用，使左右杂问之，意叵测。文用曰：'我天子命吏，非汝等所当问，请得与天子所遣为王傅者辩之。'……因历指其不法者数十事。"因为有"上旨"撑腰，只必帖木儿也只得收敛气焰，从而使"省府事颇立"而"中兴遂定"。结合董文用负责"垦中兴、西凉、甘、肃、瓜、沙等州之土为水田若干，于是民之归者户四五万，悉授田种、颁农具"的记载看，西夏行中书省的设立，已经初步将河西地区置于中央的直接控制之下，只必帖木儿领地也从具有一定封国性质的兀鲁思下降为普通王位下了。

此后，元朝中央又颁布了一系列限制诸王驸马特权的条款，至元元年（1264），"定立诸王使臣驿传税赋差发，不许擅招民户，不得以银与非投下人为斡脱，禁口传敕旨及追呼省臣官属"。接着，至元二年（1265），"诏并诸王只必帖木儿所设管民官属"，继续压缩其在河西地区的行政权。至元十年（1273），"大司农司请罢西夏世官，括诸色户，从之"。至元十七年（1280），"甘州增置站户，诏于诸王户籍内签之"。至元十八年（1281），元廷又诏"甘州凡诸投下户，依民例应站役"。至元二十年（1283），又于"大王只必帖木儿、驸马昌吉两位下民户内"和买马匹。检括役使领地部民，河西诸王投下私属人户也开始与系官民户一样服兵役站役，以及承担和雇和买等杂泛差役了。

至元十七年（1280），"诸王只必帖木儿请各投下设官，不从"。至元二十七年（1290），"诸王分地之民有讼，王傅与所置监郡同治，无监郡者王傅听之"，使行省有权在一定场合下过问领地行政司法事务。至元二十年（1283），"诸王只必帖木儿请于分地二十四城自设管课官，不从；又请立拘榷课程所，其长从都省所定，次则王府差役，从之"。至元二十三年（1286），又在章吉驸马分地西宁州设立拘榷课程所，对宗王自设管课官，征收领民差发的特权做了部分限制。并先后将沙州、山丹城等诸王领地收归行省直隶。

在削弱宗藩特权的同时，元廷还逐步完善和健全中央派出机构。如至大四年（1311），在甘州设立甘肃等处行枢密院，提调西路军马。至元二十年（1283），移巩昌按察司治甘州，改称河西陇北道肃政廉访司，隶属于陕西行台，负责甘肃行省的监察工作。为了规措诸王镇戍军马粮草，又设有甘州和籴提举司、甘州转运司、宁夏都转运司、河西办课提举司等，以备给军饷，赈济部民。为了和诸王镇戍军马互相牵制，又设立宁夏等处万户府屯田、管军万户府屯田、亦集乃屯田、征西都元帅府、沙瓜州屯储总管万户府等，摘发汉军、新附军于甘、肃、瓜、沙、亦集乃、中兴等路屯戍，并从山东、河南等地蒙古军都万户府调发蒙古军往河西轮戍，隶甘肃行省或行院提调，从而对河西诸王起到威慑镇遏的作用。

通过以上措施，元朝中央成功地完成了使河西行省化、内地化的进程，同时也有意保留了河西诸王的分地和部分特权，形成了行省与宗王并存分治的边疆体制。这一新体制是适应草原游牧帝国向定居农耕王朝转化的需要，在草原经济与农业经济错杂交界的地区产生，有其历史的合理性。

甘肃行省统御中的甘州生活实录

尽管元代行省职权极重，"凡钱粮、兵甲、屯种、漕运、军国重事，无不领之"，但依据黄金家族共有天下的原则，行省官员也是宗王的臣属，宗王的政治地位高于行省官员。《廉文正王神道碑》载，元初丞相安童荐廉希宪行省河西，忽必烈说："河西诸王列地，希宪执法于朕意无所曲从，岂听宗王语者。"竟不用之。说明行省官员至少表面上要听命于诸王。这就使镇戍诸王分地不仅相对独立于行省，而且还往往参决行省事务。如只必帖木儿时期前阔端兀鲁思已经削弱为普通王位下了，但仍沿惯例派家臣充断事官与行省官员共听政事。豳王出伯镇戍河西十几年，甘肃行省诸军、陇右诸王驸马及兀丹等处宣慰司都元帅、吐蕃乌思藏宣慰司、巩昌等处便宜总帅府并听节制，兼提调甘肃等地军站仓库等军国重事，可谓权倾行省。继其后曾提调甘肃诸军的还有豳王喃答失、高昌王帖木儿补化等，高昌王月鲁帖木儿还兼任甘肃行省平章。行省或行院提调军马的制度几同虚文。这就说明元朝对宗藩是削弱不削平，有意使宗王与行省并存分治，相互维持，相互监督，并经常通过宗王入决行省事、诸王家臣担任行省管民官或断事官及皇帝遥控，将两者有机地结合起来。宗王的政治身份高于行省官员，但行省总揽庶务，并以此为手段挟制诸王，调节行省与诸王的关系。如河西屯驻大军，粮草不能自给，元朝政府每年都要花费巨钞，规措粮储以给诸王，负责此事的甘肃行省也就借供给之机，行监督牵制之实。《析津陈氏先茔碑》载，陈英"参政甘肃，豳王木术伯总兵西陲，将辍戍卒万人耀武其地，需责星火。公言：'边事贵不扰，无衅而动，必生戎心。况时未水草，必至人畜胥乏。'廷是其策，止之"。诸王粮钞仰给行省，难免要受制于行省，否则便"不以时及""有匮乏之忧"。

行省除了掌管军国重事，总揽庶务外，一般不过问诸王分地事务。终元之世，在甘肃行省所辖七路二直隶州五属州内，插花似的分布着诸王分地，大体上是阔端后王与亦都护高昌王在凉州，察合台系诸王在河西西端以及哈密、柴达木盆地一带，宁濮郡王（岐王）在今青海西宁至甘肃永登、兰州周围，均是世袭，直至元末。诸王对领地部民拥有传统的人身权利，有相对独立于行省的领地行政权司法权。史载荆王、豳王、西宁王、肃王、高昌王等王位下均设有王傅府，或王府总管，统领本位下"怯薛官"及"怯怜口奴都赤、八儿赤、昔宝赤、哈赤军民诸色人匠"。如荆王位下"概管军民，最为富庶"，"本位下自有设置仓廒，岁收税石甚多"。诸王还自行招纳私属人口，隐占系官民户，如甘州甘泉站初立时有站户348户，到了60年后的大德六年（1302），只存176户，隐占投下以窥避站役者就有126户，连赡站地土也被各投下户计耕种，甘肃行省屡屡申奏都省，要求检括隐占站户，回复站役，均不见效，最后只得另想办法，由中书省、枢密院、通政院于诸部拨马增户以济之。由于行省不能直接干涉投下事务，投下户怯怜口负担又较官户为轻，所以在诸王与行省争夺民户的斗争中占上风的总是宗王。但是领地部民也要承担一定的军站差役等国家义务。

在领地司法权方面，明确规定"诸王分地之民有讼，王傅与所置监郡同治，无监郡者王傅听之"。投下部民除了致伤人命奸盗公事等情节性质极严重的场合外，一般情况下都由领主行使司法权，若领地部民与行省百姓发生司法纠纷，则由王府官属与行省官员共同审理。即领地司法权相对独立。

在驿站权方面，河西并入蒙古之初，是由察合台氏家臣按竺迩"自敦煌置驿，抵玉门关，通西域"的。阔端出镇河西，总揽军民，驿站自然归其提调。甘肃行省设立后，驿站的管理与使用都形成双轨制。在使用铺马方面，行省的铺马圣旨与诸王的铺马令旨共同使用，如至元年间，西域之人取道河西往内地者，"每于诸王只必帖木儿府告给驿马，不得，则求于宣慰司迎传以来"。诸王出伯也曾提调甘肃等地军站事。因诸王令旨易得，造成驿户不堪负担而破产逃亡之事，史籍触目皆是。在驿站管理方面，也有直隶行省的驿站和诸王于分地内自立自管的站赤，还有行省与诸王共同提调的站赤。后二者如永昌路许速都、双松等驿"直隶永昌王傅提调"，后因管理不善而改由王傅与永昌路达鲁花赤共同提调。荆王位下同样也领有"蒙古七站"，与岐王位下驿站相接，本位下站赤所需马匹料粟，一般"从本位下自行接济"，属于自立自管。但宗王往往借口天灾流行，迫使行省出钞粟接济本位下驿站，遇到这种情况，就得由都省出面处理。

在统军权方面，诸王位下都拥有怯薛军队，其领地部民本身就是一个游牧军民集团，担任着镇戍任务。此外，诸王还有义务率本投下军队从征出戍，这是诸王对皇权承担的封建义务，随领主出征也是部民为国家承担的军役。但是诸王军队不直接听命行省，而是由皇帝指定的某宗王节制，由他来协调诸王军队与行省的行动，如出伯、喃答失等。有时则由行省官员会同诸王共同负责，如至元二十五年（1288），"也速不花以昔列门叛，甘肃行省官约诸王八八、拜答寒、驸马昌吉合兵讨之"。既云"约"，则说明行省官不能指挥而只能协调诸王军队。如要出省远戍，则更要由皇帝直接调发，这方面的例子有文宗时荆王也速也不干从征云南及豳王不颜帖木儿求征云南。到了元朝末年，由于屯戍汉军的逃亡，山东河南蒙古军轮戍制度的废弛，甘肃行省已无可调之兵，明军抵达河西时与之对阵的都是上述诸王军队，可知元朝后期诸王在河西的地位更加突出。

以蒙古族为主体建立的，是一个领土空前辽阔的封建国家。在元朝统治时期，尽管甘肃地区民族成分复杂，矛盾纠纷不断，但在甘肃各族人民的共同努力下，社会经济仍在缓慢向前发展。

宋、夏、金时期，甘肃地区的社会经济有一定程度的恢复与发展，在蒙古汗国的崛起及其统一战争中，甘肃地区屡遭蒙古铁骑的蹂躏，社会经济出现暂时的倒退与停滞，生产力水平下降，经济凋敝残破。

在蒙古灭夏、金、南宋的统一战争中，地系三政权辖属的甘肃地区，饱受战争的摧残，影响了社会经济发展。甘肃西部地区是西夏的右厢之地，蒙古征讨西夏的战争势必使河西走廊之地成为蒙古军队纵横驰骋的战场。南宋开禧元年（1205，西夏天庆十二年），当蒙古军队第一次征讨西夏时，怯古里秃、耶律阿海等部兵入河西攻破力吉里寨，"纵兵蹂瓜、沙诸州"，致使瓜、沙地区蒙受战争的破坏。南宋嘉定元年（1208，西夏应天三年），蒙古兵驻斡难孩城（亦作兀剌海城、兀郎海城，今内蒙古乌拉特后旗西南狼山隘口），四出侵掠，夏国主李安全集右厢诸兵进行抵御，河西地区兵员被抽调一空。此后一段时期，由于成吉思汗将主要精力用于西征，暂时放松了对西夏的征服，蒙古与西夏之间出现短暂的相对平静。但之后不久，河西地区仍然笼罩着战争的沉重阴影，继续受到战争的骚扰。嘉定四年（1211，西夏皇建二年）五月，黑鞑靼国起兵攻夏河西州郡。夏国主李安全遣使请以臣礼，鞑靼方才退兵。嘉定十七年（1224，西夏乾定元年），成吉思汗结束西征，班师东归，在返回途中，发动了攻沙州的战争，由于沙州军民拼死抵抗，久攻不下。成吉思汗从西域返回蒙古高原后，于南宋宝庆二年（1226），发动了对西夏的大规模进攻。除遣军假道畏吾儿再次攻取沙州，成吉思汗则亲率大军由北路攻入夏境。蒙古军进入河西后，连续攻破黑水城、肃州、甘州、西凉府等河西军事重镇，并于宝庆三年（1227，西夏宝义元年）三月，攻破沙州，接着又攻陷朔罗、合罗等地。至此，河西地区全部被蒙古攻占。

在河西地区进行的战争，给当地人民带来极大的灾难。败卒旁流，饥民四散，国经兵燹，民不聊生，财用并乏。蒙古军围沙州半年，"军民困乏，食牛羊马驼殆尽"。攻破黑水城后，当地蕃部死者数万。蒙古军攻入河西地区后，"兵士四出抄掠，民间窖积皆尽"。攻破肃州城后，只有昔里钤亲属家人得免死者百有六户，整个肃州城被屠杀一空。战争使河西人民死亡逃徙，土地荒芜，牲畜死亡，生产力遭到严重破坏，社会经济出现停滞与倒退。

蒙古以军事征服为主要手段，屠杀人口，直接破坏了生产力的发展。蒙古汗国是靠军事力量建立起的政权，必然把军事斗争视为其政权的主要支柱。蒙古进入中原之初，实行残酷的屠杀政策，其攻城略地之法是每攻打一个大城，必先抄掠旁近小镇、村落，驱迫人民充当征战工具，不惜用成千上万人的性命去夺取一座城池。蒙古军法规定"凡城邑以兵得者，悉坑之"，充分反映其野蛮屠杀的并不是个别拒不投降的城市军民，而是具有普遍性。攻掠河西的战争自然也不例外。这种野蛮落后的行径使生产力中最可宝贵的人口因素遭到严重摧残，直接影响了社会生产的发展。

另一方面，蒙古征服者对农业的重要性认识不足。成吉思汗统一蒙古各部之前，蒙古人还处于氏族社会末期，畜牧渔猎构成了蒙古社会的经济基础，"其俗不待蚕而衣，不待耕而食"。长期习惯于畜牧经济的蒙古人，虽然在成吉思汗时代已经确立了私有制，但土地的私有观念却停留在游牧时代，保留着浓厚的游牧民族氏族公社所有制的习惯。因此，在很长一个时期内，蒙古征服者热衷于掠夺包括人口在内的物质财富，对土地的农业价值和建立赋税制度以保证对这个价值的充分占有，却不感兴趣。他们只是念念不忘把农田变为牧场，把土地上的人口全部杀掉，"使草木畅茂以为牧地"。这种建立在游牧民族经济基础上的土地观念的顽固存在，极大地妨碍着对农业经济的重视，甚至是一种破坏力，严重桎梏生产力，影响社会经济的发展。

元代的西北地区，由于久经战乱，"民罹俘戮，无所逃命"，加之自然环境比较恶劣，土地沙化日趋严重，水、旱、蝗、火、地震等天灾频繁，致使田园荒芜，一片荒凉。尤其在元朝英宗、泰定帝、文宗三朝（1320—1333）的十三年中，西北地区自然灾害频繁。这一时期，陕西、甘肃行省及西北其他地区发生自然灾害共计72次。元朝政府在赈济灾害时，对甘肃地区实行优惠政策。

元朝政府推行的赈灾措施中有赈贷和赈粜两种。赈贷即政府将粮食或钞币贷给灾民，等年成好时或借贷之民有能力时再予以偿还。其形式多样，大多为将粮食直接贷给灾民。至元四年（1267）六月，巩昌陇西县发生饥荒，元政府给每户贷常平仓粟三斗，俟年丰还官。也有将粮种贷给灾民以便耕种。元大德十年（1306），陕西干旱无雨已三年，时任陕西行省参知政事的田滋开仓赈民，将五千余石小麦贷给无种灾民，待来年收成后偿还。如果借贷的民户贫困，无力偿还，也有官府替借贷民户还贷。至元四年（1267），亦集乃路新附贫民，"从人借贷困不能偿者，官为偿之"。

赈粜即"歉年米贵，官为减价粜之"，即灾荒发生时，政府将粮食降价出售给灾民。《元史》所载元代在西北地区进行的赈粜共有八次，其中甘肃辖区内安西一次，巩昌、延安等处三次。对西北地区出现的灾害，政府更多是以赈贷的方式进行的，这显然是在赈灾方面对西北地区实行的优惠政策。元泰定二年（1325）二月，甘州蒙古驿户饥，政府"赈粮三月"，而大都、凤翔、宝庆、衡州、潭州、全州诸路饥，政府则赈粜有差。

由于西北地区地处边远，发生重大灾害时，如等请示批准后再行赈灾，显然会失去救灾的最佳时机，所以在西北地区存在不同程度的"先赈后闻"的情况。元大德十年（1306），陕西饥荒，省台商议当"请于朝赈之"，安西路总管赵世延认为"救荒如救火"，力主"先发廪以赈"，省台同意，"所活者众"。仁宗延祐（1314—1320）年间，遇"兵后大饥"，时任陕西行省参知政事的史上请朝廷发粟赈饥，未等朝廷批复，即发粮赈民。鉴于此种情况，朝廷也给予西北边地一些赈灾的便宜之权。元天历二年（1329），陕西发生旱灾后，陕西行省就以便宜之权，发钞万三千锭赈咸阳，麦五千四百石赈临潼，官钞万五千锭赈凤翔府，百三十锭赈丰乐八屯军士及万户府军士。陕西各路出现数十万流民后,元朝政府即命所在州县赈济。

尽管元朝中央政府牢牢控制着开官仓放粮等赈灾大权,但同时也给予西北地方政府或出镇宗王一些赈济或安抚灾民的便宜之权,这也是元朝政府赈济西北灾害的优惠政策。

元朝政府在赈灾中,实行蠲免赋役与补给相结合的赈济措施。每遇到灾害发生,朝廷便免除赋税,使百姓无流移之患。中统四年(1263),西凉地区经过浑都海、阿蓝答儿之乱后,居民困敝,人民流离四散,朝廷给钞赈之,仍免差税三年。至元十七年(1280)十二月,元朝政府赈巩昌等路饥民,免其徭役。遇有大灾时,政府的蠲免力度更大,蠲免形式也多种多样。延祐三年(1316),肃州等地连年受灾,元朝政府"皆免其民户税粮"。天历元年(1328),陕西旱霜,元朝政府下令免其科差一年。第二年,以关陕旱,又免差税三年。至治二年(1322)四月,泾州雨暴,免受灾者租。

在蠲免赋役的同时,元朝政府也加大了补给灾区的力度,确保受灾后灾区人民的基本生活。至元二十五年(1288),安西王阿难答来告兵士饥,且阙橐驼,"诏给米六千石及橐驼百"。泰定、天历(1324—1329)年间,陕西大旱,元朝政府的补给力度更大。元朝政府还给甘肃行省多次拨款,至元七年(1270)、至元十六年(1279)、至元十八年(1281)三年间,元朝政府每年支付给甘肃行省钞一万锭,三年共三万锭,以备经费支用。大德元年(1297)正月,给甘肃行省"钞十二万锭、盐引三万"。除了给行省的补给外,元朝政府还多次对甘肃的一些贫困民户予以补给。至元二十年(1283)十月,又给甘州纳硫黄贫乏户钞。元贞二年(1296),给瓜州、沙州站户牛种田具,并给甘、肃二州驿户粮食。大德元年(1297),总帅汪惟和以所部军屯田沙州、瓜州,元朝政府"给中统钞二万三千二百余锭置种、牛、田具"。皇庆元年(1312),元朝政府给羊马钞价,赈济甘肃贫困戍军。

当西北地区各州县遇有灾害发生时,须先申报路总管府,由路总管府统一指挥调度,采取相应的措施,必要时,还需上报行省。从某种意义上说,路总管府既是辖区的行政权力中心,又是赈灾的指挥中心。但路总管府的赈灾权力有限,只能动用义仓、劝富户出粟及遣官外购粮食等,始终无权蠲免灾民的赋税。同时，宣抚司也负责赈济灾伤，其职责之一就是验明灾伤，减免赋役，抚恤鳏寡孤独。至元十五年（1278），元朝政府还在甘州设置和籴提举司，以备给军饷，赈贫民。

元朝政府赈灾方式有以下几种：

一为赈济放粮。甘州地区"气寒地瘠，少稔岁。民饥，则发粟赈之。春阙种，则贷之，于是兵饷既足，民食亦给"。元仁宗时，巩昌陇西县山崩，压死居民，元朝政府皆给粮赈济。大德十年（1306）十一月，"安西王阿难答、西平王奥鲁赤所部皆乏食，给米有差"。天历（1328—1329）初，陕西久旱，诸路饥民一百二十三万四千余口，诸县流民又数十万，当地储粮不够赈济，于是调孟津仓粮八万石及河南廉访司所贮官租，运往陕西灾区赈灾。至顺二年（1331）八月，元政府赈济鸣沙、兰山二驿站二百九十户，定西州新军一千二百户，应理州民一千三百户各一月粮。

二为禁止酿酒。这也是元朝政府经常用以节约粮食以备灾害的赈灾措施。一般是在发生灾害时，粮食紧缺，于是朝廷便下禁酒令，灾荒过后，粮食丰收时，遂解除禁令。至元三十一年（1294），元朝政府"以甘肃等处米价踊贵，诏禁酿酒"。延祐元年（1314）正月，因兴元、凤翔、泾州、州岁荒，禁酒。元朝规定的禁酒，不仅是禁止酿酒，也禁止市酒、饮酒。

三是赈钞、银两。元朝政府在救恤抚治中，主要用钞赈济。中统三年（1262）六月，河西民及诸王忽撒吉所部军士缺乏粮食，元朝政府给钞赈济。至元二十六年（1289）三月，甘州发生饥荒，元政府发钞万锭赈济。再者，对河西大量屯田军，政府也给予抚恤。至元十二年（1275），给"钞万二千四百锭为本，取息以赈甘、肃二州屯田贫军"。大德元年（1297）春天，拨给甘肃行省钞十二万锭，盐引三万。同年十一月，又给沙州、瓜州的屯田军"中统钞二万三千二百余锭置种、牛、田具"。天历二年（1329）九月，元政府对甘肃行省沙州、察八等驿赈钞各千五百锭。至顺元年（1330）三月，巩昌、临洮、兰州、定西州饥荒，元政府赈钞三千五百锭。

钱钞的来源有很多渠道，其中之一是盐课，这也是赈灾资金的主要来源。一般情况下，使用本省盐课。至顺元年（1330）正月，元朝政府"命陕西行省以盐课钞十万锭赈流民之复业者"。至顺二年（1331）三月，又以陕西盐课钞万锭，赈察罕脑儿蒙古饥民。八月，金州（治今陕西安康市）与西和州（治今甘肃西和县）连年旱灾，民饥，元政府赈以陕西盐课钞五千锭。遇有资金短缺时，也会从外省调拨盐课。天历元年（1328），陕西大饥，中书省调拨"江浙盐运司岁课十万锭"用以赈灾。另一种是羊马钞，元朝政府常将羊马钞赏赐给诸王、公主、驸马、功臣等，一旦遇上灾荒，也用来赈济灾民。皇庆元年（1312）六月，元朝政府"给羊马钞价，济岭北、甘肃戍军之贫者"。

也有用银两赈济的，但这种情况较少。甘州发生饥荒，元朝政府以银两赈灾，中统三年（1262）七月，以课银一百五十锭赈济甘州贫民。中统四年（1263）四月，元朝政府给河西阿沙赈赡所部贫民银三千七百两。

四是粮钞并赈。这种情况主要用于赈济重大灾害。大德十年（1306）八月，开成路发生严重地震，王宫及官府民房皆毁坏，压死故秦王妃也里完等五千余人，于是元朝政府予以赈济。至顺元年（1330）七月，通渭（治今甘肃通渭县）山崩，压毁百姓房屋，元朝政府命陕西行省赈受灾者十二家。显然这十二家接受的赈济应包括粮钞以及其他物资。

元政府用钞、银两赈济以解决发展生产中的困难，是一种行之有效的方式。

西北地区是战争爆发的主要地区，因战争而引起的饥荒、灾害频繁发生，给当地生产与生活造成很大的影响和破坏。因此，战争之后，招集安抚流民，赈济受灾民众，组织恢复生产，成为元朝政府赈济西北自然灾害的重要内容。

中统二年（1261）九月，因甘肃等处新罹兵革，社会生产遭到破坏，元政府以"民务农安业者为戍兵所扰"，于是派遣阿沙、焦端义前往甘肃地区救恤抚治。西凉地区经历战乱，居民困敝，河西居民及诸王忽撒吉所部军缺乏粮食，中统三年（1262）六月，元政府给钞赈济。中统四年（1263）八月，元政府"诏西凉流民复业者，复其家三年"。西夏故地深受蒙夏战争的影响，特别是浑都海之乱后，所在郡县府库被洗劫一空，当地居民为了躲避战乱，纷纷逃匿山谷。至元元年（1264）七月，政府诏令西夏避乱之民还本籍。至元十九年（1282），甘州逃军二千二百人自陈愿挈家四千九百四十口还戍，元政府赈济钞一万零六百二十锭、布四千九百四十匹、驴四千九百四十头。至元二十年（1283）十一月，徙甘肃沙州民户复业。至元二十三年（1286）六月，"甘肃新招贫民百一十八户，敕廪给之"。海都、帖木迭儿之乱，使畏兀儿地区饱受战乱，人民离散逃亡。至元三年（1266），任命火赤哈儿的斤嗣为亦都护，命他收抚离散之民。至元八年（1271），又招集河西、斡端、昂吉呵等处居民。

元朝政府对甘肃贫困地区或灾区的救治抚恤，解决因饥荒造成的困难，有利于甘肃地区生产的恢复与发展。

元朝初期，以忽必烈为首的统治者适时地推行汉法，调整了统治政策。忽必烈即位之初，首诏天下，"国以民为本，民以衣食为本，衣食以农桑为本"，采取了一系列措施，设立管理农业的政府机构；保护农业生产，限制抑良为奴；招集逃亡，鼓励垦荒；大力开展军民屯田；免除苛捐杂税；设立粮仓、常平仓；兴修水利。元朝重农政策的制定及其具体措施的贯彻，在全国形成了一个重视农业生产的良好环境，创造了一种发展生产的良好气氛。元朝统治者将甘肃地区牢牢置于中央政府的管辖之下，其重农政策及措施在甘肃地区得以贯彻执行。

甘肃地区深受战争影响，人口锐减，劳动力严重不足，影响经济发展。在这种情况下，要发展生产就要增加人口，解决劳动力不足的问题，元朝统治者采取的办法是大量迁徙人口，这是元朝政府在甘肃地区贯彻重农政策的具体措施之一。

其移民形式有以下几种：

一是从甘肃境外迁入。至元七年（1270）六月，迁徙谦州（今俄罗斯图瓦自治共和国鄂依玛克古城）甲匠于松山（今甘肃永登县东北），给耕牛、农具。同年八月，诸王拜答寒部曲缺粮，元朝政府采取救灾措施，"命有车马者徙居黄忽儿玉良之地，计口给田；无车马者就食肃、沙、甘州"。这些无车马者显然是贫苦牧民，他们迁徙到肃、沙、甘州居住就食，实际上就是用移民的方式将他们迁入这一地区。同年十二月，又"徙怀孟新民千八百余户居河西"。至元二十三年（1286）十二月，又"遣蒲昌赤贫民垦甘肃闲田"。这些从外地迁入甘肃地区的人口必然成为当地居民，成为开发这一地区的生产者。

二是本地区内移民。元朝统治者还在本地区内，用自行调整的灵活方法进行人口迁徙，以作为移民的另一种补充形式。至元二十四年（1287）十二月，征发河西、甘肃等处富民千人往地，与汉军、新附军杂居从事耕种。至元二十九年（1292）九月，将沙州、瓜州地区的人民迁至甘州从事农业生产。这种在甘肃境内进行的人口迁徙与农业生产的需要更能紧密地联系起来。

三是迁徙罪犯。将罪犯发配边地是历代王朝采取的实边方式之一，元朝也不例外。发配罪犯来充实边地，实质上是移民的另一种形式。至元十三年（1276）正月，王孝忠等人"以罪命往八答山采宝玉自效"，途经沙州时，恰遇火忽叛乱，王孝忠等"自拔来归"，元朝政府便命令他们"于瓜、沙等处屯田"。据此史料所载，王孝忠等人因戴罪而被遣送，落户于瓜、沙地区，这是移入甘肃地区的另一种人口。

人口大量迁徙到甘肃地区，增加了劳动力，对农业生产的恢复与发展起了重要作用。

甘肃行省人口稀少，旷土闲田甚多，历来为垦荒的重要地区。夏、金末期，在河西进行的蒙夏、蒙金战争，更使这一地区疮痍满目，人口逃亡，土地荒芜。忽必烈即位后，重视农业生产，甘肃行省便成为垦荒的重要地区之一。政府鼓励垦荒，大量移民入居河西开垦荒地，并贷给耕牛、种子、农具。至元二十九年（1292），元朝政府将沙、瓜州民迁至甘州，"于甘、肃两界，画地使耕"，对那些贫困无力者，则给牛具、农器。对迁到甘肃的蒲昌贫民，官给牛、种子、农具。对赤集乃路新附贫民，元政府不仅替他们偿还借贷，而且仍给牛具、种子及粮食，鼓励垦荒。元朝统治者还采取赐地的方式鼓励人民垦荒。至元二十八年（1291）十一月，"以甘肃旷土赐昔宝赤合散等"，让他们开垦种植。

忽必烈开始在西夏中兴、西凉、甘、肃、瓜、沙、亦集乃等地屯田，水利工程也随之兴起。至元元年（1264），元朝政府设置甘肃总管府，始治水田，并派专人负责办理河西水利，"始开唐来、汉延、秦家等渠，垦中兴、西凉、甘、肃、瓜、沙等州之土为水田若干"。至元十八年（1281）二月，征发肃州等处军民凿渠溉田。甘肃河西地区的水利工程主要是利用祁连山的雪水，开渠引水溉田。元代仅在甘州地区兴修的水利工程就有"黑山子、满峪、泉水渠、鸭子翅"等。这些水利工程的兴建，使土地得到浇灌。除了兴修水利工程外，对于已修的水利工程设施则采取保护措施。至元二十五年（1288）正月，元政府诏令"中兴、西凉无得沮坏河渠"。

总之，元初的重农政策在甘肃地区获得一定的成效。随着岁月的流逝，元初统治者的那种勃勃生机逐渐丧失，保守嗜利的倾向不断增加，地方官吏的苛征重敛，使甘肃各族人民日益贫困，加之各种自然灾害的不断侵袭，给人民带来巨大的灾难。整个元朝，甘肃地区的经济发展始终受到限制。

元朝统治者为了巩固统治，使其长治久安，深受历代汉族统治者"寓兵于农"的影响，重视兴置屯田。统一中国之前，屯田具有较强的军事性，随营立屯，且耕且战，这是为了争城夺地，保证军事胜利。全国统一后，元朝统治者深知屯田为"养兵息民之要道"，"置屯田为守边之计"，在"海内既一"的局势下，内而各卫，外而行省，皆立屯田，以资军饷，屯田遍及全国。甘肃行省的屯田主要分布在河西走廊及其以东地区。

河西走廊诸州自古以来就是边镇要地，也是元朝通往西域诸国的咽喉要道。元朝政府为了加强与西北诸国的关系，特别是为了平定海都等人的叛乱，非常重视在甘肃行省设置屯田，因而甘（治今甘肃张掖市甘州区）、肃（治今甘肃酒泉市肃州区）、瓜（治今甘肃瓜州县）、沙（治今甘肃敦煌市）州等地"皆因古制以尽地利"，实行屯田。

据《元史·兵志三》记载，河西走廊甘、肃、瓜、沙州等地的屯田主要由管军万户府分管。早在至元十七年（1280）五月，已开始在沙州屯田，元朝政府"括沙州户丁，定常赋，其富户余田令所戍汉军耕种"。至元十八年（1281）正月，忽必烈命在肃州、沙州、瓜州置立屯田，不久又在甘州境内的黑山子、满峪、泉水渠、鸭子翅等处兴立屯田。六月，调"太原新附军五千屯田甘州"。同年十月，元政府又遣汉军屯田沙、甘州地区。大德元年（1297），总帅汪惟和率其部军屯田瓜、沙州，其中仅瓜州就有"屯田军万人贫乏"。大德七年（1303）六月，因御史台官员上疏言"瓜沙二州，自昔为边镇重地，今大军屯驻甘州，使官民反居城边外，非宜"，于是又征调蒙古军万人赴瓜沙地区,"分镇险隘,立屯田以供军实"。因河西走廊地区为边镇重地,驻军甚多,这里的屯田是以军屯为主,屯田军有汉军、新附军、蒙古军等,屯田的直接生产者为戍边士兵,且人数众多。据《元史·兵志三·屯田》载,仅甘州境内黑山子、满峪、泉水渠、鸭子翅四处屯田,就有"户二千二百九十,为田一千一百六十六顷六十四亩"。

除了军屯外,河西地区的民屯也有一定的规模。元朝初期,因肃州路时有兵事骚扰,于是甘州便成为耕植的重要地区。元朝政府为了扩大甘州屯垦,曾把沙州、瓜州地区的人民迁到甘州屯田。又从谦州(今俄罗斯图瓦自治共和国乌鲁克穆河与克穆齐克河合流处之南的鄂依玛克古城)、怀孟(治今河南沁阳市)等地移民至河西屯种。河西地区的站户也屯田,元贞二年(1296)六月,给瓜州、沙州站户牛、种、田具。这些站户也是屯田民户。对于民屯,政府常贷以耕牛、种子、农具,予以大力扶持。如至元三十一年(1294),给瓜沙之民徙甘州屯田者牛价钞二千六百锭。

元代河西屯田是军屯、民屯共存,军屯以戍兵为直接生产者,民屯则以移民和当地人民为主要生产者,也是元朝政府重农政策在河西贯彻执行的具体反映。

甘肃屯田的兴衰与元朝全国局势密切相关。元朝立国初期,即元世祖中统元年到至元三十一年(1260—1294),忽必烈执政35年。这一时期是元代甘肃屯田发展的重要阶段。由于元朝的统一,为甘肃屯田乃至全国屯田创造了一个相对稳定的和平环境;加之政府高度重视农业,将屯田视为发展农业经济的重要组成部分,采取了一系列行之有效的措施,使甘肃屯田达到全盛。

自元成宗元贞元年至文宗至顺二年(1295—1331),甘肃屯田与全国其他地区一样,规模缩小,数量减少。成宗元贞元年(1295)正月,元政府鉴于瓜沙屯田很不景气,下令废罢。但由于瓜、沙二州自古以来就是边镇重地,元朝在这里驻有重兵,军粮急需就地解决,于是在停罢三年后,又于大德元年(1297)恢复,命总帅汪惟和所部军屯田,并给他拨中统钞二万三千二百余锭添置耕牛、种子、农具。同年,瓜州屯田因屯军贫乏,由张万户所领之军予以补充。大德七年(1303)六月,为了进一步扩大瓜、沙州屯田,成宗采纳了御史台臣建议,以蒙古军万人分镇险要关隘,立屯田以供军食。正当瓜、沙屯田进入稳步发展时,由于撒的迷失的叛乱,致使屯田再次废罢。叛乱平息后,武宗至大二年(1309)八月,"仍旧遣军屯种",恢复瓜、沙州屯田,为了加强对该屯田区的管理,"选知屯田地利色目、汉人各一员领之"。延祐元年(1314)十月,元朝政府"复甘肃屯田",又"置沙瓜等处屯储总管万户府,秩正三品",加强组织管理。

元顺帝元统元年到至正二十八年(1333—1368),是元朝统治衰败、行将灭亡的时期。在各地农民起义军的沉重打击下,元朝统治者已自身难保,不能照旧维持下去,因而无暇顾及屯田。随着全国屯田的衰落,甘肃屯田也奄奄一息,甘肃地区仅剩成州一处屯田。至正二十五年(1365)五月,侯卜延答失奉威顺王之命,率军从云南经蜀转战而出,欲前往大都(今北京),拱卫京师。当到达成州时,被李思齐阻拦,"俾屯田于成州"。此时距元朝灭亡不过三年。

元代甘肃地区屯田收到了较好的效果,粮食产量相应增加,使此时甘肃的"兵饷既足,民食亦给"。刘恩率军屯田甘州,得粟二万余石。朵儿赤为中兴路新民总管,屯田三年,赋额倍增。武宗时,瓜沙驻军屯田,岁入二万五千石。粮食不仅自给,还可供给缺粮或灾荒地区。至元二十六年(1289)二月,合木里饥,元政府命甘肃省发米千石赈济。四月,孛罗带上别十八里招集户数,元政府又"令甘肃省赈之",并令"甘肃行省给合的所部饥者粟"。六月,移八八部曲饥者就食甘州。十二月,命甘肃行省赈千户也先所部人户饥者。大德十年(1306),镇西武靖王搠思班所部民饥荒,元政府调发甘肃粮赈济。总之,这一时期甘肃屯田为元政府初步解决了粮食不足的困难。

元代甘肃地区屯田起了一定的作用,第一,通过军民屯种,大量荒闲土地变为良田,对扩大甘肃地区的耕地面积,发展经济,起了积极作用。第二,巩固了西北边防。甘肃地区军屯、民屯生产出了较多粮食,满足了当地驻军的需要,又可以调出赈灾,既巩固了边防,又减轻了政府和人民的负担。第三,促进了民族融合。元政府在兴办屯田的过程中,有大量少数民族与汉族迁徙、屯种一地,至元十九年(1282),将太原汉民迁到甘州、中兴一带屯田。成宗大德五年(1301),又将河西畏兀儿人迁到南阳府(治今河南南阳),拨屯田地,"俾耕以自赡，仍给粮三月"。元朝政府的移民屯垦政策，不仅加强了甘肃地区与中原内地农业生产技术的交流，而且促进了一些少数民族与汉民族的融合。

河西走廊驿道与中西交流

元代的甘肃河西走廊是联结中原内地与西域的咽喉要道，境内长行站道、纳怜道、两兀鲁思驿道并存，中西交通畅通。元代以前，中国就有驿站制度，古人所谓"置邮而传命，未有重于此者"。其目的在于"通达边情，布宣号令"。成吉思汗时，已在境内设置驿站。蒙古征服欧亚广大地区后，驿站制度对巩固统一起了重要作用。蒙古拖雷元年（1228），察合台部将按竺迩元帅驻"镇删丹州"时，就从敦煌置驿抵玉门关，通西域。显然，此时从删丹通往察合台兀鲁思中心阿里麻的驿路已开通。至忽必烈时期，甘肃境内的驿站系统完善，使内地与西域联系紧密。

元代甘肃行省境内的驿道主要有以下几种：

1. 长行站道

甘州、中兴和永昌三路诸站赤系甘肃行省所辖长行站道，也是甘肃行省境内的主要交通干道。甘肃行中书省所辖三路有脱脱禾孙马站六处，即《经世大典》所记甘州路、中兴路、永昌路三路站赤。据《析津志》所记河西一路站名里程："应理州百八十野马泉百六十永昌府正西北六十辛泹百六十青寺百三十甘州。"甘州以下有舍站、忙不刺、肃州、赤斤、瓜州、沙州等站名，自沙州西至斡端（今新疆和田）千余里。应理州（治今宁夏中卫县）至甘州方位里程记载清楚明确，甘州以西诸站里程不详，这就说明甘肃行省直接提调的站赤限于甘州以东三路范围之内。甘肃行省所辖三路站赤又可分为东端、脱脱禾孙六马站、西端三路。甘肃行省所辖三路站赤东端从中兴府（治今宁夏银川市）出发，溯黄河南下经灵武、鸣沙，自黄河九渡过河西行至应理州，然后与脱脱禾孙马站驿路衔接。

脱脱禾孙驿路主要有以下马站：应理州，一作应吉理州，即今宁夏中卫。

野马泉站，在应吉理州、西凉之间，在今古浪县北境大景附近的野马墩一带。永昌路本府站，在今武威市凉州区内。《析津志》未载马连泉站，马连泉站在今民勤县西马连泉一带，位于通往昌宁的道路上。辛汜站又作辛记川站，在永昌府正西北60里，约今武威西营一带，辛汜川或即西营河，西营为辛汜的音转。由此西北行约100里有炸窄站，又名者来寨，在永昌县城西南10千米处祁连山北麓，此地残存故城址一座，当地俗称"马号"，相传是元代蒙古人修的马圈。显然炸窄站是元代驿站名。《秦边纪略》卷2记有真景站，在今东大河出祁连山口处，位于辛汜站与炸窄站之间，也是元代站名遗存。由此显示，元代驿道从武威启程后，是沿祁连山北麓西北行，在各山口处均设有驿站。青寺站，在辛汜站西160里，大约在今山丹县绣花庙一带，青寺站西130里即到甘州。

这就是《经世大典》所记六站，均属脱脱禾孙马站，有"马四百九十一匹，牛一百四十九头，驴一百七十一头，羊六百五十口"。这条驿路的西端，除《析津志》所载甘州西出途经舍站、忙不剌、肃州、赤斤至瓜州、沙州的大道外，还有一条西北出高台正义峡往亦集乃路的小道。其站赤如下：纳怜站，在今高台县东南约20里处黑河畔渠口堡一带。胭脂城，在今高台县西北30千米黑泉乡胭脂村，传说当地有泉水红艳，名"胭脂泉"，也是西夏胭脂城所在地，元代胭脂城站设在这里。从胭脂堡顺黑河西北行约30里，有地名罗城，似即斡鲁思城之简称。《肃镇志》与《重修肃州新志》均记载高台城西北五里有高台站家湖，高台城南一里有站家渠、站家渠桥，城东40里有黑泉站家湖。以上五站皆在黑河边，可知这条支线是从甘州至高台，顺黑河北上至天城，由正义峡出山口，与亦集乃路（治今内蒙古额济纳旗东南）纳怜道相接。

至治二年（1322）三月，元政府在甘州置八剌哈孙驿。八剌哈孙，蒙古语意"城"，似为甘州城驿，此甘州八剌哈孙驿即《大元马政记》中的"甘肃州察罕八剌哈孙"，即白城站。白城子离肃州百余里，北通和林（今蒙古国哈尔和林）、亦集乃路，地当冲要，在今金塔县境内。

这三路站赤构成甘肃行省境内交通干道，是元朝时期诸王、驸马、使臣、番僧、商旅乘驿长行的大道。

2. 纳怜道

元朝时期，在岭北行省南部的和林路设置了帖里干、木怜、纳怜等119站，均属通政院管辖的"蒙古站赤"。"帖里干"（一作铁烈干），即蒙古语"车"之意，帖里干道能行大车，是大都经上都通往和林地区的主要道路。"木怜"（一作末怜），即蒙古语"马"之意，木怜道是从上都西行入和林的道路。纳怜，蒙古语"小"之意，纳怜道是"专备军情急务"而设置，由蒙古军人应役，规定只许"悬带金银字牌面、通报军情机密重事使臣"通行。这三条道均是通往和林地区的主要驿道。据《析津志》记载，纳怜道的基本走向是从大都（今北京）西行至东胜（治今内蒙古托克托县西城关镇），从东胜至西夏中兴府，由东胜到中兴府沿黄河而行，故多为纳怜水站。从中兴府经贺兰山后沙漠到亦集乃路即为甘肃纳怜道。这条道路比应理州至甘州的长行站道艰险难行，但路近便捷，故称小道。

见于文献资料中所载纳怜道共有47站，因大部分在甘肃行省境内，故称"甘肃纳怜驿"。甘肃纳怜道有"哈温至哈必儿哈不剌十四站""晃忽儿月良九站""蒙古八站"。

哈温至哈必儿哈不剌十四站，是一条从甘肃地区到内蒙古地区的道路。哈温即哈剌温，在甘肃境内，哈必儿哈不剌在东胜（治今内蒙古托克托县西城关镇）附近。哈剌兀速，蒙古语意谓"黑水"，在中兴府（治今宁夏银川市）城东。《嘉靖宁夏府新志》卷1"宁夏总镇山川"条记"黑水河在城东，蕃名哈剌兀速，西流注于黄河。"由此可知哈剌温站在中兴府附近，向东至哈必儿哈不剌共有十四站。

西至晃忽儿月良（黄兀儿于量）九站，这是从宁夏中兴府西行至新疆地区的道路，途经塔失八里、揽出去、黄兀儿于量等九站。塔失八里即塔失城，塔失，突厥语意"石"，八里意"城"，即"石城"。元仁宗延祐元年（1314），诸王宽彻在塔失城置站，负责迎送察合台汗国往来使臣，宽彻驻地在哈密力（今新疆哈密）一带，所管驿站均在"西面川两接界地"，即元朝与察合台汗国交界处。今哈密东北约70里处的石城子，即元朝的塔失八里站。揽出去站，疑为《西域行程记》中的"腊竺城"，《西域图志》作"拉布楚喀"，在今哈密之西拉布楚喀。黄兀儿于量站，一作晃忽儿月良、晃火儿月连、黄忽儿玉良，其地在瓜、沙以西。月良、于量、月连、玉良即蒙古语"河"的音译。日本学者杉山正明考订为今"霍努儿乌连河",在今新疆艾比湖一带。这条驿路从元初一直通行至元末,其终点在元朝西部边界晃火儿月连地区。

蒙古八站是从亦集乃城南下至甘州的道路,途经八站。《经世大典·站赤》载,大德五年(1301)九月,陇北廉访司佥事梁承事言:"亦集乃路所管七站,除在城至川口两站,山口至本路五站。"黑城出土文书录有在城、盐池、普竹、狼心、即的、马木兀南子、山口、落卜八站的名称。其中在城站设在亦集乃路城内。盐池站似设在城北盐泽苏古诺尔附近。从黑城出土的诉状残页上有"迄北落卜住人"字样,可知落卜也位于城北,或即《经世大典》所载的川口站,川口就是自亦集乃路城北进入戈壁的入口处,为北去和林的冲要。这是在城至川口两站。其余五站位于城南,从黑城出土的文书所记马兀木南子站、即的站侧有农田的推断,这二站应当位于额济纳河畔。狼心站当在今额济纳河畔狼心山下,据《秦边纪略》等书载,明清以来,此地一直是由额济纳南下河西走廊的要道。山口站当在今大茨湾一带,由此出山口至高台正义峡,与长行站道西端相接,即经斡鲁思城站(罗城)、胭脂城站、高台站、纳怜站、黑泉站,东抵甘州城。由此可见,元代纳怜驿路是沿黑河设置的,今额济纳河下游东支旧称纳林河,或即由当年纳怜道而得名。

甘肃纳怜驿道以亦集乃城为枢纽,四通八达,北通和林,南连甘州,西抵察合台汗国边界,东经东胜至大都。这是一条通报西部边疆军情急务的专用驿道,只有悬带金银字牌面、通报军情机密的重要使臣才可通行。

3. 两兀鲁思驿道

两兀鲁思道,是指河西境内蒙古宗王阔端系和察合台系后王出伯、宽彻等所代表的察合系诸王所立站赤,即甘州通往宁夏与甘州通往奉元(今陕西西安市)的道路。"兀鲁思"一词意为"份地""封地""领地"。

大德七年(1303),元朝与诸蒙古汗国约和后,西北诸王向元朝政府屡贡方物,其中葡萄酒成为大宗进贡物品。如何运送从西域等地进贡的各种葡萄酒,使元政府颇费心思。延祐元年(1314)十月十四日,御史台备西台监察御史奏言:"甘肃纳怜驿,系蒙古军人应当,专备军情急务,其余非关紧要,但悬金银圆牌,往往取便经行,若不禁止不可。"中书省据此让兵部通政院商议,"今后除悬带金银字牌面、通报军情机密重事使臣,使行纳怜站道,其余一切出使人员,俱合兀鲁思两道、汉站迎送。及葡萄酒,依在前年份,令骆驼搬运至汉站接迎赴都,诚为便宜"。显然因运送葡萄酒事涉及甘肃纳怜驿,各部门商议的结果是禁止占用为紧急军务设置的纳怜驿站,甚至不允许乘行国家铺马,鉴于此种情况,只能利用兀鲁思两道及汉站。显然,两兀鲁思道是与甘肃行省三路站赤、甘肃纳怜驿道并存的另一种驿道。

文献史料记载,河西诸王兀鲁思自己设置站赤。锁南管卜岐王即弘吉剌部昌吉驸马后裔,王位下在西宁州至庄浪(治今甘肃永登县)一带,所领有的红城儿站当为今永登县城东南约70里的红城,火儿忽秃是蒙古语"黑城"之意,即今永登县黑城。

荆王也速也不干为永昌王只必帖木儿之子,阔端之孙,其王位下七站为永昌府站、山丹城站、许速土站、帖里灭站、土火郎站、秃儿干站、双松站。其中永昌府站在今武威城内,山丹城站在山丹城内。秃儿干即秃鲁干,在今天祝县岔口驿一带,与前述岐王位下红城儿、火儿忽秃这二站连接为一路,其余四站地址不详,均在永昌路辖境内。

元朝中期以后,肃州以西至哈密力一带逐渐由豳王、肃王、西宁王、安定王等拥有,《析津志》所载甘州以西舍站、忙不剌、肃州、赤斤、瓜州、沙州等驿站,均演变为兀鲁思站。其中肃州、瓜州、沙州站址人所皆知。忙不剌,蒙古语意即"苦涩的泉水",其站在今高台县西北隅苦水口一带,这里恰好是从高台站、胭脂城站、斡鲁思站西北行至肃州道路的必经之地。由此可知,甘州以西驿道是从高台西北行至胭脂城、斡鲁思城一带,由这里分路,继续沿黑河北行通往亦集乃路。赤斤站,站西又有察八驿,延祐元年(1314)七月,元政府曾从"曲尤、沙州、瓜州上户内,佥补征调一百户,以充察巴站驿",以后又曾赈济察八等驿钞各五千锭。曲尤即苦峪,《重修肃州新志》作"达儿兔",即东达儿兔,在今玉门镇,察八驿又在其西,察八驿西便是瓜州、沙州。

元朝时期,甘肃行省境内三种驿道并存,既反映了元朝政权体制二重性的特点，也是甘肃特殊情境所致，充分显示出甘肃河西驿道的重要性。

蒙古族在漠北崛起后，实力不断增强。为了突破地域的局限，寻找更广阔的发展空间，成吉思汗及其后裔将征服目标锁定西方，通过三次西征，建立了察合台、钦察、窝阔台、伊利四大汗国，从而拓宽了中西交通，使汉唐以来传统的丝绸之路在元代更加畅通无阻。从元朝的政治中心和林或大都至欧洲的三条道路均在前代的基础上有所发展。

第一条是从和林向西，翻越阿尔泰山至今新疆天山以北的别失八里（今新疆吉木萨尔县北25里破城子）、阿里麻里（即阿里马城，今新疆霍城县西北克千山南麓），经亦列河、楚河流域，循阿姆河北行，再沿里海与黑海北岸西行，直抵多瑙河流域。这是商旅使臣从蒙古高原经天山以北经钦察汗国与西方联系的一条主要道路，即北道。阿尔泰山至天山以北的道路，早就由突厥及其以后的回鹘开拓，成吉思汗及其后裔西征时，开拓并整修了阿尔泰山至和林的通道。元朝建立以后，又恢复了别失八里经巴里坤（即巴尔库勒，今新疆巴里坤哈萨克自治县）至河西走廊的一段。这样从大都南下经保定（今河北保定市）、太原（今山西太原市）、绛州（今山西绛县）至奉元（今陕西西安市）、兴平（今陕西兴平市）后，北上经乾州（今陕西乾县）、彬州（今陕西彬县）、宁州（今甘肃宁县）、庆阳（今甘肃庆阳市西峰区）、环州（今甘肃环县）至宁夏（今宁夏银川市）萌井驿，过灵州而进入河西走廊的永昌路（今甘肃永昌县）；或从大都西经大同（今山西大同市）、东胜（今内蒙古托克托县西城关镇），经河套至宁夏，再向西到河西走廊的永昌路。通过这两条道路，联结了大都经河西走廊、西域至西亚、欧洲的通道。

元朝联结中西的另一条道路，是从河西走廊经天山以南的焉耆（今新疆焉耆回族自治县）、龟兹（今新疆库车县），越勃达岭（即拔达岭，又名凌山，今新疆乌什县西北别迭里山）进入热海的道路，即中道，通过昭武九姓地区进入波斯，经两河流域抵达地中海东岸。

第三条也是最兴盛的一条主要道路，就是南道，从沙州西行，经罗布淖尔向南沿昆仑山北，经罗卜（今新疆若羌）、者里辉（今新疆且末）、斡端（今新疆和田）、鸦儿看（今新疆莎车）至可失哈儿（今新疆喀什），再越葱岭，由阿姆河、里海南到两河流域，直到地中海东岸。元初著名的意大利旅行家马可·波罗就是由西北陆路转入大都的。

元朝时期，由于海路交通方便，大有取代陆路的趋势，但波斯、大食、印度等西亚、南亚及欧洲等地的使臣商旅，经西域、河西走廊来中原地区的也日益增多。

甘肃境内中西交通的畅通，不仅有利于中央对地方、边疆地区的控制，也促进了中西经济、文化的联系与交流。

崛起于漠北的蒙古族，以其强盛的武力攻灭西夏、金、南宋，将甘肃置于统一全国的历史进程中。不仅通过与西藏宗教首领在凉州会晤，和平解决了西藏的归属问题，又在甘肃地区征战，最终统一了甘肃。元代的甘肃地区分属陕西、甘肃两行省与宣政院管辖，在这里设置路、直隶州、属州以及脱思麻路、吐蕃宣慰使司等机构，进行了有效的统治。实行宗王分封制与出镇制度，阔端系、出伯系诸王分封在河西，而巩昌汪氏家族则称雄陇右，世袭其地，他们皆为元朝在甘肃统治的重要势力。元朝时期，虽然甘肃地区民族成分复杂，矛盾纠纷不断，受战争破坏影响较大，但元朝政府在甘肃实行重农、抚治救恤、屯田等政策，使甘肃经济有了缓慢的恢复与发展，各辖区经济呈现出鲜明的地域性与民族性特征。

THE
BIOGRAPHY
of
ZHANGYE

张掖传

肃王藩属陕西都司

第十二章

甘州肃王府（甘州第二幼儿园）　　　　　　　　　　　　　　摄影：王怀民

地处甘州的陕西行都司

张掖在元代称甘州路，是甘肃行省省会。明代初期，朱元璋在甘州置甘肃卫，隶属陕西行都司。洪武二十三年（1390），与甘肃卫辖地另置肃州卫及山丹卫，甘肃卫改称甘州卫。洪武二十四年（1391），朱元璋封其第十四子朱楧为肃王，封地在甘州，并决定将陕西行都司移治甘州卫。接着又把甘州卫分为左卫、右卫及中卫。

明洪武二十六年（1393），陕西行都司都指挥史宋晟移驻甘州。朱元璋以都司权轻，又添设宋晟为西宁侯，敕赐平羌将军印，总兵镇守。宋晟到甘州后，积极修缮城池，修建粮仓，修筑肃王府第。王府所在街名称作王府街（今县府街）。明洪武二十八年（1395），肃王朱楧就藩甘州，诏理陕西行都司、甘州三卫的军务。次年，陕西行都司又增设甘州前卫与甘州后卫。甘州五卫的治所均设于甘州城。

肃王在甘州并没有待多久，豪华的藩王府修成还不到三年，他的侄子朱允炆登基便着手削藩，将肃王朱楧移驻兰县（今兰州）。陕西行都司仍留甘州，辖有甘州五卫、肃州卫、山丹卫、永昌卫、凉州卫、镇番卫、庄浪卫、西宁卫共12卫及直辖高台、镇夷、古浪、碾伯（今青海乐都）4个守御千户所。

陕西行都司全称为陕西行都指挥使司，掌一方之军政，其所属之卫所称卫所军，是军政一体、兵民合一的军事组织，以军隶属卫所，以屯田养兵，军皆世袭，代代相传。每卫下辖左、右、中、前、后5个千户所，每千户所下辖10个百户所，每百户所下辖2总旗，每总旗下辖5小旗，每小旗有兵10人，每卫约5600人，组织十分严密。

明成祖永乐年间，在陕西行都司地域设甘肃镇，甘州又成为甘肃镇的治所。明成祖为了控制军队，另设镇守太监一人，与总兵共同镇守，实际上大权都掌握在太监手中。正统年间，明英宗以庶务不可无综理纠察之任，故设甘肃巡抚都御史，由都察院选派官员充任，常驻甘肃镇。

明初曾沿袭元朝的行省制，洪武九年（1376）改行省为承宣布政使司，承宣布政使司下设府和直隶州，府以下有县和属州，各直隶州以下有县，形成了一个省府州县四级制与省州县三级制并存的大体格局。后分设都指挥使司、承宣布政使司、提刑按察使司三司，分掌各省军、司法权力，后逐渐被巡抚制度代替，巡抚常常成为各省权力统一的最高长官。

明朝实行一省分置都、布、按三司的制度，原为防止地方权力集中。宣德后开始派部（六部）、院（都察院）大臣以总督和巡抚的名义督抚地方行政。景泰朝之后成为各省常制。总督主要署理军务，分短期与长期两种。巡抚主理民政，每省皆有。

宣德三年（1428）以后，全国统分为两京、13承宣布政使司、关西七卫、俄力思军民元帅府、斡难河卫。两京是北直隶和南直隶；13承宣布政使司简称13司，俗称13省，为山东、山西、河南、陕西、四川、湖广、江西、浙江、广东、广西、云南、贵州、福建；关西七卫统治现今的青海和新疆，俄力思军民元帅府统治西藏西部和拉达克。

洪武九年（1376）改元代的行中书省为承宣布政使司，简称"藩司"，主管一省民政，与中央六部直接联系。1370年于各省设置一都卫，1375年改为都指挥使司，主管一省军户卫所番汉诸军，听命于兵部和五军都督府。另外还有负责监察司法的提刑按察使司，听命于刑部，掌管司法权。

明代在全国设置15个省级单位，包括：北直隶、南直隶、陕西、山西、山东、河南、浙江、江西、湖广、四川、广东、福建、广西、贵州、云南，为明朝稳定的统治区域，称为"两京十三布政使司"。另外，明朝在1407年至1427年间曾设立交阯布政使司，后被废；南明时期，延平郡王郑成功在台湾设立承天府，下辖天兴、万年二县，另设澎湖安抚司，号为"东都"，后郑经改东都为东宁，并于承天府之上再设东宁总制府。

布政使司以下，改元朝的路为府，成为主要的二级行政区划，但是同时又有直属于省的直隶州，行政级别等同于府。府以下有属州和县，是主要的第三级行政区划，而属州还可能领有少数县，成为结构上的第四级，但相对重要性很小。直隶于省的直隶州下也领若干县，其级别相当于府属州或府属县，仍是第三级行政区划。所以州按性质不同是跨第二、第三两个级别的区划，而与府相比，无论属州或直隶州的治所均不设县，即使原有县的也被并入州制。

都指挥使司方面，明朝共有17个都司、3个行都司、1个留守司。17个都司中，有13个都司与布政使司同名，其他3个分别是北直隶境内的万全都司、大宁都司和山东省的辽东都司。3个行都司分别是陕西行都司（治甘州卫，今张掖市）、四川行都司（治建昌卫，今西昌市）、山西行都司（治太原府，今太原市）。1个留守司是洪武年间设置的中都留守司（今凤阳县）。此外，还有统辖黑龙江、松花江流域和库页岛等地的奴儿干都司，在政教合一的青海、西藏地区设置有乌斯藏都司、朵甘都司，另有置于今甘肃、青海交界地区的哈密、曲先等卫，不过这些属于羁縻性质，与内地的都司、行都司性质不同。

明前期幅员辽阔，东起日本海、外兴安岭，南抵孟加拉湾、越南中部、马来西亚，北达戈壁沙漠、大兴安岭，西至印度次大陆，极盛国土面积达约1000万平方千米。

明朝前期，多次对北元和随后的鞑靼和瓦剌作战，并在漠南一带设置四十余个卫所防卫，包括东胜卫、云川卫、官山卫、全宁卫、老哈河卫等，这些都是明廷的边防重地，其走向大致为阴山—大青山南麓—西拉木伦河一线。15世纪30年代后，由于天气转寒，农耕不济，靖难之役时边塞军队被燕王抽调，因此边境略有南移。永乐年间，明军多次征北，边境形势一度改观。但在明中叶以后，随着蒙古的再次崛起，边境再次南移，并修建边墙以防御蒙古，在长城沿线设置九边（辽东、蓟州、宣府、大同、延绥、宁夏、甘肃、太原、固原）重镇加强防御。长城也成为明中后期的北边，同时也是农耕区与游牧区的界线。

三司分别为承宣布政使司、都指挥使司、提刑按察使司，其中承宣布政使司掌民政事务，都指挥使司掌军事，提刑按察使司掌刑狱。明代在地方设这三个官属，以使之分权，以防地方官权力过大。各布政使司设左右布政使各一名，从二品，掌管一省政务，其下辅官有左右参政、左右参议（无定员）等。各提刑按察使司置按察使一名，正三品，其下有副使，掌管一省"刑名按劾"，包括司法、监察等多重职能，逢重大事宜可以交三司会议，或上报巡抚、巡按。各都指挥使司设都指挥使一人，正二品，其下有都指挥同知、都指挥佥事等辅官，掌管一省军务、屯田、刑狱等。三司品级排名上，都司为最高，其次布司，最下按司，按此排序于朝廷表笺。

省以下的各府设知府一名，正四品，辅官有同知、通判等，掌一府政务，包括清军、巡捕、管粮、治农、水利、屯田、牧马等。府以粮收入分为三等，粮20万石以上为上府，20万石以下为中府，10万石以下为下府，原来知府品秩因府的等级而不同，不过后来统一。宣德三年（1428）放弃交阯布政司后，明朝共有府153个。

各州设知州一名，从五品，辅官有同知、判官等。凡省下的直属州，其地位相当于府，而府下的属州，则视为府下的属县，不过州官的品秩并无区别。明朝直隶州、属州合计共234个。

府、州下有县，各县设知县一名，正七品，辅官有县丞、主簿等。县也按粮食收入分为三等，粮十万石以下为上县，6万石以下为中县，3万石以下为下县，原来县官品秩各有不同，后统一。明朝共有1171个县。各地的军民府、土州、土县等建制，仿照普通的府、州、县。

承宣布政使司（布政司）主管地方行政，地位等同元朝的行中书省。明太祖原沿袭行中书省的称呼，1376年时改为布政使司，通称行省。明初设有14个布政司与京师（非城市，地位等同布政司，辖现今江苏与安徽两省）。1380年胡惟庸案后撤废中书省，京师及布政司直属于六部之下。明成祖时期，于1406年到1427年间设置交阯布政司。于1413年设贵州布政司。为迁都北京，1403年将北平布政司升格为行在，1421年迁都北京后称为京师（北直隶），原京师改称南京（南直隶），形成"两京十四省"的行政区划。两京为明朝首都北京与南京的正式称呼是顺天府与应天府，其与其周边州府分别合称北直隶与南直隶，不设布政司，14个布政司为陕西、山西、山东、河南、浙江、江西、湖广、四川、广东、福建、广西、贵州、云南、交阯。明朝行政区划设置大体符合山川形便之处。但仍有一些不合理之处，如南直隶地跨淮北、淮南、江南三个地区，而嘉兴、湖州、杭州三个太湖流域的府却被划入浙江省，与同为太湖流域的苏州府分离。而河南省也占据黄河以北的局部土地。贵州省呈现中间窄两边宽的蝴蝶状。

提刑按察使司是元朝[至元二十八年（1291）后改肃政廉访司]、明朝（改称提刑按察使司）、清朝（改称按察使司）三代设立在省一级的司法部门，主管一省的刑名、诉讼事务，同时也是中央监察机关——都察院在地方的分支机构，对地方官员行使监察权。主管为提刑按察使或称为按察使。简称臬台、臬司。提刑按察使在明代与承宣布政使并为一省最高长官，入清后则与布政使并为巡抚所制，虽名为同僚，实乃属官。

明朝实行一省分置都、布、按三司的制度，原为防止地方权力集中，不过在实际使用中体现出一定的不便。所以到宣德以后，开始派部（六部）、院（都察院）大臣以总督和巡抚的名义督抚地方行政，景泰朝之后基本成为各省常制，凌驾于"三司"之上成为一省甚至跨省的最高长官。还有同时兼任巡抚与总督的情况，称督抚。此外，还有以监察御史为巡按，任监察之职。

巡抚主理民政，原本是明宣宗时期派六部、都察院大臣以此为名义督抚地方行政，到明代宗时正式形成一级行政区。而巡抚与布政司的辖属关系不一。有的是一个布政司上面有数个巡抚，如北直隶有顺天巡抚（驻遵化）、保定巡抚（驻真定，今河北正定）、宣府巡抚（驻宣府镇，今河北宣化，一度兼领山西大同府）三巡抚；南直隶有两巡抚：应天巡抚（驻苏州府，今江苏苏州）、凤阳巡抚（驻淮安府，今江苏淮安楚州）。

总督主要署理军务，分短期与长期两种。与只掌握一省行政事务的巡抚不同，总督兼管数省，同时在政务之外也兼掌军务。此外还有河道总督、漕运总督等专管某项政务的总督官职。

巡抚和总督制度在明朝是约定俗成逐渐发展起来的，历史学界对其起源和发展等有一些争议，不过这一制度在之后的清朝被正式保留并大大发展，成为标准建制。

九边重镇之甘肃镇

甘肃镇总兵驻今甘肃张掖，所辖边墙东起景泰县黄河岸，另有一分支起自兰州市北河岸，北到景泰县西北境会合成一线，斜向西北，经民勤、永昌、山丹、张掖、高台、酒泉诸县境，又绕过嘉峪关市向南，抵达祁连山北麓而止，长一千六百余里。

甘肃镇是明朝特殊的边境保障地区，在明王朝的国防体系和对外贸易中具有其他边镇不可比拟的作用和难以替代的功能。

朱元璋于1368年在南京登基称帝，大将徐达率兵北伐，攻占元大都。元顺帝逃往北方草原，统帅扩廓帖木儿（即王保保）从山西逃往甘肃。洪武五年（1372），朱元璋任命冯胜为征西将军，领兵进剿甘肃境内的元朝残余。西征军势如破竹，迅速向河西地区推进，甘肃境内的元朝残余被消灭殆尽。冯胜西征军行至瓜（今甘肃安西）、沙（今甘肃敦煌）而归。从此以后，便形成了明廷在西北的疆域格局，嘉峪关以西的广袤地区难以为明王朝绝对控制。这样，甘肃镇成为明王朝的边防前哨和对外交往的窗口，战略地位日益突出。

尽管朱元璋推翻了元朝在长城以南的统治地位，仍不能再现昔日元朝所拥有的广阔疆域。明王朝与北元的军事对抗构成了有明一代北部边疆的基本格局。甘肃镇北有蒙古，西有诸番，朱元璋担心两者如若联合起来共同对付明朝，将会造成严重的军事危机，西北地区永无宁日。《明史·西域传》载：朱元璋"甫定关中，即法汉武创河西四郡隔绝羌、胡之间，建重镇于甘肃，以北拒蒙古，南捍诸番，俾不得相合"。甘肃便成为明代九镇之一。《明史·兵志》对明朝沿边设镇的原因及其九镇的分布有一概括性的论述："元人北归，屡谋兴复。永乐迁都北平，三面近塞。正统以后，敌患日多。故终明之世，边防甚重。东起鸭绿，西抵嘉峪，绵亘万里，分地防御。初设辽东、宣府、大同、延绥四镇，继设宁夏、甘肃、蓟州三镇，而太原总兵治偏头，三边制府驻固原，亦称二镇，是为九边"。九边亦称"九镇"，是明朝在北部与北元势力对峙沿线的九大防御区。各镇皆派重兵防守，形成了北部边防的鲜明特色。

在九镇之中，甘肃镇位于最西端，其"夹以一线之路，孤悬两千里，西控西域，南隔羌戎，北遮胡虏"，"近而藩垣四镇，远而纲领九边，通玉帛于天方，列毡庐于疆场，黄河、黑水、昆仑、崆峒际天极地，巍然一大镇也"。特别是甘肃镇内外复杂的民族关系，使其在九镇中更具特殊的政治地位。弘治六年（1493），明孝宗对经略甘肃守臣说："盖以本朝边境惟甘肃为最远，亦惟甘肃为最重。祖宗于此屯兵建阃，非但制驭境外之生夷，亦以抚绥境内之熟羌也。"所以说，甘肃镇是明朝西北边疆的战略要地。

虽然甘肃镇远离京师，不像宣府、大同诸镇那样直接影响着北京的稳定与安危，但它仍然与京师的稳定与安危息息相关。《肃镇志》中言：甘肃镇"关乎全陕之动静，系夫三晋之安危。云晋之安危关乎天下之治乱"。一旦"甘、凉失守，则关中亦难保其不危"。只有甘肃"守备得安，而贼之出没可以预知，非惟庄浪。甘肃地方保无虞，而中卫、靖远、兰州等处亦不被深入大扰之害也"。明人将甘肃镇比作九镇之中的"踵足"，以说明它的重要性，认为"京师犹人之腹心也，宣、大项背也，延、宁肢体也，甘肃踵足也"。查继佐在《罪惟录》中进一步描述道："若以地之轻重论，诸边皆重，而蓟州、宣、大、山西尤重。何则？拱卫陵寝，底定神京，宣、大若肩背，蓟、晋若肘腋也。以守之难易论，诸边皆难，而辽东、甘肃尤难。何则？辽东僻远海滨，三面皆敌；甘肃孤悬天末，四面受警也。"而在万历以前，甘肃镇的防守最难。明臣杨一清在弘治年间说："甘肃一镇，自兰州渡河，所辖诸卫绵亘二千里，番虏夹于南北一线之路。其中肃州嘉峪关外，夷羌杂处，寇盗无时，自昔号为难治。"所以说建立与甘肃镇战略地位相适应的完备的边境防御体系是至关重要的。

根据甘肃镇周边情势，建立一套完备的组织管理体系，以增强抵御外部敌对势力侵逼的能力，是明朝统治者所要解决的首要问题。当然，要建立这样一套完备的组织管理体系，并非一日之功。换言之，甘肃镇的组织管理体系是逐渐形成的。

在平定甘肃的过程中，明朝先后在各地设立卫所的军事制度，用来加强对占领区的控制，如河州、岷州、凉州、西宁等卫，洮州、西固城等千户所。洪武七年（1374）七月，在河州府设置西安行都卫，管辖河州、朵甘、乌斯藏三卫。次年十月，将西安行都卫更名为陕西行都指挥使司。洪武九年（1376），朱元璋进行机构调整与改革，罢撤了陕西行都指挥使司，由设在西安的陕西都指挥司遥控广袤的甘青地区的卫所。后因该地区内诸族叛服无常和北元各部的屡屡进犯，明廷又不得不从体制上强化对甘肃境的管理。洪武十二年（1379），朱元璋下令恢复陕西行都指挥使司的机构，并将其治所由河州移至庄浪（今甘肃永登）。这一举措表明了明朝对甘肃镇战略地位的重新审视，认识到了它所具有的独特的国防地位。但是，以庄浪作为陕西行都指挥使司的治所，仍然难以有效地管理甘肃镇，于是，在洪武二十六年（1393），明廷又将其治所西移至适中的甘州（今甘肃张掖），使其便于东西兼顾，并根据敌情，迅速作出反应。从此以后，陕西行都指挥使司的治所再未变更，说明选择甘州为其治所是适宜的。这样，甘州便成为明代甘肃镇的"总会之地"，是明代经略甘肃的大本营。陕西行都指挥使司上隶右军都督府，下辖十二卫和三个千户所。

设立甘肃镇，将陕西行都指挥使司设置在河西走廊中部腹地甘州和卫所等军事机构管理河西是明朝的独创。明臣马文升说："甘、凉地方，诚为西北之重地也。汉、唐之末，终不能守，而赵宋未能得。至我朝复入职方，设立都司，屯聚重兵。"在陕西行都指挥使司的基础之上，明廷又不断地增设巡抚、总兵官、镇守太监等官职和连续派遣重臣巡视甘肃或专督兵马，建立了一套"文经武纬，杜渐防危，提纲振目"的完备的制度。

甘肃镇各类职官的共同职责主要有四个方面：一是操练军马；二是修筑防御工事，包括墩台、城池和关堡；三是安抚番夷；四是防御北元，并截杀入寇之敌。这四个方面将练兵、防御、安抚、围剿包容于一体，表明明朝统治者在护卫其边疆方面所具有的严密性、实用性和创新意识，为明以前诸中原王朝所不及。正如明臣陈洪谟所言："自古据有河西，修饬武备，羁縻羌戎之法，惟本朝最为精密。"

由于河西地区地形复杂、土旷人稀和大部分卫所分布在长城一线，因而，在建制设官防守的同时，还必须因地制宜，建立有效的防御工事，以弥补军事力量的不足。明廷在河西的防御体系主要是由墩堡、驿站和边墙三部分组成的。

(一) 墩堡

甘肃镇原额兵员不足 10 万，其中大部分兵力必须布置在甘州、肃州、凉州、镇番、西宁等军事要地。为了解决有限的兵力和处处设防之间的矛盾，修筑便于防守的工事势在必行。正由于此，修治城池墩堡才成为甘肃镇大小官员的主要职责之一。

总的说来，甘肃镇的防守是被动的。北元势力常常避实击虚，出没无常。当明军得知出兵追杀时，他们则掉头逃逸，饱掠而去。为了保护甘肃镇军民的生命财产，明朝在甘肃镇建立了墩堡制度，以最大限度地发挥甘肃镇军民的自我防卫能力，做到"家自为守"和"人自为战"，在自我防御的同时，又能保持正常的耕牧活动。墩堡分为两类，一为兵墩，二为田墩。兵墩多设在交通便利之地，而田墩通常置于偏僻的乡间。永乐十二年（1414），明朝规定：在五六屯或四五屯内，选择平坦而便利之地修筑一大堡，堡墙高七八尺或一二丈不等，堡墙四面开八门以供军民出入；近屯辎重粮草都集中于大堡之内。每一大堡设堡长一人，屯长一人，小堡只设屯长一人。大堡设有守备、操守、防守等官，小堡则设防御掌堡官或总旗。他们平时守护城池，有警则收敛人畜。凡"农务已毕，或有警收敛，则皆归墩之内"。《五凉全志·地理志》载："镇番为凉州门户，四通夷巢，无山险可恃。明时套夷，不时窃犯，故设重兵弹压。……而蔡旗、重兴、黑山、青松、红沙等堡，俱有防守官兵，周围棋布"。在乡间的田墩，或二三十数家，或四五十数家，令共筑一墩，每墩设总甲一人。大小墩堡集传递信息和自我防御于一体，一有警报，大城四路各发柴烽信炮传示各乡，各乡即敛人畜屯聚本墩，以谋防卫。此外，一些殷富人家将自己的住宅增高加固，使其时时身居安全之地。据《镇番县志》载："前明边境不宁，殷实之户，高广墙垣，以备夷虏。"这样，大小不等的墩堡在河西地区星罗棋布，其与寨、营、隘口、墙壕、关等防御工事形成了一个严密的内部防御网络。

(二) 边墙

边墙即后来所谓长城。在甘肃镇的 15 卫所中，从西至东的边防一线中分布着肃州卫、镇夷所、高台所、甘州 5 卫、山丹卫、永昌卫、镇番卫、凉州卫、古浪所、庄浪卫等 14 卫所，也就是说，除西宁卫所外，其余诸卫所直接承受着外部敌对势力特别是北元势力的巨大冲击。相对于墩堡,边墙的修筑要晚一些。在"土木堡之变"后,明朝统治者不得不重新审视北部边防的防御能力问题。如何加强对蒙古贵族的防卫能力,再次成为君臣关注的焦点。于是,修筑边墙即万里长城日渐成为人们的共识。

弘治七年(1494),经略哈密的兵部右侍郎张海提出:"甘肃东、中、西三路,延袤二千余里,四当敌冲,盗贼出没无时,若不因地制利,务为悠久之图,恐盗贼滋蔓,为祸不可胜言。臣按诸路或当增筑墩墙,或当修理壕堑,动有数十百里。"并要求敕谕甘肃守臣"督官于农闲之时,渐次修理边防,或地有沙石者,用古植木立栅之法,或水路不通者,用他边窖水之法,使营垒相望,哨守相闻,靖虏安边计得矣"。此议后被采纳。如嘉靖时甘肃巡抚杨博以暇修筑肃州榆树泉及甘州平川境外大芦泉诸墩台。修筑边墙的具体方法是:凡边墙之当修者,分别险夷,酌量缓急,计画丈尺,以定其难易先后之序。一切工程皆坐派操守及轮借驿递夫而分用之。修筑边墙的费用由朝廷承担,如万历初年,为了用砖修筑肃州、凉州、镇番、庄浪等地的边墙,就一次性地从国库中拨银1.79万余两。经过嘉靖、隆庆、万历三朝的集中修筑,甘肃镇的边墙基本告成。据《明会典》载:到万历前期,甘肃镇有城垣堡寨495座,关隘140处。

边墙是由墙和临边堡、墩、寨、关等防御工事构成的一道防御线。甘肃镇边墙的修筑,使西起嘉峪关、东至庄浪卫连成一线,在很大程度上使蒙古贵族扼于墙堑,散漫不得出,河西军民的生命财产和正常生活因此有了更进一步的保障。隆庆年间,甘肃巡抚庞尚鹏说:"臣巡历所至,亲得诸见闻,如庄浪之岔口、甘肃之古长城等处,近经修筑,功已垂成,土人争引水利,垦田其间,早出暮归,不闻有驱掠之忧。"边墙的修筑,与墩堡形成了遥相呼应的互为一体的防御格局,有效地抵御着敌对势力对河西地区的蹂躏,大大减少了河西的边患。

如果说边墙是甘肃镇的第一道防线的话,那么分布各地的墩堡则是第二道防线。庞尚鹏说:"边墙艰隔,则动有牵制,岂能长驱突入内地乎?即欲溃墙而逞其势,亦非一蹴之所能及也。烽堠之先传,耕牧之保收,将士之邀击,皆可以早见而豫待之矣。"

当然，边墙的防御功效是有限的。有明一代，蒙古贵族时常溃决边墙南下，战马纵横如入无人之境，尽行劫掠勾当。对此，清朝康熙皇帝曾有一番颇有见地的评论，他说："帝王治天下，自有本原，不能恃险阻。……守国之道，惟在修德安民。民心悦，则邦本得，而边境自固，所谓众志成城者是也。"但是，如果无视明朝与北元的敌对关系，一味地否定明代长城在特定环境下所具有的独特的防御功能，则是偏颇的。

（三）驿站

甘肃镇驿站的分布走向基本上与边墙平行。换言之，边墙是驿站的保护伞。

在明代，驿递仍然是交通运输与信息传递的主要手段。驿递在京师称会同馆，在外称水马驿和递运所。在甘肃镇，只有马驿。马驿的交通工具是马、骡、驴所牵引的车辆，并配有人数不等的甲军。

从庄浪至嘉峪关的狭长地带中，相隔四五十里的驿递将甘肃镇的众多卫所紧密地联结在一起，最大限度地强化了各卫所之间的联系。此外，从武胜驿到大通河驿、水沟驿，将庄浪卫与西宁卫联结起来；从大通山口驿、红城子驿到苦水湾驿，将庄浪卫与兰州连接在一起，陕西布政司便成为甘州镇的大后方。

甘肃镇驿站的另一个主要功能是扮演明朝与西域各国通贡贸易的枢纽角色，送往迎来各国贡使。甘肃镇境内布列的驿站是明代对外交往中极为重要的交通干线之一，是西域各国贡使通往北京朝贡的法定路线。贡使一入嘉峪关，甘肃守臣按照朝廷的有关规定审查后，将其中一小部分贡使送往北京，并免费提供最为便利的交通工具及饮食起居服务。法人阿里·玛扎海里在其所著《丝绸之路—中国—波斯文化交流史》中说："对于那些拥有车辆的馆驿，那里则根据行车的多少而提供2—3辆车，那里还根据需要而向他们提供多达10辆的车子。当装满他们的车子之后，苦力们踊跃地一程一程地向前拉。"为了送往迎来，甘肃镇军民付出了巨大的代价。史载：对于慕利往来、贡无虚月的贡使，沿线军民递送，一里不下三四十人，"俟候于官，累月经时，妨废农务，莫此为甚。比其使回，悉以所得贸易货物以归，缘路有司出车载运，多者至百余辆。男丁不足，役及妇女"。

为了确保甘肃镇的外部安全和丝绸之路的畅通，明朝也非常注重营建甘肃镇的外部拱卫体系。其主要内容有三项：一是设置"关西七卫"，作为甘肃镇的外部屏障；二是推行茶马互市，以堵塞"戎狄私通之路"；三是保持与西域的通贡贸易，以加强彼此的经济联系。

在嘉峪关以西、哈密以东，包括青海湖、柴达木盆地在内的广大地区，明太祖朱元璋和明成祖朱棣先后设置安定、阿端、曲先、赤斤、罕东、沙州和哈密七卫。其中赤斤卫和沙州卫在今甘肃境内，安定、阿端、曲先和罕东四卫在今青海境内，哈密卫在今新疆境内。因为七卫地处嘉峪关以西，故称"关西七卫"。它们"内附甘肃，外捍达贼"，是甘肃镇的"屏藩"。明代甘肃守臣曾说："我朝创设哈密、赤斤、罕东诸卫，授官赐敕，犬牙相制，不惟断匈奴右臂，亦以壮西北藩篱。"

关西七卫犹如甘肃镇西部的"长城"，与甘肃镇互为表里，宛如唇齿。唇亡齿寒，七卫不守，甘肃则不安。为了巩固七卫与甘肃镇的这一特殊关系，确保西北边疆的安宁，明王朝对于七卫的经营也是非常关注的。魏焕在《皇明九边考》中言："祖宗朝，嘉峪关外设立赤斤、罕东、哈密三卫，事例于该镇抚夷官内选差前去近边谕以朝廷恩威、军门杀伐利害，令其各安生理，如果革心向化，听我招致，就便安插，设为卫所，许其以时通贡，量加赏赉，以结其心。仍择其雄杰一二人授以职事，立为头目，使今钤束部落，遇有紧急声息，量调人马为我策应，有功一体犒赏。"弘治年间，孝宗曾敕谕甘肃守臣，要求他们"整兵操练，遇有可乘之机，量调番、汉官兵征剿，仍谕罕东、赤斤并野乜克力诸番，以俟调遣，不可轻率贻侮，庶得安攘之道"。在弘治以前，七卫能够遵行明朝征调、朝贡、保塞之令，出现了番夷效顺、西陲晏然的局面。陈洪谟说："甘肃守臣相继抚驭，诸夷一遵旧规，不敢坐视启衅。所以百五十年来，西陲晏然无事。"

随着时间的推移，七卫日遭残破，纷纷内迁至甘肃境内。特别是在吐鲁番吞并哈密和不断扰边的情形下，是放弃哈密等卫以闭关绝贡，还是兴复哈密以维持旧有格局，便成为成化、弘治、正德、嘉靖四朝争论的焦点。面对吐鲁番的日益强大和由此导致的西域政治格局的巨大变化，在嘉靖前朝摒弃了兴夏哈密的论调，重新调整了西域政策，明廷与吐鲁番建立了正常的通贡贸易关系，使西域复定。从此，"番酋许通贡，而哈密城印及忠顺王存亡置不复问，河西稍获休息"。直至万历年间，犹入贡不绝。

如上所述，甘肃镇的主要职能之一就是设法避免因蒙古贵族与藏族贵族联合所造成的对明朝国防安全的严重威胁。很明显，单纯地用武力来实现这一目的是很难持久有效的，也是不可能的。为此，明廷针对"番人吃肉，无茶则死"的特点，极力推行茶马互市，使中国古代的茶马互市活动达到了鼎盛。正如《明史》所言："番人嗜乳酪，不得茶，则困以病。故唐、宋以来，行以茶易马之法，用制羌、戎，而明制尤密。"

明代茶马互市政策是其国防政策中的一项主要内容，具有鲜明的政治和军事意义。明臣王廷相说："茶之物，西戎吐蕃，古今皆仰给之，以其腥肉之食，非茶不消；青稞之热，非茶不解，故不能不赖于此。是则山林草木之叶，而关系国家政理之大。"明臣刘良卿也说：以茶易马，"虽以供边军征战之用，实系番夷归向之心"。换言之，以茶易马，在于固蕃人心，且以强中国。只有蕃夷效顺，西陲晏然才能确保分化蒙、藏贵族联合进犯明朝边地政策的有效执行。也正是出于这一目的，茶叶由国家专卖，严禁各种形式的私茶越境贩卖。也就是说，茶马互市是一种政府行为，具体事宜由明廷专设的茶马司负责。茶马司大多都建立在利于交往的边地交通要道。洪武五年（1372），明朝首先建立了秦州茶马司。洪武七年（1374），又设立了河州茶马司。洪武三十年（1397），因秦州茶马司不便于互市，遂将其迁至西宁，并改名为西宁茶马司。永乐年间，又在甘州等地设置茶马司。

茶马司的改置，是明朝不断控制互市活动的集中反映。一方面，互市使藏族民众因此归向明廷，与明廷保持着友好的交往；另一方面，也使明朝获得了大批用于国防的战马，用来装备军队，增强其战斗力。《明英宗实录》载："西番来茶马司以马易茶，朝廷得马甚众。"朝廷所得之马，大都"供边军征战之用"。正德时期的内阁大学士杨廷和认为："我国家边守之务，西北为重，而陕居其半。三边之用，兵马为急，而马居其半。陕之马，或取之监牧，或取之互市，而互市之利居其半。"推行茶马互市，使明朝一举两得，终明之世，它一直是明朝与藏族民众友好交往的纽带。

到了隆庆、万历年间，随着明朝与蒙古族关系有较大改善，将蒙古族正式纳入茶马互市之中便成为可能。明臣张居正在万历二年（1574）给甘肃巡抚侯掖川的信中说："窃以为此地见与番人为市，何独不可与虏为市？前任廖君（指廖逢节）执泥而不达于事变，其言不可为市，不过推事避患耳，非能为国家忠虑者也。"在开市之后，张居正一再要求侯掖川用心经营市场，尽量方便互市双方。他说："甘肃开市，务令事久，边境获安而已。市场似宜稍西，去西宁太远，则启宾兔（俺答之子）垄断之心；去我边太远，则迁边民交易之路。春市虏马瘦弱，强为之市，终不便也。"当茶马互市成为明朝与甘肃镇周边各族民众贸易形式之后，便标志着明代西北边疆的日益巩固。

除关西七卫外，西域地区分布着多达五十余个大小政权，为了与其修好关系，明朝便以朝贡贸易的形式确保彼此间的交往。因为明朝统治者不会把自己与偏处一隅的宋王朝相提并论，故营造一种"万国来朝"的盛况便成为明朝统治者最大的政治愿望，他们试图以此来孤立北元，确立其在亚洲乃至世界的强国地位。

甘肃镇是西域诸国贡使的必经之路，是明朝通好西域的窗口和纽带。甘肃镇守臣的主要职责之一就是查验、管理和接待贡使，尽可能地体现朝廷"怀柔远人"的政策。朱元璋曾对别失八里贡使说："朕继位以来，西方诸商来我中国互市者，边将未尝阻绝，朕复敕吏民善遇之，由是商人获利，疆场无扰，是我中国大有惠于尔国也。"永乐十一年（1413），别失八里贡使"将至甘肃，（成祖）命所司宴劳，且敕总兵官李彬善通之"。阿里·玛扎海里也说："当商队到达甘州时，中国的运输机构将亲自负责把准备向天子进贡的物品运给他，把使节以及享有特权的商人及其'贡品'（他们的商品）直接运往北京。至于人数众多的'使团侍从'（鄂本笃即为其中之一）及其驮兽，则必须在甘州停留一年左右，作为供养他们的中国政府的客人，唯有一定级别的'侍从'才允许径直前往宫廷。在百名'侍从'中，仅有10名获许偕其主要亲莅北京……因此，使节'侍从'中的另外90%的人要滞留在明王朝的门户甘州，在那里从事广泛的商业贸易。这样既有利于'西方人',也有益于明王朝的臣民。"

由于经济利益的驱使,许多使臣久住甘肃而不回。为此,明廷要求甘肃守臣将滞留的贡使及时遣返,以维护朝廷的信誉和确保与西域诸国正常的贸易关系。如洪武二十五年(1392),甘肃守臣奉朱元璋之命,遣归撒马儿罕使臣1200余人。又如天顺六年(1462),哈密忠顺王母弩温答失里遣使上疏英宗说:"前后所遣使臣往往于甘州延住,或三年,或五年者有之,乞行催督回还。"英宗即刻下令,要求甘肃守臣将滞留甘州的哈密贡使遣送出境。只有如此,才能确保通贡贸易的依期进行。

有明一代,甘肃镇在明朝的国防体系中具有特殊的功能和突出的地位,故明王朝对其予以异乎寻常的关注和积极的经营,使甘肃镇具有全方位的防御功能。尽管战争和兵灾时时笼罩着甘肃镇,甘肃镇仍常保持和平与安宁。在河西边地保持相对稳定的局面下,明代西北地区得到了进一步的开发,边界和驿站沿线的贸易异常活跃。同时,甘肃镇也是明代各民族相互交往和友好相处的主要场所之一。对于归附的西域部族,明廷大都将其安置在甘肃,并为他们无偿地提供诸如钞、布、粮食、锅、房屋等生活资料和土地、耕牛、种子、农具等生产资料,使他们能够安居乐业,安分守法,与当地居民并耕而食,促进了各民族间的融合。

甘州粮仓

明粮仓地处张掖旧城区东北隅,旧名甘州仓,俗名大仓,明朝洪武二十五年(1392)由第一任甘肃总兵、驻甘州陕西行都指挥使宋晟始建。明弘治十六年(1503)都御史刘璋建预备仓于内。清乾隆十八年(1753)开始,历次详修增建,乾隆四十四年(1779)知县陈澍又添建于旧察院址。明粮仓总名曰"广储仓",乃河西第一粮仓,内有廒房12座,清乾隆年间系行都司衙署改建,清光绪年间,由知县喻炎炳重建廒房22座,占地面积2万多平方米,廒房可储存粮食770万公斤,西面和南面的廒房历经沧桑,年久失修,已被拆除，现存廒房9座54间构成，廒房长161.2米，宽12.3米，建筑面积约2000平方米。廒房建造全为土木结构，设计科学，建造精巧，房顶屋架为"人"字形梁，由大梁、檩条、椽子通脚开铆套制而成，坚固耐用，通风抗震，具有防潮、防鼠、防虫害、防霉变的性能。明粮仓建造距今已有六百多年的历史，新中国成立至今，明粮仓仍继续储存着粮食，是目前国内保存年代最久、最完整并能继续使用的古代仓廪。原西南两面廒房原址上，已扩建为现代部分粮仓，与明粮仓一并发挥着功能。

明代张掖粮仓的修建很大程度上取决于这里是仅次于西安的省会城市，有诸如陕西行都司、甘肃镇总兵府、巡抚衙门等一系列大型军政机构的驻守，令甘州成了西北一线城市。因此，张掖不但在商业贸易方面十分繁茂，农业农耕也很发达。有赖于黑河的滋养，和唐宋元历代对水利与农垦的兴建，甘州区乌江一代正式开始大面积种植水稻，其余地区的粮食产量也逐年提高。地处河西走廊中部的张掖，土质肥沃，水源充足，日照时间长，再加上境内还有黑河、山丹河等内陆河作为灌溉水源，连带着湿地、雪山融水等优越的自然地理条件，让这里成了种植农作物的优质出产地。除乌江一代适宜种植稻米之外，市域区划的其他土地也很肥沃，尤其适宜大麦、小麦、玉米、马铃薯和瓜果蔬菜等农作物的生长。

收成趋于稳定就势必催生出仓储屯粮，官办粮仓就这样应运而生了。东大仓原名永丰仓，取永世丰足的吉祥寓意，也代表着人们对丰衣足食的美好期盼和祝愿。有东便有西，事实上建于洪武年间的甘州粮仓并不只是东大仓一处，与之相对应的城西北角还建有西仓，名曰丰裕仓，只不过西仓因为战乱和时代的变迁没有保存下来。

东仓巷，因为东大仓而得名。穿过现代化气息浓烈的车水马龙，来到东大仓院子，就仿佛是在穿越时空，一边是高楼林立、汽车呼啸，一边却是荒寂衰败、无人问津，空置的大院和土木建造的廒房如同一位风烛残年的老人，在阳光下吃力而无奈地默默等待属于自己的命运。粮仓规模不可谓不壮观，但因为失去使用价值而空置，便衰败得格外显眼，粮仓前的空地上长着野草，石碾子散落其间，于西北清爽的蓝天之下，于周围愈加城市化的环境里，显得那么寂寥，那么格格不入。让人不由得怀疑，如果没有过去那段辉煌的历史当作信念，这座古粮仓是否还有继续坚持下去的力量。

甘州粮仓遗址，像一座中国传统的四合院。上房的位置，坐南向北的廒房有9座，分别是广被、广恒、广泰、广积、广福、广禄、广寿、广丰、广成。据说东面廒房的南侧原来建有廒神庙一座，供奉着官粮仓神，保护粮仓的安全。在明粮仓的正对面，是一排拆除损毁的旧粮仓之后在原址上仿苏联建造的苏式粮仓。东西两排粮仓之间的空地，就是当时用于交粮和晾晒粮食的场子。廒房内部的建造全为土木结构，建成于600多年前的仓房地面由木条铺成，依然结实坚固，一眼看去年代感很强。空气中带着一股淡淡的木头气息，阳光透过打开的窗子落在地面上，可以看见光柱里悬浮飘散的尘屑，懒散而悠然也许正是这座古建筑赋予其间的另一种诉说吧。

在其中一间仓房门口，有一处便于了解粮仓地基内部结构而设立的玻璃地面，可以清晰地看到，在最初修建粮仓时，廒房底部至少垫土夯实一米左右才能作为粮仓廒房修建的地基，墙体用土夯打至一米处，铺设厚木板，木板下面有横梁、支柱支撑。铺设的木板为廒房的地面，木板以下为通风洞，仓管人员可以进入通风洞清扫、灭鼠。墙面厚实密不透风，只在快要接近顶部的地方，凿开一方小窗户，用木棍支撑，在每间廒房墙面与地基接合处都留有一个拳头大小的小孔，人在廒房外可以看到，在廒房内却看不到。这是为了通风用的通风口，但是在民间，也有人说这个孔是留给猫的，方便猫进出粮仓抓老鼠。

在广恒仓的内部，独轮车、木杠、扁担、木质摆楼、犁铧、木桶以及古代的量具升、斗、合、粮食印版、石磨、碾子、碌子、柜、风车、大轱辘车等一系列的生产工具和用具都被完好地保留了下来。近距离观赏这些生产工具，不禁想起很早以前还在农村种地的场景来。那时候，村里种地还是统一的生产队劳作模式，每天按时上工，根据队长分配的任务协同合作，日子虽然不如现在过得丰富，但大家嘻嘻哈哈别有一番兴头。后来土地承包，各家有了自己的责任田，我已经成了一手摆弄犁铧种地、一手尝试写作的新农民了。

每到秋天收获之际，又到了上粮的时节。上粮，也叫交公粮，是国家对一切从事农业生产、有农业收入的单位和个人征收的一种税,这些个人和单位每年无偿缴纳给国家粮食,也叫农业税。据史料记载,农业税始于春秋时期鲁国的"初税亩",到汉初形成制度。这一古老的税种,已延续了2600年的历史,直到2006年我国取消农业税。1958年6月3日,第一届全国人大常委会第九十六次会议通过《中华人民共和国农业税条例》。农业税条例实施以来,对于正确处理国家与农民的分配关系、发展农业生产、保证国家掌握必要的粮源、保证基层政权运转等发挥了重要的积极作用,但也在一定程度上加重了农民负担。20世纪80年代中后期,农民负担问题逐步突出,引起中央高度重视。从1990年起,中央开始抓减轻农民负担工作,并取得一定成效。2000年,中共中央、国务院决定安徽全省为农村税费改革试点地区。2002年,国务院又确定河北、内蒙古、黑龙江等为扩大农村税费改革试点地区。2003年,在试点的基础上,农村税费改革在全国全面推开。2004年,中共中央、国务院决定从当年开始逐步降低农业税税率,并提出5年内全面取消农业税的目标。2005年12月29日,第十届全国人大常委会第十九次会议决定,自2006年1月1日起国家不再针对农业单独征税。一个在中国存在了2600多年的古老税种宣告终结。

  农业税起源很早,中国过去称田赋,西方国家称地租税或土地税。在封建社会,农业是最主要的生产部门,是封建制国家最主要的税收,是财政收入的主体。历史上,"皇粮国税"一直牵动着中国的兴衰。尽管中国历史上出现过"两税法""一条鞭法""摊丁入亩"等改革,以扩大纳税面,让有地产、有钱财的人多纳税,但由于吏治腐败,负担最终转嫁到农民头上。即使是屡被提起的"文景之治""贞观之治""康乾盛世",也只是短暂的轻徭薄赋,历代封建统治者始终未能跳出农民负担越减越重的"黄宗羲定律"。而过重的税负,又常常成为封建政权更迭的导火索。因此,从某种意义上说,中国史就是一部农业税赋史。自2006年1月1日起废止《农业税条例》。"五年内取消农业税"的目标,两年即成现实。农业税的取消,给中国农民带来了看得见的物质利益,极大地调动了农民积极性,对中国农业发展具有划时代意义。

  甘州粮仓在20世纪一直处于使用当中,当地人记忆中还保留着以前村民交粮时的场景：廒房门是闸板式的门，关闭时用木板一块一块地闸封，开门时取下木板即可。交粮时在廒门上搭一块或两块厚木板，交粮人员可登木板进入廒房倒粮。如果遇上粮食未完全干燥的情况，那么人们就在廒房前的场子上打开铺盖晒粮聊天，距离粮仓远一些的地方的人们，交一次粮便会在这里住上三五日。

国以粮为本，民以食为天，仓廪实则天下安。粮食是一个国家和民族赖以生存的基础，也是社会进步和经济发展的前提。张掖这座存留至今的古代粮仓就见证了这一朴素的真理。

其实，自汉代以来粮仓的修建和使用已经纳入王朝统治者的重大民生政策之中了，各地都有粮仓存储作为战备和民生应急之用。张掖东大仓因为保存遗留下来，才让我们有机会见识到了古代劳动者的智慧，和中华民族一直以来居安思危的精神特质。

明粮仓历经600多年的岁月，见证了明清两代封建王朝的兴衰荣辱，又从枪林弹雨中一路走来，与苦难的旧中国共同挣扎最终迎来了今天的盛世中华。尽管作为粮仓的使命已经终结，但东大仓保留了最初的原貌，如今看来土里土气、其貌不扬的外表下，却代表着过去几百年中劳动人民至纯至朴的生存诉求，也时时刻刻提醒我们居安思危，珍惜这得之不易的美好生活，珍惜粮食，厉行节约。

肃王府与甘州

洪武十一年（1378），朱元璋举行第二次分封皇子为藩王的典礼，郜氏所生的儿子也就是他的第十四个儿子朱楧被封为汉王。虽然被封为藩王，但是朱楧并不得朱元璋的喜爱，一是朱元璋儿子众多，而朱楧本身没有什么出色的才能吸引父亲的关注，二来他的母亲出身低微。关于朱楧的母亲，只被记载姓郜，没有任何册封的记录，估计是个宫女，虽然给皇帝生了儿子但是并没有得到皇帝的喜爱，因此也牵连到了朱楧被漠视。不过毕竟是自己的儿子，朱元璋还是按照惯例封他为王，并给了他中国历史上一个显赫的王号汉王，至于封地并没有确定，因此朱楧一直在南京生活接受教育。

朱元璋是在马上夺得的天下，因此他不希望自己的儿子们庸庸碌碌过完一生，他们应该承担起保卫天下的众任。于是朱元璋特别命令朱楧带着他的弟弟们卫王朱植、谷王朱橞、庆王朱㮵、宁王朱权、岷王朱楩等人前往山东临清练兵增加带兵打仗的技能，正是在这次练兵中，朱楧凸显了自己的军事才能，朱元璋看到后很欣慰，这样的人才不能放在别的地方，应该让他到大明最需要的地方去，为大明戍守江山守卫大门。

于是在洪武二十四年（1391），朱楧被改封为肃王，封地改为甘州，从此他被列入塞王的行列之中，朱元璋同时命他署理陕西行都司和甘州左、右、中卫军务和督军屯粮等事务。当时初建甘州卫，还没有前、后二卫，甘州五卫是后来的叫法。朱楧并不想去甘州，那里是大明最西北，一片荒凉，远不如江南，自己从小在江南长大，去那里适应不了，尤其是给他的俸禄只有区区五百石，他的哥哥们都是上万石俸禄，相比之下实在寒碜，自己到那怎么活？但是父命难违，皇命更不容抗拒，他不得不凄然动身。或许是朱元璋看出了儿子面露难色，他也知道甘州环境不好，之所以给这个儿子五百石的俸禄，是因为运输困难，不过为了让儿子不受委屈，只能从其他方面弥补他了。朱元璋便下令在甘州城内征用了一千多亩土地给儿子修建王府，同时将甘州还有周围地域林林总总划给了他总共四万多亩田地，这些都是其他藩王没有的，如此一来，即使没有俸禄也能生活下去了，而肃王也成了众藩王之中一位地地道道的大地主。

朱楧前往甘州，可是当走到平凉，甘州传来消息，规模宏大的肃王府还没有建完，派遣的军队还没有集结完毕。朱楧一听傻了眼，王府没建完，自己去了住哪儿？军队没有集结完，万一蒙古大军攻来，自己就只有等死了，这可怎么办？随行官员只得将这个情况上报朱元璋。最后朱元璋下令既然这样就暂时住在平凉吧，等一切办完了再去，于是朱楧只能无奈地在平凉住了下来。在平凉住了几年后，肃王府终于建成了，接任宋晟镇守甘肃总兵、负责监工的大将军李景隆和甘州地方官员亲自到平凉迎接肃王来甘州就藩，这算是朱楧一生中最为耀眼的时刻。

然而朱楧在甘州没待几年还没有熟悉豪华的肃王府，他的父亲朱元璋就去世了，侄子朱允炆登上了皇位。建文帝朱允炆一上台就谋划削藩，身处甘州的朱楧一直很低调没有什么违法乱纪的事，作为塞王也没有什么显耀的战绩，不过他也引起了建文帝的怀疑。因为他所处的地方是大明的大西北，位置太远，又有黄河作为天险，建文帝无法牢牢掌控，同时朱楧拥有五个护卫的强大实力，一旦作乱，朝廷大军根本无法进入。而且甘州以外就是西域，那里有很多少数民族，这群人战斗力很强，如果朱楧和他们联合到一起就将动摇国本。

于是建文帝决定动动朱楧，不过鉴于朱楧一直很守规矩，自己也不便撕破脸，他决定让朱楧搬家，离自己近一点好控制一点。建文元年（1399），朱允炆下旨让朱楧迁移封地到兰州。对于这个旨意，朱楧没有愿意不愿意的选择权，他只得离开刚刚住出一点人气的甘州肃王府，内迁到兰州去重新熟悉环境。毕竟甘州虽为塞上小江南，但比起迁移封地的麻烦，他比自己那几位哥哥被抓到牢里的悲惨要好上太多了。就这样，新的肃王府又在兰州落成，朱楧毫不迟疑在兰州安了家。

建文帝的预感没错，但他铁腕削藩的做法到底触怒了一众藩王叔父，最具有造反地形优势的朱楧没反，燕王朱棣却扯旗反了。著名的历史事件"靖难之役"中，朱棣和侄子朱允炆兵戎相见，斗得你死我活。肃王朱楧对他们之间的争斗毫不关心，一来事不关己，谁当皇帝都无所谓，只要自己还在兰州当藩王就行，因此他没有对中原的那场大战发表自己的看法，只是一门心思地修建王府，努力让自己生活得更舒适一些。说不清是肃王懦弱，还是他懂得明哲保身，这番置身事外的做法恰恰救了他，从朱棣登基后对朱楧的赏赐可以看出，永乐帝对他这位十四弟的表现是很满意的。

朱楧在兰州最大的贡献就是推动了兰州的发展，奠定了今日兰州城市格局，同时请来了多位饱学鸿儒，大力提高了兰州的文化氛围，使得兰州逐渐成为甘肃省政治经济的中心。他修建了比甘州规模更加宏大的王府，这个肃王府在明亡后并没有被焚毁，而是被保存下来成了清代的甘肃巡抚署、陕甘总督衙门，民国时期变为甘肃督军府、甘肃省政府。新中国成立后也作为甘肃省人民政府所在地一直使用到今天，并且肃王府门外的大街一跃成为明代甚至到今天一直是兰州最为繁华的地方之一。

朱棣登上皇位后,应该是想到自己的切身体会,对各地藩王也开始严密控制和防范,对强势的藩王甚至不惜削藩,对像朱楧这样识时务的则时常敲打警醒,以防有人效仿自己造反夺皇位。朱棣突然下令逮捕朱楧肃王府的官员长史和百户刘成等人,押到京师问罪,就是最直白的体现。按照道理身为皇帝再怎么也不会亲自下令逮捕这样两个小小的官员,朱棣给出的理由是长史负责辅佐肃王,但是朱楧擅自杀了三名卫卒,同时接受哈密进贡的布匹和战马,长史没有劝谏,至于刘成则是他蛊惑肃王和平凉卫发生纠纷。

遭遇此事朱楧大吃一惊,自己作为塞王负责西北一带军事,这些活动都是在自己正常的工作范围之内的,要是这点小事都要上报皇帝自己也就什么事都不用干了。不过仔细想了一番后他才明白过来,朱棣之所以为了这么一点小事就抓他的人,就是因为当年朱元璋给他的那些护卫兵力和掌管陕西行都司甘州五卫军务,四哥是给自己警告啊!想想之前自己的几位哥哥再次被朱棣处理落了个暗无天日的监牢生活,他不禁后怕。于是他识相地马上交出了自己仅存的护卫,并且辞去了陕西行都司甘州五卫军务的职务,甘愿做个无职无权的太平王爷。

朱棣对弟弟的表现很满意,对朱楧他再也不担心了,自己可以安心地做皇帝了,而朱楧也保住了自己的王位和子孙后代的荣华富贵,大家相安无事。

永乐十六年(1418),朱楧在兰州去世,享年四十四岁,朱棣接到报告后特意给了弟弟"庄"这个谥号。朱楧死后被葬在甘肃兰州市东郊的一个小县城榆中县,这里被称作"甘肃十三陵",是历代肃王的家族墓地,十三陵是虚指,其实这里只有十一座坟墓,鉴于肃王的身份,他们自然不能和北京的十三陵相比,但是当年也算是规模宏大。肃王家族墓地自从修建开始就一直是兰州的禁地,肃王派兵把守,周围数十里寻常百姓不得居住,不得进入。不过几百年过去了,这里地上建筑早已经荡然无存,只剩下了一个个土丘和一片野草。

不得不说,肃王一系是深谙韬光养晦的王族一脉。朱元璋给朱楧这一脉定的辈分是:"赡禄贡真弼,缙绅识烈忠,曦晖跻当运,凯谏处恒隆。"但是最后一任肃王只传到了"识"字辈,大明王朝就彻底宣告结束了,纵有洪武皇帝钦定的辈分排行，朱家最终也没能把江山传承得更长久一些。

朱楧的后代都比较老实，没有什么野心，也没有胡作非为的瘾，只想在甘肃过自己的日子，安享荣华富贵。朱楧死后，他的儿子朱赡焰继承了王位，仔细清点遗产才发现老爸作为亲王俸禄太少了，爷爷规定亲王是万石，自己只有五百石，太不合理了。于是上书给朱瞻基请求加工资。朱瞻基一口回绝了朱赡焰，表示：肃王的岁禄五百石是太祖定下来的，十四爷爷没有要求加工资是因为考虑到地方太远运输不方便。我爸爸仁宗，体恤你已经给你加了五百石了，我不能违背祖宗的旨意。其实朱赡焰也是自讨没趣，当初就因为你的岁禄是五百，朱元璋已经给了四万亩土地了，仁宗还给你加了五百，现在你还要涨工资，你要是涨工资了其他的藩王是不是也要涨，到时候皇帝怎么处理。于是肃王要求涨工资的事就这样不了了之了。

工资的事倒是不那么紧要，毕竟肃王一系不靠这点俸禄生活，最让他们头疼的是子嗣问题，肃王一脉一连三代都是单传。在今天的人看来只有一个儿子很正常，但是在古代单传很危险。古人讲究代代相传，香火不断，如果一代只有一个男丁，一旦出了什么意外没有人继承，那整个家族就结束了。所以古人尤其是帝王家庭都拼命地生很多儿子，就是为了让家族传承下去。朱楧一生只有一子一女，他的儿子就是找皇帝要工资的朱赡焰。这位朱赡焰活了57岁只生了一个儿子朱禄埤。而朱禄埤和他爹一样活了59岁，儿子只有朱贡錝一人。

按照明朝的规定，如果王府大宗绝嗣，就要从旁系中选择一个继承人，不过这个继承人不是过继，而且明朝还有特别规定继承人只能从始封王的子孙中选择，不能从别的支脉中选择。就是说，肃王将来的王位继承只能从朱楧的后人选择，不能从朱元璋其他儿子的后代中选择。像后来清朝旁系王爷无嗣，皇帝让自己的儿子过继或者选择其他支脉合适的人选过继，明朝藩王只要没有人继承了就只能除封。

肃王府一连三代都只有一个继承人，不像其他藩王那样有很多族人，大宗没人了就从族人中寻找，因此时刻都有没有继承人被除藩的可能，这让朱楧到朱贡錝一直忧心忡忡。好在朱贡錝最终解决了这个问题，他努力活了八十岁，生了六个儿子，终于让肃王一脉开枝散叶人丁兴旺起来，而且他的努力没有白费，真的挽救了肃藩，后世也真的出现了大宗断绝的现象，险些除封。

第七位肃王朱绅堵在嘉靖四十三年（1564）死了，他没有子嗣，因此从朱楧开始的一脉相传的肃王父子相袭终结。按照规定，宗人府和肃王府找了半天从族人里找出一位叫朱缙贵的人，他是朱绅堵的堂叔，本来继承王位就行了，可是当时的皇帝嘉靖帝却没有批准，至于什么原因没有说明，只是让朱缙贵管理肃王府的事务和肃王族人，而且嘉靖帝收回了肃王的册宝，遣散了所有的王府官员。

嘉靖的这个举动让肃王一系尤其是朱缙贵胆战心惊，皇帝这是要废除肃藩的前奏啊。当时明朝宗室的问题十分严重，嘉靖皇帝也想解决这个麻烦，以减轻压力，而最简单的方法就是废除这些宗室，让他们自谋出路。但是这样的成本太大，容易产生很多新问题，因此嘉靖也拿不定主意，对肃藩是继承还是废除他犹豫不决。好在朱缙贵害怕了几年，嘉靖还没做出最后的决断就死了，隆庆皇帝即位，经过他批准朱缙贵终于继承了肃王的王位。

肃王的王位又传了两代传到朱识鋐手里的时候，大明王朝已经是风雨飘摇了，远在西北的肃王也逃不出这个冲击，尤其是李自成、张献忠本身就是在西北起义，四处攻城略地。朱识鋐面对如入无人之境的起义军吓得整日胆战心惊，曾上疏朝廷要求增加藩府护卫，加固兰州城池，但是没有得到回应，因为这个时候，崇祯皇帝已经自顾不暇了。

崇祯十六年（1643）底，李自成占领西安后，建立大顺政权，他派出大将贺锦出征西北，以便给自己进攻北京留下一片安稳的后方。贺锦一路所向披靡，周边的官兵纷纷选择了投降。很快起义军就攻打到了兰州，此时甘肃总兵见到贺锦势大早就没了斗志决定逃跑，不过兰州有个肃王，如果自己跑了肃王死了，到时候很有可能落个坐失亲藩被朝廷处理的后果，于是他赶紧劝朱识鋐和自己一起逃跑，只要前往南方将来还有机会打回来。但是朱识鋐却犹豫不决，他过惯了王府里的安稳生活，要是逃出去自己怎么生活啊。总兵听了他的话只得自己先逃命去了。

不久之后，贺锦攻入了无人守卫的兰州，朱识鋐这个时候才想起来逃跑，带着家眷仓皇逃出了王府。他的王妃颜氏、顾氏知道这个时候已经无路可逃了，与其这样被抓受尽屈辱而死，不如自行了断，于是撞碑而死。朱识鋐可不想死，他想逃走，可是哪里逃得出去，最后被抓住死于农民军之手，随后肃王一系后人在混乱中被杀了很多。

肃王一脉从此消失得无影无踪，不过后来有一支张姓人家，被称作"洪武张"，传说他们就是肃王的后人。据传末代肃王在混乱中被抓后，一个肃王后人逃了出去，在八盘峡遇到了一位名叫张明宦的人。张明宦收留了他，因为明朝已经灭亡，没有复兴的希望了，于是张明宦认他为义子，并改名为张献龙，从此他的后人就在八盘峡繁衍生息，后来迁到河口地区生活。清朝统治稳固后，对明朝皇族的严查松懈下来，这一支人没有改回朱姓，而是继续姓张，并且成为附近的大户人家，而且逐渐的周围人都知道这支张姓人家是肃王的后代，都称呼他们为"洪武张"，这一家族一直延续到了今天。

聊斋故事中的肃王府

《聊斋志异》是中国古典名著之一，其中好多故事被多次搬上荧幕，已成为不亚于四大名著家喻户晓的经典作品。作者蒲松龄老先生是山东临淄人士，他书中的众多故事却涉及地域很广，有一篇名为《八大王》的故事，里面人物关系就与肃王有所牵扯。故事是这么说的：

甘肃临洮县有一个姓冯的人，原来是世家子弟但已经落魄了。俗话说瘦死的骆驼比马大，冯生家境虽然大不如祖上，仍然家有余粮过得还算可以，甚至还有银钱借给别人赚取利息的资本。本地有个靠捉鳖卖钱的人因为借了冯生的钱还不起，就将捕捞到的一只大个头的鳖送给冯生以期抵债。冯生应该是个很好说话的人，接受了捉鳖人献给他的鳖。不过，当他看到大鳖时甚感有异，此鳖体型巨大额头上还生有醒目的白点。古代人都特别迷信，认为鳖能长成这样是老天赐予其灵气的象征，便当即将这只鳖给放生了。

过了一段时间，冯生从女婿家回来已是黄昏时分，在河边偶遇一个醉汉跌跌撞撞地迎面而来，身后还跟着几个仆僮伺候，看得出颇有身份。隔着老远，对面的醉汉直不楞登地问冯生是谁，冯生随口应付他并不报自己的名号。古今嗜酒者大都一个德性，醉汉胡搅蛮缠也是常见，冯生不愿与之多说只管低头行路。没想到醉汉却因此生了气，拽住他的衣服非要论个长短，身上酒气熏人。冯生挣脱不开，心里也是暗自生气便问对方是什么人。对方醉得很厉害，梦呓似的自我介绍说他是原南都令尹。古代令尹可是不小的官职，战国时相当于国相，唐代也是市长级别，有些白话译文中说此处指县令是不对的。冯生听醉汉说他是旧南都令尹自是不信，加之对方粗鲁莽撞便讥讽他这样的官员简直辱没世间，幸亏只是个退休老干部，假若是在职的还不杀光了走路的人吗？一番话惹得醉汉动了怒，提起拳头就要揍人。冯生倒也有几分胆气，或者他自认身份还过得去，明知要挨打了还梗着脖子针锋相对说出了自己的姓名。果然，醉汉在听到冯生自报家门后瞬间罢手，并转怒为喜高兴起来，嘴里只嚷着道歉的话，摇摇晃晃地对冯生作揖下拜，称冯生是自己的救命恩人。冯生当时肯定懵了，也很有些不以为然，想着趁机脱身，但架不住醉汉纠缠，硬是被醉汉拖着去家里说是要款待他，言语间醉汉已打发童仆先行回去置办筵席去了。

冯生推辞不过，只得跟着醉汉往前走，一直走了好几里路才到一个小村庄上。村落貌不惊人，但进入醉汉的院子，冯生发现他家房舍华丽雕梁画栋好像是个富贵之家。此时，醉汉渐渐酒醒，冯生好奇询问他的姓名。醉汉犹豫片刻如实相告，并提前安抚冯生不要害怕，因为他是洮水上的八大王，去西山青童处喝醉了酒才言行无状冲撞了恩人。八大王和青童都是神话中才有的人物，冯生自知遇上了妖怪，但看八大王酒醒后态度恳切一再赔礼道歉，又听他说起彼此渊源，八大王向其展示自己额头上的醒目圆点，冯生方才得知八大王就是当日他放生了的那只大鳖，他于这只鳖精的确有救命之恩，便也不觉得害怕了。

八大王府上设有丰盛的宴席，二人亲热地喝起酒来。八大王饮酒豪放，一连干了好几杯。冯生恐怕他再喝醉了耍酒疯，就假装已经喝醉不肯多饮。八大王明白他的意思，笑着说了一通醉酒的论调，称凡是喝醉酒的人行为不端，并说自己隔一夜就不再记得，那是骗人骗自己的鬼话。醉酒的人无德，那是借酒装疯故意犯错误。八大王感念冯生对自己的恩德，视冯生为长辈言语恭敬守礼，频频劝酒。冯生见他说得透彻只好又坐下，端起长辈的架子劝谏他戒酒。八大王十分感慨，向冯生讲起自己酗酒的缘故，原来他在仙界任职时就因为醉酒误事触怒了天帝，才被贬谪来到洮水，十余年间他也想努力戒酒，但自己年老落魄恐怕再没有回到过去的机会了，也就只好得过且过放任自流。冯生心地善良，自是一番开解劝谏，八大王知道冯生这样说是对自己好，便下定决心戒酒自立自强。二人倾心谈话间，远处的钟声传来，眼看就要天亮了。

八大王看了眼天色，起身挽住冯生的手臂对他说彼此相聚时间有限，他要送一件珍藏的东西给冯生，以报答冯生对自己于身于心的两次搭救，并言明他送的东西不能长久佩戴，到一定时候自会来取回。说罢，八大王从口中吐出一个小人，大小仅仅只有一寸高。八大王以指甲掐住冯生的手臂把小人按在上边，冯生疼痛难忍，等八大王松手看去，小人已经进入冯生的皮肤里，指甲掐过的痕迹还在，而胳膊上慢慢突起一块疙瘩。冯生惊疑不定问八大王给了自己什么，八大王笑而不答，推搡着把冯生送出大门。雄鸡高鸣、曙色来临，冯生回头看时，之前逗留宴饮过的村庄田舍全都不见了踪影，河边唯有一只巨大的鳖正缓慢笨拙地爬进水中。冯生惊讶了很长时间，他猜想，八大王送给自己的必定是"鳖宝"。

自此以后，冯生的目力突然变得特别明亮，凡是藏有珍奇宝贝的地方，即使在很深的地下，他都可以看得到；即使以前没有见过的奇珍异宝，也能够随口说出它的名字。就在他睡觉的房间地下就埋有大量钱财。冯生掘出埋藏在地下的数百串钱，他的生活用度变得充足起来。后来，有出卖一所旧宅子的，冯生看到里面藏有无数成串的钱，就把这所宅院购买下来，得到老宅地下的财宝。借助这双能助他发财的慧眼，冯生就此发迹，家中奇珍异宝应有尽有，富贵程度堪比王公大臣。有一天，冯生无意中得到一面镜子，背面有突起的凤纽环儿和水云湘妃的图，它的光亮能照一里多，胡须和眉毛都可数清楚。而美丽的女人一照，影子就可留在里面，磨也磨不掉，这功能类似今天的照相机了，令冯生好一阵激动。

都说男人到八十岁还是难改风流本性，冯生也不例外。当时，肃王府有位三公主长有绝世容颜，冯生虽有家室，年纪也不小了，但毫不影响他对美人的仰慕。一天，听说三公主要去崆峒山游玩，冯生事先到山中藏下来，等三公主下车时，就用镜子照了她。回来后，把镜子放置在书案上，冯生每天对着镜中的三公主痴迷留恋不能自己，高兴到忘乎所以。大约是此举惹恼了妻子，这件事让他妻子感到十分不满，就向旁人诉苦。消息泄露，传到了肃王府。肃王听说之后雷霆大怒，亵渎金枝玉叶这还了得？遂命人把冯生捉起来，收缴了镜子，拟将其斩首。冯生有的是金钱贿赂肃王身边的宦官，请他们转告肃王，如果能够得到赦免，天下最值钱的宝贝他都会帮肃王找寻，若不然自己死了对王爷也没有什么益处。肃王不为所动，准备抄了冯生的家把他迁到别的地方去。三公主听说了却认为冯生已经偷看到她的容貌这么久，即使死十次也解脱不了这种玷污，自己已经名声尽毁还不如嫁给他。冯生都是当了外公的年纪了，肃王看不上眼，自然不同意。三公主觉得父亲很顽固，不顾她的名声，对此事很生气，把自己关在房子里不吃东西。肃王的妃子见女儿如此态度，只得尽力说服肃王。肃王无奈释放了冯生，命宦官把这个意思向他说明白，并要求冯生休妻迎娶公主。

　　冯生虽然好色，但还不算负义，回绝说："古有明训糟糠之妻不下堂，我就是死也不能从命。肃王如果准我自赎，即使倾家荡产也愿意。"肃王闻言愤怒不堪，又把冯生逮捕起来。肃王妃想了一计，她把冯生的妻子召进宫中，准备把她用毒药毒死，好成全冯生和自己的女儿。冯妻是个十分乖觉的人，她已经预料到肃王妃要加害自己，便准备了珍稀宝物去拜见王妃。见面后，冯妻把宝物赠送给王妃，言行举止都刻意做小伏低，因而博得肃王妃的喜欢，准许她去参见三公主协商婚事。公主也喜欢冯妻的为人，两人一见如故结为姊妹，冯妻还请人转告冯生劝他答应娶三公主。冯生一听妻子居然不介意他再娶很是担心，认为王侯家的女儿即便身份高贵按照传统礼仪也只能当妾，唯恐是肃王府在耍阴谋。冯妻不以为然，回到家里置备聘礼，送进王府去下聘。当时去送礼品的队伍蔚为壮观，据说有千人之多，珍宝玉石之类的有些贵重东西就连王府也是第一次见。肃王见冯生家境豪富随即大喜，释放冯生回家，并把三公主嫁给了他。三公主携带着镜子嫁到冯家，成就了一段佳话。

之后一天晚上，冯生做梦梦见八大王走进来，向他索要小人，并告诉他那东西佩戴久了耗费人的心血，会折损人的寿命。冯生高高兴兴答应，要留下八大王一起宴饮，八大王推辞称自从听了冯生劝谏已经正式戒酒三年了。说罢，就以嘴啃冯生的手臂，冯生痛得从梦中惊醒，起来一看手臂上肿块已经消失，知道是八大王梦中取走鳖宝的神通，他与八大王之间的恩情债已经了了。自此以后，冯生恢复正常再也看不到埋藏地下的钱财珍宝，仍旧跟平常人一样了。

《聊斋》故事固然神异，但这个故事当中说的肃王与王府却是真实存在的，就是明代修建于兰州的肃王府邸。人们都知道兰州有个肃王府，其位置就是今天的省政府。却很少有人知道，张掖市甘州区也有个肃王府。

明初曾经在甘肃封过四位王，其中有三位曾前来甘肃就藩。他们是：封于甘州的肃王、封于岷州的岷王、封于平凉的安王，以及后来接替安王被改封而来的韩王。被封在甘州的肃王朱　是朱元璋的第十四个儿子，系妾妃所生，初封为汉王，洪武二十四年（1391）改封为肃王，当时因陕西各卫兵马未集，肃王暂时驻平凉，与此同时朱元璋派遣开国功臣宋朝用之子宋晟为平羌将军、甘肃镇总兵、陕西行都司都指挥使，全权筹划肃王就藩甘州事宜。宋晟到达甘州后，根据明政府关于营建王府的典章制度，选地址，选属官，在甘州城内偏西南处征用了1000多亩土地，动工修建了肃王府。1393年，明廷对宋晟另有任用，由李景隆挂平羌将军印继续筹划肃王就藩甘州事宜。洪武二十八年（1395）甘州肃王府落成，李景隆率领甘州地方官员亲自到平凉迎接肃王来甘州就藩。据甘州地方史书记载，肃王所管辖的范围为"西渡河，领张掖，酒泉郡……护西域诸国。"也就是说肃王所管辖的范围包括今天的甘肃、青海、新疆的部分地区。

肃王除了甘州的肃王府以外，在甘州、高台、临泽等地有大量的田庄草湖，还在宁夏固原设了个甘州群牧千户所，专管肃王养马的事情。总的来说，零零总总，肃王占有田地4万多亩，是个名副其实的大地主。

建文帝登基后，开始着手削藩，逐渐把各藩王权力收归中央。平羌将军李景隆为迎合建文帝，上书明廷建议将肃王内迁兰县，以加强对肃王的控制。

可惜肃王王府修成没有几年，肃王就服从朝廷政令将王府内迁到了兰州。肃王内迁兰州后，甘州王府并没有废弃，遗留有830多人继续管理着王府、草湖田庄、墓地等财产。

甘州肃王府的范围在今张掖市甘州区县府南街王府十字以西，青年西街府署十字以北，劳动南街至西街小十字以东，人民西街至西街大十字以南的区域内。据地方史料记载及老人回忆，现今张掖甘州区内的县府街，就是由于明代肃王府建于此地，最先称为王府街，清代中期以后，张掖县署衙门在此，才更名为县府街的。

如今，甘州肃王府的遗址上尚有明清房屋八间，位置在甘州区县府南街以西100米处的幼儿园内，是一组坐北向南穿堂过道式平房，共计两排四幢，保存基本完好，它是肃王府遗址上遗留的唯一古建筑了。

甘肃镇不得不说的名人们

宋晟，是甘肃镇第一任总兵，深得洪武帝朱元璋信任，至永乐朝又继续受到朱棣重用，算上建文帝执政时期，宋晟也算三朝元老了。

以猜疑心闻名的朱家王朝，对治下官员从来都不大放心，因此设置了锦衣卫来暗中监管朝臣，后来又陆续设置了臭名昭著的太监组织东厂、西厂来收集情报探听百官消息，是一个充满了猜疑，仅凭捕风捉影就可以将人下狱治罪的奇葩朝代。

不过，不管打仗还是管人，都是标准硬汉作风的朱棣，唯独对一位西北边将，却常常表现出难得的信任和温柔：有御史告他独断专行，反而被朱棣一顿骂，说这人有资格独断专行，甚至他本人主动请求汇报工作，朱棣反而体贴回复说：打仗的事你看着办就行，不用请示。因为这个人，以他辉煌的战功与卓越的军事才能，绝对受得起皇帝的温柔以待，他就是宋晟。

宋晟的家族，堪称明初生猛的武将世家，父亲是朱元璋的爱将，哥哥阵亡在朱元璋定鼎江山的关键战役"南京战役"中。为了大明王朝的一统天下，老少爷们子弟兵齐上阵，因此得到皇帝厚爱。宋晟袭职于自己的父亲，他早期跟随大明朝出名的智将邓愈，长期边打边学，等到朱元璋建国后，已习得一身好本事。像这样出色的年轻人，本该是前程似锦春风得意的，但或许正是因为太过得意，洪武十二年（1379），宋晟触犯明律被贬到边疆的甘肃镇服役，史书记载说他在甘州卫当指挥使。关于这次贬谪《明史》上没细说，野史里的说法倒也颇为雷人，说他回南京探亲，一高兴就和一群勋贵子弟炫富，在秦淮河上租了个装饰华丽的大船，一路招摇显摆，被奉行节俭低调的明太祖朱元璋知道后一顿责骂并严惩，便灰头土脸地到了西北。这则传言不足为信，但从宋晟之后的表现来评价，遭贬严惩对他来说貌似并不是什么坏事，倒是就此成就了一位沉稳老练的战将。

就任甘州的宋晟，起初十分艰难。作为大明的西北边境要塞，凉州从元末起就战乱不断，西北人骨子里的桀骜不驯注定了这里不好辖制。明帝国初建，西北战火不息，还处于百废待兴阶段，军队一边需要戍守边防应对瓦剌和鞑靼的侵扰，一边还要协理地方维稳，甘州卫指挥使是一个并不容易接手的烫山芋。据说，宋晟到来前的九个前任，阵亡了四个，撤职查办了三个，还有两个死于士兵哗变。似乎贬到这里为官就是找死。

是金子总会发光的，宋晟的才能在甘州得到了最大程度的发挥，在继整饬军队纪律、帮助当地百姓兴修水利获得高度赞誉的军民鱼水情之后，宋晟又干脆送给朱元璋一份最佳贡礼，那就是他率军取得的亦集乃路大捷。

亦集乃路，位于甘州北面，驻守此地的更是彼时北元名将"吴国公"把都剌赤，此人作战生猛且狡诈，多次击败明军，人送绰号黑将军。北元反攻中原的野心此时还在，而亦集乃路是蒙古人进驻河西走廊的桥头堡，一直以来都是朱元璋的心头之患。北元不甘心放弃河西肥沃土地，眼看宋晟把甘州经营得风生水起，把都剌赤坐不住了，带着大部队直扑边境，想趁明军忙着搞建设来边墙内外打秋风。沿线明军慌忙迎战，北元发挥骑兵优势打机动战，几个来回就让明军吃了大亏。

此时的宋晟展现出了超高的军事才能，他留下部分军兵固守长城垛口，却亲自带兵反向攻往亦集乃路，抄了把都剌赤的老窝。等把都剌赤慌慌张张带兵回援，又正撞进明军口袋里，被结结实实一顿修理，连他本人在内，一万八千多蒙古军被活捉。大名鼎鼎的"黑将军"，就这样成了宋晟的阶下囚，北元王朝的嚣张气焰在大明西北的边墙之外终于减弱下去不少，宋晟一度成了蒙古人的克星，有他在蒙古人就不敢打西北的主意。

此次大捷宋晟一战成名，官位也得到一再升迁，在继升任陕西行都司指挥使后，又兼任右军都督府的实权官职，一时炙手可热。有过之前的教训，宋晟沉稳下来变成了不骄不躁的领军大将、封疆大吏，他一鼓作气又为大明王朝送上的另一份大礼，便是他武将生涯中最为闪耀的一战——奇袭哈梅里。

哈梅里，就是今天的新疆哈密，后来明朝的关西七卫之一的"哈密卫"。历朝历代，哈密都是丝绸之路进入西域的重要贸易集散地，是中原王朝在西域的桥头堡。明初时，这里是元朝藩王兀纳失里的地盘，这位王爷起初还算老实，曾主动上表臣服，可等着明朝开通了西域，丝绸之路恢复了商贸，他就出尔反尔单方面撕毁了和明朝的友好协议，不但经常打劫过往商队，甚至还胆大妄为地扣押西域国家使臣，阻止他们向明王朝示好。此举惹怒了洪武皇帝，当即下令驻守西北的宋晟予以痛击。彼时，宋晟就任的陕西行都司还在庄浪，没有搬到宽敞富庶的甘州。

宋晟仔细筹谋一番即带着大军出发了，他选择了一条隐秘的突击小路，然后精选了一支精壮军兵组成突击队，携带干粮昼夜不停急行军，快速穿越沙漠，以迅雷不及掩耳之势直抵哈梅里城下。兵临城下，兀纳失里当场傻了，在他的计算中，明军从组织兵力到物资运输，出了嘉峪关到哈梅里也是不短的一段路程，这个时间里他完全可以游刃有余地组织人马守城了。可是，明军不啻神兵天降，就这样突然而来了，在他还没有任何部署的情况下。这位没什么风格的北元王爷，只能选择束手待毙乖乖出城投降。西域重镇哈梅里，被宋晟兵不血刃地收服了，彻底成为大明的囊中之物。

自从洪武十二年（1379）就职甘州后，战无不胜的宋晟便成了大明西北边陲最可靠的屏障。西北边陲凡是跟大明朝叫板的，明军能打得着的，基本全被他修理了个遍，从洪武年间到永乐年间，所谓"四镇河西，前后二十年，威信著绝域"，正是宋晟打出的光辉战果。

其间也有个小插曲。永乐初年，一个遥远的敌人，西域人很尊重的帖木儿大帝前来叫板。趁着永乐皇帝刚上台，明朝内部有些糟乱之际，此君纠集人马号称二十万之众，大摇大摆从中亚杀来，嚷嚷着要反明复元，挑战的第一个目标，正是镇守西北的宋晟。此时的陕西行都司已经迁入甘州，甘肃镇也成功建立起来了，宋晟一人独挑大梁担任行都司指挥使和甘肃镇总兵的重任，对关外那些西域国家自然是胜券在握、丝毫无惧。

宋晟在甘州集结了十万兵力，厉兵秣马热情高涨，打算给不知道天高地厚的帖木儿大帝一个下马威。可惜，明军枕戈待旦、摩拳擦掌还没几天，一个扫兴的消息传来：帖木儿病逝于路上，对方大军出师不利返回中亚去了。大明西北战无不胜的猛将宋晟，与中亚战无不胜的帖木儿大帝，就这样错过了对决的机会。

错过对决的宋晟，也于永乐五年病故。而他生前打造出的强大西北骑兵"甘凉精骑"，在整个15世纪里，都是明军极度倚重的军事力量。"甘凉精骑"不但修理过鞑靼瓦剌，还曾深入中缅边境，痛打麓川叛军。而对于永乐大帝威服四夷的大业来说，郑和下西洋，是海船开的路，而陈诚五通西域，却是宋晟的辉煌战功打的底。

但是就是这样一位在战场上威风凛凛、受两代君主尊敬的"战神"，却曾经做过一件令人匪夷所思的事情。为让儿子娶公主做驸马，宋晟不惜杀了儿媳妇去攀龙附凤。

当时宋晟有三个儿子，大儿子战死在了沙场上，二儿子名叫宋琥，三儿子名叫宋瑛，活着的两个儿子都机敏过人，再加上宋晟在军事方面的成就无人能敌，为了拉拢这个边疆安防的核心，朱棣决定将自己的公主许配给宋晟的儿子。当时仅有三位公主尚未出嫁，而朱棣决定把两位下嫁给宋晟的儿子，宋家能够娶走当朝仅有的三位中的两位公主，两个儿子都成驸马，这可谓是莫大的荣耀。

但遗憾的是，二儿子当时已经成亲，公主嫁过来肯定不能为妾，为了娶到公主，宋晟想要儿子休掉他的妻子，宋琥不从。宋晟当然不能让这来之不易、千载难逢的机会从手中溜走，于是趁儿子不注意的时候，将儿媳妇叫出了门带到了远处,结束了儿媳妇的生命。最终,宋晟如愿以偿地成了皇亲国戚,光宗耀祖。对于此事,《明太宗实录》有翔实记载:安成公主下嫁西宁侯宋晟之次子宋琥,咸宁公主下嫁西宁侯宋晟之三子宋瑛。

宋晟为了政治仕途,牺牲了自己的儿媳妇,后人评价多有批评,但是宋晟驻守西北几十年,确保了明朝边疆的安定,也为后人能五次平安出使西域打下基础,功不可没。

纵观宋晟一生,于洪武二十四年(1391)充总兵官镇甘肃,治所在陕西行都司驻地庄浪卫,洪武二十五年移陕西行都司治甘州。宋晟来到甘州后,积极扩修甘州城垣,扩修粮仓,为朱元璋第十四子朱楧修建肃王府,肃王朱楧得以于洪武二十八年(1395)顺利就藩甘州。宋晟是继元代扩修甘州城的第一人,从此,甘州成为明代甘肃镇及陕西行都司的治所,敕赐西宁侯宋晟平羌将军印总兵镇守,宋晟是第一任甘肃挂印总兵兼行都指挥使,先后辖甘州五卫及山丹、肃州、西宁、永昌、凉州、庄浪、镇番共12卫及直属高台、镇夷、古浪、碾伯四守御千户所,是不折不扣的明初战神级人物。

有人说乱世出英雄还是颇有道理的,封建王朝的那些英雄往往都出现在朝代更迭之际,新旧交替更有出头的机会。如果说宋晟的神话是占了明王朝初建时期的便宜,那达云则是朱家王朝走向衰落、边疆动荡时脱颖而出的另一位大将。

达云的始祖恪那亚,系哈密畏兀城人,与兄长哈那大、哈那亚于明洪武初年朝贡赴京,明成祖时授试百户,带俸驻扎甘肃凉州卫,遂落籍为凉州卫人。恪那亚生一子,名达里麻答思,承袭父职。达里麻答思继承父风,学习汉族文化,同凉州汉族人民关系日益融洽,生活习俗亦无两样,遂确定以首字"达"为自己及所有家族姓氏,成为回族。达云生于明世宗嘉靖三十年(1551),为达里麻答思的七世孙。早年达云为人勇猛、强悍而有谋略,于嘉靖四十五年(1566)四月嗣封世职为指挥佥事。

达云扬名立万的战役为湟中三捷。当时蒙古右翼永谢布部万户领主永邵卜大成台吉是顺义王俺答的侄子,部下兵众强盛,曾被明廷授为龙虎将军。万历六年(1578),跟随俺答西迎活佛索南嘉措,于是留在青海,主持仰华寺。

自万历八年（1580）后，永邵卜改称瓦剌它卜囊（意为瓦剌之婿），活动于青海、甘肃等地，连年侵扰明朝边境。永邵卜曾经诱杀副将李魁，边境守臣不能报仇，于是他更加轻视明军。万历二十三年（1595）九月九日，永邵卜估计明军将士们必定会宴饮，于是带领劲骑径直入侵西宁南川。他的行动被归附明廷的番人侦得，并向时任西宁参将的达云等人报告。达云在险要之处设伏，命令番人绕出朵尔硖口（捏尔朵峡，今青海湟中上新庄南）左右以外，暗中扼住蒙军后背，自己亲率精兵两千人参战。待永邵卜等一千余骑进入峡内，伏兵发动突袭，蒙军首尾不能相顾，在其后的番军趁势夹击，蒙军大败。达云手刃蒙军首领一人，斩首683级。那些逃到峡外的蒙军，又被番军歼灭。此役，明军缴获骆驼、马匹、兵器不计其数，号称"西陲战功第一"。十一月，明神宗升达云为甘肃镇副总兵。在此战中被斩杀的蒙古将领把都尔哈，就是先前杀死李魁的人，而他被杀的朵尔硖口就是李魁阵亡之地，二人同在九月阵亡。在这以前，副将李联芳被蒙古将士杀死，总兵尤继先活捉杀害李联芳的仇人。边境军民将达云、尤继先报仇之事并称，为之称快，史称"久积不雪之愤，庶少快其一二"。

达云获胜以后，估计永邵卜必定再来，于是聚集重兵，严阵以待。十月十三日，不甘失败的永邵卜果然纠合火落赤、真相、瓦剌它卜囊诸部来犯，由湟源一带进兵南川。蒙军先包围番人居住的剌卜尔寨，企图以引诱明军来援。番人不能支持，只得与蒙军合势进逼西宁。达云奉甘肃巡抚田乐之命，率各部进驻西川康缠沟（今青海湟中康城寨一带），行诱敌深入之计。二十二日，达云指挥明军四面齐攻，对蒙军形成包围之势。他亲率左右冲击，自辰时至申时，大战数十回合。蒙军死伤惨重，于是以长枪钩杆专门攻击西宁军。西宁军坚不可破，蒙军眼见获胜无望，于是溃逃，达云率军追击数十里方才返回。永邵卜、瓦剌它卜囊等部连夜徙帐于盐池以西，火落赤渡黄河向南而去，康缠大捷宣告结束。

田乐发起的甘山之役，与达云指挥的南川、康缠二役使青海蒙古迭遭重创，其在青海的势力从此衰落，河湟地区的"海寇之患"被彻底肃清。捷报传至京师，神宗大悦，遣使祭祀郊庙，宣布大捷。自内阁首辅赵志皋以下的群臣均获进升,达云则于万历二十四年(1596)二月被擢升为署都督同知,其子达奇勋被荫授为世袭凉州卫指挥使。永邵卜等连年劫掠各部番人,番人无法抵御,于是转而归附。等到永邵卜战败远徙之后,达云立即招抚番人各部,有七千余户的番户得以恢复产业。之后,永邵卜接连入侵明沙、上谷,都被达云击退。万历二十五年(1597)五月,达云以都督同知挂将军印,充任延绥总兵官。九月,青海蒙古部下首领清永等入侵边境,达云与诸将分兵抵御,先后斩首170余级,以功被实授为都督同知。不久后,改镇甘肃,成了驻守甘州的甘肃镇总兵。

达云镇守甘肃,除湟中一代大小战役取胜以外,著名的还有松山战役等大大小小上百次征战记录,在广袤的西北战线上各个城镇都留下了他跨马御敌的身影,深得百姓和臣僚爱戴。万历三十五年(1607)底至万历三十六年初,积劳成疾的达云病逝于防秋军中。神宗依例赐达云祭葬,加祭二坛,后追赠太子太保。达云一生征战沙场,牢牢坚守着大明西北边境,他在西北数十年,冲锋陷阵,未尝受挫,屡破海西蒙古,名震西陲,是出生于西北本土、成长于西北战火之下的一代名将。

出生于河西本土的甘肃镇总兵,除达云之外还有一位更具有传奇色彩,他就是明末期武将世家子弟杨嘉谟。可是,因为清皇室一些不得公开的历史原因,杨嘉谟的故事鲜为人知,直到近当代,这位精忠报国却不见于史书记载的明末爱国大将的事迹才渐渐浮出水面。

杨嘉谟的故事,发生在一个曾经盛极一时后来却被遗忘的地方——甘州。当驱除鞑虏、兴复国家的理念与保守经略、以和为贵的士大夫阶级思想发生碰撞,当抑武扬文、官宦勾结与疾恶如仇、行伍没落相摩擦,最终的归宿便是这个失去信仰的朝代彻底覆灭。

一片地域,两个对立面,三方势力角逐下,一个怀揣"兴我华夏"之梦的将军杨嘉谟,在明末风雨飘摇的时局里恪守先祖"杨家将"精忠报国思想,与宦官周旋,与王权抗争,与外族交锋,在内外交困之中苦苦挣扎,意欲挽救大明王朝于大厦倾倒之势。大义当前,儿女之情或许是调剂,但又不可或缺,杨嘉谟和他的弟兄,有关红颜、有关痴嗔纠缠的一系列爱恨情仇,都是属于那个时代独有，属于每个人对家国大义的理解和执着。

明万历二十五年（1597），凉州卫指挥使杨嘉谟因得罪当地镇守太监，在与瓦剌作战中受到刁难而被定为死罪即将处斩。在时任甘肃镇总兵的维护和斡旋下改判为贬职流放，褫夺世袭指挥佥事后发配至甘肃镇最边远的地区去戍边。

杨嘉谟到甘州从零开始，一边发奋练武抗敌，一边还要应对来自镇守太监的刁难和肃王府长驻甘州的王府势力的压榨，以及腐败官僚的打压，可谓步步艰险。除此之外，边墙外的瓦剌和海部对大明疆土虎视眈眈，他们长期觊觎河西走廊，对明边境进行不断的骚扰和劫掠，严重威胁着百姓官民的生命安全。

其时的大明帝国已经走向颓势，国力衰弱、库廪空虚，官员腐败只知敛财、兵将不兴十去七八，面对强敌疆域不断缩减，整个国家就像摇摇欲坠的一具空架子。国家内外交困、江河日下，九边重镇也只是勉强维持守御之责，本就不足的军饷在层层盘剥之下被侵吞私占，士兵们盗卖兵器糊口养家已经是公开的秘密。

面对这样一个时局，杨嘉谟看在眼里恨在心上，性格耿直、疾恶如仇的他决心从身边做起，挽救大明军队造福边塞官民。在甘州戍边期间，杨嘉谟发现侯太监参与制售鸦片，暗中调查取得第一手证据，扳倒了不可一世的镇守太监势力，但因此也被制售鸦片的真正幕后操纵者肃王所憎恨，为自己惹来一次次杀身之祸，幸得新任甘肃镇总兵达云父子的回护免于死罪。

在此期间，杨嘉谟意外救下了甘州大儒丁大先生一家，从而获得了当地儒学教授、甘泉书院山长丁大先生的赏识，并将女儿嫁给杨嘉谟为妻。之后，杨嘉谟又仗义出手帮助百姓与肃王府恶势力抗争，在经过一系列斗智斗勇的较量后，青崖郡主对杨嘉谟渐生好感。但是，此事被肃王知晓，认为兵户出身的杨嘉谟配不上金枝玉叶的郡主，便横加阻挠逼迫女儿回王府，并暗令巡抚贬黜杨嘉谟。

青崖郡主得知其父要为难杨嘉谟，不惜与王府翻脸，赶回甘州护持心上人，此举惹恼了肃王，他授意肃王府管事，借着与瓦剌作战中伺机暗杀杨嘉谟，以打消郡主的痴念。甘州肃王府管事詹德贤得令，在杨嘉谟带兵去堵截寇边来犯的瓦剌骑兵时,暗地里指使人换掉杨嘉谟等人的坐骑,将他们推向强大的蒙古人铁蹄之下。杨嘉谟一行百余人遭遇鞑靼骑兵,面对数倍于己的敌人,他们连撤退都做不到,只能拼死作战,最终在闻讯赶来的高台守御千户所军兵的救援下,杨嘉谟活着回到卫所,但与他一起去截击敌兵的百余人却全军覆没。

得知杨嘉谟重伤的内因,与他发配到不同卫所服役的伯兄义愤之下跑到行都司衙门击鼓鸣冤,替杨嘉谟抱不平。陕西行都司与巡抚衙门等机构慑于肃王权势不肯受理,但在青崖郡主的直接干预下,才开始调查事件起因,詹德贤是肃王亲信谁也不敢问责,只得弃车保帅,抓出知府同知来顶罪。

詹德贤为了不让罪名牵扯到王府头上,命人买通司狱暗杀了羁押牢中的知府同知,让这件案子成了一桩无头公案。青崖郡主无奈,体恤杨嘉谟和死去的百余兵士,与总兵达云商议升任杨嘉谟为分巡西宁道守备,协理甘州五卫及高台守御千户所的兵政事宜,杨嘉臣兄弟亦同时随从,兄弟等人都有升赏。

肃王杀杨嘉谟不成气恼非常,改以杨嘉谟的性命为条件,逼郡主回府与京中高门联姻。郡主忍痛割爱妥协了,和杨嘉谟见完最后一面,回了千里之外的肃王府,终因所嫁非人在几年后抑郁成疾而香消玉殒。肃王因此事更加痛恨杨嘉谟,传令驻甘州的王府官员暗杀杨嘉谟。而这时候的杨嘉谟因为屡立战功,打造出了一支威震蛮夷的"杨家军",杨嘉谟因此成为以敢拼敢冲、作战勇猛而闻名的一代青年武将。

与杨嘉谟交好的高台守御千户所千户程槐有一妹叫作程英,生来不爱红妆爱武装,带着一队由她领头组建的女兵成为军中一道风景。程英爱慕杨嘉谟,也曾与肃州卫合作打过好几回胜仗,因此央求其兄说媒要嫁给杨嘉谟。其时杨嘉谟虽说对程英颇有好感,但他早就与丁大先生的女儿成婚好几年,膝下已有一儿一女,为了不耽误程英的终身自然便拒绝了求婚。

程英是武将,生性胆大直率、敢爱敢恨,杨嘉谟拒绝早在她的意料之中,便亲自赶到府城杨嘉谟的家中,向丁氏夫人当面陈情自保嫁入。丁氏喜爱程英的性情,又思忖她能在战场上为杨嘉谟助力,便自作主张答应了程英的请求,瞒着杨嘉谟操持了纳聘之事,并允许程英进门以平妻之礼相待。定亲之后,确定了迎娶日期，杨嘉谟才得知夫人的所为，感动之余亦深感惭愧，立誓此生只娶二位夫人，再不沾惹任何姻缘。娥皇女英和谐相伴，一时在甘州传为美谈。

"杨家军"所向披靡，每次出战蒙古和海部之敌兵都望风而逃，其义弟杨俊，既是杨家军的中坚力量，也是杨嘉谟视为股肱的得力干将。杨俊性格豪爽不拘小节，一身江湖义气专爱打抱不平，数次与肃王府官员和镇守太监的势力为敌，屡立战功的同时，为杨嘉谟带来了无数的麻烦和是非，间接上加速了杨嘉谟和那些潜在宿敌的恩怨仇恨，令两方面摩擦不断、矛盾升级，最终导致肃王府与杨嘉谟彻底翻脸。虽然杨嘉谟借此拔除了甘州的镇守太监势力，但因此而得罪了几乎一整个宦官群体，使他往后的官场生涯更添阻力，第一次错失了升迁的大好机会，并遭到有意诬陷而被再次撸职收监。

其时，瓦剌逐渐衰弱，受鞑靼胁迫挑唆，与鞑靼从两面合围大明边界。内外交困中的明王朝组织军队仓皇应对，而失去有效指挥的甘肃镇明军在瓦剌的骑兵冲击下节节败退，丢失肃州卫后撤至高台防守，甘州危在旦夕。肃州卫指挥使达奇勋率领一干官兵临阵请命，为杨嘉谟鸣不平，迫使陕西行都司释放杨嘉谟主持大局指挥作战。大敌当前，巡抚和都司无奈只得妥协，将牢狱之中的杨嘉谟无罪开释。

一经出狱，杨嘉谟顾不上换衣服洗漱，直奔前线抵抗强敌，在他的指挥下，明军士气高涨有序作战，成功驱逐瓦剌，保住了大明的西北防线。之后，杨嘉谟一边抵御瓦剌的进攻，一边组织边民大规模修缮长城，军民一心坚决拒敌于长城外，令瓦剌骑兵寸步难进，极大地鼓舞了边疆官民对抗鞑虏的信心和决心。

杨嘉谟的文韬武略得到发挥，继续升任守备兼游击将军，全面负责瓦剌防守，成为真正握有实权的武将。与此同时，表面上顺风顺水的杨嘉谟，正面临着他人生中又一次严峻的考验。因为与瓦剌正面对敌中出众的表现，杨嘉谟引起了瓦剌在内的卫拉特联盟的注意，盟主固始汗见力战不成便改为智取，设计了一系列拉拢、构陷等针对杨嘉谟的阴谋诡计，令明官僚上层对杨嘉谟产生了疑忌，终以通敌大罪再次褫夺杨嘉谟的一切官职，并判为死刑。

眼看杨嘉谟就要被处斩，杨嘉臣和杨俊等杨家军将领不服，在巡抚和总兵处没能取得宽赦，便铤而走险劫狱，因此更惹得上层动怒，连带着杨家军一大半的将领也被问罪，一起陷落囹圄。杨嘉谟听闻，在狱中大声疾呼，怀疑这样的操作是瓦剌人的阴谋，但没有人相信他的预测和断言。

已经升任山丹卫指挥的大舅子程槐也有和杨嘉谟同样的判断，一直暗中注意着瓦剌的动静，发现在杨家军瘫痪后，边境又有大批敌军集结，便赶往甘州城中的总兵府报告，但途中遭到早就潜伏在甘州的瓦剌暗探的埋伏而被杀。军情没能及时上报，当瓦剌大军攻破长城防线长驱直入的时候，都司和巡抚才意识到杨嘉谟的入狱和杨家军都是敌人算计下的结果。总兵达云后悔不迭，亲自赶往法场去解救即将被砍头的杨嘉谟等人。

丁氏夫人带上儿女到法场为丈夫收尸，而得到程槐被害消息的程英，不顾自己身怀六甲，纵马驰往前线去为自己的哥哥报仇，悲愤交加之下奋勇杀敌，在马背上产下儿子无力再战。所幸杨嘉谟被达总兵及时赶来救下，率部前来支援才免得程英母子阵前罹难。

杨嘉谟获救，军心立稳，明军一鼓作气打得瓦剌兵大败而回，杨家军收复失地，派重兵固守嘉峪关。此战之后，卫拉特联盟消耗巨大，十年之内不敢再轻举妄动。

战事结束，巡抚重新彻查杨嘉谟通敌案，为杨家军洗清嫌疑，杨嘉谟得到擢升，迁为甘州镇城游击，兼领西宁道守备，统御甘肃镇十二卫中六个卫所军兵和镇夷、高台两个守御千户所，并节制西番十四族的地方武装。

此后不久，甘肃镇总兵达云因病逝世，临终之际奏疏朝廷推荐杨嘉谟接任甘肃镇新任总兵，但遭到肃王的反对和极力阻挠，杨嘉谟仕途受挫。因为正反两派的拉锯，甘肃镇因此开启了长达五年没有总兵的局面，一切军务都由镇守太监提督，副总兵被架空形同虚设。即使杨嘉谟在军民中呼声极高，但内有镇守太监打压和肃王府的耿耿于怀，外有大大小小的胡族袭扰寇边，他的处境十分尴尬。

直到天启年，老肃王病死后新任肃王袭封，杨嘉谟与肃王府的重重矛盾才在年轻的肃王这里得到彻底解决。新任肃王不同于老王爷的迂腐顽固，他很早就仰慕杨嘉谟的英雄事迹，还曾跟随其姐与杨嘉谟有交情，二人惺惺相惜成为好友，过往的龃龉也真正烟消云散。天启六年（1626），在肃王力荐下杨嘉谟终于升任甘肃镇总兵，授骠骑将军，挂平羌将军印。其父亦追授骠骑将军。杨嘉谟总领九边重镇的甘肃镇，成为大明新一代的军事新星，带领杨家军在戍边抵御外族侵犯的同时，还利用俘虏来的卫拉特战俘屯田、开渠引流将黑水引入甘州境内，极大地造福了甘州百姓，发展了甘州的农业，让甘州成为真正意义上的鱼米之乡，"永丰"粮仓。在杨嘉谟任甘肃镇总兵期间，官仓的存粮积蓄充裕，不但向朝廷上缴，还远销江南和沿海等城镇，甘州被誉为"塞上江南。"杨嘉谟军功彪炳，又促使军兵和百姓相亲相爱，实现了最早的"军民一家亲"，获得甘州百姓和官兵的拥护爱戴，为繁荣、稳定河西走廊作出了巨大的贡献。

崇祯四年（1631），明王朝日渐衰败，尽管崇祯皇帝致力于改革，但朝廷弊端太深积重难返，终究还是不断滑向深渊。此时，北方的后金统一了草原部落开始向富庶的大明用兵，已经威胁到了皇帝的家门口。崇祯采用肃王建议，调任杨嘉谟到河北任蓟镇总兵，替皇帝守卫门户，而甘肃镇则由杨嘉谟的长子和侄子杨广接替镇守。崇祯皇帝接受杨嘉谟的奏请，第一次正式发文开始禁烟，对河西走廊的罂粟种植进行控制销毁，成为中国封建王朝时代第一位实行禁烟、意识到鸦片危害的皇帝。

杨嘉谟到蓟镇上任后，一面与后金爱新觉罗一族作战，一面还要防范李自成农民军的侵扰，身处两面夹击之中仍游刃有余，并带领火器营打死了努尔哈赤。他的到来无疑对后金入关造成了阻力，这让皇太极仇恨万分，同时也让李自成压力骤增，二人明战不敌一起使用了许多见不得光的暗杀等行为。杨嘉谟大意之下遭了暗算，被皇太极收买的暗探下毒刺杀，重伤之后无奈卸任回到甘州，于一年后医治无效溘然长逝，结束了他波澜壮阔的一生。

此后两年，辽东战线全面崩溃，蓟镇亦随后失守，清兵攻入北京，崇祯自缢于景山，大明王朝宣告覆灭。因为与杨嘉谟有杀父之仇，皇太极下令抹除杨嘉谟的一切史料，不得修撰史志、传记。同年冬，李自成从北京溃逃，败兵进甘肃，攻占了肃王府并处死肃王，中华大地陷入一片战火……

如此一位将军，他的故事不该被抹杀或遗忘，应该得以还原重现，值得被张掖人民乃至西北人民永远铭记。

当然，以上几位都是在张掖有所作为、影响深远的武将，还有一些历史人物在甘州的故事，也为这片充满韵味的地域增添了许多故事性，他们是：

张三丰，元末辽东懿州人。原名全一，字三丰，其他名号尚有一二十个，因不修边幅，故人称邋遢道人。道教武当派的开创者。他吸收宋、金以来道教金丹派南、北二宋丹法之长处，融入自己的见解，形成一套颇具特色的道教修炼功法，在他的《玄机直讲》《玄要篇》中均有显露。他还是中华武术太极拳的创始人，对中华武术的发展做出过贡献。明洪武二十四年（1391），朱元璋派人上武当山迎请，他避而不见，离开武当，先在宝鸡云台观，后又来到甘州。当时甘州已将甘肃卫改称甘州卫，他即寓居甘州卫张指挥家，为人们治病疗疾。人们只知他是云游道士张宗，而不知他是张三丰。他在甘州一住10年，直到永乐皇帝在全国寻访张三丰时，他才离开甘州。人们才知张宗是张三丰，在他居住过的地方建三丰庵（在今西街小学），以作纪念。他在甘州神奇的传说，都被收录在《甘镇志》与《甘州府志》里面。

罗汝敬，字以行，江西吉水县人。明永乐甲申年进士，官至户部侍郎。明英宗正统三年（1438）奉命清理河西田赋，来到甘肃镇治所甘州。经过调查研究后，开始规定军田和屯田，民田为科田，各以上、中、下三则均其赋。具体规定河西粮草征收税率：军田上则每亩征粮1斗，中则每亩征粮7升，下则每亩征粮5升。科田上则每亩征粮6升，中则每亩征粮4升，下则每亩征粮2.5升。每石粮征草10束或5束不等。此制一直延续到清代，对河西农业影响深远。

杨博（1509—1574），字惟约，号虞坡，山西蒲州（今山西临猗县）人，嘉靖八年（1529）进士。杨博魁梧丰硕，临事安闲有识量，征为兵部武库主事。嘉靖二十五年（1546）拜右佥都御史，出任甘肃巡抚都御史，在甘州大兴屯田水利，请准朝廷募民垦田，永不征租。又修筑肃州榆树泉及甘州平川大芦泉诸处墩，凿龙首诸渠。罕东尧呼儿部族七百余帐避吐鲁番乱，迁来甘州，杨博为他们修筑七堡，加以安置，境内肃然。嘉靖二十八年（1549）进右副都御史，召拜兵部右侍郎，转左侍郎，总督蓟辽保定军务，守御有方，进右都御史。擢兵部尚书，加太子少保。隆庆元年（1567），以吏部尚书理兵部事。隆庆六年（1572）进少师兼太子太师。卒于明神宗万历（1575）三年，赠太傅，谥"襄毅"。

陈棐，字文冈，河南鄢陵人。嘉靖十四年（1535）乙未科进士，任礼部给事中。直谏敢言，不避权贵，因忤嘉靖旨意，被谪为北直隶（长垣县丞），在任干练有为，升长垣知县，为政宽平，吏民畏服。不一年，百废皆举，政绩卓著，于嘉靖三十一年（1552）升刑部郎中，奉旨恤刑甘肃，来到甘州，并至肃州，留下众多诗篇（《重刊甘镇志》《甘州府志》均收录）。后升任陕西按察司副使，于嘉靖三十六年（1557）以都察院佥都御史出任甘肃巡抚都御史，再次来到甘州。下车伊始，即发现武备不足，防务空虚，于是召集守、巡、兵、备四道整顿防务，修缮十六卫所城堡，增筑敌台，疏浚城池，增添兵器，赶造悬石、流星飞炮、钩头铳、各种火炮与弹丸。撰《甘肃巡抚防边碑》，为各边镇所仿效。嘉靖三十八年（1559）升副都御史调回都察院，后升都御史。遗著有《陈文冈集》。

廖逢节，河南固始人，嘉靖三十五年（1556）进士，隆庆五年（1571），升任甘肃巡抚都御史。上任伊始，即视察境内防务。于隆庆六年（1572）即提出修固甘州镇城西、北、东、南四路包括山丹、洪水等处边墙、壕寨，于万历元年至二年（1573—1574）先后完工，工程浩大。从万历二年三月初二日起，他又主持砖包甘州镇城，共烧城砖1156万块，共用石条14700块、石灰2万石，二年完工，使千年土城成为砖包新城。城周12里357步，高32尺，厚37尺。四门各有城楼，四角各有角楼，四面共有巡铺24座。护城池深17尺，阔37尺（3尺合1米）。砖包后的镇城，与巡抚才宽于成化年所建城中心钟鼓楼相配套，形成四通八达、信息灵通坚固的城防体系。城池规模宏大，气象雄伟，冠于河西。

THE
BIOGRAPHY
of
ZHANGYE

张掖传

康乾三朝经略西北

第十三章

张掖高总兵宅院（总兵府）　　　　　　　　　　　　　　摄影：王怀民

经略西北意义重大

经略：筹划治理或要略的意思。出自《左传·昭公七年》："天子经略，诸侯争封，古之制也。"

方略：指方针和策略；方法与谋略。出自《荀子·王霸》："乡方略，审劳佚，谨畜积，脩战备，齺然上下相信，而天下莫之敢当。"

"经略"和"方略"是清朝时期，政府为求边疆的稳定与西部民族地区的和谐发展，所采用的一种政策。前期对西部及西北部的回、蒙、维、藏等几个少数民族采用笼络为主的方略。到康熙、雍正、乾隆三朝国力鼎盛时，采用的是强有力的经略，以求达到巩固边疆，促进各民族和谐共处。

清代，随着满人入关，河西走廊也纳入清王朝的统治。与历代王朝一样，出于政治军事的需要，清政府延续了在河西边远城镇屯田垦荒的战备政策，鼓励军民百姓屯戍边疆。而河西走廊民生的快速恢复和逐步稳定，为清王朝西出阳关、经略西域各地奠定了大后方的稳固，年羹尧平定罗卜藏丹津叛乱，以及清军远赴天山、南北征剿回疆、实现大一统，都与河西走廊的安定有着莫大的关系。

河西走廊的大致地域划分和民风民俗形成，在清代基本定型，这有赖于清政府继承了明王朝持续不断对河西的开发和巩固。作为明王朝河西门户要地的甘州，在河西诸地中的发展尤为完善，而其中最具有优势的便是黑河之利，和对水利建设的重视。清代是甘州水利开发更为兴盛的时期，继明甘肃巡抚杨博开凿龙首渠用于农田灌溉以来，阳化西渠、大慕化西渠、鸣沙渠、红崖头二坝等八十处渠系在甘州陆续开凿建成，山丹更有洪水河渠坝、大黄山渠坝等十五处渠坝，高台有纳浚渠、七坝渠等二十一处渠坝……这些渠坝灌溉着上万顷耕地，使包括甘州在内靠黑河水系种植的农田水资源得到充裕保障，甘州的发展从而进入了历史上的鼎盛时期。正是因为明清时期的水利建设，甘州拥有了"金张掖"的美誉。

张掖自古以来就拥有发达的畜牧业，到了清代，山丹军马场的官牧业规模虽然不如明代繁盛，清政府的军马牧养重心放在了蒙古草原，但对历史悠久、管理系统化的山丹马场，清政府也给予了相当的重视。明设甘肃苑马寺在此时改设成了荣马司，马场区称为监牧地，由牧马监一职负责监察。当时甘、凉、肃三州及西宁各饲马场被分五郡，每处只有牝马两百匹，牧马四十匹，河西官牧业顿然衰落。官牧业的式微，意味着私人畜牧业的兴起，随着马匹不再成为官方垄断的战备力量，河西诸地稍有财力的个人开始养殖私用畜力，马匹逐渐走进百姓人家，在农业发展中发挥了重大作用，在运输业中也凸显出更加重要的地位。

河西走廊是陆上丝绸之路中的咽喉地带，更是历代掌控西域、节制西北少数民族的军事重地。明中晚期因为闭嘉峪关而守，甘州又作为甘肃省会和九边重镇之一的甘肃镇指挥中心，驿站的建设便十分完善。清代对河西诸地的统治和管理，在这样的基础上可谓事半功倍了。因为有明王朝的先例，西域使臣已经习惯了在朝贡途中将一部分物品献给皇帝，其余的都用于在甘州市场进行贸易往来，令甘州一直都保持着经济繁荣。清代收复新疆之后，在此基础之上开辟了甘新驿道，一方面河西与西域紧密地联系起来，以便于加强政府对新疆的直接统治；另一方面也为丝绸之路的商品流通扩大化提供了便利，极大地促进着河西诸地的发展，以及西北地区各民族间的相互融合，对民族关系的维护有着划时代的意义。

清代可以说是我国历史上最为特殊的朝代，因为满族是继蒙古族之后又一个入主中原的少数民族，之后统治了中国近三百年。而这就决定了清代必须要有一套比较完备、合理的民族政策，才能够有效地化解各种尖锐复杂的民族矛盾。

清初建立的民族政策还是相当人性化的，其中坚持"因俗而治"的政策受到广大少数民族的拥戴。对边疆的统治"从俗从宜""各安其习"。在西北边疆的伊犁设置军府，在蒙古族聚居的北疆地区实行盟旗制度，在维吾尔族居住区继续实行伯克制和札萨克制,在西南一些民族聚居地区一定程度是维持当地传统的土司制度。

除了尊重各民族民俗,清政府还擅长利用宗教统治民族地区,从治国需要出发决定如何对待各种宗教。对其统治有利的大力加以扶植,对政权不至于造成威胁的采取不干涉其信仰的相对宽容的政策;对于巩固统治或保持疆土不利的宗教或教派,则予以取缔,严厉打击。因清朝初期主要精力在于武力征服中原,扫除各路反抗力量,对西北回民并没有表现出特别的关注。康熙中叶,中原稳定后,清政府采取了一系列恢复生产、缓和社会矛盾的措施,以巩固统治,其民族政策也服务于这个中心。在对待回民以及伊斯兰教的态度上康熙帝比较温和,因为回民的活动没有对其政权构成任何威胁,对回民及其伊斯兰教"偏之以恩",乘机笼络回民,以巩固其统治基础。这与清晚期的回民政策形成了鲜明的对比。

清政府为了更好地控制其他少数民族,特别设立理藩院管理少数民族地区的事务。这是清代创设的一个专门管理边疆少数民族地区事务的中央机构,理藩院的建立最初官职只以满、蒙人担任,主要管理漠南蒙古事务。随着清朝对全国统治的建立和对边疆事务管理的加强,理藩院的管理范围逐渐扩大到喀尔喀蒙古、厄鲁特蒙古、青海、西藏、新疆、四川等少数民族地区。举凡这些地区的封爵、会盟、宗教、刑法、土田、游牧、射猎、征发、贡纳、邮驿、翻译等事项均由其管理。此外,还兼管对俄交涉等外交事务。理藩院的设置,说明清廷十分注重对蒙、藏、维等少数民族地区的管理和尊重他们的民族感情。这种民族政策在巩固和加强我国统一的多民族国家的过程中起了积极的作用。

另外,清代是我国历史上最后一个封建王朝,也是半殖民地半封建社会的发端,所以清代的民族政策的制定和演变,尤其是满族要如何采取措施来稳固自己的统治地位,就成了一个棘手的问题。作为一个统治长达267年历史的封建王朝,清代前期和中期比较成功的民族政策,如对西部和西北部边疆的维、回、蒙、藏几个少数民族的经略,对其政权的巩固起到了极为重要的作用。

清代前期和中期,是清代民族政策体系成形的重要阶段,而西部及西北民族边疆地区是中华民族宝贵的文化遗产,更是中华民族大家庭集体智慧的结晶。

清代对西部及西北部民族政策是清代统治阶段的意志、利益和认知水平在处理民族问题、管理民族事务上的集中表现。对少数民族的经略和方略上,清朝政府采用"因地制宜、因俗而治、顺势而为、从俗从宜"的政策,得到了显著的成果。张掖裕固族的成形也在这一时期有了鲜明且稳定的发展,他们定居祁连山下,已经将张掖当成了第二故乡,对重新回到关外寻找祖先遗迹和回归故土也没有之前那么执着的坚持了。

从整体上看清朝民族政策的制定和实施,契合当时的社会现实和民族问题实际,有力地维护了多民族国家的统一和社会稳定,在民族事务管理和民族问题处理方面取得了超越前代、令人惊叹的成就,并对后世产生了非常深远的影响。

由"均水制度"所想到的

自古以来,西北贫瘠缺水,县与县之间因为水源问题,发生的械斗不计其数。张掖虽有黑河在畔,但依然是水资源匮乏之地。对于黑河的意义,一些人的认识仅停留在河西走廊的中部地区,认为它点土成金,把张掖变成了美丽的塞上江南,同时确保了丝绸之路的畅通。实际上,黑河也是西北地区乃至全国生态安全的卫士,它和南部的祁连山一起阻止着巴丹吉林沙漠南侵,维护着有中华水塔之称的青藏高原的生态平衡。

清代,为了稳定和巩固新疆,在河西走廊辑流民、安百姓,兴修水利,广为屯田,使这里的人口和土地激增,本来十分富裕的水源也变得十分紧张了起来。黑河作为河西走廊的重要河流自然不会例外,随着开垦的土地日渐扩大,水资源的分配便成了一个必须解决的问题,但由于缺乏统一的调配,有限的河水得不到有效的运用,尤其是干旱年份,居上游者用水无度,而居下游者农田受旱。

为此,当地的百姓想出了"按粮配水"和"燃香计时"的办法,即按照农户纳田赋粮的多少，分配给他们浇田的用水量，再燃香以计时。这个办法看起来公平合理，但实际操作起来就不是那么回事了，比如在燃香的尺寸和水量的大小上就可以做手脚，让一些没有银子送礼的人苦不堪言。

康熙五十四年（1715），高台县镇夷堡有个叫阎如岳的廪生（科举制度中生员名目之一，明清两代由公家给以膳食的生员，又称廪膳生），就因"水利不均事"带领乡民向巡行地方的甘肃巡抚绰奇申诉，绰奇不仅未予受理，还将阎如岳收监。但是，阎如岳并没有因此而停歇下来，在他的身上似乎有种百折不挠的劲儿，上面越是不予理睬，他就越申诉不止。

到了雍正二年（1724），川陕总督年羹尧赴西北视察甘州（张掖）、肃州（酒泉）时，又碰到了阎如岳申诉。年羹尧当机立断，将高台县县令降级离任，制定了当地的均水水规。具体内容是：每年芒种前十日寅时起，至芒种之日卯时止，十天内高台上游镇江渠以上十八渠一律封闭，所均之水前七天浇镇夷五堡地亩，后三天浇毛、双二屯堡地亩。均水期间，授权下游县官到上游督查，主责官员官升一级，有权临阵处置均水情况，官员不从罢官，百姓抗拒杀头。

这是黑河历史上的首个"均水制度"，年羹尧辅助以强大的军事压力实施，消除了各地间的水事矛盾。为了执行这一规定，每年用水期间，下游鼎新的官员都会兼巡河道，金塔的官员每年到上游均水时，挂"州官"衔在各渠派人看守。采取均水制，也就是黑河下游用水的时候，上游的取水口全部关闭，分时间分地段供水，保证大家都有水用。为了保证制度的实施，下游的县令权限大一级，可以抽调县吏巡查上游，一经发现违规，可以立斩无罪。这个水规，后称黑河均水制度，经过不断修订，沿用了200多年，直至新中国成立。这段史话在当时的黑河两岸可谓家喻户晓，形成了"水规大似军规"的氛围，谁也不敢越雷池半步。

由此可见，明清时期的黑河已经出现了水资源不足的现象，只是那个时代人们意识当中还没有生态保护的概念，更不懂得有效利用水资源，才会出现因为水事闹出人命官司来的悲剧。

年羹尧开创的"均水制度"在当时解决了很大的问题，给黑河两岸的百姓带来了切身可享的实惠，但是他的办法仅仅在当时有效，并没有从根本上为黑河治理做出实际有效的措施。这样说可能有失偏颇，因为我们现在生活的年代，也是实行生态保护没多久，或许不该如此去评价几百年前人们的思想意识，不该对古人太过苛刻。可事实是，在黑河下游，有关生态环保的问题在明代时就相当严重了。如果能有足够的认知，对水资源做一定程度的保护，好多历史悲剧也许就能够避免。比如甘州区的黑水国、高台的骆驼城、黑河下游的黑水城，都是水源枯竭导致荒废。

黑水国和骆驼城到底因哪场战争，或者说具体什么年代荒废，都无从考证了，但黑水城的衰败离我们不那么遥远，荒废原因还是有迹可循的。据说，这与明初一场重大战役有关。

黑河下游段称额济纳河，西夏黑水城依河而存在。黑水城之所以拥有如此名称，是因为在元之前有黑水河流经这里，形成内陆湖居延海，而此地早在西汉时，汉军赶走匈奴后就有屯田驻兵。唐宋时，这里是西夏人的发祥地，也是西夏王朝的边防要塞。这座曾经繁华的城市因为水资源的枯竭沦落为"死城"，有着一段悲壮的历史。

1209年，成吉思汗发动对西夏的战争，铁骑踏平此地屠杀了无数西夏百姓。但到了1286年，忽必烈却在这里进行了大规模的扩建，设立亦集乃路总管府，使其成为中原到漠北的交通枢纽。据说当年，马可·波罗随西域的驼队来到这里，因其繁华大为惊叹，曾对其有着详细描述。

元政权覆灭之后，1372年，明朝开国名将冯胜带兵攻打黑水城，遭遇元朝残余势力的奋力抵抗。为了迅速拿下黑水城，冯胜下令筑起一条拦水坝，改变黑河水流方向，使城中军民失去了宝贵的水源，导致元军军心大乱，城池不攻自破。没有水源的城市自然不适合居住生活，黑水城就此荒废，慢慢消失在风沙中成为废墟。

时过境迁，经过几百年的风沙侵袭，当初阡陌柳巷鸡犬相闻的黑水城早已无从追索，而彼时用于攻占城池筑起的河坝还在。那道长约千米、宽逾数百米、高二十余米的坝上，已长满了胡杨、红柳，成了一座座坚固的沙丘，诉说着历史的无情。有人认为，是冯胜破坏了水利系统，从而影响了黑水城生态，才使它于大漠中沉睡了七百多年，被称为死亡之城。但细加思量不得不承认，如果当年黑河水量充沛，即便能够靠武力阻断水流，地下水资源又何至于枯竭呢？

居延海在沉睡中缓慢复活，那个过程我们不敢想象是经历了怎样的挣扎和尝试，才最终让一泓清泉得以重见天日。而那些生长在河水之畔充满传奇色彩的胡杨，又是经历了怎样的艰辛，才于沙海中扎根大漠，成了参天巨树。大约，那水、那树，才是最懂得彼此、最知晓生命来之不易的伙伴吧！

人们今天在额济纳看到胡杨是来之不易的，居延海的死而复生也是黑河流域所有人共同努力的成果。这是历史给我们的警示。河，应该是一个完整和均衡的体系，是大家共有的。年羹尧的"均水制度"至少告诉了人们这样一个道理，即每一条河流都不仅是属于上游和中游的，同样也是属于下游的，不是河从谁家门前过，谁家就可以独有。这一点，适用于包括黑河在内的所有河流。

高总兵和他的宅院

总兵府位于张掖市城区民主西街，是清初张掖籍武官、骁将高孟的司衙府第。这是一座修建于清康熙三十年（1691）、具有显著明清风格的私人府邸，据书籍记载原建筑宅院由府门、前厅、二进、后堂构成，典型的三进院规格。府内设书斋、厢房，是与后宅连为一体的两层阁楼式四合院，并建有亭台、泉池和花园。歇山屋顶，飞檐雕柱，青砖黛瓦的楼阁，颇有江南建筑的韵味，府门内砖雕的麒麟照壁和府门口双狮镇守的气势更凸显出屋主人身份的显赫，是甘州城里难得一见的高规格宅院。总兵府象征着高孟驰骋疆场、戎马倥偬的功勋，也彰显着张掖深厚的历史底蕴。

高孟，甘州城东十三里处高家湾人。他自幼父母双亡，少年从军，骨子里有着西北人耿介直爽的特性。书中说他熟读经史、擅长骑射，并懂得韬略兵法，以力大勇武善于搏击而闻名。

康熙十四年（1675），年轻的皇帝意识到藩王的威胁开始着手削藩，平西王吴三桂、平南王尚可喜、靖南王耿精忠不甘心大权被夺密谋反清，盘踞云南的吴三桂在康熙的打压下,悄然将陕西提督王辅臣拉下了水,想南北夹击新生的清王朝。阴谋败露,康熙发兵平叛,高孟身在甘凉行伍,奉命东进征讨王辅臣。征战中,高孟一箭射杀王部骁勇悍将李甲,王部大败。此战之后,高孟提为守备,后又擢升为游击继续远征滇南,参加平定吴三桂叛乱。在云南战场的攻城激战中,高孟又与吴部绰号"万人敌"的猛将唐四侯遭遇,两人势均力敌你死我活地拼杀,高孟用头盔击碎唐四侯的脑袋,吴部军兵一见大为惊骇,从此高孟声名大振,所到之处敌人尽数望风而逃。

高孟作战勇猛,屡建战功,被清廷封为延绥总兵,后又任川北、宁夏、凉州总兵。到年老之后,高孟自知精力不济,上书乞请卸任、回归故里,康熙皇帝念其征战有功准其致仕还乡,并颁诏为他在张掖城修建总兵府,在故里荣养,后因获罪被赐死葬于甘州。

高总兵的生平事迹在史书中大致就是如此了,但关于他的死,在民间却留下了许多传说。

据史书记载,高孟是私自处死一名家将才惹下了杀身之祸。一天,家将不慎,将御赐玉杯打碎,高孟气愤之下拔出宝剑将家将杀了。家将亲属到京城告了御状,嫉妒高孟的文官武将,纷纷主张按律当斩,康熙皇帝一时冲动,传旨杀了高总兵。皇帝念他身经百战,立下汗马功劳,于是诏命厚葬。

另一种说法则颇具故事性,说高孟虽然荣养甘州,但在一次偶然机会下得到了两名西域佳丽,大约就是来自回疆的异族美女了。高孟人老心不老亦是爱花之人,一见佳人美貌便动了私心,他把其中容色更为姝丽的一位留在自己府中,另一个则进献给了皇帝。异域美女在紫禁城很快得到皇帝宠幸,成了宠姬,一天,康熙皇帝观赏美人献舞,发现这位美人长发飘逸十分妖娆,便顺嘴夸道:"美人的青丝真好啊!"这位女子得了皇帝夸赞,一时有些飘飘然便也顺势回答:"多谢万岁爷夸奖,我的头发还不算好,我妹妹的才算好呢,又长又顺。"皇帝好奇地问:"你妹妹在哪里?"美人笑着告诉皇帝:"我妹妹就在西北侯高总兵的府里,现在是他的小妾。"皇帝一听大怒,这还了得!这个高孟,竟敢把最美的女子留给自己,这不是欺君吗!于是下旨处死高孟,令监斩官飞马直奔甘州而来。

诏令已发，康熙皇帝慢慢冷静下来，想一想便觉得自己未免小题大做了，高孟一向忠诚，且屡建战功，怎能草率定罪问斩？想到这儿，皇帝传旨收回成命。又即刻派出免斩官飞马出燕京，直奔甘州而来截回圣旨。谁知免斩官的这匹坐骑到甘州城门护城河边偏偏要喝水，任凭免斩官怎么抽打也无济于事，一低头足足喝了半个时辰。待免斩官赶到高总兵府时，高孟的人头刚刚落地。皇帝听闻高孟已死，惋惜之至，但人已经杀了，错也铸成了，只得命人厚葬高孟，却绝口不提自己有负忠臣。后来，甘州城的人们便将甘州城南长沙门马喝过水的护城河叫作"饮马河"，把河上那座桥称为"饮马桥"了。

高孟死后葬于城东家乡高家河湾。墓地内置有神道碑，翁仲，因墓地雕置许多石人、石马、石骆驼、石狮子，故称"狮子坟"。如今，狮子坟已不存在，唯有一对风蚀雨啄的石狮子完整无损，现放置在上秦镇高升庵村小学校门口。

高孟是张掖历史上一位战功显赫的本籍名人。他在甘州安度晚年期间，也做了许多有益之事，深得民心。当地绅士为了纪念这位英雄人物，在甘州城内南大街为高孟修建了"三边挂印""四镇元戎"的牌坊。

而今，现存总兵府除照壁、大门、大堂和泉池园林没有得到保护而不存在外，其余建筑保存完好，是张掖保护较为完整的清代府邸宅院。20世纪80年代初这里还曾作为招待所对外经营过，算是发挥了宅院的余热，让百年老房子没有因为荒废而破败下去。总兵府被列入省级重点保护文物以来，经过修葺复原，现在已成为张掖旅游必备打卡的一处古迹。参观总兵府，站在二楼木栏杆处回顾历史，感受着透过岁月深处反射而来的风雨之气，那首脍炙人口的词曲韵味蓦地便涌上唇齿。"想佳人、妆楼颙望，误几回、天际识归舟。争知我，倚栏杆处，正恁凝愁。"倚栏凭望目穿秋水，只有站在这古色古香的小楼栏杆处，才能瞬间体味《八声甘州》的意境啊！不知当年的高总兵可有这份闲情雅致？或者传说里那个因自己长了一把好头发而让一代名将殒命的美人，有没有愁眉深锁，感叹红颜祸水，而又伤春悲秋地真诚怀念一个人？

THE
BIOGRAPHY
of
ZHANGYE

张掖传

第十四章 屯垦大兴资源枯竭

甘州粮仓　　　　　　　　　　　　　　　　　　　　　　　摄影：王怀民

大槐树记忆

中国历史上每一次开疆拓土，不管是武力的还是和平的，接着必定要有一次大规模移民才能巩固。如果没有历史上的移民，我们今天不可能出现一个有陆地面积960万平方千米的国家。而近代中国能够在帝国主义、殖民主义妄图占领、瓜分中国的野心面前继续存在下去，能够保持边界，也要归功于当时的移民。

中国历史上曾出现过几次大规模的移民，传播力最广、影响力最深的恐怕要数明初大移民了。正是这次移民，让山西大槐树成了一个民族的标志，给半个中国的人们骨子里烙上了大槐树的印记，血脉中融入了槐裔的热情。

关于明初大移民的原因，官方历史的记载中描述，在这次移民之前，由于连年战乱屠戮、北人南迁，北方的人口从全国户数的四成，降低到不足一成半，千里沃土化为废墟。中国北方经济衰败，而江南则人满为患。比如扬州，这座位于长江以北、曾经最繁华的城市，在朱元璋的军队占领之时，只剩下18户人家。

作为统治者，朱元璋不得不发动一次声势浩大的移民，命令他的百姓和士兵去人口稀少之地开垦、守卫。这次移民规模之大，空前绝后。据《简明中国移民史》记载，明代初年，长江流域移民700万，华北地区移民490万，西北、东北和西南边疆也有150万，合计1340万，几乎占到当时全国总人口的两成。

在北方民间，这次大移民的标志性记忆，是一棵大槐树。山东、河南、河北地区，至今有民谣："问我祖先何处来，山西洪洞大槐树。祖先故居叫什么，大槐树上老鹳窝。"这棵大槐树，位于临汾市洪洞县城北，据说是汉代的古槐。

山西虽在北方，但地形阻隔，战乱较少，人口远比惨遭蹂躏的华北平原地区稠密，而山西土地少，不足以供养太多人口。明代初年，山西人被大量迁移到河北、河南、山东以及陕甘一带，最南抵达淮河流域，西北则抵甘肃张掖、酒泉一带。从山西南部出发的移民，往往要经过山西洪洞县，在那里稍作停留。

经过明代初年的大移民，华北、华中地区的经济得到恢复，西北也重新回到了以汉人为主导地位的时期。后来靖难之役，北方又经历了一次补充北京、河北人口的移民。明成祖朱棣定都北京，这座全国大都会，人口绝大部分是移民，老居民不过十分之一。在明代史书的记载中，往往可以看到"国朝初，人稀少"的记载，到永乐年间，土地才得以渐次开垦，北京、开封、河间等城市逐渐恢复了昔日的繁荣。

据记载，明朝时，在洪洞城北贾村西侧有一座广济寺，寺院宏大，僧人众多。寺旁有一棵汉代古槐，"树身数围，荫遮数亩"车马大道从树荫下通过。成群的乌鸦在树上筑巢，星罗棋布。明朝政府在广济寺设局驻员集中办理移民，大槐树下就成了移民集聚之地。

这样一棵雄伟的大槐树，成为移民跋涉道路上最深刻的记忆。当这些移民到达他们新的定居地之后，他们把自己的来处告诉子孙，但是时间久远，山西那一座座村庄的名字，反而迷失在传说中，他们的后辈无法再追溯到更早的故乡，于是祖先曾经停留的大槐树下，成为寻根祭祖的终点。

云南民间流传，祖先来自南京城杨柳巷，戍守云南的士兵其实来自江西、浙江、湖南和河南，而他们迁出的南京，指的是包含今天江苏、安徽和上海的南京地区，而不仅仅是南京城；安徽、湖北移民，只记得江西瓦屑坝，苏北人则往往宣称祖先来自苏州阊门；西北许多地方都称自己先祖是山西大槐树人氏，其实有不少却原居江南。杨柳巷、瓦屑坝、阊门这样一些小地方，自然不可能供养出众多人口，和大槐树一样，更多时候只是他们的祖先对途中一个汇集地的记忆。

在那次波及全国的大移民中，并不只有一棵大槐树，移民区也不止东部地区，在西北各地同样流传着"问我祖先在何处？山西洪洞大槐树。祖先故居叫什么？大槐树下老鹳窝"的民谣。这次规模空前的大移民给甘肃带来了前所未有的变化，也奠定了今日甘肃的文化基调。

甘肃自古就是移民地，更是一个多民族省份，众多的民族给这块土地留下了丰富多彩的人文内涵。从历史记载来看，甘肃至少经历过四次移民高潮。第一次是秦始皇时期，蒙恬修筑长城之后，在甘肃境内设置了榆中等县，第一批中原移民就来了。第二次是汉武帝设置河西四郡后，整个甘肃全部归属中央政府所管辖，大批的中原移民也陆续从中原地区迁移到甘肃，这是继秦之后的又一次移民高潮。汉武帝为了巩固河西走廊地区，大批中原地区的罪犯被充军发配到甘肃。西汉时期，迁移至河西走廊的移民达40万人，仅仅在今天内蒙古额济纳旗地区戍边的军人就达到18万。额济纳旗，在汉代称居延塞，属于张掖郡下居延县治。第三次是北魏隋唐时期，这也是丝绸之路最为兴盛的时期，河西四郡成为国际性的大都市，当时甘州的人口达百万，有七座卫星城。这些人中既有中原地区来的汉族，也有来自西域的商人。第四次移民高潮就是明初，为了消除边患，朱元璋一方面将大批江南的罪犯充军甘肃，另一方面将晋南的大批居民迁移到西北的甘肃诸地。

山西洪洞大槐树，是所有槐裔朦胧记忆中的根。从洪武初年至永乐十五年，五十余年间，明政府组织了八次大规模的移民活动。当时，明朝政府在洪洞县城西北二千米的贾村西侧的广济寺设局驻员，集中办理移民，大槐树下就成了移民集聚之地。许多年后，当年的移民后裔虽然已经不记得具体的地方了，但是"大槐树"的影子却长久地留在他们的记忆深处。

明初，从山西洪洞等地迁出的移民，一部分到河南、湖北等地，一部分迁往陕西、甘肃、宁夏地区。今天，在河西各地，尤其是甘州、凉州等地把上厕所称为解手，这句方言的背后其实就是山西移民来甘肃艰难历程的佐证。据说，当时为了防止移民逃跑，人们都被反绑双手，用一根长绳连接起来。要大小便，就必须报告官兵，解开手上的绳子，"解手"一词由此而来。而移民们被反绑的动作，也演变成了西北人走路背手的习俗。只要你细细观察就会发现，河西地区那些上了年纪的人，无论男女，走路都习惯于背着双手，而上厕所依然称为"解手"的人，在四五十岁的人群中还占有相当大的比例，可见传承这件事有着怎样深厚的影响力，完全可以用根深蒂固来形容了。

除了山西人移民甘肃以外，大批江南人也来到了甘肃。1368年，明王朝建立后，明政府在甘肃境内设置了卫所，用以巩固地方政权，防御少数民族进犯。按照明代军制5600人为一卫。卫所所属的部队，有的是留下戍守的官军，相当一部分是充军的犯人。据记载，守卫河西四地的官兵仅作为充军的就有3万人以上，如果加上他们的家属至少有10万之众。这些人大部分是明初将领徐达、常遇春、沐英、李文忠等人的子弟或部下，大部分原籍应天府、凤阳府。这些人从江南迁来后，以当时的甘肃省会甘州为中心分散后居住周边各个战略要地，起到了守卫卫城、抵御少数民族进攻的作用。

为了达到彻底光复河西走廊的目的，在平定辽东后，洪武二十年（1387）后，明朝先后在河西地区成立了凉州卫、庄浪卫、永昌卫、山丹卫、甘州五卫、肃州卫等九卫三千户所，为了驻守河西地区，明朝初期仅仅向河西走廊的军事移民就达到了二十多万人，从而使得自从汉末三国乱世后，河西地区一直处于汉族与少数民族、农耕民族与游牧民族交替入主的局面，转变成为以汉民族为主体的人口体系，并形成了以汉族为代表的儒家文化、回族为代表的伊斯兰教文化、藏族为代表的藏传佛教文化三大文化多元鼎立、交相辉映的格局。

比如杨家将后裔就是从江浙一代到河西走廊来戍守边疆，在甘州、凉州落户生根，最终成了地道的西北人。明朝杨家将秉承先祖精忠报国思想，戍守大明边防270年，有明一朝河西杨府出过几十位将军，数名甘肃镇总兵官，是当时显赫的武将世家。只是崇祯时期，甘肃总兵杨嘉谟调任蓟镇在辽东战线打死了努尔哈赤，致使满清入关后对杨家恨之入骨，从史书中抹杀了河西杨府的记载，以致我们现在对那段彪悍的热血历史无从追索，殊为可惜。不过，杨家后裔就此留在了河西，除武威杨氏家族外，张掖民乐县还有一支杨家将的后代，这一家族直到现在还牢牢守着他们的祖坟，民乐的将军坟也一直都是当地人时常拜谒进香的地方。更为神奇的是，民乐杨氏男子的长相，与武威杨家人的相貌，经过了几百年的各自传承，眉眼、脸型竟然还有九成相似之处，只不过在方言上稍有差异，这不得不让人又一次惊叹血脉的神奇。

河西移民除戍边军户和强制性迁徙而来的人口，还有一部分是肃王就藩从江南带过来的大批护卫、仆役、属官。肃王朱楧就藩甘州并辖制甘肃镇诸多卫所，由他自己直属领导的则是甘州三卫，后来扩增到五卫。史书曾有明确记载，肃王自己坐拥数量庞大的田地和多处府邸宅院，照料这些产业自然需要很多人手，这还不算他身边负责护卫的亲信官兵。替肃王经营庞大产业的属臣，加上卫兵及各自家眷，那也是数量可观的一部分人口，这些人无疑也成了河西移民的一分子。

肃王来甘州时，带着大批的护卫甲士、巫医乐师，他们不仅将原居住地的饮食、服饰、语言、生产方法、风俗习惯以及方言词汇带入新的环境，还将一些神话传说带到了西北。随着肃王府内迁至兰州，在当时的兰州又形成了一种比较独特的移民习俗。《皋兰县志》记载过的天涯望哭，就是留在兰州的移民中形成的独特习俗。肃王来到兰州后，江南等省人迁居兰州者甚多，其中也有不少士人，致使外来人口大大超过了本土人口。明朝初年，从江南各地迁徙来的人口占据了兰州所有人口的十之七八。因路途遥远，有些人再也无法回江南水乡，思乡之情无处发泄，于是想回娘家的妇女，只好在大年三十下午，祭祀家族祖先的时候，触景生情，在院内哭泣一场，算是对遥远亲人的思念。兰州的晏公庙则是江南移民从南京移植而来的。

以甘州为中心的河西地区，仅在明代就有十万多名来自江南地区的移民，他们不仅完成了中央政府赋予的重任，也将自己家乡的传统习俗保留了下来，成为特殊的群落，他们的方言中保留了大量移民色彩。现在，许多当地人口语中还留有江南腔调，很多生活习俗也依然带着江南余韵。

有学者说明代是甘肃本土文化的成形期。因为移民活动不仅填补了甘肃人口的不足，也使文化在这种大融合中得到全方位的发展。在来自江南等地的学者、工匠们的带动下，甘肃各项事业比以前有了很大的发展。尤其是江南的学者为甘肃培养了著名学者段坚（其祖先就是从山西随肃王而来的），而段坚则培养出彭泽、段续等一批才子。在这些学者的带动下，明代甘肃地方文化日渐兴盛。众多著作问世，大批学者的出现，一批外地民俗嫁接保留，众多建筑建设，奠定了今日甘肃本土文化的底蕴。而这一切都是自槐裔兴起，尽管大移民有着艰辛苦难,但这其中产生的民族融合和文化交汇,也是中华文明进程中不可或缺的重要环节和推手。

移民起始于屯垦

中国屯垦事业历史悠久,源远流长。古时候,连接西域与中原的唯一通道是河西走廊,河西走廊的屯垦戍边政策至今已经有2000多年的历史。历代王朝深知"屯垦兴,则国防巩固;屯垦废,则边防松乱"。因此均视屯垦事业为安邦定国的大政方略,提倡军队屯垦务农,减轻民众负担,以利巩固边防。

从西汉时起,中国就把屯垦戍边作为守卫边疆、稳定边疆和开发边疆的一项重要政策。历史上几次大型移民的开端虽然不是从汉代兴起的,但在两汉时期却得到了最大程度的运用。见于史册的第一次河西走廊大移民是汉武帝时期发起的,当时河西诸地刚刚从匈奴人手里夺取、划入西汉版图,为了长久控制这只打出去的巨臂,确保河西走廊的平安和对西域诸国的经略,汉帝国采用了屯垦戍边的策略。

屯垦便需要大量人力,而河西走廊新归大汉,游牧民族逃的逃、跑的跑,留在原籍的又不善于耕种,汉武帝只得从内地调派人力移民西北去实现大屯垦。而为了让迁移到边地的军民衣食无忧,又颁布了屯垦戍边的一系列奖励政策,在半强制半鼓励的形式中完成了这次规模宏大的南民北迁工程。当然,移民当中还有很多罪犯囚徒,在边疆屯田与把牢底坐穿两种选择面前,囚徒们自然更乐意用耕作来换取活着和自由的机会。因此,西汉第一次的河西走廊大移民顺利施行并取得了显著成效,毕竟河西走廊远没有想象中那般贫瘠,2000多年前的河西可是大月氏、匈奴等游牧民族的天堂。

汉武帝时从元朔二年(前127)到元封元年(前110)十多年的时间里,完全由政府实施的移民不下120万。绝大部分移民从迁移到定居的费用完全由官方负担,沿途有大批官吏和士卒监护,迁移的距离最远的有二三千千米。当时汉朝的总人口大约是3600万,移民占总人口的三十分之一。

所谓屯垦戍边，实际上就是军事移民，移民的体式遵循军事布防的方案，经由布防式的军事移民，实现"无事则耕，有事则战"的目的。这一论点早在古代就有确定答案，对屯垦戍边的优点也有明确论断，第一可以将军队按照计谋意图进行布防；第二可以行使军队的力量对驻地进行垦种，使驻地布满生机；第三可以对他国产生威慑，使对方不敢轻举妄动。

汉帝国屯垦戍边动作外观上看是出于和平目的，实际上这种动作不亚于一种温柔的攻击，随着屯垦戍边掌握面积的扩大，军事存在的影响力也就越来越大了，一定会让界限邻国感到担忧，地处河西走廊之外的匈奴王朝有所忌惮就是很好的例证。屯垦戍边动作展现出了其时汉帝国在治理边陲、巩固国防方面的一种聪明。

汉代张掖是一个美丽富饶的地方。黑河水流充沛，田野肥沃，山地间普遍生长着茂密的树林，畜牧业异常发达，所以牛马和羊群铺满了草地，堵塞了道路，是全国家畜最多的地方。张掖本地人口基本由游牧民族构成，由于身居边境地区，经常备战和参加战斗，所以非常勇敢，青壮年都善于骑射，唯一不足就是不善耕作。河西归西汉管辖后，迁徙而来的移民再结合本地善于骑射的青壮年，一个被武装起来的新农民军团便快速成形了，屯垦的移民实际上成了名副其实的农民军团。

司马迁《汉书·武帝纪》载："初置张掖、酒泉郡，而上郡、朔方、西河、河西开田官，斥塞卒六十万人戍田之……远者三千，近者千余里。"从现在掌握的资料来看，从河套到甘肃西北部一带的屯田士卒有六十万之众，这也正式揭开了中国西部屯田史的序幕。汉代徙民屯田，政府给予各种政策优惠，"徙民屯田，皆予犁牛"。没有收获之前"予冬夏衣廪食"。授人以鱼不如授人以渔，既给耕种牲畜和工具，还保证获得收入之前有衣穿、有饭吃、有居所，这些措施，在当时是有着相当大的吸引力的。

汉代的河西移民，与后来各朝的移民一样来自全国各地。史书言："有司言关东贫民徙陇西、北地、西河、上郡、会稽，凡七十二万五千口"。武帝时"山东被水灾，民多饥乏，……乃徙贫民于关以西。"从这些记载中可以看出，汉代移民与明初时强制性的大迁徙还是有一定区别的，他们多由贫民或戍卒及其家属构成，大多都是自愿移入者。根据专家估算，终西汉一代，河套徙民估计约百万。这就意味着，仅西汉一朝就有一百多万人参与开发了河西地区。

如此庞大的移民数量，必然需要一套完整科学的机制来进行管理，这就衍生出了军屯和民屯。汉代初始移民到河西后，先是按照军事编制进行管理，按其职责有田卒、守谷卒、河渠卒等。汉政府还设置了一系列的官职，如农都尉、护田校尉、候农令、守农令、劝农掾、仓长、仓佐等，以便于屯田管理。这就是军屯。

军屯的最大效用是兼有守土责任，他们一边在田地里劳作，一边时时惦记着别在腰间的刀或插于地上的矛，因为匈奴从未放弃过攻占河西。这些半农半卒的屯垦者，在帝国疆域的最前沿，已于浑然不觉中担负起了开发河西、保家卫国和接纳外来文明的使命。汉代也因此而牢牢巩固了边疆，创造了盛极一时的汉文化。

《史记·匈奴传》是这样描述匈奴人的："自淳维（匈奴的祖先）以至头曼（匈奴人的单于），千岁有余，时大时小，别散分离，士能弯弓，尽为甲骑，其时宽则随畜射猎禽为生业，急时则人习战攻以侵伐。"从中也不难看出，移民河西的数十万垦荒者，已很接近匈奴的习惯了——平时耕作自给自足，战时拿起武器参加战斗。匈奴对汉朝的进攻，河西移民往往首当其冲。戍卒们都拥有既是农民又是军兵的双重身份，需要随时防范来自匈奴及周边敌人的进攻。

《汉书·地理志》中说："地广民稀，水草宜牧，故凉州之畜为天下饶。"这就是说，汉朝的屯垦兵团在河西并不是完全从事农耕生产，还从事畜牧生产，否则，就不会有"凉州之畜为天下饶"的记载了。直至今天，在张掖的肃南县，依然有游牧民族后裔裕固族、藏族、蒙古等民族还坚持过着半定居的游牧生活。

表面上来看，这似乎仅仅是一个农耕与游牧的问题。但实际上，它所蕴含的是有着不同生活习惯的两个民族之间的一种文化的交融，数十万屯垦人不仅学会了放牧，还将中原的农耕文明带到了河西。一手拿枪，一手握锄，既是这片土地的开拓者、经营者，又是这片土地的管理者、保卫者。他们的存在巩固了西汉中央王朝对河西的有效政治管理，也促进了河西地区经济文化的发展，并为丝绸之路的畅通创造了条件。

河西大地遗留有汉长城烽燧，从中还能看到当年汉朝为防范匈奴而修筑的这道壁垒。一个多世纪以前，瑞典地理学家、知名探险家斯文·赫定经古老的丝绸之路，自新疆横穿甘肃全境，到达西安。他不无感慨地说，丝绸之路是连接地球上存在过的各民族和各大陆的最主要的纽带。旅途中，斯文·赫定看到了长城，并对其作了极为精彩的描述："它就像一条找不到头尾的灰黄色长蛇，伸展在大漠之中，它已经完成了保卫中原帝国抵御北方蛮夷入侵的历史使命。我们看到路边矗起的无数烽火台，它们是已逝去的辉煌时代的默然无声却又雄辩有力的见证。烽火台一座接着一座，心跳一般有规律地隐现在道路的尘土和冬天的寒雾之中，似乎铁了心要和事物消亡的法则对抗下去，尽管经历了多少世纪的沧桑，却依然挺立在那里。"

斯文·赫定眼中的长城，是深刻而让人感动的，他对长城的描述，也是深情而睿智的。作为中国古代农耕文化与游牧文化的分界线，长城两侧发生过的战斗难以计数。很多人将长城仅仅看成是一道军事防线，认为它的存在阻碍了城内汉族与城外各少数民族的交往，甚至将它视为汉族保守封闭性的象征。今天，当人们再回过头来看这些斗争时，就不难发现，它们实际上是农耕文化与游牧文化的一种碰撞、冲突与交流，进而形成两种文化传播交流和融合的历史。

西汉王朝战胜匈奴之后，北方和西北地区出现了新的局面。边郡和内地之间，邮亭驿置相望于道，联系大为增强。大量的徙民和戍卒，在荒凉的原野上开辟耕地，种植谷、麦、糜、秫等作物。

中原的生产工具、耕作技术、水利技术，通过屯田垦殖的移民，在西北边郡迅速传播开来。从令居（今甘肃永登境）西至敦煌，修筑了屏蔽河西走廊的长城，敦煌以西至盐泽（罗布泊），也修建了亭燧。边塞的烽燧渐成系统，"自敦煌至辽东万一千五百千米，乘塞列燧，吏卒众多"。

屯田垦种，城堡和烽燧是西汉在北方和西北边境的政治、军事据点，也是先进的中原经济、文化的传播点，它们对于匈奴以及其他相邻各游牧民族社会的发展,起着积极的推动作用。其时的河西走廊境内,汉王朝的军士穿梭其间,守护着它的繁荣稳定,并进行着必要的生产活动,偶尔还有大小不等的军事行动;各族劳动人民安居乐业,在西北边疆这块富有传奇色彩的土地上进行着辛勤的劳作,民族间互助互利,思想文化融合会同。

西汉初年,铁制农具已推广到中原以外的许多地区,武帝时传播更为迅速。今甘肃等西北地区都有西汉的铲、䦆、锄、镰、铧等铁制农具出土。汉武帝以后,随着大规模徙民边陲,进行屯田,牛耕技术也传到了西北地区。考古工作者曾在敦煌境内的甜水井和玉门关附近的卷槽、马圈湾等地,多次发现汉代屯田遗址,其沟渠、田埂至今清晰可见,并出土了大量汉代使用的铁铲、铁锸、铜犁等农业生产工具。

历代的屯垦都由军屯和民屯两种移民方式构成。尤以汉代成了规模,当时的统治者认为:"移民垦殖,可以因田效谷,因地为粮,因民为兵,因屯为守。"这种民兵结合、亦民亦兵、亦兵亦民的军屯和民屯相结合的屯垦方式,对汉代巩固和发展边疆事业做出了巨大的贡献。武帝时,不仅有移民10万于内蒙古河套地区大规模民屯,而且创立了军屯,其中规模最大的是命令60万出击匈奴的将士屯垦于河西走廊一带。以后又设军屯于新疆。

汉朝向河西走廊移民过程中,也迁徙了大量关中地区边缘地带的氐族、羌族人口进入这一地区。西汉末期王莽之乱过程中,天下大乱,人口大量向南迁徙,河西走廊地区的汉族人口有所减少。而氐族、羌族在这一地区的适应能力更强,逐步发展壮大起来,东汉后期的很长一段时间,都在与这一地区的羌族作战。董卓就是在与羌族的战争中成长起来的。

东汉末期中原地区军阀割据,河西走廊一度失去控制。魏曹丕时期,镇守雍凉地区的曹真派遣军队收复河西走廊,再次打通西域,并设置了西域长史,以对这一地区进行管辖。

两晋之际,中原地区战乱时序的时间比较长,河西走廊在初期因为凉州张氏政权相对比较稳定,从而吸引了大量内地汉族人口迁移进入,使河西地区成为当时难得的一片乐土,人口规模有所增加,从而先后出现了五凉政权,即前凉、后凉、南凉、北凉、西凉五个割据势力。五凉政权中,除了前凉和西凉是汉族建立的政权之外，北凉是匈奴建立的政权，南凉是鲜卑政权，后凉是氐族。这就是说，当时的河西走廊已经呈现出多民族杂居的状态，而河西走廊的农耕也是在两汉、两晋时期得到了最大程度的发展，为游牧生活彻底转化为农耕文明打下了坚实的基础。

正是因为这几个朝代对河西走廊持续不断地开发建设，才会有后来的蒙元在甘州设立行省，明王朝将甘州作为甘肃省会来经营的繁盛局面。从这一角度来看，屯垦移民、经略西北虽然艰苦，却极大地促进了河西走廊向先进文明迈进的脚步，河西的发展离不开中原移民的努力奋斗。至于河西走廊汉族血统的渊源，恐怕也不只是"槐裔"能够说得清的。他们来自五湖四海，从遥远的2000多年前逐渐融合繁衍，骨子里流着的血液和民族属性，或许只能用"中华民族"这样一个大概念来涵盖了。

军屯和民屯

中国古代的屯田，始于秦朝，兴盛于汉代，与所在时期的军事活动密切相关，屯垦防卫，垦民"无事则以之为农，有事则调之为兵"，完全是一种且耕且战的屯守制度，更是一种军事农业经济。魏晋南北朝时期的屯田上承两汉，下启隋唐，并且将地方的军事设防和屯垦合为一体，以垦殖荒地与戍守要塞的形式，保证驻扎在河西的军队履行军事职责，各级官吏进行日常管理，减少了对当地各族人民日常生活的影响，在本质上具有军政合一、军民合一与自给自足的性质。

"河西屯田"在中国历史上尤为发达，并在屯田史上具有重要的地位。魏晋南北朝时期，由于河西地区的政治和民族关系错综复杂，出于发展自身经济和军事地位的目的，中原王朝和各少数民族政权均在此因地制宜地设置过屯田。

我国几千年的历史中，在不同的时期，屯田都以不同的形式出现，总是跟着朝代的兴衰而起伏。西汉以来，河西地区就是著名的屯田区。西汉元鼎年间汉武帝决定"始筑令居以西"的边塞，开始对河西走廊地区进行经营，并在河西走廊大规模屯田。整个河西在当时有张掖、酒泉二郡，其屯田规模最少在20万人。河西地区出土的大量反映屯戍的魏晋墓砖画，如"屯垦图""营垒图"就生动地记录和再现了魏晋南北朝时期河西屯田的真实情景。

西汉时边疆屯垦建立有严密的屯田组织，可分军屯和民屯两种。军屯的主要劳动力是戍卒和士兵，戍卒一面戍边一面生产，出征将士战时杀敌征战，平时种地耕田。军队自己解决吃粮问题，不仅减轻了内地转运军粮的沉重负担，还对开发建设敦煌及河西地区作出了积极贡献。军屯中戍卒们耕种的全是政府的公田，所需粮食工具等由国家供给，垦田的收获也全部送交官仓。从事民屯的移民则由西汉政府贷赊给农户种子、耕牛及农具，在官府组织下统一生产，交租服役，所交为收获的40%—50%。西汉对屯田的管理十分严格，新开始屯垦的郡县一般都设有专门管理农业生产的官吏，叫作农都尉或田官。

为进一步巩固中央政权对河西地区的统治，促进边疆地区的开发，曹丕称帝后，对河西地区的经营更加积极。曹魏政权先后派徐邈为凉州刺史，仓慈、皇甫隆为敦煌太守。"河右少雨，常苦乏谷。邈……广开水田，募贫民佃之，家家丰足，仓库盈溢，乃支度州界军用之余，以市金箔犬马，通供中国之费……"此处的"募贫民佃之"就是募民屯田，为招募屯田之制。据记载，徐邈曾任颍川典农中郎将，后为大司农，对中原屯田制度较为熟知。徐邈将中原地区行之已久的屯田之制大力推广到河西地区。这一举措对河西地区的政治经济起到了极大的推动作用，使得中央政权对河西地区的统治得到了巩固，并促成了"西域流通，荒戎入贡，皆邈勋也"的局面。

魏晋时期，在同一个地区兵屯、民屯往往相杂出现。在嘉峪关魏晋墓葬出土的六百余幅砖画当中，仅表现生产和屯戍的画面就达八九十幅，足可以证实上述情况。在嘉峪关魏晋墓三号墓前室南壁东西两侧第一层非常醒目的位置分别绘了两幅特别的图画，即"屯垦图"和"营垒图"。这两幅壁画形象地再现了魏晋时期统治阶级在河西地区的屯守活动。屯垦图分为上下两部分：上面一部分画有一度支校尉骑在马上，马竖鬃扬尾，四蹄腾空奔驰，马前有一马司，指挥左右两队戍卒前行，右边一队九人，左边一队十人，戍卒全部右手握矛扛肩上，左手持盾牌于腰间，在田间行走。下面一部分画有两人手扶犁铧、扬鞭驱牛耕田，前面一人是少数民族，后面一人是汉族，整幅图上下结构紧凑，将士兵和农夫行进方向、神态意境绘为一体，体现出整幅画面的和谐性，显示同一主题，表现士兵且佃且守、耕战结合、以耕养战的军事屯垦制度。营垒图画面正中是一座大的营帐，帐内端坐着一位指挥官，帐外左边画一位站立的卫士，右边画一位站立手中持旗的武士；主帐外整齐排列着大小三圈小军帐，在每一座帐前竖立着许多长矛盾甲，图的右边竖立两排六面牙旗。整幅画面虽然只画了一位将军、两名士卒，其余全用遍地的军帐表现，但我们仍然可以从这幅完整全面的纪实画作品中，深切地感受到当时屯守戍边的盛大场面。屯垦图和营垒图，位置左右对称，显然作者是出于表现同一主题的构想，营垒应该就是耕战者的住处所在。这组绘画形象生动地向我们再现了魏晋时期"分带甲之士，随且开垦"的场面，正如书籍中所形容的那样："自钟离而南，横石以西女，尽沘水，四百余里，五里置一营，营六十人，且佃且守"。"戍逻减半，分以垦田"的军事屯田制度，也再次以实物资料证明和重现了河西地区魏晋时期的军屯情况。

河西屯田，其规模之大、人数之多、时间之久在中国古代屯田史上的影响是深远的。早在西汉元朔二年（前127），汉武帝派大将军卫青率军大败匈奴，控制河套地区。元狩二年（前121），汉武帝又派骠骑将军卫青领军出陇西，越焉支，大败匈奴取得胜利，先后建立河西四郡。自此，西汉王朝大力开发河西地区，屯垦戍守，移民守边，筹集军需粮饷。移民可以因田出谷，因地为粮，因民为兵，因屯为守，不仅解决了戍卒的费用和运输的困难问题，并且可以长期守边。魏晋时期的河西屯田更是汉代屯田的沿袭和发展，并将曹魏时期所实行的屯田制度继续向西扩展和推行。据有关文献记载，魏晋时期的中央政权曾派西域长史、戊己校尉驻守新疆，以保证西域的安全，并且更进一步加强屯田的管理。从敦煌西北60千米的汉代河仓城发现的石刻来看，早在汉代，河仓城就是整个西北地区重要的储备粮秣给养的军需仓库，并且延续到晋泰始年间还在继续修建和使用，因此可以看出魏晋政权对河西地区的关注度。据《三国志·仓慈传》注引《魏略》记载："嘉平中，安定皇甫隆代（金城赵基）

为太守。初，敦煌不甚晓田，常灌溉蓄水，使极濡洽，然后乃耕，又不晓作耧犁，用水及种、人、牛功力既费，而得谷更少。隆到，教作耧犁，又教衍溉，岁终率计，其所省庸力过半，得谷加五。"曹魏时期，敦煌太守黄甫隆组织民户进行垦殖，推广农耕耧犁技术，河西地区人民接受中原地区先进的农业生产技术，而此举对恢复和发展敦煌农业经济起到极大的推动作用。

河西地区与西域相连，是东西方交流的咽喉要道，战略位置十分重要，这里不仅成为军事防御的战略要地，同时也是历代统治者屯兵戍守的坚守之地，更是中原王朝经营西域的前沿和强有力的支撑点。西汉时，河西走廊的粮食主要是中原供给，处在乱世粮食就只能另想办法了。西汉末年窦融掌管张掖以及张掖属国等黑河流域很大的一片地域，他延续以往的军队屯垦制度，即军人战时打仗，闲时抓农业生产。还在弱水上游修建灌溉系统，组织民众开垦荒地。下令禁止随便杀死牛马，这一措施使河西的经济发展，粮食能自给自足。

到了魏晋时期由于内地分裂割据，中央王朝常常无暇也无力直接顾及西域屯田事务，河西地方政府常常承担其经营和管理西域地方事务的任务，这便使得魏晋河西屯田活动无论在内容上还是形式上都影响了西域屯田。魏晋时期河西地区是一个多民族聚居的地区，各少数民族在与汉族的长期交往中，逐渐改变了原有的生活方式，学会农耕、农牧促进了民族间的交流和融合。因此，魏晋南北朝时期也被史学界公认为是中国历史上的民族大融合时期。魏晋时期大规模屯田还促进了边疆地区生产力的发展和经济开发。政府依靠屯田，以耕养战，解决军需给养，有效解决了从内地长途运输物资的问题。屯田的发展和兴盛还有效地保障了丝绸之路的畅通，为东西方的来往使节、商贾提供了后勤保障。魏晋南北朝时期，河西屯田耕地面积之大、人数之多，虽史书文字记载不多，但在河西走廊出土的大量魏晋墓砖画中反映屯戍的画面足以成为佐证。画面反映遍布的庄园坞堡和大批移民涌入更使得荒地得到开垦和充分利用。种草植树、固沙保土、植桑种枣，一方面保护了土地不被沙化；另一方面革新了农业生产技术，促进了河西地区农业经济的发展。

"夫定国之术，在于强兵足食。秦人以急农兼天下，孝武以屯田定西域，此先代之良式也。"

粮食充足与否决定着一个王朝的兴衰。纵观历史，我们会发现，重视农业生产，粮食产量较高的朝代，往往有着更加兴盛的国力和更长久的国运。汉唐盛世能够走向巅峰自然也和他们充足的粮食储备和较高的粮食产量有着密切联系。粮食不仅关乎百姓的生存，也决定着一国军事的后勤补给力量。

粮食的生产管理和农业发展的制度是古代封建王朝政治制度建设的重要内容，怎样的制度能够确保土地得到开垦不荒废，人民富足国库充实，更成为统治者制度建设的重要探索方向。从这个层面讲，屯田制便是农业生产制度的一个创举，它的出现使得许多被荒废的土地得到重新开垦，国家军队的后勤补给可以高枕无忧，以兵农合一的形式深入影响着中国古代的制度发展。

"屯之于战争之时，压敌境而营疆场，以守为本，以战为心，而以耕为余力，则释耒耜、援戈矛，两不相妨以相废。"

屯田制的最早提出者是汉文帝，他的初期想法是将士兵作为农田耕种的主要劳动力，让军队去开垦那些荒废没有被利用的土地。这样的想法在汉武帝时期得到了实施，在当时，屯田制主要被实行于西北的荒漠地带。初步实施后，屯田制便产生了一定的积极影响，因为派遣士兵在边关种田，既解决了边关军队的后勤补给问题，又使得边关的士兵可以在种田的同时守备国家边疆、抵御匈奴。自此之后，内地很少需要向西北的边防部队运送粮食。

但值得一提的是，汉朝的屯田制只是这项制度的初步形成和应用，而且制度所作用的地区也仅限于西北边疆河西走廊一带，没有大规模应用于中原。在汉朝，这项制度也仅仅用于解决军队的后勤问题，不作为国家的标准农业生产制度进行推广。

真正将屯田制发扬光大、普遍实行的是三国时期的曹魏政权。东汉末年国家动荡不安、战火连年使得农业生产不能得到保障，大量土地被荒废，流民四起，经济衰败到谷底。为了解决这些问题，196年，曹操的谋士枣祗提出在许都附近进行屯田。

"是岁（建安元），用枣祗、韩浩等议，始兴屯田。"（《三国志》）

在曹操允许后，这项计划很快实行。主要耕田的劳动力来自民间百姓的自愿应召和军队的官兵,所以此时的屯田又被分为军屯和民屯。民屯的劳动力主要是民间百姓,他们的主要任务是耕种土地,迫不得已时才加入军队。军屯的劳动者主要是官兵,他们的主要工作是战争,只有和平和闲暇时才进行土地的耕种。

曹魏时期的屯田制虽然被分为军屯和民屯,但真正发挥重要作用并为曹魏政权解决了粮食不足问题的是民屯。史书记载,民屯开始于建安元年,也就是196年,此时正值曹魏粮食短缺的关键时刻,民屯为曹魏囤积了大量粮草,解决了粮食问题。但军屯开始较晚,于延康元年也就是220年前后才被推广实行,从时间轴上分析,军屯的应用时间较短,并且没有广泛推广发挥作用。所以笼统上指的曹魏屯田制,主要是民屯而非军屯。

军屯和民屯的运作模式截然不同,民屯以50人为一个屯单位。屯的管理者是典农都尉、典农校尉、典农中郎将,他们不归属地方郡县管辖,而是直接归属国家中央。民屯的粮食收成是按照比例分摊给百姓。按照曹魏时期的规定,如果民屯使用的是官府耕牛,粮食分成时,官分六成,民分四成。如果使用私人的耕牛,则官民各分一半。

军屯,以60人为一营,他们驻守边关,发挥士兵职能的同时也进行农田的耕种,所有收获的粮食都直接供给军队的后勤。

"于是州郡列置田官,所在积谷,征伐四方,无运粮之劳,遂兼并群贼,克平天下。"(《三国志·魏书·武帝纪》注引《魏书》)

屯田制实行之后,效果立竿见影,它使得流民可以自由加入官府所倡导的田地耕种的行动中去,让流民重新回归土地,这直接解决了流民问题,使得社会的治安状况大大提升。在荒芜的土地都得到利用和开垦之后,曹魏地区的粮食年产量也大大增加,仅在屯田制实行的第一年,粮食产量便增加了一百万斛。

粮食产量的增加,不仅让百姓拥有了生活的依靠,更为曹操南征北战提供了重要的粮食保障和后勤补给。从宏观的经济方面分析,屯田制使得曹魏时期中原地区的土地利用效率整体提高,农业生产得到长足发展,为曹魏政权后期的经济发展打下了坚实的基础。

屯田制也并非百利而无一害，它也有消极影响。曹魏时期，民屯设立的初衷是开垦荒地安置流民。但当国家粮食需求得到满足，社会趋于安定，农业长足稳定发展时，民屯的不利之处便会逐渐显露。因为它强行束缚了农民的人身自由，农民虽然以自愿加入的方式进入民屯耕种，但却不能够随意离开，农民耕种的粮食收成还必须与官府分成，这无疑会影响农民耕种的积极性，分成不公会对农民形成较为严重的剥削。

在曹魏后期，屯田制的分成规定被破坏，趋向于不公平化，官府的分成比例趋向于极端，农民一手耕种所取得的粮食八成被官府分走，自己只能获得两成。这使得许多民屯的农民开始反抗，有的甚至离开农田，向四周逃散。

随着国家社会的稳定，豪门贵族也开始形成，他们剥削农民，强行占有农民的屯田土地，严重破坏了屯田制。264年，官府宣布废除民屯。此时，虽然军屯仍在运行，但产量微乎其微，名存实亡，不再发挥作用。

曹操统一北方，屯田功不可没。从当时来看，曹魏时期的屯田制利大于弊，因为它使得曹魏政权在动荡的社会背景下可以趋于稳固，百姓能够得到妥善安置，获得一定的粮食收入。民屯也为国家提供了物质基础，短期效果确实非常可观，为曹操解决了粮草匮乏的燃眉之急，使得他可以谋求更大的发展，迅速稳定北方。

曹魏时期广泛施行的屯田制，还为后世王朝提供了农业生产发展的制度蓝本。这种寓兵于农，士兵农民二合一的生产方式，也被后世诸多统治者借鉴和学习，对农业的生产发展做出了卓越的贡献，更是指导了中国小农经济的生产实践。

魏晋南北朝、隋唐以至两宋，各代都推行过边防屯田。当统一国家分裂为几个封建政权时，出于军事需要，都很注意屯田。这些屯田虽多设置在中原地区，但因列国分立，仍然属于边防屯田。

金、元以来，屯田的地域分布发生了变化。金政府于驻军所在地分拨田土，兵士屯种自给，屯田于是遍及内地和边陲。元朝幅员辽阔，各卫、行省皆立屯田。明代继承元代的军户制度，军户子孙世代为兵，作战而外，平时屯种。

明代为充实边防力量，鼓励商人运粮至边地仓库交纳，由官府给予盐引；而盐商惮于长途转运粮食，乃在官府拨给的边区荒地上招募游民屯垦，以所获粮食换取盐引，称为商屯，它在整个屯田事业中所占比重很小。

屯田有时又被称为营田，原意是屯田以兵，营田以民。实际上，历代不少营田也常使用士兵，即使是民屯，也多采用军事编制，所生产的粮食主要也是供军需。历代屯田规模不一。汉武帝在黄河河套以至河西张掖、酒泉一带有屯垦戍卒60万人。唐代屯田主要在辽东至陇右的北方边界，有5万顷左右。明代达于极盛，有64万余顷。清代除保留漕运屯田外，只在蒙古、新疆和西南苗疆设有若干屯田，屯田制度进入尾声。

屯田是强制人们耕种官地。曹魏、元、明的屯田兵有特殊的军籍，世袭服役，地位比较卑下；汉、唐、宋的屯田兵只是编入军队的民户，身份与屯民及普通百姓无甚差异。当时的屯垦管理形式大体有三种：一是劳役地租。多是屯官给工具、种子，集体劳作，收获除供屯户食用外，全部交官。唐、宋屯田多属此类。明、清的漕运屯田，也是一种劳役地租。二是分成制实物地租。曹魏屯田，用官牛的，其收获官六民四；用私牛的，对半分。西晋初年和前燕的屯田，用官牛的，官八私二；用私牛的，官七私三。三是定额实物租。西汉在西北的屯垦，每亩租4斗。北魏民屯，一夫缴粮60斛。明初，辽东每军限田50亩，租15石。清嘉庆年间，伊犁屯田每兵每年交粮13石。屯田保证了边防军的粮饷需要，对于开拓边疆和巩固边防有积极作用。又因集中较多人力、物力，可以兴修较大的水利工程，推广先进的生产技术。但屯田的成绩与历代屯田的政策密切相关。大致说来，凡是设置屯田的朝代，在建立初期，屯田成绩比较显著，随着封建统治者日趋腐朽，剥削日益加重，屯田劳动者大批死亡或逃散，幸存者怠工，屯田也就逐渐变质瓦解。

在明初的六七十年间，军屯发展迅速，全国各地共有军屯田六七十万顷，相当于全国垦田总数的十分之一左右，这样大规模的军屯，基本上保证了军粮自给。民屯由府州县管理，多分布于内地"土旷人稀"的地区，没有具体规定，主要是为了解决百姓吃饭问题。商屯，由户部具体负责，主要解决军粮保障问题。自洪武元年开始大量移民屯田，全国垦田数量年年增加，元年垦田770顷，四年垦田106622顷，九年垦田275664顷，到洪武十六年（1383）见诸史籍的已累计垦田1805164顷。据明代历朝实录记载，洪武二十四年（1391）全国田地共3874746顷，宣德八年（1433）为4278934顷，弘治十六年（1503）为8307489顷，到万历三十年（1602）增至11618948顷。与耕地增加的趋势相适应，明代人口也得到较快增长。洪武三十年（1397）全国总户数为9490713户（除云南、两广和四川外），其中户均耕地达到7顷以上的就有14241户，约为当时总户数的0.15%。到万历后期全国总人口已达到1.5亿以上。洪武十八年（1385），全国收入粮食2088万余石，八年后增加到3278万余石。洪武二十一年（1388），卫所军屯的屯粮仅有500余万石，到永乐元年（1403），包括军民屯田在内的屯田籽粒已达2300余万石。《明史·食货志》记载道："是时宇内富庶，赋入盈羡，米粟自输京师数百万石外，府县仓廪蓄积甚丰，至红腐不可食。"

经过历代数百上千年的垦田开发，不仅缩小了边疆与内地、北方与南方社会的经济差距，而且促进了文化交流，增强了民族团结，奠定了清代以来中国西部地区的人口与土地布局。当然，这原本就是一种生产自救措施，重点放在垦荒，力求通过增加耕地面积来解决兵民的粮食供应。所以，基本上还是单纯种植粮食作物，不可能讲究精耕细作，没有对土地进行深层次的开发利用，没有启动农村经济的全面开发，更谈不上改变农村的经济结构问题。而且，大量开垦土地使得各地尤其是本就水资源匮乏的西北边境地区出现了早期的环境恶化，沙漠逐步向人类居住地侵入，河西走廊从绿地走向沙化。

不能承受之重

随着千余年的不断开发利用，广袤的河西走廊，游牧民族心目中的天堂终于丧失了她的丰满，绿意盎然被黄沙风尘所取代，屯垦过度的后遗症就是水资源枯竭、沙漠侵袭、环境恶化、绿洲逐年减小……种种生态问题形成了河西走廊生命中不堪承受之重。

汉代以前，河西地区由游牧民族统治，匈奴撤出河西之后开始迁徙移民戍边。屯垦必然要翻动地表土壤，古代因为环保意识的欠缺，只考虑到大规模屯田利益，却没有顾忌过度开发带来的后果，这便直接导致了植被破坏，进而生态恶化，大量土地就地起沙。汉晋开始，直到明清，河西走廊在农耕经济获得迅速发展的同时，也为环境资源的逐渐枯竭埋下了巨大的祸患。

以张掖为例，随着绿洲腹地过度开垦，黑河水源大部分被引入农田垦区，势必造成黑河下游地段的水资源短缺。而且，黑河下游正是处于巴丹吉林沙漠侵蚀地区，是人类对抗沙化的最前沿，水源匮乏必然导致风沙肆虐，而垦荒却仍然在继续。几十万戍边移民的到来，人们日常生活中薪柴和屯田所需畜力的饲养，是一笔不敢计算的耗费。因此，祁连山中的原始树木和河流溪边的草木或变为了灶头炊烟，或成了牲畜反刍后的粪便，那些绿洲边缘地带的荒漠植被亦被伐刈以作人畜所用。土地沙化，初步呈现端倪。

明清时期是河西走廊历史上大规模屯田开发的集中时期。前后四五百年间，王朝统治者在汉唐经营河西的基础上，进行了全方位的开发。明代甘州因为是省会所在，此阶段区内民户大增，相对而来的就是垦辟土地、兴修水利，垦荒地域甚至向绿洲边缘地段扩展。不论是屯垦的规模还是面积，都远远超过了以前各朝代。自然，在开发过程中造成的生态破坏也达到了空前恶化的程度，最直观的体现就是黑河水资源的严重不足，下游居延海几乎干涸。

经过明代两百多年的过度开垦，到清代统治河西走廊年羹尧巡察甘州时，才会出现因为水权分配不均而导致的民间械斗事件。年羹尧定下"均水制"从一定程度上解决了黑河流域上下游用水的窘迫，但从水资源日渐匮乏的根本上来说，持续屯田无疑是竭泽而渔。黑河水源严重不足，已经暴露出屯垦制度积累千年生成的顽疾。

面对生态恶化导致自然灾害频发的现实，人们一边怨天尤人责备"天年"，另一边并没有停止向土地的索取。战乱过后的清朝初期，河西走廊满目疮痍，废弃的耕地被风沙无情吞并，形容当时地貌用"赤地千里"一点都不夸张。为了安定民心，为之后收取天山南北的西域疆域，快速恢复生产势在必行。清政府从头收拾旧山河，把屯垦再次提上日程，并开始大力推行。在这一时期，清廷实行新的屯垦政策，制定了一系列对屯户比较利好的奖励措施，使河西各地的农业生产步入正轨，逐步走向规模化耕种，明代开凿的各大小渠道也重新得到利用。

张掖作为历代军马的主要产出地，一直都拥有发达的畜牧业。但是，满人有更为广阔的蒙古草原为军队提供源源不断的战马，这个时期的山丹马场几近闲置，畜牧业随之降下了热度。马场的冷落，从很大程度上改善了放牧对生态的消耗，祁连山草场和原始树木有了一个相对宽松的修复期，负担沉重的张掖大地终于有了喘息的短暂时机。可惜好景不长，清廷向新疆发兵的号角吹响之后，张掖等河西各地被迫承担起了军需重任，作为清军征战西域的跳板和大后方，数量庞大的军需开支再次压得河西走廊喘不过气来。清政府一面向西用兵，一面敦促河西屯垦，农人繁重的徭役只能从土地上攫取，军马的饲草也让祁连草场不堪重负。

天山南北成功纳入版图的代价，是河西走廊面临资源枯竭。没有水灌溉的耕地不得不搁置荒废，风沙蔽日成为河西天空的常态化，张掖绿洲面积内缩，黑河下游的居延三角洲最终沦为黄沙窝。清中晚期，新疆和陕甘陆续发生回民叛乱，清政府派兵征剿，河西走廊各地不但要承担军粮运输，还要倾其所有支援战争。双重压力雪上加霜，我们似乎听得到这片黄土地从岁月深处发出的那一声疲惫又无奈的叹息。清政府开辟的甘新驿道，不知是用多少屯垦人的血泪铺就，一次次被风沙掩埋又清理畅通的古丝绸之路上，河西走廊不复青春、不复丰腴，她用日益干瘪的身躯向人们发出无言的呐喊，却总也得不到回应。那个时候的大地母亲，想必也是怨怼的吧？所以，沙尘暴频发；所以，黑河水减流；所以，植被干枯……

河西地区土地沙化的另一个重要原因则是战乱，一定程度上来说，正是战乱频发决定了历代对这里的开发。汉代时虽然驱逐了匈奴，但游牧民族并没有放弃重归河西草场的意图，所以迫使历代中原王朝不得不向河西走廊派重兵驻扎，而军队给养的难题，自然要依靠当地屯田来解决。一段时期，河西走廊诸地在农耕与游牧之间徘徊，土地的利用农牧交替频繁，从开垦到弃耕，再到放牧，然后又随着王权的更迭从游牧转回耕种，土地在荒废与复耕之间轮替，失去用心经营之后难免沙化，河西土壤的地质构成又注定了土地自身修复能力有所局限，沙漠便就此蚕食、一步步逼近人们的家园。

自汉武帝移民屯垦作为开端，河西走廊的生态环境变迁就注定了是一场人力作用下的灾祸。我们不能否认古代屯垦制度为巩固边防、开发边疆的积极有效作用，以及历代以来各族人民对边疆富庶繁荣和地区稳定所进行的可贵探索，屯垦本身的战略价值不可低估。但是，屯田所带来的一系列副作用，如土地沙化、水土流失加剧化等问题，以及对后世形成的生态结构失衡，也不能忽视，更不能以简单的功过来定性屯垦制的利弊。

翻阅史书可以看出，到清中末期时，河西走廊的生态破坏已经非常严重，不复史料中记载的水草丰茂了。但是，因为意识的缺失，就在20世纪初，河西走廊的牧养也仍然在持续进行。张掖农村里有上了年岁的老人曾经讲述，从他们的父辈开始，沙尘暴的次数和威力逐年增加，那时候的一年当中，没有风沙的天气屈指可数，人们大多生活在尘沙飞扬、灰蒙蒙的天幕之下。尤其到了土地化冻的春季，几乎就没有晴朗的天气，所以有"一年一场风，从春刮到冬，大风三六九，小风天天有"的民谣。想来老一辈都有切身体会，一提起过去总也忍不住唏嘘之色，顺带还要感慨一番现如今蓝天白云、四季分明的好时节。

其实，张掖乃至整个河西走廊的生态治理，取得现阶段这样显著的成绩，细细算来也是费了九牛二虎之力才初显成效的。21世纪提出西部大开发以来，保护生态的意识逐渐在西北人民心中复苏，在搞经济建设的同时，有意识地保护生态、建设生态，是一件刻不容缓的大事。特别是党的十八大正式将生态建设作为国家刚需规划确定之后，保护环境、恢复生态成了全民的共识。国家政策的制定让我们这些饱受风沙侵害的地域看到了重建秀美家园的希望，也坚定了西北人"绿水青山就是金山银山"的理念。退耕还林、还草，封山禁牧，禁止滥采滥伐森林树木和野生固沙植物的硬性规定，对遏制河西走廊生态持续恶化有着举足轻重的意义。经过数十年的不懈努力，我们终于迎来了荒漠披绿、水波荡漾，"山气日夕佳、飞鸟相与还"的绿洲新气象。

西部生态建设是一项长期又艰巨的事业，我们不能指望几千年持续结成的痼疾，在几十年中就被根治，千疮百孔的土地和濒临枯竭的水源，更不是短短数十年就可以还原和涵养充沛的，这需要几代人，甚至更长时间坚持不懈去维护、保护。可见，生态建设任重而道远，我们已经为资源的过度开采利用付出过惨重的代价了，不能让悲剧在我们这一时代继续重演，走健康生态之路才有可持续发展的长远未来。

因屯垦而得名

地名是社会的产物，它的命名、演变体现出特定时期内人们进行社会交往、从事生产劳动和经济活动时所使用媒介的广泛性。地名的意义通常认为是地名字面所表达的含义，是人们为地命名时的着眼点，也就是说，可以看作命名的因由或理据。因此，地名能够折射出这一地域命名时的地理特色与社会构成，还反映了真实的生产生活状态和文明发展进程。

纵观张掖历史，不难看出这是一座由古代移民城市发展而来，兼容了多种文化元素和人文特色的、内涵丰富的古老城市。而张掖很多地方的命名也正体现了这座城市的历史沿革，其中与屯垦有关的地名更是不胜枚举。屯垦的目的说到底还是戍守边防，尤其是军屯。军屯大兴于明初，以屯养军，以军隶卫，卫下设堡、寨，堡寨一体。军屯基层单位为屯，这是沿用自汉唐以来的老规矩了，每屯百户，每兵授田50亩，配给耕牛、农具。军屯戍兵平时耕种，战时守卫，属于半农半军的特殊群体。永乐年间规定每50屯中修筑一大堡，堡设守备、操守等官职管理，军屯所产的粮食、耕种工具和兵器辎重等物资都由堡内守官集中统一掌管。明史记载，弘治年间甘州下辖十二卫共有屯军7万余人，仅甘州五卫的屯田数额就有八千余顷。嘉靖年间又有精壮屯丁2.5万人入驻甘州各卫屯田，据《甘州府志》所载，其时张掖境内共有田亩150余万亩。而到了清光绪年间，张掖辖区不包括高台，就有接近53万人口，他们当中绝大多数人的祖上都是为屯垦戍边从中原地区移民而来的屯户。

如此规模庞大的移民建立起了更为庞大的屯垦基业，我们毫不怀疑当时的张掖边边角角之地，凡是能够种植粮食的地方都被开发成了耕地。有了面积数量惊人的屯田，就需要为土地命名，以便区分计量。如此，大量看似随意实则特定的地名便应运而生了。

有甘州籍的学者统计，在如今的甘州区各乡村地名中，以寨、堡、墩、庄和以距离城镇远近及屯田所在地主要人家姓氏命名的地名就有近百个。这些地名一直沿用下来，是我们研究张掖古代屯田发展和人文特色的最有力佐证。值得注意的是，屯田历来虽以军屯为主，但到了封建王朝末期，民屯的规模比起军屯来不遑多让，民屯相对军屯更为宽松自由的优势，使得自愿屯田的移民远胜于军兵，因此便有了越来越多以姓氏命名的屯田地名。

甘州区内依然沿用与屯垦有关的乡镇级地名有：新墩、梁家墩、石岗墩、五里墩、党寨、平原堡、廿里堡。在这七个地名中，五里墩和廿里堡就是以距离城镇远近直接命名，而党寨和梁家墩以姓氏命名，平原堡、石岗墩则形象地说明了地理特点，新墩的命名最具有人文特色，因为按照对河西其他地市乡村命名的研究来看，与新墩对应的一定有一个"旧墩"。如隔壁城市武威的农村里，有一个乡村叫"新房"，就是原来的"旧庄"因人口发展比较多之后分离出去另建新村的。"新房"与"旧庄"，新旧之间看似有所区别，但到底难以割舍数代人朝夕相对、鸡犬相闻的劳动感情，取名也依然体现着打断骨头连着筋的亲密。

甘州区村级地名与屯垦有关的多达八十余个，诸如张家寨、杨家寨、兰家寨、訾家寨、徐赵寨、贾家寨、宋王寨、付家寨、陈寨、管寨、高寨、花寨、雷寨；以及李家墩、苗家墩、万家墩、杨家墩、梁家墩、陈家墩、韩家墩、王家墩；以堡为单位的姓氏村如郭家堡、汪家堡、缪家堡、梁家堡、浮家堡。此外，最常见的以姓氏冠名村庄名如金王庄、王阜庄、滚家庄、安家庄、高家庄、普家庄；以及贺家城、明家城、余家城、帖家城、白城。除了姓氏冠名的村镇，剩余如四号寨、上堡、下堡、太平堡、东古城、西古城、烟墩、甲子墩、五个墩、瓦窑堡、双堡、瞭马墩、柳树寨等地名，则从地理位置、屯田编号、堡寨用途等各方面命名。

眼花缭乱的村庄命名乍看之下太过随性，而且以姓氏为名的占很大比重，从中却可以了解到另一门学科，那就是中国的姓氏学演变了。这是另一个范畴的学问，这里暂不展开探讨。五花八门的姓氏，有的起源于本地，大多数还是移民承袭而来的中原姓氏，由此也可佐证张掖是地道的古代移民城市了。

屯垦离不开水源，张掖作为屯垦大市历代都很重视水利修建。人们能用姓氏命名屯地，自然更乐意用沟渠、堤坝、水井、水闸、流泉等为他们的家园命名。在甘州区内和水流有关的乡镇级地名，如龙渠、小河、甘浚、沙井、乌江、三闸等。村级地名便多了，如大沟、沿沟、东沟、南沟、新沟、中沟等；东闸、西闸、店子闸、河南闸、下二闸、上四闸、中卫闸、头闸、二闸、三闸、四闸、五闸、六闸排列下来命名的村子，以及头坝、二坝、三坝、东五、西六、西二、东三等按顺序罗列的；水磨湾、三清湾、金家湾、李家湾、毛家湾、谢家湾、南湾、大湾、小湾；谈家洼、花家洼；小泉、流泉、东泉、紫泥泉等。除此之外，与水流有关的还有水源、河满、上游、夹河、永济、沤波、野水地、平山湖等八十余村落。

不论是以姓氏命名，还是以沟渠堤坝、烟柳砂石来命名，张掖的地名并不是个例。在整个河西走廊各个地市的乡村中，闭着眼睛都可以找出许多重名的村庄来，地名的命名也不仅限于此。之所以出现这种现象，与古代民俗和民族融合发展有着莫大的关系，河西诸地相类似的生活习俗正好也间接说明了，河西走廊发展屯垦以来的岁月里，人与人之间、城市与城市之间，都有着频繁的交流与相互学习。当然，也许好多习俗原本就出自一处，只是被带到了不同地域延续下来。而这一切的形成都是因屯垦而来。

一个个拥有浓重历史底蕴的地名，凝聚着古今劳动人民的智慧和思想，也见证了一代又一代致力于农业发展的军民百姓对美好生活的勤恳付出。时代的车轮碾过灰土沧桑的历史大道，那些或情愿或被迫来到张掖的屯垦人，为张掖开辟了肥沃的耕地，也为这里带来先进的农耕文明。直到今天，张掖人民依然承袭了这份勤劳，用自己的双手和智慧耕耘沃土，科技农业、生态农业的新型种植理念，让这座农业城市不断焕发生机、欣欣向荣。

THE
BIOGRAPHY
of
ZHANGYE

张掖传

红色张掖国际友人

第十五章

红西路军纪念馆

摄影：王怀民

用生命培育黎明

为了给习近平总书记"一带一路"和"人类命运共同体"构想十周年献礼，组织安排我创作国际友人路易·艾黎生平事迹的长篇小说。组织找我谈话时，我没有急着表态。我首先是研究资料，其次到艾黎生活工作过的地方去采访。一圈下来，结果让我大吃一惊，艾黎是一个值得用文学大书特书的人物。我决定接受这个创作任务的同时，写下了这篇文字。

丝绸之路，河西走廊，瀚海驼铃，飞天乐舞……种种关于西北的传奇，曾经是文人墨客笔下的情怀，是乐师舞姬丝竹间的迤逦，更是商队僧侣脚下的远方和无数人一生都难以企及的梦想。唐砖汉瓦铺就了一个华章盛世，惊艳世界并令人垂涎；金戈烽烟铸就的民族魂，在黄沙百战中用热血酿成葡萄美酒；草长莺飞的是江南偏安，青山埋没的则是边关残月。从繁盛走向衰败，两千年说长不长；而从残破中崛起屹立，到巍峨挺立光芒万丈，一百年说短不短。

中华民族的发展史，其实是一部血泪史。在古代，封建王权三呼九拜高高在上，皆由无数累累白骨撑起了那一片又一片的歌舞升平和王侯将相的富贵荣耀。近代起，打开了大门却无力守卫的悲剧，又使得炎黄儿女历经外族欺辱，数度面临生死存亡备受凌虐的民族危机。从鸦片战争到甲午战争，再到八国联军侵华，以及后来的抗日战争和抗美援朝，一次次守卫反抗，都是中华儿女备受压迫欺凌下的舍命以搏，我们今天的强盛亦是革命先烈抛头颅洒热血换来的欣欣向荣。

因此，"不忘初心牢记使命"便成了新时代的主旋律与时代精神。这还不够，在世界上，还有不少人民生活在水深火热之中。这才有了2013年共建"一带一路"的伟大构想和2015年"构建人类命运共同体"的宏大理念。习近平总书记之所以提出这两大倡议，其首要主旨就是促进世界和平与发展。"不要战争共同发展，持续繁荣长治久安"是中国人民共同的愿景，也应该成为全世界人类的共识。因为，战争有多残酷，中国人民已经从血雨腥风里体会了太多。

正所谓"哪里有压迫哪里就有反抗"，军国主义、霸权主义、资本主义的重重枷锁下，便有共产主义、社会主义、国际主义应运而生。在这个世界上，永远都不缺乏偏执疯狂的掠夺者，就不可避免地涌现出坚持正义的战斗者；有狭隘自私的占有者，更少不了博施济众的奉献者。曾经硝烟弥漫尸横遍野的战场上，许许多多志士仁人眼望黑暗祈盼黎明，坚信正义不会缺席、胜利属于人民，但他们再也看不到朝阳蓬勃物华冉冉了，而那些战火里幸存下来，陪伴着新中国站立崛起昂首阔步的先辈，是历史遗留给我们的精神财富。

在那最绝望的夜里，等待黎明重生的黑暗中，与中国人民一起并肩守望的，还有来自国际主义友好人士的力量。一大批国际主义战士，跨越千山万水来到中国，帮我们捡拾信心、共建家园。他们中，很多人都长眠在了中国的土地上，用人间大爱与满腔赤诚，为我们点亮黎明贡献出了宝贵生命。譬如路易·艾黎和乔治·何克。

路易·艾黎是新西兰人，1927年第一次踏上中国土地，正是而立之年。当他站在上海码头举目打量这个传说中的东方古国时，充斥心扉的一定是兴奋与好奇，说不定还有很大成就感。因为，在那个时代能够远涉重洋抵达东方第一大国，是所有西方旅行者心目当中最有意义的探险，也是他们骨子里西方浪漫主义和理想主义的体现。原定计划里，路易·艾黎的这次中国之行只有三个月。就跟我们现在出国旅游一样，他怀揣新奇走进了上海的十里洋场。彼时的上海是中国最繁华热闹的大都市，是几大西方国家瓜分了作为安乐窝的租界。在租界里，"洋人"才是主人，而中国平民百姓与狗不得入内，形形色色的外国人与土生土长的中国人，一起生活在这座城市，夜夜笙歌灯红酒绿属于上流阶层，也就是那些靠剥削压榨同胞而发家的资本家，和高人一等的"洋人"。

艾黎是地道的"洋人"，所以他理所当然享有特权，在中国土地上，没有谁敢对"洋大人"不敬。所有来华的外国人，从来都觉得这是理所当然的，用自家战舰火炮夺到手的胜利果实，不拿来享受岂不暴殄天物？因此，只要艾黎愿意，他就能够轻而易举在上海谋得一份薪水丰厚的工作。这样的局面，用现在的流行词叫"躺赚"。事实亦是如此，三个月的短暂驻足变成了长居中国，艾黎在上海公共租界工部局出任防火小队长、工业督察长等职，一干就是十年。在此期间，他目睹了许多不平等的社会现象和中国工人遭受剥削、压迫的悲惨情景。未成年童工劳累而死，最后的归宿是一只破麻袋和垃圾堆；纺织厂女工既要承担超负荷工作量，还要忍受工头欺辱。大上海纸醉金迷的繁华背后，是底层劳动者血泪交织的苦苦求生。这一切都令艾黎深为震惊，若不是亲眼所见，他大概一辈子都不会相信人间炼狱真的存在。这个经历过战火洗礼，中学还未毕业就敢于参加新西兰远征军赴欧洲作战，即便在战场上数度负伤都不眨眼的铁汉，却为生活在水深火热里的中国人民流下了热泪。

悲悯使人觉醒，艾黎来中国七年后，也就是1934年，日本军国主义的獠牙已经显露，占据着中国东北并对中国大地虎视眈眈，而国民党蒋介石视而不见，一心要将共产党完全消灭，鼓吹臭名昭著的"攘外必先安内"的愚蠢观念。艾黎在他的朋友斯诺夫妇引见下，认识了宋庆龄，在其引导下，参加了第一个国际性的马克思主义学习小组，并和中国共产党建立了联系。然后积极投身于拯救中国的革命斗争中，为我党在上海的地下工作提供了极大的支持和掩护。当时他在愚园路的住所成为党的地下工作者碰头地点和避难所，上海地下党曾在他家的阁楼架设过秘密电台。他还和史沫特莱、刘鼎（中共地下党，红军派驻张学良司令部任参谋）等人多方奔走，设法为红军购买医疗器械和药品。其中最具有传奇色彩、最惊险的莫过于深入白统区换钞一事了。那是1936年西安事变前夕，艾黎接受刘鼎之委托，为中国共产党兑换红军在山西缴获的地方钞票。艾黎利用他在租界的职务之便，携带山西军阀阎锡山发行的巨额地方券，从西安北上太原去钱庄换中央发行的通用钞票。一路上兜兜转转掩人耳目，自是斗智斗勇惊险万分，艾黎克服一切困难成功完成任务，把钱钞顺利带到了上海，经由宋庆龄先生之手寄给了最需要帮助的共产党方面用以抗战。

一个外国人，冒着生命危险来支持中国革命，艾黎的胸怀和思想何等壮阔。除了行动上的帮助，艾黎还时常以手中的笔作为武器，向国民党反动派以及帝国主义发起声讨，并向世界发出呼吁援助中国抗战。由美国友人格兰尼奇夫妇主办进步英文刊物《中国呼声》期间，他是积极的支持者和撰稿人，与当时文化界左翼人士鲁迅、茅盾、丁玲、胡愈之等也有接触。今天，我们拜读艾黎的著作会发现，他还有着很高的文学素养，能够熟练运用中文来撰写诗歌和各类文章，也许这与他早年间受到中国文化界名士的影响有直接关系。

随着在中国生活时间越来越长，经历和目睹了太多的残酷景象，艾黎渐渐有了新的想法，他认为中国社会的进步与振兴必须要依靠实业来实现。尤其是参与了1929年夏天的绥远赈灾和1932年在湖北进行的水灾救援之后，艾黎看着那些水深火热里艰难求生的底层人民，更加坚定了信念。后来他辞职离开工部局，开始寻求适合中国现实的工业救国之路。那段时间，艾黎辗转各地旅行考察，了解中国的历史文化和社会问题，足迹遍布大半个中国。经过考察艾黎得出一个结论，他说："成功的关键在于落后地区的工业化，简单的乡村工业应由农村人民自己运作和控制。改善小工业技术，从而提高农民的生活水平。"

1937年全面抗战爆发后不久，掌握了第一手资料的艾黎迫不及待，他与斯诺夫妇等中外友人发起"工合"运动，制订了在非敌占区建立工业合作社的计划，以此支援抗战，实业救中国。这项计划从一开始便得到宋庆龄和中国共产党人的支持。1938年八月，中国工业合作协会在武汉正式成立。国民党政府迫于形势，表面上支持"工合"，任命艾黎为行政院咨询"工合"工作的技术顾问，实际上却处处设限。1939年一月，中国工业合作社国际促进委员会（简称工合国际委员会）在艾黎等人的奔走下在香港成立，艾黎作为委员，并担任实地工作秘书。"工合"步入正轨后，艾黎曾先后去菲律宾、缅甸、新加坡等地筹募资金。1939年至1942年期间，艾黎全力投入"工合"工作，经常奔走于中国西北、川康、滇黔、湘桂、赣闽粤、浙皖、晋豫等抗战后方的城镇农村，组织和发展当地的工业合作社，在陕甘宁边区的延安、新四军根据地中心的茂林都设有"工合"事务所。艾黎为支援八路军、新四军抗战做了大量有益的工作。其间，艾黎两次到延安，受到毛主席和党中央领导的热情接待，并对他和工合运动对抗战作出的贡献给予了高度赞扬。据统计,"工合"初建的前五年中,在整个非敌占区总计创建了约两千个大小不同的合作社和作坊,生产数十种民用消费品和部分军需品,极大地解决了抗战所需物资供应,也为底层人民的基本生活带去了实质性地改善与保障。

国民党反动派,在全国人民 力同心艰苦抗日的最紧要关头,依然没有放弃屠杀我共产党人。由于"工合"积极支持抗日,国民党指责艾黎与共产党有联系,处处刁难各地合作社,以"通共"为借口进行破坏,逮捕和杀害了不少社员及"工合"地方负责人,并于1942年九月解除了艾黎行政院技术顾问的职务。"工合"在西南等重要城乡存活艰难,艾黎只得将主要精力转向如何进行工厂搬迁和"工合"管理以及技术干部培训的工作上来。他一边同国民党反动政府周旋,一边着手企业西迁和创办学校。

"培育黎明""为黎明而培训"是艾黎给学校取名的愿望,也是他给自己的巨大挑战。于战火纷飞里,培育黎明之希望,陕西双石铺培黎工业学校磕磕绊绊地成立了。这是艾黎在西北创建的第一所职业教育机构,当时日本人被陕军牢牢阻截在黄河对岸,陕西具有相对稳定的办学条件。然而,双石铺培校的教学并没有预想中那么顺利,一年时间连换八位校长,一句话,大家对这所新生的学校都不看好。毕竟,在很多人眼里,所谓的培校跟一家难民收容所相差无几。的确,培校初办时期,收来的都是些烈士遗孤和战争中幸存的孤儿。几孔破窑洞,一群面黄肌瘦的孩子,与其说它是一所学校,不如说成孤儿院更为贴近。战乱年代里活着已是不易,还要培育黎明教书育人?这简直就是一个笑话。所以,没有人愿意为他们驻足,如水流般换了一位接一位校长,来的时候信心满满,走的时候却带走了孩子们学习的热情,艾黎为此深感忧虑。直到乔治·何克的到来,培校终于迎来了曙光。

乔治·何克是英国人,毕业于牛津大学。与艾黎一样,他也是来中国短暂旅行却长留下来的一位国际友人。何克担任培校校长时年仅25岁,彼时双石铺培校虽然刚刚开办,但在国民党的高压捣乱下,学校已是举步维艰。国民党反动派眼看孤儿们在培校渐渐长高有点力气了,便几次三番打起主意,想要把学生们强征入伍送去前线。艾黎与何克见此情形,不得不考虑迁移学校来躲避征兵，他们实在不忍心让一帮未成年的孩子成为战争的牺牲品，在艾黎心目中，他的学生们正是中国的未来，是他要培养的黎明之星。宋庆龄和时任绥德地委书记习仲勋对他的这一想法大加赞赏。习仲勋建议艾黎把学校搬迁到河西走廊去，因为那里有相对良好的办学条件和群众基础。彼时艾黎虽然没有与习仲勋谋面，但他采纳了习仲勋书记的建议。

艾黎走进河西走廊，经过实地考察，选定了山丹县作为培校新的校址所在地。这一决定得到了延安我党领导人的肯定，也获得了"工合"支持。1944年艾黎与何克兵分两路，由他带着年龄较大的第一批三十多个孩子先行出发，踏上了前往甘肃省山丹县的征程，一路辗转，他们克服了常人难以想象的困难，携带汽车拉不上的小型机器零部件以及随身行李，徒步翻越茫茫秦岭抵达了日军尚未来得及践踏的甘肃大地，在山丹县落了脚。之后，何克也很快组织剩下的学生，走上了培校西迁的小长征路。生活在现代的人，很难想象当年这群孩子，是如何在一个外国人带领下一步步走了一千多公里，才找到了能够接纳他们的容身之地——山丹。

经过努力，山丹培黎工艺学校在甘肃大地上落地开花了，曾经一度发展到近六百人的规模，设有近二十个供学生实习的生产组，执行半工半读、理论结合实际的教学方针。创业之初困难重重，山丹县虽然在抗日战争中偏安一隅，但国民党军阀的腐败依旧是制约艾黎和学校发展的最大阻碍。初到山丹，国民党政府与军警给培黎学校制造了不少麻烦，当地陈旧顽固的知识分子阶层与地主乡绅也极端排斥艾黎办学。山丹培校面临的困难险阻，是用言语不能完全尽述的。而随着何克的去世，艾黎肩上的责任更大了，他只能接任校长，在悲痛中振作继续前行。乔治·何克去世时只有27岁，其陵园就坐落在山丹县小南河边，他长眠于这块热土，日夜守望着他为之献出宝贵生命的学校。在那个破伤风就能要命的年代，艾黎因为何克的伤逝而萌生了创建医院的想法。在他随后的多方奔走和倡议下，"工合"亦是积极筹措，终于在1947年建成了山丹县第一座西医医院，受"工合"委派前来行医的斯宾赛夫妇正是艾黎的老乡，也来自新西兰。当地人习惯称之为"沙漠医院"的培黎医院，承担着整个山丹县的医疗卫生救治服务工作，艾黎挑选学生跟随斯宾赛夫妇学习先进医疗技术，并为当地人民提供了最大可能的医疗援助，甚至还吸引了远在内蒙的蒙古王爷前来看病求医。艾黎和他的培黎学校，为山丹这个小城，提前送来了电力、医疗、工业等文明。

1949年山丹解放时，艾黎运用自己的聪明才智与马匪军斗智斗勇，成功地让培黎学校免受灭顶之灾。待解放军进城后，他挖出之前藏进山里的汽车零部件，组织学生们连夜组装了20余辆卡车，帮助运送中国人民解放军部队和物资，为解放大西北作出了应有的贡献，受到了彭德怀司令员的高度赞赏。山丹培黎学校迎来了新生，从此成长在新中国的红旗下，几十年间先后为国家的石油等工业建设培养了许多专业技术人才，真正实现了培育黎明的伟大目标。

1952年艾黎接到毛主席邀请到北京参加阅兵典礼，并于同年出席亚洲及太平洋区域和平会议，被选为亚洲及太平洋区域和平联络委员会委员。次年，艾黎接受周恩来总理的邀请，到北京工作、定居，此后曾多次参加国际和平会议。就是在三次返回新西兰探亲期间，他都在各地作报告介绍中国。和平年代里，艾黎每年都要到各地参观考察，掌握第一手资料，用客观报道和新旧对比的方式，宣传中国的社会主义建设成就。他写下了大量诗文，还翻译了不少中国优秀的古诗和现代诗，已出版的著作和译作共六十六本，最后一本著作是《艾黎自传》。

1978年以后，他不断就中国的环境保护、经济建设、资源和青年思想教育、就业等问题提出了建设性的意见与建议。为了支持大西北文化教育事业的发展，他多方奔走致力于山丹培校的复建，并邀请时任全国人大常委会副委员长的习仲勋同志做名誉校长，长达14年之久。山丹培校重建后，艾黎将自己收藏的4000多件文物捐给山丹，之后又促成山丹县培黎图书馆的建立，并用自己的工资购买各类图书捐赠到山丹培校，尽最大可能为山丹培校的孩子们送去知识养分。艾黎定居北京后，曾经七次回到山丹，对学校和他在山丹的老朋友们念念不忘。他的业余生活非常丰富，除了写作还喜欢唱歌，尤其是山丹民歌，唱得比当地人还要纯正。

艾黎在中国的六十年，无论在国内革命战争和抗战的艰苦岁月里，还是在社会主义建设时期，总是坚定不移地同中国人民站在一起，把全部心血和精力献给了中国人民。他将山丹称为自己的第二故乡，在自传和很多个公开场合下，也曾说过山丹的十年是他一生中最为愉快的岁月。1987年12月27日，路易·艾黎走完了他光辉的生命历程，溘然长逝。根据生前遗嘱，他的骨灰迎回山丹，一半洒在了他曾经奋斗过的四坝滩土地上，另一半安葬于乔治·何克陵墓旁，与他的好搭档、亲密战友何克一起守护着山丹的风月长天，永远留在了祁连山下。艾黎的高尚品格与伟大精神受到中国人民、新西兰人民和其他一切热爱和平的国家和人民的尊敬与爱戴。

这位把一生都奉献给了中国人民的"老战士、老朋友、老同志"，哪怕我们倾尽所有的溢美之词放在他的身上都不为过，他是真正的胸怀大爱之人，"毫不利己专门利人"，他正是毛主席赞扬的"一个高尚的人，一个纯粹的人，一个有道德的人，一个脱离了低级趣味的人，一个有益于人民的人。"我们今天以文学的形式纪念艾黎，传播艾黎文化，就是要继承和弘扬艾黎精神，挖掘艾黎职业教育思想内涵，助力"一带一路"建设和"构建人类命运共同体"，把和平包容的中国理念与大爱无疆的国际主义精神传播到世界各地去。赓续红色血脉，勇担文化使命，紧跟时代步伐，传承中国精神。为时代立言，为英雄立传，讲好中国故事，我们责无旁贷。

纪念馆里思先烈

河西走廊在划归中华版图那一刻，因为其独特的地理位置便注定了这里似乎从来都是与杀伐、征战分不开的一条特殊通道。霍去病轻骑逐匈开辟河西四郡，甘州回鹘重建汗国血泪成史，西夏占据河西三分天下，成吉思汗的铁骑踩着血肉西征，明帝国固守甘州门户，左宗棠收复新疆抬棺过走廊……在继封建王朝覆灭、革命战火燃遍中华大地之时，河西走廊史上最为壮烈的则要数中国工农红军西路军喋血河西的战斗。

红西路军在张掖的战斗主要有山丹保卫战、甘州城西攻坚战、甘浚堡战斗、龙首堡歼敌和临泽境内的廖泉保卫战、西洞堡大捷、三战倪家营等战役，以及血战高台的惨烈战斗、梨园口白刃相见之决战，最后被迫退入祁连深处的肃南县所进行的一系列鏖战……

翻阅书籍，白纸黑字的记录终归显得有些苍白无力，总不似到烈士纪念馆去亲眼参观、亲耳聆听来得更有感染力。在河西走廊沿线各个市区，凡是当年红西路军征战过的地方大多建设了纪念馆，旨在让我们以及我们的子孙后辈铭记历史、砥砺前行。仅张掖境内就有甘州区西路军纪念馆暨高金成烈士纪念馆、高台中国工农红军西路军纪念馆、临泽战役纪念馆、肃南石窝会议纪念馆四家有关西路军战役或西路军烈士的纪念馆。通过参观我们可以更贴近那段血色历史，踏着英烈的足迹去追寻革命先辈甘洒热血不畏艰难，用一具具血肉之躯扛起历史担当，誓要建立新中国的崇高理想。那是怎样的一种信念在支撑，才能让人将生死置之度外一心革命？才能在面对敌人的刀枪时大义凛然视死如归？如果易地而处，你我能做到吗？在种种疑问面前，和平年代的我们到底缺了那份勇气来正视自己，或者说我们不敢做如是设想，只因今天安宁幸福的生活，已经不需要中国人民像革命先辈那样去挥洒热血，我们的思想里一种叫"信仰"的东西淡薄并淡漠了。

在张掖，走进任何一家西路军纪念馆，静谧的宁馨中都透着庄严肃穆。那一帧帧黑白照片的真实呈现，一列列透明展柜里指战员的遗物收藏，都在向后来人无声讲述着属于西路军史上的惨烈与艰险。尤其记叙了西路军弹尽粮绝之下被俘人员，在马匪军屠刀下遭遇惨无人道的虐杀资料时，那般令人发指的兽行即便黑白底色的照片也难以掩盖其血腥，看得人不寒而栗，由不得一阵怒火填膺。

资料显示，红西路军在征战河西的悲怆历程中，所部21800人中7000余人战死沙场，几十位高级将领殒命河西；部队在滴水成冰的河西走廊身着单衣作战，于弹尽粮绝后9600余人被俘，其中5600余人被马匪军以活埋、砍头等极尽残忍的手段杀害；1000多名妇女独立团的女战士，被马步芳发配给部下做小妾受尽侮辱；最后经党中央批示，由兰州和西安八路军办事处，以及当地百姓营救，回到陕甘宁边区的只有寥寥数千人。西路军几乎全军覆没……

根据张掖市史志办的文章记载：1936年11月21日，西路军前锋红五军进占山丹城,红旗第一次高高飘扬在张掖大地上。根据中央以永昌、山丹城为中心建立甘北根据地的指示,西路军军政委员会号召全军指战员艰苦奋斗,克服困难,坚决战胜敌人,为在西北创建巩固的抗日根据地而斗争。就在这天,敌人在围攻永昌城的同时,总指挥马彪又率领步、骑各一旅及四个民团的兵力围攻山丹城。战斗开始时,红五军在军长董振堂指挥下,乘敌立足未稳之际,派一部兵力突袭敌指挥部和外围大佛寺、红沟、野猫山等据点,取得胜利。

第三天,红五军一部发挥夜战、近战的特长,乘夜袭击山丹城西廿里铺驻敌。在战斗中红五军指挥员沉着应变,声东击西,猛打猛冲,致使敌人惊慌失措,伤亡众多,连夜溃逃。

接着红五军两个团奉命在西十里铺阻击来敌,分别打垮了敌人的五次集团冲锋,打乱了敌人的攻城部署。接连受挫的敌军集中三个旅的部队向山丹城发起了更猛烈的进攻。红五军全体将士沉着迎敌,浴血守城。战斗持续到12月2日下午,军部命令两团战士由东门出击,但因出击过远,突遭敌骑兵反击,部队伤亡较大。此后,红五军以固守为主并瞅准机会近距离小股突袭打击敌人。

在城内,五军广泛开展宣传活动,发动组织群众搞好支前和治安。至12月下旬,红五军奉命撤离山丹城西进。此时张掖城内据守的是号称"张掖王"的马步芳直系亲信部下韩起功,是一支装备精良、给养充足的师级建制部队。红西路军总部采取避其锋芒、迂回穿插的战术,一边派遣红九军前卫团佯攻甘州城,一边命主力抢渡黑河向西行军。

1936年12月,数九寒天的河西走廊滴水成冰,西路军先头部队红五军于12月30日进占临泽县城(今蓼泉镇)。之后,临泽由政委黄超带两个团留守,军长董振堂、政治部主任杨克明率主力三十九团、四十五团及军直属部队近三千人连夜疾进高台,于1937年1月1日凌晨占领高台县城,守敌全部投降。随后,红九军进驻临泽沙河堡(今临泽县城),红三十军及总指挥部进驻倪家营。其间,中央军委指示西路军要依靠自己,团结奋斗,动员全军在临泽、高台地带消灭敌人,完成创立甘(张掖)、肃(酒泉)二州根据地的任务。于是西路军屯兵临高一带准备打击来犯之敌，组织发动群众建立根据地。

12天后，敌人切断了高台、临泽之间红军的联系并牵制沙河堡、倪家营的主力红军，集中4个骑兵旅和3个团共2万余人向高台城发起进攻。红五军将士依托城外工事英勇抗击，打退了敌人多次进攻。激战一个星期后，敌人以优势兵力攻毁城外红军的制高点，直逼城下，在各种火力掩护下，轮番攻城。此时的红五军已是弹药殆尽，战士们冒着枪林弹雨用木椽捣敌人的云梯头；用群众送来进餐的滚烫开水朝敌人头上泼去，用大刀、梭镖、石头、冰块，把爬上城墙的敌人一次次地打下去，战斗十分惨烈，城墙上弹痕累累，血迹斑斑。1月20日凌晨，敌人倾其全力从四面攻城。一时间，炮声震天，火光四起。拂晓时分，南城墙被敌突破，敌人蜂拥而入。在生死关头，上至军长，下至轻重伤员、机关人员，同仇敌忾，宁死不屈，与敌人在街道间、城墙上展开了殊死的肉搏战。巷战持续到下午二三点钟，全城被敌人占领。红五军将士除极少数突围和被群众救助隐蔽外，军长董振堂、政治部主任杨克明以及近三千红军将士壮烈牺牲。

高台失守后，驻防临泽城的红军经与敌苦战三昼夜后，在红九军一部的接应下，突围与主力会合。1月28日晚，西路军所剩13000余人全部集结于倪家营一带。从2月1日起，敌人集中5个骑兵旅、3个步兵旅和大批民团的兵力，在马元海指挥下开始围攻倪家营。连续百天的行军、作战，身心疲惫的西路军战士此时已弹尽粮绝，在御寒冬衣极缺的情况下，每守住一块阵地都要付出极大的牺牲，但战士们视死如归，誓与敌人战斗到最后。在汪家墩阵地，前一天晚上红三十军一个连的130名战士进驻该地，战斗到第二天兄弟连队换防时，全连只剩下9个人，其中4人还负了重伤。

2月15日，敌人拼凑一切力量采取集团冲锋，梯队重叠，步步推进，向红军阵地发起了更加疯狂的进攻，敌人的包围圈越来越小。战斗最为激烈的时候，徐向前、陈昌浩等总部首长亲临前线，鼓舞浴血奋战的指战员。仗越打越艰苦，弹药、人员有耗无补，伤员无医药治疗，部队无粮食给养，连水也喝不上。面对极为不利的局面，军政委员会决定突围。西路军连夜拼死突围，向临泽西南50里外的三道柳沟一带转移。在近一个月的血战中，红军打退敌人无数次进攻，毙伤敌近万人，但自身也损失巨大。

突围后的西路军刚到达三道柳沟，又遭到紧追而来的敌人骑兵团的攻击。红三十军八十八师在师长熊厚发的带领下，以一当十，与敌展开了殊死拼搏。经过几天残酷的血战，西路军余部不得不再次突围，准备经梨园口撤进祁连山。

3月12日晨，经一夜急行的红军刚刚到梨园口，敌数旅骑兵就跟踪而至。担任后卫的红九军和妇女独立团为掩护总部和红三十军进山，抢占了进山口两侧的一些小山头和高塄坎阻击敌人。九军剩余的近千名指战员在军政委陈海松的带领下与敌人肉搏，拼死掩护总部进山。不到半日的战斗中，九军余部几乎全军覆没，军政委陈海松等壮烈牺牲。危急时刻，三十军军长程世才、军政委李先念各带一部兵力赶来，猛烈阻击敌人。在这种险恶至极的形势下，每一位指战员都用自己的鲜血和生命捍卫着脚下的每一寸阵地，拉锯式地和敌人反复争夺。

半个世纪之后，时任国家主席的李先念动情地讲到了这次战斗中的一个情节：与敌激战一整天后的西路军被迫向祁连山腹地转移。凶残的马匪骑兵已经杀红了眼，狂嘶的战马掀起的土雾漫卷在梨园河谷，明晃晃的战刀泛着冷光，敌人疯狂的喊杀叫嚣声撕人心肺。三十军剩余部队占据地形，顽强地阻击着敌人，为了保证总部机关和首长的安全，排成左右两排厚厚的人墙，用自己的躯体当盾牌保护首长和非战斗人员从中间通过。敌人的枪弹一排排地射来，无数指战员倒了下去，鲜血染红了通道……李主席每每回忆当时的情景，常常热泪盈眶。他临终前留下遗愿：将骨灰撒向祁连山，与英勇献身的西路军将士千古同眠！

从梨园口撤向祁连山的西路军余部（含伤员已不足3000人）转移至肃南境内的马场滩、牛毛山、康隆寺一带。与尾追之敌经一天激战后，又连夜继续撤退。1937年3月14日，撤到石窝山一带的部队只有2000余人了。黄昏时，西路军军政委员会在石窝山头召开扩大会议，做出三项决定：一是将现有人员编为三个支队，就地分散游击；二是徐向前、陈昌浩离队回陕北向党中央汇报工作；三是成立西路军工作委员会。至此，西路军结束了在张掖境内悲壮的西征。

中国工农红军西路军在张掖境内征战三个半月,经历较大规模战斗数十次,为策应河东红军的战略行动,为争取"西安事变"的和平解决,为推动抗日民族统一战线的形成,做出了巨大的牺牲。

据统计,仅"张掖王"韩起功当时所控制的张掖县(今甘州区)境内,这个双手沾满红军战士鲜血的恶魔所残害的西路军将士就多达3240人。其中被枪杀575人,烧死56人,活埋2609人。甘州区东教场、牛王宫、高家庄、下滩子、十里行宫、韩家花园、义园广场、北城墙根都埋有红军战士的尸骨。这还不包括被俘红军指战员被押送到青海,直接由马步芳下令残杀的2000余人和在张掖其他县市被马匪军杀害的红军战士。现存的资料中显示,当时马匪军残杀红军战俘手段凶残狠毒,已经丧失了作为"人"的基本良知,有很多形式如"抽肠而死""剜心取胆""钉死树干"等酷刑,都是反人道行为,极其恶劣残忍。

累累血债,罄竹难书!不知道当时我们的革命先烈是如何承受这些极端酷刑的,今时今日的我仅仅作为一个文字记录者,在敲下这些字眼的时候都忍不住脊背发凉、心惊胆寒。可是,最令人想不通的一点是,前些年居然还有一些人要为马匪军翻案,一本叫《马步芳传》的书就是赤裸裸在为这个有罪于人民的刽子手洗白叫屈。很难理解,那个被称为博学多才、客观公正的作者是处于一种什么目的和居心去为马步芳树碑立传的?如果是为了博人眼球倒也罢了,但若别有用心或受金钱驱使而为,那当真是辱没了文化人的身份、玷辱了文学之尊严,在我个人看来不值得被原谅。同样不被原谅的当然要数传主马步芳,这个在传记里饱受赞誉、作者眼中不可多得的"人杰"。

也许有人看到这篇文字会说笔者偏激,但我无意争辩,更无意去研究一个自己深恶痛绝的人背后那些所谓不得已。因为,不论从哪个方面来说,反人道的兽行、暴行都不应该得到洗白,更不可能仅凭一纸一笔的立传式做法来混淆视听,打历史的擦边球。所谓《马步芳传》过于美化其人,对已经定性的事件有意模糊概念或偷换概念,其用心昭然若揭,就是旨在为马步芳的反动军阀行径找借口推卸责任,想要借此麻痹读者博取同情,进而获得人民的原谅,作者的目的实打实就是在炮制一本"马步芳洗冤录"。姑且不论书中把马步芳个人刻画得怎样惊才绝艳、怎样忍辱负重构建马氏家族成为一方地头蛇，也不论他如何经营青海，如何组建部队令蒋介石都深为倚重，单说对红西路军之战役中，处于两个阶级阵营的战斗厮杀，你死我活的拼命相抗怎么打都不为过，可是面对手无寸铁的战俘却要用极刑虐杀，对俘虏的女红军极尽羞辱随意转送买卖，这些做法就无论如何都说不过去了。讨厌马匪军、抵触马步芳的原因无关政治，仅这一项便已足够了。所以，个人感情上坚决不接受有人为马步芳的残暴和毫无底线的做法洗地平反。

至于说到马步芳寓居国外漂泊异乡，对家乡故地怎么思念，都是一种卖惨的自我作秀。试问，出手阔绰买得起整栋楼，一次性购置四辆豪车的财阀，他在国外的处境与中国人民解放初期一穷二白艰苦创立新社会相比，有什么资格诉苦？国民党高级军官外逃之后，不是没有回国来的，我党和人民群众都给予了谅解，他马步芳若是没有欠下那么多的血债，自知面对祖国和人民百死难赎，又如何不敢回来？一切都是咎由自取罢了。

八十余年恍惚一瞬间，对于巍巍祁连而言，太多的杀戮早已让这些山脉更为冰冷坚硬。但是，红西路军转战祁连山下，用鲜血染红黑河水的战役，却令无情的山石和亘古不化的冰雪都忍不住为之而震颤。时过境迁，那些枪炮声中不屈的呐喊，与风雪天里坚定的面容，已永远铭刻进了圣山的脉搏、融入了黑河怒卷的浪涛，西路军烈火金刚的精神也深深影响着甘州大地上的人民，他们的精神品质与这个时代同在，必将代代相传下去。

甘州有条欧式街

张掖市甘州区西街，有一条南北向仿古罗马风格的街道，十字街心矗立着意大利旅行家马可·波罗的全身塑像，因此初建时被命名为马可·波罗街，后来又改为了欧式街。欧式街始建于2001年，总长度一千米左右，街道两侧门面建筑偏于欧式化，在这里徜徉或随意踏足任意一家商铺、餐馆，便有一种到了欧洲旅游观光的错觉。当然,这是在无视街道上挂着张掖牌照的车流来往和操着方言交谈的当地人而言。欧式街因为毗邻河西走廊最高学府"河西学院",这里又常设酒吧、KTV等娱乐场所,因而成了年轻人喜欢并聚集的地方,是张掖市比较有特色的街道。

张掖与古罗马之间仿佛总有一份不解之缘,前有汉末三国时期的西凉名将马超据说就是古罗马后裔,他的渊源要追溯到更遥远的前西汉时隶属于张掖郡下辖骊靬县的建制。这是另一个故事了,充满传奇色彩也颇具争议。而到了元代,马可·波罗的到来却是史书明确记载,成了貌似不可否定的史实。尽管,西凉马超为古罗马后裔,和马可·波罗是否真的到过中国,这两个问题直到现在还是史学界争论不休的话题。

《张掖地区志·人物》所载:"马可·波罗,意大利威尼斯人。其父与叔父经商至中国,奉元世祖命出使罗马教廷。至元八年(1271),随父、叔来华复命。循丝绸古道东行,于1274年经沙州、肃州到达甘州。在他的《行纪》里有一章专记甘州见闻,是迄今为止记述元朝甘州人民生活、经济状况的重要资料。马可·波罗在甘州逗留一年之久,始东去上都,成为忽必烈宠臣,1291年回国。"

《马可·波罗行纪》最早出版时称《东方见闻录》,译者惯例还是常叫《马可·波罗游记》。它是13世纪意大利商人马可·波罗记述他经行地中海、欧亚大陆和游历中国的长篇游记。百科词条中录入的有关介绍为:马可·波罗是第一个游历中国及亚洲各国的意大利旅行家。他依据在中国17年的见闻,讲述了令西方世界震惊的一个美丽的神话。这部游记有"世界一大奇书"之称,是人类史上西方人感知东方的第一部著作,它向整个欧洲打开了神秘的东方之门。

根据《游记》内容我们可以了解到,马可·波罗一家是当时威尼斯的富豪家族,如此才能有足够的财力支撑他的父亲和叔叔到东方经商。书中记叙,马可·波罗的父亲尼古拉斯、叔玛窦1260年经商中国,1266年回国时曾到上都觐见忽必烈并受到忽必烈的热情款待,忽必烈也曾向这弟兄俩询问欧洲各国的情况,特别是罗马教廷。波罗兄弟详尽介绍,忽必烈对罗马教廷很感兴趣,便决定派专使出使罗马教廷。因此，聘波罗兄弟为副使陪同前往。出发不久专使病倒返回，即委派波罗兄弟代理前行。1271年马可·波罗随父叔到元朝复命。他们从地中海登陆，沿前人开辟的欧亚大通道——古丝绸之路东行，穿越叙利亚及两河流域，横越伊朗全境，又穿越中亚沙漠，翻越帕米尔高原，进入我国新疆，经喀什、于田、莎车、罗布泊、哈密，进入甘肃玉门关，经敦煌、肃州、甘州、宁夏，历四年半的艰苦跋涉，终于1275年5月到达上都。

书中又说：时年21岁的马可·波罗风华正茂，受到元世祖忽必烈的赏识，留在元朝政府任职达17年之久，常奉命出巡全国各地，并曾任扬州总管3年，受理26个县，政声甚好，受到百姓的尊敬和爱戴。马可·波罗也曾奉命出使东南各国。每到一地，他都考察当地政治经济、宗教文化、风土人情等，为其后来出书积累了丰富的第一手资料。1292年利用护送蒙古公主远嫁波斯的机会，马可·波罗从福建泉州港出发，经海上丝绸之路踏上了回归的旅程。1295年回到威尼斯。1298年马可·波罗在热那亚战争中被俘，在狱中结识了比萨人鲁思梯谦，由鲁思梯谦笔录，马可·波罗口述的东方之行的经历，写成了著名的《东方见闻录》，又译为《马可·波罗行纪》或《马可·波罗游记》，1324年马可·波罗病逝，葬洛伦索教堂。

《东方见闻录》共三卷。第一卷前三章记述了其父叔出使罗马教廷的原因及其随行情况。第一卷第三十三章开始记录进入中国后沿途各城市的风土人情，特别是民族宗教方面各地都以专章记录。第六十一章《甘州城》冯承钧译本如是记载：

> 甘州是一座大城，在唐古忒境内，盖为唐古忒全州之都会，故其城最大而最尊。居民是偶像教徒、回教徒及基督教徒。基督教徒在此城中有壮丽教堂三所。偶像教徒依俗有庙宇甚多，内奉偶像不少，最大者高有十步，余像较小，有木雕者，有泥塑者，有石刻者，制作皆佳，外敷以金。诸像周围有数像极大，其势似向诸像作礼。……玛窦阁下及马可·波罗曾奉命留居此城垂一年。

相对于马可·波罗对甘州城的描述，省却多数有关宗教方面的记叙，内容其实并不多么丰富。反倒是译者冯承钧先生对这篇《甘州城》所记内容做了考证之后，在正文后面的批注内容更为精彩翔实。批注说：

马可·波罗经行甘州之际，适当其昔日繁盛之时，与1420年沙哈鲁使臣所记之情形绝对相符："由肃州至甘州。甘州较之肃州尤大。中有九站，每站奉边境长官命，供应行人马、驴四百五十四，车五六十辆……甘州城中有一大寺，广长皆有五百公尺，中有一卧像，身长五十步，足长九步，足上周围有二十五公尺。像后头上，置有其他偶像，各高一公尺上下不等。杂有喇嘛像，高与人身同。壁上亦置有其他偶像。此大佛像一手置头下，一手抚腿。像上敷金，人名之曰'释迦牟尼佛'。居民结群赴此寺中礼拜……城中别有一寺，亦颇受人尊敬。内有一塔，回教徒名之曰'地球'。塔八方形，有十五层……塔高二十公尺，周围十二公尺。全以木料建筑，外贴以金，全塔俨若金制。塔下有地窖。塔中有一铁柱，下承铁座，上接塔顶，此塔制作之工，可为世界之木工、铁工、画师取法也。"

"甘州旧城亦废，旧城距今城有二十二里，在黑河对岸，长城脚下。缘何徙于今址，其故未详。今在沙中尚可见旧城之迹，然从来无人发掘。"

从冯承钧先生的批注中可以看到，其描绘的是元代甘州作为甘肃行省省会城市的驿站运输、城内大佛寺和木塔所在的万寿寺，以及黑水国古城当时的形貌。比之马可·波罗对甘州浮于表面的描述可谓详尽，这也就难怪百余年来那些学者对其人到底有没有来过中国而产生疑问了。想来亦如是，倘若马可·波罗真的曾经在甘州留居一年之久，又怎么会不去几个象征着张掖特色的古迹名胜踏访游览一番呢？他不是号称旅行家吗？作为一个古代世界公认的"资深驴友"，到了一个地方长达一年时间，却在记叙中对当地的名胜古迹只字不提，只好奇当地人娶几个老婆，对人家的风俗礼仪不但没有半分尊重了解，最后还充满贬损地辱骂"其人生活如同禽兽"，这又是什么道理？况且，元代的中国经过汉唐之风的浸润，儒学早已深入人心，像马可·波罗描述的甘州城中"男子得娶从姊妹或其父已纳之妇女为妻"的说法，恐怕是河西走廊某些少数民族部落的老皇历了，与当时的中国实际状况严重不符。因此，马可·波罗这种以偏概全的论述未免失真并缺乏说服力，很有些道听途说的味道，或许这也正是他有否真的到过中国的争论中值得怀疑的地方。

事实上，马可·波罗在他的《马可·波罗游记》当中还有很多类似的浮夸描写，这个号称大旅行家的意大利人，他的目光和关注点似乎永远都放在一些空泛的轮廓之上，对细节的观察和描述并不细致，很多地方完全没有考证，更像是来自市井之间的捕风捉影。如第二卷中写，到开平府后留居元政府任职及巡视全国情况；第三卷为奉命出使东南亚地区各国情况及回归等内容更是漏洞百出，一直以来都被相关学者挑错质疑。那马可·波罗到底有没有到过中国呢？答案是不确定的。

国内外"肯定论者"之所以肯定或承认马可·波罗到过中国，主要基于两个方面的理由：一是人们对马可·波罗与《马可·波罗游记》的善意解释。另一方面的原因是《马可·波罗游记》所记载的某些内容若非亲身经历是不可能知道得那样详细具体的。不过，也有一些学者认为，《马可·波罗游记》的内容都是在重述一些尽人皆知的故事，比如元朝的远征日本、王著叛乱、襄阳回回炮、波斯使臣护送阔阔真公主等。国际上研究马可·波罗的学者形成了两种相互对立的学派，即肯定马可·波罗到过中国的"肯定论者"和怀疑马可·波罗到过中国的"怀疑论者"，两方激烈争辩。

其实这种争辩意义不大。提起哥伦布，可能几乎所有的人都知道他发现了美洲。不过，这只是我们后人的想法，就哥伦布本人来说，他至死都认为他发现的不是美洲，而是印度，所以，他坚持称他航海中于美洲附近所见到的第一片陆地为"西印度群岛"。哥伦布不是个骗子，马可·波罗也不是有意要撒谎，他可能像克鲁纳斯所认为的那样，只到过中亚的某些国家，而他则把这些国家当成了中国。不过，今天绝大多数人还是愿意相信他到过中国。

《马可·波罗游记》所记载的某些内容使学者们很惊奇，比如，《马可·波罗游记》关于杭州的记载说，杭州当时称行在，是世界上最美的城市，商业兴隆，有12种行业，每种行业有12000户。城中有一个大湖（即西湖），周围达30英里，风景优美。这些记载在《乾道临安志》和《梦粱录》等古籍中得到了印证。其他的如苏州的桥很多，杭州的人多，还有卢沟桥等，《马可·波罗游记》的记载都相当详细、具体。这些材料，在当时的历史背景下是不可能从道听途说中得知的。

据2011年8月11日出版的《环球时报》报道，英国媒体10日引述意大利一组考古学家的调查结果称，大探险家马可·波罗事实上从来没有真正到过中国，《马可·波罗游记》是道听途说的汇集。英国《每日邮报》称，如果这一理论被证明正确，人类历史上最伟大探险家之一的马可·波罗就是一个"骗子"。另据英国《每日电讯报》报道，考古学家们认为，马可·波罗更有可能是从波斯商人处获悉了有关中国、日本和蒙古帝国的"二手故事"。然后，他将这些故事同其他零碎的信息汇集在一起，这就是畅销书《马可·波罗游记》的来源。考古学家指出，《马可·波罗游记》在描述忽必烈1274年和1281年两次远征日本部分存在矛盾和不准确性。意大利那不勒斯大学的丹尼尔·彼得雷拉说："马可·波罗混淆了两次远征的细节，在对第一次远征的记述中，他描述元军舰队离开朝鲜、抵达日本海岸前遭到台风打击。但那发生在1281年，如果他真的是一名所谓见证者，他会混淆时间跨度长达7年的两场战役吗？"

此外，在书中的不少部分，马可·波罗用波斯文标注中国和蒙古地名。彼得雷拉对一家意大利历史杂志表示，随着研究的深入，对《马可·波罗游记》的质疑也变得越来越多。其他考古学家也表示，马可·波罗宣称曾在忽必烈的宫廷中担任使者，但他的名字并没有出现在任何现存的蒙古或中国古书记载中。

此前，也有英国学者质疑马可·波罗是否到过中国。1995年，英国历史学家弗朗西斯·伍德著书称，马可·波罗事实上没有到过黑海以外地区，当时在中国很常见的一些东西，如四大发明、筷子、裹脚布和长城等，马可·波罗都没有提过。伍德最近还表示，威尼斯的档案中也根本没有提到波罗家族同中国有直接接触。他说："在《马可·波罗游记》整个原稿中，只有18个句子用第一人称书写。与其说这是一个人的记述，更像是中世纪欧洲人的远东知识资料库。"

马可·波罗和他的自传式《马可·波罗游记》一直饱受争议,真假之论也是迷雾重重,但不可否认这是一个了不起的人物。正是因为有他的游记,中国才被遥远的欧洲人所知晓,从他的叙述中欧洲人对中国的神奇心驰神往,即使马可·波罗的记叙错漏百出,但依然是欧洲许许多多敢于冒险者不惜艰险坎坷也要到中国探访的动力。《马可·波罗游记》虽然没有太大的史料价值,但是这部作品就文学本身而言文笔异常细腻,故事极为曲折,将其当作文学作品来看,堪称一流佳作!

从这方面来说,马可·波罗倒是为宣传古中国做出了杰出的贡献。也许,中国人喜欢马可·波罗,并在很多地方修建了以他的名字命名的街道、公园等建筑,以及那些酒店、瓷砖等以马可·波罗为名的产业,在便于区别商标之余,大多也是有仰慕在内,或为证明实力,或因质量过硬才取名的了。

带着这样的理解再去看甘州城里的马可·波罗塑像和那一条长达一千米的街道,心中也就有些微释然了。至于,存在的就是合理的,这般论断是否有理,时过境迁也许就不那么重要了吧。

艾黎与张掖的不解之缘

在甘州府城外,有一条很宽阔的城市干道,它与国道312线以十字路口为交接点向东延伸,可以直达张掖著名的国家湿地公园。与欧式街一样,这也是一条与外国人有关并以其名字命名的道路,叫作艾黎大道。离张掖市区65千米的山丹县也有一条主干道叫艾黎大道,而在山丹县城还有成立于抗战时期蜚声国际的一所学校——甘肃山丹培黎学院。这所学府原称山丹培黎工艺学校,由新西兰友人路易·艾黎创办,有着艰难而光荣的历史。

路易·艾黎与山丹结缘正应了中国那句古话:"有缘千里来相会。"1927年,艾黎初次踏上中国国土,先是在上海租界的工部局任职,让他有机会接触到普通老百姓,并开始学习中文。就在那一时期,艾黎亲眼看到旧中国的上海工人被剥削阶级压榨迫害，工厂里的童工们受到非人摧残，无数农村女孩在"包身工"制度下失去自由沦为奴隶，种种罪恶惨状激起了他内心的正义感，艾黎决心尽自己一切能力去帮助这些苦难中的人。因此，他加入上海国际组织的马列主义学习小组，积极研读马列著作，投身到了中国人民为争取自由解放而斗争的洪流之中，找到了一条崭新而充满艰险的生活道路。

结识宋庆龄先生，对艾黎来说既是偶然，也是必然。1933年，艾黎接受庆龄先生的嘱托，把她给红军筹措到的枪支弹药分批辗转偷运到红军手上。自此之后，艾黎又多次将庆龄先生和美国作家史沫莱特从国外筹集到的许多医药、医疗器械和无线电设备等物资，秘密送往西安七贤庄（即八路军西安办事处），又从那里转运到延安，为革命战争提供了力所能及的援助。值得一提的是，在此期间艾黎还曾积极协助宋庆龄介绍埃德加·斯诺和乔治·海德姆两位美国人去了陕北。斯诺此行写出了著名的《西行漫记》，而海德姆则改名马海德留在延安参加了八路军，成了一名中共党员，肩负毛主席等中央领导和陕北根据地医疗工作方面的总顾问。另一位德国籍犹太人牙医也在艾黎的帮助下在七贤庄开办牙科诊所，并以此为掩护建立了向陕北运送重要物资的秘密转运站。

艾黎利用自己任职上海租界工业督察的特殊身份为掩护，于西安事变前接受了中共中央交给他的一项重要任务，就是将贺龙在晋西北缴获的一宗山西地方钞票带到太原钱庄去兑换成当时通用的中央法币。他冒着极大的风险，成功完成了这宗巨额钞票兑换任务，为中共中央处理西安事变及时带回了活动经费，可谓劳苦功高。

卢沟桥事变后仅仅一个多月，上海沦陷。艾黎工作的工厂被日寇的轰炸机夷为平地，他在上海购买的房产也遭日军野蛮霸占，珍藏的古玩和所有家产被洗劫一空。他辞掉上海的工作来到武汉，在宋庆龄和周恩来的支持下创办中国工业合作协会，被聘为行政院工合事务总顾问。有了这个头衔，艾黎终于可以光明正大地行走到抗日后方各地去推动"工合"运动了。自1939年至1942年间，艾黎跑遍16省的城市和乡村，组建了三千多个合作社，安置三十多万难民就业，向抗日前线输送技术人员四万多人，生产五十多类数百种产品，其中的军用产品不断送往抗日前线，有力地支援了抗日战争。

1941年，因为叛徒的出卖，艾黎为晋西北的八路军筹划建立兵工厂的事被泄露，国民党行政院解除了他工合技术总顾问的职务。对此早有心理准备的艾黎索性转移工作重心，把全部精力放在了创办教育培养技术性人才方面，联合一批热爱和平反对侵略战争的国际友人，陆续在成都、洛阳、宝鸡、双石铺开办了培黎学校，为"工合"大力培养人才。这些创办人当中就有后来担任了双石铺培黎工艺学校第十任校长的乔治·艾温·何克。几所培黎学校在创办中不断遭到国民党当局破坏，至1944年仅剩双石铺学校还在顽强坚持。抗战胜利的前一年，艾黎和何克再一次被国民党指控为"亲共危险分子"，何克甚至被军警拘禁，学校也被当地国民党有关部门指使下的混混地痞打砸破坏。

艾黎辗转托信给党中央，得到周恩来的同意和支持后，他把双石铺培黎工艺学校迁往了西北更偏远之处的甘肃张掖山丹县，在这块贫瘠的土地上培黎学校得以保存下来，并在之后快速扎根、开花结果。山丹培黎学校坚持以"手脑并用、创造分析"为办学宗旨，鼓励学生半工半读，教育与实践相结合，开设了中英文、数理化及工业、历史等10多个专业学科，文化基础课由本国教师担任，专业课聘用外籍教师担任。当时培黎学校的外籍教师来自世界各国，涉及专业也是多方面实用性为主，如美国机械工程师易斯兰、加拿大电气工程师严立地、新西兰医生司宾塞和农业专家魏美斯、日本陶瓷专家野口胜、奥地利纺织专家哈德等共二十余位国际友人。

山丹培黎工艺学校从双石铺迁校到1949年新中国成立，已经由当初的60名学生发展成了能接纳600余学子进行学习深造的规模化学校，在当时的旧中国西北一隅创造了诸多奇迹。在学校开办的同时，艾黎发现山丹缺医少药，当地人生活十分穷苦，生病没有钱治疗全靠求巫拜佛。尤其是乔治·何克在山丹因破伤风失去宝贵生命之后，艾黎决心在这里开办一家医院，既可以为劳苦群众治病，也能培训一批医务人员，解决老百姓看病难的问题。司宾塞夫妇就是在这样的情况下不远万里来到山丹的，人们形象地称这家医院为"沙漠医院"。医院开业期间，司宾塞医生和他的新婚妻子芭芭拉一边为当地百姓看病，一边兼任培黎学校医技学科的教师，艾黎专门从学校抽选十几个学生跟司宾塞夫妇学医，西医的理念和治疗方式首次出现在山丹这片土地上。

办学伊始，艾黎一直倡导手脑并用，非常注重学生的动手能力培养。为了给师生提供实验和实践场所，他积极奔走取得与山丹周边场矿合作研学的机会，让学生们有了更为广阔的发挥专长的余地。学校还建有三处农场，拥有三千多亩土地用于农作物种植和畜禽牧养。学校当时已经能够独立加工食糖和豆腐，各实验基地产出的农副产品不但能满足学校自给，还畅销当地市场。机械厂发电除学校自用外，也承担着山丹县政府和银行供电。通过多种渠道募集以及学校师生自己的努力，艾黎陆续采购了拖拉机、采煤机，还有一支30辆汽车的运输队，他的培黎学校成了真正意义上的"工合"人才培育基地。

抗日战争胜利后，解放战争又打响了，艾黎继续培养人才支援解放战争。1949年8月兰州解放，溃败西逃的国民党军意欲抢夺培黎学校运输队的汽车为逃跑所用，艾黎对此早有准备，他让学生将所有汽车的关键零件拆下来转移到煤矿和农场藏起来，国民党抢汽车逃跑的计划就此落空。9月21日山丹解放，中国人民解放军第一野战军第二兵团第三军军长黄新亭来到培黎学校拜访艾黎，希望学校的运输队为解放军提供帮助，继续西进解放更多城市。艾黎欣然答应，组织学生把藏匿的汽车零部件拿回来，30辆汽车仅用两天时间就安装完好等待出发了。培黎学校的运输队运载解放军驰向酒泉、玉门，提前七天解放玉门，夺得玉门油矿。除此之外，学校还组织了卫生队救护伤病员，又组成机修队为解放军维修炮械。解放军亲切地称这些无私支援部队的师生为"培黎学校支前队"。

第一野战军司令员彭德怀元帅专门邀请艾黎到酒泉会晤，对艾黎给予了非常高的赞扬，他说："艾黎同志不远万里来到中国，不仅是一位伟大的国际主义者，还是一位满腔热情的无产阶级教育家。"

解放后，培黎工艺学校迁到兰州，短暂告别了开办十年的山丹县，在黄河之滨的省城安家了。直到1985年在艾黎的提议下再次重建，山丹人民终于又迎来了他们热爱的山丹培黎学校。1988年，应艾黎邀请，时任全国人大常委会副委员长的习仲勋，出任山丹培黎学校的名誉校长。2019年8月20日，习近平总书记视察甘肃时走进了这所他一直牵挂并时常给予美好祝愿的学校，参观并鼓励师生学好技能，再接再厉，为国家培养更多优秀人才。

刚刚过去的2020年中，山丹培黎学校通过了教育部备案，由国家重点中等职业学校升级为高等职业学府，一座规划占地面积961亩、建筑面积27.4万平方米的培黎职业学院在大西北丝绸之路重镇的张掖市山丹县城投入建设，正在大踏步迈向崭新的明天。

艾黎在山丹生活工作了十年，山丹已经成了他的第二故乡。他在自传中写道："我一生最满意的一段时期，无疑是在甘肃山丹同农村青年在一起的那些日子。"艾黎将最多的爱给了山丹，他晚年把一生所收藏的3700多件精美文物都捐赠给了山丹，并致力于修建培黎图书馆以丰富学生们的眼界。他终身未婚，但收养了不少中国孩子，生前所有收入在扣除生活费之后，剩余部分不是为山丹培黎图书馆买书，就是用于资助建设学校，去世时银行存款只有3400多元，可见其一心为了教育事业甘愿清贫度日的高尚情怀。

与艾黎拥有同样情怀却英年早逝的乔治·何克，在山丹期间收养了当地穷苦人家的孩子，根据他的真实故事改编的电影《黄石的孩子》曾经风靡一时，成了影院的卖座影片。

艾黎在晚年时还曾数次回到山丹，与当地他认识或不认识的人进行交流，对山丹的教育和经济发展都特别关切。1988年，这位在中国生活了一甲子，为中国教育事业献出毕生心血的国际主义战士在北京溘然长逝。遵照其遗嘱，艾黎的骨灰一半撒在他生活和工作过的山丹四坝滩上，一半安葬在山丹河畔，与乔治·何克永远留在了他们热爱的中国大西北小城，守望着这片土地，见证培黎教育的成长飞跃。

走进山丹，随处可见艾黎留下的印记，城市新区主街道是艾黎大道，最高级的酒店也以艾黎命名，还有艾黎纪念馆和培黎学校，以及那些至今依然健在说起艾黎如数家珍的当地老人，他们都是艾黎与山丹之间血浓于水的深厚感情的见证者，而艾黎这个名称已经成为张掖山丹永不可磨灭的一个文化符号和饱含深情的地域名片。

THE
BIOGRAPHY
of
ZHANGYE

张掖传

文化旅游在张掖

第十六章

远古时期张掖丹霞地貌　　　　　　　　　　　　　　　　　　　　摄影：王怀民

烟中列岫红无数

到张掖旅游，平山湖大峡谷是必去不可的打卡景点。

平山湖大峡谷位于张掖市甘州区平山湖蒙古族乡，距离市区大约有60千米，是迄今为止国内离城市最近的集自然奇观、峡谷探险、地质科考、民族风情、自驾越野等于一体的复合型旅游景区，也是张掖地貌景观大观园中最为壮美的景观之一。曾被《中国地理杂志》及中外知名地质专家和游客誉为"比肩张家界""媲美科罗拉多大峡谷"的丝绸之路新发现。

但是，如此享有盛誉的景观却鲜少有人知晓，张掖本地没有踏足过大峡谷的人也不在少数，私心里猜想可能跟参观门票价格有些小贵有关。毕竟包含观光车乘坐费用在内接近200元的票价，在西北以农业为主的这座城市还是定价偏高了些。

驱车来到平山湖大峡谷景区，大门修建风格朴拙雄奇、气势十足，仅到此处便让人对这道造型奇特的门内风景心向往之了。进入景区有中巴车专司载客，距离真正的峡谷观景点还有不短的路程，但沿途可以饱览蒙古族乡牧养的草场，能见到毛驴和骆驼等动物，城市生活久了颇觉新奇。草场边界处是连绵低矮的小型山体，圆的、扁的各种山包姿态各异，上有西北清朗的蓝天笼盖，下与绿茵茵的草色相接，微风不燥，气温正好，也是别样的享受。

游览平山湖大峡谷除了进入景区那一段建议乘车，剩余路程最好步行，方能领略到峡谷之雄浑壮美。譬如"一线天"必须亲自走过一遍，方能不负此行。步行穿越一线天有两条路线，一条是坐车直接到观景台，居高临下先行俯瞰一番大峡谷的总体风貌。这里是峡谷的制高点，有着放眼千里一望无际的广阔视野，万壑千丘尽收眼底，形态迥异的各样山势着以斑斓缤纷的色彩，从脚下向远处铺陈开去，绵绵匝匝便构成了令人震撼的丹霞盛景。

据研究，平山湖大峡谷的地质构造属于红层地貌，所谓红层是指在中生代侏罗纪至新生代第三纪沉淀形成的红色岩系，一般称之为"红色砂砾岩"，距今已有一亿八百万至两亿四千万年。真是不看不知道，一看吓一跳！原来平山湖大峡谷在很久很久之前还是海洋，呈现在我们面前的景观曾经是大洋的海底，那些奇突的景色和特殊的地貌是经过长久以来地壳抬升大自然风蚀、水蚀和化学溶蚀作用而形成的。大峡谷山石多为红色，谷底到顶部分布着从寒武纪到新生代各个时期的岩层，色调各异、层次清晰，并且含有各个地质年代的代表性生物化石，又被称为"活的地质史教科书"。走进平山湖大峡谷仿佛穿行于时空隧道，在雄伟的地貌面前，一切浮躁的自我膨胀都显得无比渺小。我们没有办法去触摸现在的海沟，但可以通过这里追溯亿万年前的时光，感受地球最深处的脉搏。

景区目前建成开放的观景台有四个，都是选取了站在高处能够俯瞰全景和特色景观的角度上，体力不好的朋友仅在观景台及周边游览，看着波澜壮阔的古海底样貌也是十分不错。体力尚可就放心选择入谷徒步，顺着3号景观台阶梯就可以到达谷底最负盛名的一线天景观，因为地势所然人造悬梯颇为陡直，有几处甚至是直上直下式的坡度，喜欢探险和挑战的朋友应该会感到有趣，但对普通人而言还是蛮刺激的。从观景台到谷底垂直总高度超过了50米，上下温度也有很大差异。但是，谷底的景观绝对惊艳，往上看两边绝壁形如刀砍斧劈般耸峙，又有着天然形成层次分明的古拙韵味，一线蓝天状若飘带蜿蜒于头顶，凉风夹山谷吹拂并有空灵之声，当真是险绝非常。脚踩碎石尘沙，抚摸山壁上的纹路，完全可以想象远古时期海水填充、游鱼徜徉时的水流饱满感觉。

一路往前，远古海沟的曲折多变让人很难预料下一个转弯处会有什么。往往眼前的景色就已经觉得是最美、最奇之景了，可是峰回路转才发现前面还有更胜处，而手机相册里却已经拍摄存储了无数张照片。有赖于谷底还有顽强的天然的沙生植物生长，虽然稀疏了些，构造一幅"山重水复疑无路，柳暗花明又一村"的欣喜图画却也足够了。最为神奇之处在于一棵被誉为"吉祥神树"的古胡杨。众所周知，胡杨有着"生而三千年不死，死而三千年不倒，倒而三千年不朽"的顽强坚韧，在黑河沿岸的沙漠地带常有胡杨的身影，但在名为平山湖实际却一片荒芜的砂石岩层黄山中，这棵枝繁叶茂的大树竟然恣意地茁壮生长，挺立出生命的不屈与骄傲，此等奇迹不由得使人肃然起敬。张掖是一个多民族和谐生活的省份，各有自己民族的宗教信仰和生活习俗，但这棵吉祥神树因为其旺盛的生命力受到各族人民的尊敬，既是当地蒙古族牧民顶礼膜拜的神迹，也是藏族、裕固族等少数民族敬献哈达、虔诚礼拜，向上天许愿祈福的圣树。

行走在谷底砂石层上，一面欣赏奇绝的山色，脑海里竟蹦出一场金戈铁马的厮杀征战来，设想哪里适合伏兵掩杀，哪里又正是俯冲克敌的绝佳角度。了解过大峡谷的历史，知道这里曾经是月氏人、匈奴人、蒙古人和西北许多少数民族武力争夺进军走廊腹地的重要通道，也许某一处转角边，某一块山石后就是兵士藏匿伏击敌人的据点也不一定。一夫当关万夫莫开，说的就是一线天地形。

一线天峡谷纵深约有3千米，这是游览过后才能得知的大致数据。在徒步过程当中有两处补给点，开设的小商店里能买到饮料和零食，还有骆驼车和驼队代步，但需要额外收费。这里没有汽车可以进入的通道，商品全靠骆驼运输，驼队也是当地蒙古族自己牧养来经营载客的，收费不低但路途却短，完全图个新鲜。当然，也有真正走累了的游客，可以借助骆驼车，或是骑骆驼省掉一些脚力，体力尚好的人还是自己徒步更有意义，尤其是在全副身心用于观览景色不觉辛苦的行路中，当你发现那些优哉游哉骑着骆驼超过你的游客，在下一个突然的转弯后苦着脸抱怨钱花得不值的时候，就会使得徒步旅游的成就感倍增。旅游为的是放慢生活节奏领略大自然之美，赶急图快只会是走马观花的敷衍，这样未免减弱了游览的意趣。

所谓深度游就是穿越峡谷底部一线天的另一条游览路线，也能观赏到同样的景色，但却是不同的体验。乘坐探险车12千米后直接到达山腹，再转入峡谷底部的一线天入口，然后一场充满惊喜、赞叹、别开生面的徒步游就此开启。在行往谷底入口的过程中，首先映入眼帘的是大西北苍凉厚重的原始地貌。道路夹山而峙，在半土半沙质地中起伏蜿蜒，沿路两侧赭红色的山体夹杂青灰印痕，被风雨雕琢成很多不可思议的奇特造型，有的像动物，有的像房屋，还有一些十分抽象需要发挥超常的联想，才能把它大概形似的轮廓定义为我们熟悉的物象。

　　来到一线天入口，第一感觉便是惊奇。狭窄的道路像极了从山体中强行挤出来的一条缝隙，张牙舞爪的山峰摆出各种奇异的姿态，仿佛随时准备合拢，让人有一种隐隐的担心，但又掩不住强烈的好奇而跃跃欲试。走上这条小路就走在了远古河床之上，细碎的沙粒与粗糙的石子铺垫，刚踩下去觉得新鲜，但等走到路程的一半左右就会发现，这样的路况其实是十分耗费体力的。脚下越来越涩滞沉重，开始困乏了，那辆诱人的骆驼车正在山谷阴凉处等你。一咬牙拒绝了车载，继续往前步行既是对自己的挑战，也会发现更为绝美的景观。这中间嶙峋的山石依然有着水流浸润留下的清晰印痕，大大小小的山洞也在遥远年代里被海水冲刷得颇为圆润，谷底微风拂过咸咸的味道却再也没有了海水的湿润，而是属于西北的沧桑干燥之气。

　　行到中间有一尊造型神似的观音立像山峰，她屹立在一个山谷的转弯处，远处看孤峰峭立俊逸挺拔，像是要准备随时飞升而去，到了近前却原来是视觉偏差，这是一岴很有气势的山峰，需要90度仰头才能看到山顶，但近观之下并没有远处欣赏时那副惟妙惟肖的生动姿态了，看来也是"只可远观不可亵玩"的一处盛景。再往前谷底小路更为狭窄，骆驼车的终点交汇处就是当地牧民组织的驼队停靠点，在这里可以体验骑着骆驼游"海底"的独特旅行，我们还是选择了继续徒步。在此偶遇了从3号景观台下来的游客，彼此间萍水相逢可谓陌生，但因为大峡谷大家都有了一份善意，相互探讨了一番各自走过的路况，再给予对方鼓励加油，我们背向而行开始了下一段路程的探寻与欣赏。

　　当小路越来越窄，驼队也没办法穿行的时候，一线天就拥有了真正意义上的"天险"之景。山体在这里像一只倒放的长颈细口葫芦瓶，而我们站立行走的地方是葫芦口，再往上几米处逐渐向外扩开，圆而阔的葫芦肚子拉满了它的弧度，最后在绝高处聚拢收底，一线天则更像是这口葫芦底裂开的一道缝隙。身在此地，若非正午时分，光线是照不进来的，仰头只有一线蓝天高邈而神秘地在那里，倒像是有什么巨型的不明生物微微掀起的眼睑在俯视着谷底。

这段谷底景观因为其独特的葫芦形地貌，说话会有回音，有那声嗓敞亮的双手做喇叭状尖啸几声，谷底就能听到龙吟虎啸般的回声，一路走来的疲惫在这样的趣味中就能被冲抵不少。

走出葫芦景观，地势豁然开朗，但这也只是相对于狭窄的上一段峡谷而言。不过，这里已经接近了悬梯，远远地看见它矗立于谷底尽头。这座被漆成和山体颜色接近的悬梯外形垂直，内里是一圈一圈盘旋而上的铁制阶梯，目测最起码八层楼的高度。登上悬梯拾级而上，可以挑战如何对抗眩晕，对于恐高的朋友来说算是极限挑战了。关键，经过之前全程徒步之旅，双腿灌铅般步履沉重，体力优劣在这座悬梯面前一目了然。爬完了垂直悬梯有小小的一处平台做缓冲，此处基本与一线天山顶持平，向下俯瞰颇觉得心有余悸，目光所及皆被曲折回旋的山体遮挡，完全不敢想象面前的山峰后面存在着那样变幻莫测的缤纷胜景，不禁令人感叹大自然造物的神奇，鬼斧神工不过如此！

垂直悬梯连接的是又一条坡度稍缓，但长而又长的阶梯，只有爬上顶点才算彻底走出峡谷。很有意思的一点是，在两道悬梯连接处的平台一侧，触手可及的山壁上留有许多涂鸦，除了那句国人熟知级别的"某某到此一游"，还有些非常具有调侃意味的感慨，譬如"不到长城非好汉，不来峡谷不知难""行到力竭处，仰头山顶时"，这般既有内涵又透着无奈语气的感叹，正是此刻自己内心的真实表达啊！

终于登顶，山巅风光空阔辽远，天还是那么幽深蔚蓝，白云丝丝缕缕印染点缀，远处是九龙汇海的波澜起伏，有将军仗剑啸傲西风的威武背影，女娇在弱水岸边和丈夫团圆相依脉脉含情，老龟还在仰首西天等候取经回来的唐僧师徒询问寿数……

烟中列岫红无数，雁背夕阳天欲暮。一天的游览到此画上圆满的句号，空灵的山风犹如张掖人一样热情，扑面而来给予人身心上的抚慰，回首来路报以粲然一笑，这一程当真不虚此行！

一山春色四时新

不止一次到过张掖七彩丹霞，每一次来时玩伴不同、心境各异，但丹霞的风光却从未改变，你来或不来，它就在那里不增不减、常看常新。喜欢到这里游览，为的也不过是那斑斓缤纷、百看不厌的丹霞七彩之美。古人尝有秀色可餐一说，大多时候被比喻为容貌姣好的女子能让人见之而忘俗，这个词汇用来形容自然景色其实更为妥帖，张掖丹霞便是这人间秀色之一。

山，是有生命的，丹霞尤是。灿烂美景的背后，必定有着一段鲜为人知的经历，或漫长，或悲壮，经得起岁月的煎熬和风雨的雕蚀，在我们看不见的地方挣扎、成长、努力绽放，最后长成了一片惊艳，以山的姿态开出了花的明媚，并截取了彩虹的绚丽。所以，人们称之为七彩丹霞。

近年来，有学者专门研究彩色山体的成因，提出张掖七彩丘陵不是丹霞地貌的见解，学术界如何定义或命名是专业领域内的事情，当地人和游客已经约定俗成，就认准了七彩丹霞的叫法。其实，普通如我们还真没有必要纠结这些，仅就浅显又形象的名称当中便生动地说明了山体的特色，引发人们的好奇与探究，然后来此一游亲眼见证，饱尝大自然的杰作给予我们视觉与精神上的馈赠，旅游的目的也就达到了，又何须介怀是否七彩丹霞呢？毕竟，游客眼中看到的是真实的彩色山体景观，享受这份美带来的震撼便是，而地质演变的复杂多变性，那是学者的关注点，感兴趣了解一下不至于在熊孩子面前一问三不知也就够了，委实无须较真。

相较于平山湖的以赭红色为主色调的丹霞景观，临泽七彩丹霞就丰满多了。因为地质构造的不同，七彩山体不能直接用手触摸，更不能踩踏，否则就将形成不可挽回的毁损。查阅书籍可知，张掖丹霞地貌的形成原因是由红色砂岩经长期风化剥离和流水侵蚀，加之特殊的地质结构、气候变化以及风力等自然环境的影响，形成孤立的山峰和陡峭的奇岩怪石。主要发育于侏罗纪至第三纪的水平或缓倾的红色地层中，形成巨厚红色砂、砾岩层中沿垂直节理发育的各种丹霞奇峰，是中国丹霞地貌发育最大最好、地貌造型最丰富的地区之一，是中国彩色丹霞的典型代表，具有很高的科考和旅游观赏价值。

张掖七彩丹霞主要由红色砾石、砂岩和泥岩组成，有明显的干旱、半干旱气候的印迹，以交错层理、四壁陡峭、垂直节理、色彩斑斓而示奇，它是一个以自然风光为主的自然风景区，集广东丹霞山的雄、险、奇、幽、美于一身，揽新疆五彩城的色彩斑斓为一体。

七彩丹霞地貌作为古老的地质遗迹，发育于距今约2亿年的前侏罗纪至第三纪时期，它的形成需要漫长的时光，需要大约6000年的时间才能成长为我们今天看到的彩色地貌。同时，丹霞地貌的地表非常酥软，只要踩上去，就会留下很难消除的印记，一般一个人为的脚印或者手掌印，需要60年的时间才能消失。这也就难怪两年前，曾有人到张掖旅游不顾景区规定私自踩踏护栏内地表进行破坏，而遭到全网口诛笔伐了。

还有一种我们熟知的"雅丹"地貌，那是一种典型的风蚀地貌，又称"风蚀垄槽"，雅丹地貌主要由风力作用形成。事实上，不论是雅丹地貌还是丹霞地貌都属于不可再生资源，它的形成需要耗费千年、亿年，有些破坏甚至永远都无法修复！

七彩丹霞只是张掖丹霞地貌群之一，还有另一处典型的丹霞地貌分布在肃南县境内，称为"冰沟丹霞"。两地相隔10千米左右，毗邻而居各有特色。七彩丹霞美在色彩绚烂，而冰沟丹霞胜在造型奇特。七彩丹霞景区主要分布在临泽县倪家营乡，是国内独有的丹霞地貌与彩色丘陵景观复合区。冰沟丹霞景区则主要分布在张掖市肃南县康乐乡、白银乡地段，以肃南裕固族自治县白银乡为中心，海拔高度在2000—3800米之间，东西长约40千米，南北宽5—10千米的地方，数以千计的悬崖山峦全部呈现出鲜艳的丹绝色和红褐色，相互映衬各显其神，展示出"色如渥丹，灿若明霞"的奇妙风采。当地少数民族把这种奇特的山景称为"阿兰拉格达"，意为红色的山。

在七彩丹霞方圆十多平方千米的范围内，随处可见有红、黄、橙、绿、白、青灰、灰黑、灰白等多种鲜艳的色彩，把无数沟壑山丘装点得绚丽多姿。乘坐景区专用的观光车游览，四个观景台选取的依然是最佳角度，可以最大限度接近山体，近距离欣赏其层理交错的纹路和夺目绚烂的形貌。走进七彩丹霞仿似走进了一个彩色的童话世界，那些充斥人眼球的景色没有人工调色上的锐度对比,没有斧凿刻意的修饰,它们就这般静静地呈现在你面前,于安然当中绽放出属于大山的沉稳、云霞的迤逦,在天地之间弥散着寂静而磅礴的气势,令人沉醉目眩神迷。

七彩丹霞景区内部有专门的游览车可以乘坐,因为景区面积很宏阔,交通也方便,徒步大可不必,尽管那些铺设好的粉红色道路很漂亮。说实话,每次来都会被观景台的顺序搞晕乎,不知道具体排序是有什么特别的讲究还是别的原因,让人每每将行记付诸笔端的时候,有种自我凌乱然后读者又觉得故弄玄虚。姑且抛开景点排序,就顺着脚步和目光逐一展开吧。

区间车在行驶当中,还没到达停靠站就已经被渐渐丰富起来的山色所吸引了,车窗外目不暇接的连绵山体随着车速缓慢舒展,如同行走在一片正处于绽放的花海当中,总有更胜眼前的美丽在下一个路口处等你。想必很多人也和我一样,等到了经停站满心满眼都是美景,却完全顾不得去计较景点的命名了,因为千人千眼,你看到的山色未必就是别人体味到的意境。

第一处景点称之为七彩云海台。造型神似大型扇贝的山体俯卧在红色的山脚下,"扇贝"的色彩十分明丽,以红、黄、橙、灰、白、褐等颜色勾勒出清晰分明的层理,彩虹的色调赋予山峰以瑰丽,本来天壤之别的两样物事在大自然的鬼斧神工中,就这么奇妙地结合了。从此,彩虹不再转瞬即逝,大山摒弃了枯燥,它们完美融合并拥有了超出各自独立存在的意义,不得不惊叹,这真是一场出乎意料而又注定结局的精彩演绎。单斜山构造了七彩扇贝,砂岩层不甘示弱,借助雨水和其他外力营造出一幅"众僧拜佛"的壮美场景,那些排排站的岩丘俨然一个个秃头僧人在肃立倾听佛法经义。那种姿态惟妙惟肖,即使最缺乏抽象理解的人都能看得出拟人化的意趣来。以一个文人的眼光去理解,或许,这处景观应该叫作"万佛朝宗"更文艺一些。在这处观景点还可以看见许多造型各异的彩色山体和山谷,比如灵猴观海、七彩飞霞等景色,都可以拍照留存。只是,身临其境看见和感受到的那种震撼之美,即便用像素最好的拍摄器材记取下来,总归不似亲眼观赏时那么有感觉。

继续乘车行往下一个观景点,距离不远但山势高低起伏,两侧山色处处不同,车里游客不住嘴地惊叹。此处称作"七彩仙缘台",饱览最美景色需要爬一段比较陡峭的栈道，对于缺乏锻炼、体力不佳的人是个吃力活。爬上栈道就到达了山顶最高处，眼前顿时有豁然开朗的辽阔，惊喜四顾脚下是一片状若大海的彩色丘陵，神奇则在于一边以红色居多的彩色山谷为主，另一边却是以蓝绿色为主色调，颇有"一道残阳铺水中，半江瑟瑟半江红"的景致。再看旁边竖立的景观介绍，取名还真应了这句诗文，就是叫作"夕晖归帆"。原来，这处景点还是摄影爱好者最为钟爱的取景之地，每当夕阳晚照云霞满天之时，山体沐浴在霞光里能够映照出烟波浩渺的苍茫气象来，景色绝美至极。

第三处景点也美，那美依然在高山之巅。顺着栈道爬到观景台，还有远距离观测的高倍望远镜，扫码就能使用，可以看到十多千米外的深山丹霞形貌。山风吹拂中俯瞰全景，流苏式的山体排列疏密有致，色调之丰富让一路行来本就赞叹不已的游客忍不住再一次发出惊呼，没有亲眼见过的人绝难相信，山还能长成这样！而事实就在眼前，那成片成片俯卧在大地上的丘陵就像年轻的异族少女，她们青春靓丽热情洋溢，披挂着流苏长裙尽情又肆意地盛放着她们的美丽。震撼！这个词汇越加深刻地刻上心头，面对此情此景，词汇匮乏得竟再也找不出任何一个可以形容这般壮丽美景的字眼来。"七彩锦绣台"，不负盛名！

到了这里便不必急着下山乘车，顺栈道前行一边浏览美景，一边享受清风拂面的山野自然之气，亦是人生一大乐事。此段栈道尽头的山下，有骑乘骆驼游览的营地，还有一家圈起来不大的木制小楼院落，据说这就是当年张艺谋拍摄电影的外景地之一，院落门前横挂着的牌匾上写有"麻子面馆"四个粗犷大字。之前有说丹霞地貌不能踩踏，一个手印都需要山体用60年时间自我修复，当年建这院落想来还是没有开发之前的了。

七彩虹霞台是景观最集中、色彩最丰富的观景点。"丝绸天路"既是景观名称，也是这处山色最直观的表达。多彩丝绸的绚丽夺目以单斜之态顺着山体沟壑铺排远去，一眼望不到尽头的七彩飘带正如那通往未知世界的天路，美得如梦如幻，充满了神秘与遐想。走到这里，惊叹已经不足以表达心中的震撼和喜悦了，人们蜂拥而上，隔着护栏恣意饱览这份大自然给予人类的馈赠，奔跑着、兴奋着找寻最佳拍摄位置，好把自己和七彩丹霞的这场约会永远定格下来，成为人生中值得炫耀和长久纪念的剪影之一。

登上观景台最高处可以看到山外的村庄和梨园河白练般舞动的河水，阡陌纵横、青山绿水，田间有农人在劳作，天空有云朵慢若静止，好一幅山水田园的太平景象！

此处有"赤壁长城"景观，是一座峭立如刀削的山峰上，由红色为主的砂岩天然勾勒而成、形似绵延长城烽燧的绝壁景观。正所谓近看不如远观，这处景观其实在"七彩锦绣台"的栈道上看会更有趣味，视觉远了能够把整体景色纳入眼帘，近处看倒失了"长城"的万里意境了。

"神龟问天"也是七彩虹霞台的一大景观，从侧面角度观赏，一只硕大的神龟昂首向天、与天空对视的姿态，还真有无语问苍天的神韵，只是不知道它是否与平山湖的那只老龟一样，也是在关心自己的寿数几何呢？

"刀山火海"，顾名思义就有崖畔和大海的形貌，事实也确实如此。山峰壁立斧凿，丘陵连绵迤逦，日出或日落时分观赏，红色的霞云镀染增色，让"刀山"更奇峻，"火海"如沸腾，大美丹霞就有了别样的出彩之处。

张掖七彩丹霞，综合了丹霞和七彩丘陵的多种地貌，晴天看有晴天的风光，阴天看有阴天的苍莽，雨中看有贵妃出浴的旖旎，雪后看有雪落人间的美丽……真可谓一山春色四时新，百里风光七彩粼。

甘州美食甲天下

"唯爱与美食不可辜负"，这是一个书名，已经演变成一句十分流行的网络用语，更是获得了许许多多人的认同与喜爱的生活观念。是啊，在这个纷乱而又喧嚣的人世间，还有什么情是"爱"不能包容、不能超越的，还有什么事是比饥饿更能摧残意志、尊严的呢？

当食物不再局限于果腹的基本需求，而上升到美之享受的时候，富足里面浸透出的便是幸福与满足了。饕餮，在过去是贪得无厌和饥不择食的代名词，但于今天的餐桌而言，却是对美食及烹饪者的最高褒奖。只有用心烹制，才有齿颊留香的美食；也只有真心喜欢，才会把一份食物做成兼具了色香味，且有"爱"融入的佳肴。从这个意义上来讲，做菜和食用，都应该是一份情怀，世间百态、烟火气息，于三尺灶台演绎着生活的酸甜苦辣。人生就如盘中餐，不论悲喜皆需体味。

钟爱一份美食，与钟情一个人其实是差不多的，能够保持长久的喜欢，漂亮的外貌固然是第一重要印象，丰富有趣的内在才是让人念念不忘的最大吸引力。美食之于味蕾的享受和情爱给予精神的涵养，看似无关实则同理，皆属六识当中、五味之内，缺了哪一样人生都将索然无味，区别只在于炮制的过程与用心的深浅罢了。

不论是柴头罨烟焰不起的古代士大夫，还是纤手搓来玉数寻的闺秀，抑或是无声细下飞碎雪拥有高超厨艺的专业厨师，洗手做羹汤这件事，都离不开一份独具的匠心，更离不开时间的熬制。

张掖臊面，就是一种极有内涵的特色面食。喜欢张掖臊面，鲜香是前提，至关重要的一点却是为着那份"糊涂"。臊面，是面与汤的结合，各自烹制，合二为一。传统的臊面，将和好的面团手工薄擀细切，形似韭叶，沸水煮捞，手上千条线，锅中一窝丝。地道的臊面汤应以鸡汤为最佳，牛、猪排骨汤亦可，加入胡椒粉和姜粉等调味，再加入适量水淀粉，使汤达到一定的色度和浓度，最后加入炸豆腐。捞面浇汤，佐以肉片、葱花、香菜、油泼辣子而成。过去制作臊面必要用到自己烧制的蓬灰，那是本地人用田野山间生长的一种叫"蒿子"的植物经过焚烧、结块而得来的天然食用碱，一般呈灰绿色不规则的石块状，需要时加水熬煮、澄清用于和面。蓬灰水揉制成的面团具有特别的柔韧性与金黄的色泽，能够擀出又薄又弹的面条来，还有一股草木的清香和烟火气在内，那种滋味是任何加入现代食用碱制作的机器面都无法比拟的味道。现在，因为烧制蓬灰的技艺基本失传，加上人们都嫌麻烦不愿再去费神劳力，做臊面都是去压面铺买菠菜面或者灰碱面回去凑合了。面条制作好就要做汤了，做汤的时候必须在汤中加淀粉，以保证汤的浓度，汤浓度也有一定的要求，大概以达到用筷子在汤里蘸一下之后，筷子头上裹1毫米左右的汤汁为宜。煮面条的时间不宜太久，下到锅里水沸后浮上来即可，捞出热面放在冷水中过一遍，然后浇上烧制好的汤汁，葱花、香菜各撒一把，配以炸成金黄切丝备用的豆腐干，一碗香气扑鼻的张掖腺面就能上桌了。

张掖腺面还有一个别称，叫作"糊涂面"。既是对这碗面外形的准确概括，也有调侃戏谑的意味在里头。与苏式汤面的阳春白雪不同，和四川担担面的热情火辣有异，张掖腺面有着独属于自家的味道，一碗面是张掖人对生活的态度以及他们对人生的思考。陕西有臊子面，且以岐山臊子面久负盛名，外形一如三秦大地般宽厚；隔壁的武威也有臊子面，内容如同凉州人民包容多彩的心胸一样椒红韭绿；唯有张掖特别，省却了中间那一个"子"字，把汤面做出了别致又意义非凡的味道。面糊涂，人亦糊涂，这或许就是张掖人理解中的"难得糊涂"吧！

汤是汤面是面，丁是丁卯是卯，未尝不是一种人生态度。条理清晰、有棱有角固然可贵，岂知生活却并不都是非黑即白，面对复杂多变的人心和世事无常的变故，与其埋怨"等闲变却故人心，却道故人心易变"，还不如哂然一笑及时止损。一碗面难得糊涂，人生自然也难得糊涂，这般看来，适时的糊涂倒也不失为一种智慧。

在张掖人的认知中，从来都没有君子远庖厨的等级观念，尤其体现在吃肉食上面。牛羊肉自古以来就是张掖人民餐桌上最为重要的食物，很长一段时期内甚至是作为主食来享用的，大量的肉类需求也促使张掖的畜牧业经久不衰，而食肉则意味着宰杀。因此，烹羊宰牛且为乐便成了男人们的必修课，总不能指望弱质女流手执刀斧去力搏那些大型动物。张掖人的食肉还与金戈铁马的战争有着极为密切的关联。由于地处各民族部落交融地带，又是东西交流的重要通道，古时候的张掖人是在烽火狼烟里笑傲驰骋的铁血战士，争夺草场、守卫疆土都需要实力来支撑，强健的体魄与力拔山兮的气概就是最好的震慑。所以，古张掖地区的饮食便具有明显的符合战争实用的习惯，讲究快做、快吃、快饱，吃饱了还不易饥饿的特点。生于盛世，远离战争之后的张掖人保留了这种餐食习惯，几千年的饮食沉淀自然而然就成了一种传承，喜食牛羊肉也成为地方特色，尤其是羊肉在张掖人的认知中，有着无与伦比的餐桌地位。当地习俗中每逢节庆，或是婚丧嫁娶都必须得有羊肉为大菜，无羊不成宴席，只有羊肉才能体现出主人待客的诚意与热情。

吃羊肉有这么多的讲究,那怎么吃才能尽兴尽意呢?张掖人带你吃出特色来。手抓肉是张掖人最喜爱的羊肉吃法,一般是把羊、牛、猪宰杀后,简单地切块,直接放入大锅中水煮,只加入干姜、干花椒、干草果等少许调料,煮熟后捞出,直接用手撕取,蘸上盐末,就着大蒜食用。同样,牛肉也是这个吃法,只不过牛肉要用小刀割着来吃。这种食用形式正是秉承了游牧民族的习惯,以张掖市肃南县的裕固族人群中最常见,裕固族同胞习惯把带骨的牛肉大块煮来食用,若有聚餐还常以片取肉块的刀功做比试,在餐桌上相互比赛一较高低,输了的一方要喝酒认罚。吃肉与喝汤同等美味,在当地肉吃到七八分饱后,须要盛上热汤,泡上烤制得酥香可口的"烧壳子",或者在汤里煮少量的面条继续吃,直到彻底吃饱为止。一般这样的一餐饭至少能维持六个小时不饿,更是喜好喝酒的"河西酒廊"人最为钟爱的吃法,据说这样食用可以多装下半斤白酒。吃羊肉吃的就是豪气干云、热血激荡,必得有酒,还须得烈酒才能吃出感觉来,酒肉穿肠酣畅淋漓之际,歌舞便是最佳的饭后"甜点"了。席间不管是裕固族、藏族,还是蒙古族同胞,随便哪一个都有着与生俱来的天籁之音,载歌载舞终让这一餐的氛围达到极致的热烈。兴之所至杯盘狼藉又如何?既然爱那便热情拥抱,桃花流水鳜鱼肥是属于烟雨江南的清浅之喜,轰轰烈烈不留遗憾才是属于草原与大漠最真、最醇的味道。只有大块吃肉,大碗喝酒,方能显出大西北男人的胸怀襟抱来。

羊肉还有一种烹饪方法,即羊肉垫卷子,也是张掖特色。羊肉垫卷子同样来自游牧民族,首选羊羔肉切割成块,用清油爆炒,辅以葱段、蒜片、花椒等调味料待炒至金黄色加水小火焖煮。卷子的制作在熟谙面食的张掖人面前不过小菜一碟,将和好的面团擀成薄薄的一大张面饼,上面抹上清油以便分层,然后细细卷成筒状,切做小段,在羊羔肉焖至八成熟时摆放在肉上。小火慢炖面熟肉烂,一盘令人垂涎欲滴的羊肉垫卷子即可上桌了。腾腾热气中,吃出了感情,也吃出了故事。据说,羊肉垫卷子的发明得自一位不知名的将军和一场战争,还有乃是霍去病发明的猜测,总之与战争有关。曾经的河西走廊常常是烽火连三月的疆场,张掖作为河西走廊的中心腹地,你争我夺轮番上演。这一年,将军远征至祁连山驻兵,正是战争进行到最紧要的关头,大军粮草供应却出了问题。当地牧民闻讯及时送来一批羊羔应急,于数万军队而言颇有些杯水车薪,将军灵机一动命火头军把干粮与羊肉一起炖了,以解决羊肉不够吃的难题。那一战大获全胜,羊肉的这一新吃法也随之流传开来,当地人通过实践发现,面饼和面卷与羊羔肉才是绝配,便有了我们现在知道的这道西北大菜。羊肉垫卷子,见证了战争与和平,也见证了张掖游牧文化与农耕文化的完美融合,在餐桌上完成了一场跨越民族、跨越时间的深度交流,这两样食物便也因此结做知己、非你莫属了。

张掖自古盛产小麦,虽一度因耀目的宫廷专供"乌江稻米"而名动天下,但当地人还是独爱面食。弱水三千只取一瓢,弱水河畔的男女最能参悟这偈语中的真意,也便让面食在妙思巧手中做出了百花齐放式的绚丽多姿。不到张掖真的不能理解,一个再普通不过的面团竟能有那么多种姿态。拉长了是"长面",做小了是"小饭",截短是"炮仗子",不长不短是"拉条子";搓圆的叫"搓鱼子",捏扁的称"面叶子";黑色为"洋芋面",褐色为"青稞面",金黄者为"灰碱面",绿的是"菠菜面";刀切斜尖子,筷头拨鱼子,手把揪片子;蒸着吃面筋,煮着吃面条,铁鏊牛粪烤出烧壳子,胡麻清油炸制大馃子……在张掖,面食可以有一千种姿态,突破了想象力的界限。诸多美味总能够使人一见倾心、久食不厌。始于颜值,陷于才华,久于相伴,忠于相守,能把食物做到这般境界者,必是心怀希望满目阳光的,透过烟火缭绕和五花八门的烹饪手艺,足见其对生活有着无与伦比的热爱。

懂生活的人都愿意琢磨如何快乐,只有把日子过热闹了,方能抵消这一地鸡毛满身疲惫。若非如此,又怎么会出现煎炒烹炸的热烈火爆?关于对美食与生活的理解,张掖久负盛名的"卤肉炒炮"无疑是深谙其道的。

卤肉炒炮,这个名称已经从形式上超越了烟火之气,而更接近于古边塞的烽火狼烟,充满了浓重的火药味,非张国臂掖之地不足以展现其粗犷豪放。卤肉炒炮,重在"卤"和"炒"。卤肉需要小火慢煨,给予足够的时间令其软烂,还要有特别的卤料调制入味,这就要求一份十足的耐心了。烹饪也讲究统筹,锅中煮上肉,等肉卤制的过程可以游刃有余地去制作另一样主食炒炮。火烧火燎的一个名称，内在却是爽滑劲道的面条，很有些独属于边塞古城的张掖幽默。张掖旧时有俗语"打到的媳妇揉好的面"。现在家庭都是媳妇儿当家，等闲谁敢造次？但，若要吃到一碗好面，揉面还真是个不打折扣的实在活。将和好的面团反复揉上十数遍，一把子好力气给了温柔的面团以韧性，再分切成指头粗细的面棒抹上清油码放在盆中备用。择洗青菜沥干水分，香葱切段，再备汤锅和炒锅各一，这便万事俱备了。

卤肉出锅，汤锅就可以架起来了。水沸之后，把面棒抻一抻至炮仗粗细，揪成适当长短下锅。炒炮的"炮"，其实就是指炮仗，因面外形酷似炮仗而得名。炮仗子刚熟就得及时捞出，过冷水备用。炒锅烧油，把炮仗子和青菜、葱段一起下锅爆炒，浇上热热的卤肉汤，出锅在面上铺一层卤肉，卤肉炒炮就做成了。食用时，可以再另切一盘热卤肉或卤好的排骨来当配菜，若有糖蒜、泡菜等小菜佐餐，那滋味就更加醇厚鲜美了。据说，卤肉炒炮有着几百年的传承，在刀光剑影的战争年代，吃了它能够马上杀敌驰骋千里而久能抗饿。所以，炒炮还需大碗来盛，碗小了便没有力拔山兮的气势，而吃起饭来也不必在意食不言的俗礼，非呼噜山响吃不出炒炮的火热，还必得是三五成群边吃边说笑才能品出味道来。

你瞧，张掖的卤肉炒炮就是这么个性，把河西走廊的豪气奔放都尽数按进了一碗面里，摒弃寡淡、独爱重口，抛却俗礼、自成一家。或许，人类挣脱束缚释放天性之后，原该就是这样的吧！食之有情，啖之有味，在咀嚼中体悟人生，炎凉世态，冷暖自知，每一个烟火男女就都有了一份从容，爱与美食缺一不可。

张掖大事记

黄帝轩辕氏时期（约前2697—前2596）

皇帝访广成子与北崆峒（在今平凉市西）不遇，乃西涉雪山，过焉支山，披荆棘草木，直至西崆峒（《元和志》说，镇夷〔高台天城〕城东十五里有崆峒山，为黄帝问道处）。

帝颛顼高阳氏时期（约前2513—前2435）

颛顼高阳氏西巡至流沙（今张掖市北部）。

帝尧陶唐氏八十六年（约前2272）

禹治水功成。禹导弱水到合黎山，余波泄流入流沙，禹西巡到流沙地区，声教布于四海。

帝舜元年（约前2255）

舜命禹治平水土。禹曾巡行天下，察视地宜及山川便利，制定各地贡赋等级。西至黑水，东至黄河，为雍州。土地属于黄壤，田为上上等，贡赋为中下等。贡品有璆琳琅玕等。河西走廊开始成为昆山之玉输往中原的通道。

夏

帝禹元年（约前2205）

张掖属雍州之域，西戎氏之故墟。禹封少子河宗于西戎，世代为首领。

禺氏（月氏）族的一部分从山东半岛沿黄河向西迁徙，约在（夏）（商）

时期，定居于河西走廊东、中部地区。

西周

西周成王（前1115—前1078）

居于黑河流域的禺氏（月氏）向周成王进献驹騋（野马）。

穆王十三年（前989）

祭公率师随穆王西征，西戎归顺。河西走廊中部月氏部落随畜迁徙。（当时月氏称禺知，禺知部落首领为大禹少子河宗的子孙，穆王曾致祭于河宗之墓）

▲西周早期，河西走廊游牧民族已拥有较为豪华、精致的车辆。20世纪90年代，张掖出土一件青铜车轮模型，型制与中原青铜文化基本相似。

东周

春秋

月氏（禺氏）人开通的"玉石之路"进一步繁荣，昆山之玉远销中原各国。齐国丞相管仲所著《管子》说："玉起于禺氏边山。"

战国（前240）

月氏击败乌孙，据有河西走廊。

秦

秦始皇二十六年（前221），秦统一全国，设36郡。河西仍为月氏、乌孙所据。

东胡强而月氏盛……控弦者可一二十万……月氏王姓温，建都祁连山北昭武城（今临泽县鸭暖乡昭武村）。当时月氏成为周秦与西域各国货物交流的中介，开通了丝绸之路。

西汉

471

汉高祖四年（前203），匈奴冒顿单于组织武力开始攻击月氏。

汉文帝前元四年（前176），匈奴冒顿单于致书汉文帝，谓已派右贤王将月氏击破。据有河西之地。月氏败退迁徙西域。前元六年（前174），匈奴老上单于破月氏，杀其主，月氏西徙，到达妫水以北地区，建立大月氏国。其余小众不能去者，入祁连山与羌族杂居，号"小月氏"。张掖属匈奴右地，阻断汉朝与西域的联系。

汉武帝建元三年（前138），张骞应募出陇西，经河西走廊，出使西域，至大宛（西域古国名，在今乌兹别克斯坦弗尔干盆地）、康居（西域古国名，在今巴尔喀什湖和咸海之间）、大月氏（古民族，汉文帝初年从敦煌、祁连山等地迁至今新疆伊犁河流域；汉武帝初年，又西迁至今阿姆河上游）。欲招大月氏还河西，共御匈奴。中途被匈奴虏获，扣留十年后逃出，至大月氏，月氏不愿东还。张骞于前126年回到长安，向汉武帝报告了西域情况。帝授张骞为"太中大夫"。

元狩二年（前121）

春　西汉王朝为了打通河西，远通西域，以霍去病为骠骑将军，率骑兵1万，由陇西西进，经今民乐扁都口进入河西走廊，过焉支山（今山丹大黄山）千余里，与匈奴激战，大获全胜。杀匈奴折兰王、卢侯王，获浑邪王子及相国、都尉和休屠王的"祭天金人"，匈奴军十分之七被歼，极大地削弱了匈奴对黑河以东的统治势力。

夏　西汉王朝为了进一步扫清河西之匈奴，再派骠骑将军霍去病与合骑侯公孙敖率数万骑兵分道进兵，约定会师于祁连山。公孙敖军由陇西出发，无功而还；霍去病军由北地出发，西行2000里，涉钧耆，济居延，尔后向南，进军至祁连山，与匈奴大战于䕵得，击破浑邪王、休屠王所属各部。

秋　匈奴浑邪王杀休屠王，率众4万余人降〔汉〕，〔汉〕置五属国以处之（即在陇西、北地、朔方、上郡、云中五郡黄河以南的故塞之外）。

▲〔汉〕重开通丝绸之路，派张骞二次出使西域，招诱乌孙，使之东还河西故地。

▲大马营草滩始为汉朝官牧地。

元鼎二年（前115），西汉王朝得知大月氏不愿东还后，于浑邪王故地置酒泉郡，郡治䚈得（今张掖"黑水国"北城）。

元鼎六年（前111），西汉王朝在黑河以东分置张掖郡，郡治张掖县（今武威境内）。

▲为加强西北边防，筑令居（今永登）至酒泉边塞。（这段边塞大略与后来明朝边墙相仿，在民勤一段稍北，张掖西北则一直依傍黑河）

▲设置张掖属国都尉，有侯官左骑千人，委司司马官、千人官，以管理降服者。

太初元年（前104），汉王朝正式将焉支山南部和祁连山以北的东西大马营草滩置为牧马苑，牧养军马，以供军需。

太初三年（前102）

春　强弩都尉路博德守居延（今额济纳旗），益甲辛戌张掖。

秋　匈奴右贤王攻张掖、酒泉，杀都尉，掳数千人。〔汉〕将任文率军驰援，救回全部被掳军民，迫使匈奴尽弃其所得而去。

太初四年（前101），骑都尉李陵率5000人，教射于张掖、酒泉，以防匈奴。

汉昭帝始元二年（前85）冬，选发军士屯田张掖郡，各县始行屯田。是年，䚈得县有千金渠（又名"䚈得渠"），西至乐涫入泽中。

元凤元年（前80），匈奴右贤王、犁汙王率骑兵4000，分3队入攻张掖郡的日勒（今山丹县老军乡境内）、屋兰（今张掖东）、番和（今永昌西）3县。张掖太守、属国都尉郭忠发兵还击，大破之，射杀犁汙王。

汉平帝元始三年（3），令天下立学官。张掖郡从此开始有学校教育。

东汉

光武帝建武元年（25）十月，张掖属国都尉窦融被武威、张掖、酒泉、敦煌、金城五郡太守推举为河西五郡大将军。梁统为武威太守，史苞为张掖太守，竺曾为酒泉太守，辛肜为敦煌太守，库钧为金城太守。融为政宽和，河西晏然富殖，安定、北地、上郡流入避凶饥者归之不绝。"时天下扰乱，惟河西独安，而姑臧称为富邑，通羌胡，日市四合。每居县者，不盈数月，辄致丰积。"

建武三年（27），光武帝刘秀令各郡县恢复旧名。张掖郡及各县恢复原名称。

永平十六年（73），东汉王朝为再次抗击匈奴，令窦固率酒泉、敦煌、张掖甲卒及卢水羌胡1.2万骑出酒泉，西征于天山山脉哈尔里克山，与匈奴呼衍王激战获胜。并将残部追至蒲类海（今新疆巴里坤湖），占据伊吾卢（今哈密西北）地，置宜禾都尉，留吏士屯田，切断北匈奴与西域的联系，并派假司马班超出使西域各国。

东晋 十六国

安帝隆安元年　北凉段业神玺元年（397）

四月　后凉王吕光杀尚书沮渠罗仇及其弟沮渠麹粥（匈奴族），罗仇侄沮渠蒙逊叛光，攻占临松郡（今民乐南古城），屯据金山（今民乐洪水城）。

五月　吕光遣将吕纂在忽谷（在删丹县——今山丹县——确址待考）截击沮渠蒙逊，吕纂败而还。蒙逊从兄沮渠男成起兵，自乐涫进逼建康，推后凉建康太守段业为主，称"凉州牧""建康公"，建元"神玺"，史称"北凉"。

隆安五年　北凉沮渠蒙逊永安元年（401）四月，沮渠蒙逊计诱北凉王段业杀兄沮渠男成，沮渠蒙逊趁机起兵。六月，蒙逊攻克张掖，杀段业，建都张掖，自称"凉州牧""张掖公"，改元"永安"，仍为北凉。

元兴三年　北凉永安四年（404），沮渠蒙逊与南凉秃发傉檀相战于赤泉（今民乐县洪水城南双树寺一带），傉檀败，请和而归。

义熙三年　北凉永安七年（407）九月，南凉秃发傉檀率兵5万伐沮渠蒙逊，战于均石（在删丹境内），蒙逊大破南凉军。

义熙六年　北凉永安十年（410）三月，南凉攻北凉，大败，迁都乐都。

姑臧附于北凉。是年，沮渠蒙逊率骑2万东征，驻军丹岭（即山丹岭，今黄山），北方鲜卑酋长思盘率部落3000投降，蒙逊进驻西郡，至显美（今永昌县东南），强行迁徙数千户而还。

▲蒙逊进攻南凉于日勒，西郡太守杨统降。

义熙七年　北凉永安十一年（411）二月，北凉王沮渠蒙逊入姑臧，率兵攻南凉。傉檀以子入质北凉，北凉退兵。七月，北凉袭西凉，败退。

义熙十三年　北凉玄始六年（417）二月，北凉王沮渠蒙逊遣将击破乌啼、卑和部。四月，北凉沮渠蒙逊使张掖太守沮渠广宗诈降西凉李歆以图之。李歆识破计谋，以步骑3万设伏于蓼泉（今临泽蓼泉乡），歆大战北凉兵，斩俘7000余人。蒙逊败退。

义熙十四年　北凉玄始七年（418），北凉王沮渠蒙逊奉表称藩于东晋，东晋授以凉州刺史。

南北朝

宋武帝永初元年　北凉玄始九年（420）七月，沮渠蒙逊计引李歆率3万步骑攻张掖，潜军都渍涧。歆至，蒙逊逆军距战，败歆于怀城（今临泽平川）。歆勒众复战，败于蓼泉，歆死。蒙逊兵进至酒泉，安抚百姓，重用西凉有才望的旧臣。蒙逊以其子牧犍为酒泉太守，以索元绪为敦煌太守。九月，西秦振武将军王基袭北凉，俘2000人而还。

宋永初二年　北凉玄始十年（421）三月，北凉王沮渠蒙逊率兵2万攻敦煌，屠城，西凉亡。西域各国皆称臣纳贡于北凉。七月，北凉王沮渠蒙逊遣将伐西秦，败还。十月，刘宋以沮渠蒙逊为凉州刺史。

元嘉十年（433）四月，北凉王沮渠蒙逊死，子牧犍继河西王位，改元"永和"，遣使请命于魏。北魏遣使拜牧犍为"河西王"。

西魏废帝三年（554），改四凉州为"甘州"（以甘峻山之"甘"，甘泉之"甘"因名）。西郡并入张掖郡，凉宁并入酒泉郡，甘州辖张掖、建康、酒泉3郡。

北周孝闵帝元年（557），废临松入金山，属张掖郡。

隋

炀帝大业元年（605），吐谷浑侵犯甘州，户部尚书长孙炽正在张掖巡省风俗，率精骑五千击走，追至青海而还。

大业二年（606），改酒泉县为"张掖县"，改山丹县为"删丹县"。

大业三年（607），西域诸国多至张掖互市，炀帝乃命吏部侍郎裴矩驻张掖专管此事。裴矩礼待西域商贾，每交谈，详细查问诸国山川形胜、风土人情，命画师摹画诸国王及庶人服饰仪形；又将西域地理绘制成图，标出敦煌至西海（今波斯湾）之三条道路，撰成《西域图记》3卷，共44国，入朝奏上，并陈广开互市、安辑西域之策。炀帝大悦，任裴矩为黄门侍郎，委以经略西域之重任，再次使其往张掖。裴矩遣使劝说西域诸国，以互市之利相诱，使其入朝。自此西域商人不断往来西域与长安之间，沿途郡县出资迎送，相敬如宾。

▲改州为郡，甘州改称"张掖郡"。张掖郡领张掖、删丹、福禄3县。

大业五年（609）五月，隋炀帝率军进至浩门川（今青海大通河），吐谷浑可汗伏允据守覆袁川（今黑河支流八宝河），炀帝命隋军四面围攻。伏允以数十骑遁去，其部众据守车我真山（今青海祁连县东南），为隋军所败，仙头王相率男女10余万口降。六月，炀帝由大斗拔谷至张掖（谷径险狭，时值风霰晦冥，与从官相失，士卒冻死者大半），驻于燕支山（又名焉支山，今山丹县大黄山）。裴矩遣使说高昌王麹伯雅、伊吾吐屯设及西域27国入觐。炀帝令武威、张掖士女盛装纵观，衣服车马不鲜艳者，郡县应即督责。骑乘充塞，周亘数10里，以示中国之盛。炀帝设观风行殿，宴麹伯雅、吐屯设及诸国使者，奏九部乐及鱼龙戏以娱之。吐屯设等献西域数千里之地，炀帝遂设西海（治今青海湖西）、河源（治今青海兴海县东）、鄯善（治今新疆若羌）、且末（治今新疆且末）4郡。遣天下罪人为戍卒以守之，广开屯田，捍御吐谷浑，以通西域之路。七月，炀帝自河西东还。

唐

武德二年（619），改张掖郡为甘州，析甘州之福禄县另置肃州，甘州只辖张掖、删丹2县。

▲李渊委派在张掖当过太守的杨恭仁出任凉州总管，张掖属杨统辖。

贞观三年（629），唐朝僧人玄奘由长安出发，经天水、兰州、凉州、甘州、肃州、出玉门关，逾葱岭去天竺（印度）取经。至贞观十九年（645）正月，经丝路中段南道进入扁都口经青海返回长安。历时17年。著《大唐西域记》12卷。

武则天天册万岁元年（695），朔方道行军大总管王孝杰以甘、肃2州相距远，置建康军（今高台骆驼城），驻兵5300名。

五代

乾化元年（911），甘州回鹘攻沙州，张承奉力屈，乃订城下之盟，奉回鹘可汗为父。

后唐庄宗同光二年（924）六月，甘州回鹘遣使向后唐贡土特产，乃册封其可汗仁美为英义可汗。

明宗天成三年（928），甘州回鹘王仁裕（仁美之弟）遣使纳贡，封仁裕为"顺化可汗"。〔后晋〕天福中又改为"奉化可汗"。

北宋

宋太祖建隆二年（961）十二月，甘州回鹘可汗景琼遣使贡于宋。

大中祥符元年（1008）正月，赵德明出兵侵袭甘州回鹘，败还。

天禧元年（1017）三月，甘州回鹘可汗王夜落纥卒，夜落隔继领国事。宋封夜落隔怀宁顺化可汗王，赐袭衣、金带等。

天圣四年（1026）五月，契丹将萧惠攻回鹘，围甘州，至八月，不克而还。

天圣六年（1028）五月，赵德明遣其子元昊率兵袭回鹘夜落隔可汗，夺甘州，占删丹，甘州回鹘政权亡。甘州属西夏。

天圣八年（1030）三月，瓜、沙州回鹘见赵德明势力日盛，率属请降，赵德明纳之。

天圣十年（1032）七月，宋廷下令将因互市而家居秦陇间的河西回鹘遣送出境。是年，赵元昊复举兵攻拔西凉府。宋封赵德明为夏王。以元昊为定南军节度使、西平王。赵德明死后，契丹册封元昊为"夏国王"。

景祐三年（1036）七月，赵元昊升肃州为蕃和郡，甘州为镇夷郡，置宣化府，均为西夏重镇。凉州置西凉府。置甘肃军司于镇夷郡。

宝元元年（1038）十月，赵元昊称帝，国号"夏"，史称西夏。建国后创作西夏文字，刊印书籍。兴盛时其辖域"东尽黄河，西界玉门，南接萧关，北控大漠"，有22州之地，甘州等河西地区皆为辖属范围。

元丰七年（1084）二月，河西鞑靼攻西夏甘州。

元符元年（1098）二月，西夏赵乾顺建卧佛寺于甘州城内西南隅，为母祈福。该寺明朝称"宝觉寺"，清朝称"宏仁寺"，民国称"大佛寺"。今存佛殿已经〔明〕〔清〕重修。卧佛身长34.5米，肩宽7.5米，脚长5.4米，木胎泥塑，金装彩绘。

南宋

淳熙三年（1176）

西夏在镇夷郡（今张掖）建成黑水河桥，立黑河桥碑。此碑又称"黑河建桥敕碑"或"西夏告黑水河诸神敕"。碑阳汉文，是夏仁宗仁孝祈祷诸神免除水患，旱涝得收的"敕令"；碑阴藏文，为宋代藏文石刻的仅见者（今存张掖市博物馆）。

嘉定四年（1211）五月，黑鞑靼王白厮强并诸族地，起兵攻击西夏甘州等河西各州郡，夏王亲率部抵御，战败，遣使以臣礼事鞑靼。

宝庆二年（1226）春，成吉思汗进军河西途中射猎堕马，身负重伤。六月，成吉思汗率大军入河西，遣将军察汗攻甘州，占删丹，欲招降守臣曲耶怯律。曲耶怯律副将阿绰等人杀怯律全家及蒙古使者，拼力抗拒，城破，阿绰等皆死。成吉思汗在甘州养伤3个月，是年秋离开甘州，东攻西凉府（治今武威）。

景定五年（1264）六月，蒙古汗国行"徙戎之策"。是月徙甘州、凉州回民436户于江南各卫。十一月，忽必烈诏董文用为西夏中兴等路行省郎中，遣河渠副使郭守敬视察西夏河渠，督垦甘、肃等州之地为水田，招抚流民，给田种、农具。是年，立"甘肃路总管府"于甘州，隶中兴行省（宁夏）。

咸淳四年（1268）二月，甘肃路改为"甘州路"，所属之肃州，自为一路。

元

至元十二年（1275）夏，意大利旅行家马可·波罗，随父亲和叔父由喀什、于阗、罗布泊进入甘肃，经敦煌、酒泉，循纳怜站道到达张掖等地去开平（因道路被阻等因，居留甘州一年）。其著《马可·波罗行记》对此行有载。

至元十四年（1277）二月，朝廷设立永昌路山丹城等驿站，给纱千锭为本金，俾取其息以给驿传之需。是年，徙中兴行省于甘州，始立"甘肃行中书省"。亦始移镇甘州。

至元十七年（1280）二月，诏命畏吾户居河西地区者，令其屯田。十月，以汉军屯田沙、甘，发炮卒千人入甘州，备战守。十二月，甘州增置站户，命于诸王户籍内签之。

至元十八年（1281）正月，诏四川宣慰司都元帅刘恩留屯甘州。为户2290，为田1164顷得粟2万余石。六月，以太原新附军5000人屯田甘州，七月敕置甘州和中所，以给军粮。八月诏定甘州诸投下户，依民例应站役。十二月朝廷命甘州增设站户。是年，取甘州、肃州首字，设"甘肃行中书省"，简称"甘肃行省"，治所张掖。

至元二十二年（1285）五月，诏甘州每地1顷输税3石。敕朵儿只招集甘州流徙饥民。七月分甘州屯田新附军300人，赴亦集乃（今内蒙古额济纳旗）屯种。给钞1.24万锭为本，取息以赡甘、肃2州屯田贫军。是年，升山丹为州，隶属亦集乃路，后属甘肃行省。

▲在山丹置驿站，名"青寺"，养马80匹。

成宗元贞元年（1295）七月，徙甘、凉御匠500余户于襄阳（今湖北襄樊市）。九月罢宁夏路行中书省，以其事并入甘肃行省。

英宗至治二年（1322）三月，置"甘州八剌哈孙驿"。

明

太祖洪武五年（1372）正月，朱元璋命冯胜为征西将军出金、兰（金州、兰州均在今兰州市）取甘、肃。六月，克甘州。六月，征西将军冯胜率副将傅友德，降元将上都驴部吏民830多户，道经东乐堡，扎营驻军20余日。十一月，置"甘肃卫"于甘州。又置"陕西行都指挥使司"于庄浪（今永登），统辖河西各卫。是年，山丹大马营草滩边沿挖壕200里，与民分界。

洪武九年（1376）六月改元行中书省为"承宣布政使司"。全国分设13个布政使司，大体今兰州以东府县属陕西布政使司，河西走廊的各卫所隶陕西行都指挥使司。

洪武二十三年（1390）九月，置"山丹卫"，以庄得为卫指挥。十二月，改"甘肃卫"为"甘州卫"，隶陕西行都司。

洪武二十五年（1392）给甘州番族颁发市马金铜信符，比对信符，以马易茶。

▲改汉王朱楧为肃王，建肃王府于甘州，二十八年肃王就藩甘州。

▲以甘州卫为"甘州左卫"，复置"甘州右卫""甘州中卫"。

▲陕西行都司都指挥使宋晟来甘州扩建甘州城。旧城周长9里30步，于东增筑3里327步，总12里357步。

洪武二十六年（1393）七月，置"甘州左护卫指挥使司"。

洪武二十八年（1395）正月，陕西行都司始建儒学，设官如府学之制，招将士子弟习诗书礼乐。六月，肃王朱楧由平凉就国甘州。

▲改"甘州中中卫"复为"甘州左卫"。起初，甘州置左、右、中、前、后及中中6卫，后改"左卫"为"肃卫"，今又改"中中卫"为"左卫"。

清

康熙二年（1663），云南提督总兵官张勇还镇，甘州始置甘肃提督军门。节制甘肃、西宁、安西等4镇，改分巡西宁道为分巡甘山道。（甘肃总兵移驻凉州，改称"凉州镇总兵"；安西镇总兵升格提督，另立"肃州镇总兵"。）

康熙十年（1671），分巡甘山道副使胡悉宁在甘州置社学。

康熙十七年（1678）三月，甘肃提督由兰州回驻甘州。

康熙十八年（1679），分巡甘山道副使胡悉宁在甘州左卫、右卫各设1所社学。

康熙六十年（1721）五月，清廷命抚远大将军允禵由西宁经扁都口进驻甘州，办理征伐策妄阿拉布坦之调遣事宜。

康熙六十一年（1722）六月，清廷命抚远大将军允禵偕平郡王纳尔素等由西宁驻甘州，办理征伐策妄阿拉布坦之调遣事宜。平郡王为慈云精舍赐名"西来寺"。十一月，诏大将军允禵进京，调贝勒延信赴甘州管理大将军印务。平郡王纳尔素于翌年四月回京。

世宗雍正元年（1723）十一月，清廷授川陕总督年羹尧为抚远大将军。因甘州兵少，年羹尧奏准调鄂尔多斯兵5000，归化城土默特兵500，大同旗兵1000，前往甘州驻扎。

雍正二年（1724），置"甘州府东乐厅"，治所东乐堡。

雍正三年（1725），罢"陕西行都司"。置"甘州府"，以甘州左、右2卫置张掖县；以山丹卫及今民乐童子、慕化（含大、小慕化）置山丹县；并高台、镇夷守御千户所置"高台县"。甘州府辖张掖、山丹、高台3县。

乾隆二年（1737），甘州知府冯祖悦重建甘泉书院。张掖县知县李延桂设义学，赡田113亩。山丹县知县祁安期始建山丹书院。

▲黄文炜《重修肃州新志》编纂成书，内有高台县内容6册。

乾隆十五年（1750），甘州府分张掖县置"抚彝厅"（抚彝分府），领2驿、24堡。

▲提标马场原在大草滩，乾隆元年放牧孳生马群。后因马多地狭，提督成元震于是年移徙至古佛寺（今民乐双树寺）。乾隆十八年（1753），复迁至大马营。

乾隆二十五年（1760）三月，张掖县知县王廷赞扩建甘泉书院。

乾隆二十六年（1761）十月，陕甘总督杨应琚奏报，高台县毛目等处有劝垦水田5200余亩。

▲清朝，特别是康熙至乾隆年间，重视河西走廊的水利发展，形成有系统的内陆河流灌区，农业经济繁荣。河西走廊的渠道约217条（不包括支渠和毛渠），各渠长者百余里，短者十余里，宽12丈，深1丈左右，灌溉面积达3.575万余顷、97坊。在张掖境内有大小渠道170条，灌田14000余顷。

乾隆二十七年（1762）自是年起至乾隆四十三（1778）年，从甘州府的张掖、山丹县、东乐分县、抚彝厅移民1460户、6009人，徙驻新疆乌鲁木齐、木垒、奇台、吉木萨尔等地屯田。

光绪二年（1876）五月，陕甘总督左宗棠为防匪患频繁，饬令永固协调其马营墩都司驻俄博，增设俄博都司，马步兵125名，以资扼守震慑，仍归永固协就近管辖。是年，左宗棠从武威、张掖、酒泉组织大车5000辆，各种驮畜3.45万头（匹），向新疆哈密、巴里坤等地运送军粮1980万斤。

光绪六年（1880）四月，左宗棠伤各防营，于操防护运之暇，次第承修各县的房屋、道路、桥梁、祠庙、学校，并修渠筑坝，广植树木。张掖县开渠7道，修复马子渠56里，灌田6800亩。又扩宽修筑了贯通东西的道路（基本走向同今甘新公路），宽3—10丈，道旁植杨树、柳树，被后人誉为"左公柳"或"左公杨"。左的老部下杨昌浚赋诗曰："大将筹边尚未还，湖湘子弟满天山。新城杨柳三千里，引得春风渡玉关。"

民国

民国二十五年（1936）10月25日，中国工农红军四方面军之第五军、第九军、三十军和直属总队共2.18万余人，于是日开始，奉命从靖远虎豹口（今河包口）、三角城地域渡黄河，开始河西走廊的悲壮战斗历程。11月11日中共中央及中央军委批准西渡黄河之红四方面军改称"西路军"。成立西路军军政委员会，主席兼政委陈昌浩，副主席兼总指挥徐向前，王树声任副总指挥，李特任参谋长，李卓然任政治部主任，委员有熊国炳（川陕省苏维埃政府主席）、杨克明（五军政治部主任），王树声（副总指挥）、李先念（三十军政委）、陈海松（九军政委）、郑义斋（总供给部部长）、曾传六（政治保卫局局长）。11月23日，红五军政委黄超率三十九团等两个团接防山丹城。

民国二十六年（1937）1月1日，红五军偕总直供给部和妇女独立团各一部进占临泽县城（治今蓼泉）。五军政委黄超率三十七团、四十三团留守临泽。下午，军长董振堂、政治部主任杨克明率三十九团、四十五团、特务团4个连、骑兵团2个连及军部直属队近3000人，向高台进军，途中歼灭马步芳部两个骑兵连，当晚攻克高台县城，俘县长马鹤年，守城保安队和民团1400余人投降，缴获枪支100余件。其中高台县民团一部被收编组建为"抗日义勇军"。

民国三十一年（1942）9月，新西兰友人路易·艾黎在兰州创办培黎学校。设立裁缝、机械、化学等实习工厂，实行半工半读。1944年迁于山丹，易名为"山丹培黎工艺学校"。

中华人民共和国

1949年9月，甘肃行政公署张掖分区成立。张掖专员公署下辖山丹、民乐、张掖、临泽、高台县人民政府。中共中央西北局、陕甘宁边区政府批准任命各县中共县委书记、县人民政府县长。同年10月1日，中国人民解放军第一兵团在张掖大校场举行庆祝中华人民共和国成立大会。10月5日，中国人民解放军副总司令员兼第一野战军司令员彭德怀、一野政治部主任甘泗淇、第一兵团司令员兼政委王震，在张掖大校场向步兵第六师、第十七师指战员作进军新疆的动员报告。

1950年1月　甘肃省人民政府决定，设立张掖行政督察专员公署，治所张掖。辖张掖、山丹、民乐、临泽、高台5县。

1953年10月13日，经中央人民政府政务院批准，"撒里畏吾尔"改称"裕固族"，"祁连山撒里畏吾尔自治区"改称"肃南裕固族自治区"。

1955年10月10日，酒泉、武威专区合并成立为张掖专区并组建专员公署。管辖永登、古浪、景泰、武威、永昌、民勤、山丹、民乐、张掖、临泽、高台、酒泉、金塔、鼎新、玉门、安西、敦煌县和肃南裕固族自治县、肃北蒙古族自治县、天祝藏族自治县、阿克塞哈萨克族自治县、额济纳自治旗。全区共辖22个县（自治县）、旗。地委、专署治所张掖县（暂驻酒泉，1957年迁张掖）。

1957年7月1日，高台烈士陵园动工修建，10月底竣工。朱德为陵园题名"烈士陵园"，郭沫若题词"浩气长存"。

1966年，全区开展"农业学大寨"运动。

1973年，张掖、临泽、山丹、高台4县川区被国家林业部列为"三北防护林体系"重点工程县。全区实现县县通油路。

1978年1月，中共张掖地委成立"落实政策办公室"，开始对共和国成立以来历次政治运动中的案件进行清理、复查和平反昭雪冤假错案工作。

1979年2月8日，中共张掖地委召开扩大会议，传达学习党的十一届三中全会精神；讨论如何把工作重点转移到社会主义现代化建设上来。10月11—22日，中共张掖地委举办地、县、社三级干部学习班，学习讨论《实践是检验真理的唯一标准》，恢复和坚持党的实事求是的思想路线。

1980年7月，撤销"张掖县革命委员会"，成立"人民政府"，设立"人民代表大会常务委员会"。是年，国务院公布，祁连山森林为水源涵养林。

1981年3月23日，张掖县东大山被列为"国家级自然保护区"。

1982年6月8日，新西兰友人路易·艾黎、原山丹培黎学校医院院长斯潘塞及夫人来山丹，为路易·艾黎捐赠文物陈列馆开馆典礼剪彩。馆藏路易·艾黎捐赠中国古代文物3900余件。10月19日，以新西兰维多利亚学院名誉教授、1937年在延安采访过毛泽东的詹姆斯·欠特兰为团长，新中友协主席杰克·尤恩为副团长率领的新西兰知名人士访华团一行12人参观山丹"路易·艾黎捐赠文物陈列馆"。10月23日视察张掖，并参观大佛寺。

1983年1月，张掖地区被国务院列入河西走廊商品粮基地，与定西干旱贫困地区合称为"两西"，国家专款投资进行农业建设。4月，成立"中国人民武装警察部队甘肃省总队张掖地区支队"，为地区行署公安处的一个组成部分，接受上级武警部队领导。

1984年9月2日，新西兰友人路易·艾黎、卫生部顾问马海德应邀前来出席"山丹培黎图书馆"开馆典礼；中共中央政治局委员王震为图书馆题词。是年，全区完成农村第一步改革，普遍推行大包干责任制（家庭联产承包）。自1980年春季在民乐县拉开序幕后，1981年临泽县率先在川区实行大包干。1982年春，地区和张掖县在党寨乡进行试点，山丹县完成大包干，从1982年下半年起，川区分期分批有领导、有步骤地全面推行。肃南牧区自1981年明海乡推行大包干责任制后，至1985年，全县实行牲畜作价归户、草场承包到户的责任制。

1985年4月27日，在纪念著名新西兰友人路易·艾黎来华工作60周年之际，"山丹培黎农林牧学校"开学。出席开学典礼的有80名新生和400多名中外来宾。中国人民对外友协副会长刘庚寅、甘肃省人大常委会副主任李屺阳莅临祝贺。路易·艾黎从北京发来贺电："发扬创造性精神，把学校办好。"

1988年6月27日，中共张掖地委作出《关于进一步放开搞活经济的政策规定》共16条，主要内容有：允许城乡个人或集体对荒滩、水面进行开发性投资经营，允许农民承包田有偿转包，允许经纪事务活动，放开农副产品购销价格，允许国营工商企业改组股份制，小型国有企业可以租赁、拍卖，鼓励党政干部、科技人员停薪留职领办、承包乡镇企业，放开金融、劳务、技术和生产资料市场等。

1990年7月28日，联合国教科文组织"丝绸之路综合研究"考察队考察山丹境内的明长城、张掖大佛寺、张掖市古建筑群；访问临泽县蓼泉乡芦湾村。11月6日，徐向前元帅的部分骨灰，由其子女和身边工作人员护送，撒向他生前曾经浴血奋战过的祁连山麓、黑河沿岸、倪家营等地。

1991年6月18日，"甘肃省人大常委会张掖地区工作委员会"成立。

1995年5月29日，张掖地区8000门程控电话工程正式开通。至此，全区进入连接世界150多个国家和地区、国内500多个城市的程控电话通信网。

1996年1月2日，全区17户企业及产品入选《中华老字号》。2月6日兰州—广州127/128次直快列车冠名"金张掖"号。是年，全区粮食生产夺得第十五个丰收年，总产达9.15亿千克，增长9.5%。

1997年1月7日，高台骆驼城遗址、张掖大佛寺、肃南马蹄寺石窟群被国务院确定为"全国重点文物保护单位"。

1998年9月6日，张掖市数字移动电话开通。

1999年6月19日，中共中央政治局常委、中央纪律检查委员会书记尉健行来张掖视察。

2001年3月30日，地委、行署召开紧急会议，传达国务院第94次总理办公会议精神和省委、省政府有关会议精神，安排实施黑河流域节水工程事项。6月11日，高台烈士陵园被列入第二批全国爱国主义教育示范基地。8月3日，国务院批复甘肃省人民政府《黑河流域近期治理规划》，把黑河流域综合治理纳入西部大开发的重点工程。

▲ 水利部专门召开会议听取张掖地区的工作汇报后，确定张掖地区为全区第一个"节水型社会试点"：一是2001—2003年，将黑河治理工程投资由原来的14.7亿元扩大到18亿元左右；二是从2002年开始，着手论证2004—2010年黑河流域综合治理总体规划，7年投资总额将达到30亿—40亿元；三是把张掖地区作为全国第一个节水型社会试验区，将黑河流域治理的成效

拓展到城市、生态、工业、生活用水等各个方面。

2002年3月1日,国务院函复(国函[2002]16号)甘肃省人民政府,同意甘肃省撤销张掖地区,设立地级市张掖。张掖市设立甘州区,以原县级张掖市的行政区域为甘州区的行政区域。

2003年9月15—17日,民乐县连续三日突降暴雨,降水量达65毫米以上,引发山洪、泥石流,冲垮房屋196间、围墙24米、道路93千米、桥梁1座、洪坝3处,淹没麦垛19个、草垛26个,冲毁农田230亩,死亡畜4头,使23户居民无家可归,造成直接经济损失148万元。10月25日20时40分至21时20分,张掖市连续发生强烈地震,最大震级为MS6.1级,震中位于民乐县和山丹县交界处,全市5县1区都有强烈震感。地震使民乐、山丹、肃南县的46个乡(镇)327个村严重受灾,受灾总户数达61121户,9人死亡,44人受伤,大批房屋倒塌,牲畜死伤,水利、电力、交通、通信等各类基础设施遭受不同程度破坏,造成经济损失9.2亿元。

2004年7月16日,张掖市人民政府驻山丹马场办事处成立。10月28日,中国张掖网暨新华网张掖分站开通。

2005年6月29日,在张掖考察丹霞地貌的中山大学地理科学规划学院离休教授、中国丹霞地貌旅游开发研究会终身名誉会长黄进等对张掖分布的丹霞地貌进行全面评价和科学界定,认为张掖市丹霞地貌举世罕见,全国一流。8月19—20日,红西路军烈士大型纪念浮雕揭幕仪式在高台红西路军纪念馆举行。

2006年1月14—16日,河西5市1000余名考生在河西学院参加2006年全国硕士研究生考试。此为张掖市首次设立的全国硕士研究生考点。2月,全市15万多名农村义务教育阶段的中小学生享受"两免一补"政策,春季学期的学杂费全免,家庭经济困难寄宿生享有生活补助。至2月底,由中央、省、市财政下拨的1555万元春季学期农村义务教育经费保障资金已全部下拨到各县区。7月10日,兰新铁路武嘉电气化工程武张段建成并试运行。

2007年6月13日,张掖大佛寺、马蹄寺石窟群、高台骆驼城遗址3处文物保护单位通过国家文物局审核,列入丝绸之路中国段申报世界文化遗产预备名单。12月20日,张掖市人民政府《关于公布第一批市级非物质文化遗产名录的通知》公布第一批市级非物质文化遗产保护名录名单共40项。其中民间文化13项,民间音乐4项,民间舞蹈3项,传统戏剧4项,民间杂技与竞技4项,美术3项,传统手工技艺2项,民俗7项。

2008年12月31日,滨河湿地保护工程滨河新区开工。

2009年1月1日,西路军烈士张掖纪念馆向社会免费开放。3月1日,张掖国家黑河湿地公园项目开工建设。10月12日,张掖市滨河新区滨河小镇奠基开工。10月14—15日,英国、法国、罗马尼亚、津巴布韦、希腊等13个国家19名交流员组成的甘肃友好城市交流员研习班赴河西考察团来张掖考察访问。

2010年3月,张掖市军民合用机场扩建工程可行性研究报告获国家发改委、中国人民解放军总参谋部批复。项目总投资2.96亿元。5月11日开工建设。

2011年3月17日,张掖丹霞地貌被美国《国家地理杂志》牵头组织的评审委员会评为"世界十大神奇地理奇观"之一。5月11日,中国工农红军西路军纪念馆被列入国家"十二五"红色旅游规划。8月15日,全长8千米总投资近4000万元的张掖军民合用机场连接线公路建成通车。甘肃省机场投资管理公司组织系统相关专家对张掖军民合用机场改扩建工程进行初步验收。8月27日举行张掖甘州机场校飞庆祝。10月26日验收。8月31日至9月2日,红西路军后代联谊会筹委会和生态中国张掖考察团在张掖市就生态建设以及红色文化资源开发情况进行考察。12月24日,全省党史教育基地——高金城烈士纪念馆开馆。

2012年7月12日,河西解放纪念馆开馆(址民乐)。10月12日,红西路军石窝会议纪念牌重建落成。

2013年4月23—28日,亚行贷款城市基础设施建设(滨河新区)及湿地保护项目开工。8月3日,第三届湿地之夏·金张掖旅游文化艺术节暨中国裕固族民族风情节开幕。10月10日，甘州区西城驿烈士陵园竣工揭牌。

2014年5月18日，张掖平山湖地质公园开园。8月3日，张掖丹霞国家地质公园冰沟丹霞旅游景区在肃南县揭牌。9月3日"张掖金色风光休闲游"入选全国十大精品路线。

2015年3月31日，张掖市政府与广州白云区政府签署战略合作协议。6月24日，上海至张掖旅游包机往返航线正式开通。7月5日，"甘州号"旅游列车冠名开行发车仪式在兰州举行。7月18日，"2015中国·张掖祁连山国际超百千米山地户外运动挑战赛"在丹霞七彩镇开幕。7月24日，2015"张掖农商杯"张掖·中国汽车拉力锦标赛在张掖国家沙漠体育公园盛大开幕。9月26日，张掖国家地质公园揭碑开园暨张掖丹霞地质博物馆揭碑开馆。12月27日，"2015中国·张掖丝绸之路首届全国冰雪山地马拉松赛"暨"平山湖大峡谷杯"甘肃雪地登山大会在平山湖大峡谷举行。

后记

舒张臂掖 顶天立地

陈玉福

我出生在河西走廊,古人笔下连春风都不能企及的地方。小时候对家乡的认识很具象,那是瑟缩在祁连山脚下盼望残冬快点过去的身影,在漫天风沙的浑黄中不辨东西的吼喊,父辈佝偻着的腰背永远那么的绝望凄惶,干瘪的肚子叫嚣着一曲曲空城计此起彼伏,村头枯树上的老鸹窝神秘而庄严地诉说着大槐树下的故事……一切都被定格在记忆深处成为一帧泛黄的黑白照片。

古诗里属于河西走廊的颜色是浑黄沉郁的,仿佛永远只有黄沙百战、大漠孤烟,梦里都充斥着铁马冰河、金戈烽烟的苍凉气息。不管是小桥流水、烟雨软柳,抑或远山苍黛、亭阁鸟鸣,青山绿水的画面上河西走廊的缺席似乎理所当然,水墨勾勒的诗画也难以承载祁连山的一声长叹。这就是河西走廊,那个曾经驼铃无数川流东西的汉唐四郡,华美丝绸之优雅与飞天乐舞之曼妙交相辉映的商贸孔道。

历经数千年沧海桑田,繁华落幕曲终人散,历史遗留给我们这一代人的河西走廊已经是一尊褪色的旧泥塑,时隔百余个世纪惨淡吟唱着物是人非,葡萄美酒的醇香与横笛马背的春光,成了小学课本里靠着想象去凭吊的久远过往。再美好的梦想与雄心壮志,都会在一场又一场漫天沙尘里剥脱侵蚀，然后被迫妥协心存戚戚，无情地将一个风华少年捶打成一具麻木干瘪的胡杨根雕。出走还是留守，一直都困扰着我的整个青少年时期，躬身田地间越久就越是心生不甘，而手掌上不断增厚的茧子又时刻逼人屈服。于是，在那些身体与灵魂割裂开来的深夜里，我总是在想命运到底是什么？脚下这方土地的尽头在哪里？而我生活在此的意义又是什么？后来，终于下定决心离开了家乡，去往梦想中的远方追寻答案，离开河西走廊一走就是半生。远方的远方是故乡，年轻时不理解的深奥，会随着岁月的磨砺渐渐开悟，仿佛不经意间生命中就多出了一个叫作"故乡"的执念。午夜梦回霜鬓渐染，突然就特别想回去，因为之于满城烟柳的皇都你只是一个客居者，哪怕有房有车有事业，心底深处那一抹隐藏的执念都在提醒你，家并不只是一幢房屋，乡音难改就是最好的牵绊。

　　走出半生，归来依旧。必须承认，当重新踏上河西走廊的那一刻，我的心空前安定宁静，正如父亲曾教我撒种时说过的那句话：走直了、踏稳了，你就是个好把式。拼搏了半辈子才发现，终究还是难逃一个把式的命运，不过是将铁锹犁铧换成了笔杆子而已。改变了的是生产工具，没变的依然是身份，我知道自己的内在还是那个农家子弟，喜欢泥土芬芳脚踏实地。近些年来，我在不断尝试去触摸探索，以期用文学的形式描摹河西走廊，还原过往的繁盛、体悟历史的深沉，慢慢就理解了真正的河西走廊。脚步丈量过的行程里，每一个刻度的厚重都需要全力以赴才能承接，而岁月的余香更需咀嚼很久很久才能体尝其中真味，河西走廊尘满面鬓如霜的沧桑外表下，是一颗历久弥香的种子，正在等待更多有志者来挖掘、培土、浇灌，守护她的发芽开花，我相信最终我们一定会收获异香满怀的文化之硕果。

　　接受创作《张掖传》的任务，使我感到既欣喜又胆怯。怕自己的文笔和思想不足以刻画这座城市的厚重之万一，但又急于要将自己满心满肺的话语诉诸笔端，期待更多走出去的人回来共同坚守家乡，也希望外面的目光聚焦这方山水令她夺目生辉。总之，是带着丝丝功利之心的。及至后来，正式开始创作，研究城市历史的过程中起初的浮躁竟荡然无存了。一座城市的沉稳告诉我们，你来或者不来，她就在那里不悲不喜；你离开还是留下，爱就在那里不增不减。人与城市早已在轮回的宿命中许下死生契阔的誓言，她给予你思想，你也在装点着她的容装，彼此牵绊相互维系，一如河西走廊与"四郡"之间看似有别实为一体的亲密。

河西走廊作为一个整体，不仅仅体现在称谓上，好多人物、故事、方言、风土人情民风民俗横贯走廊多个城市，城乡山野的角角落落里它们都是互通的，写张掖历史与文化就难免与左右邻居城市有所重叠。譬如祁连山的传说，西游记里的故事，还有那些在河西建功立业、开拓江山的文臣武将，宣扬佛法舍利长留河西的大德高僧，赶着驼队长途载运货物的行商，以及沿着走廊东西串联的乐舞诗词，等等。正如江南的苏杭，河西走廊的甘凉也气息相同、韵味一致，两者形同孪生。因此，一个出生成长在凉州的人定居甘州，并没有半点客居他乡的疏淡，对这座蓝天厚土黑河之畔的城市的热爱与留恋之情完全不输当地任何人。

张掖，粗犷中折现着柔情，细腻里宣示着豪放，还有些桀骜不驯野性外露，城市性格因此而矛盾复杂，时而温柔多情，时而暴躁易怒，让人总是难以捉摸不好亲近。城市的性格就是人的性格，河西走廊上大多数男人、女人都具有类似的矛盾性情，这是来自血脉中不可磨灭的印记，汇聚了多民族融合的象征。河西走廊最值得称道的城市就是张掖了，这里在很早时期就被誉为"塞上江南"，固然气质硬朗风骨铮铮，其实最能包容万相，纳得下山川湖泊、沙漠戈壁，也受得住风沙遮望、冰雪长天。在这里，你可以不温柔但不能粗鲁蛮横，可以默默无闻但绝不赞成庸碌懒惰，因为祖先马背驰骋的基因里就没有遗传下来懦弱和怠懒。所以，这里的人们祖祖辈辈勤劳坚韧，不论过去还是现在，安贫若素总能开出昂扬奋发的向阳之花，持续建设着青山绿水的家园。

张掖的复杂多元包括民族构成，汉武帝攫取河西开启了张掖历史上的移民先河，中原文化与西域少数民族文化的对冲，不亚于弱水之于黑土地的冲积，沉淀下来的不仅仅只是耕地墩堡、百家诸姓，还有多元合璧的历史文化底蕴。上马杀敌、下马耕种，能够茹毛饮血也可以精烹细饪，张掖的饮食都带有与众不同的风格。张掖在某种角度论也属于移民城市，从汉代到近当代，从未停止过接纳移民的脚步，她敞开怀抱广纳四海，以最大的兼容之心赋予这里的人们一种独特的语调，江浙话、山西话与土语杂糅融合，就变成了张掖话。他们习惯走路背手，把入厕称之为"解手"，延续着大槐树的传承；他们喜食牛羊肉，需要借助高热量的食物来增加肌体免疫力抵御风寒，继承着边兵随时准备上阵杀敌的勇武；他们性格耿直豪爽，反感弯弯绕绕，尊崇实事求是，骨子里保留了草原民族的单纯质朴；他们善于经营，可以种地也可以行商，足迹遍布全国各地，始终丢不下驼铃声声的旧梦……一曲八声甘州传唱天下，骨头上烙印了张掖的标志，走到哪里都能舒展臂掖，顶天立地。

八千年历史看甘肃，甘肃历史看张掖。四坝文化佐证了河西历史，走下昆仑之巅的西王母在弱水河畔建立起强大部落，襄助炎黄成就华夏文明。玉石之路早于丝绸之路开启东西文明交流，张掖从来都是传输带上不可或缺的重要里程。匈奴一路悲歌退出张掖，胭脂如血成为他们梦魂萦绕的颜色。你方唱罢我登场，沮渠氏乱中摘冠面北称帝，于崖壁间营造佛国胜土，梵花荼蘼了临松薤谷。隋炀帝封禅焉支，这是仅次于开凿大运河的壮举，震慑西域万国、博览中华雄风，焉支山便具备了泰山的伟岸。甘州大曲与胡姬歌舞装点着盛唐宫廷夜宴，见证了玄宗和贵妃劳燕分飞，也带着回鹘冲上万众瞩目的中原历史舞台。西夏护国寺数度上演传奇故事，事关一个王朝与另一个王朝皇室血统的延续，六百年岁月将他们酿成一瓯迷离的老酒。肃王怀揣抱负迎来甘州最高光时刻，一座省府城市在河西走廊熠熠闪光，与古都长安东西辉映。中华历史上最后一次的民族之战，杨家将的后裔们用鲜血诠释着精忠报国的意义，狼烟熄灭八旗铁蹄终究踏碎山河如梦。高总兵的府里装不下杨总兵的理想，饮马桥也难以阻挡人头落地，红颜渐老英雄末路只是故事，百姓们关心的永远是乌江镇的稻米收成如何，祁连牧场里牛马又产下了几只幼崽。品一碗难得糊涂的张掖臊面，谈笑一番黑水国地下的金月亮和金太阳，佐餐小菜与饭后甜点就都有了。去一次西路军烈士陵园吧，在那里足够令你懂得幸福来自什么，一座丰碑从此长在心坎上。掬一捧山丹河的水浇灌黑土地，那两个外国人长眠的地方也有一座碑，他们跨越重洋牵起国际主义的情感纽带，用生命培育黎明，开启了中国职业教育的先河。

　　大城市有大城市的气象，小城市有小城市的格局。洗尽铅华、脱去盛装，张掖依旧还是最初的样子，可婉约亦可豪放，在八声甘州里低吟浅唱，在长河落日中琵琶弦动。"不忘祁连山顶雪，错把张掖当江南。"盛夏的夜晚仍需棉被加身的是她，春风光顾羞涩遮面的是她，子规一夜啼明朝杏花满枝头的是她；晚来天欲雪畅饮何须提的是她，围炉听卷弦弹春秋的是她，灯火阑珊中风雪夜归人的也是她。张掖气候多变昼夜温差极大，早上还是春光十里柔情江南，夜晚有可能就北风萧萧雪花飘飘，早穿棉袄午穿纱、围着火炉吃西瓜说的就是她了。

　　百里不同天，十里不同音。张掖的方言也很有意思，发音永远高开低走，总要以第四声来做收尾，且几乎用不到第三个声调，直来直去非高即低，似乎想要以此来证明他们不会拐弯抹角一根筋通到底的爽直干脆。开门见山，抬眼望天，在张掖人的心目中，只有不愿意攀登的高峰，没有一眼望不到头的深渊，答应了别人的事情再难都要办成，自己选择的人生跪着也会走完。而所有这些性格特点，我身上全都具备，所以选择回到家乡一定是冥冥中自有安排，来到张掖写《张掖传》，既是我的宿命，也是张掖的宿命。城市是有生命的，通过追溯她的前世今生就知道了人的来处与归处。

本次创作《张掖传》，中国国际出版集团以及新星出版社给了我一个创作原则，是为"史学精神文学表达"。因此，我要创作的不是一部史志，也无意越俎代庖去抢史学专家的风头和史志工作者的饭碗，只是基于对历史的严谨态度，在尊重历史原貌的基础上，加以文学化的叙述与加工，并融进了自己的思考，以及一些浅薄的见解。希望当这本书与读者见面时，呈现在大家眼前的历史是通俗化浅显易懂的，是能引起阅读兴趣的具有故事性的一本历史读物，可以让读者通过《张掖传》来重新认识一个面目可亲的城市，让城市变得鲜活灵动不再只是冷冰冰的名称。自然，一座拥有八千年文明沉淀的城市，仅凭数十万字是远远不能描摹出其深层次内涵的，本书中所展现的故事和梳理出来的历史脉络，只是对张掖细密如织的网状历史进行了一次素描般的临摹，撷取了她丰满骨肉中有棱有角的部分来进行还原，一些毛细血管般的细枝末节并未顾及，框架式的内容比较多，并没有追求面面俱到。《张掖传》是我创作中的新尝试，也是张掖作为传记文学主角展现自身魅力的开端，这绝不是结束，也非不可逾越的障碍，不尽完美处还有待更多写作者来查漏补缺，更希望后来者一代接一代续写下去。因为中华长存，张掖长在，生命长续，文学就必然长青。低调中盛放的张掖作为古丝绸之路重镇的一分子，必将在新时代重放光芒，开出团结幸福、文明和谐的绚烂之花。

对于作家来说，每一部作品的创作都堪比孕育一个孩子，从珠胎暗结到呱呱坠地终于面世，整个过程中遍经酸甜苦辣心情总是复杂而难以言表的；又恍如一朵花的盛放，从种子发芽到破土而出开枝散叶，枝头绽放的瞬间只有自己知道曾经付出过什么样的努力。每当这种时候，作家内心其实是虚脱的，既有如释重负的轻松，亦有一种细胞被剥离而去的空虚。不管读者眼里如何看待，在于自己而言美丑都是宝贝，敝帚自珍。

本次《张掖传》的创作，算是我作家生涯里最难产的一次体验。所谓难，一方面体现在文本创作上。为一个城市写传就需要了解她的前世今生，历史脉络的梳理和坊间逸事的收集是个不小的工程，于浩繁烟海的城市过往中打捞遗珠珍帧，思想和精神在时光的缝隙里古今穿梭，筛选甄别、论证阐述，必须具备史学家的严谨和专业性，又不能失却文学的意趣与浪漫，是个很大的挑战。诚然，这些都是身为写作者的分内事，习惯于苦中作乐也没什么可赘言的。真正的艰难非为写作，而是来自写作以外的各种压力。《张掖传》初稿完成时，有所谓"专家"通过市文联发来意见，批判本书数据性东西缺乏罗列，不能有未经证实的神话传说和民间故事，不该带有个人见解和思想……种种意见不一而足，令人发笑之余心生无奈。此时才发现，在我们的文化群体中，相当一部分"领头人"居然还没有搞清楚《传》与《志》的区别就开始挑刺炮轰了。不得已，只好专门写了报告去阐明"传记文学"和"志书"到底是什么。这种多出来的工作既消耗精力，又让人无可奈何，颇感郁卒。

好在，所有的困难阻挠最终得以化解，这本书还是如期出版了，欣慰、欣喜，感激、感谢，需要鞠躬致意的人很多很多。首先要感谢的就是张掖市委市政府、张掖市委宣传部对本人和本书的大力支持与勉励，感谢文史专家、学者给予本书的肯定，感谢合作伙伴程琦先生在工作、生活多方面给予的帮助照拂，感谢出版社高度负责任的编辑老师。同时，也感谢曾经研究整理出版的张掖各类历史书籍给予我的启发与借鉴，感谢互联网时代各种便利的查阅软件，感谢线上线下自媒体作者与文学爱好者提供相关资料，以及我工作室助理团队帮忙校对。最后，谨以本书献给我早已故去许多年的父母，感谢他们将我带来人世间，生于这片泥土芬芳的传奇厚土。

2022 年 5 月 10 日于张掖

图书在版编目（CIP）数据

张掖传：千年丝路八声甘州 / 陈玉福，程琦，任玲著 . —— 北京：新星出版社，2022.6
（2022.9重印）
（丝路百城传）
ISBN 978-7-5133-4913-0

Ⅰ . ①张… Ⅱ . ①陈… ②程… ③任… Ⅲ . ①文化史 – 张掖 Ⅳ . ① K294.23

中国版本图书馆 CIP 数据核字（2022）第 060212 号

出版指导：陆彩荣
出版策划：彭明哲　简以宁

张掖传：千年丝路八声甘州

陈玉福　程琦　任玲　著

责任编辑：简以宁
责任校对：刘　义
责任印制：李珊珊
装帧设计：冷暖儿　闫　鸽

出版发行：新星出版社
出 版 人：马汝军
社　　址：北京市西城区车公庄大街丙3号楼　　100044
网　　址：www.newstarpress.com
电　　话：010-88310888
传　　真：010-65270449

读者服务：010-88310811　　service@newstarpress.com
邮购地址：北京市西城区车公庄大街丙3号楼　　100044

印　　刷：天津图文方嘉印刷有限公司
开　　本：660mm×970mm　　1/16
印　　张：32.25
字　　数：387千字
版　　次：2022年6月第一版　　2022年9月第二次印刷
书　　号：ISBN 978-7-5133-4913-0
定　　价：89.00元

版权专有，侵权必究；如有质量问题，请与印刷厂联系调换。